［英］苏珊·格里菲斯 著　黄淳 译

打工环游世界

Work Your Way Around The World

北京·旅游教育出版社

北京市版权局著作权合同登记图字：01-2012-1792号

策　　划：马　瑞
责任编辑：马　瑞　张　娟

图书在版编目（CIP）数据

打工环游世界 /（英）格里菲斯著；黄淳译. --北京：旅游教育出版社，2014.3
ISBN 978-7-5637-2516-8

Ⅰ.①打…　Ⅱ.①格…　②黄…　Ⅲ.①旅游指南—世界　Ⅳ.①K918.9

中国版本图书馆CIP数据核字（2012）第258522号

打工环游世界

（英）苏珊·格里菲斯　著

黄淳　译

出版单位	旅游教育出版社
地　　址	北京市朝阳区定福庄南里 1 号
邮　　编	100024
发行电话	（010）65778403　65728372　65767462（传真）
本社网址	www.tepcb.com
E - mail	tepfx@163.com
印刷单位	北京嘉业印刷厂
经销单位	新华书店
开　　本	889毫米×1194毫米　1/32
印　　张	19.25
字　　数	768 千字
版　　次	2014 年 3 月第 1 版
印　　次	2014 年 3 月第 1 次印刷
定　　价	66.00 元

CONTENTS

目录

PART 1 工作旅行

PART 2 欧洲打工旅行

乐游全球

陪你走遍蔚蓝星球的每一个角落！

乐游全球丛书

自由行 系列

1. 《德国》
2. 《英国》
3. 《美国西海岸》
4. 《法国》
5. 《澳大利亚》
6. 《香港、澳门》
7. 《台湾》
8. 《韩国》
9. 《泰国》
10. 《加拿大》
11. 《意大利》
12. 《西班牙》
13. 《瑞士》
14. 《新加坡（附新山、宾坦岛）》
15. 《新西兰》
16. 《越南》
17. 《荷兰、比利时、卢森堡》
18. 《土耳其》

乐游全球丛书

旅行会话 系列

1. 《英语》
2. 《韩语+英语》
3. 《欧洲5国语》
4. 《泰语+英语》
5. 《法语+英语》
6. 《德语+英语》
7. 《西班牙语+英语》
8. 《意大利语+英语》

乐游全球丛书

跟团游 系列

1. 《欧洲》
2. 《英国》
3. 《澳大利亚》
4. 《韩国》

序

在英国，求职的人们正面临着来自就业市场最为严峻的考验。因此，加强自身的流动性成为求职者提高就业率的必杀技。我在本周撰写此文时，英国广播公司（BBC）第四频道播出了一档讲述移民回流现象（reverse migration）的节目，许多不满现状的欧洲青年开始到国外寻求就业机会。这些人在其求职或创业之路上往往不走寻常路，如：一位葡萄牙的企业家在安哥拉成功地建立了自己的企业。对于打工旅行者而言，他们更为青睐像澳大利亚、新西兰、加拿大，特别是中国这样的国家。因为，相比英美和一些欧洲国家，这些国家的经济更好地经受住了世界经济暴风雨的洗礼。更重要的是，这些国家灵活的签证政策也更适合精力充沛的年轻求职者。

如果在国内找到工作的机会渺茫，显然，人们只能通过扩大视野和增加技能在其他地方大显身手。例如，在落基山的滑雪胜地工作，加入新加坡最新的假期打工计划，到厄瓜多尔教英语，或是为马达加斯加的海洋研究项目提供志愿者服务。世界是不断变化的，因此《打工环游世界》每两年会再版一次。从该书上一版出版后至今，我已经游遍了墨尔本、加利福尼亚州、蒙特利尔、安大略省、越南、意大利、希腊和比利时。我也亲眼见证了从1983年该书第一版发布至今世界经历的变化，以及富于冒险精神的旅行家们如何通过自己的努力筹集盘缠开始冒险之旅。

作为该书的第15版，我采访了更多旅行者，如：一位自由编辑，他决定逃离爱丁堡的寒冬，前往红海附近的达哈布（Dahab）开始简单而朴素的生活；一个加利福尼亚人在伊维萨岛（Ibiza）靠给俱乐部拍照谋生；一位音乐家，在玻利维亚（Bolivia）丢失钱包而被迫在酒吧工作，以满足日常生活开支；一位葡萄酒爱好者，为了掌握弗勒里（Fleurie）葡萄酒的酿制过程，到那里当了一名长期的葡萄采摘工人；一名学习现代语言的学生，在布宜诺斯艾利斯（Buenos Aires）留学期间一直在酒吧当服务生；一位从事通信工作的爱尔兰人，退休后到希腊教授了一个月的英文，现受雇于雅典的一家研究院；一位曾经的木匠及皇家海军陆战队预备役军人，带着吉他，成为浪迹天涯的"沙发客"。几乎不约而同，这些旅行者用自己的亲身经历劝说着周围的人们挣脱生活的束缚，探寻新的世界，感悟异国友人和旅伴带来的不期而遇的热情与友谊。

在新的一版中，我通过调查，还增加了许多有趣的发现，如：在阿拉斯加有家因纽特人经营的公司，通过国际招聘实现了北极圈内季节性工作安置的问题；而塔吉克斯坦的一个组织则专门将有机农户的信息提供给志愿者，他们可以通过做些农活换得免费的食宿。在这一版本中还首次为热情的青年朋友提供了去马尔代夫做志愿者的机会。离开英国前往欧洲大陆的互惠生（au pairs）的数量有所减少，取而代之的是更为直接的方式，他们为冰岛、澳大利亚和中国家庭的孩子提供照料，并获取酬劳。一些法国、西班牙和波兰的公司还提供真正的打工度假，参与者只需利用其纯正的英语与参加夏令营的小孩儿或是特色度假村的商务人士进行对话。

也许你偶尔会感到旅途的召唤，并按捺不住心中对于冒险的渴望，那么，希望此书能给你带去梦想成真的欣喜与愉悦。我尽量保证本书提供的是完整和最新的信息，并提供清楚的说明。在所有的联系地址、网站、实践经验以及旅行者的打工故事中，都展现出启迪的智慧和勇气。谨以此书献给所有渴望旅行的朋友们，它必将带给你新的喜悦，并激发出你无限的想象力。

苏珊·格里菲斯

于剑桥

致谢

我与这些勇敢的实践者始终保持着联系，他们或富足，或贫困。然而他们的故事让我一直没有停下更新的脚步。这一版最新的《打工环游世界》得益于成百上千位旅行者与我慷慨地分享他们多年来的积累与收获。其中一些朋友还曾为之前许多版本的发行立下汗马功劳，在此，我对他们一直以来的帮助表示感谢。

与此同时，我还要特别感谢这些忠实的旅行家朋友们，我从两年前开始更新上一版本，在此期间，他们即使身处偏隅之地仍不忘与我通过电脑沟通，我甚至偶尔还能收到他们寄来的书信。每当收到他们总结的旅行智慧时，我总是欣喜不已，并经过筛选后一一选入我的书中。在此，我要对以下的朋友们致以最诚挚的感谢：

汉娜·阿德科克（Hannah Adcock），汤姆·艾伯（Tom Alber），特拉维斯·鲍尔（Travis Ball），莎拉·布里斯（Sara Breese），瑞安·康罗伊（Ryan Conroy），凯丝·库珀（Cath Cooper），安德鲁·卡明斯（Andrew Cummings），利赛特·德·哈斯（Risette de Haas），保拉·唐纳修（Paula Donahue），尼诺·汉特（Nino Hunter），布拉德韦尔·杰克逊（Bradwell Jackson），科里·吉尤比茨（Cory Jubitz），克里斯托弗·拉弗塞（Christopher Lafosse），菲利普·李（Philip Lee），安娜·凌（Anna Ling），凯丝·麦奎尔（Kath McGuire），杰里·梅林（Jerry Melinn），亚历山大·纽曼（Alexandra Neuman），杰夫·伦尼（Geoff Nunney），约翰·拉梅奇（John Ramage），柯尔斯顿·肖（Kirsten Shaw），菲尔·汤姆金斯（Phil Tomkins），荷莉·泰特（Holly Tate），皮特·汤普森（Pete Thompson），艾迪·范·德·沃尔肯（Eddy Van de Werken）和亚伦·伍兹（Aaron Woods）。

尽管我们尽力保证书中所含信息在出版时的准确性，但仍旧无法确保在编辑过程中出现细节信息的变更。其中，工资、汇率和政府政策尤其容易波动，因此，书中列举的这些数据仅供参考。

如果你在旅途中发现任何趣闻逸事，并愿意在下一版的《打工环游世界》中和其他读者们共同分享，请写信给昆姆森出版社（Crimson Publishing）度假打工系列小组的苏珊·格里菲斯（Susan Griffith，英文通信地址：Westminster House, Kew Road, Richmond, Surrey, TW92ND）；或者给她发送电子邮件（s.griffith@ntlworld.com）（一定会回复邮件）。该书大部分的内容来源于人们打工旅行过程中的最新见闻。最佳参与者将能免费获得一本下次出版的新书，或有幸成为打工度假系列小组的成员（详细名单见本书的结尾部分）。

"工作无处不在"（Anywork Anywhere）

"工作无处不在"是一家提供在线就业信息、志愿者指南以及在欧洲和世界其他地方打工和旅行信息的网站（www.anyworkanywhere.com）。

无须登记注册，用户便可免费在线搜索就业信息、在线申请工作，并可享用各种在线资源。许多工作机会还能免费提供食宿。用户可以选择直接与雇主见面，但更多的雇主倾向于通过电话的方式进行面试，当然，真实的简历和可查实的证明材料也是必不可少的。

尽管大部分职位为短期的全职工作，合同期仅为两三周或一年，但也不乏许多长期的职位。如果员工和雇主相处甚佳，一些三五个月的季节性工作临时劳动关系也有可能发展为长期的雇佣关系。

在这里你可以找到各种激动人心的工作机会，如避暑胜地、滑雪胜地、水果采摘和包装、酒吧、餐厅、酒店、英语教学、教育机构、娱乐城、活动中心、志愿者协会与保护区、假日及主题公园、护理工作以及儿童保育工作等。这也正是该网站的乐趣和价值所在。

如果你对升华心灵的工作颇为动心，这里还提供许多获得全方位资金支持的各种志愿者活动信息。除了参与目前各种享誉盛名的"西方世界"倡导的主流组织外，你也可以直接选择当地的一些非政府组织（NGO）或小型的项目，尽管后者有些冒险。但是，我们尽量保证两种机会得以平衡，因为对于这样的探索而言，它们各具优势。

网站信息包罗万象。除了提供求职和志愿者信息外，综合指南部分还提供了许多关于签证，特别是打工度假签证，以及各种旅行和工作信息的资讯。网站的使馆目录按照检索人所在国排列查询，通过易于浏览的图标链接，在特定国别部分可以轻松地点击进入各种志愿者指南、培训和课程信息，从滑雪到烹饪，应有尽有。

前言

梦想成真

走遍世界各地的梦想并非简单的浪漫主义就可以实现。从早期英勇的航海家斐迪南·麦哲伦（Ferdinand Magellan）到富于传奇色彩的旅行家斐利亚·福克（Phileas Fogg），环球旅行者的壮举时刻都刺激着热爱冒险人们的神经。西蒙·里夫（Simon Reeve）的环游世界系列节目和屡获殊荣的旅游博客，如www.twoguysaroundtheworld.com，深受大众的喜爱，也许是因为我们中的许多人都享受着幻想自己能成为环球冒险者，虽然这勃勃野心听起来有些不可思议。

没有任何一种乐趣可以与自由的旅行比拟。发现未知和探险的意义在于这个过程中所感受到的兴奋与愉悦，其实，它们都长期隐藏在我们日常生活的细微之处。廉价航空机票使得原本属于富人的目的地向更多的旅行爱好者开放。当行走在世界某个偏远的角落时，我们可以逃离现代生活的各种需求，摆脱纷繁复杂且技术泛滥的世界。无论你的人生处在何种阶段，积极地开始旅行意味着你将拥有选择无限可能的自由。那些曾经只身一人旅行的人们常常更加懂得旅行的乐趣，他们想去更多的地方，看更多的名胜古迹，并愿意长期生活在国外。今天，对于普通民众而言，无论是在里约热内卢的腹地徒步，或是在菲律宾潜水都已非难事。对于某些神奇之地的向往，如马达加斯加或巴塔哥尼亚（Patagonia），可能源于童年遗留的想象；也许是某一位朋友的回忆唤起了出发的冲动，或是受到了电视旅游见闻节目的启发，抑或是由于个人对于特定文化或自然栖息地的激情。总有一天，所有曾经虚幻的梦想都必将化作真实的可能。

这时，人们需要的不再是印刷精美的旅游小册子中的华丽辞藻，取而代之的是精心安排的出行计划。谁来为我们的旅行埋单往往成为首要大事。麦哲伦的航行得到了西班牙皇室的支持，斐利亚·福克独立完成了壮举，西蒙·里夫则能够随时利用英国广播公司（BBC）的资源。那么，普通的百姓怎样才能将梦想变为现实呢？通常人们会通过努力工作和省吃俭用来实现梦想。要实现激动人心的一刻，无休止地加班和牺牲休息时间不可避免，这是通往坦桑尼亚草原开始探险、地中海水上运动课程和新西兰蹦极运动的单行道。那么，是否有可能跨越这个阶段，提前进入理想的世界呢？是否可以换一种方法以最小的成本享受同样的美景，而并非采用华丽旅行手册中介绍的昂贵的出行方式？

“打工环游世界”这一吸引眼球的标题也许包含着解决出行费用不足难题的答案。一边进行长途的旅行，一边打些零工以减少旅行的成本。尽管期望在北京或柏林步入高薪收入人群的愿望不切实际（事实上这样的工作确实存在），但通过其他非正式的方式抵消旅行费用也不是没有可能。与通过长途包价度假旅游的方式相比，在新西兰农场或哥斯达黎加生态旅舍一边挣钱一边游玩的出行计划意味着你将省下更多旅途的花费，在某些情况下，你甚至只用掏机票钱就能游遍同样的地方。

除了移民和异国婚姻外，在国外工作可谓是深入感受异国文化的绝佳方式。与在悉尼酒吧打工的人们相比，花上了好几个月时间在昆士兰内陆车站打工的勇敢英国人将感知到完全不同的澳大利亚。然而，他们都同样体验到在一个完全陌生的环境中工作的欣喜。

一些人多年来从未认真考虑过这样的想法，在最终获得必要的经济条件实现他们的想法前，他们也总是踌躇不前。菲尔·汤姆金斯，一个45岁的英国人，曾经于2010年和2011年在希腊的基亚（Kea）小岛上教书，他为我们讲述了迈出这重要一步前复杂的思想斗争：

> 我想事实上我们只不过是浩瀚宇宙中的一颗小小尘埃，如果你内心关于冒险的小火苗开始燃烧，那么我的建议是：那就让这热情之火尽情燃烧吧！

> 尽管这有可能无疾而终，但是你仍旧可以坚强地看着人们的眼睛，告诉他们："至少我试过了。"你可以选择每天朝九晚五的生活，上班，回家，打开勾魂的电视，坐着观看迈克尔·佩林（Michael Palin）是如何环游世界的；或者你可以选择大胆地开始这一切，珍惜每一天，做一些意想不到的事情。有一点我可以保证，多年以后，我们在弥留之际，将不会对自己说："噢，我希望我应该多花一些时间在那些无休止的工作上，少在我生命中冒些险！"

只要你富于冒险精神，还有那么一点点不安分，那么你就拥有用最少的钱探索世界最偏远角落的潜力。在一个理想的世界里，我们可以注册于一家国际职业介绍机构，并通过这里找到各种迷人的工作，如加勒比海地区的水下模特、欧洲旅游公司的历史讲解员或落基山滑雪场的滑雪教练。但是，与国内一样，国外的工作也必须通过努力才能找到。以下这几百页将帮助你完成这些任务。

决定出发

对于多数人而言，难以下定决心出发前行是旅行路上最大的绊脚石。而通常，最难的一步则是敲定出发的日期。一旦购买好出发的机票，告诉家人和朋友要开始环游世界的决定（他们有人会羡慕你，有人或许会反对），并收拾行囊时，其余的一切都变得不再重要。对于第一次远行的人而言，当想到过去稳定舒适的生活时，难免会倍感孤身在外的寂寞和分离的悲伤。但事实上，预计的艰辛往往比事后回忆中的更糟。只要你拥有足够的勇气、一些钱和这本书，你就可以尽情享受在国外不同以往的生活了。

你可以选择自己最心仪的风景名胜地，也可以提前规划好工作和路线。对于有些人而言，工作只不过是一种手段，是他们支撑自己走得更远的一种方法；而一些人认为在国外的工作本身就是对于其他文化的探索，能满足其好奇心，亲自去验证关于其他民族的论调是否准确。这往往是摆脱日复一日无聊生活的最佳选择。本书的其中一位投稿人放弃了自己“轻松的秘书工作、高级百货公司的会员卡和美丽的高跟鞋”，当她开始打工周游欧洲之行时心灵感到无比自由。另外一位投稿人最终逃离了他口中的“地狱式的办公室工作”，开始在泰国教授英语。

当你开始怀疑自己是否适合在国外工作时，不要把自己设想为一个特例。除了学生、辍学者和那些面临失业的人喜欢打工旅行外，许多工作稳定的人也非常愿意暂时离开现实生活。在编写这一版的《打工环游世界》时，我收到了一位女士发来的邮件，她正在南非的丛林学校和野生动物医院工作，在此之前，已在荷兰家乡的时尚零售业工作了10年；来自俄勒冈州的校对员醉心于在巴塞罗那的那些日子，并一直试图想要回到那里；一位来自澳大利亚的中年记者在意大利的贝加莫（Bergamo）开始了他的美好生活，他一边教英语一边享受生活；英国滑雪教练十分倾心于加拿大滑雪胜地惠斯勒（Whistler）的生活，整个夏天他都留在那里工作；一位电视编剧兼制片人辞去了工作，开始休假，最终假期变成了三年的环球之旅，在这期间，她靠着在澳大利亚的咖啡馆兼职、在伊斯坦布尔做英语辅导老师、在西班牙的浸入式英语学习计划中做公关工作来维持自己的开支；一对来自唐卡斯特（Doncaster）做行政管理和公务员的夫妇在非洲的学校里教贫困的孩子们练习板球；一位编辑从爱丁堡搬到了红海边上的多哈，在这里她可以继续她的自由撰稿人的工作（至少在“阿拉伯之春”事件发生后切断互联网之前，她还可以继续自己的工作）；一位30出头的加利福尼亚人利用自己的摄影技术，成功求职一家英国网站，他负责拍摄伊维萨岛（Ibiza）上的俱乐部。他们不是以挣钱为目的，而是为了获得全新的体验和与众不同的经历，才开始选择这样的生活，他们更深信：事业和成功并非人生的全部意义。

开始准备

在这个世界，“米考伯先生”（Mr Micawbers）不可能找到工作。（“米考伯先生”是查尔斯·狄更斯

〈Charles Dickens〉小说《大卫·科波菲尔》〈*David Copperfield*〉中的著名人物，米考伯最大的特点是得乐且乐、梦想有一天会时来运转，但从不采取任何实际的行动来完成梦想。）如果你只是像米考伯一样“等待天上掉下馅饼”，那很快你就会发现自己身无分文，根本无法负担旅费。如果你只是在家消极等待，或者成天躲在旅馆算计着欧元或比索越花越少，举棋不定，踌躇不前，因为你坚信形势无望，或者自己缺乏必要的就业资质，那么你最终将一事无成。

每次成功的旅行都少不了做好航班规划和有条不紊的出行计划。我们中的大多数人恰恰缺少了走出去的勇气（或者太过粗心）。提前做好功课也能帮助你后面的出行，因为它会给你更多的信心。把握计划和喜好的平衡也尤为重要，按部就班地执行提前拟订的出行计划，可能会让你与机会失之交臂，但漫无目的更会使你的出行变得茫然。

对于多数人而言，资金不足是他们出行的最大障碍。很少有人会把自己完全交给命运，身无分文地开始旅行。大多数人会在积攒了足够的积蓄后才会出发，这样自由度会大大增加，无须担心旅费不够。

有时拮据也能成为前行的动力，正如罗杰·布莱克（Roger Blake）之例：

> 出发时我还拥有大量的积蓄。可是这没有持续多久，在18个月里，我只能一边打工一边旅行。我已经记不清有多少次兜里只剩下不到50美元。但无论如何我总能熬过去。当听到其他驴友担心并抱怨兜里只有不到500美元时，我不禁感叹他们应该庆幸。换言之，假如你还拥有这么多钱，尽情炫耀、好好享受！一些在银行里还有几百美元存款的人在“找工作”，还有一些人，包括我在内，也在寻找工作。相信我，当你真的没钱了，一定能找着工作。

拥有一定资金来购买机票、办理签证和购买保险（见下文）等是任何人开始一段长时间旅行的必要条件。然而，如果你愿意在旅途中打各种临工，并愿意忍受濒临破产的窘困，你会惊奇地发现：其实只需要很少的钱就足够走很远的路。

旅费

如果条件允许，存一些应急用的备用金当然总是一个不错的主意；或者当你遭遇困境时，至少能从家人那里拿到钱（参见本书结尾部分关于在“极端情况”中“汇款”的介绍）。在出发前单独预存的资金数额取决于你估计自己对于风险的容忍度。然而，即使是冒险家和赌徒也只应去挑战那些明智的冒险。如果你的现金不多，建议最好将返程票提前买好。例如，如果你想要在地中海上驾驶游艇，可是身上的钱却不多，这时你可以买一张前往罗德岛（Rhodes）或者加那利群岛（Canaries）最便宜且即时出发的往返机票。如果你成功了并浪费掉返程机票，自然是棒极了！如果没有，你则有可能在几个星期里都享受着阳光——失望但不绝望。

人们对存钱的态度亦有所不同。一些人享受着为一次旅行攒钱的过程；而另外一些人会因为长期存钱感到郁闷，并开始渴望回到享受酒吧和美食的日子。当雪落·爱德华兹（Xuela Edwards）结束两年在欧洲打工旅行的日子回到家里时，她仍尝试着保持旅行中的心态，这样攒钱变得更加容易：

> 我的建议是：把祖国和异国他乡等同看待。这会使你变得无所不能。尽量避免贷款购车或是其他生活中的高消费。我敢肯定，荷兰的郁金香采摘工人的积蓄肯定不少，因为他们住在帐篷里（我承认在家时很难做到这点）。

迈克·图尼克利夫（Mike Tunnicliffe）的环球旅行比预计的花费要多，但他并不后悔：

> 起初，我打算通过打零工来获得这一年的旅费，之后就回英国，那么我只需准备机票钱。事实上，最后储蓄支取的部分远远超出了我一开始的计划。幸好以前的存款够多，我决定尽情地享受这一年，毕竟机会转瞬即逝。换句话说，活在当下！

一旦你决定出发前行，就为自己设定一个可行的存款目标，并全力以赴实现这个目标。不要仅仅为了有份工作而根本不加选择，你应该挑那些高薪的工作（当然这并不容易），或者如果你愿意，选择那些可以加班的工作。对于一心一意的打工旅行者而言，一周60多小时的工作时间远在他们可以接受的范围之内；除此之外，这种工作时间的附加优势是：人们由于极度的疲劳而免于参加高消费的社交活动。如果你在出发前就能攒下不少的积蓄，与多数人相比则更加幸运。有物业的话还可出租收取租金，用以支撑旅行。

留学生每天平均的预算是25~30英镑，但在老挝和玻利维亚留学的花费仅为其一半。不管你拥有多少旅费，资金来源的方式都不应该是单一的，现金、现金卡、信用卡（放在不同的地方）都必不可少，如果有可能还可以准备一张高面额的旅行支票以防不时之需。在国外，最直接的存取款方式就是在自动取款机上使用银行借记卡。然而，这种取款方式花费昂贵，因为每次取款还需额外支付6英镑的转账交易和手续费，因此每次取款时都应该按照允许的最高取款额尽量多取（通常为200~300英镑）。用借记卡购买商品或服务也比较便宜：一张典型的万事顺卡（Maestro Card）收取的销售费率为2.65%。如果你需要长期在国外通过国内的账户取款，最好的办法就是直接持卡消费。在网站www.moneyfacts.co.uk上你可以找到更多各种适合旅行银行卡的评论。许多公司及邮局还出售“路费卡”（Travel Money Cards），这是一种预付增值卡，如借记卡一样，它们可以在自动取款机上和购物时使用，但不能连接你的银行账户。你可以在网上购买此卡，并可用英镑、欧元或美元对其充值。目前该行业两个主要的竞争者是：万事达公司的ICE卡（www.iceplc.com）和**通济隆公司**（*Travelex*）销售的现金护照（Cash Passport）（www.cashpassport.com），后者的使用需要多支付2%的手续费，也就是说，如果你要往卡里充2500英镑，需要额外花费50英镑。需要注意的是：考虑汇率和交易费等因素，这些方法不一定更合理。你可以登录www.moneysavingexpert.com了解更多相关信息。

随身携带少量的现金是可取的。英镑可以在多数国家通用，但在拉丁美洲和以色列等地区，美元则是更好的选择。在规划出行的时候，如果需要了解各国的汇率，最简单的办法就是通过网络查询（如：www.oanda.com或www.xe.com / UCC）；或者查阅周一版的《金融时报》（*Financial Times*），然而，你的最终交易价往往会高于这里列出的价格。在一些国家，换取外汇还需提前几日预约。在英国，最大的服装零售商玛莎百货（Marks &Spencer）设有外汇兑换处，在这里，你可以使用现金或者旅行支票，除了汇率相对优惠外，还没有手续费。另外，你还可以通过网上商城轻松实现送货到家。英国邮局（The Post Office）、**托马斯·库克公司**（*Thomas Cook*）和货币兑换店（Money Shop）也能提供不错的汇率。

只要你能有节制地使用信用卡，它在多数情况下能够提供便利。在紧急情况下，信用卡非常有用，通过海关时出示信用卡，还能免除海关官员对于身无分文游客的查问。罗杰·布莱克在一次持单程机票离开澳大利亚时的经历正好印证了我们对信用卡的评论：

> 当我出发开始环球旅行时，总是会提前打印好银行对账单（通过借来的钱）以备不时之需，因为你随时有可能需要接受“挑战”。然而，因为从来没有被询问过，这次我放松了警惕。这时墨菲定律发生了，我在墨尔本机场准备乘机前往新西兰，由于仅仅持有单程机票，海关官员拒绝放行，除非我能提供证据证明我有足够旅费。我试图通过我的新西兰工作签证上备注的“只需单程机票”（Outward Passage Waives）说服海关，但是没有成功。我随身只带了400澳元。但幸运的是，这时信用卡上的信用额度有了用武之地。我通过网络连接到了我的账户，这足以说服他们让我出境……最后，我坐上飞机，跨过国际日期变更线，到达了目的地。

从伦敦到拉巴斯（La Paz），骗子们潜伏在缺乏警惕性的游客们身边，准备随时行骗。盗窃的花样也是层出不穷，在火车站，训练有素的吉卜赛儿童团伙作案，他们分工明确，一部分孩子巧妙地分散人们的注意力，另外一部分实施盗窃；而在美国和巴西的城市街头，暴力袭击则更为普遍。更加令人沮丧的是，盗窃甚至会发生在青年旅舍或是沙滩上。减少风险的办法包括：财物分开存放，如在衣服下系一条可以装钱的舒适腰带；避免进入破旧或者拥挤的街区；不要在公共场所清点钱财；饮酒要有节制。如果你被抢劫，并购买了包括现金的相关保险，你必须拿到一份警方的证明（有时收费）以保证有机会获得些赔偿。

要实现出行的目标，除了攒钱外，你还应该考虑从其他方面做好准备：健康的身体、必备的行装、必要的联系人和实用技能。

准备行装

在以轻松出行为目标的同时（放弃携带如洗发水之类的物品），你还应该考虑准备一些实用的装备。例如，许多打工旅行者会考虑携带经济又便携的帐篷和睡袋，当他们在农场找到一份工作，但农场主又无法提供住宿时，这些增加的重量便开始发挥它们的价值。一双穿着舒适的鞋也是必不可少的，因为在国外找工作时少不了要四处奔走。

对于旅途中的求职者而言，手机是必备品（见下节中关于“保持联系”的建议）。其他有可能用于帮着挣钱的物品也可带上，在街头卖艺时会用到便士哨笛和吉他；要找到一份英语教师或者数据录入员的工作，西服和领带是必需的；在寒冷天气采摘水果时，一双手套（合适的无指橡胶手套）则能事半功倍。任何有价值的东西（贵重物品或情感）都应该留在家里。总的来说，务必带上那些必不可少的物品，包括一把瑞士军刀，但是如果你要乘坐飞机，一定不能随身携带，得托运，因为安检时会被没收。另外一个旅行小贴士是：带上牙线，除了剔牙外，它们还能临时被用来修补背包或者充当晾衣竿等。你也可以允许自己带一件轻便的奢侈品，如iPod（尽管担心被盗和充电麻烦）、短波收音机或者一瓶花生酱。如果你已经预先找到了工作，提前邮寄一些物品总是对的。

随着世界各地越来越多的酒店和咖啡馆都开始提供wi-fi网络，一些旅行者也将笔记本电脑和智能手机列为出行的必备品。详尽的地图和旅行指南总会将旅行变为一种享受。如果你打算在重点城市落脚，应该提前买好地图。推荐前往著名的地图和旅游商品店——**爱德华斯坦福有限公司**（*Edward Stanford Ltd*）位于布里斯托尔（Bristol）和曼彻斯特（Manchester）的分店和位于伦敦考文特花园（Covent Garden）的总店，你也可以登录www.stanfords.co.uk在线搜索产品目录。同样推荐的还包括针对旅行者的**丹特书店**（*Daunt Books for Travelers* ☎83 Mary Lebone High Street，London W1；www.dauntbooks.co.uk。其在伦敦还有5家分店），除了旅行指南和地图外，这里还出售小说及游记。位于伍斯特郡（Worcestershine）的**地图店**（*Map Shop* ☎0800 085 4080，01684 593146；www.themapshop.co.uk）和位于威尔特郡（Wiltshire）的**世界地图店**（*Maps Worldwide* ☎0845 122 0559；www.mapsworldwide.co.uk）都针对专业地图、旅行指南和GPS设备提供覆盖面广的邮购业务。

从波士顿哈佛广场（Harvard Square）的**全球角落书屋**（*Globe Corner Bookstore*，www.globecorner.com）到温哥华的**旅行癖书城**（*Wanderlust*，www.wanderlustore.com），汇集了来自全北美的数十位旅行家的著作。

购买保险

在下一章的结尾部分提供了全面的关于旅行健康问题的信息。避免医疗债务的一个重要办法就是购买全面的保险。所有旅行者都必须做好准备面对可能降临的意外。在类似印度、土耳其和委内瑞拉这些国家，交通事故发生率是英国的20倍。一份由英国**外交及联邦事务部**（*Foreign and Commonwealth Office*）提供的调查显示，有1/4岁数在16~34岁的游客出行时没有购买保险，这就意味着大约有300万人正处于高风险之中。

鉴于国家提供互惠医疗保险覆盖的范围有限（它只涵盖了紧急情况），你应该补充购买更全面的综合性私人保险，包括行李丢失以及更加重要的紧急遣返。每家旅行社都十分乐意出售保险给你，因为他们可以通过该项服务赚取提成。通过在线或电话投保还能节省支出。如果你需要出国工作，你还应当提前通知你的保险公司（这往往可能性很小）。如果你因为工作而受伤，许多保险将会无效，如：在采摘李子时拉伤背部，或是在餐厅厨房工作时切伤自己。常规的旅游保险还覆盖不到志愿性的工作，除非在投保时提前说明。

许多保险公司收费较低，但这时需要你判断它们提供的保险覆盖范围是否会意。大多数保险公司提供两种不同费率的保险，即覆盖紧急医疗的标准投保和覆盖个人行李、航班取消等的高级投保。如果你的出行计划中不包括北美，保费会更为便宜。以下将列举部分可以考虑投保的公司。基本的背包客投保只需每月支付大约25英镑，如果需要更加全面的保险，保费将增加至每月30~40英镑。如果出发后你的行程发生变化，由《拉夫旅行指南》（*Rough Guides*）认可的**世界游牧公司**（*World Nomads*，www.worldnomads.co.uk）提供由于发生此类变化而造成损失的相关保险。

王牌旅游保险（*Ace Travel Insurance*）：www.acetravellerinsurance.com；网页广告语“针对背包客、间隔年[1]（Gap Year）、留学和海外工作的保险”。投保人群年龄上限为44周岁，投保12个月的费用为169英镑，标准投保的费用为208英镑。

Club Direct：西苏塞克斯郡（West Sussex）；☎0800 083 2466；www.clubdirect.com；提供覆盖海外工作的保险，但工作范围不涉及重型机械操作。

Columbus Direct：☎0870 033 9988；www.columbusdirect.com；旅游保险领域的巨头之一；提供世界范围内一年220英镑的保险。

Direct Travel Insurance：☎0845 605 2700；www.directtravel.co.uk；保持一贯的低价，如一份世界范围内一年的最低保费从144英镑起。

Downunder Worldwide Travel Insurance：伦敦W2区；☎0800 393908；www.duinsure.com；提供旅途中延长保险的服务。一年的保费分别为193英镑、234英镑和279英镑。

---

1 间隔年：指的是西方青年在毕业后工作前，花一长段时间去旅行，去体验，去看世界。

恩兹利保险公司（*Endsleigh Insurance*）：☎0800 028 3571；www.endsleigh.co.uk；提供覆盖海外工作、志愿者工作及旅行活动的一年保险，基本投保保费为284英镑，全面投保保费为312英镑。

www.gosure.com：☎0845 222 0020；www.gosure.com。

MRL Insurance：萨里郡（Surrey）；☎0845 676 0691；www.mrlinsurance.co.uk。

导航者旅游保险服务有限公司（*Navigator Travel Insurance Services Ltd.*）：曼彻斯特；☎0161 973 6435；www. navigatortravel.co.uk。

如果不得不申请保险理赔，你可能会万分惊讶于最后裁决的赔付金额。理赔员总是通过他们的计算方法向你证明，你应得的赔付比你认为的要少。处理此类情况的黄金法则是：准备尽可能详尽的文件用于支持理赔，警方的报告尤其重要。

如果需要在海外长期居住，推荐选择两家美国保险公司：**旅游卫士公司**（*Travel Guard*，www.travelguard.com）和**国际SOS救援有限公司**（*International SOS Assistance Inc* ☎0800 523 8930；www.internationalsos.com），国际SOS服务于许多援助机构，并为在偏远地区工作的人们提供救助。**瓦拉赫保险公司**（*Wallach & Company* ☎0800 237 6615；www.wallach.com）是一家专门为在海外生活的美国人提供保险服务的公司。

安全问题

在旅行中不可避免将涉及风险平衡，以及实际或想象危险的化解。英国**外交及联邦事务部**（*FCO*）提供一项常规并保持更新的服务；你可以拨打旅游咨询处的电话（0845 850 2829，英国境内拨打每分钟收费0.04英镑）了解相关资讯，其实相关信息大多已经公布在www.fco.gov.uk /travel网站上。该网站提供全面的关于问题地点的风险评估，包括内乱、恐怖主义和犯罪活动等信息，内容详尽且更新及时。

有些人认为，外交及联邦事务部发布的关于相关国家旅游安全的提示会损害该国旅游局为吸引游客所付出的努力，同时，一些非政府组织招收志愿者的计划也会因此受到影响。所以，除了关注官方的提示外，当地居民的第一手评论也值得借鉴。苏丹志愿者计划慈善机构的主席就认为外交及联邦事务部的相关警示是偏见而非事实：

> 我们长期困扰于英国外交及联邦事务部发布的所谓旅游忠告，这些忠告不仅消极负面，而且我认为，极具误导性，容易混淆视听。许多潜在的志愿者因此放弃了参加计划，他们的家人也尤为担心。在我看来，这都源于使馆人员曾经遭受的恐怖经历，这些经历促使他们筑起更高的围栏保护其住所，当然这种受困心态导致他们更加忽略现实的情况。两年前，使馆的安全曾经遭受威胁，2008年1月，一位驻喀土穆（Khartoum）大使馆的美国官员遇害身亡。然而，近年来，在喀土穆及北部小城镇鲜有发生针对外国人的袭击。我并非轻视这些暴行，然而，他们绝非如英国外交及联邦事务部所提及的“肆意妄为”。

英国外交及联邦事务部推进的“出发前须知”运动旨在提高背包客和独自旅行者对于潜在风险和危险的防范意识，这主要通过购买全面保险得以实现。在存在安全问题或者偏远的旅行地或工作地，最明智的做法是出国之前预先联系本国驻目的地国家的使领馆，做出行备案及听取建议，到达后应到本国使领馆做备案登记。（官网均有联系电话及邮箱地址）。以便当地使领馆官员可以通过这些预留信息在发生紧急情况时与你取得联系。

对于可能遭遇紧张情绪的独自旅行者而言，www.travellingalone.co.uk网站上刊登着各种关于他们感兴趣话题的文章。一些专业性的组织还开设了各种培训课程以帮助参加培训者应对环球旅行或间隔年中可能出现的危险和问题。这些为期一天的安全和风险意识课程通常为没有经验的18岁左右的年轻人开设，这些孩子的父母为他们报名参加此类培训，当然，任何愿意支付150~350英镑培训费的人均可参加。位于德文郡（Devon）的Safetrek公司（☎07971 811414；www.

safetrek.co.uk）和**终极间隔年公司**（*Ultimate Gap Year*，www.ultimategapyear.co.uk）是此类培训的主要提供者。

职业技能

提前购买地图和保险以及了解疟疾等疫情（见下一章“旅行者健康”）是明智的预防措施，并简单易行。相比而言，出行者获取职业技能则没那么容易，这包括语言学习、航海练习、潜水或调酒技能、烹饪或驾驶技术，或参加健身计划等。对于需要从事某些特定工作的旅行者而言，出发前可以考虑参加一项自我提升计划。在众多实用技能当中，你可以选择获取国际英语教师资格证（TEFL Certificate，见“英语教学”章节）并学习航海或潜水知识（见“旅游”章节中的课程地址，还同时提供就业信息）。

出发时，把能带的任何资格证书都带上绝对没错。除此之外，如果有可能，你还应该带上一些关于性格和相关工作经验的证明文件，把它们打印在有抬头的信纸上，因为许多地方通常不接受扫描件。如果你已经出发上路，再准备这些文件就没那么容易了。如果你已经准备好了一份简历，请将它保存在你的电子邮箱里，便于随时打开、随时发送。

语言

对于求职者而言，即使只掌握了一门有限的外语，也十分有价值。目的国针对语言爱好者开设的夜校通常采用学年制。一对一家教形式的语言速成课程效果较好但更加昂贵。自制力强的学习者还可以采取各种不同的方式自学，如：在线远程培训，或者通过书本和CD光盘学习，但如果需要进一步提升，系统性课程培训必不可少。尽管目前许多人热衷于通过网络学习语言，但传统的自学课程仍旧占据市场的半壁江山，如：牛津大学出版社（www.askoxford.com /language）著名的《启程》（*Take Off in...*）系列（包括MP3形式下载）；英国广播公司（www.bbc.co.uk/language）；**灵格风**[1]（*Linquaphone* ☎0800 136973；www.linguaphone.co.uk）；**视听论坛**（*Audioforum*）。灵格风建议通过连

1 灵格风：英国的一种利用唱片配合课本传授语言的教学模式。

续3个月每天一个半小时的语言学习来掌握一门语言的基础知识。如果在国内的语言学习没有太大的进步，那么出发时别忘了带上你的自学辅导资料，因为当你处于另一种语言环境时，你将获得学习外语的更大动力。

和本地人直接对话，是更加有趣且通常更为有效的外语学习方式。最省钱的方法是寻找一位生活在你周围的母语使用者，为此，你可以在当地的报纸上刊登广告，或者联系当地的英语语言学校。许多组织还举办收费昂贵的国内语言学习班。位于康沃尔（Cornwall）的**CESA语言留学组织**（*CESA Languages Abroad* ☎01209 211800；www.cesalanguages.com）和**语言课程留学有限公司**（*Language Courses Abroad Ltd* ☎0131 621 7721；www.languagesabroad.co.uk）就是其中的两家，它们为人们提供机会前往母语国家学习语言。位于爱丁堡的**加勒多尼亚语言留学机构**（*Caledonia Languages Abroad*）提供前往世界各地学习的语言课程，在拉丁美洲，学院还能将语言学习与志愿活动结合。**国际教育学院**（*Institute of International Education*）则设立了总部位于美国的强大搜索引擎www.iiepassport.org，在这里你可以找到感兴趣的课程。除此之外，类似的搜索引擎还有www.abroadlanguages.com和www.worldwide.edu。

另一种语言学习方式是放弃系统性的课程学习，直接走进使用母语的家庭，与他们共同生活。这种方式的优势是你可以很快融入社区，未来的就业机会也得以扩大。一些旅行社和私人代理机构负责安排联系当地适合的家庭，满足人们希望通过在当地家庭生活中提高语言技能的要求。寄宿客需要支付这期间的相关费用，此种方式常被人们称作“寄宿家庭学习”（homestay）。

根据提尔·布鲁克纳（Till Bruckner）在三个大洲多年来的生活，他认为语言学习是关键：

学习当地的语言不仅能帮助你很快找到工作，同样也使你在海外的生活更有意义。而且，这些经历会帮你在回国后更容易就业。所以，现在每当我到达一个新的地方，首先要做的事情就是报名参加语言学习。语言班的老师通常会接触许多其他的外国人，拥有当地的人脉，还能讲英文。换句话说，老师们是你求职的起点。如果你清楚地表明只有挣到一些钱你才能继续学习时，那么你已经拥有了一群十分积极的助手在帮你寻找工作。

人脉

许多给我提供信息的人都在强调人脉的重要性，这些人并非必须身处高位，但必要时能给你提供及时的帮助。有些非常幸运的人们还在世界各地拥有亲戚和朋友，除了为他们提供旅行建议外，甚至还能帮助就业。而其他人必须通过间接的关系建立自己的人脉。

迪克·伯德（Dick Bird）曾经用了一年半以上的时间游遍南美，他轻松预见到人脉的作用：

> 在玻利维亚旅行时，我希望尝试一下被称做“拿到一些联系地址”的生存技巧。操作的方法不是很难。在离开自己的原籍国之前，告诉每个人你将前往南美旅行，从你的直系亲属到偶然认识的朋友。你只需说上几句好话，他们就有可能主动向你提供一些有帮助的信息，比如，他们曾经在卡立芬交会站（Clapham Junction）站台和新结识的朋友交换地址，或是在前往南美淘金时记下仅有一面之缘的朋友的联系方式。接下来，你只需自信满满地出现在这些毫不知情的海外移民者门前，告诉他们你如何从其最亲近的人们那里得到他们的联系方式。尽管迎接你的不会总是热情的拥抱，但至少他们愿意和你聊天。此外，这些联系人通常还能帮你找到一些简单的工作，如打零工、耕种、家教等。

随着社交网络的兴起，建立国际联系比以往任何时候都更加容易。也许你还依稀记得移民新西兰或特内里费的小学同学，并可以重新建立联系。通过加入在线交友网和旅游论坛，你可以结识许多网友，并从他们那里得到环游世界的建议。通过在**脸书**（*Facebook*）的**背包客**（*Backpacker*）平台注册，你不仅可以找出和你住在同一地的旅馆的游客，和他们建立联系，还有可能约好一同上路。一些大胆且富有想象力的博主还在网上大晒其游记、照片和视频，除了吸引到各种盛情的邀请外，他们甚至还收获到资助。例如，由两位美国人开博的www.twoguysaroundtheworld.com网站就曾荣获**孤独星球**（*Lonely Planet*）指南评出的旅行博主奖，他们的网站也在很大程度上帮助他们利用有限的预算开始环游世界之旅。

Tripbod公司（www.tripbod.com），曾经又被称作你的安全星球公司（Your Safe Planet），是一家富于创新性的公司。该公司为游客们联系可靠的旅游目的地当地人，除了与你分享他们了解的当地旅游资讯，这些人同时还能提供关于当地就业和可以免费参加的志愿者服务信息。当然，你的旅途周期越长，收费也越高，例如，从一周收取50英镑，到半年收取350英镑不等。

沙发客计划（*Couchsurfing Project*，www.couchsurfing.com）是知名度最高的网上互换友情自助旅游社区。通过网站免费注册后，任何游客都可以访问到愿意为游客提供住宿的成员（这里的成员已经过百万）。与许多基于互联网的活动一样，系统依赖用户的反馈，也就是说，你可以提前核查你感兴趣的"沙发主人"的资料，并确信提供虚假信息的主人将被立刻删除。"沙发客计划"大受追捧，《星期日泰晤士报》（*Sunday Times*）的记者芙蓉·布利坦（Fleur Brittan）为此写了一本名为《在沙发上》（*On the Couch*，Collins，2009）的特辑介绍这一风潮。类似的免费网站还包括：**换宿俱乐部**（*Hospitality Club*，www.hospitalityclub.org）、**全球寄居人**（*Global Freeloader*，www.globalfreeloaders.com）和www.place2stay.net网站。

截至2011年夏天，克里斯托弗·拉弗塞，一位曾经的木匠和皇家海军陆战队成员，已经完成了7个月的旅行，而在路上的他曾经得到许多陌生人的帮助：

> 靠着我的吉他在街头卖艺等为生，我正在完成我的搭车环球旅行。我可以很轻松地随心所欲地享受这样的生活，因为靠着搭车，交通是免费的，住宿也是免费的。有时，我露宿街头；有时，我可以在陌生朋友提供的沙发上借宿几晚；在城市停留时，我主要通过沙发客网站解决住宿。因此，食物

几乎是我唯一的花费，也许还有其他一些零星的开支，例如，我会花上10欧元在西班牙南部的海滩上享受一次按摩。我学到最多的是如何通过与人交谈，说服他们为我提供临时住所。在我以往的旅行中，这种方式的旅行充满了一些不可思议且独特的随机体验。

参加旅游俱乐部是建立人脉的方法之一，**环球旅行家俱乐部**（*Globetrotter Club* BCM/Roving，London WC1N 3XX，www.globetrotters.co.uk）就是其中一家，会员只需缴纳每年15英镑或29美元的会费，就能定期收到俱乐部编写的有关旅游快报和会员信息的双月刊，其中表达了他们是否愿意款待其他环球旅行者的意愿。

塞尔瓦斯国际组织[1]（*Servas International*）是由一位美国费城人发起，并组织全球的旅行者进行免费住宿互换（hospitality exchange），从而进一步推进世界和平与互信。通常情况下，逗留在提供住宿家中的时间只有几天。在英国要成为一名塞尔瓦斯旅行者或是提供住宿的主人，只需联系塞尔瓦斯英国联络处（☎020 8444 7778；www.servasbritain.u-net.com），他们会将你的申请转交给你所在区域的协调员。会员在获得愿意提供住宿的会员名单前（每年秋季更新），需要缴纳25英镑（如果是夫妻两人，则需缴纳35英镑）的会费，并接受协调员的面试。塞尔瓦斯美国联络处设在加利福尼亚州（☎707 825 1714；www.usservas.org）。除了85美元的入会费以外，还需缴纳25美元可退还的押金（含邮资），会员才能获得超过5个国家的提供住宿的会员名单。住宿交换组织让旅行变得有趣且便宜。布拉德韦尔·杰克逊（Bradwell Jackson）从10年前便开始酝酿他的环球之旅，最终他放弃了自己在美国的药物滥用辅导工作，开始了一段未定行期的旅行。在刚开始旅行的时候，他便尝到了免费住宿网络的甜头，并希望再次亲身体验一下。他的第一个目的地是墨西哥，令他高兴的是，在墨西哥城他碰巧找到了一份英语教师的工作：

---

1 塞尔瓦斯国际组织（http：//joomla.servas.org）：应该算是资格最老的全球Homestay（寄宿家庭）搜索网站了，会员遍布全世界，拥有60年的经验。

> 我真的必须立刻告诉大家，塞尔瓦斯计划并非只是简单地寄宿在人们的家中。其实，当你踏上环球之旅开始冒险时，一切都会显得水到渠成，自然而然。如果你已经成为一些旅行俱乐部的成员，如全球寄居人、换宿俱乐部或任何其他寄宿组织，并且你寄宿的家庭邀请你延长停留时间，你无须感到吃惊。在墨西哥旅行时，我借宿的第一个家庭就邀请我住了6个月。在这期间，除了向主人支付膳食费和使用热水的费用外，一切都是免费的。

布拉德韦尔坚持着他的沙发客之旅，即使是在一些不可能的地区，例如，在马里（Mali）的首都巴马科（Bamako）时，借宿家庭的主人让他留宿两个月，作为交换他每天讲授两个小时的英语课。除了提供住宿外，富裕的主人还为布拉德韦尔提供膳食、网络和洗衣服务等。他认为，“一旦到达了如此之梦境，你很容易感到有点内疚，而且需要时间来习惯这种热情。当然，我一定不是在抱怨。”

除此之外，其他换宿俱乐部和交流也值得探寻。比如有专门针对女性旅游者的家庭住宿需求的网站，像**全球女性换宿俱乐部**（*Women Welcome Women Worldwide* ☎01494465441；www.womenwelcomewomen.org.uk）。这家位于英国的网站为全世界的女性旅行者提供女性家庭住宿搜索信息。会员不需要定期缴纳订购费，但至少需要支付最低35英镑或67美元的捐款，用于制作成员名单以及三本发布会员信息公告的简讯。目前该网站在全球80个国家拥有2500名会员，会员年龄为16~80岁。

独自旅行或结伴出游

许多旅行者都在强调独自旅行的好处，尤其是如果需要求职。大多数人认为独自旅行时的孤独感并不是问题，因为一个人的旅行能让你结识更多当地的朋友，并得到他们如同朋友一般的照顾。人们总能在青年旅舍、港口酒吧、语言班等结识意气相投的旅伴，如果碰巧下一站前往同一个目的地的话，其中一些人甚至还能结伴同行。如果你好奇于独自旅行的艰难困苦，尝试开始一段短途的旅行去感受这一切吧。

与男性一样，女性也可以从一个人的旅行中得到愉悦，正如24岁的沃登·蒂侨特（Woden Teachout）所说：

> 我是一位女性，美国人，喜欢一个人的旅行。偶尔，我也会和朋友们一起出行，当然这会增加旅途中的“乐趣”，但却缺少了对可能性和旅途的危险感知，而这恰是旅行所吸引我的地方。在自己一个人的旅行中，不管身处何种境况，你都只能通过自己的努力走出去。我曾经经历过非常可怕的一晚：在21岁生日那天，我蜷缩在瑞典马尔摩（Malmo）市中心的地窖中，度过了潮湿寒冷的一晚，而且我知道就在2周内这里曾有3位女性受害者遭受了暴徒的侵害。然而，正因如此，在这辉煌的时刻，大胆而愉悦地面对所有即将发生的这一刻，胜利和绝对自由之感，都将属于独一无二的你。

女性旅行者可能会感兴趣的网上社区，包括www.thelmandlouise.com和http：//dev.pinkpangea.com。

当你准备踏上打工之旅时，你必须有幸拥有一位热心并能帮到你的朋友。如果你需要找到一位合适的朋友一同出行，你可以搜索对应的在线论坛查询，如孤独星球指南上的**荆棘树在线论坛**（*Thorn Tree*，搜索“旅伴”），www.travbuddy.com，www.companions2travel.co.uk（试用会员是免费的，正式会员每月会费为5英镑），或www.gapyear.com论坛上的**寻找旅伴**（*Find a Travel Mate*，www.gapyear.com / travelmates），以及任何可能找到志同道合旅伴的其他在线论坛。

保持联系

通信技术革命将缩短你和家人的距离，就像你从来不曾远行。现如今网吧已经普及，花一小笔费用，你就可以通过电子邮箱或“脸书”等社交网站和朋友保持联系，在网上查询相关信息，或者上载并转发数码照片。将照片的电子版发回家中已经变得轻而易举，因为你只需建立自己的博客（网络日志）、微博、微信，甚至成为播客（Vlog）（视频日志）与家人、朋友和感兴趣的陌生人分享你旅途中的点点滴滴。许多公司可以免费帮你创建你自己的博客，比如WordPress就是其中一家（www.wordpress.com），它能为你提供免费且便捷的服务。其他主要的博客主机运营商还包括：www.blogspot.com（登录www.blogger.com/start）；www.travelpod.com；www.traveljournal.com；www.tumblr.com；http：//blogs.bootsnall.com和著名的www.getjealous.com。如果你也准备开博，尽量保持少而精的风格：因为在家的人们也许没有太多的时间能够完整了解你漫长的巴士旅途或是与旅店老板的对话细节。尝试为大众记录下旅途中最有趣的亮点。

旅行者连接（*Travellers Connected*, www.travellersconnected.com）是一个免费在线社区。在线注册你的个人信息后，你将可以联系到全球的旅行者，并寻找关于世界各地旅行的小贴士。同时，你还能在此免费创建自己的旅游博客和相册。

手机漫游费十分昂贵。联系你使用品牌手机的厂家，并了解手机的网络覆盖范围，从而避免出行后手机无法使用并需要“解码”的情况。同时，你还需要了解电信运营商提供的套餐，虽然这经常把用户搞得云里雾里。**沃达丰**[1]（*Vodafone*）提供的“护照套餐”（Passport）是一款适用于各种手机的免费话费套餐选项，你只需支付75英镑的连接费就可在多地免除漫游通信使用费。目前，在欧洲大部分地区、澳大利亚、新西兰和日本，该套餐都适用，但北美不包括在内（www.abroad.vodafone.co.uk）。

如果你打算长时间旅行，可以考虑买一种使用太阳能为手机和iPod等充电的设备。Solio充电器（www.solio.com）是个不错的选择，零售价为50英镑左右。

在美国和英国有许多出售预付费电话卡的公司，方便拨打国际长途。你可以选择预存金额的大小（通常最低充值金额为10英镑或20英镑），也可以购买10英镑或

1 沃达丰：全球最大的移动通信运营商，其网络直接覆盖26个国家，并在另外31个国家与其合作伙伴一起提供网络服务，全球用户超过1.79亿。

20英镑的充值卡。然后，你就能拿到一个接入码，并且可以在任何电话上使用。旅游出版商“孤独星球”经营一种名为“eKit”的便捷通信卡（www.lonelyplanet.ekit.com），通过该卡不仅可以拨打便宜的电话，还能发送语音邮件和电子邮件。另外一家名为“0044”的公司（www.0044.co.uk）则出售国外手机sim卡，将其安装在你的手机上，就能按照当地的费率拨打电话。这种全球卡的售价为20英镑，GO-SIM公司发售的同样功能的电话卡需要30英镑（www. gosim.com）。

当你出门旅行时，千万告诉朋友们不要拨打你在国内办理的手机号，因为你需要为所有的境外来电埋单。如果你需要在一个国家逗留超过几周，并频繁使用手机，最好的办法是购买一部便宜的当地手机，或是办理一张当地的手机sim卡替换你目前使用的国内办理的手机卡。甚至还有一种更好的办法，告诉你在家乡内的联系人通过拨打你在所在地使用的专用接入码从而减少资费。

显然，这种轻松的通信方式有许多优势，但仍有许多旅行者愿意花大量的时间寻找并留宿在网吧内，而并非选取传统的直接聊天的方式与当地人沟通。来自威斯康星州的丹尼·雅各布森（Danny Jacobson）也同样纠结于此种方式的优点（并将他的想法写成了文章）：

> 我见过许多喜欢旅行的朋友通过电子邮件与人们沟通，并通过此种方式与旅行中结识的朋友保持联系，同时，他们还通过网络寻找关于一地的信息，或是发布关于他们自己的冒险经历。这一切似乎使世界缩小成为一个令人难以置信的小星球。同样，我也生活在这样的星球上，我花了相当多的钱在电子邮件上，而且有时甚至非常依赖于这种方式。我担心：未来人们只需坐在一地就能轻易地完成一切，而且这将会变得越来越容易。

出行琐事

签证和工作许可证

在申请办理签证时，大多数国家要求护照到期日比你所申请的停留日期至少超出90天。如果在旅行中发现护照丢失或被盗，你应当首先联系当地警局，然后寻找最近的领事馆。如果你能提供包括护照号、发证日期和签发地等信息的记录，补办旅行证件是比较容易的，因此，应将此类信息单独保管，最好的办法是将护照首页扫描并发送至自己的电子邮箱中，以备不时之需。

在欧洲联盟境内劳动力的自由互惠政策意味着你将省去许多的繁文缛节（尽管该政策的执行还未全部铺开）。继续阅读本书，你会发现在欧盟以外的地区想要获得工作许可绝非易事。（一般来说，获得“签证”意味着你可以进入、参观然后离开一国；而获得“许可”则说明你可以停留更长的时间，包括寻找工作。）如果想要成功取得工作许可，你必须得到一位雇主、主办公司或官方认可的交流机构的支持，在你尚未离开所在国时，他们将愿意代表你在工作开始数月前向移民局提交申请。除非你是一位重要的核物理学家、外国记者或者参与一项有组织的交流计划，且主办方已经帮你完成了全部的出行手续办理，否则获得工作许可的机会相当渺茫。在本书通篇，我们会尽力提及一切可能的机会供大家参考。关于普通旅游签证的一般信息，请参阅下一章“旅行”。

一旦你在一国停留后，应留意身边的小人，如果让他们知道你打工的非法身份，他们将很有可能向当局告发。例如，如果你尝试做一名自由导游可能引起当地其他导游的不满，那你很可能会陷入困境。

整体的官僚作风

对于打工旅行者而言，总是要反反复复地整理申请文件。安德鲁·温伍德（Andrew Winwood）认为本书低估了此事的困难：

> 我希望写到关于移民和获得适当的签证等方面能更加坦诚些。虽说如此，如果知道难度这么大，我可能从一开始也没有勇气去迎接这一切。

对于从美国来到欧洲的旅行者而言，这种情况更加糟糕。来自加利福尼亚州的特拉维斯·鲍尔曾尝试5月的时候在伊比沙岛（Ibiza）找一份调酒师的工作，他预感到在申请文件方面可能会有麻烦，但他还是低估了这个问题：

> 我选择了伊比沙岛，因为我知道在这个季节岛上需要大批的工人，所以早早地就去到那里寻找工作。我花了3周的时间求职，并得到了3个工作机会；然而，前提是我必须拿到政府颁发的有效证书才能从事这些工作。拿到这些证书比我预计要难很多，几乎是没有可能。在过去3周的求职过程中，我做了大量的沟通工作，终于使情况好转。上大学的时候，我曾学了一些摄影技术，并曾是一名优秀的业余摄影爱好者。因此，我带着我的装备和作品集开始四处寻找工作机会，并尝试着找到拍摄俱乐部的工作。短暂的试用期结束后，我开始为一家英国网站拍摄岛上的俱乐部，一周工作五六个晚上。到本季快要结束的时候，我已经带领着一个拥有四名摄影师的团队，正在申请媒体资格证，并经营着岛上一家小小的媒体工作室。

因此，这就很好地解释了为什么世界上每个国家都会制定主要用于保护其公民就业的移民政策。如果你仅仅是想要在当地教授一个月的英语，或者成为一名农场工人，且这些工作在当地确实没有合适的就业者，即便如此，你仍需完成烦琐的申请程序，这令人极其沮丧。关于本书谈到的所有国家，我们都尽量从一开始便清楚地介绍关于各国签证及工作及（或）居住许可的政策，以方便欧盟及非欧盟国家的读者。

如果你生性谨慎，那你也许不愿违反法规。对于这类人而言，通过官方渠道解决问题，如在官方认可的交流组织的帮助下，他们会感觉更加乐意。而其他一些旅行者则时刻将谨慎抛之脑后，海伦·韦尔奇（Helen Welch）正是其中一位。她认为，"各地政府的官僚作风都一样，那就是出了名的慢；等到系统发现你是一名外国人时，你早就离开了。"在有些国家和某些情况下，这种情况更加严重。因此，我们尽量在书中介绍各国关于严格执行移民法的措施，以及一旦违反相关法律法规，雇主和雇员可能需要承担的后果。然而，在一些劳动力短缺的领域，当局通常对此视而不见，而如果出现失业外国劳工过剩的情况时，当局将按照法律规定执行。如果你确实找到一份不合法的工作（帮助希腊岛民建设一个小酒馆，在新西兰采摘猕猴桃，在中非的孤儿院打零工），请尽可能保持谨慎。大肆宣扬会引起当局的关注，这也是许多这样的旅行者被驱逐的原因。请尽量谨慎对待当地的习俗，并按照人们的预期行事。

无论何时当你通过机场海关，并仅持有旅游签证时，千万不要透露出任何关于观光之外的计划。更不要使用“工作”或甚至“志愿者”等字眼。如果海关对你产生怀疑，他们可能会检查你的行李，因此，避免携带任何不利于自己的物品。例如，一名墨西哥男子就曾因为在英国曼彻斯特机场通关时，被海关发现其行李内带有祝福其“在英国开始新生活”的好运卡，而于次日被立即驱逐。

出发前先找好工作

后续章节中包含许多关于旅行的建议、一些有用的网页地址和电话，希望在出发前找到工作的人们都可以利用这些信息。如果你曾在一些全球连锁的公司工作（**如星巴克**〈*Starbucks*〉、**万宝盛华**〈*Manpower*〉，甚至**麦当劳**〈*McDonalds*〉），联系其海外的分公司获取就业机会可能值得一试。打入打工旅行者世界有许多“容易的”办法，例如参加一次美国夏令营，加入欧洲大陆举办的为期两周的志愿者计划，或加入基布兹（kibbutz）集体社区，通过这些渠道都能提前安排好行程。而这些活动必将把你带入一个融合世界各地旅行者的圈子之中，他们的经历不仅能为初旅者带来愉悦，同时还能指导并启发初旅者的未来之旅。

拥有专业知识或专门技能的人更有机会提前安排工作，如：护士、管道工、建筑师、汽车修理工、钢琴调音师、教师、潜水员、美发师、秘书和计算机程序员。通过利用在线广告或专业期刊，直接向国外的医院、学校和公司写信申请，并在相应的专业协会或招聘机构登记，他们有时能在国外找到与自己专业对口的工作。

然而大部分梦想通过打工环游世界的人们都缺乏专业或职业资格。许多人在还没毕业时就开始踏上环球之旅，在历练的同时，他们急于通过旅行开阔视界。毅力似乎成为此刻主要的必备条件。为了获得一份在阿尔卑斯山青年旅舍充当志愿者的暑期工作，丹尼斯·布里考尔特（Dennis Bricault）曾向这里发出了137封申请函。

罗布·艾布特（Rob Abblett）讲述了坚持是如何帮助他战胜一切的：

拿到科西嘉岛（Corsica）上的一些种植克莱门氏小柑橘的农场信息后，这些年来我一直坚持不懈地追着联系这些农场主，希望他们能给我一份农场的工作。可是，这里的有机水果农场说什么也不肯雇用我，而且当我电话联系他们的时候，主人还会显得有些不高兴。我现在的雇主曾直接把我寄去的求职信扔进垃圾桶。一个偶然的机会，其中的一封求职信逃过了被扔进纸篓的命运，并被农场主的合伙人捡到，他碰巧曾经雇用过一位令人满意的英国保姆，而且会讲一口流利的英语。这位合伙人最终说服了我的现任老板，但聘用的条件是，如果他们在试用期发现我与多年前被雇用的上一位糟糕的英国人一样，我将被立刻解雇，而他将承担全部的责任。很显然，我一直是一名模范工作者，圣诞节时还受到了人们的热情款待，参加了许多圣诞晚宴。

在编写此书的前几个版本时，一位阅读本书的旅行者表达了强烈的愿望，希望能够建立关于打工旅行者信息的神奇网络：

如果有人能够建立一种联系机制就太棒了，在这里人们可以通过某种中介转发信息，交流他们曾在国外工作地点的地址。例如，计划到尼斯（Nice）打工的人就可以写信给某一中介，并得到另一位曾经在这里打工的旅行者的联系方式，从而了解负责的经理如何，或主厨是否是一名残暴变态的杀人狂，或是需要住在地下煤窑。这样，打工旅行者可以免于遭受骗局，并且避免去到完全找不到工作的地方。

就在几年前，斯蒂芬（Stephen）所想象的这种机制还只不过是一种幻想，而今天，人们已经将其变为现实，并命名为“互联网”。也许在网络的某个角落，你会发现挥刀杀人的主厨已经成为过去式，取而代之的是贵格会教徒，煤矿也被装饰成为高雅的住所。

职业介绍机构

在国外，我们应该警惕那些宣扬高薪且体面工作机会的广告。它们通常都是“一人公司”的杰作。这些公司实际上只是一些广告印制品贩售商，印刷品中介绍的游轮工作和在美国或其他任何地方的工作机会，都与其无关；他们既不能帮你找到理想中的工作，更不能实现广告中的承诺（例如，在日本赚取每周400英镑的高薪，或“你想上豪华游轮工作吗？”）。而你动心花钱买来的所谓他们精选的一些就业信息及联系人清单，不过是这些人从报纸中摘抄的广告，或是过期黄页中找来的地址。

根据英国法律，职业介绍机构（及其他国家的这些机构）不得向求职者提前收取任何费用。他们只能通过帮助公司或组织寻找职员获取收益。偶尔也不乏一些骗子中介在小报刊物上刊登一些虚假的招聘信息，骗取“注册费”或是针对附加服务强制收取费用，然后便销声匿迹。旅行者们应该警惕网上提供的工作机会。不要为了所谓的就业担保或是就业培训向这些机构汇款，十有八九这都是骗子公司所为。例如，就在不久前，一个人在英国被逮捕，原因是他通过在一家换宿网站以“家庭”名义注册，并要求申请者在抵达前汇出相关费用。

当然，在英国和美国以及世界各地的许多国家，大部分享誉国际的招聘机构也是完全通过在线运营的。能提供人才的专门机构是非常有用的，例如一些提供金融和IT就业信息的机构及其在全球的分支。在后面的章节中，我们还会介绍相关机构，这些机构提供各类特长人员，从国际酒店的打碟师到语言学校的英语教师等。

除此之外，还可关注**欧洲就业流动人口网站**（*EURES*），这家国营的就业服务机构可为欧洲境内所有的非职业技工和专业求职者提供求职服务。

国际就业帮扶组织

一些成熟的组织可以帮助学生和其他年轻人在海外寻找工作，指导人们如何办理烦琐的出行手续，并帮助初次出行的旅行者适应过渡期。这些组织对打工旅行者来说非常有意义：

英国大学北美俱乐部（*British Universities North American Club*，BUNAC）：16 Bowling Green Lane, London EC1R 0QH；☎020 7251 3472；www.bunac.org；这是一个学生俱乐部，每年收取5英镑的会费，帮助学生或参与某些项目的非学生成员在国外工作；可供选择的项目安排在美国、加拿大、澳大利亚、新西兰、南非、加纳、秘鲁、柬埔寨、印度和中国；课程费通常包括学期前新生培训、出发前和抵达目的国后的服务费以及住宿膳食费。

英国大学北美俱乐部美国分部（*BUNAC USA*）：PO Box 430, Southbury, Connecticut 06488, USA；☎203 264 0901；组织美国学生前往法国、爱尔兰、澳大利亚、新西兰、加拿大等国参加活动，以及在英国项目中实习。

美国夏令营辅导员（*CCUSA*）：Unit 6.04, 6 Morie St, Wandsworth Town, London SW18 1SL；☎020 8874 6325；www.ccusa.co.uk（另外还有苏格兰办公室及位于加州索萨利托<*Sausalito*>的总部）；安排在美国的营地顾问工作。在俄罗斯、克罗地亚和加拿大安排夏令营。安排在中国教学。在南非及许多拉美国家安排志愿者工作。

全球选择（*Global Choices*）：420 Omega Works, 4 Roach Road, London E3 2LX；☎020 8533 2777；www.globalchoices.co.uk；安排假期打工、志愿服务、实习，从两周到18个月不等的全球实践培训和工作体验；参加者缴费后可在新加坡、葡萄牙等多国的不同行业进行实习体验。

IST Plus有限公司（*IST Plus Ltd*）：Churcham House, 1 Bridgeman Road, Teddington, TW11 9AJ；☎020 77887877；info@istplus.com；www.istplus.com；**国际教育交流理事会**（*Council on International Educational Exchange, CIEE*）在美国的合作机构；安排英国人在美国、澳大利亚、新西兰、泰国和中国的工作项目；希望参与在智利、中国、韩国、越南、泰国、西班牙或多米尼加共和国的教学项目的美国人可以联系CIEE，300 Fore Street, Portland, ME 04101；☎800 40 STUDY；www.ciee.org/teach。

南非艾滋病孤儿和弱势儿童关怀组织（*Orphans and Vulnerable Children*，*OVC*，南非）：办事处遍布全球（www.ovc.co.za），可以组织在美国、英国及加拿大的工作实习，在以色列及亚洲和澳新的其他项目中安排基布兹志愿者工作。

WAVA培训和旅游有限公司（*WAVA Training and Travel Ltd*）：67–71 Lewisham High Street, London, SE13 5JX；☎0800 8048380，020 82973251；www.workandvolunteer.com；为发展中国家的项目提供志愿服务，安排全球专业环境中的实习以及在发达经济体的季节性无薪和带薪假期工作。

国外工作/跨国交流公司（*Working Abroad/InterExchange Inc*）：161 Sixth Avenue, New York, NY 10013, USA；☎212 924 0446；www.interexchange.org；可在西班牙安排寄宿教师；可联系在法国、德国、荷兰、西班牙、挪威、土耳其、澳大利亚和新西兰互惠生的就业帮扶；安排澳大利亚和新西兰的短期工作；安排在加纳、印度、秘鲁、厄瓜多尔、哥斯达黎加、阿根廷和澳大利亚的短期工作；互惠生工作安置收费从495英镑起。

青年交流机构和商业机构提供旅行团服务从而帮助其国人充分享受工作许可政策。例如，加拿大的**旅行CUTS公司**（*Travel CUTS*）组织了名为**交换计划**（*SWAP*）的活动（www.swap.ca），将加拿大学生送往多个国家。多个被批准的海外工作计划将加拿大青年送往拉脱维亚、意大利等国（可登录加拿大政府的网站www.international.gc.ca查询）。澳大利亚人也许同样喜欢联系交流机构，为其海外就业、培训和互惠生就业提供便利，例如www. studentplacement.org.au。

丽塔·霍克（Rita Hoek）是众多决定参加这种活动中的一位，她曾参加过位于荷兰文瑞市的**积极旅行公司**（*Travel Active*）组织的澳大利亚工作和旅行计划：

> 尽管我认为它对每个人而言并非完美，但我确实受益匪浅。在这里,你可以团购打折的航空机票（更便宜，也更容易），他们会帮你办理签证，而且大部分的活动安排提供第一周的住宿，帮你获得缴税编号和申办银行账号，还能帮你转发邮件，提供关于工作和旅行以及其他更多的帮助。如果你是第一次出门远行（与我当初一样），且不想体验在机场完全不知所措的感觉，我当然向你们推荐它。

另外一家可能让读者感兴趣的荷兰组织名为**约霍**（*Joho*，www.joho.org），这个组织的目标是在全球范围内设置尽可能多的支持中心以处理工作、旅行事务及国际合作。他们在不断寻找新的合作伙伴，包括背包客旅馆、志愿者项目等。

IAESTE是**国际学生技术经验交流协会**（*International Association for the Exchange of Students for Technical Experience*）的缩写。该协会为全球80多个成员国家数以千计的大学生提供国际课程相关的职业培训，并提供在工程、科学、农业、建筑及相关领域的实习机会。英国大学生可以直接向英国文化委员会下设的IAESTE英国分部提交申请（www.iaeste.org.uk）。美国分部被称作“国际实践培训协会”（*Association for International Practical Training*），或AIPT（☎410 997 3069；www.aipt.org），这里可以为毕业生、年轻的专业人士以及相关领域的大学生安排长期及短期的实习工作。

在美国，许多机构还提供一系列收费不同的项目。*AIDE*（www.aideabroad.org）可以安排各种不同的海外实习，包括在澳大利亚的工作实习，在西班牙、中国和许多拉美国家的教学工作，以及许多国家的志愿者工作。

有用的信息来源

网站、参考书籍、职位清单和专业期刊都是有用的信息来源。一些针对特定国家或工作种类（如海外英语教学）的出版物在相关章节中也都谈到了。读者普遍感兴趣的包括：

《全球暑期打工》（*Summer Jobs Worldwide*，Crimson Publishing，2012），每年秋天出版。

《你的间隔年》（*Your Gap Year*），苏珊·格里菲斯,（Crimson Publishing，The edition 2011/12）；涵盖了关于所有专业实习组织的第一手材料，以及在不同国家如何成功完成间隔年的详细介绍。

展望（*Prospects*）：www.prospects.ac.uk；英国毕业生求职的官方网站，并可链接至“海外就业”。

海外过渡期（*Transitions Abroad*）：www.transitionsabroad.com；提供关于志愿服务及工作的有用信息，尽管其印刷杂志已经停刊。

加拿大**《边缘杂志》**（*Verge Magazine*）：www.vergemagazine.com；季刊，涵盖海外就业、志愿服务和探险；海外版每年订阅费为25美元。

许多商业网站承诺为旅行者提供免费的在线招聘服务。这包括深受大众喜爱的**海外就业公告网**（*Jobs Abroad Bulletin*，www.jobsabroadbulletin.co.uk），这是一份发布海外工作和间隔年的免费每月电子公告；www.seasonworkers.com，www.natives.co.uk（一开始用于滑雪场工作，但现在已经扩展范围）；www.anyworkanywhere.com，www.jobsmonkey.com（尤其是北美）等。畅游在网络世界，可能有用的网站链接随处可见。**旅行树**（*Travel Tree*，www.traveltree.co.uk）是一份针对寻找留学、间隔年、实习、志愿服务等信息的人们设立的指南。www.jobslave.com是一个集合各种就业网站的平台，以青年市场为目标，从悉尼的酒吧工作到伦敦的银行职位，应有尽有。它包括www.findaStudentjob.com，www.findaGapjob.com，www.findGraduatejob.com和www.findaSkiResortjob.com。

许多公司主页上都设立了关于就业的链接，通常人们只需点击在“关于我们”（About us）标题下的相关图标就能进入。在网络上，全球热衷于此的个人也会开设一些非商业性的网站，提供从集体农场工作到酒吧招待工作等各种信息。

广告

如果你发布有兴趣在国外工作的广告，那么尽可能说得具体些。在网上你常常会发现一些帖子，上面写着“寻找任何地方的无技能工作。求助！”听上去发帖者遇到了比绝望更糟糕的处境。在“英语教学”一章中，你可以读到关于弗格斯·库尼（Fergus Cooney）如何随意地自我宣传的故事。随着越来越多的外国报纸可以在线阅读，一旦招聘广告出现在网页上，人们可以很容易地对其进行回复，相比过去而言，人们免去了到图书馆或是使馆的阅读室翻阅检索原文的痛苦。然而，任何潜在的雇主都很可能怀疑那些回复广告说可以立刻开始工作的人们，因为他们身在达德利（Dudley）或柯科迪（Kirkcaldy），而工作要么是在科孚岛（Corfu）的酒吧，要么是在西澳大利亚的水果农场。

网络论坛就像是待开发的金矿。安娜莉丝·范·德普拉斯（Annelies Van der Plas）曾经不止一次地充分利用了荷兰旅行者论坛www.wereldwijzer.nl。她上传的广告非常普遍：

> 我们并非在http：//wereldwijzer.nl网站上守株待兔，而是自己在这里上传了广告。我非常喜爱这个论坛，因为在这里我曾找到过一份在希腊科斯岛（KOS）的工作。我们的广告大致如下：“两个勤劳的学生正在寻找7月和8月的海外工作机会。”我们收到的第一份回复是一位来自露营地的男士，在那里所有的人都赤膊上阵（我不确定该工作的英文名称对应的英文单词是什么）。和你想的一样，我们选择继续等待更多的工作机会。第二份回复是由一位荷兰的女士发出的，同样是在法国露营地的工作。工作内容包括照顾露营地的孩子们，帮助主人打扫卫生，准备烧烤和供应晚餐。一开始我们还有点儿怀疑，但我们浏览了他们的主页，并查询了关于露营地相关的信息和体验。我们的联系人简（Jane）告诉我们：这并非简单的服务生工作，

实际上你们将成为“家庭”的一分子。她其实是指在营地的人们几乎每晚都围坐在一张长桌旁共进晚餐。你可以真正地认识并了解这些人。这是最终说服我们选择这份工作的原因。还有一个好处是，简还将一位曾经在那里工作过的女孩的电子邮箱地址告诉了我们。女孩讲述了在那里工作的情况，这对我们很有帮助。大约一两周，我们就收到了前往那里的火车票（每张票价大约200欧元）。同时，我们还接到了简的电话；我们聊到了一些实际的事情和有趣的东西，如骑马（她非常高兴，因为这是她第一次将拥有一位喜欢骑马的员工）。在接受一份海外的工作之前，通过互联网搜索关于那里的信息非常必要，我们正是这样做的。

免费的社区布告栏“Gumtree”和“Craigslist”是两个最实用的网站；后者于1995年在旧金山建立，之后其影响力遍及几百个城市，从奥克兰到布宜诺斯艾利斯，再到莫斯科和开罗。在这里，每月将会公布大约50多万条的就业广告，这可能是全世界最大的就业公示栏。除此之外，网站还刊登住宿及其他相关信息。许多无薪工作和实习工作也同样在这里发布。

抵达后寻找工作

那些出发时还没找好工作的人们必须具备主动性。许多旅行者发现在城镇寻找临时工作比在城市容易些，而且最好避开学生假期（圣诞节前也是求职的好时机，这时的员工流失率很高）。在城市里，建筑工地、餐厅和工厂也是人们可能找到工作的地方。如果尽力争取一些不太具有吸引力的工作，你被雇用的概率也会大大提高。例如：在医院照顾精神病犯人的护工，洗手间侍应生，在街上扮成一只考拉或一个汉堡包的销售员，高塔油漆工，自动化养鸡场的管理员，慈善义工，狗粮工厂工人，或仅仅是简单的体力劳动者。

整洁的外观能帮你摆脱流浪汉或嬉皮士的形象。对于目标追逐的热情和毅力也必不可少。即使你未来的老板拒绝了你的第一次求职申请，不要放弃，继续申请，因为人们总是本能地想要鼓励那些热情追逐梦想的人，老板可能会决定留下你，毕竟临时工也能帮不少忙。有礼貌的一再要求定能取得成功。例如，如果你希望在码头工作的请求第一天没有成功，那么第二天应当回到那里接着申请。一周后，未来的雇主会慢慢熟悉你的面孔，并且了解到你随时愿意开始工作的积极愿望。如果仍旧没有任何进展，你可以主动要求帮助修补渔网（从而为自己增加一项新的技能，准备好迎接可能的工作机遇），直到最终出现职位空缺，你将会成为最佳人选。如果你希望在一所学校成为英语教师，但目前那里没有职位空缺，你可以首先自愿为学校每周免费上课一天，如果你能借此机会展现个人能力，那么一旦出现任何职位空缺，你将拥有极好的机会。因此，耐心和毅力，应该成为你的口号；用不了多久，你就能够成为一名资深"驴友"，在长时间的旅途中做到游刃有余。

尽管第一次开始旅行并学着照顾自己时，卡丽莎·法伊（Carisa Fey）仍旧是个孩子，但她已经意识到了冷静观察的价值：

> 观察一直是我的座右铭，我会观察那些从事我喜欢的工作的人们，并且效仿他们。初到伦敦时，我会花上一些时间在街上观察这里的人们。在发现当地职业女性的穿着后，我会到店里尽可能花最少的钱买到一套不错的套装和与其搭配的饰品。

你可以按照本书的建议在8月前往法国的阿维尼翁（Avignon），并在那里找到工作，例如采摘李子，或是在沿大堡礁（the Great Barrier Reef）的度假村酒吧工作。但当你真正到达这些地方后，你可能会感到失望，因为收获的季节往往会提前，或者度假村已经完成招聘。然而，你的联系人也许会劝你继续等待两周后的葡萄采摘工作，或者前往下一个岛礁，那里缺少餐厅工作人员。换句话说，一旦你开始旅行后，计划将没有变化快。

具有冒险精神是好事，有时甚至是必不可少的。如果为了得到一份工作机会你必须夸大自己的经验或是计划停留的时间，想做就去做吧！在打工环游世界者的字典里，没有“羞怯”和“谦逊”。（另一方面，如果欺骗会带来危险的后果，这里则不推荐，例如你在横渡大西洋时，假装拥有超过自己真实水平的航海经验。）

大卫·库克斯里（David Cooksley）经历了环球航行，且在许多国家都有打工的经历，他说：

除非是根据具体环境提出的个人要求，否则所有的信息和世界各地的联系人都绝对帮不上任何忙。你必须随机应变并永不退缩。如果我是一家大公司经理，需要招聘积极主动的销售员，我会毫不犹豫地选择《打工环游世界》这本书的所有投稿人，因为他们能够与任何地方的任何人通过任何一种语言沟通。

结识旅伴

毫无疑问，旅行中最有价值的信息来自你在旅社和爱尔兰酒吧等地方结识的旅伴。其他旅行者更是会出奇慷慨地与你分享他们的信息并给你提供帮助。青年旅社的工作人员可能会非常了解当地的临时工作机会。当然，对于打工旅行者而言，青年旅社也是他们最佳的住宿选择。在全球范围内，有大量罗列此类旅馆信息的专业网站，如www.hostelbookers.com，www.hostels.com和www.hostelworld.com。你可以查看空房情况，阅读网友的评论，然后根据你的判断决定是否预订，当然你应当特别关注酒店的位置。网站会收取金额不大的预订费。

国际青年旅社（*Hostelling International, HI*），前身为*Youth Hostel Federation*（*YHF*），是一个超过90个青年旅社协会的联盟，分布在80多个国家，青年旅社数目超过4000家。年龄在26岁以下的会员仅需缴纳9.95英镑的会费（☎01629592700〈英〉；www.yha.org.uk）。圣克里斯托弗旅店（St Christopher's Inns）是一家连锁经营的青年旅社，除了英国外，在巴黎、柏林、布鲁日（Bruges）、阿姆斯特丹和布拉格也开有分店。

如果你有一些特别的爱好或兴趣，了解当地是否有相关的俱乐部，在那里你能结识到志同道合的朋友；同时，加入当地的自行车骑行组织、洞穴探险者组织、环保志愿者组织、火车观察员组织和爵士乐爱好者组织，越是生僻的活动组织越是欢迎你的加入。参加语言学习班，看看英语书店是否设有有用的公告栏，或者有可能的话参加英语教堂的礼拜活动，在那里你可能会认识一些移民海外的朋友，或者得到教堂牧师免费的忠告。玛塔·艾兰尼克（Marta Eleniak）主动加入了当地的波兰俱乐部，因为她有一个波兰姓氏，而且很喜欢这个国家，她询问是否可以在俱乐部中张贴自己寻找住宿的广告。俱乐部里的好心人让她不要担心，第二天她就找到了一个合适的住处。最后，她总结出一点，学会充当“雾笛”非常重要。

结交有钱有势的朋友是成功找到工作的关键，布鲁克纳虽不情愿，但还是相信了这一点：

> 在经过了一遍又一遍的失败之后，我终于认识到社交活动的价值。在玻利维亚时，我精心制作了小册子，宣传自己曾为十几家旅行社做过徒步旅行导游的经历，然而却从未收到过任何提供工作的回复。其实这并非找到工作的最佳办法。没有人会费心打电话给你，如果他们并不知道你是谁。就在我计划离开这里的前一周，我遇见了一位玻利维亚的老朋友，当我告诉他我无法在这里找到工作时，他简直不敢相信，因为他的表弟正经营着一家旅行社，并急需找到一名能说德语的导游。在苏丹，我也曾向这里所有主要的非政府组织寄去了自己的简历，并希望成为一名无偿志愿者。然而，除了两份婉拒的回复外，我没有收到其他任何消息。正好又是当我计划离开那里前的一周，我参加了一次外国大使馆组织的社交活动，并有幸和当地最大慈善机构的负责人进行了交谈。她告诉我他们目前最大的问题是有无数的报告需要撰写。我问她为什么没有回复我的工作申请，但事实上她根本就没看到我的申请。这些事让我意识到，在一些国家，开始寻找工作的最佳地点是城里的酒吧，尤其是那些富有的当地人或外国移民常常光顾的酒吧。我绝对不喜欢这样的地方，但没准儿你真的有可能在那里交到好运。毕竟，穷人是不可能雇用你的。

对打工旅行者而言，穷人同样可能雪中送炭，比如嬉皮士群体。例如，参加彩虹集会[1]（Rainbow Gatherings）的这些人了解理念社区，同时熟知可以免费获得住宿的场所，除此之外，他们还能为音乐家、手工艺者和激进分子提供建议。当安娜·凌在新西兰参加彩虹聚会时，她结识了许多有趣且非常热心的朋友，通过其中一位朋友的介绍，她还了解到惠灵顿有一家非常不错的街头表演场所，后来这里也为她所用。

如果你的联系人无法为你介绍一份真正的工作，他可能会知道一些能够帮你解决燃眉之急的“伪工作”或“不重要的工作”（non-job），例如：游艇看护工作，家政服务，育儿工作，打字员，教儿童英语，或只是提供免费住宿。由于这些工作都是通过非正式途径或个人介绍获得，因此完全省去了办理工作许可的麻烦。人际关系通常比一些烦琐的程序要可靠得多。

机会

从一开始出发，你可能从未想过自己会在澳大利亚内陆成为一名牧羊人，或是在土耳其成为一名英语家庭教师。机会是一件好事，它同时也是旅行者最伟大的伴侣。布里吉特·阿尔布赫奇（Brigitte Albrech）是一名德国旅游公司的职员，她攒够了假期前往墨西哥度假。在此期间，她和当地的魁北克人成了好朋友，并被邀请一起参加了加拿大西部的种植活动，自此以后，她决定放弃德国的工作，继续在这里的旅行。

有时你会惊讶于一连串幸运事情的发生，它们将你带入某个特定的环境。“在合适的时间到达正确的地点”已经成为此书恰当的副标题，当然尽管你也可以一步步按计划到达自己理想的目的地。以下是一些具体的事例说明旅行者是如何靠运气和自身的努力找到工作的：

■ 马克·吉尔本（Mark Kilburn）最初只在一个荷兰小镇进行街头表演，后来被附近的一家酒馆聘请，每周

1 彩虹集会：一个非官方的嬉皮士集会活动，每年在加拿大、墨西哥和西班牙甚至台湾地区都有举行。参与这个集会的人通常崇尚自然的精神，通过这一形式来离开现代社会，与自然亲密接触，融入自然。

进行几晚有偿表演。

■ 斯图尔特·布里顿（Stuart Britton）结交了一位墨西哥小镇上的渔民，并很快成为渔民的朋友和其熟人们的家庭教师（他还住在渔民家里）。

■ 布赖恩·威廉（Brian Williams）在法国南部的一家邮局排队等待时，偶然听见有人在说法语“boulot”（他知道这是“临时工作”的意思）和“cerises”。他敲了敲这位女士的肩膀，并介绍了自己的摘樱桃经验。按照女士给他的地址，他试着找去那里，尽管没有成功，但幸运的是，他最终被一位曾经给他指路的水果园主人聘用。

■ 卡罗琳·尼科尔斯（Caroline Nicholls）在飞往雷克雅未克的航班上，碰巧坐在一位冰岛大型渔业包装公司总裁夫人的旁边，并从她那里得知公司人手不够。

■ 马克·金德（Mark Kinder）在完成了美国夏令营辅导员的工作后，决定尝试一次跳伞，从此他喜欢上了这项运动。他开始学习如何整理降落伞，并在接下来的几个月通过这项工作养活自己。

■ 汤姆·莫顿（Tom Morton）原本打算在法国东南部海港昂蒂布（Antibes）的游船上找份工作，但最后他在蒙特卡洛（Monte Carlo）附近的山上找到一份为期六周的牧羊人工作。

■ 多米尼克·菲茨吉本（Dominic Fitzgibbon）花了6周的时间在罗马寻找工作，但始终没有成功。在他准备离开这里前往希腊时，他跟女房东聊起了这些经历。女房东觉得如果让他在旅店洗碗有些大材小用，于是介绍他成为朋友酒店的大堂门童。

■ 一天晚上，高英（Gowing）在法兰克福车站醒来，他吃惊地发现一位中年妇女正低头盯着他。后来，妇女给他提供了一份工作机会，就是陪她一起逛游乐场。

■ 玛丽·霍尔（Mary Hall）是一名骑自行车周游欧洲的护士，当她在直布罗陀的门诊接种前往非洲的疫苗时，发现了贴在门上的“社区护士”的字样，她走进去一探究竟，并很快在接下来的一周成为这里的一名住家私人护士照看一位生病的老太太。

■ 罗娜·斯坦尼格（Rhona Stannage）在塞浦路斯的

一家超市购物时，发现一位当地男士的手推车里装满了葡萄酒和啤酒，她推测这些绝非个人享用。于是，她走上前去，并确认了他是一位餐厅的老板。一两天后，她成为这家餐厅的服务员。

在泰国，康妮·帕拉斯科娃（Connie Paraskeva）从一同拼出租车的美国人那里得知难民营里有一份职位空缺。

通过留意周围发生的一切，并且保持一颗乐于助人之心，旅行者总能找到工作。保持高度的灵活性也是成功的关键之一。卡罗琳·兰登（Caroline Langdon）在阿姆斯特丹的一家酒店吃早餐时，结识了与她分桌的一家人，10分钟的闲聊后，她办理了离店手续，收起行囊，并作为那家妈妈的帮手，和他们一同前往葡萄牙。

当然，运气不好的情况也时有发生。你也许能够得到各种关于在希腊海岛、葡萄园或是滑雪胜地工作的内部消息，但是如果恐怖袭击严重破坏了旅游业，或者葡萄遭受霜灾，抑或是你计划前往的目的地充斥着愿意接受低于标准水平工资的巴尔干移民，那么工作机会将大大减少，你手头的信息也将变得毫无意义。旅行者们从事的这类工作充满了不可预测性。

计划

光有运气也是不够的，有时你仍需要主动为自己创造机会。为此，你也许需要花上许多时间上网查询，或者在投出20份酒店申请后，你也仅能得到一份回复。同样，了解你整体出行计划的熟人越多，你越有可能从他们那里拿到有用的联系人地址。

你必须经常关注布告栏和报纸上刊登的广告，或在一些机构进行登记注册。此外，正如各地的求职者一样，不加选择地直接上门求职也尤为重要。黄页和电话是在当地求职的两个重要法宝。玛丽·霍尔开始在瑞士求职时，一位朋友建议她在打电话时始终保持微笑，虽然是一条古怪的建议，但玛丽后来证实，这非常有效。有人认为，最初采取的行动最好都通过电话完成，因为被人当面拒绝会更加影响自信心，并且打电话时不用担心自己邋遢的外表。

经验丰富的艾伦·科里（Alan Corrie）这样描述了他的方法：

法国阿尔卑斯山下的小镇安纳西（Annecy）看起来很棒，所以我找了一家便宜的旅馆住下，并开始打理在这里的生活。我花了好几天的时间走访这里的代理机构和招聘办公室，并留意咖啡馆里的留言或公告栏。尽管刚来小镇不久，我已经收集了一大袋的地图、计划、名单、地址和路人给我的各种建议。

艾伦性格开朗，对于找工作，他总是积极乐观。事实上，在过去10年的大部分时间里，他在欧洲找工作都很顺利。打工旅行者们展现出了非凡的积极性，在求职路上，他们各显神通。

■ 北塞浦路斯的服务生：看到英国广播公司旅游节目中一则两分钟的视频片段后，我直接写信给电视里介绍的那家餐厅，希望能在那里工作。很快我便收到了丽塔（Rita）聘用我在那里工作的回信。

■ 丹麦农场工人：我在农场的杂志上放了一则求职广告，并从4条回复中选择了自己感兴趣的。

■ 赫尔辛基（Helsinki）的互惠生：我只是简单地在托儿所里发了一些求职广告卡片，就在芬兰找到了一份保姆的工作。

■ 意大利南部语言学校的一位老师：我们利用了西西里岛邮局的黄页，并随意投出了30份求职申请，甚至都不需要面试我们就拿到了4个工作机会。

■ 西班牙的酒厂导购：我写了一封谦恭的求职信，并将其寄往了从父亲酒瓶标签上抄来的地址。收到酒厂同意雇用我的回复时，我非常吃惊（几年后，我再次收到了这位投稿人的来信。信中说，他将书中提及他的那一页寄给了之后他的澳大利亚雇主，从而成功地拿到墨尔本附近酒厂的工作机会）。

■ 加纳工厂助理：我向当地的**国际特赦组织**（*Amnesty International*）代表寻求工作信息。

所有的故事反映出一个真理——你必须积极采取行动。

风险和回报

旅行的乐趣

不言而喻，旅行的意义通常在于：旅途中发现有趣的人并了解他们的生活方式，收集各种见闻与家人分享，给朋友们讲述一张张照片背后的故事，从旅行中获得成就感，自立能力和成熟度得以增强，学着打理财务，对自己国家和自身习惯有了更深入的了解，晒出黝黑的肤色……斯蒂芬·赛里达斯（Stephen Psallidas）这样总结了他对旅行的评价：

> 与来自全世界的朋友们交流，可以增强你对其他国籍和种族的人的包容感。更重要的是，你能学着对自己宽容，并更加了解自己的优点和缺点。用句人们常说的话，你一定能“发现真正的自己，伙计”。

一位旅行者结束了在欧洲大陆的短期工作回到英国后，感觉自己更加是欧洲的一分子，而不仅是一名英国公民。（也许欧洲经济共同体官员〈Eurocrat〉应该给此书一些资助。）有时出国旅行会改变你的人生轨迹。在打工环游世界的旅程中，肯·史密斯（Ken Smith）从事过许多低薪且剥削性很强的工作，这些经历让他决定开始进修就业法。玛丽·霍尔在决定延长假期骑车周游非洲之后，她辞掉了之前的工作，并从此开始在非洲和中东的援助组织工作。

旅行生活的诱人之处，在于你将成为一个自由不受约束的个体。阿尔伯特·施瓦茨尔（Albert Schweizer）可能一直在思考成为一名打工旅行者而非赤道上的非洲人。他曾这样写道：“如果需要的话，他有时会工作。他并非懒惰，但他是自由的，因为他是一名临时打工者。”

风险

当然，糟糕的事情总是不期而至。随着越来越多的年轻人选择在间隔年前往一些偏远的地方背包旅行，事故总是无法避免的，但如果一旦发生，就会被各种媒体广泛报道。因此，如果一名年轻男子在哥斯达黎加在瀑布前跌落，或是英国女孩在厄瓜多尔的一场高压电缆事故中死亡，或者一辆满载游客的巴士被安第斯山脉的武装匪徒劫持，这些消息将不胫而走。然而，如果是一个学生在自己的家乡死于毒品滥用或是车祸，这种消息在国内很难成为报道焦点。

比起谋杀或绑架，遭遇抢劫、丢失行李或交通事故的概率相对较高。你可能会生病或感觉孤独，或者厌倦这样的旅行，甚至遭遇一连串令人泄气的坏运气，再或者失去工作、濒临破产（如果发生这些情况，请参考“极端情况”这一章）。

许多非正式的工作也同样隐含着各种不安全因素。你可能因此无法受到劳动法的保护，并且不能与你的老板讨价还价。在通常情况下，只有与你情况相近的旅行者可能拿到这些工作，因为对于当地常住人群而言，他们无法接受此类情况（或者是因为工作地点距离居住地太远）。如果培养了正确的态度，你就会毫不犹豫地放弃之前厌烦的工作，迈向一个新的职位。

关于“社会责任旅游业”之说并不鲜见，或许打工旅行者对于可怕雇主的容忍反而不利于当地社会的发展和保护其他旅行者的利益。斯蒂芬·赛里达斯（Stephen Psallidas）曾在希腊遭遇老板们剥削，因此他建议打工旅行者不能听之任之：

> 我的建议是：当你遭遇不公正待遇，或者你的老板表现得非常不专业时，你应该据理力争而非忍气吞声。如果情况仍旧没有改观，宣布辞职，并按照自己希望的去做。你将帮助未来有可能在这里打工的旅行者，同时，通过努力，你必将找到另外一份工作。

即使精心计划的打工旅行假期进展并不顺利，这些经历也远比待在家里更令人难忘。斯蒂芬·汉茨（Stephen Hands）坚信自己出国打工旅行是正确的决定，虽然没有找到工作，但他从未后悔过。而令他后悔的是，不应该向所有的朋友夸耀自己将离开很长一段时间，去探寻世界。尽管艾玛·道里奇（Emma

Dunnage）写了许多关于她在澳大利亚艰难的打工经历，但最后她仍旧自相矛盾地感叹道："这是我们人生中最精彩的部分。"

尽管旅行本身并不那么令人厌烦，但为了帮自己摆脱经济困境而从事的工作却恰恰相反。很少有人能够度过真正意义上的"打工假期"，例如担任澳大利亚内陆露营活动的教练，用自己的劳动换来一次免费的旅行。然而，在大多数情况下，"打工度假"与"残酷的仁慈"表达方式类似，是一种矛盾修饰法。不管在哪里，工作就是工作。大卫·安德森（David Anderson）曾在一家偏远的丹麦农场工作，由于这里完全没有家的感觉，他推荐出发时要考虑：

- 花些时间来决定是否接受一份工作。
- 带上一本《战争与和平》。
- 带上足够的钱，便于随时离开。

因此，最好的办法是，在出发前准备一定的备用金，这样你才不会为了工作而工作。

卡丽莎·法伊认为成为一名世界公民也有难以预计的弊端：

> 旅行的幸运与不幸往往都在于你的朋友将遍布世界各地。因此，好处在于你总能找到理由出国旅行；然而，坏处在于你的身边总是缺少一位贴心的朋友。

回家

克里斯汀·摩恩（Kristin Moen）建议在《打工环游世界》开篇就应该提出重要的忠告：**一旦踏上第一次旅途，你就无法停下来了**！本书的投稿人纷纷不约而同地将旅行比喻为一种疾病和会令人上瘾的东西。你在旅途中也许会偶遇一些一直在游荡的打工旅行者，对他们而言，停下来的想法是一种诅咒；"流浪者"一词正是用来形容他们的。然而，下面这些人却是例外。

在大多数情况下，对家的思念最终将不期而至。思乡之情涌向心头，你开始念念不忘的是那一品脱苦啤酒、一块培根三明治、一场篮球赛、第四电台、绿色的田野、玛莎百货以及妈妈烹饪的美食。或者正如迈克·图尼森（Michael Tunison）一样，或许责任也是让他回家的原因之一：

> 我本来计划今年夏天去南美，但不得不赶紧回家。因为我的两个最好的朋友计划结婚。如果可怜的环球旅行者甚至都不在那里，人们同样能若无其事地生活下去，那他该怎么办呢？然而，令人高兴的是，一年以后我又有机会重新收起行囊，整装待发，继续开始新的冒险。

回家后稳定的生活往往变得很难，尤其是如果你没有为此存好足够的钱。里万·哈菲兹（Riwan Hafiz）离开澳大利亚后回到了亚洲，在离开亚洲回国的途中，他开始感觉到一种莫名的沮丧，到达希思罗国际机场时，他甚至想用一床被子蒙住自己的头。在经历了一系列的冒险后，他发现自己两手空空，要重新开始一切，这令人十分苦恼。在家的生活一开始会显得乏味无聊，朋友和家人的思想会让你觉得他们如同井底之蛙。

如果你曾游学于世界各地的高等学府，可能你会发现要缩小与在国内学习的同龄人之间的距离很难，他们可能会因为你的经历感到些许的威胁或觉得受到轻视。如果你曾在发展中国家生活过，你一定遭遇过巨大的文化冲击，正如来自科罗拉多州的克里斯·米科索夫斯基（Chris Miksovsky）发现的一样：

> 在一些奇怪的时刻，旅行中的回忆会迅速地闪现在你的脑海中。回到美国几天后，我和妈妈一起去到一家大型的杂货超市。琳琅满目的商品以排山倒海之势展现在我的面前。一排又一排的各种颜色和商标冲击着你的眼球。我漫步走到摆放爆米花的货柜，不同品牌的各种口味让我应接不暇：奶油味、清新味、原味、奥维尔的Redenbacker品牌，以及保罗·纽曼（Paul Newman）的自然原味，从一袋装到家庭经济超值大包装，应有尽有。仅爆米花一样，我数了数就有25个品种。

然而，这种感觉很快就会过去。这种反向文化冲击通常会很快消失，你觉得自己又开始重新融入你的朋友、工作和学习之中。

人们往往会担心长时间在国外旅行或生活是否会破坏他们今后的工作前景。根据大量关于研究生就业情况的调查，大多数的雇主会同情那些推迟就业的人。在大多数情况下，旅行似乎被视作一种优势，并使你从求职者中脱颖而出。即使一些专业性极强的工作，如马库斯·思卡尔斯（Marcus Scrace）从事的特许测量，雇主也非常看重那些曾经有过打工环游世界经历的申请者。显然，你要积极地展现自己的经历是有助于求职的，千万不要让你未来的老板感觉你是曾在果阿（Goa）沙滩上游荡了一年的人。你的旅行必须具有建设性的意义，而并非只是一段长时间且漫无目的的闲逛。斯蒂芬·赛里达斯完成3年的旅行后回到家里，他深信，如果不是旅行，他完全不可能找到现在的工作（计算机教育公司的项目经理）。不是因为他从旅行中得到了任何类似的经验，重点在于他学会了如何坚持，如何征服雇主给他面试的机会。

职场上的争斗也许在所难免，尤其是就业市场的萎缩使得求职者们变得更加保守。尽管简·托马斯（Jane Thomas）对回到英国后就业的艰难早有耳闻，但她确实很难想象现实严重的程度。一些面试官对她是否还会选择再次远行（在此时此刻什么才是她最想做的）确实表达了他们的关切和怀疑。然而，她相信，自己曾在美国和澳大利亚短期打工的经历，能帮助她适应任何可能的工作机会。在一些情况下，你在国外的工作经历也将成为你“现实生活”前景的积极助推器。来自密歇根州的迈克·图尼森正是如此：

我曾以为正是因为环球旅行才让我舍弃了自己报社的工作。我不得不暂时牺牲自己的记者职业。我理所当然地认为自己至少能在墨西哥的一家日报社找到工作。然而事实上一切并非如计划中的那样一帆风顺，但结果也同样出人意料，不到一个月的时间，我就不知不觉地从执行总编的助理摇身一变成为报社周末版的执行总编。多么戏剧化！虽然只是走出了一步，而且这一步是曾被报社朋友们认为是不负责任的一次职业变动，但相比那条安全回家的老路，我却找到了一条通往理想职场目标的捷径。

与宅在家里相比，旅行需要更大的精力投入。然而，与此相对的收获也将成倍增加。

许多旅行者都提到了他们是多么珍惜在旅途中收藏的记忆。由于全书的写作都是在普通旅行者的经历指导下完成的，让我们用其中一位旅行者，史蒂夫·亨德利（Steve Hendry）的话结束前言：

我带着100英镑和一张单程机票开始了旅行。我曾在以色列生活了两年，泰国三年，日本一年。多年来我感受着这些地方的阳光，和阿拉伯人一起生活在海边，和日本人一同创造财富。如果我能做到，你也可以。我学会了很多。旅行就是百分百的乐趣和学习。你还等什么呢？

旅行

一次说走就走的旅行，既可让你摆脱烦扰也能让你逃离现代学生一成不变的生活或者工作者平淡无奇的生活状态，从而使你沉浸到从多种可能性中挑选出一个或者多个目的地的单纯快乐中。在书店的旅游书书架上密密麻麻地填满了各种声名显赫的地名：喀拉昆仑山脉（Kara Koram）、乞力马扎罗山（Kilimanjaro）、加里曼丹岛（Kilimantan）、巴厘岛（Bali）、卡利（Cali）和马里。当然，还有巴黎、布拉格和宾夕法尼亚州也不容忽视。人们抽出时间去开启一段他们期待已久的特殊之旅，或者开始从自己背包徒步旅行、探险再到有组织的冒险之旅。这些选择都让人难以拒绝：是在里约热内卢的腹地进行艰苦跋涉，还是在泰国岛屿上发现一处完美沙滩？

能以较少的花费享受愉快的旅行让人无限着迷。与过去20多年相比，机票的价格已经大幅度地下降了，同时，我们现在也正在经历着航空的全盛时期。随着燃料费用的增加，机票的价格也正在不知不觉地缓慢增长；由于担心环境恶化，政府加大了税收；我们为能安全飞行增付的费用也越来越多。2010年11月，英国的机场税开始上调，以至于去往欧洲的离境税就达到12英镑、北美达到60英镑、澳大拉西亚[1]（Australasia）从55英镑上升到85英镑。

在乘坐火车、长途汽车、轮船和航空飞机时，有以下一些总的指导方针可以帮助您获得一些特价票。在孤独星球及拉夫指南的旅游书中，对于那些特定目的地的描述更为详细。网上关于旅游的信息量多得惊人，本章并不奢望深挖。有一些网站事无巨细，从如何在机场过夜（www.sleepinginairports.net）到搭乘便车穿越北

1 澳大拉西亚：指澳洲、新西兰及附近南太平洋诸岛。

美的一些情形（www.erideshare.com）。许多网站还有一些十分有趣的链接，举一个例子，您可以尝试浏览www.bugeurope.com（“BUG”代表徒步旅行者的终极指南）。了解一些可以接待乘客过夜的机场会对您有所帮助，就像亚伦·伍兹（Aaron Woods）在卡尔斯鲁厄（Karlsruhe）机场发现的那样：

为了赶第二天的早班航班，我们只能搭前一晚的巴士早早地就抵达了机场候机。机场有点小。我们坐在长凳上一边喝东西——这种东西只能被称作是玉米酒精，一边弹着尤克里里琴（ukulele）。有人告诉我们，机场在下午4点或者5点关门，但是我们事先不知道这个情况。所以，我们不仅醉醺醺还十分疲惫，就这样跌跌撞撞地穿过机场停车区来到了废弃的军用掩体中。我们就缩在那里，同时，为了防止老鼠来捣乱，我们把裤子塞到袜子里，就这样蜷缩了几个小时。我们强迫自己入睡，天气特别冷。早晨4点钟就醒了，之后才回到机场休息。这真是一次令人印象深刻的冒险！

航空旅行

有些远途航班，尤其是飞往亚洲、澳大拉西亚以及近来的拉丁美洲的很多航班都可以购买到打折票。要时时留意在旅游代理商那儿登记过的邮箱，比如www.netflights.com和STA Travel，如此你将比他人领先一步知道都有哪些短期特价机票。例如，在撰写本文的时候，一封**踪迹发现者旅行社**（*Trail Finders*）发来的广告邮件中这样描述到年终机票抄底价——“亚洲直航机票低至319英镑。这些飞机票销售得很快，所以不要错失良机——今天就给我们打电话订购吧。数以百计的旅行网站以提供廉价机票的方式与商业区大街上的旅行社展开竞争。因为自身巨大的营业额和先进的网络系统，一些代理商往往能够提供超值的出行体验，如踪迹发现者旅行社。

查阅一些刊登在旅行杂志上的广告，像是*Saturday*

*Independent*和伦敦免费的杂志TNT。电话咨询一些机构来找出飞机票的最低价格，同时，在网上尽量找出价格更优的。最好从www.skyscanner.net, www.travelsupermarket.com 或者www. cheapflights.co.uk这些网站开始。一些规模大的网站，如www.opodo.com, www.travelocity.com, www.expedia.co.uk以及 www.lastminute.com都是非常值得查阅的。但是，它们也并非总是可以为你提供最划算的机票。用户除了输入目的地外，还需提供具体的乘机日期，这使得购票时比价、选择航空公司和乘机时间的过程非常耗时。通常会有这样的情况，如果你可以提前预订，那么你就将获得最优惠的机票。尽管税费和燃油附加费都已经增加，但是与过去几年相比，环球旅行机票（RTW tickets）的价格始终未变。即使是完全无法变更航程的机票，1000英镑的差价是想都不用想的。请查阅www.roundtheworldflights.com、在苏塞克斯霍夫（Hove）的*Travel Nation*（www.travel-nation.co.uk）搜索更多信息。在4月和6月期间由伦敦出发，经停三地（纽约、奥克兰、斐济）的环球旅行机票票价含税后从865英镑起，且在最多一年内有效。最优惠的机票常常规定乘机人需停经一地或多地，这些航段被称作“表面部分”（Surface Sectors），且必须是洲际飞行。例如：经停曼谷、新加坡或者东京，并且在澳大利亚转机后飞往新西兰的飞机票不低于1000英镑。

常见的环球旅行机票是由多家航空公司组成的联盟专门销售的一种产品，这些航空公司相互合作并形成种类各异的联盟。一家好的旅行社将非常快捷地告诉您哪家航空公司的联盟（如果有一家的话）最为符合您的需求。根据中途停留的次数和飞行距离的选择，飞机票价格也会发生变化，所以，你需要对自身的出行路线仔细琢磨一下，你是想周游26 000英里、29 000英里、34 000英里还是39 000英里（注：1英里约合1.61千米）？提醒一下，如果您不是特别愿意将北美纳入自己的路线中，那没必要买环球票。乘坐一些不起眼的航班，像是罗马尼亚的天合联盟（Tarom）或者亚洲的航空公司，如长荣航空（EVA Airways），就保证一定会比加拿大航空公司（Air Canada）或者英国航空公司（British Airways）

有意思得多。还有一个获得最廉价机票的小贴士，即利用一下目的地国家的外侨社区。例如，从多伦多飞往韩国的最便宜机票也许能在布鲁尔街（Bloor Street）西边的“小韩国城”的旅行社买到。

在此列举一些专营长途旅行的重要的代理商。这些代理商能在较大范围内供您选择不同种类的飞机票，包括环球票。尽管这些业务繁忙的代理商的电话很难打进去，但是通过电话订票也是有可能的。STA除了主要服务于学生以及26岁以下人群外，他们还将其服务延伸到更多需要帮助的人群。

飞行中心（*Flight Centre*）：其分支机构遍布英国，☎0844 800 8660；网址：www.flightcentre.co.uk。

拉美旅程（*Journey Latin America*）：Heathfield Terrace, Chiswick, London W4 4JE；☎020 8747 3108；www.journeylatinamerica.co.uk。

马可·波罗旅行社（*Marco Polo Travel*）：24A Park St, Bristol BS1 5JA；☎0117 929 4123；www.marcopolotravel.co.uk；售全球范围内打折机票。

南北旅行社（*North South Travel*）：Moulsham Mill Ceutre，Parkway，Chelmsford，Essex CM2 7PX；☎01245 608291；www.northsouthtravel.co.uk；打折旅行社将其全部收益用于支持发展中国家的项目中；同时，向乘坐长途航班的乘客免费发放一本《拉夫旅行指南》。

南美体验（*South American Experience*）：Welby House，96 Wilten Road，London SW1V 1DW；☎0845 277 3366；www.southamericanexperience.co.uk；这里将为顾客提供尽善尽美的服务。

STA旅行社（*STA Travel*）：在英国大概有40家分部，在全球范围内有上百家分部。提供廉价机票、住宿、保险、租车、环球旅行机票、陆路旅行、探险旅行、滑雪和间隔年旅行；预订机票及详情咨询请致电☎0871 230 0040 或者登录网址 www.statravel.co.uk，除可查询机票价格还可查阅剩余机票情况；通过邮件的方式或者拜访距离最近的分部，索要一份报价单。

踪迹发现者旅行社（*Trailfinders Ltd*）：194 Kensing Ton High Str，London W8 7RG；☎0845 054 1010；网

址：www.trailfinders.com；在英国、爱尔兰以及澳大利亚共有22家分部。

旅行包（*Travelbag*）：3-5 High St，Alton，Hampshire GU34 1TL；☎0871 703 4700；www.travelbag.co.uk；英国另有8家分部；具有来自澳大利亚和新西兰的专业人士。

当你对行程举棋不定时，有时你值得灵活性埋单。罗杰·布莱克对他在STA购买的环球旅行机票十分满意，他游览了约翰内斯堡、澳大利亚和南美洲。他曾经在登机时突然想在非洲多停留一阵，并且还想改变出发航班的日期：

> 最大的问题在于已经买好了机票。我原计划在非洲待6个月，但是仅去了3个国家就已经花费5个月。虽然我前往位于在坎帕拉（Kampala）的英国航空公司办事处试图说服他们，但是却被告知12个月的有效期是不容商讨的。在看到机票背面清清楚楚地写着可能提供的退款时，我想当然地认为自己将会得到一笔退款，当时是多么的愚蠢啊！这对于我来说是一次教训，同时，对那些即将踏入旅途的人们来说则是一次警示，在购买机票之前，一定要确认是否可以退款或者延期使用。

在美国，可以查阅《纽约时报》（*New York Times*）和《洛杉矶时报》（*Los Angeles Times*）旅游版面的打折机票信息列表。在旧金山可从**空中之旅**（*Air Treks*）的网站买到打折机票（☎877 247 8735；www.AirTreks.com），这家网站专门销售多次中转联程票及环球票。对于那些设有严格出行计划的人们来说，他们不仅可以随心所欲地选择目的地和出发日期，还能使用候补票出行，尤其是从美国本土出发飞往欧洲、墨西哥、加勒比海和夏威夷的廉价机票很适合这类人群。

从英国到欧洲，从斯坦斯特德（Stansted）、卢顿（Luton）或者一个地区性飞机场乘坐只提供基本服务以及非高峰期的飞机比乘坐火车或者公共汽车要便宜。在利兹市，易捷航空（easy Jet）、瑞安航空公司（Ryanair）、英伦贝比航空公司（Bmibaby）、Jet2

航空公司等机票的预订几乎都是在网上完成的。只提供基本服务的航班有时在北美已经也能买到机票，尤其是通过总部在达拉斯的西南航空公司（Southwest Airlines，尽管它的声誉已经受损，因为其名下的一架波音737s在2011年机身出现了一个长达6英尺〈约合1.83米〉的大洞）。西南航空公司曾推出纽瓦克市（Newark）和丹佛市（Denver）之间119美元的单程机票加部分额外费用。廉价航空业催生出许多不知名的小航空公司，它们为非热门城市提供服务，像是Direct Air（www.visitdirectair.com）和Allegiant Air（www. allegiantair.com）。此类航空模式已遍及整个欧洲大陆，同时，打折的航空公司也已经日益增多，例如：www.vueling com （西班牙的）；www.airberlin.com, www.germanwings.com （两个都是德国的）；www.transavia.com （荷兰的）；www.wizzair.com （匈牙利的）；www.smartwings.com （捷克的）； www.norwegian.no，等等。这类信息集中汇集在flycheapo.com和whichbudget.com两个网站。一些定期班机公司，如：英航（BA）和爱尔兰航空公司（Aer Lingus）出于竞争考虑不得不降低飞机票的价格，因此买机票时可以“价比三家”。这种理念已经随着理查德·布兰森（Richard Bransou）的维珍蓝航公司（Virgin Blue，www. virginblue.com.au）以及捷星航空（www.jetstar.com）传播到了澳大利亚；同时也传到了加拿大，像是西捷航空公司（West Jet），它提供的国内低价机票使得加拿大航空公司也不得不降低票价。

驾车旅行

在国外旅行时，您也许决定在当地买一部便宜汽车，并希望它能撑到您游览完那个国家。Gumtree是一家声誉不错的二手车专卖中介。在澳大利亚，Gumtree尤其能帮上大忙。一对来自丹麦的背包徒步旅行的夫妇，通过Gumtree买到一辆便宜二手车，并在驱车环游澳大利亚3个月后，又在孤独星球荆棘树论坛（Lonely Planet Thorn Tree forum）将其出售。那是他们在凯恩斯

（Cairns）宿营用过的“心爱的”1996年版的丰田海狮小型露营面包车，4700澳元的要价还有商量余地，主要是因为他们并没有为它花费多少钱，他们很可能会按最初买它的价格进行出售。像这类的小型露营车通常只有配备了火炉、电冰箱、炊具、床、床垫、蚊帐和其他一些小物件才算完整。

在英国和欧洲，一辆露营车能增加人们出行的自由度，尤其当你喜欢追逐水果的收获季节时。安娜·凌和朋友安迪（Andy）在英格兰花了900英镑买了一辆厢式货车，在欧洲开始了一场没有目的地的旅行。为了省钱，他们宿在车里，途中曾在萨默塞特郡（Somerset）为别人包装鸡蛋，还在盛产香槟酒的地区采摘葡萄。当然，露营车在保险、维修和油费上会有些花费。

在伦敦苏格兰路（Caledonian Road）地铁站附近的集市路约克大道（York Way at Market Road）上，每天都有非正式的露营车市场。你可以从汽车交易者（Auto Trader）、交易所&集市（Exchange & Mart）以及LOOT网站上查阅一些广告信息。当然，在线社区也可以，网址是www.gumtree.com。

搭便车旅行

尽管搭便车旅行的方式能花最少的钱走出相当精彩的路线，但在过去几十年中，搭便车旅行已不再流行（可以这么说），现在只有一些倔强怀旧的人仍然在坚持这种旅行方式。这可能是因为一些年轻的旅行者和学生通常比较富裕且小心（尽管这其中的危险相当微不足道）。如今，许多共用的便车是提前通过网上交易市场来安排好的，有时还可称作数字时代的搭便车旅行。例如，要在欧洲大陆长途旅行，可浏览http：//backseatsurfing.com，该网站注册于荷兰中部地区。想在北美搭便车的人们，可以浏览类似的一个在线共享旅行团，其网址为www.pickuppal.com，运用苹果手机的软件也可浏览。另一个有意思的网站是www.digihitch.com，它还附有一些相关文章和论坛。

搭便车旅行十分环保。早在1998年，英国政府就发布了一份报告来倡导人们拼车。其中一条建议，是在高速公路交会处推行免费搭便车的乘车区域，并为那里安装明亮的照明及闭路电视方便出行的人们使用。在荷兰，一些特殊的搭车场所称作liftershalte或者liftersplaats。通过建立规则，将搭便车旅行的危险降到最低。如果汽车司机看起来醉醺醺、昏昏欲睡或者十分可疑，切记不要搭乘这样的便车。女士们尽量不要单独搭乘便车。搭乘便车时保持一丝警惕并不是一件坏事。

乘坐火车和长途公交车旅行

对于去欧洲以外旅行的人们来说，托马斯·库克公司的《海外时刻表》（*Overseas Timetable*）曾是当时红极一时的介绍陆上交通方式的经典著作，但可惜的是它于2011年停止了发行。在欧洲大陆内乘坐火车旅行，可以查阅最新的欧洲时刻表，这本时刻表的售价为13.99英镑并且通过www.thomascookpublishing.com购买还能打折。“61号座上的男人”（Man in Seat 61，www.seat61.com）是互联网的奇迹之一，它发布大量有关乘坐火车外出旅行及其票价信息。铁路通行证对打工旅行者没有太大用途，因为它们更适合那些想尽情享受旅行的人。

长途公交车和（或）拼坐出租车在人们出游的社区中非常普及。在发展中国家，车费低到你无法想象，有时车上还提供一些免费的小吃以及一些功夫电影。

对于年轻人而言，旅行中一个最有趣的革新，是为背包客提供的公共汽车服务，即固定旅游路线的长途大巴服务，车辆及路线已经大幅增加。在新西兰（www.straytravel.com）、澳大利亚（www.ozexperience.com）、南非（巴兹公共汽车公司，Baz Bus）、以色列和中东（法拉费尔公共汽车公司，Falafel Bus）、爱尔兰、苏格兰、英格兰和欧洲大陆都可以找到这样一些服务。从总体上说，长途大巴票价对求职者来说并不算便宜。比如，购买一张欧洲汽车行（Busabout Europe，www.busabout.com）的按行程的段数计价的通票（Flexitrip pass）就要花掉学生们319英镑，并且这趟车仅在5月和10月期间运营，且只停靠6站；但有许多其他巴士线路可供换乘。想要了解欧洲巴士长途车网络，详情参阅有关欧洲的章节。

随着安保措施的加强及出台更加严厉的惩处手段，在长途火车上逃票的时代已经成为过去式。亚伦·伍兹冒着被逮着的风险，放弃了等待原来应该乘坐的慢车，并最终有了这次颇为幸福愉快的邂逅：

> 在我们从弗赖堡（Freiburg）前往位于卡尔斯鲁厄（Karlsruhe）机场的路上，同行的三人决定在一趟搭乘的德国子弹头列车上来一次逃票大冒险。一路上我们心里都紧张不安。列车员两次走过火车厢门时，我们的心脏都差点儿从嗓子眼儿里跳出来了。要是被抓到，真不知道将会发生什么事情。每张车票的价格大概是60英镑。幸好列车员没进我们待的车厢。一位瘦弱的德国老太太十分友好地让我们坐进车厢，并且车厢只通过一扇玻璃门和过道隔开。我想大概是因为老太太的缘故，我们才没有被列车员要求检查车票。因为她怎么可能会逃票呢？并且老太太的名字就显示在门外的电子标示牌上，因此列车员仅仅是看了一下名字就走了。
>
> 一路上，老太太还给我的两位德国同伴讲述了她的故事（他们后来告诉我的——我当时听不懂一个字）。在快到站时，她给我们每人一块用箔包着的巧克力饼干和一枚2英镑的硬币。我们走出站台并向我们这趟旅行年长的救星挥手告别，仿佛她就是我们自己的祖母一般。这时每个人脸上都带有最灿烂的笑容。我们不仅免费搭乘了一次豪华的德国子弹头列车，还收藏了一段美好的回忆。我们在这次“时髦”的旅行中收获不小。

自行车

骑自行车不仅有益身体健康，还不受限制，随时出发随时停下，无拘无束。同样它也可以使您找工作变得更简单，就像亚当·库克（Adam Cook）

在法国所发现的那样：

骑自行车找工作是最好的方式之一，你不仅能够自由安排旅程，还能远离那些大城镇和竞争。除此以外，你还可以随时随地参观那些偏僻的小村庄和农场。

此外，当和一位肌肉松弛的驾车旅行者同时竞争一份工作时，雇主也许会因为发觉骑车出游人们健康的体魄而给他这份工作。在世界各地，你也将因此变得备受关注，并且增加就业的机会。如果你决定骑自行车四处旅行，全国自行车组织CTC（www.ctc.org.uk）是可以考虑加入的组织，这里为会员免费提供技术、法律以及旅行的信息，还有第三者保险；如果没有工资收入，会员费仅为23英镑；其他人员入会需缴纳37英镑。

欧洲

欧洲大陆是全世界旅行成本最高的目的地之一。提前寻找拼车不失为最省钱的方式之一。通过以上提到的网站或者通过名为“Allostop”的社区代理商就可以进行拼车，在选择第二种方式时可能需要向司机交纳一定的费用，比如从阿姆斯特丹到华沙需要50欧元。整个欧洲有数十种拼车的渠道，尤其是在德国的柏林、弗赖堡、汉堡、慕尼黑等城市都设有Citynetz-Mitzfahrzentrale（www.citynetz-mitzfahrzentrale.de）营业处。一般的做法是乘客交纳一份小额注册费用，然后根据拼车的距离，再补贴给司机一些小费。常用的计价方式是每旅行1千米需支付5欧分。在法国，寻找这里的Allostop（www.allostop.net）；在比利时可用Taxistop/Eurostop（www.taxistop.be）。因为寻找拼车人总需要花些时间，所以对于那些习惯提前计划的人来说，这些渠道颇有帮助。尽管税收和附加费用使得返程机票费不可能低于50~70英镑，但欧洲航线的大规模扩张使得一些价格极低的飞机票成为可能。同样也可以查询瑞安航空公司和易捷航空公司，还有那些只提供基本服务的承运人也不可忽视，如东欧的威兹航空公司（Wizz Air）和德国的柏林航空公司（Air Berlin）。

欧洲巴士同盟（Eurolines）是一个由32家独立长途巴士运营商组成的联盟的名称，覆盖了从爱尔兰到罗马尼亚的几乎所有欧洲国家的500个目的地。至少提前一周预订往返车票，从伦敦至阿姆斯特丹的往返车票可低至39英镑。登录www.nationalexpress.com或者拨打热线电话08717 818181都可进行预订。“促销票价”（funfare）则意味着英国一些淡季票价甚至会更低。如果想要找一些小型的长途客车运营商，可以查阅一些在伦敦出版的杂志如*TNT*上的广告。例如，Poltours（☎020 3411 4833）就提供连接英国与波兰多个城市的长途客车；单程车票以50英镑起，往返票价则为75英镑，然而，威兹航空公司在波兰境内提供的低价航班使得打折后的长途客运班车稍显多余。

北美之旅

尽管这几十年来飞越大西洋航班的票价并未实际发生增涨，但随着各种税和燃油附加费的飞涨，人们很难再买到一张票价低于350英镑的返程机票。与两三年前相比，尤其是在夏季，2011年的机票价格可谓是大幅上涨。例如，加拿大航空公司淡季从伦敦飞多伦多的基本票面价仅为350英镑，但是所有税费加起来则在200英镑以上。**加拿大事务旅行社**（*Canadian Affair*，www.canadianaffair.com）作为加拿大低成本包机运营商负责销售一些支线机场飞往加拿大的低价机票。

在美国，最为激烈的竞争刺激了价格更低的机票，这主要涉及往返于伦敦、纽约和洛杉矶或旧金山之间的航线。一般情况下，夏季的票价往往是冬季票价的两倍。在东部的一些沿海城市也可以购买到单程机票，如华盛顿和波士顿；然而，那些免签证的乘客（参阅有关美国的章节）必须出示一张往返票或者续程机票作为证据来说明他们并非打算在美国滞留不归。除了暑期和圣诞节期间外，你不必担心买不到一张横越大西洋的机票；在出行高峰时期，购买不太热门的航空公司飞往纽约的打折机票也是一个靠谱的选择，例如印度航空公司（Air India）或者以色列航空公司（EI AI）。美国和加拿大是世界上拥有最长共有边界线的两个国家，这也为出行中可能出现的困难和费用带来一些思考。你也许会考虑驾车出行，著名的有**驾送售车**（Driveaway，详情参阅有关美国的章节），也有公共汽车和航班可以选择，两者与欧洲的相比都更为便宜。拼车也是一种选择。

灰狗巴士（*Grey hound*）还在销售多种不同类型的公交通票，根据有效期的长短分为7天、15天、30天或60天公交通票，票价较前几年也降低了不少，目前的价格为246~556美元（www.discoverypass.com）。区间车票价也同样低廉，提前14天预订更便宜。提前购买价格为122美元的促销车票跨越整个大陆（从纽约到旧金山）也是很划算的。梅格公交公司（Megabus，www. megabus.com）也正扩展自己在北美的网络，并且经营着纽约与多伦多、多伦多与蒙特利尔、芝加哥至底特律以及一些连接路线之间的业务。在网上预订得越早，得到的优惠就越大。这些公司除了提供一些仅售1美元的车票，还特价销售10美元的长途汽车票，例如从华盛顿到波士顿的线路。

在美国，其他形式的交通出行有可能比较昂贵但却独具特色，例如**绿龟公司**（*Green Tortoise* 494 Broadway，San Fraucisco，California 94133；☎800 867 8647；www.greentortoise.com）将巴士改装为可供35人乘坐的卧铺车，并且绕道以及中途停留一些有趣的地方。尝试恢复长途火车旅行的努力并没有取得巨大的成功，而且几条重要的经典线路也不断面临着各种考验。**美国全国铁路客运公司**（*Amtrak* ☎800 872 7245；www.amtrak.com）出售限定使用次数的列车通票，例如一张7日内有效限定乘坐21次前往加拿大周边城市通票的售价为159美元；一张15日内有效可在全路网使用8次通票的售价不低于389美元。如果提前在网上预订，一张跨越东西海岸的单程票票价不到200 美元（130英镑）。

一张行程为三日半的多伦多至温哥华火车票通常的售价为530加元或468加元，但这只针对26岁以下的青年。如果只能买到这个价位的票，那么可以考虑购买**联合铁路公司**（*Canrail*）的通票；一张淡季学生通票的价格为545加元，持票可在21天的有效期内享受**维亚铁路**（*VIA Rail*）全路7次单程经济舱的服务。在6月和10月期间，此类票价会涨到872加元。维亚铁路在加拿大的热线电话（The Via Rail infoline）为888 842 7245（www.viarail.ca）。

拉丁美洲之旅

在1月到5月以及10月到11月的淡季期间，可以购买到一张便宜的单程票从伦敦飞往南非，但这并非最好的办法，因为出了英国后再购买国际机票将变得非常昂贵。更何况持有往返票还能帮助你轻松通过海关。可以选择提前购买一张可变更日期的返程票和类似的“开口票”（open jaw tickets，这种机票的去程目的地和返程起飞地可以不同）。

上面所提到的**拉丁美洲旅行社**（*Journey Latin America*）就是一家业务覆盖面广的公司，除了承接世界各地前往拉美及环拉美游的业务，还始终如一地提供许多低价机票以及专业服务。另一个优势在于这家公司仅仅针对拉美市场，因此总能获取关于拉美旅游的全新资讯。各种航空通票，如果搭配跨大西洋机票购买，价格还能更低。**南美洲体验公司**（*South American Experience*）就专门提供这方面的业务。在南美洲，一些国际航班会被征收各种各样的税费：因此从一个国家的城市飞往另一个国家的最便宜的方式（假定时间充足）是，首先乘坐一趟国内航班（比如在巴西境内）到达最近的边境城市，通过陆路交通方式过境后，再搭乘另外一国的国内航班（例如秘鲁境内）。其他的备选方案还包括乘坐英国人建造的残存的铁路系统列车及其遍及各地的公共汽车，两者都非常便宜且十分有趣。在南美，乘坐公共汽车出行的价格大约为每小时为2~4美元，如果您选择较为豪华的旅行，也许每小时要花费8美元。

介绍拉丁美洲最全面的旅行指南是经典的《2012南美旅行手册》（*South American Handbook 2012*），这本书每年都会更新（Footprint Handbooks，2012）。同家出版社于2011年也出版了《中美洲》（*Central America*）。

如果希望了解在拉丁美洲旅行的信息，可以加入**南美探险者**（*South American Explorers*）的队伍。它在利马、库斯科、基多（Qwito）以及布宜诺斯艾利斯都有俱乐部（www.saexplorers.org）。会员费为单人60美元，两人为90美元。除了旅游信息之外，这家公司还建立了大量的数据库，会员可以通过查询数据库寻找志愿者或教学工作。

非洲之旅

广告上推出的飞往开罗的往返机票售价低至300英镑，一些飞往内罗毕或者约翰内斯堡的特价往返航班从400英镑起售。**非洲旅行中心**（*Africa Travel Centre* 150 Southampton Row，London WC1B 5AL； ☎0845 450 1520； www.africatravel.co.uk）是一家专业化的代理商。柯尔斯顿·肖在前往南非农村当志愿者之前也是价比三家之后才买的机票：

> 我发现在skyscanner.net上能买到飞往南非最低廉的机票，但需在开罗经停，且是早上4点的航班。在我不幸停留过的机场中，开罗机场也许算是最没意思的了，除非你喜欢那些沉重的黄金首饰以及时髦的头巾。达克雷尔（Daktari）是我工作的地方，这里的主管们也通过这个网站购买过一次机票。在9月11日，他们搭乘泛非航空公司（Afriqiyah Airways）和利比亚航空公司（Libyan Airline）的航班前往法国，然而仅用其他航空公司票价1/3就完成了此次飞行。那么还等什么呢?

但在经历了最近的价格起伏后，在撰写本书时，人们已经不可能再拿到这样的低价票了。

经由陆路出行常常困难重重，并且如果选择经由撒哈拉大沙漠或者穿过苏丹时一定要做些认真细致的调查。詹妮弗·麦克吉本（Jennifer McKibben）曾在东非待了一段时间，她推荐大家尽量在陆路旅行探险队的车辆中找到一个便宜座位，因为“他们中一半的人很有可能不能再忍受彼此，气呼呼地下车走掉了”，这种事情在那些地方时有发生。

亚洲之旅

大部分旅行者可以利用航空市场激烈的竞争买到从伦敦飞往亚洲目的国的打折机票。在**水晶旅行**（*Crystal Travel* ☎0800 368 0300；www.crystaltravel.co.uk）可以搜索到许多低价的航班，且一目了然，比如，伦敦到孟买的往返票最低报价含税还不到450英镑。印度新兴的两家航空公司捷特航空公司（Jet Airways）和翠鸟（Kingfisher），也开通了直飞希思罗机场的航班，但与其他在中东换乘的航班相比，直航班机的价格通常要高一些。只提供基本服务的亚洲航空公司现在也开通了从斯坦斯特德（Stansted）飞往吉隆坡的航班。到达亚洲后，你更加不必为交通支出发愁。印度次大陆的铁路系统不仅是一种引人入胜的社会现象，其票价更是低得惊人。在整个亚洲，机票价格都不是很贵，尤其是曼谷、中国香港和新加坡三地互飞的打折机票非常低廉。一些只提供基本服务的廉价航空公司，如亚洲航空会在淡季提供针对热门线路的低价票，如曼谷至金边（需要注意行李的限额）。总部位于新加坡的欣丰虎航空公司（Tiger Airways，www.tigerairways.com）已向澳大利亚、印度以及中国进军，并推出了瑞安型（Ryanair-type）的低价服务。在亚洲，公共交通运输普遍比较便宜，但日本例外。

俄罗斯跨西伯利亚铁路票价也较以往有所上涨。一些专业的旅行社可以安排横跨西伯利亚之旅，著名的**摄政王假日旅行者**（*Regent Holidays* ☎0845 277 3317；www.regent-holidays.co.uk）就是其中之一，它是古巴、东欧以及中亚地区旅游的开拓者。

对于那些不热门的路线，如经由哈萨克斯坦和中国的丝绸之路铁路线，就不能指望旅行社了，但之前提过的www.seat61.com可能会助你一臂之力。如果已经到达中国，你可以借鉴巴里·欧丽瑞（Barry O'Leary）的做法办理车票和签证：

> 我发现如果自己预订横跨西伯利亚之旅的车票，并且不支付任何代理费，同时还能亲自安排行

程，根本就花不了多少钱。当然在没有帮助的情况下获得中国、蒙古以及俄罗斯的签证并非易事，但这不正是旅行的乐趣所在吗？

汤姆·格兰迪（Tom Grundy）从塔林（Tallin）出发，至中国香港结束，全程花了不到300英镑；可以通过网站www.globalcitizen.co.uk/wp/trans-siberian-railway-travel-tips获取有用的出行小贴士。

大洋洲之旅

在澳大利亚之外的持有欧洲护照的公民可以在线免费申请旅游签证，获得这种签证后，可以游客身份入境，并停留不超过3个月。如果想要停留更长时间或签证政策以外国家的公民，一定要通过澳大利亚移民局的官网（www.immi.gov.au）花费20澳元取得一份电子旅游签证（ETA）。

与其他大部分地区相比，飞往新西兰和澳大利亚的航班每英里的价格更加便宜。尽管澳洲航空公司（Qantas）通过一些专业的代理机构如**澳大利亚旅行社**（*Austravel* ☎0800 988 4676； www.austravel.com）提供极具竞争力的机票，如飞往珀斯的促销（Perth）往返机票仅为600英镑，但仍然无法提供比阿联酋国际航空（Emirates Air）或者韩国航空公司（Korea Air）更低的票价。

尽管已经成功抵达珀斯或者悉尼，但关于交通的问题还远没有完结，由于各地之间距离遥远，人们还需在出行方式上花些心思。理查德·布兰森的维珍蓝航空公司有一些便宜的机票，同时它的太平洋蓝航空（Pacific Blue）经塔斯曼（Tasman）飞往新西兰。2011年太平洋蓝飞机从悉尼飞往凯恩斯的票价为140澳元，从墨尔本到克赖斯特彻奇（Christchurch，途经布里斯班）的票价为149澳元。对国内只提供基本服务的航空公司捷星航空（Jetstar，www.jetstar.com）是澳洲航空公司以及支线快捷航空公司（Regional Express，www.rex.com.au） 的一家子公司，它向背包客出售票价为499澳元且1个月有效的航空通票，同样的有效期为2个月的航空通票售价为

949澳元，但只在公司覆盖下的网络中有效，该网络覆盖了澳大利亚东南角的地区，从库伯佩迪（Coober Pedy）到布里斯班。

如果你计划周游澳大利亚的大部分地区，可以考虑购置一张灰狗巴士的通票，但将会是一笔不小的开支。一张覆盖全澳且有效期为12个月的通票售价为2510澳元。如果想要尽快完成跨东西海岸之旅，最好是购买点对点的车票，比如悉尼到阿德莱德（Adelaide，途经墨尔本，历时24小时，售价为200澳元或155澳元）。学生及背包客有资格使用铁路“探路者通票”（Rail Explorer Pass），只用花费590澳元加燃油附加费，人们就可在6个月内不限次数地登上“甘号”（Ghan）、“印度太平洋号”（Indian Pacific）以及“陆路号”（Overland）并开始奇妙的旅程（☎8 8213 4592； www.gsr. com.au/backpackers）。

除此以外，还不断涌现出许多私人经营的为背包客提供服务的公司，比如**绿野仙踪体验公司**（*Oz Experience*，它有“聚会大巴”的美誉）及**冒险旅游公司**（*Adventure Tours*）。**萤火虫捷运公司**（*Firefly Express*）提供墨尔本、悉尼以及阿德莱德之间的日常服务；一张从悉尼到墨尔本的标准单程票价为60澳元。新南威尔士州的葛切·科夫（Geertje Korf）认为，对巴士公司所承诺的找工作等帮助应留点心眼：

> 我结识的一位来自加拿大的小伙子讲述了这样的经历：由于相信巴士司机承诺的帮他找到一份每天挣100美元的工作，他坐上了巴士从悉尼到这里，为此他还支付370美元。他原本以为会被送到一个果园中，并且有人会带他到帐篷搭建地，等等。但是司机把他送到求职中心后就让他下车了。其实只要搭乘一辆普通的巴士再加上步行就能到达这里，根本不用贴上这么多钱。

在澳大利亚找工作时，拥有自己的交通工具是一项极大的优势。这里有许多销售二手车和露营车的公司，在你离开之前它们还可以将原车购回，例如，在悉尼、墨尔本、布里斯班、凯恩斯、珀斯以及达尔文各地都能见到的**旅行者汽车库**（*Travellers Auto Barn*，www.travellersautobarn.com）。花2000澳元以上就能买到一部旧车（比如一辆非常耗油的福特猎鹰），但一辆露营车就需要花费更多。尽管租车比较昂贵，但有时可以享受不走回头路的异地还车服务，人们只需把车开到租车行的对应站点即可。查找黄页，给租车公司电话，要求提供异地还车服务，罗杰·布莱克在从阿德莱德到墨尔本的旅行就是采用的这种方式：

> 作为世界上最适合驾车观光的路线之一，大洋路（Great Ocean Road）享有盛誉，因此我决定不坐旅游巴士，以便更好地观赏沿途景观。为了能够异地还车（按照单程租赁的要求，租车人需将车辆送还启程地的车库），我给101家租车公司打了电话。我算是幸运的，因为正好赶上一家租车公司急需将车辆送往另外一地。每天只需1澳元的租金，并且由于他们非常着急，甚至给了我100澳元的汽油费作为补偿。然后，我独自开着这辆租来的动力十足的奔驰露营车开始了三天的沿维多利亚海岸线大洋路之旅，并饱览沿途壮美的风光。虽然沿途路况危险但是风景却十分秀丽。那么我花了多少钱呢？一共才用了63澳元！

阿波罗汽车之家（*Apollo Motorhomes*）在其网站列出了价格为每天1澳元的露营车的异地还车点（www.apollocamper.com.au/reloc.aspx）。出发的最佳地点有凯恩斯、达尔文、阿德莱德以及布鲁姆（Broome），在这些地方驾驶员有时甚至可以拿到几百美元的汽油补贴。因为租车公司需要将车辆从克赖斯特彻奇还回奥克兰，此外渡船费用也由租车公司支付。

背包客青年旅社是找到搭便车机会的好地方，但前提是你能等到正好合适的一辆车。在www.backpackingaround.com.au或www.shareyourride.net上也有不少搭便车的论坛。新西兰绝对是搭便车旅行者和经济型旅行者的天堂，除了建造一系列舒适的便宜旅社外，新西兰还有为“流浪者”搭建的山间棚屋。通常情况下在海滩、旷野以及森林中露营都是允许的。在地震的影响下，克赖斯特彻奇到皮克顿（Picton）的服务被完全中断，地震也使旅行者的数量大幅缩减，所以为了减少损失直到淡季结束后跨海岸服务才得以恢复，但是在南岛上的观光火车可能会提供较便宜的淡季车票（☎0800 872467； www.tranzscenic.co.nz）。

旅行者的健康

不管前往哪里，英国卫生部颁发的小册子T7.1《献给旅行者的健康建议》（*Health Advice for Travellers*）都应是出行必备。在大多数的邮局或是任何一家医生的诊所都可以拿到这本小册子。还可以拨打健康宣传热线☎0300 123 1002索要一份复印件或者从dh.gov.uk上在线阅读，这里还有许多国家的详细信息。

任何出国旅行的人员都应该有份旅游保险。在欧洲，个人保险并不是特别重要，因为欧洲人有资格在欧洲经济区享有紧急医疗保健补助。欧洲健康保险卡（EHIC）使得欧洲公民可在任何成员国内短期停留并接受紧急医疗救助；可以在www.ehic.org.uk免费申请。如果你计划在国外工作一年，可以从英国税务海关总署（HMRC）的**慈善资产及不动产**（*Charity, Assets and Residence*）办公室（Room BP1301, Benton Park View, Newcastle upon Tyne NE98 IZZ）申请一份针对欧盟国家的A1表（或者是针对欧洲经济区的E101表），用以证明你已经在英国完成相关的纳税程序。详细信息请参阅www.nhs.uk/movingabroad/pages/workingabroad.aspx。

如果你曾有患病史，那么设想一下你在紧急状态需要的求助将至关重要。在出发前，你应向医生（GP）或者专家组寻求一些建议。在一些极端气候条件下，慢性病或者既往病史会恶化。尽量想办法了解在旅途中就医的难度，是否可以随身携带一些紧急药品，以及是否远离专业救助。把药品始终放置在原装的药瓶中，并随身携带医生开具的便条，用以说明你所带药品的用法以及相关病史；除此以外，还要写明你的过敏史，如对盘尼西林过敏等。在发生事故或者处于紧急医疗情况时，这也许会有所帮助。

如果前往发达国家以外的地区旅行，尤其是去热带气候地区，需要认真地做好准备。你将有感染上疟疾或者其他水源性疾病的风险，如犁形（鞭毛）虫病。因此，有必要向医生提供即将出访地准确详细的信息。在出发前至少提前一个月去一家旅游医疗中心问诊，因为一些免疫预防工作一定要提前做好，例如预防黄热病。目前，关于如何预防热带疾病的专业知识已经广泛普及，所以应该利用现代药物来保护自己。同时一些必须接种的疫苗需要自费，它们通常不在英国国民健康保险制度的覆盖范围内。咨询你所在的当地诊所，了解他们是否可能给你提供一些建议和接种疫苗（互联网缩短了人们与这些专业医生的距离）。与私人专业诊所相比，当地诊所的接种注射也许会便宜很多。例如，在**海外游客医疗咨询服务公司**（*MASTA*）网站（参阅下一章节）上可以查阅相关价格，接种A型肝炎和伤寒的疫苗价格为84英镑，接种日本脑炎的疫苗价格为52英镑，接种霍乱的疫苗价格为60英镑等。

专业建议

越来越多的人开始通过互联网了解卫生方面的信息，例如可以在www.fitfortravel.scot.nhs.uk和www.travelhealth.co.uk上获得资料。**世界卫生组织**（*World Health Organization*）的官网（www.who.int/ith）公布了少数国家的名单及进入这些国家时需要注射的疫苗类型。英国广播公司的健康旅行网站（www.bbc.co.uk/health/travel）同样是一个可靠的旅游卫生信息来源，内容涉及饮用水质以及毒蛇咬伤。

在英国，海外游客医疗咨询服务公司（www.masta-travel-health.com）已经成为最具权威性的建议来源之一。公司所建立的数据库会形成含所有国家疾病状况的最新信息，并对如何预防热带和其他地区疾病给出了最新的指导建议。根据出行目的地和旅行方式的不同，会形成个性化的健康短文建议，并用邮件方式发送给用户，但网站将为此收取3.99英镑。MASTA服务网络中的一些旅行诊所负责给旅行者接种疫苗并且销售医用工具箱以及其他一些专用设备，例如水净化器、蚊帐和驱虫剂等。值得注意的是，这些建议可能会过于谨慎（这就意味着他们将赚取更多的利润）。

在伦敦，有许多专业私人诊所，但是这在其他地方则比较少有。**国际旅游药品协会**（*International Society of Travel Medicine*，www.istm.org）有一份世界范围的专业旅行诊所清单可供全球查询，尽管许多国家尚未包括在内。治疗热带疾病医院位于伦敦中部（Mortimer Market Building, Capper Street, Tottenham Court Road, WC1E 6AU），除了提供预约旗下的**旅行诊所**（*Travel Clinic* ☎020 7388 9600），还负责经营自动化旅行者健康咨询热线（☎020 7950 7799；www.thehtd.org），每分钟收取50便士（一般情况下，通话时长会持续7分钟）。伦敦各地还分布着许多流浪旅行诊所（Nomad Travel Clinics），如维多利亚诊所（☎020 7823 5823；www.nomadtravel.co.uk），同时，在布里斯托尔（Bristol）、曼彻斯特和南安普顿（Southampton）也都有诊所。这些诊所提供免预约随到即诊的便利，但在繁忙期可能需要排队等待。位于伦敦Ponel大街的**皇家义诊医院**（*Royal Free Hospital*）的**皇家义诊旅游健康中心**（*Royal Free Travel Health Centre*）（☎020 7830 2885；www.travelclinicroyalfree.com）是一家很有名望的私人诊所。**踪迹发现者旅行诊所**（*Trailfinders Travel Clinic* 194 Kensington High St ☎020 7983 3999；www.trailfinders.com）也是一家老字号。还有几家网上商店专为旅行者服务，其中包括**旅行药房**（*Travelpharm* ☎0115 951 2092；www.travelpharm.com），它提供蚊帐、治疟药品、净水设备以及旅行用品。网站上同时还有不少健康信息。值得注意的是，如果你想在网上买药，必须随订单附上一张处方；一般情况下，医生开处方也会收费，比如15英镑。

想知道在旅途中都会遇到健康方面的什么问题吗？看一看由简·威尔逊·豪沃思（Jane Wilson-Howarth）所著的《旅行健康必备指南：不要让臭虫、叮咬和肠道问题毁了您的旅行》（*The Essential Guide to Travel Health: Don't Let Bugs, Bites and Bowels Spoil Your Trip*, Cadogan, 2009）。这类书均强调在发展中国家要避免使用自来水，同时推荐通过过滤、煮沸或者使用化学添加剂（碘酒或者二氧化氯）来净化饮用水。MASTA和流浪旅行社（Nomad）销售各种各样的净水器，其中“旅行者水纯净”（Aquapure Traveller，35英镑起售）以及“MSR甜水微过滤器”（MSR Sweetwater Microfilter，售价70英镑）是两个最好的品牌。在西欧自来水都可以安全饮用。

如果想得到大众旅游健康建议，在美国可以拨打亚特兰大的疾病控制及预防热线☎1 877 394 8747；或是登录www.cdc.gov。**疾病防治中心**（*CDC*）为国际旅行者发布旅行风险级别从温和到严重的各种通告，将风险降到最小的建议是避免没有必要的旅行。

在保护旅行者性健康方面，**玛丽斯特普国际组织**（*Marie Stopes International* ☎0845 300 8090；mariestopes.org.uk）会提供一些有益的建议。政府的出版物（www.dh.gov.uk，搜索“国外药品”）以及国家药品帮助热线（☎0800 776600）可以提供一些有关国外药品法律规章的信息。

疟疾

在去热带地区游览时，疟疾无疑是摆在旅行者面前最可怕的危险。由于一些种群的蚊子对杀虫剂以及预防性药物产生了抗药性，致使疟疾在世界许多地方又死灰复燃了。去年有1761名返回英国的人感染上了疟疾，其中大部分是从尼日利亚和加纳回来的。由于蚊子抵抗力不断增强，咨询上述机构的专业性意见就变得非常重要。浏览一些专业网站，如www.malariahotspots.co.uk或者www.hpa.org.uk/infections/topics_az/malaria/default.htm可以增强对这方面信息的了解。只有在最可靠信息的指导下，你才可能设计出预防出行地区疾病的最有效攻略。调查显示，在泰国被一只传播疟疾的蚊子叮咬的可能性为一年一次，但是在塞拉利昂（Sierra Leone）这就升至一晚一次。因此，赶快行动起来，因为一些疟疾预防的课程需要在出发3周前就开始学习。提前了解服药后可能出现的不良反应也非常有帮助。

热带疟疾可能会致命。人们还在使用甲氟喹（Larium）进行预防，但是强力霉素（Doxycycline）和马拉隆（阿托伐醌）（Malarone〈antovaquone〉）已经成为目前两种主要的预防药。强力霉素是一种廉价的抗生素和抗疟疾类药品，空腹服用以及皮肤对太阳光的敏感度增强时会产生副作用，比如恶心。如果前往疟疾疫区，需提前一周每天服用一片防疟药剂，并一直到离开后的4周。这种药品在网上的售价为每片14便士。马拉隆每片的价格为2.25英镑，所以有些人在到达目的国前会先买下一周的服用量，然后在当地的药店购买，与在英国相比，那里售价相对比较便宜。丽莎·巴斯（Lisa Bass）在马达加斯加岛待了一年，她推荐服用复方蒿甲醚（Coartem，蒿甲醚本芴醇〈artemether lumefantrine〉的商标名）。

不幸的是，即便服用了这些预防药物也不能保证免于染病，一些严格执行预防措施且坚持服用药片的人也被证实感染上了这种疾病。因此，物理防蚊也很有必要。如果可能的话，给窗户装上纱窗并且在苄氯菊酯浸染过的蚊帐内睡觉，因为讨厌的蚊子会在黄昏和黎明之间出没（在出发前练习挂蚊帐的技巧，因为这确实是个技术活儿）。如果没带蚊帐，那么在傍晚时用浅色衣服遮住你的四肢，使用带有活性成分避蚊胺（DEET）的杀虫剂，同时在睡觉的时候用扇子来保持空气流通。还可使用蚊香、喷雾剂等来驱赶蚊虫。

避蚊胺浓烈（虽说不上有毒）的效果足够维持好几个小时。手腕和踝关节周围都要涂抹上能容易找到且方便使用的化学药品。天黑前（在赤道上是下午6点）遮住你的四肢。穿一些质量好的丝绸也可以防蚊。

预防是非常可取的治疗方式。疟疾是一种很难治愈的疾病，尤其在晚期。如果你从疟疾发病区回家后的一年内一直发烧，尽快就医并且知他你的旅行经历，即使你怀疑可能只是患了流感。

边境繁文缛节

不论选择何种出行方式，为了确保旅行中不会发生意外，你在出发前一定会有一些繁文缛节需要处理。由于不断增强的安保措施，你有必要留出更多时间用于应付机场安检和海关等手续。

签证

在欧洲境内，《申根协定》（*Schengen Agreement*）意味着在参与协定的25个国家之间没有边境限制。但从2011年开始，成千上万的北非移民为了逃避政治动荡开始涌入法国、意大利等国家，这使申根协定面临很大的压力。在申根协定以外的欧洲地区，边境警卫人员会要求查看你的证件。“9·11”事件之后，移民和入境安全检查比之前更加严格，很多国家开始实施签证限制，尤其针对持北美国家护照的公民，目的在于对美国等国实施的签证新规。查看大使馆的网站或是签证代办机构发布的在线信息都能获取这方面的最新消息。例如在**枫华国际教育投资集团**（*CIBT*）驻伦敦办事处的网站（www.uk.cibt.com）上，你不仅可以查询到英国人办理任何国家签证的要求和费用，还能了解该机构代办签证的具体收费情况。

非欧盟国公民需留意申根签证的有效期仅为90天，避免逾期停留。如果你在离境时被发现逾期，将面临巨额的罚金。来自新西兰的理查德·弗格森（Richard Ferguson）发现：

> 在法利拉基（Faliraki）停留的时间远远超出了我的计划，因为我好不容易才搞到了一张离开切弗兰（Chavland）的机票。我也曾听过90天有效期的规定，但是由于去年我在葡萄牙待了5个多月离开也没被查到，所以没太当回事儿。我在希腊逾期22天，直到在机场时那个希腊人对我大喊大叫时我才明白事情的严重性。“交600欧元的现金作为罚金，否则的话4年内不准踏入欧洲。”所以我只好乖乖地交了600欧元。

总而言之，不管在哪儿，办理签证都绝非易事，多数旅行者都喜欢在原籍国获取签证。留出一笔预算来支付签证费用吧，因为大多数国家的签证费至少40~60英镑，这些国家包括印度、中国、越南和约旦。但对美国游客的要求则完全不同。一般来说，申办的时间越紧急费用越高，比如如果提前7天申请俄罗斯签证，费用是

75英镑，但是如果临时申请，费用将增至133英镑。如果你不确定入境时间，可以在旅行期间从该国的邻国申请签证，这样也更省钱，但有可能会耽误时间。如果你想一次去很多国家，尤其是穿越非洲大陆，一定要确保所有相关证件都要齐全，且护照上有足够的空页可以供边检签章。有些游客被拒绝入境，单单是因为边境警察不愿意在别的国家盖过章的护照页上再盖章。在本书关于不同国家的章节可以了解到工作许可证规定等详细信息。

回答移民局或海关官员的问话时尽量简短有礼貌。罗杰·布莱克的提示值得借鉴：

> 没有什么比在入境新西兰时遭遇提各种奇怪问题的海关官员更麻烦的了。他们会问：“你携带毒品了吗？”“没有！”“你吸毒吗？”“不吸！”“为什么不吸？”这是他们精心为那些不说实话的人准备的陷阱，你可能会碰到这种问话。但是不管怎样，我不用担心这一点。

资金

入境时，你可能需要出示以下证明：

- 你在计划停留期间有足够的财力养活自己。
- 在不从事损害经济的非法活动（如非法打工、在黑市兑换货币、走私等）的前提下离开此国。

当局似乎对那些衣着破旧且生活窘迫的背包客“相当关照”。有时边境工作人员会要求你出示一份资金证明，说明你在允许停留的时间内每月拥有1000美金可供自由支配，这绝对是一笔天方夜谭般的巨额存款。穿着讲究，手提行李箱而不是帆布背包的游客则比较容易入境。米歇尔·法拉迪约（Michel Falardeau）只持有一张单程票，也没有很多存款，但是每次需要见移民官时，他必定西装革履，这也确实在他的环球之旅中起了很大作用。除此以外，一张去程机票和目的国联系人的姓名和地址也是在存款有限的情况下顺利通关的法宝。

提前搞清楚目的国是否收取离境税，大多数国家的离境税都已经包括在机票价格中，厄瓜多尔就是从2011年2月开始实施的。但是秘鲁要缴纳31美元的离境税才能离开，离开香港机场要缴纳120元港币。如果你不知道这一点，可能是一次意外的小插曲或也有可能演化为一场灾难。从国内紧急汇款的信息参见本书“紧急情况”一章。

工作筑坦途

许多开始环球旅行的人们发现他们大部分的存款都免不了被航空公司、铁路和轮船公司合理地侵吞。但是只要提前计划，再加上适当有点冒险精神和好运气，你也可以像很多游客一样，花很少的车旅费，完成环球之旅。

搭便车不失为跨越大陆的一种旅行方式（见上一章节“旅行”），但对于21世纪的旅行者，这已经不时兴了，所以必须找一些替代的方法。幸运的是，如果你想要不花钱或者少花点钱就能完成旅行，许多在海上或陆路的工作可以构筑旅行的坦途。

海上

超大游轮

近15年，奢华游轮之旅游越来越受到人们的青睐。尽管受到近来经济危机的影响，市场不景气，但仅2011年，就有1600万游客乘坐了游轮出游，人数比前一年上涨了6.6%。更多的英国度假者放弃滑雪度假而选择乘坐游轮旅游。现在有1000多艘游轮在世界各地海上航行，2013年以后将有更多更新的渡轮投入运营。这些超级大游轮或度假船规模巨大，就像一座漂浮的城市，需要各个领域的员工。很多游轮上的员工都通过中介招聘，这些中介又叫特许经销商，他们都声称只招收合格的而又有经验的员工。但是一般情况下，只要你年满21岁，性格外向，精力充沛且可以接受长时间的船上工作，就符合要求。

缺乏经验或者专门技术的求职者一定警惕那些要求支付一定的费用才肯为你在网上发简历的中介。私人网站www.cruisejunkie.com是由私人维护的网站，点击链接可进入设计简单的网页，这里汇集了所有游轮相关的信息，包括游轮的清单和他们的特许经销商。在订购网站www.cruisejobfinder.com（每月费用12.95美元）也有各个游轮公司的链接。

很多超大游轮会有专门的招聘网站或网页告诉你如何申请到船上工作。例如迪士尼网站www.dcljobs.com上就有其全世界特许经销商的信息；游轮巨头**皇家加勒比**（*Royal Caribbean*，www.royalcareersatsea.com）；**狂欢游轮**（*Carnival Cruise Lines*）仅搭载1/4的游轮乘客，就需雇用将近40 000名船上工作人员，可查询www.cclcareers.com；**丽晶七海游轮**（*Regent Seven Seas Cruises*）和公主游轮的网站分别为www.rssc.com/employment和www.princess.com/employment/index.jsp。

简·罗伯茨（Jane Roberts）穿越大西洋，从委内瑞拉到达爱沙尼亚，她找到的工作是在船上的赌场当总管。她说，在船上，不是所有的员工都是有经验的专业人员：

> 我曾在4艘游轮上的赌场里工作过，见过很多人，他们中间从事什么工作的都有：服务员、酒保、男女乘务员。这些工作都很好找。实际上船上80%的工作人员之前都没从事过他们现在的工作。虽然很多人签了一年的工作合同，但是船上员工的流动性仍然很大。甚至一天24小时之内和你一起工作住宿的都不是同一个人。船员没有假期，甚至一个月唯一的休息时间就是早午饭时间。一定要有极大的耐心，那些来度假的人似乎觉得他们就是船主。一定要非常和善，要不然你很快就会遭受损失。

各个游轮上的情况各不相同，但是一般工作人员都与船主签订4~6个月的合同。在这种短暂的合同期内，他们没有带薪假，也得不到员工福利。入门级工人工资通常为一个月550~750美元，但是这对于一天工作12~14小时来说并不算多，甚至有时一周上7天班，都没有休息时间。能拿到小费的工作通常工资是最低的。

登录www.cruiselinesjobs.com/eng/recruitment可以找到世界各地中介机构的信息。英国一些中介向游轮推荐船员，但是这些船员一般需要有几年的工作经验，这些中介机构包括Cast-a-way（☎01204 655504；www.cast-a-way.co.uk）和**我的船员之家**（*My Crew Home*，www.mycrewhome.com）。其他欧洲的中介包括挪威的**国际游轮管理机构**（*International Cruise Management Agency*，www.icma.com）；**德国船上工作中心**（*Jobonship in Germany*，www.jobonship.com）和**法国国际服务**（*International Services in France*；www.internationalservices.fr）。那些已经在佛罗里达的人可以联系游轮或者人力资源中介安排面试。

在美国海域工作要申请的签证是有效期为一年的多条目C1 / D船员过境签证，只有在你签订工作合同后才能申请。申请这种签证必须到美国使馆接受面签并交纳140美元的手续费。

私人快艇

很多出海消遣的人常常会雇用船员，但有时也解雇船员，如果你有足够的常识、活力，和蔼可亲，不怕麻烦且按规则行事，你也许可以说服游艇所有者让你成为他的船员。但需要强调的是如果你没有经验可能找不到付薪水的工作；实际上大多船长还是希望你能缴纳一定的费用，一天的食宿费用、燃油费和港口费等加起来至少25美元。由于近来发生过几起海上惨剧，所以安全是最重要的。游艇驾驶者们和应聘的船员们查找信息最好的地方是www.noonsite.com的“船员招聘”论坛。

格哈德·弗莱格（Gerhard Flaig）以做船员的方式从汤加群岛航行到新西兰，再从新西兰到澳大利亚，他总结了海上航行的利与弊：

> 在海上航行绝对是一次探险。你常常可以看到海豚、鲸鱼、鱼和鸟等。你可以更加亲近大自然，看潮起潮落，品日落晚霞。你可以学习航海、气象和航行等知识。但是也有很多弊端。你可能会晕船，这可不是什么好玩的事。你在海上还要应付狂风暴雨。要在午夜起来值班。因为船一直在晃动，所以在陆上再容易的事在船上都不好做，甚至包括上厕所。或许很多天都没风，船只好在离岸上很远

的地方待着，也不能前行。如果你做好所有的准备应对这些状况的话，海上航行还是值得的。

显而易见，如果你有经验的话，将很容易找到船员的工作。但是不等于说缺乏经验的人就没有机会，但是千万不要夸大你的能力。一旦你有了游艇工作的经验，下次再求职时也就更加容易了。游艇这个圈子挺小的，你经验越丰富，就越能够找到好工作。并且，如果你愿意在比较不受欢迎的航线上工作的话，还能省去不少开支，例如从大西洋西部到东部要比反向的航行困难多了。如果你想花很少的钱环游世界，那就看看诸如皇家游艇协会的培训手册《适航船员》（*CompetentCrew*，RYA，2012）等书吧，这些书是指导如何航行的，包含技术性的海上术语和航行基础等宝贵的信息。如果你能将自己学过的航行程序安全地操作，并且不吸毒、不酗酒、很明智、有礼貌的话，你很容易就能得到一份船员的工作。

如果你参加过航海培训（并且获得证书），那就更好了。一级水平的适航船员（Competent Crew）资格可以通过在皇家游艇协会认证中心接受一个为期5天的课程取得，费用为500英镑。除此以外，不错的厨师、木匠、电工或者会用缝纫机的人（修补帆布）也可能有机会用到他们的才能。超级游艇上如果装载包括船长和船员在内超过12个人的话，要得到STCW95公约认证（海员培训、发证和航行当值标准国际公约；stcw.org），这是基础安全培训证明。

在国外上航海培训课也不一定都很贵，比如在克罗地亚的游艇活动公司（☎01243 641304；www.activityyachting.com），只要经过一周的实地航行，你就能拿到国际船员证书（International Crew Certificate）。

有些公司主要帮助人们为航海这个职业或水上运动做好准备，这些公司包括：**英国航海学院**（*UK Sailing Academy* West Cowes on the Isle of Wight P031 7PQ ☎01983 294941；www.uksa.org）；同样位于卡尔兹市的**飞鱼公司**（*Flying Fish* ☎01983 280641；www.flyingfishonline.com），这两个公司都提供后续职业服务。如果你仍觉得培训费用昂贵，那就去离你最近的海上做一些辛苦而又沉闷的维修、打磨、油漆、上漆和从船体刮藤壶等工作来换取航海课程的学费。过一段时间之后你就能轻松一点，照看船长不在的空船，检查锚和舱底。你可以买一本航海日志，在上面写下所有相关的经验和航海旅程，并请船长为你写一封推荐信。

一位船长曾这样评论："如果一个初学航海者能够打6个结，认识各种各样轮船和木船的灯光，也不再晕船的话，他就不再是游客了。"有时我们就是安排他们一边工作一边游览。或许没多少工作，但是你有个伴一起干这些简单的活，比如打磨甲板上的椅子、削土豆、玩拼字游戏以及帮助船员家庭照看孩子就够了。船员多也可以防海盗，因为海盗比较喜欢袭击只有一两个人的船。

有些独自航行的女水手只找老年夫妇或者女船长驾驶游艇，以保证自己的安全。

如果你提前很长时间就开始策划海上航行计划，并且有相关经验，你可以利用《游艇月报》（*Yachting Monthly*）、《环游世界》（*Yachting World*）和《实体船主》（*Practical Boat Owner*）等杂志的分类专栏，虽然广告部可能会要求你支付很大一笔费用。现在越来越多的船长通过互联网招收船员。www.floatplan.com/crew.htm网站承诺替船员与船长联系，这个网站上有很多招聘信息，例如2011年5月的这条广告："厄瓜多尔，加拉帕戈斯群岛，波利尼西亚航线。从2011年8月波利尼西亚开始航行，在加拉帕格斯群岛（Galapagos）停一站，可能是在干比尔群岛（Gambier Islands）。计划在马克萨斯群岛（Marquesas island group）度过2011年10月到2012年4月的时间……所有费用平摊（船费每天20英镑，加食品费及燃料费等）。不要求有经验。"

很多信息还包含征友的成分："墨西哥、南太平洋航线招聘身材苗条、美丽迷人的女船员。寻找一位聪明、沉稳的女性，喜欢冒险、航行，有幽默感、心肠好。可能发展恋情，但是由于空闲时间太少，需要有航海激情，并准备好一生探险。"女性要明白航海圈子是出了名的性别歧视。即使在女航海者艾伦·麦克阿瑟（Ellen McArthur）家喻户晓的时代，大多数人仍然认为女人只能在船上做饭。

在英国、法国、丹麦、西印度群岛、美国等地都有中介机构为船长挑选船员。《泰晤士报》的记者凯瑟琳·尼可希（Catherine Nixey）在报纸上用风趣的语言写出了她在加勒比海的航海经历，她把这些机构叫做"*船员和船的婚介所*"，并写道，大多数船长最喜欢的船员品质是激情，只要你有激情，没有经验都可以被录用。招聘餐饮服务人员的中介可以从唐特·玛丽（Tante Marie）**蓝带烹饪学校**（*Cordon Blue School*）的网站www.tantemarie.co.uk/forms/Yachting_Agencies.doc上找到。**英国航海协会**（*CA House* 1 Northey St，Limehouse Basin，London E148BT；☎020 7537 2828；cruising.org.uk/crewing/introduction）经营船员服务，帮助船长与不要工资的船员联系。2月至5月每月的第一个周四晚7点安排这些船长与船员见面。他们宣称提供各种航程（包括2~3周到地中海和横渡大西洋的航程）以满足各种不同经验的群体。非会员需缴纳20英镑的费用。

这些船员招聘中介中有英国的**全球船员网络**（*Global Crew Network* ☎0870910 1888；www.globalcrewnetwork.com），这个公司主要提供全世界范围内的大船、传统木船和豪华游艇招聘服务。个人会员费为6个月35英镑，一年45英镑。其他招聘中介还有**船员介绍中心**（*Crewseekers Crew Introduction Agency*），地点临近南安普敦（☎01489 578319；crewseekers.net），会员费用为6个月70英镑，一年95英镑；联合会员需多交20英镑。它们的网站每天更新，有最新的船员招聘信息。

其他招聘机构如下：

船员档案（*Crewfile*）：www.crewfile.com；提供各种船员招聘信息，并附有招聘单位的邮箱地址；某招聘单位估算可能每个船员须支付每月200美元左右的食宿费用。

世界船员网（*Crew Network Worldwide*）：www.crewnetwork.com；在昂蒂布（Antibes）、维亚雷焦（Viareggio）、劳德代尔堡（Fort Lauderdale）、奥克兰（Auckland）和其他城市均设有船员办公室。

电板之行（*Dockwalk*）：www.dockwalk.com；船长和船员的网上社区。

船员招聘（*Find a Crew*）：www.findacrew.net；总部

在昆士兰，世界各地均有联系电话。你可以免费查看信息，但是如果需要获取联系方式，必须付费；费用为每月75澳元。

JF招聘（*JF Recruiting*）：www.jf-recruiting.com；为船员在网上注册，不收取任何费用；

信赖游艇管理（*Reliance Yacht Management*）：www.reliance-yachts.com；每年注册费用为38英镑。

游艇的聚集地也是船员中介公司的"蜜罐"，例如昂蒂布和劳德代尔堡。昂蒂布被称为"世界超级游艇中心"，主要船员招聘中介都聚集在La Galerie du Port，8 boulevard d'Aguillon，06600 Antibes。你可以联系**皮特·英萨尔船员中介机构**（*Peter Insull's Crew Agency*，www.insull.com/crew.html）或豪华游艇集团（www.luxyachts.com）试试。在这些地方你还可以找到船员之家，船员们都喜欢投宿在此。www.workonaboat.com/crew-houses和www.americancrewhouses.webs.com网站上都有游艇船员住宿信息和联系方式。你一旦上船，总有机会自己探索。弗兰克·席勒（Frank Schiller）是名彻彻底底的航海新手，一对新西兰夫妇带他上船并与他平摊费用，他们去了汤加群岛，最后在海上航行了4个月，花销却不是很大。一定要在航行之前商定好付费细节。如果是远程航行，很多船长会要求船员支付债券（一般为500美元）。船长必须确保船员能够回到他们航行的起始点。

当你真正成为一名船员，你会发现不但难受，还会身陷险境，更不用说无聊了。尤其是当你一个人在港口无数次地给船上漆的时候，实在是无聊之极。游艇上维修工作多得惊人。海上航行很危险，你要确保船长是一个经验丰富的老水手，这样你才能把你的生命托付给他。一艘保养不错的老船就是最有说服力的选择理由。

航行前确保你的性格和政治倾向和船长不冲突。尼可拉·赛金特（Nicola Sarjeant）和她的荷兰男友很快就厌倦了在直布罗陀海峡待着，所以他们决定加入在游艇上打工旅行者的大军：

> 我们一条船挨着一条船地问过去，但是大多数人都对我们不感兴趣，或者他们只招有经验的人。

我们还在港口的一处商店贴了告示。最终一位英国人联系我们，他想找一对夫妇帮助他航行到加那利群岛，而后再往西印度群岛航行。我们必须缴纳饭费和其他费用，并且每天值两次班，每次班4小时。我们还要给游艇底部打磨上漆。因为我们并没有经验，所以没有工资，但是这已经是我们当时在直布罗陀能找到的最好工作了，因为有很多有经验的人也在找工作。我必须提醒你们，要认真考虑是否能够和船上其他人友好相处，否则几周只是和这几个人待着，你会受不了的，甚至会想把别人扔进海里。这个船长想招一对夫妇的原因，是因为他觉得女的可以做饭、洗碗等。我们到达加那利群岛（Canaries）时（我们3周之后才到这里，因为路上停留了太多次），我们4个人几乎已经开始要互相厮杀了。我和我男朋友离开了（一分钱也没挣到）。这趟旅行最终没少花钱，虽然我们看到了在别的地方看不到的岛屿（尤其是马德拉群岛〈Madeira Islands〉），也学了点航海知识。但是航行实在是太无聊了（游艇走得很慢），并且如果你不喜欢游艇上的某个人的话，航行的乐趣就更加大打折扣了。

吸引船长

在每一个码头和港口都有打算并做好准备进行长途旅行的人。从直布罗陀的滨海湾（Marina Bay）到悉尼瑞西卡特湾（Rushcutler's Bay）的海港，沿途的游艇俱乐部或者杂货店的布告栏上，可能会有招聘船员的广告。也许你可以试着去找船长。最为直接的办法（通常也是最成功的办法）就是到最近的游艇码头，直接咨询船长。如果你不熟悉这座城镇，只要咨询一下你所住的宾馆或者旅游办公室就可以找到游艇泊区的位置。通常在海港的供水处或者小艇码头能找到船长。一名在泰国寻找泊位的水手就这样游泳到停泊的游艇去见了船长，这艘游艇把他免费带去了马来西亚。

由于很多停泊的游艇只在当地航海娱乐，所以，要注意竖着外国旗子的游艇。一些游客认为船主们都喜欢一种直接的方式：“早晨好！我想在你这里找一份工作。”其他的游客认为这种方法可能会让船长措手不及，最好用一种更为迂回的办法来问问题。很多英国、北美和澳大利亚游客都先帮忙打扫船只，然后再成为船员，以此来减少他们去下一个目的地的旅行花费。如果你不羞于问问题，那么你的选择会多很多。

一艘游艇就是一个家，所以擅自闯入游艇就像是一家的不速之客。通常都要问：“我可以上船吗？”一旦上了船，就要表现得像在陌生人的家中，尽可能地谦恭礼貌。一旦找到了船，认识了船主，你就可以展现自己对他们的用处，比如是否可以帮忙擦掉船体上的藤壶。这样的话，当游艇终于要起航时，你就有可能跟着上船了。

在此，夸大自己的能力资格并不是好主意，因为那些发现自己被误导的船长们将会理所当然地感到愤怒，最坏的情况是还有可能会有生命危险。英国人可能会在挂有英国国旗的游艇上表现得更好，而在以男人为主导的世界里，恰恰是因为女性较少才使得其具备优势。

女水手们会遇到一些特殊的问题，实际上，她们通常都尽力不过度吸引船长。米莉亚·考博拉斯（Mirjam Koppeloars）回复了直布罗陀一位游艇主张贴的通知，后来她陈述了自己遇到的麻烦：

> 我必须提醒大家，特别是女水手们。大多数主动招聘船员的船长并非真的对有能力的船员感兴趣，寻找白天还有晚上的女伴才是他们真正的兴趣所在。要意识到这一点，而且在上船之前好好考虑一下。来自挪威的伊莉斯（Elise）和我同一位极其古怪的船长一起航行到加那利群岛，船上还有另一名船员（来自英格兰的西蒙〈Simon〉）。我不应该有那么多抱怨的，因为事实上那一年，没有任何损失地完成此航行的船只为数不多，但我们的船是其中之一。不管怎样，我们三个人都非常开心我们能在拉斯帕尔马斯（Las Palmas）转移到了另一艘船上。

在地中海地区寻找船员工作

当夏天包租游艇季节到来之时，通常的做法是游客在地中海找一份在游艇上的工作，然后乘坐这艘游艇或者汽艇（通常情况下，后者更无聊）航海到美洲或者（有时候）去南非。春天的时候，几百艘船只都停泊在直布罗陀海峡，其中有很多船只都准备换船员。每年秋天，数以百计的船只都从法国的蔚蓝海岸、太阳海岸、加那利群岛等地起航。一年一度的大西洋巡航赛（Atlantic Rally for Cruisers，ARC）从加那利群岛出发（11月的最后一个周日起航，这样就可以在圣诞节的时候到达西印度群岛），这不仅仅是一场比赛，更是一支护航队，所以这是在加那利岛寻找船只的最佳时期，特别是如果你愿意为此次为期3周的横渡每天支付25美元。在横渡大西洋开始之前，加那利岛是最后一个传统的粮食补给站；考虑到大西洋有几千英里，这就使得船主和机长常常要额外雇用船员。

如前所述，游艇船员招聘中介机构都集中在昂蒂布。例如，**世界船员网**（*Crew Network Worldwide*），其总部设在佛罗里达，并且在法国南部地区设有办公处（antibes@crewnetwork.com）。这些中介机构主要是想填补专业职位的空缺，却不想在不合适的应聘者身上花时间。豪华游艇和超级游艇上的工作竞争非常激烈，因此有的应聘者为了能被录取会去接受专业课程培训。在**帕尔玛马略卡岛**（*Palma de Mallocra*），可与国际游艇船员招聘中介机构**都瓦斯顿船员公司**（*Dovaston Crew* ☎971 677 375； www.yachtjob.com）联络。

几年前的夏天，理查德·弗格森办理手续离开巴利阿里群岛的时候发现情况令人很沮丧：

> 巴利阿里群岛是试图找到超级游艇工作的地方。可是每个人都明白这一点，所以现在有成堆的新西兰人、澳大利亚人、南非人还有英国人在这里碰运气。所有的人都有海员培训证（STCN，标准课程），可是有经验的人却为数不多，而经验才是游艇工作的真正之需。似乎招聘最多的当属女服务员（男孩子无须申请）、工程师和厨师三种工作。如果你的确找到了一份工作，那么你的工资一定很丰厚。

由于欧元的影响力，欧洲吸引了更多的求职者，这也许可以解释近期求职者蜂拥而至的现象。

在加勒比海寻找船员工作

秋天的时候（10~12月期间），游艇到达加勒比海，然后4~5月在飓风开始之前（官方规定的日期是6月1日，但很多船只都待到快7月才离开）离开。在最隆重的季末活动——安提瓜比赛周（Antigua Race Week）——的时候（4月末5月初），众多的游艇都会汇集到一起，这就为到委内瑞拉、欧洲或者南太平洋地区的旅行者上船工作提供了良机。如果在该季已经积累了一定经验，那么你找到船员工作回地中海或者英国应该不成问题的。

在保罗·克雷布（Paul Crabb）看来，安提瓜岛目前是最有希望找到船员岗位的地方。现在，他是一位专业的水手，并且建议在游艇的酒吧待一段时间，以证明你不会酗酒，是一位很好的伙伴。其他寻找工作的好地方有，11月至来年2月期间在巴巴多斯群岛（Barbados），而在12月初是在圣卢西亚（St Lucia）。巴巴多斯群岛原来是船舰横渡大西洋的停泊之地，但参加大西洋巡航赛的船舰在12月的前两周经常在圣卢西亚的罗德尼湾（Rodney Bay）码头靠岸，这就使得这段时间和这里分别成为寻找船员工作的最佳时间和地点。在完成了漫长的大西洋横渡之后，很多船长和船员都为要离开对方而感到沮丧。

还有一个非常好的去处，那就是美属维尔京群岛（US Virgin Islands），圣托马斯（St Thomas）的游艇大天堂（Yacht Haven Grande）。在酒吧和游艇用品店周围四下走走应该就可以遇见船长。还可以在2月狂欢节的时候，到特立尼达拉岛（Trinidad）试试。这里是加勒比海最大的巡洋舰聚集之地，因此，这里会有一些非常好的找到船员工作的机会。

下列基本的小建议可以使得船长对你更有信心：穿着整洁，告诉船长你符合出行的要求（如果你没有下一站的机票，主动说明你有足够的存款），让他看看你的健康保险证，使他放心你没有携带任何非法物品（如果他愿意，请他翻查一下你的行李），最后，如果可能的话，让他看看其他船长的推荐信。

在美洲寻找船员工作

除了向码头的船主介绍自己，在美国找到船员职位的最佳办法是到一家船员代理机构进行注册，待在一间有船员的房子里，在那里你可能会听说一些不久就会出现的职位空缺信息，回复游艇杂志中的招聘广告或者在游艇用品商店四下走走，其中有些商店是有公告栏的。

如果你打算和一家船员代理机构签订合同，实际上很有必要亲自去签约。这时候，你就可以要求他们为你办理签证，即使他们有可能会告诉你如果你在美国水域的航行时间不超过29天（超过的话，你应该持有B-1商业签证），你可以凭借一张旅游签证加入外国注册的游艇船员之列。

一些船员代理机构位于佛罗里达的游艇之都劳德代尔堡，包括位于东南第17大街408号的**船员发现者**（*Crewfinders*），再走几分钟，就可以找到714号的国际**船员精英**（*Elite Crew International*）。船员工作者的网站可以为寻找船员工作的人们提供住宿方面的信息：www.crewfinders.com/crew-houses.shtml。劳德代尔堡有10栋船员房，在那里工作或者逗留的人们不久后就会告诉你值得注册的代理机构。有经验的船员经常不理会这些代理机构，而只是直接咨询船长。厨师或炊事人员尤其受欢迎。

四五月或者九十月的时候，游艇从北美西部海岸航行到夏威夷，大溪地（Tahiti）及其之外的地方。秋天的时候，在加利福尼亚有几次有组织的"游艇"集会，这对于寻找船员工作来说是非常好的机会。同时，还有相关的分类广告，游艇月刊杂志《38度》（*Latitude 38* 15 Locust Ave，Mill Valley，CA 94941；☎415 383 8200；www.latitude38.com）在9月初的时候，编制了一份墨西哥船员列表，同时在3月还举办了春季船员聚会。该杂志建议女性求职者要尽可能多地问一些与航行相关的（但不能没有礼貌的）问题，即与她们将要履行的职责息息相关。

让人意想不到的是，加利福尼亚半岛（Baja Canifornia，狭长的墨西哥半岛）的港口很受欢迎，因为船长不想支付北部加利福尼亚昂贵的停泊费用。估计不管什么时候，在拉巴斯（La Paz）停泊的外国游艇都不少于400艘，拉巴斯是一个半岛小镇，从提华纳（Tijuana）

坐公交车22个小时可以到达那里。

再往南，巴拿马也是一个找工作的好地方，特别是在3月，当然1~5月的任何时候都行。显而易见，那里经常有一些由于缺少船员而停靠的帆船。在广阔的南美大陆可能也会有机会。5月到8月，成百上千的游艇汇聚在拉克鲁斯港（Puerto la Cruz）和委内瑞拉的库马纳（Cumaná）躲避加勒比海的飓风。

在南太平洋寻找船员工作

弗兰克·席勒来自德国，他在澳大利亚和新西兰摘了几个月苹果，虽然辛苦但很挣钱。他做好了充分准备要去实现自己的一个梦想：

> 我一心想乘坐远洋航行的游艇，不管它驶往太平洋的什么地方——毕竟我读过约瑟夫·康拉德（Joseph Conrad）和杰克·伦敦（Jack London）创作的迷人的故事。6月的时候，我站在新西兰岛屿湾拉塞尔（Russell）的一家商店橱窗前，那个橱窗有4平方米大。这时候，非常碰巧，店主张贴了一张公告——招聘到汤加的船员。1个小时之内，我发现自己已经航行在横跨海湾回奥普瓦（Opua）的路上。在船上做了一周的零活之后，我就到了一艘驶往努库阿洛法（Nukua Cofa）的船上。这简直太神奇了！
>
> 尽管以前从没有乘坐过游艇，但所有这一切再次强调了这本书的主题，那就是没有什么不可能！
>
> 由于新西兰的船主都有两个孩子，他们需要有个帮手。不久，我就晚上当值，负责看管六分仪（船主给我上几节航海的课程，我非常喜欢这些课程），并做饭洗碗，最重要的是——我变成了孩子们的“弗兰基叔叔”。如果你和船上的每个人都相处得很融洽，那就不必担心你会一个人坐在火柴盒大小的箱子里在海上漂浮。（但是如果有矛盾——不要逃避，逃的话最多也只有100英尺远。）实际上，乘坐游艇可能会给你带来很多值得回味和冒险的经历。

7~10月是到斐济、萨摩亚（Samoa）和汤加等地找工作的最佳时期，这时候大多数的船只出发驶向夏威夷或者新西兰。 斐济的首都苏瓦（Suva）和大溪地的帕皮提（Papeete）都是南太平洋上诸多游艇活动的中心。可以到**苏瓦皇家游艇俱乐部**（*Royal Suva Yacht Club*）或者更小的翠德万兹码头（Tradewinds Marina，苏瓦）去尝试一下。在新西兰，目前找船员工作的最佳地点当属岛屿湾的奥普瓦（Opua in the Bay of Islands）和旺阿雷（Whangarei）两个地方，在这里，船只都聚集在一起，而且人们互相之间也都认识。即使奥克兰港口的韦斯特海文港口（Westhaven Marina）是南半球最大的港口之一，在这里也很难遇到合适的人，因为大城市中人们彼此都不认识。你可以到船员代理机构**船员网络**（*Crew Network*）在奥克兰的办公处去试试，该办公处就在韦斯特海文港口（Westhaven）附近（☎09 302 0178；newzealand@crewnetwork.com）。

在其他国家寻找船员工作

很多船员会在开普敦辞职离开，这些在非洲周边航行的游艇因此需要新的船员来继续旅程。推荐应聘者去**德班游艇俱乐部**（*Durban Yacht Club*），尽管从开普敦航行到德班要逆着洋流行驶，既费力也不好玩。在1月或2月的时候，游艇从东非海岸出发，驶往非洲塞舌尔群岛，或者在八九月的时候，驶往马达加斯加岛和南非。你可以到达累斯萨拉姆（Dares Salaam）和蒙巴萨岛（Mombasa）的游艇俱乐部去看看。9月和10月是到东南亚的最佳时期。每年春天，在斯里兰卡西边的地方有机会找到船员工作，那些游艇要到红海、 毛里求斯、非洲塞舌尔群岛和东非去。

事实上，对于没有固定日程安排的人们来说，他们有无数的机会。例如，本书的作者在南印度科钦（Cochin）的邮局偶然遇见了一位魅力十足的水手，如果不是出版商限定了严格的交稿日期，她可能就会做船员横渡印度洋到达累斯萨拉姆（Dar es Salaam）去了（唉!）。

陆路

如果你拥有一张重型货车（HGV）或者载客车辆（PCV）驾驶证，真可谓是走遍天下都不怕了。获得这些执照需要花费大量的金钱和时间，但是它们却可以为你的环球之旅增加机会。任何对此感兴趣的人应当比较下所需费用，比如与英国相比，在新西兰考取执照就会更省钱且容易。大多数培训中心将会在你接受考试之前，预估你所需的学费，培训时间一般为15~25小时（每小时的费用大约是30~35英镑）。那些具备充足机械知识，可对车辆进行维修的人尤其受欢迎。

陆路旅行

如果你已经接受过或愿意接受为获取专业执照进行的培训，同时又具备一些机械学知识，那么你将可能胜任一份长途旅行驾驶员的工作。对于许多陆运公司和青年旅行专营机构来说，那些有能力的旅行领队人员常常供不应求，因此在旅行杂志上为其旅行产品做广告的同时，它们还不忘刊登出偶尔的职位空缺。独自出行的旅行者可以在那些精美的杂志上寻找工作机会，例如《旅行癖》（*Wanderlust*）在其“招聘”（Jobshop）栏目（www.wanderlust.co.uk/travel-jobs）中刊登了相关信息。

领队人员不得不与车辆故障、边境通道以及爱发牢骚的游客（通常这种人带有计算器）做斗争。你希望就职的公司通常希望你曾有过类似的带队经历。秋天通常会有招聘活动。除了一份陆路运营商的名单，部分网站还有招聘旅行领队人员和（或）驾驶员的信息。一些公司提供实习岗位，这是进入该行业的一种不错的方式。英国公司只招收在英国或欧盟合法打工的雇员。想要了解更多公司，请浏览www.go-overland.com了解旅行社名录。仅在一个特定区域（比如非洲、拉丁美洲）经营的专业公司会在相关章节提及。

Dragoman：recruitment@dragoman.co.uk；www.dragoman.co.uk；具有良好声誉，寻求若干25岁以上的司机组长，并愿意接受载客车辆驾驶执照培训且在英国接受为期10周的培训（如果他们之前不具备执照的话）；前往非洲、亚洲、南美和中美洲的长途旅行且服务期不低于2年。

Exodus：伦敦SW12区；www.exodus.co.uk；适合从事在非洲、亚洲及美洲领队工作的候选人（25岁以上）将在为期数月的培训后获得相关执照；会说意大利语、西班牙语或者日语的应聘者优先。

Explore Worldwide：Farnborough，汉普郡（Hampshire）；ww.explore.co.uk/jobs；欧洲最大的探险旅行社，招聘300名前往欧洲、非洲、亚洲以及美洲的旅行领队；具有急救执照并且掌握一门外语的应聘者优先考虑；必须是英国公民且年龄不低于25岁；提供培训（返还250英镑的债券）。

Imaginative Traveller：www.imaginative-traveller.com；招聘若干前往中东、中国、泰国以及越南等地工作且为期不低于12个月的旅行领队。

Intrepid Travel：伦敦N1区；www.intrepidtravel.com/employment；在全世界范围内诚聘若干领队人员。

Kumuka Expeditions：伦敦W8区；humanresources@kumuka.com；www.kumuka.com/employment-tour-leaders.aspx；招聘若干具备柴油车修理机资质的载客车辆或者重型货车驾驶员。根据经验和性格，选取若干旅行领队（23岁以上）。会西班牙语或法语者优先录用。

Tucan Travel：伦敦W3区；☎020 8896 6700；www.tucantravel.com；　在撰写本文之时这里正在招聘前往南美工作的司机组长；成功应聘者在接受3周的无薪培训后可开始工作，但服务期限不低于18个月。Tucan安排世界范围内的旅行。

旅行培训初期的费用较少，但是签证、护照、机票、餐饮和住宿上的支出却不少。尽管旅行领队的工作很困难，但它无疑是一份有趣和令人兴奋的工作。一旦你成为一名正式的远征探险领队，你将得到较高的工资，并且依据客户的反馈信息，你还有机会拿到额外津贴。来自新西兰的布雷特·阿彻（Brett Archer）就非常享受在非洲陆路公司工作的那段时光，当时他带领着18人探险，后来想想还是叫人后怕。

机会无处不在，你随时有可能成为一名真正的打工旅行者，比如可以通过做导游或者厨师来换取一次免费参加的探险旅行。远征旅行公司**非洲探险支持**（*Africa*

Expeditions Support，www.africaexpeditionsupport.com）就曾经以免费提供英国启程的机票以及生活费为福利，招聘厨师和领队人员，在2011年夏季前往肯尼亚、坦桑尼亚、乌干达以及埃及从事远征探险活动。

远途探险

从火地岛（Tierra del Fuego）到伊里安查亚（Irian Jaya）冒险进入一个更为偏远且未遭到破坏的地区，将是一个非常浪漫的想法，这时世界将会成为探险猎奇的一部分。如果你通过做一些琐事如在派对中做服务生或厨师而受到邀请去参加远途探险，这种机会就相当不错。然而，一些探险猎奇的组织者及领导者要求参与者不仅具备热情，还要具备一些特殊的技能或者专门知识。比如，前往北极探险的一则广告对所需人员的要求就包括：在探险队伍的志愿者中要求有一名考古学博士后、一名维护质子磁旋计的电子专家以及一名天线理论家。有人认为他们不会收到太多的申请。

皇家地理学会（与国际生物识别集团）（*Roy Geographical Society with IBG*　1 Kensington London SW7 2AR；www.rgs.org），鼓励并资助许多英国探险活动。在福伊尔阅览室（Foyle Reading Room），皇家地理学会与国际生物识别集团对过去的一些探险活动的报告、旅行指南以及地图都存有记录用以帮助更多旅行者。以前的探险队咨询中心现在更名为户外地理（Geography Outdoors，rgs.org/GO）。

罗利国际（*Raleigh International*）是一家英国的慈善机构，其目的在于培养一批17~25岁的青年人，为他们提供机会参加在艰难环境及社区项目的海外探险活动（详情见“志愿者”章节有关“间隔年及职业中断安置”）。他们也需要那些更具经验的人（25岁上以且能承担旅行费用）加入探险团队，比如项目经理、会计师、医生、护士、工程师、摄影师、建筑商、徒步旅行领队以及通信专家。**世界探险挑战**（*World Challenge Expeditions*　High Wycombe；☎01494 427600；www.world-challenge.co.uk）雇用探险领队前往发展中国家指导校园探险。参加夏季旅行的应聘者应承诺最低服务期限为8天至4周。申请人必须拥有一张国家级的执照，比如夏季登山领队（Summer Mountain Leader）证或者徒步远足领队（Walking Group Leader）证，以及一些与年轻人打交道的经验并喜欢在发展中国家旅行。报酬是可以协商的，但是至少所有的花费都涵盖在内。

如果加入任何一次远征探险，你就不可能避开经济责任。对于大多数的探险队来说，他们会从每位参与者身上收取一笔费用。探险的目的和捐赠者的利益将决定哪些公司、信托和渠道会发起赞助及投入的金额。一旦资金和设备准备就绪，探险队接着就会对其赞助者承担一些义务责任，同时还会失去自身的许多自由。拉赞助可能是所有工作中最令人头痛的一件事，它需要无数次毕恭毕敬地给数以十计的商业机构以及其他一些可能会提供赞助的机构写信并去拜访，这是所有探险成员都应当协助的一项工作。

航空快递

国际文件传送体制的一些变化意味着航空快递员的作用已经消失了。国际速运公司不再向乘坐长途飞行航班捎送限时送抵文件的人们支付高额的补贴，所以若想找到花费尽可能少的航班，请查阅前一章节“旅行”。

商业

在国外挣钱，你并不需要每天花费8个小时在洗盘子或者搬运草莓堆上。许多游客已经为自己找到了或创造了下海的机会，即用稳定的工资来换取难以预测的收入来源。已经在这类工作中取得成功的人们，往往拥有强大的首创精神、决心和创造力。他们意识到了当地的某些需求，并且进一步利用这些需求。一些人已经掌握了通过博客赚钱的艺术，而另外一些人则只需要连接上网络就能获得收入（见下文中的“居家就业”部分）。

进口 / 出口

随着经验的增加，旅行者们对各国的物价了如指掌，因此，他们可以通过商品在各国间的差价赚取收益。当某件商品在一地的定价过高时，人们就有可能通过非正式的渠道把它卖给当地居民或者游客牟取暴利。但是，由于全球化和贸易壁垒的逐渐消除，这种可能性也变得越来越小。美国人蒂姆·埃菲尔（Tim Leffel）在土耳其和亚洲多次旅游后总结道：

> 商机似乎比所谓的“自由贸易”消失得更快。在美国或者其邻国，至少在我们所处的地方，许多供不应求的物品很难以较低的价格买到，除非你从事的是大额电子商务。当然，把东西带回来就是另外一回事儿了。

另一方面，有利可图的商机随处可见。例如，德比郡（英格兰中部的一个郡）的一个人就发现德国的城镇居民跟他一样喜爱常见的英国商品，如茶叶和橘子酱。他带着一批印有英国国旗的沙滩浴巾来到德国，并在很短的时间内把它们销售一空。还有一位苏格兰妇女在T恤衫上印上盖尔族的图案，并在加拿大高地运动会上出售。例如，早前本书的读者还曾推荐随身携带烟纸。因为烟纸在斯堪的纳维亚半岛十分昂贵，而且在希腊、巴西等地更是买都买不到。伊恩·麦克阿瑟（Ian McArthur）曾计划带大约500包烟纸到果阿（位于印度南部西海岸）贩卖，因为他听说在那里烟纸的价格要比在英国高出5倍。前往远东地区（曼谷、中国香港、日本）旅行的人们经常会囤积最新的游戏站（Playstation）游戏（其价格往往是其在英国的价格的1/3）并送回国内悄悄销售。只有狂热的游戏爱好者才能完成这样的交易，因为在英国只有经过了"芯片升级"某些电脑才能玩进口游戏。

一些游客认为值得花时间来运输肯尼亚的青铜饰品、羊毛毛衣、玉石首饰、紫檀木箱、剑麻篮子，中国西藏的羊毛制品，土耳其地毯或者其他地方价格会很昂贵而且很难得的好东西。在从事这类生意之前，你必须仔细做好市场调查，掌握讨价还价的艺术，这需要耐心和幽默感。通常很难从一次性的出国旅行中获得太大的收益。另外，你还应当熟知海关规定。衡量潜在市场的途径之一就是利用**易趣**（*eBay*，世界知名购物网站）；"易趣手机"是智能手机的一个应用程序，利用这一程序你可以给你想卖的东西拍照，然后把照片直接放到易趣网站上。当有客户的订单时你就可以做买卖了。但是要确保你的定价既包括运费并有利可图。

不要相信那些承诺你能在国内获得巨额利润的对外贸易商，例如出售大溪地的珍珠或斯里兰卡的蓝宝石，也不要相信那些向你保证不会在海关遇到任何困难的贸易商。事实上，不要相信他们当中的任何人。为了促成批量销售，他们几乎不可避免地会编造故事。曼谷似乎是油嘴滑舌的骗子的首都。曼谷一家旅馆的警示公告写道："*这些人都是邪恶的，他们所说的话都是谎言。*"这是一条由德国人张贴的警示。他花了1100美元买了价值"3000多美元"的蓝宝石，最终却被"承诺买家"（一个不知情的悉尼珠宝商）告知这些蓝宝石的真正价值不超过250美元。

然而，也有许多游客成功地出售了异国产品，就像克里斯汀·摩恩所说的那样：

> 我在科夫（Corfu，位于希腊西北沿海的科浮岛的主要港口城市）出售那些从印度、尼泊尔、泰国和中国买来的珠宝。我的许多朋友也在做类似的生意。他们从亚洲和南美洲回来以后就会出售珠宝和其他物品。他们差不多能够挣到足够的资金来支撑他们的旅行。当然，买东西的时候需要十分小心，这样才不致被骗。但这是一个边学边进步的过程。

外汇兑换

有些国家的货币属于软性货币（Soft currency），即该国的货币无法通过官方渠道兑换成美元或英镑，一些国家的政府还会给本国货币附加上毫无道理且过高的价值，在这里，货币黑市并不鲜见。正因为回报可能是非常诱人，你更应该留意到其中的陷阱。黑市会吸引那些声名狼藉的人物，即使是最精明的游客也经常被他们欺骗，让游客们为自己的贪婪而感到后悔。其中最常用的伎俩包括：递给游客一个装满碎报纸的信封；用一张大面额钞票包着一卷小面额钞票；或者在交易时假装看到了警察，然后抢走你的美元，你还没拿到应得的比索、卢比、先令等前，他们就消失得无影无踪。

为了防止出现此类后果，永远避免在大街上进行交易，尤其是在天黑以后。让自己熟悉所有面额的货币外观，并且带上一个朋友帮你。

二手设备

在西方国家以外的市场上，人们对小玩意儿和便宜货有着波动的需求，各种我们认为理所应当的物品都能够拿来销售或交易。即使你没有现金，你也能够交换商品和劳务，或是一个有趣的纪念品。在旅游指南的《时事通讯》（*Rough News*）中，来自米尔顿凯恩斯（Milton Keynes）的贾斯汀·埃文斯（Justin Evans）描述了他在横穿非洲大陆旅途中的所见所闻：

> 我们在肯尼亚的纳库鲁（Nakuru）停下来购物。一个试图出售手绘卡片的年轻商贩表现得非常主动。当我拒绝了他推销商品的请求后，他问我是

否有什么东西要交易。我开玩笑地从后兜里掏出我的圆珠笔。他急切地检查了圆珠笔，然后给了我一张卡片作为回报。在肯尼亚旅行期间，我很多次都被别人请求交易。我不止一次差点儿只穿着内衣离开。每个人都想要我穿的东西。然而，当涉及笔时，大多数人都变得很挑剔。圆珠笔已经落伍了，“咔嗒咔嗒的”钢笔才是流行款式。手表也很受欢迎。想要买我手表的人要比想买其他东西的人多，当时我真希望自己戴了块旧表。

来自威尔士的艾尔菲特·加依特（Elfed Guyatt）认为，对于那些想要成为生意人的人来说，瑞典是一个特别有前途的目的地，至少前阵子当他在那儿的时候是这样：

在周末的市场上，人们撑起自己的桌子当作摊位，并出售各种杂七杂八的东西。有些商品的价格比英国高很多。出售诸如奖章、帽子、吸引瑞典人的英国和美国书籍等物品，你应该能够获得500%的利润。事实上，在瑞典，一切来之不易的东西都能获得高额利润。在这里，人们喜欢展示自己的财物。伦敦或者莎士比亚的纪念品卖得相当好。我见过一个很便宜的、大本钟形状的小黄铜桌铃卖到了12.5英镑，一个破旧的板球拍被卖到25英镑。

发现当地商机

无论从事何种买卖，人们总能发现热情光顾的顾客；商机无限，关键在于人们如何发挥主动性和想象力开拓市场。如果发现市场中的商机，你就应该努力抓住机遇。例如，斯蒂芬·赛里达斯曾想过在番茄种植之都昆士兰（澳大利亚的一个州）买一辆自行车，并将其租给在这里寻找番茄采摘工作的工人，因为当时的鲍恩（Bowen，昆士兰的海边小镇）只是一个落后的小镇，交通非常不便。在逐渐对希腊的莱夫卡斯岛（Levkas）熟悉后，卡米拉·兰伯特（Camilla Lambert）在周末租了辆吉普车，带了3个付费的游客出去一日游。一个英国人在西班牙得到了一把电锯，然后他通过帮农民修剪橄榄树大赚了一笔。一个加拿大人在台湾地区某地的语言学校找工作时遇到了麻烦，因此他创办了自己的英语浸入式社交俱乐部，仅仅2个月的收入就足够支撑他整次旅行。你只需开发自身在手工或艺术方面的潜能，或着意培养这方面的能力，充分发挥交际公关能力即可。

做生意常常就会游走在法律的边界。如果你在港口画日落，那么你就是一个艺术家；但如果你把画卖给一个驻足观赏的人，那么从法律意义上讲你可能就变成了一个需要许可证的街头小贩。如果你在红绿灯前给车辆擦洗挡风玻璃，你可能被视为在提供某种服务，但是交警会认为你在阻碍交通。尽管在国家章节部分已经提及少数例外，但最糟糕的莫过于被警察赶走。

自制手工艺品

许多人已经通过在街头出售手工制作的珠宝和其他物品赚够在国外的生活费。正所谓拥有一技之长便可走遍天下，人们甚至可以参加欧洲各地的节日巡游或者大型群众集会。只要准备充分必定能收获成功的果实。例如詹妮弗·童（Jennifer Tong ）从埃拉特（Eilat，以色列港口城市）附近的沙滩捡了许多贝壳，然后投资5英镑买了一把剪钳和一些铁丝，又在以色列买了些夹子和珠子。利用这些材料，她做了一些简单的耳饰，在希腊群岛上一副这样的耳饰要卖到2英镑。艾米·依格娜托（Amy Ignatow）的方法更加简单，她在以色列搜集了一些光滑的鹅卵石，并且用一支不褪色的钢笔装饰它们，然后在耶路撒冷（以色列中部城市）的街头以每个3英镑的价格出售。史蒂夫·普林格尔（Steve Pringle）在马德里（西班牙首都）卖耳饰，这些耳饰是用他从伦敦买回的一批廉价的仿钻石做成的。编织或打结而成的友谊手镯在旅游胜地非常流行。这些手镯通常能卖到几英镑，制作它们只花费不超过15分钟的时间。你必须找一些不需要花费太多时间的买卖，艾玛·霍尔（Emma Hoare）在她的间隔年就没能做到这一点：

在法国南部，我遇到一个曾经和我一起旅游

> 过的女孩儿，并且决定通过卖我们编织的袋子来挣钱。我们接着去了西班牙，并很快发现坐在家庭式旅馆的小房间里，一颗一颗地把小珠子缝到廉价的轻薄面料上会导致精神衰弱，有时甚至会歇斯底里。于是，我发现我之前花费了太多的精力在这些袋子上。不管怎样，这也算是我制作的一件小小的艺术作品，如果我以5英镑的价格把它们卖给一些糟糕的年轻游客，并发现他们把袋子扔在夜总会的地板上的话，我会被诅咒的。（明白我所说的精神衰弱了吧？）

廉价和不同寻常的原材料是很值得寻找的，例如摩洛哥的珠子、巴布亚新几内亚的贝壳或是克里特岛的竹子。一个制作铜线雕塑的有抱负的女雕刻家发现，在爱丁堡艺术节刚开始时生意并不红火，但是慢慢就会改观，这为她艺术节之后几个月的旅行提供了资金保障。无须赘言，你必须擅长自己所做的事情，因为这将会十分有效。

如果你会画画、编织、缝纫、雕刻或者精通木头、皮革加工工艺，那么你也许能够制作出人们想要在度假胜地购买到的东西。纹海娜文身或用珠子编辫子的技术都能挣钱。对于后者来说，你只需要掌握专业的技巧，并拿到一些廉价的彩色珠子和用来绑辫尾的绳子。天气因素对生意成败有着明显的影响，就像来自圣弗朗西斯科的尼克尔·格拉克斯特恩（Nicole Gluckstern）在爱丁堡边缘艺术节上发现的那样：

> 我做头巾挣钱。但是由于许多因素（为了设置头球区的土墩而关闭传统场所、在一天中最好的销售时间进行展演和骤雨），我甚至没有做到盈亏平衡，尽管我挣的钱足够支付我的大多数开销，而且3周内我只花了200美元，就这个绝佳的时机来说还不算太坏。

国际体育比赛也是个不错的时机，比如有创意的手艺人可以前往奥运会等全球性赛事找机会。罗杰·布莱克在他的非洲之旅中遇到一个加拿大人，他在一次世界杯期间通过在球迷脸上画国旗就挣了500美元。

海滩和暴徒

你应该学着把所有的人都看作是你要出售的商品的潜在目标市场。从酒吧出来的人们经常会对热狗和三明治垂涎欲滴，排队等待滑雪的人则对巧克力颇感兴趣。如果你常在一些僻远的地区出没，例如尼泊尔或者新西兰徒步旅行目的地，你或许能够卖给急需补给的旅行者一些有趣的食物和饮料。斯蒂芬·赛里达斯决定办一个移动的酒铺，并且把酒卖给成群结队到巴黎参观吉姆·莫里森（Jim Morrison）坟墓的信徒。不幸的是，这种想法遭到当地大麻销售者的抵制，最后他只能自己把酒喝了。

那些在未开发的广阔海滩上晒日光浴的人们也许会想要一瓶冰啤酒、防晒乳液、一个甜甜圈、一些提前贴好邮票的明信片或者一支圆珠笔，而且他们不会介意这些东西的价钱过高（尤其是如果你把你旅行的照片打印成明信片）。你要仔细挑选海滩：如果是一个早已挤满冷饮销售员的海滩（就像法国和西班牙地中海岸边的多数海滩那样），你将很难找到买家。如果海滩上一个冷饮销售员也没有，那么这里还有可能不被允许销售冷饮。就像本书的一位读者在悉尼的邦迪海滩发现的那样，几分钟后就会有海滩巡视员把冷饮商贩赶走。

如果一群人预先决定为了某个特殊的场合聚在一起，你就该想一想他们可能需要的东西。有进取心的汽车修理师可能会考虑带着他们的工具和一些备用工具到一个游客聚集的地方去，例如德国慕尼黑的啤酒节。然后他们在停车场设立摊点，修理或者保养经过长途跋涉聚集到这里的货车和汽车。最具创意的推销员奖项应该颁给那个发现一群等待不受欢迎的加拿大总理到来的、不守规矩的人群。他把鸡蛋卖给这群人用做飞弹。另外一个可以利用的情况是欧洲的一些教堂拒绝衣着暴露的游客进入：出租裤子将会是一项很赚钱的服务。如果你有合适的产品，那么你能把它卖给更广阔的市场。一个游客通过卖花生酱挣足了自己在南美洲的路费。他把从当地买来的花生制成花生酱并出售给哥伦比亚考古遗址外的美国游客。滑雪的流浪汉会定期通过把牛角面包从当地面包店送到自助游客手中挣一些零花钱。泰萨·肖（Tessa Shaw）晚上在法国南部的阿尔代什河岸（River Ardèche）边捡蜗牛，然后在卡朋特拉斯（Carpentras）的市场上摆摊设点。她发现每周五总是特别赚钱，因为餐馆老板和商店店主会从巴黎驱车来此为周末办货。

艾伦·哈登（Alan Haden）根据自己的旅行经历发来邮件，建议再多增加一门赚钱技能：

> 受到这本书关于在国外打工的启发，我觉得大家学一学手相和塔罗牌的技术也非常有用。这些直觉的占卜方法可以让一个游客在世界上的任何地方挣一大笔钱。如果你很擅长看手相而且资金不足，那么你只需要前往当地的旅游区、文化节或者市场地区。你会发现只要付出努力，很容易就能挣上一大笔。在国外找到一份工作之后，我利用自己能在5分钟快速看相的技能赚取额外的收入，每次收费5~10英镑。

写作和媒体

少数幸运的人能够通过出售他们撰写的游记或旅行时拍摄的照片，成功地资助自己在国外的旅行。而这些创造性的作品主要有两个市场：当地的英语海外出版刊物和本国的报纸、杂志。对于初次到访昆士兰北部的游客而言，这里也许毫无新闻价值。但是，弗兰克·席勒却能将报道关于这里旅行故事的文章以几百美元的价格卖给一家德国杂志社。在国外时，你可以通过研究报摊来找出当地的出版刊物。

对于没有出版经验的作者来说，他们的著作很难被主流旅游媒体接受。旅游杂志《旅行癖》（*Wanderlust*）收到了太多的投稿，以至于编辑根本不可能阅读所有的来稿（参见其作家指南：www.wanderlust.co.uk/aboutus/writers）。国外航空公司飞机上的杂志有时会购买自由投稿人的小文章。带插图的旅游文章是所有文章中最好的。

有进取心的记者还会开办网站，并且通过赞助和广告来为网站提供资金支持，甚至赚钱。博吉特·布拉德克（Birgit Bradke）就是一个成功地把自己对旅行的热爱和谋生联系起来的网络企业家。她来自德国，现在在西澳大利亚。她的故事可以在www.outback-australia-travel-secrets.com网站中找到。

对于有抱负的旅行作家来说，可以向www.SimonSeeks.com网站投稿。这个网站旨在通过出版游记来成为最佳旅行建议网站。这些文章都是由收费的专业作家和那些可能通过广告收入来赚钱的业余作家所写的。网站上发布的写作小贴士值得关注（www.simonseeks.com/travel-writing-tips#5）。

如果你已经有出版过的文章，那么就把它们带上。在出国前，最好能研究一下市场，了解一下编辑的喜好。不管是印刷版还是网络版的英语语言出版物，都有可能会购买你的作品。

所有接受自由撰稿人游记的杂志社都会寻找新鲜的视野和研究视角。在游记中作者应当轻松自如地使用第一人称。描写有趣的或者怪异的事件，即使没有惊天动地的意义，这些事件可以给故事本身增加亮点。引用你在旅途中遇到人物的语言，如客栈老板、博物馆警卫队，同时提供一些怎么到哪儿、看什么、待在哪儿、在哪儿吃等实用信息。所有的信息都应该使用轻松、可读的书写方式。根据一位自由撰稿人，描写性的文章在国内外都一样好卖，就如描写人们如何经历悲剧的文章一样。与强调艺术效果的照片相比，编辑们通常对讲述故事的照片更感兴趣。

如果有可能的话，尝试说服编辑在你出发前给你结账，正如蒂姆·埃菲尔做的那样：

> 在作为游记作家离开新泽西前，我给自己安排了一些任务。既然回来了，我就开始卖一些在旅行中得到的其他东西。虽然在我回来之前所有的支票都还没有到手，但是我已经从各种文章中挣了1400多美元了。想要快点拿到钱就不能不采取行动：在编辑的意识里“快”意味着不超过一年。我遇到过许多想要成为作家和摄影家的人，他们向我咨询为

旅行筹措资金的建议，但是他们甚至还没有做任何最基本的调查就开始了旅行。在我看来，你必须敢于直言，并擅长把作品市场化，从而赚取旅费，获取小利。我确实偶尔赢利，但这是因为我已经为一个贸易刊物写作了几年（他们付高薪聘请我为高档酒店写评论）。

你不但可以磨炼写作技巧，而且还能通过给所入住的酒店写评论赚一些零花钱。在www.hostelz.com网站上，一篇带照片的长篇评论价值10美元；细节详见www.hostelz.com/newReviewer.php。英国及欧洲的圣克里斯托弗连锁旅馆（St Christopher's hostel chain）在网上发布了丰富的旅游资讯，只需提供作品，兼职的旅行作家就能享受这里提供的免费住宿（联系邮箱：editor@st-christophers.co.uk）。

从日本到东欧，从墨西哥城到曼谷，全世界的英语报刊都是潜在的临时工作提供者。你还可以通过**凯东传媒**（*Kidon Media*，www.kidon.com/media-link/english.php）和**大众国书馆**（*Public Library*）的网站（www.ipl.org/div/news）找到建立网站的英语报刊，如《金边邮报》（*Phnom Penh Post*）和《圣彼得堡时报》（*St Petersburg Times*）。许多为这些报刊工作的人们之前都没有在新闻编辑部工作的经验。在这种背景下，商业经验很可能会受到欣赏。任何一个能够得到一份校对员的工作并且展示出自身能力的人，都能很快晋升为文字编辑甚至采访记者。编辑们可能并不想聘请环球旅行者，但是居高不下的员工流动率使得他们没有更多的选择。提尔·布鲁克纳（Till Bruckner）曾独立为《玻利维亚时报》撰写过几篇稿件，他建议人们务必保证拿到应得的报酬。

对于有写作技巧的人们来说，在国外有分支机构的国际公司并不是最有吸引力的雇主，但是这些公司可能需要雇用编辑时事通讯或者宣传册的人员。你还可以为博物馆标签、菜单、旅游手册上的英文提供纠错服务。你可能会利用你的语法特长换来一顿免费的晚餐（尽管这可能无意中剥夺了未来游客一个乐趣）。当卡丽莎·法伊把墨西哥旅游胜地瓦亚塔港（Puerto Vallarta）

的一家高级饭店的菜单翻译成她的母语——德语后，饭店用玛格丽特酒（一种鸡尾酒）作为报酬。几年前，报纸上报道了一次有关文学的重大行动。一个名叫丹尼尔·威尔逊（Daniel Wilson）的学生把他的简历和他的一首小诗寄给了岛国基里巴斯的总统，询问总统是否愿意让他成为基里巴斯的常住诗人。让他震惊的是，他收到回复邀请他到一个海滩小屋居住，并且暂时做他们的民族诗人（但当地居民并不喜欢他的小诗，因此他的任期被缩短了）。

你不必制造轰动。安大略温莎的当地报纸没准会喜欢来自伯克郡温莎的游客撰写的旅游体验。提尔·布鲁克纳给想要成为记者的人们一个很好的提示：

> 在大多数发展中国家，有几十个美国和平部队的志愿者。如果你通过电子邮件跟他们在美国的当地报纸联系的话，它们多半会对描写当地约翰在乌兹别克斯坦在做什么的简短特写感兴趣。一篇800字带照片的小文章应该价值80~130美元。当在佐治亚州时这招很管用。

对于那些认为写旅游指南会是个理想工作的读者，应该关注沃登·蒂侨特（Woden Teachout）下面的描述。他为了写著名的《我们走吧》（*Let's Go*）系列花了一个夏天的时间去研究爱尔兰：

> 我很幸运，被**哈佛学生机构**（*Harvard Student Ageny*）聘用（那里只聘请学生）完成他们关于爱尔兰章节的更新工作。除了机票费，我还拿到每天40美元的补助。这件事儿好坏参半。我每天大多数时间都在参观当地有着历史悠久的社区，和所有经营家庭式旅馆的奥里利夫人们交谈，检查她们的浴室是否干净，并且想尽各种言辞描写松软的白色卧床。晚上，我会奔走于三四个酒吧，试图把每种气氛压缩成一句俏皮话，然后回到公寓把一天的工作写下来。写旅游指南时，你永远不能完全放松，因为你总是在你的脑海里进行各种各样的评价。而且由于你的旅程是

固定的，你不能随心所欲。有人能为自己的旅行埋单，并且可以去一些自己可能会错过的地方，这无疑是很不错的。但是总的来说，这样的旅行感觉在服劳役。

由于现在很多人都在使用博客讲述他们的旅行经历，而且其中一些非常有趣，因此出版商更难为旅游出版物找到市场了。伦敦的两家公司提供短期的旅游写作训练课程——**旅行者的故事**（*Travellers'Tales*，www.travellerstales.org）和**旅行写作工作坊**（*Travel Writing Workshops*，www.travelworkshops.co.uk），课程都是由新闻记者和知名作家教授。这些课程在培养参与者观察力的同时，也把如何推销作品作为基本的内容。“旅行者的故事”在伦敦一个周末的课程要收费240英镑，而它们在国外的临时课程，例如在伊斯坦布尔、马拉喀什（Marrakesh）和杜布罗夫尼克（Dubrovnik），4天收费630英镑，包食宿。你必须准备好让自己的作品接受集体评判。当然也可以在网上学习游论写作的课程，例如通过总部位于旧金山的http：//matadoru.com网站。获得实用知识的一个更便宜的方法应该是阅读孤独星球的《旅行写作指南》（*Guide to Travel Writing*，Lonely Planet，2009）。

摄影

英国的许多网上照片库通过出售摄影师的照片挣钱，然后向摄影师支付15%的基本版税（以美金支付），例如www.istockphoto.com。另一个大型的数码照片库是www.alamy.com，它对某些类别的用户免费开放，因此摄影师也不要奢望能挣很多钱。

本书曾一度建议游客随身带一部照相机，用来拍摄可能在其身边发生的国际事件，并有机会把独家照片卖给新闻通讯社，如路透社或美联社。然而，由于手机的普及，目前人人都能通过手机拍摄身边的大事，这种方式挣钱的可能性比原来小多了。

尽管数码照片带来了一场革命，但总有一些游客没有必要的设备来捕获关键影像。利用一些正确的小装备，你就能把自己变成一位肖像摄影师。在海滩上，在纪念碑旁，人们会尝试冒险的活动，如第一次跳伞。你用数码相机把他们的形象拍下来，然后展示给他们看，如果这些潜在的消费者喜欢他们的形象，那么你就能去把它打印出来，然后卖给他们。

另一个你可以把自己变成自由摄影师的地方就是那些为度假的夫妇举办婚礼的场所。有些情侣不想在乡村教堂举办婚礼，他们尝试着寻找某些与众不同的地方（不只是拉斯维加斯）。长期打工旅行的尼可拉和皮特·迪金森（Peter Dickinson）在罗德岛（Rhodes）发现了这样一个地方，在那里他们喜结连理，并且梦想着回来时成为自由摄影师和画家。

街头卖艺

如果你会演奏乐器、会唱歌、会跳踢踏舞、会玩杂耍、会变魔术、会画漫画或者会演戏，那么你就可以在街头挣钱。大多数街头卖艺者都认为音乐天赋并没有卖艺地点和收钱方式重要。你可以邀请住在同一旅馆里的背包客在旁边观看，并且要看上去对你的表演充满热情，作为回报你可以给他们买一两杯啤酒。如果旁边已经聚集了一群人，路人才更有可能停下来去观看表演。我们听说过的最成功的卖艺人之一就是www.roadjunky.com网站上报道的那位。在柏林公园，一个爱尔兰人带着一台正在播放卡拉OK的手提电脑、一个音效好的麦克风、扬声器、一把遮阳伞和装以上所有东西的小货车，另外还有500人左右的观众在观看他的表演。

想要在街头卖艺，除了用来表演的家伙外，你可能还需要一个收钱的同伙和一名观众。尽管我们听说的那些最成功的街头卖艺者都是在北欧的隆冬季节进行表演，然而有利的天气也是有帮助的。成功的秘诀之一（除了天赋以外）是原创性。在世界的两端（瑞典和澳大利亚昆士兰州北部）穿短裙的风笛演奏者一直都是轰动一时的街头艺人。大多数国际街头艺人都觉得国外的人（尤其是斯堪的纳维亚半岛的人、德国人、瑞士人和西班牙人）要比英国人更加慷慨，也极少面临被驱逐的尴尬，而且在欧洲的咖啡馆附近卖艺也不是太困难。

安娜·凌在世界各地卖艺。她创造了一种简短的火芋头秀，即快速旋转一根两端点燃的绳子在黑暗中形成一个图案。在塞维利亚、格拉纳达、巴黎等地表演前，她先检查哪些露天咖啡馆能为她的常规表演提供足够的空间。当她的同伴拿着一顶帽子转着圈收钱时，绝大多数用餐者会给一枚硬币。2011年，安娜带着她的吉他在节日期间到南美洲旅行。当她的包在玻利维亚的一家咖啡馆被盗时，她很庆幸自己还带着吉他，因为她知道她不会因此挨饿的（尽管最后她跟父母联系上了，他们借给她一笔钱）。2010年，她在新西兰待了几个月，在那儿她联系了一些音乐家并且组建了一支乐队。他们决定搬到惠灵顿，试图得到演出机会，但是事实证明这比预期的要困难许多（也就是说不可能）。然而，她经常到一个市中心以外的购物中心去，那有一个很好的街头表演点。在那儿，她经常一个小时能挣20美元。她是从熟人那里得知这个地点的，尤其是她在一次彩虹集会上认识的那些人。

要出国，特别是在国外卖艺，你需要对自己的能力有很大的信心；也许把表演看作是资助度假的一种可能的方式要更好。在节日和大型聚会中可能会有利可图；记住在一个地方表演最能挣到钱，这里的竞争就会越激烈。吉他手兼英语教师弗格斯·库尼发现竞争可能是非常激烈的：

> 请永远不要写“街头卖艺指南”。我们这些旅行的人可能会很快就没有生意可做了。现在已经糟糕透了。例如，2011年来自罗马尼亚的40位风琴手席卷了蒙彼利埃（Montpellier），击败了我们剩下的这些街头表演艺人。

每个国家的街头表演规则都有所不同，但是通常只要你没有伤害或妨碍其他人，你就可以在街头卖艺。你还应该取得一个由市政府颁发的许可证；咨询你所在地的青年信息局或者通过参加街头表演节成为一名专家，并且在www.buskercentral.com/calendar.php上注册。你甚至可能会发现街头表演会给你带来更好的未来。据说，埃里克·克拉普顿（Eric Clapton）、西蒙与加芬克尔（Simon & Garfunkel）以及皮尔斯·布鲁斯南（Pierce Brosnon）都是以街头艺人的身份开始他们的事业的。马克·吉尔本就是基于他在街头的表演，获得了一份在荷兰的一家夜店弹吉他的工作；阿明·博瑞尔（Armin

Birrer）受到一名电影编剧的鼓励，并在那位编剧的帮助下在墨尔本找了一份临时电影演员的工作；凯文·文森特（Kev Vincent）被邀请离开圣桑河乔普斯（San Tropez）街头到一个百万富翁的豪华大酒店表演。

艺术家

一名画当地风景和明信片风景的艺术家能够在度假胜地挣不少钱。如果你画得比较写实，那么你就可以把自己变成一名街头肖像画家。贝琳达（Belinda）和潘多拉（Pandora）这对朋友发现在英国和欧洲大陆挣钱都相当容易，尤其是在度假的人群中。贝琳达使用从工厂里买来的无线条牛皮纸和油画棒或孩子们的蜡笔作画。你还可以使用浮木或者光滑的鹅卵石。随身带着两把椅子会显得很笨拙，于是她会从附近的咖啡馆或教堂借来两把。作画时，你没必要过于严谨；当一个失望的顾客问道："我看起来真的那么老吗？"贝琳达会毫不犹豫地擦去几条皱纹。

很明显，船主们是一个特别虚荣的群体，他们经常会抓住机会把自己的船永久地画进画布里，所以带上你的写生簿到码头的游艇附近闲逛吧。斯蒂芬·赛里达斯注意到麦克诺斯岛（Mykonos）上有这么一个趋势，酒馆、银行和其他的一些公共建筑会展示有关它们自己的绘画作品。脸部彩绘是一种非常容易的技能，而且在任何一个外籍社区组织孩子们的聚会都会有钱可赚。即使你不能在你的艺术创作中挣到钱，你也许可以给当地人带来一些欢乐。

临时电影演员

如果你想要混进好莱坞的明星们中间待几天并且得到很好的报酬——那么想都别想。在大多数国际电影制片公司，即使是临时演员也有属于自己的工会，它们同样很排外。当一部电影拍外景时，你可能有机会帮忙填补人群场景——事实上公认的术语叫"群众演员"（Crowd artist）——即便在某些地方你的机会要比其他地方好一些，但是这种事情是要碰运气的。风景如画的布达佩斯旧街和相对较低的拍摄费用使其成为最受欢迎的拍摄地点（事实上，作者曾经在布达佩斯的一家餐馆里看到过休班的本·金斯利〈Ben Kingsley〉)。

在大规模的亚洲电影产业中，电影制作人积极寻找白种人的面孔，特别是那些反派的、愚钝的或者放荡的角色。电影公司的代理人通常会在孟买、曼谷、中国香港、开罗等地的经济旅馆中寻找他们的编外人员。因为他们知道在那些地方，他们能找到许多只想在电影拍摄地闲逛一两天换取几个卢比或几美元的游客。事实上，按照当地的标准，这个工资已经很慷慨了。

电影制作

如果你是一个富有进取心的电影制作人而非演员，你肯定会非常幸运地因为你的激情而挣到钱。无数努力奋斗的电影艺术家把他们的电影或者电影预告片上传到视频网站（YouTube），试图通过吸引观众和可能的广告商来开启他们的事业。

在竞争激烈的电影、视频和多媒体产品行业中，获得经验的方式之一就是从事无薪工作。如果你想在国外从事这些工作，你也许需要求助于某个收费的中介机构。霍莉·泰特（Holly Tate）为悉尼的一家媒体公司**行人电视台**（Pedestrian TV）工作了3个月，她是通过实习生项目（Intern Options，www.internoptions.com）找到的职位（收费800英镑）。她认为这是一次很棒的经历：

> 办公室真的很小，每个人相处得都很融洽，而且这是一个相当有趣的工作的地方。我认为我确实非常幸运。自从我来到这里，我已经学到了许多东西，比如说我从来没有做过的编辑工作。他们让我参加了许多制片会议和为新项目召开的极具创造性的头脑风暴会议。当我回国申请工作时，这些都是非常宝贵的经验。

临时工作

如果你不能或者不想找一份稳定的工作，你可以考虑做个临时工。相对于大城市来说，小城镇或许是个更好的选择，因为那里的人们更值得信赖并且消息也传播得更快。找临时工作和房屋维修工作的最好地方，是有海外移民居住的地方（尤其是在地中海沿岸和墨西哥）。假如你会理发、文身或者修理自行车，背包客或许也会需要你的服务。来自北威尔士的布莱恩·威廉姆斯和妻子艾德丽安·罗宾逊（Adrienne Robinson）以及他们3岁的儿子到各地旅行，在旅行的过程中，他发现无论走到哪里，自己的修理技能总有市场，包括在斐济、新西兰和澳大利亚等地。如果你擅长做家务，你也能够找到家政和熨烫的工作。在你居住地的周围贴上一些小广告，看看接下来会发生什么吧。

油漆工和装潢设计师总能找到工作。来自英国哥伦比亚的迈克·库勒（Michael Cooley）在北加利福尼亚待了一段时间，在小镇里就因为他身上粘了些白色油漆，他就得到了一份工作。当你到别人家里找工作时，最好是打听具体的工作，而不要含糊地询问有没有工作，这是一个很好的策略。假如你向屋主暗示他们的花园里长了不少草或者他们的大门铰链已经老化，他们往往会给出让你帮忙的肯定答复。你可不要低估了人们的懒惰状态，在夏天人们需要整理草坪、清扫车库、洗车；在冬天人们还需要扫雪。如果你说你擅长清理窗户，你应该置办一些基本的工具，因为人们更倾向于雇用自带水桶、麂皮和梯子的清理工。

苏珊（Susan）、埃里克·本奈（Eric Beney）和他们的女儿们打算从陆路长途跋涉到澳大利亚，他们在一个希腊小岛——哈尔基岛（Halki）上休息了一段时间。他们4月到达岛上，当时还没到旅游高峰，很明显并没有什么工作可做，但是他们却成功地创造工作机会：

> 沙滩上布满了被冬季暴风从海里刮上来的垃圾，所以我们决定清理这些垃圾，并问市长要垃圾袋。在这儿待了5周之后，我们的钱快要花完了，他们问埃里克愿不愿意当“港口清理员”。这份工作要求打扫港口和街道，一周3天，并且每天都要打扫洗手间。这份工作已经有1个月没人干了，所以在刚开始时很难。我帮助埃里克把洗手间打扫到了标准规格，因此之后的工作量就少了很多，也花不了多

少时间。工资是每月100英镑，当然，这份工作也使埃里克备受当地人的欢迎，因为他们没人愿意做这个。显然委员会津贴是为这份工作而设的，所以当初值得找到市长，要求提供你的服务。就连警察甚至也感到很高兴或者对此睁一只眼闭一只眼，因为我们在这儿待的这段时间，埃里克也为当地人做了许多其他的临时工作，因为岛上的人力不足（又或者是他们太懒了）。

商业和工业

这本书并不适用于那些想要找专业工作的人。**欧洲就业服务网**和许多招聘网站以及职业数据库，例如www.eurograduate.com，可以满足那些想找技能性工作的人的需要。在这里你可以找到申请到国外工作的大量相关信息，并且会有一些公司就此提出一些建议，例如www.labourmobility.com。

虽然在办公室、矿区、商店和工厂的工作并不像果园和饭店一样有季节性，但是还是有许多机会的。在圣诞节来临之前你可以在商店里打工，在夏季之前你可以在游泳馆找到工作，在2月和3月，你可以在生产复活节彩蛋的公司打工。在20世纪90年代，俄罗斯和**前东方集团国家**（*the former Eastern bloc*，前苏联为首的一些东欧社会主义国家组成的集团）允许发现商机的人们先富起来，同这些国家一样，中国也迅猛地发展商业。因此西方人如果能在如金融、咨询、编辑、电脑科技和通信行业里有一技之长，也仍然可能在贸易公司和合资公司找到工作。根据最新统计，大约有60万外国人在中国生活和工作。详见《在中国生活和工作》（*Live and Work in China*，Crimson Publishing, 2008）。

远程工作

值得注意的是，近年来境外工作呈现新趋势。世界上越来越多的人开始在网上从事商业交易。美术设计员、文字编辑和短途贸易商都通过电脑成功完成交易。一些网站的名字非常生动，例如www.laptophobo.com，www.NuNomad.com，www.locationindependent.com。通过《商业周刊》（*Business Week*）上的一篇文章，它们获得了市场。

> 你是否曾想过彩票中奖，抛掉激烈竞争，然后去环游世界？是呀！谁没想过？然而这些天，正有一群思想独立、技艺非凡的企业家们将那不可企及的梦变为现实。他们自称“新流浪者”，他们将“在家工作”转变为“在任何你想去的地方工作”。

其中一位流浪者就是美国蒙大拿州的商人查理·韦瑟罗尔（Charlie Wetherall），他说他能拥有现在的生活方式，全靠读了《打工环游世界》。这在他的网站www.runawaytrader.com里有详细介绍：

> 今天我在想我是怎样开始我的流浪生活的，然后想起来我可以追究苏珊·格里菲斯的一部分责任。她的书让我看到了一丝希望——或许有一天我可以鼓起勇气逃离所有的苦差，去世界其他地方转转。我从来没有放弃周游世界的理想，并想出了一些支付旅游高额费用的方法。现在我可以在世界的任何一个角落做生意谋生。当然，你可以选择当一个挖渠者或者警察，这些工作都要求你在固定的地方工作，但是你也可以选择在世界各地从事能够挣钱的职业。你所要做的就是看看你擅长什么，然后带上你的技能上路，靠它谋生。这真的非常简单。多亏了无线设备和其他先进电脑技术，大家就可以像我一样在美国甚至世界的任何地方通过买卖股票来挣钱。我严格地遵循交易日做交易的原则。如果我能做日间交易，我就不停地走下去，但如果不能，那我就孤立无援了。这个道理很简单。我想知道我是否能在珠穆朗玛峰（我正准备春季动身）的营地上做日间交易。我知道我能去到这些有异域风情的地方。但是我能否无论置身何地都能拿出电脑做交易呢？

许多边旅游边赚钱的人都已经创建网站，这能为他们带来稳定的收入。柯丝蒂·亨德森（Kirsty

Henderson）通过让各种网站点击她的网站www.nerdynomad.com来赚钱。把你的网站地址链接在谷歌首页似乎是增加点击率的首选。网站使用谷歌的广告联盟，把点击率作为标准，使得内容货币化。

汉娜·阿德科克曾想远离爱丁堡寒冷的冬季，到一个气候温暖的地方去生活和工作。在开罗学习了一个月的阿拉伯语之后，她和丈夫安德鲁（Andrew）搬到了红海沿岸的达哈布，那里生活成本低而且很暖和。在那里，他们靠自由投稿谋生。他们至少要待到2011年2月，那时由于发生了推翻穆巴拉克统治的起义，因此网络被关闭了：

> 12月，我们在开罗度过了一段有趣又有些遗憾的时光，在那里学完阿拉伯语后，第二年1月，我们搬到了达哈布。那里的生活质量真的令人惊喜——我们住在一栋三层楼的公寓里，那公寓有点儿像一艘船（是用许多木头搭建的）。公寓有个阳台，可以看到大海和高山。我们到游泳的地方只要两分钟，天气很热，我找了一匹马来骑。另外，因为有网络，我们也能工作，而且我们工作得相当勤奋。然而，解放广场的示威活动和网络管制，打破了舒适的田园生活。我也以极大的热情参加了抗议，现在达哈布已十分安全，但是我们决定（暂时）搬到特拉维夫市，这主要是因为我们能够在这里工作，也不用担心一个80多岁的亿万富翁想切断网络就切断网络。

最后，据报道，汉娜已经回到了埃及，并为一些客户提供服务来赚钱，这些客户并不在乎她是在爱丁堡、开罗，还是在月亮上，只要她有互联网保持联系。除了电脑之外，她需要的工具可能还包括闪光枪、硬盘驱动器和闪存器。

商店

在非英语的国家，只会英语的人通过接近那些主要卖东西给游客的店主，也可以在商店里找到工作。你可以向沿海的土耳其城镇里的地毯商人推荐自己，也可以向深受美国游客喜爱的日本购物区里的电子产品销售商推荐自己，并且主动提出抽取佣金。不仅流利的英语会是你的一笔财富，而且你对产品的热情也会增加你的同胞对产品的信心。确认一下，你得到的佣金比率是合理的，其幅度根据商品的价值可以是2%~20%（电子产品的低，而便宜纪念品的要稍高）。

神秘购物（mystery shopping）可能会使你有额外的收益，但它不是谋生的渠道。神秘购物机构让符合身份的人作为匿名顾客去商店、餐厅、汽车经销店、银行等地，然后客观地反馈出其售后服务状况。想要获得更多的信息，可以登录www.borntoloaf.co.uk，以**柏迩国际公司**（*Bure International*，www.bareinternational.com）为例，它们并不要求神秘购物者具有任何具体的经历。该公司在美国、比利时、巴西、智利、印度和中国都设有分公司，还在英国设立了“神秘评估者”。它需要不同层面的评估者，因此只要满18周岁的人都可以签约参加。承诺的酬劳是每小时10~40英镑，但总之，它并不是你挣钱的渠道。

商业性和秘书性工作

商业、管理、营销、会计、金融、计算机应用和经济专业的学生和毕业生，可能对由90个国家的全球学生网络经营的组织有兴趣。**国际经济学与管理学学学生联合会**（*Association for Students of Economics and Management*，www.aiesec.co.uk），可以在其成员国进行人力资源配置，力求使其参与者在另一种文化中生活和工作。

许多商业公司因给应征者安排在海外的工作，而向其收取大量的费用，通常的目的是想让这些应征者在工作的环境下，提高他们的当地语言水平。例如，伦敦的WAVA（www.workandvolunteer.com）在法国、德国、意大利、加拿大、澳大利亚和加纳，开展实习生项目，最低收费可达390英镑。

经过培训的秘书，如果能说一口流利的欧洲语言，就可以被安排到欧盟工作。大部分的欧洲主要城市都有**英国商会**（*British chamber of Commerce*），该商会可能会保存你的简历供当地商业部门审查，又或者它会创建一个网站，张贴出你的工作要求。通常，你在享受这些服务之前要加入该商会。

专业境外职业介绍所能够帮助合格人才推荐工作。**欧洲多语公司**（*Multilingual Europe Ltd*）是一家网络职业推介平台，在欧洲招聘会多种语言的人，来从事售后服务、销售、营销、IT和金融方面的工作（www.multilingualvacancies.com）。

博彩业

一副纸牌、一个西洋双陆棋盘或者一套扑克骰子都可能给一个行家带来额外的收入。当彼得·斯图曼（Peter Stonemann）住在哥本哈根时，他把大家都叫到Hallands kirke的一面墙前，在那里他们开展快速的国际象棋对局比赛，赌金是20挪威币。扑克、桥牌和西洋双陆棋在世界各地都被广泛地用于赌博，如果你精通这些的话，你可以充分利用这些技能来赚钱。扑克和西洋双陆棋的优势就在于它们相对简单，而且从数学上来计算，在每个阶段都有正确的玩法。大部分的业余学习者都不会大费周章地去学习和掌握这些数字，如果你愿意学习这些的话，只要你不参与专业的赌博，你就能赢。

"三张纸牌的猜牌赌博"（Three Card Trick）和"发现女士赌博"（Spot and Lady）需要灵巧的手法，但是，经过不断的练习，几周之内你就可以熟练掌握，之后就可以信心满满地邀请顾客把他们的钱放到"女士"上，当然他们永远也选不对。

另一个把戏就是为顾客掷骰子让他们来猜数。可能的数字是2~12，因此，每个数字出现的可能性都是1/10。事实上，2和12出现的概率为1/35，是最低的，而7出现的概率是1/5，是最高的。最好是让鸽子来掷骰子，然后你自己投6、7、8（投中率分别是1/6、1/5、1/6），让顾客投钱到有1/10可能性的数字上，直到他再也受不了退出比赛。

还有一个计策就是欺骗那些骗子。这个从来没有失败过，但是有危险的一面。在世界各地你都可以找到桌球房、酒吧或者游乐场，在那里，骗子们用马克杯来玩撞球、飞镖或者其他的游戏来赌钱。穿上你最好的衣服，独自走进这些地方，静静地自己玩游戏，很显然你并不擅长这些东西，于是那些骗子们就会认定你为目标。他们会邀请你来玩，和我们中的一些人一样，这些骗子是贪婪的。他们不是想从你那里拿走1美元，他们想要得到全部。他们会让你觉得你跟他们旗鼓相当，不分高低，甚至让你觉得你极有希望赢钱，为达到这一目的，他们常会在第一把时故意输，可能第二把也会输。之后，你拿着赢的钱离开，但是确保你知道出口在哪里。

令人惊喜的是，运用相同的计策，我们可以在拉斯维加斯、美国的大西洋城和澳大利亚的黄金海岸赚到钱。这些在沙漠里或者沿海地方的赌场常会找新赌客去他们那里，他们会给全程或者回程一些补助。这些补助可能是5美元，当你到后，他们会提供一些免费的食物，甚至可能给你一些筹码（比如说价值20美元），让你去玩桌式或者机式的游戏。把这些筹码兑成现金。一天就这样过去了，而你所有的花费也都已经支付了。

欧盟的就业和税收

根据《马斯特里赫特条约》（*Maastricht Treaty*）第8a条规定，每个欧盟成员国的公民都有在任何一个盟国旅游、居住和工作的权利。在欧盟国家内部自由活动是欧盟公民权利的基础。拒绝入境的唯一理由是基于对公共安全和公共卫生的考量。欧洲有25个国家已经签署了《申根协定》，该协定主要是取消内部边界的限制，这样人们不用签证就可以在各参与国之间自由来往。列支敦士登将在2011年年底之前取消对签证的控制，保加利亚和罗马尼亚也将参与其中，尽管人们对此依然有争议。2011年5月，意大利和法国要求对《申根协定》实施限制，试图控制大量从北非和中东来的非法移民。但即使有《申根协定》存在，对于跨境的求职者而言，繁文缛节和随之而来的麻烦还依然存在。2007年，有两个国家（保加利亚和罗马尼亚）加入欧盟,此外，2005年5月，有10个国家加入，这就意味着，现在欧盟有27个成员国，包括原来的15个（奥地利、比利时、丹麦、芬兰、法国、德国、希腊、爱尔兰、意大利、卢森堡、荷兰、葡萄牙、西班牙、瑞典和英国）外加匈牙利、波兰、捷克、斯洛代克、斯洛文尼亚、爱沙尼亚、拉脱维亚、立陶宛、马耳他、塞浦路斯、罗马尼亚和保加利亚。可是仍然存在一些对流动劳动力的传统束缚。劳动力可自由流动的趋势已扩展到了欧洲经济区的国家，包括冰岛、列支敦士登和挪威。旧的成员国几乎在3个月后都废除欧盟国公民必须办理居住许可证的规定。通常某种形式的注册过程是必要的，但大多数国家的文书工作已经简化。

尽管该系统并不那么完善，但大量的劳动力确实已经可以在不同的国家里自由活动。事实上，如果数字准确，那么欧盟国家有3%的居民住在其他成员国里，这也就意味着超过1400万欧洲人正在国外工作。在欧洲旅行者看来，欧盟成员享有很多政府的优惠政策。免费的欧洲健康保险卡（EHIC）意味着欧盟成员国的国民可以自动享受免费治疗或者健康补助。

一些美国人也可以享受欧盟成员国的国民待遇，如果足够幸运，他们正好是爱尔兰人或者意大利人的后裔，并且可以证明他们的祖父或祖母是其中任何一个国家的人，那么他们就可以获得双重国籍。所有非欧盟国公民必须获得申根签证才能进入申根区。6个月中，签证的有效期只有90天。签证费的价格会有变动，但通常都是30欧元。过去，长期待在欧洲国家的人可以离开申根区去延长旅游签证的时间。但是当条例变成限制居留时间为6个月内的90天时，很多非欧盟在欧洲国家的长期居民都不得不离开。

欧盟国家就业服务

类似于英国的**特别就业中心**（*Jobcentre Plus*），每个欧盟国都有一个就业办事处网络，这在介绍各个国家的章节都给出了详细信息。虽然欧盟法律要求国家就业服务中心用对待本国居民的方式来对待来自其他国家的申请者，但还是不能阻止某种程度上的歧视。雇主可以用显而易见的理由拒绝求职者，如他不会工作所需要的语言并且没有固定的住址。

立法再积极也无法改变阿姆斯特丹官方的态度，他们说：“我们该如何帮助英国人找到工作？我们还没有足够的工作岗位提供给自己的公民。”或者像法国就业中心顾问所说的一样：他们更愿意将一份工作给摩洛哥和阿尔及利亚人，因为他们的法语比英国人流利多了。欧洲就业服务中心已实现信息化管理，且网络范围覆盖欧洲大部。通过英国国内就业中心的办公室和欧洲所有的国家就业服务中心就可以进入。在全欧洲范围内，有几百名受过特殊培训的欧洲顾问可以为求职者在欧洲求职提供建议，其中，有100多万职位空缺在欧洲就业服务网站上用24种语言完成了注册。还可以通过欧洲就业服务网站的入口http：//ec.europa.eu/eures来查看当前从冰岛到塞浦路斯的职位空缺情况。注册了的职位空缺有效期通常为6个月或者更长时间，旅馆和餐饮业的职位空缺较多，还有提供个人服务的职位，以及各种各样熟练半熟练的工种和各层级的管理工作。自然而然，很多时候，语言技能都是必要的条件。其他网址会使你获得重复的信息，例如www.eurosummerjobs.com。这些职位空缺可能包括芬兰的幼儿园护士或者德国的焊工和厨师，爱尔兰的车工或者西班牙主题公园的餐厅员工。欧洲就业服务中心的网站通常对雇主是免费的。如果你已经在国外，可以约谈欧洲职业顾问或者给他们打电话，因为他们应该有很多当地知识并且可以用英语交流。

如果你来自一个欧洲经济区国家，却在另外一个盟国工作，那么你将受到欧洲社会安全法律的保护，可登录网站www.dwp.gov.uk/international 查询相关信息。

欧盟内部人才流动

新闻已大量报道了关于地中海国家，包括葡萄牙、意大利、希腊和西班牙在内发生的最严重的经济危机。希腊和葡萄牙只好先后吸收欧盟的大量资金来摆脱困境。25岁以下人群的失业率达灾难性的水平，例如西班牙为43%，希腊33%，意大利29%等（2011年数据）。这使许多人在本国面临黯淡的就业前景，不得不去其他国家找工作。《星期日时报》（*Sunday Times*）最近报道，10个希腊人里就有4个在国外找工作，而且过去几年中，成千上万的西班牙人都离开家去阿根廷找工作了。

2011年欧盟推出了一系列的新的“青年流动”

（*Youth on the Move*）计划来鼓励年轻求职者在欧盟内部流动。目前他们尚不明确效果会如何，但有很多的基金可以资助年轻人，接受培训且在另外一个成员国工作。已经实施的“达·芬奇计划”（*Leouardo da Vinci Programme*）会得到更有力的推进。其目的在于提高职业培训系统的质量和他们的创新能力。它为学员、员工和学徒（但不包括大学生，他们已经有资格参加欧洲共同体大学生流动计划）提供高达至75%的基金去参加时限不同的海外实习工作和文化交流。申请“达·芬奇计划”基金经由某个组织提交，如培训中心、雇主或资助人等，个人无法申请。详情可登录网站www.leonardo.org.uk（www.uk.ecorys.com）查询，或从英国的Ecorys获取（www.uk.ecorys.com），后者是在伯明翰的英国国家的达·芬奇机构（☎0845 199 2929）。经认证的合作组织像**哈斯伯瑞工作体验**（*Halsbury Work Experience*，www.workexperience.co.uk）应该能够避免政治方面的纠葛。在接受端必须找到一个伙伴或者指导者，他们将提供帮助并监督完成实际计划，这些计划要在你的申请中描述清楚。

那些愿意在**欧盟委员会**（*European Comission*）做管理者、翻译和秘书等的高层专业人士必须在公开的竞争中一决雌雄，布鲁塞尔的培训办公室可以提供有关短期计划的相关信息（☎2295 5344；http://ec.europa.eu/stages）。欧盟委员会并不会提供任何工作机会或者暑期工作，除了在布鲁塞尔和卢森堡给各国大学毕业生提供3个月或者5个月的实习职位。申请者必须于8月底之前在网上提交3月份开始工作的职位材料，在1月份之前提交10月份开始工作的职位材料。

欧洲求职者的津贴要求

在其他欧盟国家，并不是很多人都能意识到可以申请求职者津贴（JSA）。但是，理所当然，和官僚机构协商是很困难的事情。

求职者津贴是一种权利，这种权利不得不依靠“购买”的方式获得，并为国家的失业保险组织偿付一定的税费。在英国，这税是第一类国民保险税。其他欧盟国家也有类似的体制，在一个国家缴纳的税费可以纳入在另一个国家获得失业救济权利的考虑范围之内。

在英国，任何登记过失业时间在4周以上的欧盟国公民，在其他欧盟国家找工作时，有权利接受英国最多3个月的津贴（按照英国货币汇率支付）。申请人应在离开之前至少6周的时候，提前通知他们在英国的特别职业中心他们打算离开英国去其他国家找工作。如果你明确了离开的时间和目的地，最好提供地址，这将会非常有帮助。然而，从理论上讲，这种转移福利听起来不错，但是你不要指望着在到达之日就拿到支票。这个过程可能会很漫长、很难熬，所以携带足够的钱熬过艰难时期非常重要。可能要在数月之后你才能看到实实在在的现金。

在发放统一标准的求职者津贴方面，英国和爱尔兰与大多数其他欧盟国家不同。目前，在英国，该标准是年龄在25岁以上的申索人，每个星期发放67.50英镑，年龄在16~24岁的发放53.45英镑。

其他成员国根据申请人最近所挣得工资的百分比来确定他们的失业救济比率，国与国之间各不相同，从法国的30.3%（加上一小部分的日常津贴）到最高的丹麦的90%。

申请失业救济的条件：

- 在那个国家失去了工作，不是由自己的错误造成的。
- 身体健康，具备工作能力。
- 持有上一份工作的文件证明，同时（正常情况下）持有居住证。
- 在欧盟的失业救济组织缴纳了足够的税费。

在所有国家的国家就业服务中心登记失业是非常必要的，通常是在失业7天之内，在索要失业救济基金之前。如果你需要在另外一个欧盟国家工作一段时间，要考虑确保自己有资格获得失业救济，那么你需要提供自己在那儿偿付的税费证明。新便携式证书证明你交纳了何种国民保险费用，这种证书称为U1，现在已经取代了2010年的E301。在英国，可以从英国**就业和退休保障部**（*Department of Work and Pension*）和**养老金服务中心**（*Pension Service*）获得该文件，地址为Tyneview Park, Whitley Road, Bonton, Newcastle upon Tyne, NE98 IBA。申请失业救济的时候，如果你没有这样的表格可以递交，那么你申请救济的办公处可以帮你获得该文件，但是这会使你的申请往后拖延。

纳税

不管代理机构或者雇主承诺了什么，确实没有像合法的免税收入之说。只有那些所挣工资不足个人津贴（无论是何种津贴）的人才没有纳税义务。但是，有办法可将税款降至最低。那些工作不满一个完整年的旅行者通常发现自己很多税的收入已先行被扣除了。他应该可以通过当地的税务机关要求退一部分税。

如果你长期在国外工作，在英国的纳税义务取决于你是否是英国的居民，常住居民或者注册公民。打工度假的旅行者通常被视为注册公民，即使他们已经离开了1年多。如果你离开英国的时间已经超过了一个完整的纳税年（4月6日到次年4月5日），那么你可以不用缴税，尽管你回到英格兰度过一个纳税年度的62天（相当于1/6），也不影响你的课税情况。任何在一个具体的纳税年度在英国居住超过182天的人将会毫不例外地按照居民来对待。英国税务海关总署在HMRC6文件中已经制定了新的要求（www.hmrc.gov.uk/cnr/hmrc6. pdf）。要想将自己的税款降至最低，需要保留所有的工资单、收据和财政文件，防止以后需要为自己的情况进行辩护。如果你在国外的税收状况并非完全合法，你需要向英国纳税。在克里特岛教了9个月的英语以后，杰米·马斯特斯（Jamie Masters）发现了这一点：

> 我不知道如果在国外工作不到一年，很可能要在英国纳税。我很高兴，税务人员知道我曾经在希腊工作。该规定表明你在希腊支付的税收可能会转移到英格兰，抵消你在国内的税收。但我没有在希腊支付任何税款（只是贿赂而已）。太笨了，我真是太笨了！我应该告诉税务人员其实我是在旅游的。记住这一点：如果你是在非法打工，就否认一切。

你可以在很多国家合法地工作（如欧盟的国家），雇主希望你能够在开始工作之前，到当地税务所弄清楚你的纳税情况。这可能对你有好处，例如在丹麦，除非获得了税收卡（丹麦语skattekort），你才会获得丹麦紧急代码的等效的位置，你52%的收入在一开始将会自动扣除。格林·艾维斯（Glyn Evans）在丹麦摘苹果，他好几次到当地市政厅投诉对他收税过多，并最终获得税收卡（Skattekort），这样他就只需交31%的税收。德国通常会让外国工人到税务办事处（税务所）进行注册。

当你完成了工作，雇主应该给你一份官方文件，与英国的P45等同（丹麦的Arsopgørelse），说明你的总收入和支付的税额。如果没有现成的文件，你应该收集你的工资单。如果上面有工作日期和扣除的税额，并且雇主在上面签了名，即使它们皱皱巴巴也足够证明你已经纳过税了。如果雇主根本不会给你任何书面证明，很有可能他将扣除的钱装进了自己的口袋，在这种情况下，税务所是不会给你退税的。

然后，你带着证明去当地的税务所填写一张退税表格。在该张表格上，你必须说明你在此纳税年度期间，将不再在该国工作且要给出你离开的时间。可能会有人要求你交出居住证或者工作许可证，以防止你搬到另一个城镇寻找一份新工作，或者你必须出示返程票来证明你马上就要离开了。官方的程序烦琐拖延，通常意味着退款要以邮寄的方式给你。处理你的退税申请通常需要几个星期，甚至是几个月。因此，这就需要你在你提供的住址能够待一段时间；如果你不确定你未来的去向，你应该给他们一个你的亲戚或者朋友的住址。

一些国家例如德国、丹麦和美国规定在纳税年度快结束时，才可要求退税。德国和英国的规定一样，在纳税年度，必须在德国居住至少6个月才有资格获得退税。让一家专业机构替你申办退税会使整个过程更加容易。爱尔兰公司（www.taxback.com）现在在全世界包括英国、澳大利亚和美国在内有25家办事处。该公司专门帮助在国外工作过的人索要退税，地址为277-281 Oxford St, London WIC 2PL（☎020 7659 9188；uk@taxback.com）。

PART 1
工作旅行

旅游业

欧盟1900万的工作岗位都和旅游及旅游业相关，大约占全部劳动力的13%，这确实让人不可思议。旅游业和农业一样，是打工旅行者的主要就业领域。酒店和餐馆工作具有很强的季节性，很难保持稳定的员工队伍，因此，酒店经营者常常在旺季雇用外国劳动力。此外，很多旅游景区位置偏僻，当地劳动力资源匮乏。出于这个原因，旅行者往往得以在全世界最美的地方工作，从新西兰南岛到北欧的拉普兰（Lapland）。

招聘机构和网站

有过酒店和餐饮工作经验的话，人在英国就可以签订在海外工作的合同。欧洲就业服务中心通过特别就业中心登记大量国外旅游业（特别是法国和意大利）的职位空缺，然后再由专门的机构招募符合要求的酒店工作人员包括厨师、酒店接待员和餐馆工作人员。

网络虽然提供了大量求职机会，但常常真假难辨，让人无从下手。专业招聘网站中，www.seasonworkers.com是最好的，该网站旨在帮助人们快速、便捷地找到夏季短期工、户外运动及滑雪度假村内的工作。另外一个对求职的游客来说非常有用的网站，是国外工作公告栏网站（www.jobsabroadbulletin.co.uk ），这一网站是非商业性的，可免费使用，如果需要，该网站会通过电子邮件的形式每月免费发送招聘信息列表。也可以试一下www.anyworkanywhere.com, www.jobmonkey.com(专门服务于北美地区), www.coolworks.com （同上）等。另外，www.natives.co.uk最初是用于发布冬季度假村招聘信息的网站，但现在也会发布夏季短期工招聘信息。你从网上可以发现各种有用的链接，相当多的旅行社主页都有一个专门图标，点击即可找到求职、招聘及职业规划的相关信息。

酒店和饭店

如果你得到了一份酒店内的工作，但不会讲所在国语言且缺乏相关经验，你很可能会被安排做最基层的工作，比如洗衣或者刷盘子。一些饭店会用些花哨的名称来称呼这些报酬低而又枯燥的工作，比如把收脏衣服的人叫做“衣物送洗工”（Valet runner），把洗锅碗的人叫做“厨房杂工”（Kitchen porter）。前台和酒吧通常是求职者最热衷的工作，薪水往往也较高。不过，低端工作也非“百害而无一利”，酒店客房部通常工作时间为早上7点到下午2点，闲暇时间还是很充足的。

乔治·奥威尔（George Orwell）

身无分文的时候，曾在巴黎咖啡馆做洗碗工，虽然洗碗这活是一般人看来是最为低等的工作，不过，即便如此，洗碗工也是不能被随意辞退的。尼克·朗格雷（Nick Langley）认为在慕尼黑做洗碗工的生活可比在英国当公务员好多了。很多人就在厨房宴饮交际热闹愉快的氛围下成长起来。尼克·朗格雷说，一旦能在里面立足，你面子就会大些，遇到无理要求你可以顶个嘴，但有一条要记住，"可千万别跟厨师长叫板"，快下班的时候，喝几杯啤酒，坏情绪就消失了。

你越早准备申请酒店的临时工作，成功的概率就越大。比如在瑞士，夏季来临前的几个月，酒店就已经开始招聘了。建议你在3月之前就广撒网，尽量多申请几家，最好能用他们本国的语言申请工作。英语在很多度假胜地通行，最近在塞浦路斯求职网（www.cyprusjobs.com）上，一家公司刊登了需要"良好的英文书面及口头表达能力"的广告。因此，在欧洲工作，多懂一门语言绝对是优势。如果你就想在某个国家工作，先找到酒店名单，并联系其中规模较大的饭店（比如客房超过100间的），然后用该国语言进行申请。手写简历或者面对面交流比广发电子邮件效果更好。

另外，你可能没能计划那么早，或者手写求职申请对你并不适合，那么你一到国外就需要先在酒店找份工作。除非不得已，没有哪个饭店老板愿意接受一封没谱的求职信，而拒绝眼前实实在在的人。建议你提前到（上午8点左右），并且打扮得干净利落，好给未来的老板留下一个好印象。要是你挨家挨户地到饭店求职，必须有毅力。我们的受访者之一在阿姆斯特丹各个饭店求职时屡遭拒绝，原因是她来得太晚了（8月）。最后的希望是希尔顿饭店，她想最好还是试试，因为这可能是进希尔顿看看的唯一机会。她立即就被聘用了，做清洁工，这让她喜出望外。只要有一点点希望，多次去同一家饭店试试也是有必要的。

凯瑟琳·哈利维尔（Kathryn Halliwell）讲述了自己到法国萨瓦省雷盖镇饭店（Les Gets in the Hante Savoie of France）的求职经历：

> 在找到工作前，我连续3天一家家酒店问过去，从自己的经历和别人的叙述中才渐渐得知，原来找份临时工会这样麻烦是很正常的。老板面无表情地告诉我他不需要人，但我临走的时候，他又问我要找什么样的工作，我说都可以。他让我明天过来看看，说不定有机会。我第二天到后别人告诉我他出去了，让我第三天再去。最终，我得到了这份工作，那时才明白原来他只是在考验我，别的求职者第一次来的时候他也是这么做的。

在一家一家地求职时，尽

量通过与前台人员打交道而得到同经理见面的机会。找到工作后（无论是当面求职或者书面申请），尽量签好合同，明确工作时间、报酬和工作条件。要是实在没办法签合同，至少应该和老板讨论下这些问题。

两年前，科尔姆·墨菲（Colm Murphy）辞掉了在爱尔兰航空公司的工作，开始在澳大利亚和新西兰打工旅行。他告诉我们如何在这一行赢得别人的青睐：

你得学会推销自己。没人会平白无故地送你第一份工作。你必须靠技能、经验、推荐信，至关重要的是求职的第一印象。你要让面试你的经理或者人力资源部门的人觉得你诚实勤快才行。试用期或者工作的时候，良好的态度很重要。给同事、管理人员，尤其是客户，留下良好的第一印象。

很少有代理机构会把没有任何专长的人安排进国外酒店工作，即便有，工资也少得可怜。

餐饮

酒店业只是旅游业的一部分，而从事餐饮服务可以去到更多有趣的工作地点，比如豪华游艇、度假牧场、游猎营和滑雪木屋，等等（要想了解更多在大型游轮工作的信息，参见“游船上的工作”一章。）受过餐饮服务训练的人打工旅行要比其他人容易很多。有些认真的旅行者甚至还想在出发之前学习一下餐饮服务的课程。有一个特有意思的例子，英国一家小旅行社想找一名厨师，在蒙古北部大荒原的小屋工作，没有薪水，但机票花销全包（www.4thworldadventure.com）。

当然，没有受过训练的人也是有机会的。你可以在快餐连锁店做汉堡包，要记住，牛津英文词典专门收录“McJob”这个新词，指那些没什么晋升机会、工资低的工作。报酬很少，工作时间不固定，或者不方便，还要像小学生一样听话。这类工作并非季节性工作，你要强调你打算一直干下去并有志从事餐饮行业之类。事实上，这种员工流动率非常高。所以，你要是软磨硬泡要求他们给你更多空闲时间的话，并不困难。

要想获得些工作经验的话，去英国一家大企业的厨房工作是很好的办法，比如**布特林集团**（*Butlins*），**伯恩休闲集团**（*Bonrne Leisure Group*）旗下公司（www.bournejobs.co.uk），或者位于瓦伊河畔罗斯的**PGL奇遇游乐园**（*PGI Adventune in Ross-on-Wye* ☎0844 371 0123; recruitment@pgl.co.uk; www.pgl.co.uk/recruitment)。由于有大量职位空缺，他们会给新手进行培训，每4周发473~533英镑的工资，包吃。PGL集团在法国和西班牙也有度假中心，除每4周给员工发放344英镑的基本工资外，包吃住，可能还有奖金。

旅游行业其他工作机会

那些旅游时开销比较大的游客，虽然常常被精打细算的旅行者拿来作笑谈，却间接上极大地促进了就业。如果他想在沙滩上吃冰激凌，或者在滑雪小木屋里吃羊角面包，你就有了为他提供服务的工作；要是躺在旅店的床上，房顶漏雨，他会非常不满，那雨季开始前就会有人雇你修房顶；他不想被孩子烦着，你就会有教他的孩子游泳或者在度假营里画画的工作；他想从旅行纪念品商店买正宗的阿尔代什省熏衣草小香袋，或者得克萨斯牛仔帽带回家，并希望由一位迷人的售货员为其服务，那你就有了工作机会；他想娱乐消遣，你就可以在游乐园、当地的酒吧或者风帆冲浪学校找到工作。这样的例子还有很多。总之，就是在旅游中心有大量短期工。

当然，要想精打细算去旅游还是有很多工作机会的，比如在青年旅社工作等。

达斯跌·黑基（Dustie Hickey）描述了她是如何在阿维尼翁（Avignon）青年旅社找到工作的，她的例子很典型：

我查了一下阿维尼翁所有的旅社，有人帮我用法文写了一封求职信。因为没有收到回复，我就给他们打了电话。这些旅社称在见到我本人前不能保证给我一份工作。我于是离开了在布列塔尼（Brittany）工作的农场，出发前又特意电话提醒青年旅社方面。到后我发现我所选择的这家旅社非常忙。我只需要清理旅社的客房就能包住还有免费的早餐，但我特别卖力，还帮忙打扫、洗衣、准备早餐等。经理很满意，特意给我发了一点钱。7月底，助理离开了，我就接手了这份带薪工作，慢慢地，我有了立足之地。

几家总部在欧洲大陆的公司，招聘能组织并领导度假胜地成人和儿童游乐及参与体育项目的人。例如实时交通信息游客服务公司TMC Tourist Services（www.tmc247.com），在丹麦和塞浦路斯都设有大本营，该公司将国外员工安排在希腊、塞浦路斯和西班牙的度假饭店。因职位空缺太多，旺季前就会到利物浦和立陶宛四处招聘。有经验、通语言自然有助于应聘，但最重要的是个性要适合。另外一个例子是总部设在希腊的**里马克公司**（*Agency Remarc*，www.sunseafun.com），它将游乐健将和演员主要派往希腊和塞浦路斯以及其他地方的旅游胜地。需要注意的是，工资是打在当地的银行账户上，而不是用英国的账户。在“意大利”一章还有其他类似公司的介绍。

有能力享受分时度假的打工旅行者并不多，如果感兴趣的话，可以浏览www.timesharestaff.com和www.royalrecruitment.com 两个网站。

酒吧和俱乐部

酒吧和俱乐部也有不少工作机会。卡洛琳·斯科特（Cardine Scott）冬天时买了本俱乐部杂志*Mixmag*，然后根据杂志上的电话号码联系了多家伊比沙岛的俱乐部，其中一家雇佣了她做夏季短期工。你要是想到后再找工作，可以考虑带一套“黑白配”套装（黑色裤子/裙子和白衬衣），到时候要是找到服务员和酒保的工作会用得上。如果你没有经验的话，可于旅行前在家乡的酒吧义务工作一两周，之后得到一份推荐表再去，也是不错的主意。

一旦去了国外，从西班牙的太阳海岸（Costa del Sol）一直到开罗的扎马雷克区（Zamalek Distritt），从加州的圣塔莫尼卡（Santa Monica）到澳洲的滑雪胜地，都有英式酒吧，可以试试看，如果你是英国人，会有很大的优势。爱尔兰人更有优势，因为世界各地都有爱尔兰酒吧和俱乐部，如巴黎有Molly Malone’s啤酒吧，迪拜有爱尔兰村。在欧洲大陆的普通酒吧找工作的话，你需要精通当地的语言，当然也有例外，比如求职人形象实在是光彩照人，或者是在斯堪的纳维亚，很多当地人会讲英语。女士的话（特别是那些金发美女）很好找工作，从阿姆斯特丹到香港都能吃得开，但要注意分辨酒吧和色情场所。

加那利群岛、伊比沙岛、科孚岛、罗兹岛和加勒比群岛等地各种俱乐部遍地都是，令人目不暇接。在接受一份工作前，你先实地考察一下各家店，以免工作中遇到不愉快。给酒吧和俱乐部发促销传单是打工旅行者经常做的工作，特别是在西班牙。

特别的大型活动

大型活动来临时，旅游需求会特别旺盛。例如，2012年伦敦奥运会需要多达7万的志愿者。一般志愿者要求18岁以上，在东道国有住处，最好有赛事或者志愿者经验。申请人需要提前一年或者更长时间在网上提交申请。很多这样的世界盛事没有工资，而且小费很少，因为组织者知道很多人都渴望参与。

规模稍小一点的活动，像年度艺术节和体育比赛、贸易展及世界展览会，都会提供很多短期工作机会，活动准备、进行及结束之后设备搭建、拆除，都要人手。慕尼黑啤酒节每年9月底举行，要接待600多万的游客，准备56万只烤鸡、34.6万对香肠，运送100万加仑啤酒。像这样的活动，要是不另外请大量的人手，根本没法进行。一个主要的问题是，要找到价格合理的住处是很困难的。

有时候，一些大型活动的招

募工作是承包给人力资源服务机构的，比如德科（Adecco），它是**太阳马戏团**（*Cirque du Soleil*）的指定合作伙伴。理查德·弗格森（Richard Ferguson）说，本书以前的版本就应该推荐人们去这个法裔加拿大旅游娱乐企业做短期工。当太阳马戏团到奥克兰时，他在那里工作过，要不是当时他需要完成一门课程，他会跟随马戏团去澳大利亚的：

> 我做的是引位员。他们也请人卖票，卖东西，卖吃的和喝的，还请人去贵宾棚服务。活不重，很开心，还能认识很多“明星”（只要你不太疯狂地追星，太缠着他们就好）。

旅行社

做导游或者旅行社的代理人，是把工作和旅游结合起来的方法之一。大多数情况下，雇主需要员工能待上至少整个暑期，从4月到10月，包括10月。招聘旺季在前一年的秋天，尽管面试时间可能会晚很多。戴碧·哈里森（Debbie Harrison）在希腊得到了一份短期接待员的工作，她没有相关经验或者资历，却能轻松地找到工作，这让人有些不可思议。不过，这也说明个性好、成熟、肯为公司卖力、把旅游业作为事业的决心似乎是最被看重的。据说面试非常累人，候选人要通过压力面试，以备将来应对度假者的投诉等各种问题，谁扛不住，谁就会成为被淘汰的对象。

旅游公司代理工作要求严格，压力又大，尽管是包住的，但相对其并列出申请条件来讲，工资还是很低。工资通常打到员工本国的银行账户上。因为工资太低，雇主总鼓励员工向餐馆、商店、包车公司等收取手续费，当然，还有顾客的小费。

由于越来越多的旅行社在吸引家庭参加旅游，儿童保育资格证在这一行业非常有市场。首先，在网上查一下，看看哪家旅行社比较适合你的风格。大多数大型企业均有招聘页面，并列出申请条件。旅行社巨头途易和托马斯·库克兼并了很多公司，垄断了招聘系统，主要是在线系统：

地中海俱乐部（*Club Med*）：英国招聘，10-18Putney Hill，London SW15 6AA；www.clubmedjobs.com。需要员工（必须会讲法语）在其遍布40个国家的90个高档度假村工作，除酒店和餐饮工作人员外，还需要运动教练、儿童接待员、女服务员、店员和导游。

马克·华纳有限公司（*Mark Warner Ltd*）：度假村招聘处，London W8；☎020 7795 8375；www.markwarner.co.uk/recruitment；在科西嘉、萨丁尼亚、葡萄牙、希腊和土耳其设有

沙滩度假村。现招聘饭店经理、客服代表、儿童托管员、厨师、酒吧工作人员和服务生，水上运动、网球和有氧运动教练、游泳池服务员、保健员和美容师、维修工、司机和夜间保安员；所有职位年龄要求在18岁以上，全年都可申请；工资每周50英镑到250英镑不等；可免费使用水上运动设施，包吃住、路费及医疗保险费，冬季时还可能去欧洲的滑雪小屋饭店里工作。

默纳克/大宇宙旅行公司（*Monarch/Cosmos*）：overseascv@cosmos.co.uk；www.monarch.co.uk/jobs；该公司目前把工作重点放在卢顿(Luton)航空部，但仍然在地中海等地区招聘代表、幼儿看护，等等。

尼尔森海外集团（*Neilson Overseas*）：在布赖顿（Brighton）；www.neilson.co.uk/jobs.aspx；属于托马斯·库克集团；在全世界招聘海滩俱乐部节假日活动和滑雪度假村服务员。

托马斯·库克集团（*Thomas Cook*）：www.thomascook.com/recruitment；托马斯·库克集团招聘18 000人到英国和海外的度假村工作。

途易旅游集团英国及爱尔兰分公司（*TUI UK & Ireland*）：www.tuitraveljobs.co.uk；包括首选（*First Choice*）、晶乐（*Crystal Holidays*）、汤姆森（*Thomson*）及其他许多分支机构，在世界招聘约50 000人。

在“工作筑坦途”一章“陆路旅行”一节中，我们讨论了到非洲、亚洲和拉丁美洲做探险旅行领队的情况。通过**私营旅行社协会**（*AITO*，www.aito.co.uk）你可以得到一个专营特色旅游景区和活动旅行社的列表（这些旅行社要求有特长的人申请）。在美国的话，请参阅“特色旅游指南网”（Specialty Travel Index，www.specialtytravel.com）。

一些旅行社专门为在校小学生（包括英国和美国）提供旅行服务。例如，**美国留学生委员会**（*American Council for International Studies*）**伦敦服务处**（*AIFS UK* London SW7；www.acis.com/tmapplication）曾招聘100位头脑灵活的语言学家担任旅游指导来带领美国的几组高中生旅游团周游欧洲。诺丁汉的**哈尔斯伯利旅行有限公司**（*Halsbury Travel Ltd* ☎0115 940 4500；www.halsbury.com）是一个专门接待大学生团体的旅行社，它在大学假期期间会短期雇用旅行团领队和导游。他们可以给在法国、德国、西班牙及意大利的语言学家提供工作机会。**康提基**（*Contiki*，www.contiki.co.uk./jobs）为18~35岁的顾客专设大巴旅行，雇用欧盟国家公民和有英国工作签证的人担任旅行经理和司机，另外，提供在奥地利、瑞士、西班牙、意大利、希腊和法国的康提基度假村的工作机会。另一个专为年轻人服务的欧洲旅行社是**巴斯堡**

（*Busabout*）旅行社，它的全部招聘信息公布在网页上（www.busabout.com/recruitment）。康提基和巴斯堡都会收取200英镑的培训费。

露营地导游

大型露营度假运营商需要的导游有所不同。英国的露营度假公司（地址在下文）每年会雇用大量工作人员在欧洲大陆的一个度假露营地工作好几个月。仅是**轻松假期集团**（*Holidaybreak Group*）就招聘大约1800名露营地导游和儿童导游。导游的工作是在两批游客中间的空档，清理帐篷和活动居室，迎接顾客，处理难题（特别是顾客生病问题和汽车故障），给度假者介绍当地的景点，甚至安排和举办社交聚会及照管孩子。报酬除了包帐篷住宿外，还有平均每周大约135英镑的工资。很多公司签订半季的合同，从3月、4月到7月中，以及7月中到9月底两种类型。

3月、4月及9月搭建和拆除营地的工作，常常是由一个专门团队完成。工作比较辛苦，但语言要求几乎为零。**布拉德欧洲有限公司**（*Brad Europe Ltd*，www.bradeurope.com/vacancies.html）为法国、意大利、西班牙、荷兰、德国和奥地利超过300多个露营地提供床上用品租用服务，因此会雇用司机和洗衣工，工作时间为4~6个月。

下面是一些总部在英国的露营度假村和旅行社（并列有它们经常服务的欧洲国家）：

凯文斯度假村（*Canvas Holidays*）：Dunfermline Scotland；☎01383 629012；www.canvasholidaysrecruitment.com；服务范围主要为法国，也包括德国、奥地利、瑞士、意大利、荷兰和西班牙。

坎特布里卡度假村有限公司（*Club Cantabrica Holidays Ltd*）：St Albans, Hertfordshire；☎01727 866177；www.cantabrica.co.uk；服务范围为法国、奥地利和西班牙；夏季和冬季均有职位空缺。

欧盟露营地（*Eurocamp*）：海外招聘部；☎01606 787525；www.holidaybreakjobs.com；在大部分欧洲国家的200个露营地招聘多达1500名员工；从10月开始接受申请；冬季在哈特福特（Hartford）和柴郡（Cheshire）进行面试。

凯伊露营度假村（*Keycamp Holidays*）：海外招聘部，Northwich Cheshire，☎01606 787525；www.holidaybreakjobs.com；在大部分欧洲国家均有服务。

瓦堪索莱（*Vacansoleil*）：荷兰的埃因霍温(Eindhoven, Netherlands)；☎040 844 7748；camping-jobs@vacansoleil.com；www.campingjobs.nl（只招收荷兰人）；夏季短期工作人员将在法国、西班牙、意大利、丹麦、比利时、荷兰和其他多个国家的露营地工作。

需要注意的是，找到一份工作后还是有变数的。卡伦·马丁（Karen Martin）谈到了自己的经历：

> 我们俩5月离开前，都经过了露营地导游的面试。我们得到了工作并签订合同，合同约定7月7日开始上班。他们没有说清楚，工作“视情况而定”意思是入职前一周还有可能被告知由于缺乏客源职位被取消了，我们就遇到了这样的情况，非常失望。

成功的导游工作起来驾轻就熟，但是要成为一名成功的导游需要付出很多努力和耐心。有时候要保持快乐、微笑、从不皱眉的导游标志性表情是非常困难的，但大部分的导游最后都喜欢上了这份工作。艾莉森·库伯（Alison Cooper）描述自己加入**欧盟露营地**（*Eurocamp*）后在科西嘉露营地的工作，说特别有趣，尽管工作并不像想象中那么容易：

> 旅游旺季的时候住在露营地有那么一两个缺点：厕所和淋浴设备都脏兮兮的，不停排队，水凉得刺骨，营地上很吵很吵。要是不凑巧把帐篷扎到阳光下，它会变成一个热带温室。当然，我们还会遇到挑剔的顾客，他们抱怨这个抱怨那个：他们想离海滩近些，离主干道远些，住的帐篷要凉快，附近草要多些，等等。但顾客大部分还是友好的，而且我们很快就发现，我们对他们越友好，他们就越注意保持帐篷的干净卫生。
>
> 要适应和其他两位导游一天24小时在一起吃、住、工作和交际，一开始我觉得比较困难。但是后来，我们相处得很好，在一起很开心，不像附近一个露营地里的几个导游互相看不顺眼。我们的露营地有一个游泳池，可以直接通到海滩。不过夜生活很单调，因为只有一个迪厅。

卡洛琳·尼克拉斯（Caroline Nicholls）在布列塔尼露营地遇到的问题主要是频繁地停电、厕所堵塞、帐篷漏水：

> 每次连续下雨，有一帐篷里面水积成一个小湖。这时我总是手握拖把，大叫“真服了，这事以前从没有发生过”。以后如果从事演艺事业的话，当导游很能锻炼你的基本功。

大型企业会面试成百上千的求职者，并在1月底完成招聘。但员工流失率很高（超过50%），空缺的职位还会从候选名单中选择。如果要取消申请，最晚在4月前电话你申请的公司。尽管竞争激烈，学过一门欧洲语言又个性开朗的人如果能早申请、广撒网，还是有很多机会的。

运动项目度假

很多专业旅游公司针对喜欢步行、骑车或水上运动等度假项目的顾客，招聘运动项目指导（儿童/成人）。只在某一个国家服务的公司会在各国介绍的章节列出来。要想了解更多，可登录www.adventurejobs.co.uk.进行查询。

橡果探险有限公司（*Acorn Adventure Ltd*）：英格兰中部偏西；☎0121 504 2066；www.jobs-acorn.co.uk；招聘300名季节性短期工，包括餐饮工作人员，修理工和行政人员，以及有资格认证的划船、攀岩、登山、独木舟、帆船和风帆冲浪教练，在英国和法国的中心地带工作。

埃克森行动营有限公司（*In2actionLtd*）:怀特岛考斯（Cowes, Isle of Wight）; 招聘处; ☎01983 29607; recruitment@in2action.co.uk; 代表“首选度假村”和其他机构招聘度假村工作人员。行动小组成员的工作是带领儿童游客进行一系列的体育锻炼和其他活动。从土耳其到西班牙的阳光海滩的度假村均可能是工作地点。

国王行动营（*King's Camps*）:谢菲尔德（Sheffield）；☎0845 643 5281；www.kingsrecruit.com；在世界范围内招聘教练和儿童护理人员，提供培训。代表其他欧洲公司如欧盟露营地和凯伊露营地招募员工。

PGL旅行社（*PGL Travel*）：赫里福郡罗斯小镇（Ross-on-Wye, Hereford shire）；☎0870 401 4411或者0844 371 0123；recruitment@pgl.co.uk；招聘大约2500名季节性短期工，职位有活动指导、旅游小组指导、餐饮和技术支持人员，工作地点在英国、法国、西班牙等国的滑雪度假村。

拉姆布勒度假村有限公司（*Ramblers' Holidays Ltd*）:赫特德郡的威尔温花园市（Welwyn Garden City,Hertfordshire）；☎01707 331133；mandyd@ramblersholidays.co.uk；招聘领队（成年人优先），进行世界范围内的步行度假活动项目。要求必须能够讲一门外语，有登山导游资格证。

太阳帆国际公司（*Sunsail International*）：朴次茅斯（Portsmouth）; ☎02392 334600; recruitment@tuiactivity.com; www.sunsail.com/hr; 目前属于途易集团，该部门为活动部招聘大约1000名工作人员，为船队和空船租用航海度假以及水上运动酒店服务，工作地点为地中海，主要是在希腊和土耳其，工作时间从3月到10月。职位包括船队船长、女招待、发动机工程师，小艇、快艇、风帆冲浪资深教练，接待员、厨师、酒吧工作人员和有资格认证的保姆。

乡村行动营（*Village Camps*）：招聘办公室在瑞士尼翁（Nyon, Switzerland）；☎22 990 9405；personnel@villagecamps.ch; www.villagecamps.com/personnel。招聘具有资质且经验丰富的工作人员加入国际化的团队，在瑞士、奥地利、荷兰、法国和英国的日间夏令营；工作时间包括春季、夏季和秋季；职位有运动项目专家、语言教师、护理人员；提供膳宿、意外伤害保险，以及现金补助；申请人须在21岁以上。

每个有能力的水手、舵手、潜水员、攀岩和骑车手，在国外利用一技之长找工作都不成问题。如果你想学习一门水上运动的课程好方便去国外工作，那可以试试**飞鱼**（*Flying Fish*，www.flyingfishonline.com）或者UKSA（www.uksa.org）公司开设的教练课程，两个公司都在怀特岛上。教练培训课程包括风帆冲浪、潜水、驾小艇和游艇项目。在希腊的话，一门6周的帆船教练课程，除了飞机票之外，其余加起来一般都要花大约2890英镑。网页上有世界各地的水上运动招聘链接。

世界各地的潜水度假胜地，从红海到大堡礁，里面的工作人员都是从休闲潜水员做起，具备基本的开放水域潜水员资格即可，该资格由职业潜水教练协会（Professional Association of Diving Instructors，PADI）颁发。PADI网站（www.padi.com）上设有一个招聘信息公告板，按世界不同地区划分，只对付费的会员开放。设在国外的潜水中心接受实习潜水员，边工作边赚取生活费，同时还可以进行潜水训练。举两个例子，位于圣克鲁斯海滩（Playa Santa Cruz）的**飓风潜水公司**（*Hurricane Divers*墨西哥瓦哈卡州〈Oaxaca Mexico〉；www.hurricanedivers.com/1hdhome.htm）开设了一个为期3个月的潜水监察员实习项目，任何18岁以上的成年人都可以申请，每天大部分时间的工作是记载登记信息、装罐、清理厕所。位于帕塔亚（Pattaya）的**泰国美人鱼潜水中心**（*Thailand Mermaid's Center*）有一个实习项目，名为“在亚洲潜水实习有限公司学习”（*Learn in Asia Dive Internships Co.Ltd* pjscuba@gmail.com；www.learn-in-asia.com）。

冬季度假胜地

滑雪度假村的工作绝不仅仅在阿尔卑斯山才有。从芬兰的拉普兰到阿根廷的巴塔哥尼亚（Patagonia），从北美的休眠火山到新西兰的活火山，都有滑雪中心。除了位于加拿大落基山脉的威斯勒和班芙（Whistler and Banff）、科罗拉多的阿斯本和韦尔（Aspen and Vail）之外，北美还有几十个滑雪度假村。

冬季旅游除了一般的旅馆和餐饮外，还有些其他的工作。比如工作人员需要操作滑雪拖迁及缆车，看守小农舍，检查滑雪坡，给租用的滑雪板锉平、打蜡，以及修理滑雪板、扫雪和铲雪，当然还包括指导双板及单板滑雪的新手。欧洲阿尔卑斯山的滑雪季从圣诞开始一直到4月底或者5月初。圣诞节和新年期间是最忙碌的时候，直到2月中旬，刚好为滑雪季的一半。

要是幸运的话，你可能会得到一份厨房或者餐厅的工作，而你工作的这家滑雪度假村不提供午餐（因为所有顾客都在户外滑雪）。这就意味着，你白天最长会有6个小时的空闲时间可以用来滑雪，大多时候三四个小时。而一些大型滑雪度假村酒店的工作时间和其他酒店是一样的，即8~10个小时，一天当中时间分配很不方便，你只能一周抽出一天时间来滑雪。由于滑雪度假村的工作很受打工旅行者喜欢，工资就很低，在瑞士拿的是法定最低工资。许多工作人员热衷双板或单板滑雪，在他们看来，能够在闲暇时间随便滑雪已经是很好的报酬了。

你出发前试着找本部在英国的滑雪旅游公司的工作（这种工作安全更有保障，但薪水较低，还会局限于只为讲英语的顾客服务），也可以到达目的地后再找工作。

滑雪度假公司

你想在冬季工作的话，就要在当年春天联系滑雪旅游公司，提前了解一下他们的申请程序和面试时间安排。多数的招聘是在网上进行的，大多数主要的滑雪旅行运营商的网站都有“招聘”板块。大多数公司需要度假村代表（对语言有要求）、滑雪小屋工作人员（如下述）、清洁工、有资质的厨师、零工，还有滑雪指导及教练。越来越多的公司还提供保姆和儿童日托服务，所以对具有儿童托管资格证和无犯罪记录的人来说，这也是一个机会。到6月中旬会招一大批工作人员，不过旅游季开始后依然有职位空缺。

专门的滑雪招聘网站会非常有用。www.natives.co.uk做得很棒，它会代多家主要运营商发布即时招聘信息，还给出了详细的度假村描述，以及招聘季节性临时工的邮箱地址链接。还可以试试**短期季节工作招聘网**（*Season Workers*，www.seasonworkers.com）和**自由激进招聘网**（*Free Radicals*，www.freeradicals.co.uk），这两个网站号称可提供欧洲和北美冬季短期工招聘一站式服务。比较小的网站**滑雪工作人员**（www.skistaff.co.uk）会发布英国的滑雪旅行社在法国的招聘信息。

另一个提前找到工作的方法是通过代理机构“阿尔卑斯工作处”（Jobs in the Alps）看看（info@jobsin-the-alps.co.uk），尽管它们已经不像20年前一样是业内的领头羊。它们为冬季度假村招聘各种职位的工作人员，尤其是瑞士的度假村，要求精通德语或者法语。应征者在9月底前必须进行面试，并签订整个旅游季的合同，一般是从12月到次年4月。工资大约每月净得500英镑，每周工作5天。求职者必须是欧盟国家公民。

下面是一些大型的英国滑雪旅行运营商。有些公司招聘人数有限，他们一般会从夏季短期工里选择，或者通过老员工推荐人选，所以，如果你刚开始没有求职成功也不要太失望。

英国布兰集团（*Hotelplan UK Group*，包括英格哈姆斯，埃斯普利特滑雪旅行社和托塔尔滑雪旅行社〈Inghams, Ski Esprit and Ski Total〉）：伦敦SW15区；☎020 8780 4400；www.workaseason.com；招聘数百位代理及滑雪小屋工作人员，工作地点在法国、意大利、奥地利、瑞士、保加利亚、斯洛文尼亚、安道尔和芬兰的滑雪度假村，还有在加拿大和美国的诸多滑雪项目。待遇包括免费使用滑雪道、滑雪板和雪地靴，包吃住，以及从英国回来的返程票。

鲍德·柏恩（*Powder Byrne*）：伦敦SW15区；☎ 020 8246 5342；www.powderbyrne.com；在瑞士、法国、意大利和奥地利的高端公司工作。还招聘塞浦路斯、突尼斯等国夏季度假村项目工作人员。

斯科特·杜恩（*Scott Dunn*）：London SW17 7PH；www.scottdunn.com/work-with-us.html；1986年创立，夏冬季招聘均有。

滑雪世界（*Skiworld*）：伦敦W6区；☎ 0870 420 5914/3；recruitment@skiworld.ltd.uk；www.skiworld.ltd.uk；在法国、奥地利、瑞士、加拿大、美国和其他国家的餐饮度假小屋和饭店度假村工作。

STG旅行社（*STG Travel*）：属于教育旅行集团（Educational Travel Group），由埃奎特、帕威林、斯里布兰（Equity,Pavilion, SkiPlan）等多个公司组成；www.skiplan.co.uk；也通过网站进行招聘，如www.ski-jobs.co.uk。

鼎好滑雪旅行社（*Supertrowel Ski*）：伦敦SE1区；☎ 020 7962 1369；http://ski.supertravel.co.uk/seasonaljobs.aspx；招聘冬季短期工，在法国、瑞士和奥地利工作。所有应征者均须有欧盟护照，并有国家保险账号。

途易旅游公司（*TUI Travel*）：☎020 8541 2223；www.jobsinwinter.co.uk；旗下有三个品牌：晶乐度假旅行社，托马逊和首选。招聘数千名度假村代理和滑雪小屋（酒店）工作人员，在欧洲（特别是法国、奥地利、意大利）和北美（需要签证）的140个滑雪度假村工作。

贵客滑雪旅行社（*VIP Ski*）：www.vip-chalets.com；招聘几十名

员工，主要是儿童托管员。年龄一般要求21岁以上。

你也可以通过查询滑雪手册、杂志和咨询旅行代理机构，找到其他的滑雪公司。另一个可行的方法是参加每年10月在伦敦奥林匹亚（Olympia）举行的米特罗滑雪橇及滑雪板展览会（Metro Ski & Snowboard Show），届时一些滑雪公司会分发职位描述和申请表。不仅如此，你还可以免费参加当地的招聘会（the Native Jobs Fair）。

尽管提供吃住，可以免费使用滑雪设备，但大多数旅游运营商工资极低。他们的托词之一是员工可以收取小费。这让苏珊·贝奈（Susan Beney）和丈夫在法国的滑雪公司工作时感到很不满。

> 我们是得了不少小费应付日常开销，这也就是说没有小费，我们就没有零花钱。作为有英国国籍的澳大利亚人，我们认为过于期待小费是不合常理的，并且你会发现你是按顾客给的小费多少来看待他们的——这很糟糕。我们一周工作6天，每天工作时间都很长，可能是因为年龄的缘故（刚有孙子），我们工作非常认真。到阿尔卑斯山体验一个季节还是很不错的，但要做好准备，工作累人，工资又低。再听听那些年轻人怎么说的，他们把工作做得别有一番趣味，特别知道怎么偷懒，毕竟他们在那里工作就是为了滑雪和交际。

临时求职

最好的找工作机会是在上个冬季旅游季结束时，尽管这会让你提前很久就要出发。第二个最佳时期是9月的前两周，这个时候夏季旅游季就要结束了，很多外国工人还没有走，他们可以给你一些有用的建议。如果在一个旅游季要开始的前一个月来的话，你可能就会碰壁了。11月来，你会发现你来得太早，所有滑雪公司都处于停业休整状态；12月你又来得太晚了，因为所有的工作都有人应聘了。在旅游季开始前如果你还没有找到一份工作的话，那1月初你还可以再试一次，因为度假结束后很多工人会离开。

每个挫折经历都会带来另一个机会，正像玛丽·杰利夫（Mary Jelliffe）在法国梅丽蓓（Méribel）度假村的求职经历一样：

> 旅游季开始时，很多“滑雪迷”来梅丽蓓找工作，很多人找到了差事。扫雪、打扫、看孩子等都可以赚钱。如果你需要找工作养活自己，只要有决心我敢肯定你一定能找到。一群滑雪迷每周组织一次障碍滑雪比赛，赚的钱足够养活自己。还有人做起了录像服务，更有人制作并售卖男士内裤，10英镑两条。

度假小屋工作人员

过去几十年来，阿尔卑斯山的度假小屋数量激增，增加最多的有法国的梅丽蓓、科彻维（Courchevel）、瓦尔·得·拉瑟若（Val d' lsere），瑞士的维别尔（Verbier）以及奥地利的圣·安顿（St Anton）。度假小屋顾客通常是由一位小屋主人招待，以前是以女孩为主，现在男性越来越多。小屋主人的工作范围很广（有时候是由两人共同完成或者由一个小组完成），从为十几个顾客烹制美味佳肴，到清理小路上的雪（或者把这个工作交给别人做），他或她负责保持小屋干净整洁，准备早餐、午餐，以及茶和晚餐，并且提供冰激凌，他们有问必答，尽量让大家开心。每天标准的工作时间是15小时。

尽管听起来不可思议，但很多小屋主人每天白天都能抽出几个小时滑雪。厨艺的高低每个公司要求不一，视度假的豪华程度而定。有些强调家常菜，有些则要求每晚大餐（除非小屋主人晚上有事请假）。大多数情况下，在确定聘用前，旅游公司会检验你的厨艺，或者至少要提交详细的菜单计划。很多热切的申请人参加了专门为度假小屋工作开设的厨艺课程，例如淡季时在蒂涅（Tignes）开设的课程（www.well-seasoned.co.uk），和在罗斯La Rosiere开设的滑雪迷终极小屋厨艺课程（www.chaletcookerycourse. co.uk）。

18岁的丹·汉夫宁（Dan Hanfling）面试时做了一个非常好的蛋糕，于是顺利地得到了度假小屋的工作。然而抵达阿尔卑斯山后，他了解到小屋工作人员在第一个工作季往往难以分配到自己的小屋，要服务很多小屋，做体力活，清理厕所等。这份工作并不像想象中那么体面，因此没过几周他就回了英格兰（这让他父母很惊讶，他们还特意在他打工的度假村预订了圣诞假期）。

滑雪教练

要想成为一名成熟的滑雪教练，能够在国外滑雪学校工作，需要花费大量时间和金钱。那些在酒吧打广告，提供短时指导来挣外快的自由职业者或者“黑”教练，在阿尔卑斯山大部分的旅游区都遭到严打。对英国滑雪者来说，如果没有资格证，合法赚钱手段主要是到学校滑雪队当教练或者做滑雪指导和滑雪管理员。

如果你已经是一个很好的滑雪手或者单板滑雪手，并且想获得教练资格的话，请联系**英国滑雪运动教练协会**（*BASI*, www.basi.org.uk），或者一个间隔年教练课程，比如**贝斯行动营**（*Basecamp*, www.basecampgroup.com），**领峰者**（*Peakleaders*, www.peakleaders.com），或者**国际研究会**（*International Acadency*, www.international-academy.com）。需要注意的是，这些课程非常昂贵，通常一门10~12周的课程为7000英镑以上。最近随着单板滑雪的流行，很多年轻人获得了教练资格证,不过市场需求并不大。因为单板滑雪一般是自学的。根据需要,多数教练每天课时为2~6小时,常被邀请参加晚上的娱乐活动。

世界各地滑雪胜地

FRANCE	SWITZERLAND	AUSTRIA	ITALY
Chamonix	Davos	Kitzbühel	Cortina d'Ampezzo
Les Contamines	St.Moritz	Söll	Courmayeur
Val d'Isère	Zermatt	Lech	Sestriere
Courchevel	Gstaad	Badgastein	Bormio
Méribel	Klosters	St Anton	Campitello
St Christoph	Villars	Mayrhofen	Canazei
Flaine	Wengen & Mürren	Kaprun	Livigno
Avoriaz	Crans-Montana	Alpbach	Abetone
Les Arcs	Kandersteg	Brand	Corvara
La Plagne	Adelboden	Kirchberg	Selva
Tignes	Verbier	St Johann	Sauze d'Oulx
Montgenèvre	Grindelwald	Solden	Asiago
	Arosa	Obergurgl	S Stefano di Cadore
	Saas Fee	Zell am See	Alleghi
SPAIN	**GERMANY**	**NORWAY**	**SCOTLAND**
Sol y Nieve	Garmisch-	Voss	Aviemore
	Partenkirchen		
Formigal	Geilo	Glenshee (Glenisla)	
Cerler	Oberstdorf	Telemark	Carrbridge
	Berchtesgaden	Lillehammer	Glencoe
	Gausdal		
	Synnfjell		
ANDORRA	**FINNISHLAPLAND**	**BULGARIA**	**ROMANIA**
Arinsal	Levi	Borovets	Poiana Brasov
Soldeu	Ylläs		
Pas de la Casa			
NEW ZEALAND	**AUSTRALIA**	**CANADA**	**USA**
Queenstown	Falls Creek (VIC)	Whistler/Blackcomb	Aspen/
	Banff	Snowmass (CO)	
Coronet Peak	Mount Hotham	Lake Louise	Copper Mountain
	(CO)		
Mount Hutt	Mount Buffalo	Sunshine Village	Steamboat (CO)
Mount Ruapehu	Mount Buller	Fernie	Vail (CO)
	Thredbo (NSW)	Hidden Valley	Breckenridge (CO)
	Perisher	Blue Mountain	Alpine Meadows,
	(CA)		
	Mount Field (Tas)	Mont Tremblant	Heavenly Lake
	Tahoe (CA)		
	Ben Lomond	Mont Sainte-Anne	Mt Bachelor(OR)
			Timberline(OR)
			Alyeska (AK)
			Park City (UT)
			Sun Valley (ID)
			Jackson Hole (WY)
			Whitefi sh Mountain
			Resort (MT)
			Waterville Valley (NH)
			Stowe (VT)

农村

收获

流动工人一直以来都是离家千里，去田间采摘水果，从小小的蓝莓到大西瓜。随着季节的变换及不同作物成熟期的变化，这种工作使你能走到各地。传统的吉卜赛人就是在欧洲到处流浪，途中做水果采摘工作，而今，流浪的年轻人和大量去西欧赚钱的东欧人也过起了这种生活。

生活和工作在农村，比起在旅游行业工作，是一种更好的切身体验异域风情的方式。农作物收割可以为打工旅行的人们提供很多工作机会，这就是为什么以下篇章里会花大量笔墨介绍农田、葡萄园和果园。

尽管工作许可证的问题确实阻碍了国外水果采摘工人自由工作，但农民对劳动力的迫切需要会让他们去“忽视”那些政策。

如今，大量的罗马尼亚人、阿尔巴尼亚人及其他东欧人的脚步遍及欧洲的每个角落，他们在这里赚的钱远远超过了在其本国的收入，这样导致了旅游者工作机会的减少。两年前，亚伦·伍兹（Aaron Woods）通过一个朋友的安排，到德国南部巴顿—维特姆伯格（Baden-Wurttemberg）一个农场的玉米地工作，每小时4欧元，包吃住。然而，他的10个波兰同事告诉他，这样的工资是他们本地农村的4倍。

去哪里找工作

这种工作大多数得赶在农忙时节之前找，或者收获季农民正因为没有足够的人手而着急时去找，需要和农民当面谈。不过，偶尔也有专业的机构会试图把农民和旅游工人联合起来，虽然这种情况十分少见。荷兰一家叫做**康特罗里**（*Controlée*）的公司（www.apcon.nl）就是这样的机构，做得非常成功。该公司的创始人是两个前旅行者，他们想帮助人们在法国农场找到报酬和工作条件都好的工作（具体内容见法国篇）。

网络一样可以发挥很大的作用。登录www.fruitfuljobs.com 和www.pickingjobs.com，这两个网站发布收获季节的招聘信息，这些工作常年缺少人手，比如在苏格兰采浆果、新西兰南岛摘樱桃，还有澳大利亚维多利亚的大规模水果采摘。还有一些网站是专门针对某个国家的，比如www.seasonalwork.co.nz。

官方就业机构也值得一试，特别是在法国、加拿大和澳大利亚。有一年的9月，安娜·凌和男朋友去了法国埃佩尔奈

（*Epernay*）相当于就业服务中心的地方，那里虽然只是一个私营机构，但他们还是得到了一份电话号码单子，单子上的都是潜在雇主。于是，他们买了一张当地的电话卡准备电话奋战，幸运的是，第一个电话就搞定工作。他们去了位于法国香槟的葡萄园，在园主家里进行了面试，之后被告之到收获季节开始时也就是9月20日再来。不过，这次之后，他们就没那么幸运了。他们曾在埃佩尔奈南部和波尔多（Bordeaux）附近找摘苹果的工作，尝试了各种办法后，还是接连碰壁。有得也有失，找工作就是这样。

在背包客旅社、宿营地和当地酒吧，也可以尝试一下，成功概率较高。约恩·鲁普（Jon Loop）说，对于那些擅长在酒吧交际的人，这种方法很有用。不像他，只会喝得烂醉，什么也没找到。你要是走到了一个农田非常密集的地方，甚至也可以试试亲自去农民家里问问。田地里的工人也能给你些建议。建议租或者借一辆自行车、助动车或者汽车，在集中找工作的时候用。

找工作时最好随身携带一份详尽的地图。问路时，当地人讲的语言你或许根本听不懂，有地图就方便多了。想找采葡萄工作的求职者，建议参考休·约翰逊（Hugh Johnson）的《简明世界酒庄地图集》（*Concise World Atlas of Wine*, Mitchell Beazley, 2009）。该地图集收录了从科西嘉岛到加利福尼亚各个产酒区的详细地图。你也可以向当地的旅游办公室或者葡萄酒生产商协会索要一份葡萄园的名单，电话或登门拜访，看能不能得到工作。

技能

采摘水果并不像听起来那么容易。如果你是一个大团队的成员，那么工作速度就要跟最有经验的采摘工一样，这会非常劳累且受打击。随着经验的累积，你的速度会快速提高。如果你的工资是根据工作量算的话，即计件工资制，大多数的采摘工作采取这种工资形式，请牢牢记住这一点。安德鲁·瓦尔福德（Andrew Walford）曾在澳大利亚谢珀顿（Shepparton）工作，当时看到别人一天能够装七八箱苹果，他有点儿嫉妒。不过他很会安慰自己，即使自己最多只能装五箱，但至少没他们那么“变态”。所以他没有感到自己不如别人，反而仔细观察他们的技巧。你赚钱的多少经常会受到外界条件的限制：天气不好的时候，会取消采摘；在下一种要采摘作物完全成熟之前或者市场价格下降时，你可能几天都没事做。做好准备，没事做的时候能自娱自乐有钱花。

非正式的竞争可以调节枯燥的生活。曾在法国南部的加斯科尼地区奥什（Auch in the Gascony region）附近的农场摘西红柿的阿兰·克里（Alan Corrie），讲到他的一位工友时，话语里面毫不掩饰对他的羡慕：

8 月的时候，我加入一位农场主的摩洛哥工人队伍，采摘西红柿。计件工资，按采摘的篓数计算，要在每天 10 小时的工作时间内采摘 50 篓以上才能得到可观的收入。这就要求铁一般的纪律和意志力。我第一次采够 50 篓之后，趾高气扬，第二天，我突破极限，采了 53 篓。当我在仓库卸货的时候，明显感觉到其他的工人用胳膊肘推着对方，窃窃私语“就是他，天啊，西红柿摘得跟下雨一样！”（法语）

然而，艾哈迈德（Ahmed）每天却能摘到将近 70 篓。我心想，总有一天，我和他的水平会差不多的，老板得去买个计算器，多添些篓子。事实却并非如此。我已经达到极限了。绝望随之而来：篓子越来越大，西红柿扔得乱七八糟，天气炙热，我开始力不从心，甚至降到了 40 多篓。而我上次问的那位工友居然一天能摘到 80 篓！要是你对摘西红柿有所了解的话，可能觉得难以置信。亲自看看就知道了。我想专程跑去看看，他是怎么努力的，来了解季节性短期工。“是呀，‘我会朝那小型的类似祭坛的构造点点我的白头，这次事情之后就白了。’我那时候在那里，亲眼看见的。我发誓，那些无赖们跳进他的筐里。”总之，祝他好运吧。后来我被调到路另一侧荫蔽的李子园里，才觉得舒服了一些。

法国南部的8月唯一需要的装备就是一顶太阳帽。如果你要是准备去英属哥伦比亚摘苹果或者冬天去希腊收橄榄，就需要带保暖衣物及雨衣，因为田地里比较泥泞，雨靴也是必备品，还有摘水果时戴的手套，手套极为有用，一来防潮，二可防止水果上的残留杀虫剂感染伤口或弄脏手。如果戴着手套实在采摘不便的话，你可以用绷带把手缠上以免长疱。

农业

农村地区的季节工作不只是采摘水果蔬菜，范围其实很广：从给玉米做“绝育手术”(把玉米花摘掉)到剪羊毛，从在樱桃园驱鸟到牧羊（新手一般很难驾驭），从给橄榄林除草到给香蕉园浇水，等等。

总之，你只要开口问，总有工作给你。

很多农场，特别是欧洲的农场相对来说是小规模家庭运作，农民除了自己家里的成员不再找别的人手。不过，在夏季的几个月里，农民们会需要一个身强力壮的帮手，你要是有幸被选，很可能就会享受家庭成员的待遇，跟他们一起吃，一起出去玩。帮手不同于水果采摘工，他和农民的交流更为重要，因工作会较为繁杂。最好有拖拉机驾驶经验或者农场工作经验，至少也要善于操作机器。

工作可能会非常枯燥，但也许是你想要的那种。约瑟夫·塔姆（Joseph Tame）就是一个例子，他有一年春天曾在瑞士的一个有机农场工作过几周：

> 有时候工作则单调机械（比如每天要花4个小时刮院里的牛粪！）。然而枯燥中却也有自由，是思想上的自由，你脑子里可以琢磨任何事，可以有各种体会，而在英国，日常生活的压力根本让你无心顾及于此。在这儿，我是时间的主人，金钱不是一切。

如果主人热情大方，工作就会好做很多。卡伦·马丁（Karen Martin）和保罗·安瑟尔（Paul Ansell）在法国的玉米和苹果农场里生活得很开心：

> 我原想，这肯定跟一般的农场没什么两样，但场主夫人人特别好，如果我们想去翁热（Angers）或者塞缪尔（Saumur），她会开车送我们到超市或者火车站。他们让我们敞开吃水果，帮我们洗衣服，好酒（非常烈）不断，网络随便用，甚至刚来的时候还借钱给我们。

广告和网络

如果有相关经验，可以尝试在全国性的农民期刊上登广告。加利·特南（Gary Tennant）在一份丹麦农民周刊上登广告后，收到了4份工作邀请。“23岁，英国人，目前在丹麦，喜欢在农场工作。曾在一家基布兹集体农场田地里开拖拉机，工作过4个月。刚刚结束在英国的园艺工作，想尝试其他不同的农场工作。电话：06191679，本人加利。”

在一些小型的农村报纸上登广告也有用，且价钱便宜。肯·史密斯在新西兰《欧马璐邮报》（*Oamaru Mail*）上注意到一则小小的广告：“一位年轻的德国人想找农场工作，有拖拉机驾驶经验，工作习惯良好。”

各种工作机会

很多长期的流动工人会遇到对不同生活方式感兴趣的人们，这些生活方式可能是在有机化农场工作，或者生产羊奶酪赚钱，或者提倡慢食运动。在农村地区，礼貌地请求工作半天来换取食宿常常是行得通的。罗布·艾弗特（Rob Abblett）在世界各地的农场工作过，从墨西哥到马拉维（Malawi），从瑞典到加拿大的盐春岛（Salt Spring Island）。他简单整理了相关机构的联络方式，并联系到了一些听起来不错的公司：

> 我去过世界各地30多个

城镇。我很喜欢这些地方，因为它们多姿多彩，有很多有趣的人，经常会遇到不同的观点、信仰，我总能找到聊得来的人，因为有时也需要志趣相投的朋友。

苗圃类工作机会较多，在一些国家（特别是加拿大），种树通常是那些流浪工人的工作。在农业方面没有经过任何正式训练的人，要获得些基本的经验还是有机会的。有些欧洲国家，比如挪威和瑞士设有项目，给年轻人提供机会到农场帮工一两个月。这些项目不要求农业背景。不过有这样的背景当然会更好。

也可以多样化关注经营以吸引游客的农牧场。例如，在意大利，农家乐旅游浪潮方兴未艾，和从事农业旅游的农场主取得联系，说不定就有机会；美国也很流行农业旅游，在那里供人参观的牧场叫做“度假牧场”；澳大利亚也类似。这些地方需要帮手既能帮忙打理内部事务，又能对外接待，给游客在乡间小路上带路，带他们去看当地的特色景观和活动等。

在农场用劳动来换取食宿是一个很好的途径，获得农业生产经验的同时还可以体验那里的文化。www.helpx.net是一个免费的工作换食宿志愿者网络论坛，论坛上面列出了1300个相关的澳大利亚和新西兰农场主名单，论坛上面的欧洲和世界各地这样的农场也越来越多。想要注册该论坛，目前要支付两年的会费20欧元。www.workaway.info也值得一看，一家西班牙网站，上面列出了世界范围内的即时农业招聘信息列表，想从事工作换食宿的志愿者可以支付22欧元的两年会员费登录浏览该网站。

骑术及其他农村工作

国际交流项目（*The International Exchange Program, IEP*）在英国、爱尔兰、澳大利亚、新西兰和美国设有合作机构，通过合作，在这些国家给符合资格的申请人安排工作并提供农业交流的机会。他们提供300到400个岗位，农业、养马、园艺、酿酒等领域，工时各异，并且作为招聘机构招聘长、短期的马场和农业工人。马场工作人员需要有相关工作经验。尽管会有专门的培训，所有的职位仍需有一年的工作经验。保姆或者一般的农场助理不要求工作经验。你可以联系以下机构了解更多信息：

IEP–UK：UK Rutland；☎01572 823934；www.iepuk.com；专门从事农业招聘，申请人可以在欧洲及世界各地几十个国家从事与马场和农业相关的工作。

CAEP（*Communicating for Agriculture Educational Programs*）：Fergus Falls,Minnesota,USA；☎218 739 3241；www.caep.org；还组织新型项目，给18~30岁的

美国籍申请人提供至少2年的实习期，可在从瑞典到南非等多个国家从事农业、园艺、马场或者酿酒的工作。

经验丰富的马夫、骑马教练和马厩工作人员亦可考虑加入专门机构，比如伦敦**马夫职业协会**（*Career Groms* ☎020 7289 6385；www.careergrooms.com）。**爱骑者**（*Equipeople*），是一家爱尔兰公司，可提供爱尔兰及国外的马场工作(www.equipeopleabroad.com)，其招聘网站在佛罗里达，**爱骑招聘网**（*Equistaff*，www.equistaff.com），在世界各地都有会员。

其他机构会在专业出版物上刊登广告，例如《马与猎犬》（*Horse and Hound*）杂志。世界各地的养马场和赛马机构均需长期的工作人员和轻量级骑手。喜欢骑马但缺乏经验的人可以去赛马马厩做义工。一些国家还会通过世界有机农场机会组织安排工作。

世界有机农场机会组织

世界有机农场机会组织WWOOF的全称是World Wide Opportunities on Organic Farms，以前叫做有机农场志愿工作者协会（Willing Workers on Organic Farms），主要是考虑到世界各国的入境管理官员对“工作”一词极为“敏感”（谈及入境话题时，避免用“工作”作为理由，最好把自己塑造成一个有机农业学习者形象：你是要去农场参观学习或者文化交流的）。

国际有机农场就业协会（*the International WWOOF Association,* IWA）有一个全球性的网站www.wwoofinternational.org，友情链接有世界有机农场就业组织各成员国及一些组织外国家的全国性机构。每个国家的机构有其独立的目标、体制、会费和规程。大多数机构更青睐那些之前在自己国家有过有机农场工作经验的申请人，不过这并非必要条件。世界有机农场就业组织是一个交换平台：通过在有机农场、花园和农庄工作，换取食宿和对有机农业的深入了解。工作换食宿简便易行，效果也很好。游客每天工作约6小时，免费吃住，具体能待多久，就要看能否和雇主合得来，及工作需要。

加拿大人莉欧娜·巴德温（leona Baldwin）和丈夫决定按这种方式去新西兰的徒步旅行中心寻找一个工作换食宿的机会。

从群岛湾（the Bay of Islands）到因弗卡基尔（Invercargill），WWOOF提供的工作机会无处不在：瑜伽会所、滑雪度假村、养牛场和骑马远足中心，等等。我们选择了最后一种。小的时候“我的小马”特别流行，那时候我就被故事书上画的独角兽和黑美人马给迷住了，一直很喜欢马。后来事实证明，我对马的喜爱真是不切实际。我第一次骑马是在10岁，最后面朝下摔到了雪地上。当时最应该爬起来再上去，可我没有。如今15年过去了，我想弥补一下缺憾。

我们一开始选的那个骑马远足农场WWOOF申请人可以提供给两个岗位，我们受邀去了，住在风景优美的罗辟胡(Ruapehu)地区。到后不久我就发现自己置身围栏中，我已做好准备征服记忆中的“四脚魔鬼”们。它们站在那里，竖着14对耳朵，眼神狂野，肌肉紧绷，随时准备战斗。我的膝盖有点发软，用绳子套住一匹马的脖子，心突然提到了嗓子眼，它竟然服服帖帖地跟在我后面。我终于制伏它了！

非可持续的耕作制度和转基因食品越来越令人担忧，从图卢兹到土耳其（甚至查尔斯王子在高街的花园也实施有机化），有机耕作运动受到全世界越来越多人的追捧。世界各地的有机农场雇用义工来帮助他们减少使用或者不再使用化学农药和重型机械。其协作机构多种多样，其中很多是WWOOF的成员。如果你想去WWOOF成员国找工作的话，比如意大利或者韩国，先要加入他们国家的WWOOF组织，才能获得其成员的联系方式，年费15~25欧元。目前50个国家有自己的WWOOF协作机构，从加拿大到哈萨克斯坦，从奥地利到澳大利亚，本书接下来的章节会提到其中的很多国家，以及加入费用。网上可预览各有机农场名单，但要付费加入才能看到详情。你可以试试花25欧元加入一个专业的WWOOF保险政策的网站OV Europa (www.oveuropa.com)。

所在国尚无国家层面机构的有机农场叫做WWOOF独立成员，在挪威、克罗地亚、南非等国这种成员很多，但在塞尔维亚和斐济只有一两家。要想获得其他国家各农场的联系方式，可以上www.wwoofinternational.org/ind免费注册一个账号。在很多时候，如果你是WWOOF成员国协作机构的会员，会自动获得WWOOF下独立成员的浏览权限。

麦克·塔尼克里夫（Mike Tunnicliffe）加入了成立已久的WWOOF新西兰的组织，以此来避免工作许可证的麻烦，想申请他国工作机会的WWOOF会员可以借鉴：

我第二次选择农场的经历妙极了。农场的生活真是特别开心，整整15天，我一分钱没挣，也没花费，我跟他们家里的一分子一样。WWOOF的成员农场各种各样，要是不急着赚钱的话，我强烈推荐你加入这个机构。

准备在一个有机农场长待之前，先考虑一下这样的环境你是否觉得习惯。很多有机农场主是不吸烟的素食主义者，在有些人的标准看来他们的生活条件非常简陋。尽管大多时候较为愉快，但克拉格·阿什沃斯（Craig Ashworth）在新西兰的经历让他对WWOOF颇有微词。他说，有些农场主“非常古怪”。(详情请见“丹麦”一章)需要记住的是，安排给你的工作并不总是舒适的：比如阿民·比利尔（Armin Birrer），他在很多国家的有机农场待过，做过最古怪的工作就是新西兰待一天，从一大堆兔子粪里捡蠕虫用来给瓜秧松土。世界各地人们关系网络极为松散，这个系统运作难免有疏漏。丹尼·雅各布森愿意赌一把，他在澳大利亚南部的有机农场经历基本上还是很开心的。

一个是有机无花果和大蒜农场，另一个是葡萄园。两段经历都非常棒，不过农场主非常古怪，有时候对于我们的工作过于挑剔。在无花果农场，女主人甚至根据当天的工作情况给我们发葡萄，很让人讨厌。不过那里生活还是很美好的，工作也还不错。葡萄园的农场主是个小伙子，非常和善，一心想酿出世界上最好的酒。

社区

许多社区(以前叫公社)很欢迎外国游客，你干得好，他们就会很热情。尽管并非所有的工作都跟农业挂钩，但绝大部分是。一些社区习俗较为特殊及罕见，你在打算去之前尽量多做功课。如社区中大部分人是素食主义者，工作详情和报酬不尽相同。下面有一些相关参考资料：

探索者和梦想家：社区生活指南（*Diggers and Dreamers:The Guide to Communal Living*　Edge of Time，BCM Edge，London WC1N 3XX，2008）；☎020 8133 1451；www.edgeoftime.co.uk；2008版和2009版列有英国的社区清单。

欧洲乌托邦—欧洲理念村及生态农庄指南（*Eurotopia-Directory of Intertional Communities and Ecovillages in Europe*，Eurotopia，2009）；www.eurotopia.de；仅2009年德语版有；列出了23个国家的336个理念村（主要是欧洲和英国的理念村）。

理念村友谊团（*Fellowship for Intertional Community*）：总部在密苏里的沙丘农场（Sandhill Farm），RR 1Box 156-W，Rutledge,Missouri 63563-9720,USA；☎660 883 5545；http://directory.ic.org；出版物：《社区生活指南：理念村及集体生活综合指南》（2010）

（*Communities Directory A Comprehensive Guide to International Communities and Cooperative Living*）。指南列出了1000个美国社区及250个外国社区，包括“生态农庄，农村土地信托，住宅业主团体，集聚区，学生带薪实习，生态农场，修道院，城市艺术家集聚区，农村社区和天主教工作者社区”。多数信息在它们的网站上可以找到。

全球生态农庄网（*Global Ecovillage Network, GEN*）：www.gen-europe.org；GEN是世界各种理念村和生态农庄的集合体，体系中很多理念村和生态农庄欢迎游客参观和义工服务。

农业交流项目

国际农业交流协会（*International Agricultural Exchange Association, IAEA*）创办的农业产业计划（Agri Venture Scheme）为英国和欧洲的会员安排在美国、加拿大、澳大利亚、新西兰和日本的农业和园艺领域工作。安排在美国和加拿大的工作分别于2月和4月开始，持续7~9个月；安排在澳大利亚和新西兰的工作全年开展，持续4~12个月；安排在日本的工作4月开始，持续4~12个月。他们也提供一个巡回工作项目，你可以在澳大利亚、新西兰和加拿大旅游时进行短期的工作。此外，还提供了几条环游世界的路线，秋季出发，先到南半球旅行6~7个月，然后再到北半球旅行6~7个月。参加该项目的人须支付2030~4500英镑，包括机票、签证、保险、辅导研习会和工作安置的费用，工作和住宿由指定公司安排。实习生也有工资。详细信息由莱斯特郡（Leicestershire）的IAEA办公处提供。（☎01664822335；www.agriventure.com）

做英语教师

迪克·伯德（Dick Bird）最初是一名游客，后来成为专业英语外教。我们先以他的话为引子开启本章：

> 母语是英语的人只要在有人住的地方就不会饿死，因为总会有人愿意付不少钱请你，而且仅仅是为了听你说话这么简单。以英语为母语的人在世界各地都很吃香。

但这种乐观的心态对现在的旅游者来说应该调整了。尽管世界上仍然有成千上万的人想学英语，但找一份英语教师的工作不再像很多人想象中那么容易。甚至连持有资格证书的人找工作都难，这种趋势着实让人担心。近10年来，公立及私立培训机构具备英语外语教学资格（TEFL）的教师大大增多，一个岗位多人竞争，这种现象在欧洲的大城市尤其严重。

尽管情况不容乐观，但世界上还是有一些地区英语学习的热潮仍空前高涨，从厄瓜多尔到中国，从哈萨克斯坦到越南。在一些骗钱学校和不法机构，只要是英语为母语的人再加上整洁的着装，有时候就足以找到一份工作。但是要在一个社会认可的语言学校谋求更加稳定的教学工作的话，你需要签合同才行，最少3个月，一般是9个月。还要有某些证书，比如大学学历，或者英语语言教学专业的教育背景证书（现在英语语言教学〈ETL〉比起英语外语教学〈TEFL〉这个名称应用得更加广泛）。

关于英语教学这一话题，最好的信息资源（仅仅是个人看法）是苏珊·格里菲斯著的《海外英语教学》（*Teaching English Abroad*，Crimson Publishing，2012，14.99英镑）。本章对英语语言教学培训和招聘之类的课题只能做最一般性的介绍，要想了解详细信息，请参考相关国家章节。

英语外语教学培训

要想在竞争中脱颖而出，找工作更容易（更不要说找到工作），唯一的办法就是参加培训课程。从英国文化教育委员会网页入手查找信息是一个很不错的选择（www.britishcouncil.org/teacherrecruitment-tefl -qualifications.htm）。

如能持有两个高含金量的证书，工作机会则大大增多。最出名的是成人英语教学证书（CELTA），该证书由**剑桥大学英语能力考试中心**（*The University* *of Cambridge ESOL Examinations*）管理和颁发（☎01223 553355；www.cambridgeesol.org/teaching）。另一个是对外英语教学证书（TESOL），**由伦敦三一学院**（*Trinity College London*）颁发（☎020 7820 6100；tesol@trinitycollege. co.uk；www.trinitycollege.co.uk）。两个培训班强度都很大，且价格昂贵，学费平均在1000英镑以上。课程包含100~120小时的严格训练，强调应用能力（4周集中上课或者几个月内分次完成）。尽管除了要有一定的语感之外，没有其他具体条件，但并非申请就能通过，几乎没人会觉得这些培训课程轻松易学。弗格斯·科尼（Fergus Cooney）说，他在参加剑桥成人英语教学证书培训班的时候，白天连喝咖啡都没有时间，好几个参加培训的人在课间崩溃大哭，他自己（差不多）也是这样的情况。

市面上各种培训课程五花八门，令人眼花缭乱，语言和教师培训顾问——仙人掌英语外语教学中心（Cactus TEFL，www.cactustefl .com）可以免费为你提供建议。

英国及国外提供剑桥成人英语教学证书的数百家机构主页上均有链接。从中东到昆士兰，海外有超过250家机构提供CELTA课程，其中美国有10家，澳大利亚和新西兰共有30家。

一些机构提供短期的对外英语教学入门课程，质量和价格不一。这些课程要容易些，证书认可度亦不高。但自觉学术水平不高的罗杰·布莱克（Roger Blake）并未因此打消学习的念头，他认为自己通过参加短期培训获益匪浅。

> 在我过去几年所收获的很多东西中，最重要的莫过于TEFL证书。之所以要考这个证，某种程度上源于一次我在纽约的背包旅行，当时看到地铁上一则广告，招聘英语老师，我有点动心，就马上采取行动，参加了一对一的周末速成班。不可思议的是，我竟然很喜欢这门课，并且开始在家自学他们的语感训练模块，来提高自己的教学能力和对教学的领悟力。（值得注意的是，一对一课程针对的是那些可能从事教师行业的人，而非专职教师。）我不是那种搞学问的人，居然能学40个小时，连我自己都觉得难以置信，不过学得很值。从那以后，我就格外享受旅行时光。

短期课程有时被包装成正式课程的准备项目用以吸引客户。最出名的短期课程有：

i-to-i TEFL：利兹（Leeds）；☎0113 205 4610；www.onlinetefl.com；TEFL周末强化班在英国或者爱尔兰城市的教

学点开办。在线课程价格129英镑起。www.onlinetefl.com提供免费的“对外英语教学试听课程”（TEFL Course Taster）。

Saxoncourt Teacher Training：London W1K 5SN; ☎020 7499 8533；www.saxoncourt.com；冬季提供4次,每次为期一周的间隔年教师培训课程，报名费为190英镑。每月开设一次为期一周的TEFL入门课程，报名费为275英镑，这个培训班很可能给你提供其合作伙伴——夏恩英语学院（Shane School）在中国大陆、日本和中国台湾地区的工作岗位。

TEFL Time: ☎ 01903 708178; www.tefltime.com；开设周末课程，附属于志愿者就业安排机构Travellers Worldwide。课程费用为199英镑（Travellers Worldwide志愿者为149英镑）。还开设有一门80小时的远程课程，报名费为109英镑。

英语外语教学资格培训（*TEFL Training*）：牛津郡惠特尼（Witney,Oxfordshire）；☎ 01993 891121；www.tefltraining.co.uk; 在英国周边的城市开设有20小时的应用强化周末研讨班，学费为210英镑。

除了CELTA培训机构外，美国读者还可以选择其他培训机构。比如旧金山的**跨世界培训学校体例**（*Transwortd Schools* ☎888 588 8335或者☎415 928 2835；www.transworldschools.com）以及西雅图的**英语第二外语教学培训学校**（*School of Teaching English as a Second Language* ☎ 206 781 8607；www.schooloftesl.com）,该培训学校1年开设11次证书培训课程，每次4周。国际TEFL（www.teflinternational.org.uk）正在扩大规模，在世界很多国家和地区开设有TESOL课程（泰国、中国、哥斯达黎加、塞尔维亚、韩国等国都有分支），这些课程是该机构专有的。报名费从1800~2100美元不等，不提供食宿。

英语教学工作的内容

将要安排你做什么样的工作是很难一概而论的。一个极端的可能是去听韩国商人大声读英文小说，你来纠正他们的发音；也有可能要费心费力地一门一门地备课，教那些桀骜不驯的青少年。不管你做的是什么样的教学工作，事情都不会像你期待中那样顺利。

巴里·欧丽瑞（Barry O’leary）在泰国、澳大利亚、厄瓜多尔和巴西教过英语，目前在西班牙教英语。他描述了自己在基多的工作情况：

教学工作多种多样。在一个学校，我负责的是口语交际课程。我对这种课没有太多的经验，所以不得不动用我的武器：网络和想象力。每节课上，都有一个当地的教师来帮我处理和学生的语言障碍问题。工作环境很轻松，不用备课，不用开会，他们给了我一张课程表，我照着做就行了。只要学生满意，他们就认为我是个好老师。

我在网吧贴了广告，很幸运地在一家厄瓜多尔人那里找到了住处。我挣的钱除了负担吃住外，还可以进行一些社会交际活动，最后还能挤出来一些钱出去旅游。在秘鲁，美元很值钱。

学生们特别好。青少年有时很调皮，有几次他们没做功课，于是换了课题，好让他们不用费什么力就能“把老师整得急得像个傻子一样”，不过这也是种乐趣。大部分时候气氛很轻松。我很喜欢和当地的老师一起工作，他们都很开朗、很友好，对我在英国的生活很感兴趣，因为他们很多人从来就没有离开过厄瓜多尔。

以英语为母语的教师大多数教授口语而非语法知识。然而，懂一点英语语法还是很有用的，有时候学生会来问些你可能不懂的问题。推荐雷蒙德·墨菲（Raymond Murphy）写的书《实用英语语法》（*English Grammar in Use*，Cambridge University Press，2004）讲解清晰，还配有学生练习。

教小孩子学英语是ELT的一个热门领域，从葡萄牙到台湾，常常要进行重复练习，唱歌、猜字谜、玩游戏等；中级水平的学员很难教，因为他们已经到了一定水平，再往下学可能没什么兴趣了；成年人学习动力足，不过在开口交际上可能会比较拘谨；教专业人员和商人往往报酬不错。山姆·詹姆斯（Sam James）只有18岁，他在巴塞罗那做英语教师，度过他的间隔年。他要教很多不同年龄组的学员，尽管困难重重，但他最后还是很喜欢这份工作：

我教的那些小孩子相当不听话，总是闹哄哄的。青少年们没什么学习兴趣，尽管偶尔讲到他们感兴趣的东西会好一些。以歌词组织的活动似乎还不错。做单选的时候他们常常随意选答案。他们并不是粗鲁或者不听话，只是太吵了。小学生（8~12岁）学习比较刻苦，但一般只愿意听他们爱听的内容，要是他们不喜欢所讲的内容，就会表现出一副困惑的表情。之所以会这样，部分原因是课程时间安排太长了，3个小时，那个年龄段的孩子接受不了。时间一长他们就坐不住了，注意力也集中不起来。

大部分学校用英语教学，所

以不懂当地语言并不影响你找工作。一些用人单位可能只给你提供一块干净的黑板，希望你能用板书和讲解相结合的教学方法。从旅行社或者飞机上得到的宣传小册子也会是很有用的教学资料。

求职

英语教学工作可以在出发前找，也可以到了当地再找。很明显，出发前把一切都安排好，更让人安心，但只有竞争力很强的人才能在出发前就把工作搞定。也会有一个缺点，就是你不能预知你找的工作到时会有什么样的问题。

提前找工作

找工作的网络链接到处都是，有关EFL/ESL求职招聘的网站有成百上千个，尤其是在亚洲。其中大部分链接有**大卫·斯伯灵ESL吧**（*Dave Sperling's ESL Cafe*）的链接（www.eslcafe.com）。Dave提供海量组织有序的未来及现在老师的资料，包括他们教学的经历（但要记住，这些只是其个人的观点）。可以尝试将个人资料发送给Dave（www.eslcafe.com）或其他网站，但要做到跟弗格斯·科尼（Fergus Cooney）说的那样详细：

> 我发了一条简单的信息，就说“资深教师求职”。两天之内我收到了如潮水般的回复，请求让我发送简历。到处都有工作给我，这让我大吃一惊，不过这些工作大部分在韩国和中国。“中头彩啦！”（那时候我才知道很多学校或者机构肯定是有自动回复系统，发送求职信息的人都会收到邮件）。我迅速开始筛选，但新信息来得更快。几天过去之后，我完全晕了，完全记不起哪个是哪个了，所以我把它们全删掉，重新注册了一个邮箱地址，之后在Dave上发了一条更加详细的求职信息。

以下是一些主要的招聘网站列表：

www.eslbase.com: 提供有各个国家语言学校的链接，合理可靠。

www.eslteachersboard.com。

www.TEFL.com: 近几年来认可度渐高，是很受欢迎的重要的国际网站。在本书撰写期间，职位空缺最多的国家是中国(48个)和西班牙（43个）。

http://tesljobs.com:提供从阿富汗到也门各个国家的即时职位空缺信息，以前的招聘信息还留有存档。

http://youcanteachenglish.com/jobs: 提供世界各地的职位空缺列表，非常清晰，还附有日期和邮箱地址。

其他专门服务于某个国家的网站列在相应的国家那一章里，比如www.ohayosensei.com（日本）和www.ajarn.com (泰国)。主要的语言学校连锁机构雇用大量的教师，其中很多人曾参加过学校内部培训课程。EFL教师的主要雇主有：伯利兹（Berlitz, www.berlitz.com），该机构一直在拓展暑期项目，服务于德国、西班牙等国家的年轻学员；**英孚英语**（*EF, Language link in London*, www.englishfirst.com），在俄罗斯、中国和印度尼西亚一直有职位空缺；**国际英语屋**（*International House*, www.ihworld.com），伦敦**语言联合学院**（*Language link*, www.languagelink.co.uk），**马可斯·伊万斯林瓜拉玛语言学校**（*Marous Evans Linguarama*, www.linguarama.com）提供商务英语服务，还有**撒克逊大课堂**（*Saxoncourt*, www.saxoncourt.com）和**华尔街国际学院**（*Wall Street Institute International*, www.wallstreetinstitute.com）。

没有经过训练但是急于求职的志愿者，可以付给某个机构一定数额的费用，它会负责安排你到国外进行语言教学，例如“志愿者”一章里列出的很多间隔年机构都可以，像伦敦IST Plus（☎020 7788 7877；www.istplus.com）收取一定的费用后，会把大学毕业的志愿者送到中国和泰国从事英语教学工作。**萨里国外教育工作者有限公司**（*Educators Abroad Ltd in Surrey*, www.educatorsabroad.org）管理实施了英语外语教学助手项目，服务于25个国家的学生和成年人。英国文化教育委员会（10 Spring Gardens, London SWIAZBN；☎020 7389 4596；assistants@britishcouncil.org）给很多国家（从法国到巴拉圭等国）当地的英语老师安排语言助手，以协助他们的工作。助手岗位申请人一般要在20~30岁之间，英语为母语，至少受过两年大学水平的派遣国语言学习教育。

北美机构

美国的主要项目和机构包括：

世界教育集团（*WorldTeach Inc*）：哈佛大学；☎617 495 5527；www.worldteach.org；非营利性机构，为大学毕业生提供一年的合同，到美国萨摩亚、孟加拉国、哥斯达黎加、厄瓜多尔、纳米比亚、肯尼亚、马绍尔群岛、中国、委内瑞拉、波纳佩、蒙古、卢旺达、南非和圭亚那进行教学。夏季项目共8周，在保加利亚、中国、哥斯达黎加、厄瓜多尔、波兰、纳米比亚和南非开展。参加人员需交纳志愿者贡献费500美元到7990美元不等，但其中也有几个项目是由东道主国家全资赞助的。

文化交流中心（*CCI—Center for Cultural Interchange*）：芝加哥；www.cci-exchange.com；在

佐治亚、韩国、中国和泰国进行英语教学，该中心亦有其他交流项目。

全球十字路志愿者组织（*Global Crossroad*）：得克萨斯州欧文市（Irving,Texas）；☎1 866 387 7816；www.globalcrossroad.com；在23个国家进行志愿者教学服务及实习；在中国进行有薪教学（1~12个月）；申请费350美元，加上工作安置费，若在中国待6周安置费约1023美元。

语言集团（*Language Corps*）：马萨诸塞州，斯托市（Stow, Massachusetts）；☎978 562 2100；www.languagecorps.com；在亚洲、欧洲和拉丁美洲的很多国家就地提供TESOL强化教学及其他保障性的工作安排。费用在1695美元到3495美元不等。

实地找工作

很多领域不去面试是很难找到工作的，英语教学工作也是一样。几乎在所有情况下（特别是在欧洲），你必须亲自到心仪的地方，手持简历登门拜访语言学校和公司。连锁语言学校的美因兹分校（Mainz branch）校长就极为推崇实地求职的重要性。

> 像我们这样的学校在正常的情况下，不可能只凭简历和照片就聘用一个从未谋面的人。此外，当我们需要聘请教师时，这个岗位往往要求在几天之内到岗，那些在国外申请的人是不可能这么快赶到的。我建议求职者最好能安排面试，做到随叫随到。当然，我喜欢这种比较直接的面试方式，面对面了解求职者。可惜，我也不了解其他的什么好办法。

到私立语言学校求职的话，一些资格证书是很有用的，同时做好准备让别人相信你有这样的能力。你要是有学位的话（任何科目都可以），带上证书。在墨西哥和日本这样的国家，做教师工作的旅游者一定要着装整洁大方，带一个档次高的公文包和没有拼写错误的打印简历也很重要。

可以到目的国的本国文化教育部门驻当地办事处咨询，浏览网页和黄页（打印版或者在线均可），把可以求职的地方的地址列出来；商科学校常常需要商务英语方面的教师；读读英文报纸上刊登的广告；去外国人学习当地语言的学习中心看看，留意一下公告板，或者去问一问工作人员。

要是不去语言学校的话，也可以做私人家教。这样你不仅能省去大型语言学校收费，还可以跟私人签订协议做教师，挣更多的钱。一般情况下，要是你想做私人教师谋生的话，要在当地扎稳脚跟，最好有些上得了台面的教学经验(不管是给个人还是团体授课)，还要便于联系。要注意的是，自由职业者也有不利的一面，例如客户经常会临时突然取消课程、乘车时间没有报酬（如果你要去客户家里或者办公室教学的话）、没有社会保险、没有专业支持和教学资料等。要想做好，必须大胆地推销自己。在各个商业区贴上醒目的双语广告（特别是繁华地段），也许还要一家一家地发传单。你也可以把重心放在相关的公告板上。如果相对于赚钱来讲，你更想融入某种文化的话，做口语陪练换取食宿是个不错的办法，这样做的前提是要交际广泛。电话或者Skype教学是新兴领域，如果有笔记本电脑且上网方便的话你尽可一试。

儿童托管

互惠生、家庭保姆与保姆这些词语的应用并没有严格的界定，因为都是住在雇主家帮助雇主照顾孩子这一类型的工作。保姆一般要经过正式的培训并且能够负责全面照顾孩子；家庭保姆是全职的工作，除照顾孩子外还要承担日常的家务或者做饭；互惠生一周工作应该不超过30个小时，并期待在和家庭一起生活中能掌握一门外语。

这些住家工作市场需求大，所以很容易找到（至少对女性来说是这样）。有时，年轻的男性也能找到住家服务的工作，想要雇佣男性互惠生的家庭和中介机构的数量在逐渐增加。按照法律规定，互惠生不必受工作许可条件的限制，自由度较大。

一般托管的时间周期是一个学年，基本上从9月到次年6月。暑期托管则与学校暑假安排一致。暑假托管的好处是互惠生可以陪同托管家庭去海边或山间度假；坏处是你照管孩子的时间远比他们在学校的时间长，且大多数语言班在暑假停课。暑期儿童托管职位很少，因此你需要尽可能地早打听清楚。

传统欧洲之外的新兴核心国家，对互惠生的引进是一个新趋势。最近，北京的一个文化交流中心就把母语为英语的互惠生介绍到了中国家庭中。

利与弊

“互惠生”的意思是“地位平等”，双方被称为“主人”与“客人”，而非“雇主”与“雇工”。因此工作安排的成功与否比以前更加依赖个人是否与所在家庭相处融洽，住在陌生人家里仍具有一定风险。欧洲理事会（The Council of Europe）规定互惠生年龄应在18~27岁（尽管这些规定是灵活的），一天工作5小时，一周5天，外加两个晚上照顾孩子，并保证给他们提供全食宿、保险、学习语言的机会以及零用钱。

一旦你被这个家庭录用，立即确认你的工作时间及工作职责很重要，例如哪天发工资、你是否希望涨工资、如果他们想要终止你的工作该如何通知你。这样就有了一个务实、高效的开始。然而不论你的工作职责之前规定得多清晰，你的附加服务被认为是理所当然的。似乎这时你的时间就不属于你了。凯瑟琳·哈莉维尔（Kathryn Halliwell）为加拿大温哥华的一户人家工作了一年，她这样描述这一问题：

住家工作对责任感要求

较高。下午6点主人打来电话，说得晚回家2个小时，你很难拒绝。孩子可不会把保姆当作雇工，他无法理解为什么你下班后就不能带他去游泳，这时，你们的关系就会变得紧张。

如果运气好，你可能会遇到一个家庭（这家有一个乖宝宝）邀请你和他们一起滑雪旅行,只要求你一周有一天24小时照顾孩子，家务活也轻松。但另一方面，你可能会被孩子的母亲当女仆使唤,被父亲当作情人,同时还要努力照看4个调皮捣蛋的孩子。所以，在接受这份工作之前,应尽可能多地了解这个家庭。如果你一开始就不喜欢这份工作，应该坚持要求中介提供其他选择。

不同的民族性格会导致一些问题。在诸如土耳其、意大利的一些保守家庭,年轻女人晚上独自外出是不被接受的,所以你的社交生活可能会受限。

另一方面，吉莉安·福塞斯（Gillian Forsyth）在巴伐利亚州做互惠生的经验可谓是一次巨大的成功：

我虽没有正式的休息日，但我被当作他们家庭的一员看待。无论他们去哪都会带上我。他们不把我当作雇工，因此我觉得这份工作更有乐趣，我能够借此真正了解这个国家和生活在这里的人们。晚上我不必独自待在房间，而是陪他们聊天。三年之后，我们仍然保持着密切的联系，还以朋友或互惠生的名义跟他们滑过两次雪。

如果你和所在家庭关系不好，就会产生强烈的孤独感。许多互惠生在他们的语言班交朋友。一些中介机构会列一个在附近工作的互惠生名单。尽管会出现各种问题,但互惠生工作还是能够给人们带来愉快的生活体验和国外旅行的经验。家庭托管对于想要出国工作但囊中羞涩、缺乏自信的年轻人来说，的确是一个安全、稳定的选择。

工资与职责

目前欧洲互惠生的工资标准是一个月260~300欧元，此外，食宿免费已是相当合理的价格。在瑞士，一个互惠生的法定平均月薪为500~580英镑，法定的最低额也高于比利时和奥地利（一周工作20个小时，平均每月450欧元）。

有证书和经验的保姆会很容易获得夏季或冬季去旅游胜地游玩一整季的机会。大多数像马克·华纳、托马期·库克和途易假日(在“旅游业”一章有详细介绍)这些大型旅游和假日营地运营商都喜欢雇用在儿童托管方面有证书和经验的保姆，来照顾度假家庭的孩子。专门从事组织寒暑假家庭旅游的公司像**埃斯普利特假日公司**（*Esprit Holidays*），为其在阿尔卑斯的暑期项目雇用了大量的保姆（☎ 01252 618318; 网址www.workaseason.com）。

大多数互惠生的工作就是围着孩子转。对于一些人来说，只负责照看孩子是一项可怕的任务。你应该随时准备处理一些突发事件（例如孩子生病或失踪），就像平常带孩子去公园玩或接孩子放学一样。中介机构会仔细询问你是否有照顾孩子的经验以及你是否愿意照顾新生婴儿等问题。

申请

许多互惠生中介的运行模式就像在线速配服务一样，传统的中介机构时代已经结束。在英国，中介这么多年一直被限制收费，加上增值税不能超过40英镑，这意味着要想盈利很难。尽管现在这种情况已经改变，但是那些过去经常送英国女孩到国外的中介现在几乎都倾向于雇用外国女孩来为那些付费的英国家庭服务。

如果你已经在国外，可以翻看当地的英文报纸或者咨询你所在国家的互惠生机构（具体请看相关国家章节）的办公室。许多欧洲的中介机构收取200多欧元的基本费用，他们声称为保证最低的服务质量这笔钱是必要的。

其他信息渠道就是看当地英语教堂的布告或向当地小学的校长询问他（她）是否知道哪个家庭正在找互惠生。在外国人眼中，网上社区的力量是不可估量的。想要在度假胜地寻找临时保姆工作的人可以向高级旅馆的前台接待人员介绍自己，并请求他们给你介绍正在寻找保姆的客人，如果可以的话给他们一些小费。这些天来我更加怀疑，似乎越是不正式的安排渠道，成功的机会就越小；如果你有很好的证明信能够证明你过去曾通过中介做过保姆工作并能提供一份CRB的无案底证明，或许潜在的客户会给你机会。更多的详情请参见www.direct.gov.uk/crb.

网络

网络上有大量的关于住家儿童托管的信息。轻点几下鼠标就可以找到许多机构的信息。互惠生工作一般通过电话或通信确定即可，无须面试，因此在线找此类工作简便高效。其中最常用的网站是www.aupair-agency.com, www.greataupair.com,www.findaupair.com,www.au-pair-box.com,www.aupair-world.net (德国网站), www.aupairconnect.com (美国网站，收费标准为3个月45美元)，另外还有www.aupairselect.com。

中介网站使得家庭和申请者能自主安排。网站邀请符合条件的互惠生登记他们的详细信息，包括年龄、国籍、相关经验等，许多时候还要附加一张照片，他们的信息将会被上传至网站供那些注册过的家庭参考。在向中介网站付过介绍费后，有意向的家庭就可以与合适的互惠生取得联系。求职者网站注册免费。

传统中介机构的一大问题是双方很难有效地相互了解。另一方面，这也可能被认为是发布保姆广告的方法（见下文）。如果依靠网络，有必要弄清楚情况及客户的期望和要求。如果这次安排不成功的话，你应该想好下一步该怎么处理；如果网站仅仅是数据提供者，那么他们不会提供其他选择。让·马克 ·科瑞希尼（Jean-Marc Cressini），法国机构**奥利弗·特威斯特**（*Oliver Twist*）的执行总裁，认为这本书“应该警告在线申请者切勿上当，国际刑警组织告知我们，许多女孩为那些并不存在的家庭交了一大笔钱。有个人伪装成找互惠生的家庭并向申请者索要一大笔银行汇款，而他最终在英国被逮捕”。应该提防所有要求你预付费用的个人或公司。

英国的机构

互惠生机构管理混乱且没有统一的规范，有时那些控制很严格的项目都有可能出现问题。欧洲许多著名的互惠生机构和青年交换机构均隶属于**国际互惠生协会**（*IAPA*），这个国际性的互惠生组织正努力规范全球互惠生市场的秩序。IAPA的网站www.iapa.org 与其全世界的会员机构都保持链接。

大多数有名的机构会向互惠生索要书面的证明（不是家庭或朋友开出的），是关于家庭背景、工作经验、最新的护理证书、犯罪调查登记表、急救证书（如果有），再加上驾驶证（最好能有）。各国的机构在相应国家的章节里都有介绍。以下的英国互惠生或保姆机构也针对许多欧洲国家提供服务：

天使国际互惠生机构（*Angels International Au Pairs Agency*）：Bournemouth；☎01202 313653；www.aupair1.co.uk;服务于法国和其他欧洲国家；登记费100英镑。

托儿国际有限公司（*Childcare International Ltd*）：Trafalgar House，Grenville Place，London NW7 3SA；☎0800 652 0020 或 ☎020 8906 3116；www.childint.co.uk；分支机构服务于欧洲、加拿大、澳大利亚和新西兰。

儿童托管解决方案（*Childcare Solution*）：☎01444 453566；www.thechildcaresolution.com；招募欧洲的暑期及滑雪度假村的季节性保姆人员。

埃其韦尔 & 索利哈尔互惠生 & 保姆代理有限公司（*Edgware & Solihull Au Pair & Nanny Agency*）：Hertfordshire；☎01923289737；www.theaupair-shop.com；工作地点在英国、欧洲和美国。

霍兰德·帕克保姆代理（*Holland Park Staffing*）：272 Kensington

High Street-Suite 39,London W8 6ND；☎0203 239 2004；www.hollandparkstaffing.com；拜恩卡·唐金（Bianca Tonkin）创建的一家国际保姆机构，同时也对这本书早期的出版工作提供了巨大的帮助。她现在主要在莫斯科、瑞士、意大利和中东地区为那些经验丰富的候选人员提供服务。

珍妮特·怀特代理（*Janet White Agency*）：利兹（Leeds）；☎0113 266 6507；www.janetwhite.com；服务于欧洲和美国。

茱雷音代理（*Jolaine Agency*）：Barnet, Hertfordshire EN5 3AN；☎020 8449 1334；olaineagency@gmail.com；www.jolaineagency.co.uk；为法国、意大利、西班牙有时还有其他像希腊这些国家提供互惠生和家庭保姆的服务。

假日保姆代理（*My Travelling Nanny*）：Letchworth, Hertfordshire；☎020 8133 3126；www.mytravellingnanny.co.uk；成立于2011年3月，主要针对1~3周的短期度假家庭提供保姆服务，陪同家庭滑雪或潜水。

诺拉·罗氏互惠保姆代理（*Nora Roche Au Pairs*）：Abingdon OX14 3ZD；☎01235 525115；au.pairing@gmail.com；提供在西班牙、德国、法国和美国的互惠生服务。

全总保姆代理（*Total Nannies*）：萨里郡（*Surrey*）；☎020 8542 3067；www.totalnannies.com；主要是把女性候选者介绍给意大利家庭的文化交流项目。

世界性机构

许多北美国家的人很渴望学习欧洲的语言和文化，事实上一些人就选择了做互惠生，尽管“互惠生”这个词在美国和加拿大不太被认可。框框的规定对他们来说有很大麻烦，尤其是在意大利和西班牙，然而他们也很少被禁止陪同家庭在这些国家工作半年或一年。一些青年交流机构尤其喜欢招募北美国家的人，比如柏林的互惠生中心（Au Pair Care)（www.aupair.de）。可能会有用的中介机构有：

环球旅行者教育咨询公司（*Globetrotters Education Consulting*）：加拿大多伦多；☎416 565 4420；邮箱 laura@globetrotterseducation.ca；网址www.globetrotterseducation.ca；提供西班牙的互惠生服务；项目安排费用500加元起。

交流中心与国外工作机构（*InterExchange/Working Abroad*）：美国纽约；☎212 924 0446；www.interexchange.org；提供法国、德国、荷兰、西班牙、挪威、土耳其、澳大利亚和新西兰的互惠生服务；费用500~600美元。

斯科舍人事有限公司（*Scotia Personnel, Ltd*）：Halifax,Nove Scotia，Canada；☎902 422 1455；www.scotia-personnelltd.com；提供奥地利、英国、法国、德国、荷兰、冰岛、意大利、中国、澳大利亚和新西兰的互惠生服务。

在南非国家互惠生非常流行，尤以去荷兰居多，很明显是语言上的原因（因为南非荷兰语是在布尔人带去南非的荷兰语的基础上发展起来的）。在约翰内斯堡的专业机构**荷兰互惠生机构**（*Au Pair in Holland* www.aupairinholland.co.za）或者**JCR文化交流项目**（*JCR Cultural Exchange*，www.jcr.co.za）。

新西兰和澳大利亚的主要中介机构有：布里斯班的线上中介，网址是www.global-nannies.com，上传个人资料收费为每月35澳元；奥克兰的**海外保姆有限责任公司**（*Nannies Abroad Ltd*）或**国际打工度假公司**（*International Working Holidays* ☎94165337；www.iwh.co.nz 或 www.nanniesabroad.co.nz）主要给法国、荷兰、德国、意大利、英国和美国的家庭输送新西兰籍的互惠生，提供住家语言辅导服务。

志愿者

志愿者的工作可以为你打开一扇门了解世界。要注意，志愿者工作也需要支付费用，有时钱还不少，当然，这笔钱远低于旅行花费。例如，在马尔代夫（www.volunteermaldives.com）从事学校体育项目的志愿者工作，等于花最少的钱享受奢侈旅行的最佳方式，费用每月只要700美元。也许你无法享用一流的设施和服务，但你和其他花高价的游客可以参观同样的景点。类似的，参加在津巴布韦的一个野生狮子保护区的志愿者项目，你与动物们近距离接触的机会远多于花费是你5倍的游客们。

许多志愿者工作对所有国家开放，且可避免工作许可证的麻烦。参加一些有组织的项目，比如在土耳其乡村建设社区中心，照顾难民营的孤儿或就是在青年旅社帮忙，你就有机会体验偏远地区的工作和生活，遇到来自世界各地志趣相投的人士，他们很可能在你未来职业选择上起到巨大的作用。你还可以获得诸如建筑、考古和社会福利方面的实践经验，这些对你将来在其他地方求职时大有裨益。

缺乏医护、技术和其他专业背景且不懂当地语言的志愿者，要想改变他人的生活极为困难。帮助他人是一项琐碎、复杂的事业，志愿者们为之付出巨大努力，往往他们从中获取的经验远多于可以给予他人的帮助。

大多数机构会向志愿者收取一定的费用，这里面除旅行、食宿外还包括招募、审查、面试、就职培训、保险等。许多机构是营业性公司，尽管一些机构会将部分志愿者支付的费用用于项目运行。如果你想跟一个并不太熟悉的公司或机构签约，你最好先做一下调查，如果可以的话向以前的志愿者咨询。你要明确知道这家机构是慈善非营利性机构还是商业机构，另外不要忘记向他们索要费用明细。

无论如何你都要考虑清楚是否要经过中介。提尔·布鲁克纳曾在拉丁美洲打工旅行很长时间，并在非洲做过一段教师的志愿者工作，发现这些工作并不像中介描述的那样：

> 我对这样的志愿服务感到很不理解，一些机构招募来自英国的大学生志愿者去教那些富人家的孩子，这些志愿者除交费外，还得自己负责机票。在一个贫穷到如此地步的国家，实际上500英镑可以做许多其他更有用的事情。如果只是想要找乐子，还是去其他地方吧。如果想帮助别人，那直接把这500英镑投到牛津灾荒救济委员会（Oxfam）的捐款箱就行。有些想做志愿者的人很感激中介给予他们的帮助，然而除了在一些极为复杂的国家，中介几乎没有起到多大作用。我遇到过两个在玻利维亚做志愿者的女孩，她们刚刚帮助流浪儿童住进了一户人家中并留在那做志愿者。她们有免费的食宿，工作只是陪孩子聊天和玩耍，因为没有人肯做这些工作。这些女孩的确做了很有意义的工作。但是假如她们觉得工作没有价值可以随时离开。

参加了几个美国的志愿者项目后，凯瑟琳·布瑞文（Catherine Brewin）坦言她并不后悔为志愿者工作支付她费用：

> 付钱去做志愿者总是让人感觉不舒服。但是，仔细想想这也很正常。尽管有些不公平（谁知道这些中介能赚多少钱或者他们的项目有多少价值），但我所接触的大部分人对这些经历感到满意。这些人的评论让人有些意外，他们对这个也不太关注。然而，我要说明一下，他们大多18岁左右，父母负担了全部或部分花费。

2010年海地发生大地震，2011年18天之内新西兰克莱斯特彻奇及日本相继发生大地震，这一系列自然灾害的发生使许多人对紧急事件的志愿服务热情高涨。世界性的大规模资金援助开始于2004年节礼日（the Boxing Day）海啸，想做志愿者的人数也急剧增加。所有的紧急救援工作都急需经验丰富的专业人员，那些善良的业余者有时帮不上什么忙。在之后的善后工作中，更需要具有专业技能的人员，他们中的大多数是通过**联合国志愿服务队**（*United Nations Volunteers*，www.unv.org)调动过来的。

2011年是欧洲志愿者年，旨在促进跨国志愿服务的倡议获得欧盟及其成员国的特别拨款。**国际公民组织**（*International Citizen*

Service, ICS）是英国政府赞助的一家全球志愿者服务机构，为18~22岁的年轻参与者提供与发展中国家青年志愿者在一起生活工作3个月的机会。共有6家专业的志愿者服务机构参与，其中包括*Restless Development and VSO*（27a Carlton Dive,London SW15 2BS；☎020 8780 7400；enquiry@ics-uk.org.uk；www.dfid.gov.uk/ics）。参与费用根据个人经济情况不等。

信息渠道

全球志愿者（*WorldWide Volunteering*，www.wwv.org.uk）是一家致力于帮助各年龄段的人找到合适志愿者工作的非营利组织。其在线数据库包括1700家机构，可提供150万个岗位，且免费开放。同时，它的网站还记录有志愿者故事。另一家网站www.workingbroad.com在你完成详细的表格之后会给你提供个性化的报告供你选择；通过电子邮件为你提供信息的费用为29英镑。（☎01273479047；victoria.mcneil@workingabroad.com）。

世界著名的**海外基督协会**（*Christians Abroad*）的**世界服务咨询部**（*The World Service Enquiry*，www.wse.org.uk）为那些想要在海外工作的，无论是长期还是短期、做义工或有薪酬、有无信仰的人提供信息和建议。他们提供一对一的咨询服务，价格从80~240英镑不等。信息技术革命大大增加了人们了解其他事物的可能性。世界上最好的网站能够提供各种志愿者机构链接。如idealist.com是一家快速、便捷的美国网站，通过它你可以搜到诸如“美国和平队”这种大型慈善机构，也能找到草根公益组织。网站列出了100多个国家拥有6000多个非营利性组织。当美国的凯蒂·怀特（Katie White）做一年的度假计划时，她只需花上几小时浏览www.idealist.com 和www.goabroad.com，这两个网站上的信息多得惊人，她感觉自己“像走进糖果店的孩子”。

普利茅斯（Plymouth）的非营利性组织**易克特**（*Ecoteer* ☎01752 426285；www.ecoteer.com）是一家世界各地约有150个项目的志愿者网站，并为志愿者提供食宿，个人无须承担或只承担很小一部分费用。它为会员提供相关的信息，会员费每人15英镑。

利与弊

从事志愿者工作，尤其是在发展中国家，不仅条件艰苦、磨炼人的意志，还会让人产生幻灭感（见“非洲”这一章里玛丽·霍尔描述她在乌干达诊所的一年）。诚如打工旅行者应该警惕有薪酬的工作是否存在压榨一样，对志愿者工作同样也需要提高警惕。一些年轻的志愿者透露，那些志愿者机构的负责人从未公开过钱的去向。幸运的是，在非洲做志愿者的人很少：她发现在一家机构的网站页面上公开的去塞拉里昂的社区发展项目根本就不存在，而且这家机构的负责人刚刚从弗里敦（Freetown）**英国刑事调查局**（*CID*）保释出来的。假使你对你正在考虑服务的公司有任何怀疑，找到你所能联系到的一两个以前曾在这家公司做过志愿者工作的人证实一下。任何一家比较好的公司都会很乐意为你服务的。

对于那些在最资深、最知名的慈善机构工作的志愿者来说，最后的失落感依然不可避免。当丹尼·雅各布森到达保加利亚的时候他才发现这个国家到处都是**美国和平工作团**（*Peace Corps*）的志愿者：

> 我一直认为和平工作团志愿者会在第三世界国家住在小茅草屋里，养护树木，教部落里的孩子英语。实际上，在保加利亚他们都住在公寓里，拿不错的工资，一周平均工作20个小时。提供从牙膏到卫生纸所有生活用品，每年去两次豪华旅馆做语言练习并加强联系。几乎我们遇到的每个人都有同样的故事：他们参加志愿者活动就是想得到一些改变，但现在他们都是失望地离开，他们总感觉这些工作没有多大用处。因为和平工作团分配任务非常松散、随意——基本上是把你留在一个城镇，然后你自己去做自己的工作，没有人指导监督。克里斯（Chris）不得不先教英语，然后帮助几个小伙子在山上建房子和维护登山道路。每个人都很消极，因为似乎你好像永远也做不好一件事情。
>
> 这仅仅是我记得的其中一部分事情。在其他地方做志愿者的人或许积极性会高些。

间隔年和工作休息安排

尽管自2011年起支付三倍费用的规定被叫停，但仍有许多学生参加为期一年的志愿者活动，在学校和大学间工作和旅游。许多机构正尝试使那些中途辍学的学生和老人参加他们在国外的为期3个月到一年的无报酬的志愿者工作。事实上如果支付一定的费用，任何人都可以参加一个项目。所有的志愿者都要支付一大笔费用，例如3个月2500 ~3500英镑。下面是详细的主要专业机构的列表；更多信息请看我的另外一本书《你的间隔年》（*Your Gap Year*）或《成人间隔年》（*Gap Years for Grown-ups*，Crimson Publishing，2011）。网址www.gapyear.com同样有用。目前打工旅行市场发展迅速同样也带动了一批专业网站，比较著名的有www.thecareerbreaksite.com。

这里列举出的大部分机构是出游集团（Year Out Group，www.yearoutgroup.org）的发起者，其宗旨在于促进项目的发展，现在已发展到38个成员：

非洲、亚洲及美洲公司（*Africa,*

Asia & Americas Venture)：☎01380 729009；www.aventure.co.uk;为18~24岁的在校生或毕业生提供为期3周到5个月的志愿教学和体育教练工作，工作地点在非洲（乌干达、肯尼亚、坦桑尼亚、马拉维、南非）；亚洲（印度、尼泊尔、斯里兰卡、泰国、中国）；美洲（哥斯达黎加、厄瓜多尔和墨西哥）。

变化世界(*Changing Worlds*)：萨里郡；☎01883 340960；www.changingworlds.co.uk;提供在学校、孤儿院和环境保护项目的志愿者工作，地点在加纳、洪都拉斯、印度、塞尔维亚、迪拜、泰国和其他很多国家，还有在澳大利亚或新西兰的旅馆和农场里的志愿者工作。

盖普福斯（*Gapforce*）：伦敦SW6区；☎020 7384 3028；www.gapforce.org；兼并了推科福斯（Treckforce）和格林福斯（Greenforce）。

间隔年领袖(*Gap Guru*)：纽伯里(Newbury)；☎01635 45556；www.gapguru.com;起初是一家印度的专业机构，但现在业务拓展到坦桑尼亚、智利、斯里兰卡、尼泊尔、罗马尼亚和厄瓜多尔。

全球游牧者（*Global Nomadic*）：伦敦NW4区；☎020 7193 2652；www.globalnomadic.com;在全球范围内提供非政府组织管理与教育机构（*NGO Management and Teaching*）的诸如从媒体新闻到其他许多领域的服务工作。安排费用不包含手续费，仅收取195英镑的安排费用。

全球视野国际（*Global Vision International*）：Zxeter；☎01727 250250；www.gvi.co.uk;提供近150多个环境保护和慈善项目，地点在非洲、拉丁美洲、亚洲和欧洲。

全球志愿者网络(*Global Volunteer Network*)：新西兰下赫特(Lower Hutt)；☎4 569 9080；www.globalvolunteernetwork.org;提供包括英语教学、环境保护、动物保护、健康卫生及文化访问在内的志愿者项目，地点在亚洲、非洲、拉丁美洲、美国(南达科他州)和新西兰。

全球志愿者项目（*Global Volunteer Projects*）：纽卡斯尔（Newcastle）；☎0191 222 0404；www.globalvolunteerprojects。提供在医疗、记者、教师等方面的无薪项目，地点在加纳、坦桑尼亚、中国、印度、柬埔寨、墨西哥和罗马尼亚。

一对一旅游志愿者（*1-to-1 Volunteer & Adventure Travel*）：利兹；☎0113 205 0076；www.1-to-1.com；是途易旗下的一家大型商业公司；提供世界23个国家的英语外语教学、社区工作、环保及任何种类的工作。

全球志愿服务（*Lattitude Global Volunteering*）：雷丁（Reading）；☎0118 959 4914；www.lattitude.org.uk；前身是**盖普活动项目**（*Gap Activity*

Projects）；工作时间在4个月到12个月间（平均为6个月），费用为1750~2300英镑，不包括机票及保险，但提供住宿。有时会有零用钱。

迈德温特（*Madventurer*）：诺森伯兰郡（Northumberland）；☎0845 121 1996；www.madventurer.com;提供联合发展项目和海外探险旅游，地点在秘鲁、加纳、坦桑尼亚、肯尼亚、乌干达、南非、斐济、印度、越南和泰国。

原创志愿者（*Original Volunteers*）：诺威奇（Vorwich）；☎ 01603 627007；为每年缴纳125英镑的客户提供费用低的世界志愿者项目。

拓展国际（*Outreach International*）：萨默塞特郡（Somerset）；☎01458 274957; www.outreachinternational.co.uk；旨在把志愿者的技能和兴趣与精心挑选的项目结合起来，地点在墨西哥、柬埔寨、厄瓜多尔以及加拉巴格群岛、哥斯达黎加和斯里兰卡；志愿者的工作是教流浪儿童或孤儿英语、电脑或艺术技能，帮助保护海龟等动物，时间为3个月到6个月。

欧伊斯特全球（*Oyster Worldwide*）：东苏塞克斯郡；☎01892 770771; www.oysterworldwide.com;间隔年机构提供在加拿大山区（魁北克和落基山）的带薪工作，还有在巴西（里约热内卢或圣保罗）、智利的巴塔哥尼亚、印度、尼泊尔、罗马尼亚、赞比亚和坦桑尼亚的志愿者项目。

个人海外发展组织（*Personal Overseas Development, POD*）：切尔滕纳姆（Cheltenham）；☎ 01242 250901; www.podvolunteer.org；提供从教学、环境保护到社会工作项目，地点在秘鲁、伯利兹、坦桑尼亚、泰国、柬埔寨、越南、尼泊尔和南非；基本费用375英镑，如果你在泰国的流浪猫狗中心工作需每月另缴纳50英镑。

海外项目（*Projects Abroad*）：苏塞克斯；☎01903 708300；www.projects-abroad.co.uk;每年大约招募4000人做英语教学助理、商业实习生、环境保护等方面的志愿者，工作地点包括摩尔多瓦、埃塞俄比亚和玻利维亚在内的22个国家。

信托项目（*The Project Trust*）：科尔岛（Isle of Coll）；☎01879 230444; www.projecttrust.org.uk；提供慈善教育方面的工作，招募对象为17~19岁的英国中途辍学学生，时间一年，地点19个国家；2012年筹募基金活动的目标为5100英镑。

探索海外（*Quest Overseas*）：东萨塞克斯的霍夫（Hove）；☎01273 777206; www.questoverseas.com；提供间隔年的项目和探险活动，地点在南美洲（厄瓜多尔、秘鲁、智利、玻利维亚和巴西）和南部非洲（肯尼亚、坦桑尼亚、莫桑比克和卢旺达）。

国际罗利计划（*Raleigh International*）：伦敦 SE1区；☎020 7183 1270; www.raleigh.org.uk；为17~24岁的年轻人提供海外的环境保护和社区服务项目的机会；地

点在哥斯达黎加、尼加拉瓜、印度和马来西亚婆罗洲；筹募基金的目标为10周2995英镑。

真实间隔年（*Real Gap*）：坦布里奇韦尔斯（Tunbridge Wells）；☎ 01892 516164；www.realgap.co.uk；35个国家的间隔年和工作度假项目。

雷斯特里斯发展机构（*Restless Development*）：☎ 020 7976 8070；www.restlessdevelopment.org；是一家主要为年轻人提供非洲和南亚工作项目的机构；最少要向慈善机构捐助3600英镑。

世界旅行者（*Travellers Worldwide*）：☎01903 502595；www.travellersworldwide.com；提供教授英语（或其他科目）和参加世界各地的环境保护项目。

工作旅游（*TravelWorks*）：www.travelworks.co.uk；是德国的一家经营状况良好的旅游机构，提供世界上30多个国家的间隔年志愿者项目和带薪工作项目。现在也提供英语教学方面的项目。

世界探险项目（*VentureCo Worldwide*）：沃里克（Warwick）；☎01926 411122；www.ventureco-worldwide.com；提供为期6~15周的间隔年和工度假项目，包括语言学习、社区发展工作和探险项目，地点在南美（厄瓜多尔、秘鲁、智利、玻利维亚、阿根廷和火地岛）。

乌瓦（WAVA）：伦敦 SE13区；☎ 0800 804 8380；www.workandvolunteer.com；提供在拉丁美洲、非洲、亚洲、大洋洲和欧洲的许多志愿者工作。

工作露营和其他机构

在发达国家的志愿者工作往往是工作露营和短期项目，它们接受无经验的申请者。作为国际志愿者网络组织的一部分，它们并不像一些私人经营的项目那样混乱无秩序。工作露营为志愿者提供支付很少的费用，但可以在国外生活2~3周的机会，同样它还允许志愿者参与到对社区有益的工作中来，认识许多不同背景的人。一个志愿者这样描述："增加他们对其他生活方式、社会问题和他们的社会责任的认识。"工作露营是一个具有90年历史的旨在解决冲突、促进社区发展和花费很少的钱去世界上其他地方旅行、生活和工作的项目。

安德鲁·波义耳(Andrew Boyle)曾相继在国外做过各种工作后，离开参加了几个欧洲的工作露营项目，之后人生得到了新的开始：

我参加了三个志愿者工作露营：两个在德国西部，一个在法国阿尔卑斯山脉。在德国的项目非常有价值，不仅是因为其工作性质（环境保护），还有这个团队的约 20 个成员都成了当地社区的一部分。他们与在居住地认识的当地居民或者与那些基于道德或宗教信仰不肯服兵役的人一起做社区服务工作而不是做军事服务。这种形式的工作露营对那些16~20岁的想要旅行的人是一个很好的选择，曾经的6位从来没有离开过家。但我认为，对那些有经验的旅行者来说它的价值就没那么大了。

为协调工作露营项目，全世界都做出了巨大的努力。这意味着有意愿的志愿者首先需要向他或她所在国家的合适的机构申请，或直接去国际总部。大量的工作露营会在夏季开始运行，3月或4月会在网上公布接下来一两个月内的职位需求。你必须支付一定注册费给那些招募志愿者的机构，一般欧洲的项目需要180英镑，在发展中国家的项目需支付更多，因为需要给将来的项目募集资金或者为那些专业的培训作支付。这些费用包括食宿费在内，但不包括旅游费。每个国家的需求不一样，例如日本的工作营机构NICE启动了一些国外志愿者可以参加的项目，对因地震和海啸而无家可归的孩子进行体育、活动和工艺技能方面的指导训练。2010年，国际志愿者服务队被派遣到了冰岛帮助那些农田被火山灰掩埋的农民。

最大的工作露营机构是**国际公民服务社**（*Service Civil International*），其在世界上41个国家设有分支机构。英国分机构是设在爱丁堡的**国际志愿服务中心**（*IVS-GB* 0131 243 2745；info@ivsgb.org）。国际志愿服务中心在英国之外其他国家的工作露营的注册费用为190英镑，其中包括35英镑的会员费。

在英国范围内的其他机构包括：

肯考迪亚国际志愿者（*Concordia International Volunteers*）：布莱顿（Brighton）；☎01273 422218；www.concordiavolunteers.org.uk；提供30个国家的工作露营项目；注册费180英镑；参加在拉丁美洲、亚洲、中东和非洲的项目的志愿者须另付约150英镑的食宿费及其他费用。

联合国协会交流中心（*UNA Exchange*）：加的夫（Cardiff）；☎029 2022 3088；www.unaexchange.org；会员费12英镑，海外项目须再交150英镑，长期项目200到300英镑。

和平志愿者活动中心（*Voluntary Action for Peace, VAP*）：伦敦 SE22区；☎0844 209 0927；www.vap.org.uk；提供在诸如西欧和东欧许多国家再加上墨西哥、中东和孟加拉国的工作露营项目；管理费150~190英镑不等。

苏格兰交流项目（*Xchange Scotland*）：格拉斯哥（Glasgow）；www.xchangescotland.org。

欧洲志愿服务中心（*EVS*）是欧洲委员会驱动力量，它鼓励

18~30岁的欧洲人参加在东欧和西欧的社会关怀、青年工作、户外娱乐和开发偏远地区的短期和长期的项目。这个机构因其无须支付参与费用而著名；欧洲志愿服务中心为几千名志愿者提供免费的旅游、食宿和两个月至一年的补助。申请者需要向已认证的机构（www.britishcouncil.org/youthinaction）申请或联系行动队的青年团。北美的志愿者应向以下机构申请：

国际公民服务社——国际志愿者中心（*Service Civil International International Voluntary Service,SCI-IVS*）：☎206 350 6585；www.sci-ivs.org；international workcamps。

和平志愿者（*Volunteers for Peace*）：☎802 540 3060；www.vfp.org；会员费每年30美元；4月上旬和平志愿者会在网上公布在100个国家的超过2500个项目的名单列表；会员费每年30美元；大部分项目的注册费为300美元。

堪迪普（加拿大项目发展联盟）（*Cadip*〈*Canadian Alliance for Development Issues and Projects*〉）：加拿大温哥华；☎604 628 7400；www.cadip.org。

大部分国际项目都是环境和社会方面的。他们可能包括对历史建筑修复、重建或建设社区公共设施。以前最有趣的几个项目有为孩子建设探险游乐场、修缮波罗的海的露天博物馆、组织美国的青年音乐会、在日本为海洋清洁工作造船、假期看管斯洛伐克的一个农场学校、帮助法国中部的农民保护他们的家园，还有各种照顾残疾人和老人、环境保护和研究社会和政治问题的工作。

考古

参加考古挖掘活动是另一种很流行的志愿者工作形式，但是这种工作要求他们为食宿费做一些努力。另外要求自带泥刀、工作服和帐篷等。伦敦大学的**海外考古**（*Archaeology Abroad* ☎020 8537 0849；www.britanarch.ac.uk/archabroad）能够提供大量相关信息，他们每年都会公布需要志愿者的考古项目信息；在过去的一年中该网站为订阅者提供了约500个招募志愿者的地方。他们重视志愿者的申请。通过邮件（包括一年的邮件更新）的每年订阅费用为20英镑，通过光盘的费用为25~29英镑。

最大的信息来源之一是来自**美国考古协会**（*Archaeological Institute of America*，www.archaeological.org/fieldwork）的信息列表。考古专业领域的网上资源来自一个俄亥俄州的由考古学家用小额资金经营的名为**搜夫布姆斯**（*Shovelbums*，www.shovelbums.org）的机构。对于那些非考古学专业的学生来说，有在国内的考古经验会大大增加你得到去海外开展考古工作的机会。约克郡的**英国考古委员会**（*Council for British Archaeology*）会在网站上公布招募志愿者的英国考古工作的详细信息；在网站www.britarch.ac.uk/briefing/field.asp上同时也会公布一些野外工作的列表。你同样可以订阅英国考古委员会的项目简报，这些简报列举了志愿者可以申请的考古发掘项目。安东尼·布莱克（Anthony Blake）参加了一项由雷姆大学赞助的考古发掘项目，他说，“考古是一项非常艰辛的工作，申请者必须对在高温条件下工作8小时有充分的准备”。安东尼发现公司很不错，且这次机会能够提高他的法语水平。关于夏季考古项目详细介绍见法国章节。

以色列是另一个考古机会非常多的国家，大部分项目由大学组织。尽管以色列的考古项目比其他大部分项目要贵许多，加上注册费每天35~50美元，但这确实是一个去这个国家偏远地区游历的好机会。

环境保护

热衷于环境保护的人可以经常浏览关于国外环保组织的环境保护的信息。南非一名很有自己想法的游客在一家当地图书馆翻看了“绿皮指南”，联系到了绿皮指南书上列举的一些项目并且被邀在约翰内斯堡附近的猎豹保护区工作来换取食宿费。

查阅2011年版《绿色志愿者》（*Green Volunteers*）你会发现许多这个专业领域的工作机会列表：《自然环保志愿者工作世界指南》（即《绿色志愿者》）或登录www.environmentjob.co.uk，这个网站上有志愿者工作和带薪工作的搜索数据库，地点主要在英国，也有国外的项目。许多公司和慈善机构都会提供“自然环境保护假期”，花费与普通假期的费用差不多。其中最杰出的一家是BTCV（*British Trust for Conservation Volunteers*），它提供包括在冰岛、法国、保加利亚、美国和喀麦隆在内的许多国家的为期2周的国家自然保护的假期项目。更多信息见唐卡斯特（Doncaster）的BTCV（☎01302 388883；information@btcv.org.uk；http://shop.btcv.org.uk）。提供食宿和保险；在黑海建设鸟巢的项目的体验价为一周495英镑，在喀麦隆乡村植树的项目体验价为两周690英镑，包括机票费用在内。

澳大利亚志愿者联盟有限公司（*Involvement Volunteers Association Inc* ☎03 9438 6007；www.volunteering.org.au）安排个人到世界各地的项目，包括自然环境保护、动物福利、社会和社区服务及教育，时间为2~6周，并可安排在不同国家体验项目，费用为1200澳元。

发展中国家

无论你的奉献精神多强烈，都不足以支持你参加在发展中国家的援助项目。通常情况下你要提供一些有用的训练或技能，除非你已经准备自费并且不在意是否真能帮到他们。许多机构给普通人提供在发展中与当地人一起工作一段时间在发展中国家体验生活的机会，后文这本书的非洲、亚洲和拉丁美洲这些章节会涉及这部分的内容。来自魁北克的杰弗里·葛若里欧（Geoffroy Groleau）决定去印度几个月，想要利用自己的一部分时间在发展中国家做志愿者工作。他是无意中在网站上发现了印度的一家非政府组织（NGO），被安排跟随达科史那言（Dakshinayan）机构（见“亚洲”章节）去那里工作一个月。

杰弗里最后结束时认为他从中得到的乐趣远大于他提供的帮助：

志愿者应该期望向当地人学习而不是教他们东西。要知道村民比我们更知道他们的需要，他们很久以前就学习怎样有效地利用周围的资源。另一方面，志愿者提供的与外面世界的联系对村民来说是一个了解周围世界的重要的渠道。我认为，最困难的事情是适应当地相当慢的生活节奏，事实上，作为一个志愿者你不要总是想试图改变当地人的生活，而是为已经进行了多年的集体工作出一份力。

英国著名的职业志愿者和援助机构是**海外志愿服务队**（*VSO*），伦敦 SW15区（☎020 8780 7500；enquiry@vso.org.uk；www.vso.org.uk），招募在教育、卫生、自然资源、技术贸易和管理、商业和社会工作及其他领域的为期两年的专业志愿者。海外志愿服务队提供符合当地水平的工资、各种捐赠和国家保险另外还提供住宿、健康保险和返程机票费用。年龄在20~75岁（目前的平均年龄为42岁）且有经验。

另一个经营多年的著名全球机构是**跨文化青年交流机构**（*ICYE* ☎020 7681 0983；www.icye.co.uk），安排18~30岁间的学生或其他人参加为期6个月至1年的国外寄宿家庭生活和志愿者工作，例如选择在拉丁美洲、非洲和亚洲的30个国家中的一个做戒毒康复、帮助流浪儿童和生态保护方面的工作。不需要特殊的技能因为这是一项技能训练项目。4周的短期项目费用为1600英镑，半年项目3795英镑，全年4495英镑。

北美工作机会

一些公司和咨询机构有工作机会（大部分是无薪工作）的数据库并且为付费客户（一般是16~25岁的年轻人）提供个性化的

咨询，他们试图为客户提供最合适的工作，包括志愿者服务或国外学习项目安排。

间隔年咨询公司（*Taking off: Gap Year Consultants*）：美国波士顿；☎617 424 1606；www.takingoff.net；该公司为寻找包括志愿者工作、实习和为客户量身定做的工作（无薪工作）等国际工作经验的人提供全程个人服务。初期的咨询费为50美元，全套服务咨询费为2100美元。

临时项目有限责任公司（*Center for Interim Programs LLC*）：美国普林斯顿；☎609 683 4300；www.interimprograms.com；主要为普林斯顿和北安普顿（马萨诸塞州）寻找实习或志愿者工作的大学预科生，并且为大学生提供办公室咨询服务。咨询费2300美元。

跨越现在（*LEAPNow*）：卡里斯托加（Calistoga），美国加利福尼亚；☎888 424 5327；www.leapnow.org/gapyear.php；提供在126个国家的实习和体验项目。印度的半年服务项目费用为8400美元。

地平线世界公民公司（*Horizon Cosmopolite*）：加拿大蒙特利尔；☎514 935 8436；www.horizoncosmopolite.com/Anglais/Frametout.htm；提供世界上30多个国家的志愿者工作、实习和西班牙语学习项目。旨在帮助客户找到合适的工作。参与费用从3周350加元到12周800加元不等。其他的项目费用除外。

下面列举的是一些主要机构，它们中的一些提供短期的志愿者工作，在美国很流行，时间不会超过普通假期。

广阔视野志愿者公司（*Abroader View Volunteer Corp*）：宾夕法尼亚州；www.abroaderview.org；提供包括菲律宾和卢旺达在内的21个国家的180个志愿者项目。

跨文化解决方案（*Cross-Cultural Solutions*）：新罗彻尔（New Rochelle），纽约；☎800 380 4777；www.crossculturalsolutions.org；在英国拥有办公地点；提供为期1~12周的世界各地的志愿者项目。

旅游探索股份有限公司（*Explorations in Travel Inc*）：福蒙特州吉尔福德（Guildford, Vermont）；www.volunteertravel.com；为国际志愿者提供雨林保护、野生动植物保护、生态群落保护和其他项目。

全球视野（*Geovisions*）：美国康涅狄格州；www.geovisions.org；提供欧洲和世界其他地方如约旦和俄罗斯的住家家庭教师工作。

全球航线（*Global Routes*）：马萨诸塞州北安普顿(Northarnpton)；www.globalroutes.org；为年龄在17岁以上的学生提供教授英语和其他科目的志愿义工实习工作，地点在肯尼亚、哥斯达黎加、厄瓜多尔和印度的乡村学校；参与费用为5950美元（6周），9750美元（12周）。

全球服务团（*Global Service Corps*）：旧金山；☎415 551 0000；www.globalservicecorps.org；与泰国、柬埔寨和坦桑尼亚的基层机构合作，并向那里输送为期2~3周或更长时间的志愿者和实习生。

全球志愿者(*Global Volunteers*)：明尼苏达州，圣保罗(St Paul)；☎800 487 1074；www.globalvolunteers.org；"志愿者假期运动的始祖"。

交流中心（*Interexchange*）：纽约；☎212 924 0446；www.interexchange.org；提供澳大利亚、阿根廷、哥斯达黎加、印度、加纳和厄瓜多尔的志愿者工作。

世界行动者(*World Endeavors*)：明尼苏达州明尼阿波利斯市（Minneapolis）；☎612 729 3400；www.worldendeavors.com；提供在许多国家的为期2周到3个月的志愿者、实习和研究项目；印度的教师志愿者费用为8周1795美元。

独自出发

在旅行过程中，你可能会遇到野生动植物保护、儿童之家和特殊学校之类的工作，这些工作往往需要一些短期或长期的志愿者。或许你只是想要加入新结识的汤加、土耳其或坦桑尼亚朋友，无论他们从事哪个领域的工作或在哪里工作。你帮助别人可能会得到一条草席或简餐，但更多时候的回报仅是经验和友谊。

PART 2
欧洲打工旅行

英国

在英国，好多看过这本书的读者都会开始计划他们的环球之旅，并存钱作为旅行预算。预算的金额很大程度上取决于旅行计划的难易以及旅行者个人愿承受的条件艰苦程度及旅途中可能存在的风险。有些人非常幸运，在开始探险之旅之前有一份薪水不错的稳定工作，如办公室雇员、数学家教，或者软件开发人员，他们存钱旅行较为容易。而其他人出国旅行之前则不得不在国内做一些临时工作，以尽可能多地存些钱。

如果其他国家的读者朋友计划在英国打工度假，那么他们对这一章的内容也会十分感兴趣。许多年轻人，尤其是澳大利亚人，在全年的时间里都可能来英国，他们会马上寻找那些在伦敦或其他城市求职的志同道合的旅行者。众所周知，伦敦是一座高消费的城市，对于预算不是很充足的游客来说，这里并不是一个惬意之地。但是来自世界各地成千上万的年轻人却忽视了这一点，他们只在乎能在世界大都市度过一段欢乐时光。

经济危机致使失业人数增多、公司裁员、商业萧条。许多原先来到英国的“新欧洲人”都选择了回国，尤其是波兰人。2011年年中，英国失业率达7.6%，而从事兼职工作的人数创下历史新高。经济学家预计，到2013年年底，伦敦的就业水平会恢复到经济危机前的状态，其他地区则需要更长的恢复时间。

背景信息

近年加入欧盟的国家（2004年加入的10个国家）的国民可以自由进入英国的劳动力市场。工人注册计划于2011年4月终止，这项计划原来要求他们进行注册并限制他们享受福利的权利。2007年，虽然罗马尼亚和保加利亚加入欧盟，但这两个国家的国民不能自动获得工作资格，除非他们技术娴熟或者经济富足，且要通过雇主获取工作许可（紫色的工作证）。**职业训练工作计划**（*TWES*）允许外国国民进行以工作为基础的培训，以使其获得专业资格或工作经验，该计划如今只对保加利亚和罗马尼亚的国民开放。

多数的非欧盟国国民可以根据有效期为6个月的旅游签证（在正常情况下，离开英国一段时间再回来的时候，该签证还可续签）进入英国，但对于他们来说找一份合法的工作变得越来越困难。通常来说，英国内政部是不会给没有技术或技术不够熟练的工人发放工作许可证的。雇主现在都要求出示身份证明文件，而且他们还往往会记录你在英国的国家保险号码。英国从来都不是盛行官僚主义的国家，但是对那些藐视法律的人的惩罚却越来越严厉。

2008年年底，英国针对非欧盟国国民引入了一种新型的具有五个层次的移民系统。技术工人手中必须有用人单位提供的工作邀请才能申请工作许可证，这是全世界公认的。许多移民网站对所有的排序做了解释，如www.workpermit.com。英国边境管理局政府官方网站为www.ukba.homeoffice.gov.uk/workingintheuk，上面有各种联系电话（☎0870 606 7766或☎0114207 4074）。第五个层次里面的几种移民规则都允许临时工人在这个国家待一年时间，包括有意向为主办机构免费服务的慈善工作者。

可出具证明显示其父母或祖父母出生在英国的联邦公民，根据血统和国民身份的规定，允许到英国居住工作。连续工作满5年后，他们可以申请永久居留权（目前收取972英镑的费用）。

打工度假签证

2008年年底，施行已久的打工度假方案被彻底修改。只有5个国家的公民有资格享有新版“青年流动计划”（Youth Mobility Scheme）中规定的权利（之前50个英联邦成员国公民均有资格），包括：澳大利亚、新西兰、加拿大、日本和摩洛哥。该计划的施行是基于上述国家给予英国公民对等签证条款。

只有年龄在18~30岁之间，无家庭负担的人才有资格享有相关权利。“青年流动计划”允许享有权利的人在英国从事任何工作，工作期限不超过2年，在来英国之前就要进行申请，还须证明自己有1600英镑的存款或者拥有等值的财产。申请表格及详细信息请登录网站www.ukba.homeoffice.gov.uk下载查询，须交纳190英镑的签证申请费用（2011年）。

英联邦成员国公民可以单独申请“青年流动计划”许可证。如果想确保获得一整套计划安排，他们还可以使用专业代理机构提供的服务。例如，加拿大人可以参与**学生出国工作计划**（*SWAP*），费用为570加元/640美元。

澳大利亚等国的自助旅行代理机构与伦敦的代理机构之间都有联系。通过这些机构提供的成套服务，去英国及找工作就会变得更加容易。例如，海外打工度假（www.owh.com.au）公司作为**福莱特森有限责任公司**（*Flight Centre Ltd*）的一个分支机构，为那些计划到英国打工度假的人们提供旅行背包。一些方案会提供包住的酒吧工作或伦敦的工作机会，费用不等，例如，提供住宿的酒吧工作，中介费为595澳元。

原创伦敦酒吧集团（*Original London Pub Co*, www.londonpubau.com）的总部设在墨尔本，该公司在英国和新西兰有许多分公司，这些公司会针对报名的是单人还是双人将工作加以分类，固定收费595澳元或595新西兰元。通常，经验丰富的厨师会比较受欢迎，无相关工作经验的人就很难找到工作。

布里特邦公司（*Britbound*, www.britbound.co.uk）专门为人们提供在英国安置的服务，例如，帮助打工度假的人们在银行开设账户、找工作、安排住宿等。他们提供整套服务，包括找工作、酒吧工作以及安排住宿，但收取320英镑的服务费。

其他签证

非欧盟国家的学生只要能够在真实的英国教育机构每周上够15小时的课程，那么他们就可以每周工作20小时，假期则可全天上班，且无须申请工作许可。任何到英国并打算长期逗留的参观者或游客都应该准备一份“滴水不漏”的经历，来自佛蒙特（美国州名）的沃登·蒂娇特（Woden Teachout）就没有为此做好准备：

> 初到英国，我有了一段痛苦的入境经历。我按照旅行社的建议买了一张6个月后的回程机票，而非不定期回程票，特别希望不要出差错。事与愿违，移民局官员开始对我表示怀疑，那个可恶的家伙非要我出示护照、机票地址簿，还让我在入境卡的背面写上我有生以来的所有经历。我把自己描述成了一个被娇惯的、特别幸福的孩子，父母出钱让我漂洋过海来英国游逛。她终于勉强地给我按下通行章允许我进入英国。我刚刚过去她就用她沙哑的嗓音对我嗤之以鼻，“你认为你肯定不会为了维持生活而去工作吗？”

过了几周，沃登就找到了5份不同的工作。

特殊方案和交换组织

在英国，一些英语学校、公司还有非营利性组织为欧盟成员国公民提供积累工作经验的机会。通常与英语课程配套，但无薪水报酬。例如，伦敦南部的**双工作体验公司**（*Twin Work Experience* ☎020 8297 1132；www.workuk.co.uk）与全国几百家公司、酒店有联系；最受欢迎的项目收费580英镑。欧洲大陆很多商业机构向年轻人推销整套的打工度假服务。向中介机构交纳数额较大的费用时要小心谨慎，因为有些机构的服务真的很差，来自意大利的埃米利亚诺·乔凡蒂尼（Emiliano Giovannoni）抱怨说：

> 每年都有成百意大利、法国、德国和西班牙的小伙子和

姑娘们来到伦敦，“多亏了”在这些国家运营的无耻的机构，它们垄断了相关业务。这些机构收费十分昂贵，他们承诺帮助找工作、安排住宿和英语学习的课程，可实际上却做不到。在伦敦我遇到过很多人，他们交了很多钱，住的地方居然还有老鼠，好几个星期过去了，连一次工作面试的机会都没有，只能自己找工作或者去职业介绍所。造成这种情况的原因在于他们无法获得真实、可靠的信息。

美国人打工度假

移民政策做出了彻底的更改，并于2008年11月份开始实施，这意味着将终止由BUNAC长期管理的“工作在英国计划”（*Work in Britain Program*）。现在主要的机会是在BUNAC（www.bunac.org / usa / interninbritain）当一名实习生，这比原来的打工度假要求更为严格。只有全日制并取得一定学位或在一年内已完成学业并已取得实习机会的学生才有资格。其他的国际交换机构也有类似的计划项目，例如，**国际实践培训协会**（*Association for International Practical Training* ☎410 9972200; www.aipt.org）。

美国公民如果6月中旬之后能有7周时间做义工，可以通过“温纳特和克莱顿志愿者”机构（*Winant & Clayton Volunteers* ☎212 737 2720; www.winantclaytonvolunteer.org）申请参加英国社会服务志愿者活动（如为中心城区的年轻人、老年人、无家可归的人以及有精神疾病的人提供服务），之后可以自由旅游2周，食宿免费，但所有旅游开支自理（约需4500美元）。

英国最大的志愿者组织，社区服务志愿者组织CSV（☎0800 374991； www.csv.org.uk）推行了一项海外项目。13个合作伙伴国（包括加拿大和美国）的18~30岁的公民可以和英国的志愿者一道，帮助需要帮助的人，如有特殊需求的孩子、有学习障碍的成年人、有犯罪倾向的青少年和无家可归的人。志愿者无须受任何经验、特殊技能以及其他资格限制，符合条件者均可参加。该项目可能会持续4~12个月，从到达英国起算。其间，食宿费以及每周34英镑的生活补贴会和旅游费一起支付。可惜的是，合作机构要收取高额的安置费用，例如，北美人要通过位于加拿大的“约克区学习连接”（*YR Learning Connections*，www.yourworldtodiscover.ca）进行申请，费用为1995美元。

税金

尽快从当地的特别就业中心办事处（☎0845 600 0643）申请英国国家保险账号，这样你就可以获得合法身份在英国打工度假。现在还需进行面试，一般提前2~3周安排。2011年12月之前，单身人士每人每年可以领取7474英镑的个人津贴（2012年为8105英镑），但他们须缴纳25%的个人所得税。尽管按照现行税收体系规定，税款已经直接扣除，但如果你的收入还没有个人津贴多，那么在税收年度4月6日起，你仍可提出退税要求。

外国公民也可以申请个人津贴，但前提是在任何税收年度，其在英国的时间不得低于183天。如果不足183天，他们还可以主张作为与英国签有双重征税协议国家的公民或者居民的权利，只要英国与该国之间签订了双重征税的协议，申请退税。**英国皇家税务与海关总署**（*HM Revenue and Customs*）官方网站（www.hmrc.gov.uk）为人们提供了准确而丰富的信息。如果你需要申报，请保存好所有的税收文件，如文件第60页（年终缴税证明）。工作结束后，把离岗前用人单位给你的第45页上的两部分内容都提交到用人单位的税务办公室。如果你打算离开英国并想申请退款，填写第85页上的表格并准备一份撤离证明，表明你是否愿意再来英国工作，此外，交几张照片复印件，以备后用，还要做好等待至少6个星期的准备。如果借助一家专门负责退换税款问题的会计所，那么事情将会简单得多。这些会计所通常都会根据讨回的税款金额收取一定比例的费用（约18%），但如果未能讨回税款，他们则不会收费。例如尝试找一家伦敦的公司，这些公司会在针对外国人的媒体上刊登广告，像**第一接触**（*1st Contact*，www.1stcontact-taxrefunds.com）和退换税款（www.taxback.co.uk）。

留学生也可与英国学生一样享有免税待遇。他们只需从雇主那里领取一份P38（3）的表格，凭借该表，学生在假期挣得的收入不用缴税。除了个人所得税以外，每个星期超过139英镑的收入，还应按照12%的税率缴纳国家保险贡献税（National Insurecnce Contributions）（2011／12）。

就业前景

在撰写本书时，英国经济正处于水深火热之中。尽管失业率已达到瓶颈，但大规模裁员仍在进行，尤其是在国有经济领域。显然，这会使外国朋友们找工作时竞争更为激烈，而一些季节性和临时工作空缺，如在农业、旅游业和儿童保育领域却鲜受影响。

从2011年10月开始，英国最低工资标准分别为每小时6.08英镑（针对年龄超过21岁的工人）和每小时4.98英镑（针对年龄在18岁到20岁之间的工人）。详情请咨询热线电话☎0800 917 2368或者登录政府网站www.direct.gov.uk／employment查询。除非你足够幸运可以租到低价房，否则从寥寥无几的工资中省钱会十分困难，尤其是在英格兰的东南地区，这里的生活消费水平远高于其他地区。

临时代理机构

在英国，尽管经济形势面临窘境，但数千家招聘代理仍坚持营业，多数代理机构不得不减少开支，以维持经营。Manpower和Select Recruitment是这些大型的普通代理机构中的两家，单在伦敦一个城市就有好多家分支代理，而在全国范围内就更多了。**蓝箭公司**（*Blue Arrow*）设有产业部，该部门签约雇用学生还有其他人员从事临时的保洁、包装及仓库等工作。

科林·罗斯维尔（Colin Rothwell）来自南非，他发现通过行业代理寻找工作是为未来旅行挣得盘缠的理想选择，尽管并非所有的工作都能尽如人意：

在英格兰，我发现最容易的找工作的办法就是借助一些极具诱惑力的代理机构。而同时这也是最不方便的办法，因为他们希望你留下住址和电话号码。这些机构可谓是最大的“吸血鬼”，因为他们会利用一些合理的手段，悄无声息地吞掉大部分你辛辛苦苦赚来的血汗钱，而你只能拿到一半的工资。但也并非一无是处，比如你可以选择适合的工作时间和地点，有的代理机构还会把你带到好多地方，从事各种各样古怪的工作。例如，我做过的最糟糕的工作是在一家狗肉厂。天微亮就得上班，你面前的大冰箱里堆着好几吨半冻着的腐肉，地上到处都是血，还散发着恶臭味，你简直无法相信会有这么糟糕的工作。所以，虽然我急需用钱，但也只干了两天就辞职了。

由于餐饮代理机构数量众多，所以拥有厨师工作经验的人们找工作会相对容易一些（详情请参考“旅游业和餐饮业”中内容）。临时性意味着更多的灵活性，即使大多数你联系的代理机构都希望确保你能提供完整的信息。例如，大多数代理都提供工作许可证明。需要注意的是2011年10月生效的《代理中介用工规定》（*Agency Worker Regulations*）保证外籍临时工作者在从事同一岗位的临时工作时可以与固定员工享有同等的待遇。

如果你持有度假工作签证或是拥有欧盟国籍，推荐你使用Workabout（☎0871 222 4036；www.workabout.uk.com），这是一家专注于休闲和酒店的服务中介机构（70 North End Road，West Kensington，London WIF 9EP，☎ 020 7603 6123；info@bligh.co.uk），长期提供各种儿童保育、办公助理、体力劳动等用工信息。同时接待各种旅行者。

广告

随着时间的推移，各种招聘网站开始取代报纸，成为人们发布招聘广告的主要途径。www.gumtree.co.uk就是其中之一，该网站还建立了康沃尔和爱丁堡的地方网站。此外，http：//london.craigslist.co.uk上也有成百上千介绍伦敦工作机会的广告。伦敦的一些免费的周报和杂志还主要为澳大利亚、新西兰和南非三个国家的移民开辟专栏，有针对性地提供临时工作信息。在地铁、旅行社等地方的广告分发箱里还可以找到*TNT*杂志（www.tntmagazine.com）。招聘代理除了刊登护士以及会计、银行、信息技术、法律等行业的专业人才招聘信息外，也会刊登广告招聘一些没有技术含量或技术含量不高的工作人员，如保姆、电话中心接线员、酒吧服务生和农场工人。

广告宣传最多的工作当属“慈善资金筹集人员”，大概因为这些广告的收益最高。主要的慈善机构，像**红十字会**（*the Red Cross*），经常会雇用商业公司，在英国街头为其筹款。诸如**流动的博爱**（*How Caritas*，www.flowcaritas.co.uk）和**启发者**（*Inspired People*，www.inspiredpeople.org）这两家公司会利用富有吸引力的响亮口号，如“倡导追求更加美好的世界”，旨在吸引大量年轻人加入他们的团队，并通过与路人对话，并尝试劝服他们签订“自动转账捐赠授权表”（Debit Donation Form）。该活动被称为“暴力慈善”（Charity mugging），因此，员工们偶尔也被扣上了“慈善流氓”（Chugger）的帽子。在这些被雇用的人群中，外国年轻人占据了大多数，他们持有假期工作签证，其中包括来自加拿大安大略省的大卫·考克斯（David Cox），他只有18岁，刚到伦敦就找到了这份工作。在被派遣到工作的第一站前，他受邀前往牛津进行了一天的培训。他期待有机会能去不同的地方看看：

> 前三周都过得非常有趣，我正在慢慢熟悉这份工作。到目前为止，我去过布莱顿、朴次茅斯还有纽卡斯尔一带，今晚动身要去曼彻斯特。我喜欢这份工作，但一周要工作7天，工作压力非常大，所以我希望有时间好好休息一下，再过两周，我打算去挪威。

不是所有的人最终都会爱上这份工作。安娜·凌一开始在一定程度上出于理想主义从而开始了这份在布里斯托尔（Bristol）的工作，但她逐渐意识到这份工作的邪恶性，因为筹集来的捐款大都流入了“中间人”的腰包，除了基本工资外，街头募捐工作者还能从每份捐赠中获取一份奖金。

收获季节

英国重要的水果种植区包括：从伊拂珊谷（Vale of Evesham）到怀河谷（Wye）和阿斯克谷（Usk Valleys）；肯特（Kent）的大部分地区；林肯郡（Lincolnshire）和东安格利亚（East Anglia），尤其是维斯贝奇（VVisbech）附近的沼泽地区；苏格兰（布莱尔高里和福弗尔〈Blairgowrie，Forfar〉）泰河口（Tay Estuary）以北。除此之外，在英国还有许多采用密集性人工劳作的区域，所以如果你对农场的工作感兴趣，请务必咨询职业介绍所或者当地的农民工会。全国农作物的收获时间也不一样，例如因威斯塞尔（Invernesshire）的树莓要比怀特岛的树莓晚熟至少两到三个星期，此外，开始采摘的日期也因实际情况每有所变化。

在英国，一些最大的农业工人雇佣人均参与执行《农业季节性用工方案》（*SAWS*），经由此种合法方式，农场主可以雇用外国劳工，进行3~6个月的帮工。但目前，该方案仅面向保加利亚和罗马尼亚两个国家的公民。2011年劳工的配额数量为20 250名，并且仅在9家参与的组织中进行分配，如诺福克湖区（Norfolk Broads）的大型无核水果农场，**R&JM之地**（*R&JM Place*，www.ifctunstead.co.uk）和一些专门的机构像赫里福郡的**丰硕有限责任公司**（*Fruitful Ltd*）。参与的机构和农场可在《农业季节性用工方案》的网站（www.ukba.homeoffice.gov.uk / workingintheuk / eea / saws）获取联系方式。注意《农业季节性用工方案》可能会不断调整。

农业代理机构

在全英国范围内，代表农场招聘工作人员的SAWS代理机构包括：

Concordia YSV Ltd：19 North Street，Portslade，East Sussex，BN41 1DH；☎01273 422293；info@concordia-ysv-org.uk；www.concordiafarms.org；non-profit organisation。

硕果职业有限责任公司（*Fruitful Jobs Ltd*）：Windy Hollow，Upton Bishop，Ross on Wye，Herefordshire HR9 7TT；☎01989 500130；info@fruitfuljobs.com；www.fruitfuljobs.com；提供少量工作岗位，如春季什罗普郡（Shropshire）的芦笋采摘人员。

霍普斯劳工招聘公司（*HOPS Labour Solutions*）：c / o National Federation of Young Farmer's Clubs，YFC Center，Stoneleigh Park，Kenilworth，Warwickshire CV8 2LG；☎02476 857206；hopsgb@nfyfc.org.uk；www.hopsgb.org.uk。

萨斯塔克有限责任公司（*Sostak Ltd*）：1 & 7，BDC，Long Lane，Craven Arms，Salop，

SY7 8DZ；☎01588 673636；saws@sastak.com；www.sastak.com；代表什罗浦郡和斯塔福德郡的农场招聘工作人员。

18岁的卡丽莎·法伊是一位来自德国的旅客，利用刊登在TNT杂志的招聘信息她成功地找到了英格兰东部农场的工作：

我在苏格兰认识了一位南非的女孩，并和她一起去了地球上最无聊的地方——威斯贝奇（Wisbech）。我们并不介意每天工作12个小时并且花去1.5小时奔波在工厂和住所之间。至少每周我们可以攒下100英镑。除了需要想方设法让自己开心外，工厂的工作还是不错的。借助代理机构的广告找一份工作会非常容易，同时还有一点好处就是他们可以帮助解决一切问题，如住宿、工作、开通银行账户，但这时需要仰仗幸福女神的眷顾，那就是你可以找到一家信誉不错的代理。如果你拥有足够的财力支撑你寻找一份工作，直接前往位于彼得堡或威斯贝奇的就业中心进行咨询，或干脆主动联系工厂，都是不错的办法。

新闻媒体经常曝光那些被剥削工人的案例，尤其是一些不懂英语外国工人的案例。在英国大部分的农场就业机会掌握在臭名昭著的“把头”手中。如果你想了解是否自己被骗，一定要确保你的老板已经过《雇主（许可）法案》（*Gangmasters<Licensing>Act 2004*）的认可，并可登录介绍2004版法案的官方网站查询合法代理机构的相关信息。

2011年，从事农作物收割的基本工资为5.93英镑每小时，同时加班的工资为每小时9英镑左右。工作条件也要符合规定，例如：每周扣除的住宿费不得超过31.75英镑；同时，农场主不得因为工人无法提供每周15个小时或以上工作时间而扣减工资。英国WWOOF掌握着全英国400家农场主的信息，通过在农场帮工，人们就能获得农场主免费提供的食宿。会员须交纳20英镑（两人只需交30英镑）就能获得这些农场的信息（纸质或者电子版）；详情可咨询英国WWOOF，联系方式：PO Box 2154, Winslow, Buckingham MK18 3WS（www.wwoof.org.uk）。

旅游业和餐饮服务业

英国旅游业深受当地气候的影响，但是英国服务标准却大为提升，尤其是酒吧餐饮服务。随着欧元升值和经济危机的影响，更多的英国人选择了在国内度假（有数据显示外国游客度假的预订量有所上涨，该现象可能会发生改变）。不管怎样，英国还是吸引了来自国内外的众多游客，估计英国旅游行业的从业人数占人口总数1／10。

酒店业从业人员的工资待遇是出了名的低，且剥削工人现象也十分普遍。最低工资政策的引入，从一定程度上缓解了这一情况，保证了工人的最低收入。拥有“银质服务证书”的酒店员工或其他专业资质的员工还能挣得与伦敦餐厅服务生同样体面的工资。一些打工者只有在七八月旅游高峰时才能找时间工作，与他们相比，那些工作时间更灵活的人们，从4月到10月，找工作会更加容易些。大多数酒店更愿意在年初就收到附带照片和个人简历的正式书面的求职申请，不过，酒店也非常愿意打电话（尤其是在春末）了解具体情况。在餐饮行业，拥有可在线查询或者出示纸质基本食物卫生证书（Basic Food Hygiene Certificate）者可优先录用。通常，许多公司都采用网络招聘的形式，如www.hospitalitystaff.co.uk。

许多培训和交流组织会为外国学生安排酒店工作，这些机构包括：

欧洲工作经验项目有限责任公司（*European Work Experience Programme Ltd*）：Unit 1，Red Lion Court，Alexandra Road，Hounslow，Middlesex，TW3 1JS；☎0208 572 2993；www.ewep.com；帮助欧洲的年轻公民寻找在酒店、机场折扣店、快餐店等的工作；收取费用272英镑，保证3周之内安排工作。

国际沟通交流培训机构（*ETCI：Exchange Training Communication International*）：Beckenham，Kent BR3 1AT；☎020 8249 6465；www.etci.co.uk。

不通过中介，打工度假者也能在酒吧、咖啡馆或者酒店等地方找到工作。22岁的萨拉·齐默尔曼（Saral Zimmerman）来自美国，她决定在英国找工作来养活自己，她的第一份工作是在一家豪华酒店，然而却遇到了一些意想不到的麻烦：

> 我会讲英语，所以大家可能认为这份工作对我来说会比较容易，其实不然。整个菜单还有餐馆里所有的东西都是用的法语，我甚至无法分辨哪个词是“青豆”！而且，我记得他们还告诉我主厨会讲英语，恕我无法苟同，因为我实在无法听懂他冲我嚷嚷的每个字。还有许多同事来自奥地利、波兰、瑞典和委内瑞拉，相比之下，和他们交流起来容易得多。

萨拉（Sarah）决定找一家不讲法语的餐馆工作，但情况还是有点令人失望：

英国人傲慢，且喜欢闲散的生活方式。可能这就是他们做事情要花很长时间的原因所在。我在一家高级（奢华）的面包店（餐厅）里试着工作了一天，非常有意思。午餐时间的两个小时，我都在忙着给客人们服务，这还不算，我感觉我像是小学自助食堂的女服务员，我都不知道我的发网什么时候掉了。

沃登·蒂侨特发现，美国人常常很难分辨不同的口音。“在餐厅的背景音乐中，我常常很难分辨顾客到底点了些什么；因为美国人耳中‘烘烤’（Bakes）和‘小河’（Becks）这两个词发音很相似。”

酒吧

在英格兰，提供住宿的酒吧比比皆是，特别是在伦敦和东南部稍远的一些地方。店员每周工作39~45个小时，另外还有几天假期，通常只能挣取最低工资。很多人除了白天工作，晚上还要加班挣钱，为以后的旅行存钱。

亲自上每家酒吧寻找工作机会往往比坐等招聘广告更为有效。在佩思郡（Perthshire）的旅游名镇皮特洛赫里（Pitlochry），一位游客发现自己带的钱所剩无几，于是就一家家酒吧地找工作。酒吧大多不缺人手，要么担心他没有工作许可证。直到第34家酒吧，店主问他是否能够立即上岗，他兴奋地走到吧台后马上开始了工作，甚至不知道香蒂酒是吉尼斯黑啤酒（英国产烈性黑啤酒）的一种。不要忘了，在英国的酒吧里，外国打工度假者是不能收取小费的。

度假露营和活动中心

拥有赛艇、帆船、登山等技能证书的人们往往在暑期更容易找到教练的工作。**英国假日活动协会**（*BAHA*，www.baha.org.uk）拥有24家度假露营和活动中心，从这里开始，是一个不错的选择，其网站上设有“招聘信息”板块。

许多助理工作岗位是专门为热爱运动的年轻人准备的，尤其是在儿童活动中心。苏珊娜·菲利普斯（Suzanne Phillips）在北德文郡（North Devon）的一家探险中心工作，她说“一个人的性格和品行远比资格证书更加重要”。活动中心的薪酬并不高，但是有些中心年终会发奖金作为补贴。所有幼保工作者必须接受**犯罪记录局**（*Criminal Records Bureau*）的调查，而国外的申请者还须出示警方开具的无犯罪记录登记表。通常都是用人单位向犯罪记录局提出审查申请，而非个人。详情请登录网站crb.gov.uk或者拨打犯罪记录局咨询热线☎0870 90 90 811。

PGL旅行公司是多家从事此类招聘的大型公司之一。该公司为18家英国度假中心提供招聘服务（也包括在法国和西班牙的一些中心），招聘职位的种类相当丰富，包括：活动教练、活动组长等。尽管活动大多从2月开始10月结束，但大规模招聘主要集中在暑期。PGL旅行公司的招聘联系方式为：Alton Court，Penyard Lane，Ross-on-Wye，Herefordshire HR9 5GL；☎0844371 0101；recruitment@pgl.co.uk；www.pgl.co.uk / recruitment。

许多度假中心还为外国儿童增设了英语学习营，除了英语教师外，一些教辅以及指导人员也是必不可少的（参见后文“教学”部分的内容）。

以下是一些可能需要招聘家政及组织人员的度假活动中心的信息：

巴尔库达斯夏令营（*Barracudas Summer Activity Camps*）：St Ives，Cambridgeshire；☎01480 497533；jobs@ barracudas.co.uk；http：//recruitment.barradudas.co.uk；为整个英国南部举办的生活营和日间营招聘150名活动教练、50名艺术手工指导教师、150名团队协调人员和50名安保人员等；仅占用假期中6周的时间进行。

金斯伍德集团（*Kingswood Group*）：☎01603 309350；www.kingswoodjobs.co.uk；位于诺福克海岸以北怀特岛等地区的教育活动中心招聘大量的技能教师和团队辅导员；此外，旗下博蒙特露营的生活营地还招聘大量的临时工作人员。

超级露营有限责任公司（*Super Camps Ltd*）：Abingdon，Oxfordshire；www.supercamps.co.uk；在英格兰中南部地区招聘1000名各年级的临时教师。

希望从事家庭度假中心的餐饮、家政以及其他工作的人们可以试着联系布特林斯（Butlins），这是一家在伯格里吉斯（Bognor Regis）、迈恩黑德（Minehead）和斯凯格内斯（Skegness）拥有数家活动中心的机构；庞汀斯（Pontins）6家海边家庭度假中心的招聘（www.pontins.com / recruitment）；HF度假中心位于湖区，在乡村酒店举办各种活动及特别有趣的假日活动（www.hfholidays.co.uk / recruitment）。布特林斯、**华纳休闲酒店**（*Warner Leisure Hotels*）和港口度假中心（Haven Holidays）都属于**伯恩休闲集团**（*Bourne Leisure Group*），该集团负责12 000名员工的招聘（www.bournejobs.co.uk）。

类似**顿塔公园**（*Alton Towers*）和**乐高乐园**（*Legoland*）的主题公园也有招聘大量临时员工的需要，但不提供住宿。除此以外，为了填补通常较为辛苦工作的聘位空缺，这里还进行过山车操作员、为儿童和成人表演的演员、保安、主持人、商店服务员等工作的招聘。

青年旅社

每年3月到10月期间，**青年旅社协会**（*Youth Hostels Association*，英格兰和威尔士）都会雇用几百名自愿的普通助理（www.yhacareers.co.uk），帮助管理英国青年旅社协会的200多家旅馆。他们的工作职责包括：为很多人准备饭菜、日常的卫生清理、财务以及一些文职工作，协会提供食宿，并可能会发放少量的工资。

在英国也有一些不受约束的青年旅社和经济型旅馆。《独立青年旅社手册》（*Independent Hostel Guide*，Backpackers Press；☎01629 580427；www.backpackerspress.com）被制成便于携带的小手册，上面列举了几百家此类旅店。酒店列表可以在网上查到。这些青年旅社同时提供各种临时工作，打工者只需每天工作几个小时，便可免费享用食宿。

特别活动

在举办特殊活动期间，如：6月的英国**亨利皇家划船赛**（*Henley Regatta*）、利兹市海丁利（Headingley in Leeds）举办的国际板球锦标赛、八九月的爱丁堡艺术节，以及一系列高尔夫对抗赛和各郡农业展需要临时工作人员来完成停车场引导员、售票员还有餐饮服务人员的工作。体育比赛如**英国高球公开赛**（*British Open*）和温布尔登网球锦标赛期间，也需要聘用大量的临时工。有意者可以到当地旅游信息办公室领取一张时间安排表，并且联系活动举办者。

除了餐饮行业，其他在特殊活动期间招聘员工的公司还包括：

Events Staff Ltd：25 York Road，Northampton NN1 5QA；☎01604 627775；招聘1000多名服务员、项目推广人员、赛车场的停车服务生和安保人员等。

FMC（*Facilities Management Catering Ltd*）：Church Road，Wimbledon，London SW19 5AE；☎020 8971 2465；www.fmccatering.co.uk；该公司为欧洲最大的室外餐饮服务供应商之一，并与温布尔登网球公开赛（两周共招聘1600名员工）、切尔西足球俱乐部签订了餐饮服务合同。

Jam Staffing：伦敦SE16区；☎020 7237 2228；www.jamstaffing.com；伦敦举行特殊活动时招聘酒吧工作人员和服务员。

Leapfrog International：Riding Court Farm，Datchet，Berkshire SL3 9JU；☎01753 580880；crew@leapfrog-int.co.uk；招聘家庭娱乐日（Family Fun Day）服务员，前三次活动，日工资为55英镑，之后每日工资为75英镑。

NDSS Ltd：威尔士，☎01446 731280；www.ndssltd.co.uk；为

重大活动招聘300名服务员和保安员。

薄荷会展公司（*Peppermint Events*）：伦敦SW19区；☎0845 226 7845；www.peppermintevents.co.uk；为诸如“最佳音乐节”（Bestival）等活动招聘酒吧服务生。

如果说大众餐饮和保洁工作有点无聊，那么对于雇主而言，只有一些重大的活动，尤其是如**爱丁堡艺穗节**（*Edinburgh Fringe Festival*）之类热闹的活动期间，才有可能提供更加有趣的工作机会：

> 来自美国的尼克尔·格拉克斯特恩（Nicole Gluckstern）认为在爱丁堡艺术节期间，工作岗位基本可以分为两类：街区兜售员和剧院工作人员。沿街叫卖珠宝、头巾或者漫画等的商贩不仅要为自己准备货品，同时一件雨衣也是必不可少的。你需要提前一年申请拿到销售许可证方可上街兜售物品。而实际上，只要你不在主要街道做生意，你可以在任何地方随意摆摊，直到被警察赶走（通常都比较有同情心）。然后等上半个小时，重新开张。剧院不仅需要技术人员，当然也包括售票员，爆米花制作工和保洁员（这要看你有多少在剧院工作的经验）。

如果你正好赶在节庆前的一周来到小镇，那么你很有可能找到一份在全镇发放海报的工作；否则你就需要提前做好计划。除非你就居住在博湖克蒙大拿（Bohunk Montana），试着联系到那里表演的演出团，并提出免费为他们提供帮助，每个演出团都被要求安排一名舞台监督，但多数演出团都是直到最后一分钟才发现他们很难找到合适人选。与摇滚节和圣诞超市的工作所不一样的是，爱丁堡艺术节的工作没有报酬，但从中获得的宝贵经验非常值得你迈出这一步。

吉斯·拉尔纳(Keith Larner)建议改变暑期传统的打工方式——为婚礼或者聚会搭建营帐（参见“建筑和其他季节性工作”部分）：现在我发现了另一种不错的临时工作。我刚刚为体育比赛，如高尔夫球赛和网球赛搭建了临时看台。这绝对是一项极其吃力的体力活，但是报酬丰厚，因为你每周需要工作7天（但只在4月到10月才有这样的工作机会）。

大型夏季音乐节，如：**格拉斯顿伯里音乐节**(*Glastonbury*)、**世界音乐与舞蹈艺术节**(*WOMAD*)以及**纬度音乐节**(*Latitude*)期间需要大量的服务生，此类工作的报酬虽不丰厚但可能会给你带来更多乐趣。**乐施会**（*Oxfam*）为各个音乐节招聘5000名志愿者服务员（www.oxfam.org.uk/stewarding）。其他的节日通过网站www.festivalvolunteer.co.uk录用志愿者。在夏季艺术节期间，如世界音乐与舞蹈艺术节和其他盛会，组织者还会招募一些有偿或无偿的垃圾收集人员；可登录网站www.networkrecycling.co.uk进行注册。

苏格兰

尽管传统上苏格兰的失业率高于英格兰，但旅游相关行业却一直存在大量工作机会。

来自德国的卡丽莎·法伊就是一位被苏格兰迅速折服的欧洲大陆游客：

在花光所有的钱之前，我坐车来到了苏格兰，因为我听说在苏格高地的酒店找到一份工作会比较容易。在乘车前往因弗内斯（Inverness）的途中，会途经阿维莫尔（Aviemore），这是一个让我一见倾心的地方。赶往位于因弗内斯的职业介绍所两天后，我便回到阿维莫尔，每天在这里的自由酒吧打工，晚上在肯哥姆（Cairngorm）旅店兼职（报酬丰厚但却没有太多的乐趣）。我原本打算在这里待上3个月，但最终待了10个月，离开的时候，我不仅说话略带苏格兰口音，而且可以飞快的速度收拾房间，酒量更是大涨，即使喝下足以让一个欧洲男人一命呜呼的量，我仍旧可以对答如流，除此以外，我还能轻松地端起4个盘子。在这里我度过了一段非常美好的时光。

一些代理偶尔也会在伦敦刊登一些为苏格兰酒店招聘工作人员的广告，这类酒店通常提供免费的住宿。基斯·弗林（Keith Flynn）回复了一则这样的广告（www.livein-jobs.co.uk），并且，正是一个省钱的理想之地：

我看到了迪伊·库珀（Dee Cooper）的广告，决定打电话咨询一下。基本上你只需打电话告诉对方自己是做什么工作的，例如，厨房的勤杂工或是酒吧服务员，对方就会免费提供你一张苏格兰附近的用工一览表。

保罗·宾菲尔德（Paul Binfield）来自肯特，他发现越往苏格兰北部，可供选择的工作机会越多，在奥克尼岛（Orkney Islands），他找到了一份临时的工作：

那时失业率并不高，从3月到9月一直有各种暑期工作机会可供选择。我们在岛上的一家青年旅店工作，还为**奥克尼海豹拯救计划**（*Orkney Seal Rescue*）提供志愿者服务，目前我和历史遗址景点斯卡拉布雷（Skara Brae）签订了3个月的合同，薪水丰厚。此外，在酒店和酒吧还会有很多季节性的临时工作，比如为议会整理草坪以及其他园艺工作等。

儿童保育与家政工作

2008年关于移民政策的法律法规经历了根本性调整，这对“互惠生”方案产生了重大影响。英国边境署在其网站上明确指出：“‘互惠生’这种移民类型在2008年11月26日已经被取消了。请参考移民计分体制下第五条中关于青年旅行工作的方案。”然而，许多互惠生以前都是通过合法途径从非欧盟国如土耳其和克罗地亚移民到英国，但目前已无可能。在参与青年活动的国家中，加拿大、澳大利亚、新西兰和日本的申请人基本对互惠生方案不感兴趣。欧盟的申请者当然可以任意选择做换工还是其他工作。互惠生大多来自即将加入欧盟的国家，如，斯洛伐克、波罗的海各国等。特殊的法规只适用于保加利亚和罗马尼亚这两个国家的申请者（详情参见www.ukba.homeoffice.gov.uk）。需要引起注意的是，取消互惠生移民方式也引起了人们对其他法规的疑惑，从2011年起，显然互惠生应像其他雇员一样享有带薪休假4周的权利。

虽然英国内政部（Home Office）已不再允许互惠生这种移民方式，但一些与之相关的旧准则已经在此系统中根深蒂固。按照规定，互惠生应当负责照看孩子，做一些简单的家务，但每周工作的时间不得超过5天25个小时；另外，还要在晚上看护小孩。目前，互惠生每周的最低薪水不得低于70英镑；然而，这种工作方式并不受最低工资规定的限制。

欧洲的年轻女性和越来越多的愿意提供比互惠生更长时间劳动的男性成为妈妈们的助手或者保姆。即使没有经过培训并未取得任何职业资格，凭借不错的口碑，这样的儿童看护每周也能挣到120英镑的报酬并享受免费食宿。有相关经验的妈妈助手收入是他们的两倍，保姆的报酬则更高一些。

许多来自澳大利亚和新西兰的年轻女性会选择在英国当保姆，部分原因是除了免费的住宿外，她们还能获得不错的收入。拥有青年交流签证的人们可以利用代理机构寻找工作或者直接回复私人广告。

如果你决定到一家正规的代理机构进行登记注册，他们首先会确认你提供的个人信息的准确性，同时警方也会对你进行调查。通过www.bestbear.co.uk 和

www.childcare.co.uk这两个网站上的链接，你可以找到许多知名的保姆和互惠生代理机构。伦敦目前有几家代理机构负责专门招聘住家男性儿童保育员，如：**保姆服务**（*Nanny Service*，www.mannyservice.co.uk）和**我的大朋友**（*My Big Buddy*，www.mybigbuddy.com）。

如果你想找一份不用照看孩子但提供住宿的工作，也有很多代理机构专门招聘老人和残疾人的护理人员，例如，在萨里郡一家名为**库拉多米驻家看护**（*Cura Domi-Care at Home*）的代理（电话01483 420055；www.curadomi.co.uk）招聘驻家护理人员，待遇为每周450英镑。**牛津阿姨**（*Oxford Aunt*）是该领域内另外一家不错的代理机构（☎01865 242606；www.oxfordaunts.co.uk）。

教学工作

虽然在南部沿海地区和牛津、剑桥这些地方英语学校比比皆是，但你会发现想在托基（Torquay）找一份做语言老师的工作要比在台北难得多，而同样的情况在布莱顿要比在波哥大（Bogota）更难。在英国有500多家语言学校，但在夏季要想从中找一份报酬不错的教书工作，所要具备的绝不仅仅是整洁的容貌。最近几年，来自泰国、中国和韩国的留学生数量大幅度增加。

英国多数的语言学校要求老师持有正式的英语外语教学合格证（*Teaching English as a Foreign Language, TEFL*），或者最低为大学学历，有教师资格证，或者能够用一种外语流畅地进行交流。如果符合一条或所有上述条件，你在暑假之前的几个月里，应该向几家语言学校提出申请。一般情况下，有英语外语教学合格证的老师，每周可以挣得270~350英镑。好多用人单位还要从工资中扣除一部分作为员工的住宿费。

就算不具备上述条件，你仍然可以考虑到语言学校工作，因为有好多学校会为该校的外国学生推出远足和一些娱乐项目，所以他们可能需要不参加教学活动的辅导员和体育教练。在这些夏季语言学校中的任何一家工作，都是接触欧洲和其他国家年轻人的一种很不错的方式，而在你开始出发旅行时，他们可能会非常热情，并给你一些好的建议。

英国的450家英语学校和大学通过了英国文化协会的认可，并且都能在**英国英语协会**（*English UK*，www.arels.org.uk）官网上查到。这些学校通常只雇佣有资格或有经验的教员。尽管在英国全国都能找到这样的学校，但多数还是聚集在东南部地区、伦敦、牛津和剑桥。

下面简单列举了一些主要的语言课程机构，这些机构通常都会提供大量的夏季工作机会，包括：

英国大陆教育集团（*Anglo Continental Educational Group*）：伯恩茅斯（Bournemouth）；☎01202 411813；www.anglo-continental.com；为伯恩茅斯的暑期寄宿班招聘专业英语教师、活动助理和行政人员。

阿尔德莫语言学校（*Ardmore Language School*）：☎01628 826699；jobs@theardmoregroup.com；www.ardmore-language-schools.com；在全英国范围内，为海外儿童组织夏令营和英语语言露营。

康恩德国际夏季学校(*Concorde International Summer School*)：坎特伯雷(Canterbury)☎01227 453325；www.concorde-int.com/recruitment；招聘英语专业教师、活动带头人等；每周工资为240~500英镑；组织课外活动，作为报酬可享受食宿，须有工作经验和英语教师资格证。

探索夏日学校(*Discovery Summer*)：伦敦肯辛顿(Kensington)：☎20 7937 1199；www.discovery-summer.co.uk；在英格兰7家寄宿中心组织儿童和青少年夏季课程，招聘40名活动带头人，免费住宿，周工资为300英镑。

英孚国际语言学校（*EF International Language Schools*）：London SE1；☎020 7401 8399；招聘大量的英语外语教师为寄宿班授课。

EJO：汉普郡(Hampshire)；☎01428 751549；www.ejo.co.uk；从6月到8月，英格兰南部地区6家中心招聘员工。

CES使馆英语（*Embassy CES*）：www.embassyces.com；20家暑期学校需要招聘活动带头人等；非寄宿活动组织者的基本工资为每周213~255英镑。

朝圣者英语语言课程(*Pilgrims English Language Courses*)：牛津；☎01865 258336；www.pilgrims.co.uk；招聘教师和项目工作人员。

国际项目（*Project International*）：20 Fitzroy Spuare，London WIT 6EJ；☎020 7916 2522 recruitment@projectinternational.uk.com；projectinternational.uk.com/employment.php；引进的青年旅行社，从索尔福德（Salford）到多佛（Dover）共有11家中心。

泰晤士谷夏日学校（*Thames Valley Summer Schools*）：温莎（Windsor）；☎01753 852001；www.english@thames-Valleysummer.co.uk。

不仅一些穷困地区急缺有资格证书的中小学老师，伦敦和其他地方情况也是如此。许多地方教育局，主要是内伦敦和外伦敦（inner and outer London），不断需要聘请临时短期的老师，日工资在120~160之间不等。

医学实验

在英国，有100家临床研究单位开展不间断的医药实验，其中有很多是在志愿者身上做实验。因为实验需要，所以一些规模较大的医药公司像**葛兰素史克**（*Glaxo Smith Kline*）公司会在一些主流媒体上刊登广告招募大量的志愿者。2006年发生的一起案例使得临床药物实验声誉大跌：6名志愿者本来身体健康，但被当作实验品试用了一种白血病药品之后，他们的器官功能出现大幅度的衰退现象。此后，愿意做医药志愿者的人就越来越少了。当然，医药实验必须经过严格的监护，并且要接受医学伦理委员会的监督，但是伦敦**诺斯威克公园医院**（*Northwick Park Hospital*）的一起案例证明志愿者的安全并不能得到保障。更为戏剧性的是，长期服用一些未经认可的药品而其安全性却无法预知，人们担心其后果将不堪设想。

不管怎样，还是有为数不少的人通过医药实验来挣取定期收入，每天200英镑，或者整个实验2000英镑。许多公司的记录表明这部分开支都能报销，但实际上的花费远多于账面反映的数额。关于葛兰素史克公司在剑桥和伦敦进行的实验项目的细节，请登录网站 www.volunteers.gsk.co.uk。其他公司还包括：

阿勒塔科学/西柏克研究有限责任公司（*Altasciences/Simbec Research Ltd*）：南威尔士莫色提维（Merthyr Tydfil）；☎0800 691995；www.volunteer-research.com。

奇尔特恩斯国际（*Chiltern International*）：Ninewells Hospital，Dundee；☎0800 838249；www.getpaidtoparticipate.com。

科文斯临床研究有限责任公司（*Covance Clinical Research Ltd*）：利兹（Leeds）；☎0800 59157；www.testwiththebest.com。

哈姆斯密药物研究（*Hammersmith Medicines Research*）：Cumberland Avenue），London NW10 7EW；☎0800 7838792；recruit@hmrlondon.com；www.londontrials.com。

ICON PLC：曼彻斯特；☎0800 328 8000；volunteers.man@iconplc.com；www.iconplc.com/study-volunteers/uk。

精鼎临床药理学研究单位（*Parexel Clinical Pharmacology Research Unit*）：哈罗，诺斯威克公园医院（Northwick Park Hospital，Harrow）；☎0800389 8930；drugtrial@parexel.com；www.drugtrial.co.uk。

瓦泰公司（盖伊药物研究单位有限责任公司）：*Quintiles GDRU Ltd* 伦敦SE1区，盖斯医院（Guys Hospital）附近；☎0800 634 1132 or ☎020 79107777；www.areyoutheanswer.com。

里士满药理学志愿者招募（*Richmond Pharmacology Volunteer Recruitment*）：伦敦SW17区，☎0800 085 6464；www.trials4us.

co.uk。

维达临床研究（*Veeda Clinical Research*）：普利茅斯；☎0800 012 1504；www.nowvolunteer.co.uk。

有些情况下，自愿实验者须递交一份由医生出具的健康状况证明，以表明自己身体健康。在大多数情况下，来自外国的志愿者必须证明自己在英国属于合法逗留。罗布·艾布特勉强地签署了一份合同，在他的家乡莱斯特接受一种治疗花粉病的药品实验，从而补给他环球之旅的经费：

> 要取很多次血样，并且一直看电视。幸好我的血管太细，因此不能凭此发迹。要是能从6月16日坚持到7月11日，那么我将会得到大约950英镑的报酬，其中包括两个晚上留院观察，还要每周复诊两次。

伦敦的机会还是最多的。除了需要满足当前实验的资格要求外，你还被要求接受志愿者招募官的筛选。通过了筛选以后（前两周不许服用任何药物和药品），你必须保证在实验前后48小时之内不得吸烟或饮用酒、咖啡、可乐、茶等饮品以及食用巧克力。从服用实验药品到进行测试（如验血、测量血压等）这段时间里，你可以吃饭，观看电视节目还有电影，如《昏迷》（*Coma*）或者《前世冤家今世欢》（*Love at First Bite*）。如果服用一些莫明其妙的药物会让你感到沮丧，那么选择心理实验则可使这个过程变得更为轻松，尽管从事心理实验的报酬不多。心理学研究者们总是需要很多志愿者，他们经常可以接到拨款专门给接受实验的人发放报酬，想获得此类工作可以到各个大学的心理系进行咨询。

很多男性以前不假思索就去捐献精子来换取少许报酬，但是现在他们必须注册详细信息，以便于通过捐精出生的孩子将来能够追溯他们基因上的父亲。超过2/3愿意提供精子的捐赠者都是不合格的。可以登录国家配子捐赠信托官网（www.ngdt.co.uk）查找离你最近的诊所。获得认可的捐赠者每捐献一次可以获得250英镑，每周可捐献2~3次，但每月捐精的次数不得超过4次。位于哈雷路的**伦敦女性诊所**（*Women's Clinic*，www.londonwomensclinic.com）是英国最大的精子库。

建筑和其他季节性的工作

因为楼市惨淡，建筑业现在处于低谷期，所以在接下来的时间内几乎找不到临时甚至需要技术含量的工作。

你可能比较幸运能够找到临时而非长久的建筑工作。搭建营帐的工作十分辛苦但报酬也相当丰厚，尤其是前往工作地点路上花费的时间都会被计入你的劳动时间，付以报酬，不过经常需要加班。你可以联系**田野和草坪营帐搭建有限责任公司**（*Field and Lawn 〈Marquees〉 Ltd*）进行咨询，该公司遍布全英国，在利兹、爱丁堡、格拉斯哥、伦敦以及布里斯托尔都设有办公处（www.fieldandlawn.com）。位于布里斯托尔的**丹科公司**（*Danco*）长期以来一直雇用旅行者搭建营帐（www.danco.co.uk/employment）。此外，还可以通过当地的黄页查询其他公司的联系方式。

一些农业方面的工作具有很强的季节性，例如每年12月给火鸡褪毛的工作就是如此。

埃里克·麦克尼斯（Eric Mackness）大胆地接下了一份在牛津郡的一家圣诞树种植工厂帮忙的辛苦工作。从11月10日开始，为期一个月。

在暑期旅游旺季接近尾声的时候，我应聘到萨克岛上一家爱尔兰公司，其商品行销爱尔兰、苏格兰、肯特还有距牛津不远的阿宾顿镇（Abingdon），我就在阿宾顿工作，主要负责对圣诞树的分类、标价还有装载工作。每个小时的工资并不高，但是由于很可能会持续工作不休息（每周工作80~90小时，并且没有假期），所以总的算下来，收入也还不错。这里提供住宿，伙食也很好。这是我做过的最辛苦的工作（我从事过一些比较辛苦的工作）。下着暴雪，我还要在装满冰冻树木的拖车上工作，没有毅力的人是承受不了的。

显而易见，许多工人第二年还会再回来工作。**艾米瑞达集团**（*Emerald Group*）会提供一些新的工作岗位；可以到位于韦克斯福德（Wexford）爱尔兰办公处进行申请（☎53 912 2033；www.emerald group.ie）。

伦敦

很多刚到伦敦的人都说在这里不愁找不到工作。而真正的问题在于能不能找到一个足够便宜的住处，这样你就能够从本就不多的工资中省出一大笔开支。来自悉尼的伊恩·米赛尔伯格（Ian Mitselburg）就曾经历了这个寻常的过程：

我的第一份工作是从一家青年旅社的布告牌上找到的：精打细算的酒店老板需要重新装修其位于帕丁顿/贝斯沃特地区（Paddington/Bayswater）（也许是别的什么地方）的酒店。我在这里帮忙干了几周酒店装修的工作，工资都是现金支付。之后，经一家代理机构介绍，我在**伯爵宫展览中心**

（*Earl's Court*）工作，这里由几个新西兰人经营，并且他们对澳大利亚人非常有好感。

针对外国人的免费杂志上也有广告版面，比较著名的有*TNT*杂志，上面有很多招聘代理机构的广告，它们涵盖所有的服务领域，从宴会餐饮到景区园艺。你在这里不仅能找到工资最低的厨房打杂工作，还能找到挣双倍最低工资的厨师助理工作。向你的代理咨询卫生证培训事宜，并且了解从事保洁和安保工作的要求，因为在伦敦对于此类工作的条件要求苛责。在众多园艺和景区劳动工作领域的代理机构中，**目标集团**（*Target Group*）是罗瑟希德（Rotherhithe）一家不错的代理商（☎020 7232 1010；www.target-jobs.com）。

首都伦敦的酒吧

经常出入伦敦酒吧的人都知道，在吧台工作的人大都不是英国人，而是波兰人、澳大利亚人或者是其他外国人。虽然有很多代理机构专门招聘酒吧工作人员，但是对于想找酒吧临时工作的人来说，它们的帮助并不是很大；而通过该网站 www.gumtree.com查找概率会更大些。

来自挪威的克里斯汀·摩恩（Kristen Moen）向我们描述了她在伦敦一家酒吧的工作情况：

我非常喜欢这份工作，酒吧的氛围非常棒，置身其中我感觉很开心，工作中还会遇到很多友好的朋友。我唯一不满意的就是薪水太少了——或者说是伦敦的房子租金太高了。要是有工作许可证，找一份工作易如反掌，由于这方面的限制，我不得不花了两周才找到这份工作。刚开始我都是直接跑到酒吧和餐馆去咨询是否有合适的工作空缺，大家都很热情。但他们却总是建议我去别的地方试试或者告诉我几周以后再回来看看。同时，我还在《伦敦旗帜晚报》（*Evening Standard*）上寻找适合的工作。由于没有工作许可证，70%的酒吧都拒绝了我。幸运的是，最终我还是找到了一份工作，并且在那里开心地工作了4个月。

在酒吧一周的工作时间为45个小时，税前每周薪水是270英镑。有的酒吧提供住宿，但住宿费按照每周40英镑从你的薪水中扣除。有的酒吧同时还是餐馆，所以赚取一些小费也不是没有可能的。

快递员

开小货车或者送快递是典型的临时工作。有摩托车的人们很可能会羡慕那些骑着摩托车挣钱的快递员。没有摩托车可以从公司租借。骑摩托做快递员每周可以挣700多英镑。送出快递的数量越多，速度越快，收入也越高，除此以外，你还得非常熟悉伦敦的大街小巷。当然这种工作遭受伤害的概率也很高，所以，从事此类工作的人员在申请保险和纳税时，需要交纳的保险金额将会很高。

城市斯布林特公司（*City Sprint*，www.citysprint.co.uk）在全英国有31家办事处，该公司一直致力于招聘司机或者快递员；有的人从事一些短期的工作，为他们的旅行积攒积蓄，该公司非常同情这些漂泊不定者（☎08707 384444；fleetrecruit@citysprint.co.uk）。有的公司也招聘骑自行车的快递员，例如签证代理机构。优秀的快递员每天能够完成40多份订单。这种工作不受天气情况的影响。不过雪天除外，因为这样的天气实在太危险了。

住宿

伦敦有很多（相对）便宜的旅店，在那里会聚集很多外国游客，多数初到伦敦的人都会找这么一家旅店住下来，在这里，一张床位只需15英镑。有的旅店还可以作为你省钱和合租的起点。幸运的话，你只需花5英镑就可以在朋友租下的旅店凑合住上一晚。如果打算与别人合租，在还不算是伦敦的中心地区，一个房间至少要价80英镑；而一间公寓房或设备齐全的起卧兼用房则需要160英镑。在伦敦找住的地方，一些网站非常有用，如：www.accommodationlondon.net 和www.roombuddies.com。

来自斯图加特的卡丽萨·法伊年纪轻轻就到了伦敦，当时她只有18岁。从那时起，她下定决心试着长期工作旅游，不久以后，她就从一家旅馆搬进了租来的房子里：

> 到了伦敦后，我去了包括伯爵宫（Earls Court）在内的许多其他地方，并在一家招待所遇见了我的第一位旅行伙伴。我计划周一一大早赶在所有人之前拿到旅店免费提供的*TNT*杂志，并开始找工作。哎，遗憾的是，我们住的旅店是一家社会旅店，周一下午3点之前，我甚至都不能来回走动。我原以为自己错过了这次机会，鉴于我当时的处境，肯定找不到工作。可是为了锻炼自己，我穿上外套，决定出去找一个安身之地。我去的第三家房屋中介（我当时还是一个天真的孩子，所以信任像房屋中介这样的机构）看上去还不错，很专业而且价格也不算贵。填表的时候，我没填“职业”这一栏，说我还正在找工作。中介的老板就坐在另一张桌子旁边，

抬起头看看我，然后问道“你想在这里工作吗？”所以，只用了一个下午的时间我就找到了一份工作，同时找到了住的地方。

在伦敦，通过工作来换取免费食宿是一件很划算的事。比如，一些慈善机构招聘全职志愿者帮助社区里那些无依无靠且身体严重残疾的人们。比如SHAD招聘志愿者，工作时间至少为3~4个月，提供住宿，待遇每周不少于60英镑。志愿者轮流值班，这样他们就有大量的空闲时间在伦敦游览。SHAD的办公处设在旺兹沃思（*Wandsworth* ☎020 8675 6095；www.shad.org.uk）。**独立居住选择公司**（*Independent Living Alternatives*）：Trafalgar House，Grenville Place，NW7 3SA；☎020 8906 9265；www.ILAnet.co.uk。以类似的待遇招聘全职的“个人助理”，周薪23.5英镑，提供食宿，另外，报销交通费用。网站上有当前招聘职位，多数是兼职性质的，待遇为每小时8英镑。一些私人的保育代理机构也招聘保育员，提供住宿且报酬相当丰厚。

疯狂的假期结束后，一名来自希腊的假日推销员戴碧·哈里森（Debbie Harrison）来到伦敦，她迫不及待想要积攒一些积蓄：

我在萨里郡一个很安静的地方寄宿照顾一位年老的妇女。我目前的工作状态与平时假日期间那些无休止地外出聚会、毫无节制的饮酒和过度的日光浴的日子形成了巨大的反差。一位朋友被一家中介录用了，经他介绍我参加了这家中介的面试，虽然我没有经验也没有任职资格，但他们立即给我找到了一份工作。报酬还不错，但工作时间很长，这样就没有时间参加社交活动了，因此这项工作真的很省钱。

只接受特定中介机构提供服务的那些客户是很挑剔的，所以除了体面的穿着外，你还需要符合这些客户要求的工作经验，当然一份能联系上的介绍人写的推荐信也是必不可少的，除此之外，驾照也相当重要。

当地申请

英国的读者朋友或许会认为在离家近的地方工作会比较省钱。如果试过各种办法后，仍未找到工作，比如通过职业介绍所、回复Gumtree或其他地方的广告，或是到私有的就业代理处注册，那么你就应该采取更多措施了。黄页是非常宝贵的信息源，上面有各行各业潜在用人单位的联系方式，从商品蔬菜种植业到市场调查。自己亲自去咨询也是一种非常好的办法，例如，亲自到所在地区的各个大百货公司、超市、全国零售连锁店、快餐厅或者罐头厂咨询那里的人事经理，特别是在暑期到来之前。

有一位精力充沛的年轻美国女性在剑桥的几周居然身兼数职："由于担心我的存款越来越少，我就兼职了5份工作：两份清理卫生的工作、一份保姆的工作、一份在一家红色豪华的土耳其夜总会做吧台服务员，还有一份（这份工作使我处于良好的状态）是担任教授的个人助理。最后一份工作，是我在研究生中心的布告栏上看见的，也是目前为止我做过的最有趣也是最赚钱的工作。"世界各个大学都会贴出布告招聘实验助理，大多在系办公室和教学楼，而不是学生会。另外，大学官网也是一种有效途径。

志愿者机会

在本章开始部分就提到了社区服务志愿社实施志愿者招募，年龄在18~34岁的人均可参加，需要离家半年到一年的时间服务于那些需要帮助的人，如需要特殊帮助的儿童还有无家可归的人。志愿者本人无须具备任何特殊技能、经验，也没有任何资格要求，报酬为每周34英镑，提供食宿；免费咨询热线☎0800 374991或者查询CSV主页www.csv.org.uk。另外一家组织，卡姆登（Camden）的**西蒙社区**（*Simon Community*），为那些愿意帮助无家可归的人提供食宿，还发放少量工资（☎020 7485 6639；www.simoncommunity.org.uk），但工作期限不少于6个月。年龄超过19岁的志愿者除了享受免费提供的食宿外，每周还能领取到38英镑的津贴。

还有很多短期的志愿者工作，特别是在夏季的几个月，残疾慈善机构会招募志愿者在度假中心提供服务，让那些残疾人和他们的护理人员好好休息一下。韦塞克斯（Vitalise）在南安普敦（Southampton）、绍斯波特（Southport）和格威尔（Chigwell）经营好几家度假中心，并且招募有意愿的志愿者（英国国民或者其他国民）。该慈善机构提供食宿，并且负责报销英国境内来往各中心的所有路费；有意向的朋友可以在网上下载申请表（www.vitalise.org.uk）。

如果你对古迹保护工作更感兴趣，有几家国家团体组织安排1~3周的打工度假，在这里志愿者可以修缮砖墙、清理杂乱的池塘、进行植物取样、考古挖掘或者维护传统林地。志愿者可以居住在舒适的营地，每个营地可容纳13名志愿者。National Trust负责组织400种打工度假志愿活动，详细信息可以登录网站www.nationaltrust.org.uk / volunteering查询。

BTCV（*British Trust for Conservation Volunteers*）在从康沃尔郡海岸到苏格兰高地的全英国范围内举办200项志愿者打工度假

活动，从事保护工作。根据不同的消费水平，每周报销食宿及保险费用240~275英镑。工作内容包括相关的培训，且许多培训都颁发资格证书，可以登录BTCV网站（http：//shop.btcv.orq.uk）查看英格兰和苏格兰的志愿活动详细信息（☎01302 388883）。

鸟类爱好者可以参加**皇家鸟类保护协会**（*Royal Society for the Protection of Birds, RSPB*）的志愿观察者，最长不超过4周，在此期间，志愿者还可以担任很多其他不同的角色（☎01767 680551；www.rspb.org.uk / volunteering），协会提供住宿但伙食自理。**水道整修集团**（*Waterway Recovery Group* ☎01494 783453；www.waterways.org.uk）组织长达一周的志愿者运河露营，每周只需56英镑的食宿费。

想要参加考古挖掘的人需要向位于约克郡的**英国考古委员会**（*Council for British Archaeology*）问询相关信息。登录其官网（www.britarch.ac.uk / brieing / ield.asp）可以免费下载野外工作明细表。或者，还可以订阅该委员会的简报，上面列举了志愿者能够申请的考古挖掘工作条目。

对于那些没有获得工作许可的人来说，做志愿者是一个不错的选择。任何人都可经过自己的努力找到志愿者的工作。珍妮特•里纳德（Janet Renard）和卢克•奥利维尔（Luke Olivieri）是两名事业心很强的美国游客，在回国之前两人都从事了好几份志愿者的工作，其中最特殊的是在北威尔士波特马多克（Porthmadog）的**费斯蒂尼奥格铁路公司**（*Ffestiniog Railway Company* ☎01766 516035；www.ffestiniograilway.co.uk / volunteer.htm）的工作，这家公司运营非常有名的窄轨铁路，并为志愿者提供宿舍。

许多志愿者都是铁路/蒸汽机迷，但是即使我们对此一无所知，他们还是接受了我们。我们选择在公园和花园路段工作，并且用一周的时间完成除草、种植和清理等工作。工作任务十分艰巨，而且夜间工作也很忙。一天晚上，有人带我们去了一家酒吧，出去吃了一顿饭，访问了一个威尔士男音合唱团，并且在本区域内组织了一次爬山。费斯蒂尼奥格铁路公司的运营完全依靠来自世界各地年龄各异、各行各业的志愿者。不过公司常常人手不够，因此随时欢迎愿意再回去工作的志愿者。

同样是在威尔士的**替代技术中心**（*Center for Alternative Technology Machynlleth* Powys SY20 9AZ；☎01654 705955；www.cat.org.uk / volunteers）招募

短期志愿者，工作时间是从3月一直到9月；志愿者需每天交纳伙食和住宿费10英镑。该岗位需提前预订。

英国的一些佛教团体借工作访问之机为志愿者提供免费住宿。例如，坎布里亚（Cumbria）的**文殊菩萨大乘佛教中心**（*Manjushri Mahayana Buddhist Centre*, Working Visit@manjushri.org）免费提供一周的宿舍，还有每日三餐的素食，但志愿者每周需工作35个小时。坐落于约克郡的中观中心（Madhyamaka Centre）相应地也提供同样的条件，并且招募更为长期的志愿者（☎01759 304832；www.madhyamaka.org）。尚娜·威廉姆森（Shona Williamson）就曾经在这里打工度假，过得非常愉快，所以她决定以此为家，并延长休假。她每周工作35个小时，从事花园打理和一些装饰性的工作，从而换取这里提供的免费宿舍和素食，并且晚上还可以参加禅坐和讲经活动。

来自纽约州的劳拉·希区柯克（Laura Hitchcock）通过努力找到了两份与自己职业生涯相关的比较有趣的实习工作，时间为3个月。条件是如果用人单位愿意录用她，并且能够帮她在当地找到一个可以提供住宿的家庭，那么她可以自己承担其他所有费用。她在希罗普郡天福镇（Telford in Shopshire）附近一家**乔治铁桥博物馆**（*Ironbridge Gorge Museum Trust*）的宣传部工作，后来是在东安格利亚（East Anglia）的一家剧院艺术中心。这是很久以前的事了，很有可能一些没有找到工作的英国学生也已经发现了此类工作，尽管没有收入，但可为即将从事的工作积累经验。

爱尔兰

爱尔兰的财富迅速膨胀之后又迅速衰退，由于银行制度分崩离析，“凯尔特之虎”变成了一只生病的睡鼠，越来越多的爱尔兰人对目前的就业形势开始丧失信心。即使如此，打工度假计划并未受到太大影响，很多年轻的游客源源不断来到爱尔兰尝试打工度假。

打工度假方案

有爱尔兰血统的美国国民可能会获得自由进入爱尔兰的资格，甚至可以加入爱尔兰国籍（这样他们就可以享有所有欧盟公民的权利）。详情可到爱尔兰大使馆直接咨询。

接受北美全日制高等教育或者一个学期之内即将毕业的学生都可以申请打工度假许可，有效期为夏季的4个月或者1年。美国人可以通过BUNAC（www.bunac.org）、加拿大学生可通过SWAP打工度假俱乐部（www.swap.ca）进行申请。加拿大的学生可以拿到签证（没有年龄限制），非学生身份且年龄未超过35岁者也可拿到签证。学生旅行和交换代理机构USIT是其在爱尔兰的合作机构（19-21 Aston Quay，Dublinz；☎01 602 1906；www.usit.ie）。

到了爱尔兰，打算在这里逗留和工作90天以上的非欧盟国公民必须要在爱尔兰国家移民警察局（Garda National Immigration Bureau）进行注册，同时交付150欧元，之后就能获得关于打工度假计划或就业的信息。学生旅行和交换代理机构USIT目前参与管理为澳大利亚人和新西兰人拟订打工度假计划方案，这些人应该从自己国家的爱尔兰大使馆申请交换游客许可证。如果你到利菲河（River Liffey）南岸的学生旅行和交换代理机构USIT办公室咨询就可以查看大布告栏上的“当前职位”信息。

显然，有很多美国人及其他国家不是学生的人都没有资格申请该项目。但是，住在私人旅馆就可以让你留在爱尔兰。一位有进取心的加利福尼亚人通过网站www.hostels.com联系了一家旅馆，发送了几封简单的电子邮件，了解到一些具体情况，电话通话后，她就被一家新开的旅馆录用了，这家旅馆除了提供住宿外，每周还发给她150英镑的工资。

求职

EURES在爱尔兰的办公处（27-33 Upper Baggot Street,

Dubbin 4；☎01 607 0700；www.fas.ie）拥有15名训练有素的顾问。Jobs.ie和loadzajobs.ie是国内两家大型的在线招聘网站，它们有全爱尔兰范围内酒店、餐馆、酒吧、休闲中心、销售员、儿童保育员等职业的招聘信息。其中厨师和有经验的酒店接待员特别受欢迎。

有些机构还为来自欧洲大陆的年轻人安排无薪酬工作实习安置，如**职业咨询与培训**（*Career Counseling&Training*，www.careertraining.ie）。一些机构专门为美国人提供同样的服务，例如World Endeavors（www.worldendeavors.com），该组织根据项目收取高额的费用，如一项为期半年的特定职业实习项目收费高达4350美元，该项目主要针对住在都柏林的美国人，并且为参加者准备了私人住宿。

旅游业

在爱尔兰，临时工作的机会主要集中在旅游业内。除了都柏林外，需求量最大的当属西南部的两个郡县：科克（Cork）和凯里（Kerry），特别是基拉尼（Killarney）的诸镇（这里有100多家酒吧）和特拉利（Tralee）。在爱尔兰，通过任何方式都能与酒店取得联系。

申请的时候，务必注明自己在音乐方面的特长，因为酒吧和酒店非常乐意雇用偶尔能用钢琴弹奏一曲的服务员。其实，直接去咖啡厅、露营营地和娱乐场咨询要比申请的方式更为有效。每年有20万人到克莱尔（County Clare）的艾尔威洞穴（Aillwee Cave）参观游览，负责景区管理的公司每年7、8两个月除了招聘景点洞穴导游外，还要招聘餐饮和销售的员工（*Aillwee Cave Co.Ltd* Ballyvaughan，Co.Clare；☎065 707 7036；www.aillweecave.ie / jobs.html）。在这里工作，公司可以提供旅馆住宿，但要收取一定费用。

在爱尔兰，有的驯马场和水上运动中心也会招聘有一定经验的助理和教练。**庄园尼康马拉小马螺柱公司**（*Errislannan Manor Connemara Pony Stud* Clifden，West Galway；☎0952 1134；errislannanmanor@eircom.net）专门招聘儿童教练和小马训练师。任职期限最低为2个月，且须在3月之前提交申请。

全爱尔兰有不计其数的音乐节和文化节，且主要集中在夏季。著名的乐队经常在都柏林附近的音乐厅举办音乐会。能在市场中发现商机的业余企业家（不管是否持有经营许可证）都将小赚一笔。希瑟·麦克库洛奇（Heather McCulloch）的两个朋友在一场盛大的音乐会上卖馅饼和三明治，没多长时间就净赚了1000多英镑。

特拉利玫瑰节（Rose of Tralee）是在特拉利举办的大型地方节日。克里公司（Co.Kerry）

在8月的第三周开始招聘不同行业且有进取心的员工，正如特蕾西·史翰（Tracie Sheehan）说的那样：

> 由于每年都有50 000人参加这个节日，所以旅馆、酒店、餐馆和咖啡厅都需要另外招聘员工。街头乐手、哑剧演员、杂耍演员和艺术家们都能赚很多钱，酒吧生意火爆，所以酒吧里的歌唱表演都收入不菲。

都柏林

在米格·厄克特（Mig Urquhart）看来，“烂工作在都柏林比比皆是，然而，真正的好工作却很难找到”。他换过许多工作，例如：都柏林的青年旅社、简易旅馆、爱尔兰本国的快餐公司Supermacs（recruitment@supermacs.ie）、政府部门的食堂，还有由游客、学校群体和乘客们资助的利菲河上的出租船。在主要的游客旅馆，像**都柏林国际青年旅馆**（*Dublin International Youth Hostel*, 61 Mountjoy Street）可以查看布告栏上的就业信息。

可以在市中心的**圣殿酒吧**（*Temple Bar*）尝试一下新潮的场所。一位名为丹·艾尔德瑞奇（Dan Eldridge）的美国人，几年前从都柏林写信说：他发现不管在圣殿酒吧还是河北岸的盖夫顿街（Grafton Street）附近，餐馆和酒吧的工作数量都增加了很多。本来挺值得在这个区域内好好打探一番，但是现在就业形势却严峻了很多。就像巴西旅行者曼纽尔·涅多（Manoel Netto）所发现的那样，他随身只带了800欧元就来到了都柏林，但他态度积极乐观，本打算在此找一份工作，攒些钱，交些朋友，然后去旅行。然而，在www.travelpunk.com写日志的时候，他回忆了自己的艰难经历：

> 我听说都柏林是一个很不错的地儿，因为这里工作机会很多，爱尔兰人也非常友好。爱尔兰人民从未令我失望过！在圣殿酒吧内，吧台的数量确实不少，且生意火爆，门庭若市。于是我开始四处打听，不放过每个可能有机会的地方，可一份工作也没找到。一周中，我听到的回复都是“不”，要么就是问“你的保险号码是多少？”就只有这些，其余什么也没了！一周后，我感到非常沮丧。尽管我交了一些朋友，还常常和他们一起出去吃饭，可我知道我没多少钱可以长期维持这样的生活方式。我感觉自己颜面尽失、疲惫不堪、精疲力竭。我不得不尽快离开都柏林这个要让我快要发疯的地方。

街头艺人在都柏林的盖夫顿

街生意很好，因为爱尔兰人非常慷慨，懂得欣赏这些人的音乐天赋。

互惠生

想学习英语的欧盟国家公民和一些持有英联邦护照的人可能希望通过众多代理机构中的一家寻找在爱尔兰成为互惠生的机会，例如：卡洛郡的**三叶草互惠生代理**（*Shamrock Aupair Agency*，www.aupairireland.com）会在都柏林和其他地方向普通家庭安排寄宿互惠生。

卡拉国际（*Cara International*）位于梅奥郡（Co.Mayo），是**国际互惠生协会**（*International Au Pair Association*）的成员单位之一，该组织已经将其服务推向海外，开展将爱尔兰青年送往国外打工度假的项目。互惠生需首先交纳50欧元的申请费，成功安排交换后还需另外交纳50欧元。其他值得一试的机构还有位于威克洛郡（Co.Wicklow）的**SK都柏林互惠生代理**（*SK Dublin Au Pairs*，www.skdublinaupairs.ie）；都柏林中部的**海因斯代理**（*Hynes Agency*，www.hynesagency.ie）招聘有经验的保姆，该代理会收取一定的注册费用，这在爱尔兰也是合法的。互惠生每周工作25个小时，可以挣85~90欧元的零花钱，而保姆如果每周工作35个小时，可以领取100~120欧元，全职工作则可以净挣400~450欧元。作为语言学校的分支，这些代理机构通常都会提出要求，让互惠生与他们签订参加其举办的英语课程的合同。

农业和渔业

在爱尔兰赛马业也十分发达；有驯马经验者可以联系马场、骑马度假中心和骑马招聘代理机构顺利地找到工作。莱伊什郡（County Laois）的**爱骑者**（前文提到过）是一家专门提供在爱尔兰农场工作经验的机构，尤其是针对欧洲的学生（www.equipeopleworkexperience.com），此外，该机构还向爱尔兰和国外（☎057 8643195）的赛马行业输送赛马工作人员。有意向者还可登录网站www.yardandgroom.com查询相关信息。

罗伯特·阿比特（Robert Abblett）给一位爱尔兰的渔民搭了个便车，这个人给了他一些渔业就业方面的指点：

> 他说可以到三个地方去试一试。我去过戈尔韦（Galway）西面罗莎维尔（Rossaveal）码头的一家水产加工厂，在那里很容易就找到一份工作，从鲱鱼的体内取出鱼子，计件付薪。老板告诉我说一般有经验的工人每天能挣将近63欧元，速度最快的工人则可以拿到126欧元，一周最多工作5天（天气允许的话）。多数人只干几天就走人了，因

为这种工作又脏又无聊，周围还散发着恶臭味。开工的时间只从10月中旬持续到来年2月。后来，我又去了丁格尔（Dingle）到一家水产加工厂。我耐心地到贝亚拉（Beara）半岛的卡斯尔敦贝尔（Castletownbere）考察，这是一个很大的白鲑鱼港口，显然，在这里几乎全年任何时间都可以找到在渔船上和加工厂里的工作。

罗伯特在寻找这些工作机会时表现出的积极性和创新性令人钦佩。他从该地区地图上查找看起来有可能的村庄的名字，然后通过电话号码咨询台往当地邮局打电话，邮局通常都有当地水产加工厂的电话号码。

荷兰

英国和爱尔兰的年轻人搭乘廉价航班和渡轮开始涌向这里，他们通常住在青年旅社，寻找待遇较高的工作以及向往中的自由与开放。市场上对不讲荷兰语又不懂技术的工人的需求量远未饱和，因为荷兰的失业率只有2.4%，居于欧洲最低水平，其中年轻人的失业率仅为欧洲一般水平的1/3。

找工作的范围不应仅局限于阿姆斯特丹。在鹿特丹、海牙、哈勒姆（Haarlem）、莱顿（Leiden）和乌特勒支（Utrecht）有许多代理机构招聘临时工作人员。南部和西北部的失业率最高，所以尽量不要去这些地区，尤其注意一点，夏季的时候工作竞争最为激烈。

法律法规

荷兰人加紧了对擅自占地者、吸毒者还有其他被视为不受欢迎行为的管制。采取这些措施在一定程度上是为了应对日趋增加的从欧盟新扩地区涌入的移民。所有欧盟国求职者都必须依照政府规定的办事流程进行申请，多数的代理和雇主也都会遵循这些程序。对于有意逗留3个月以上的欧盟公民来说，只需要一张欧盟通行证，凭借这张通行证可以到当地的税务机关（税务局）申请一个公民服务号码（BSN）。可以到斯劳特戴克（Sloterdijk）火车站外面的一栋黑色大楼里找相关部门申请阿姆斯特丹的公民服务号码（Kingsfordweg 1；☎0800 0543）。申请了公民服务号码以后才被允许到就业办公室注册或担任工作。

职业介绍所可能不太愿意与你签署合同，除非你有荷兰银行账户，而那些短期逗留工作者经常光顾的银行往往不愿意为其开通账户。你可以到**荷兰银行**（*ABN-AMRO*）的主要分行和**邮政银行**（*PostBank*）开通账户，在这些银行可以开通银行自动直接转账业务。

非欧盟国公民

对于非欧盟国公民来说，情况应该会更加困难一些。北美人、澳大利亚人和其他没有签证想要到荷兰旅游的人也被允许在荷兰打工，但期限不得超过3个月，这些人只需在到达荷兰以后3天内，向**外事警察局**（*Aliens Police*）进行备案，并且通过他们的雇主为其办理工作许可证之后，就能合法地工作了。你还需提供在当地的住址，在荷兰期间最好一直使用这个地址。

打算在荷兰待3个月以上的非欧盟国公民必须有一位担保者，如：愿意从就业服务中心为他们办理工作许可的雇主。随着2010年"现代移民政策"（*Modern Migration Policy*）的实施，这些程序也随之简化。雇主还可以为打工者同时申请居住许可证（有时候也指个人档案），但是这些申请工作要在其未来员工来到荷兰之前完成。实际上，临时工作是不予办理工作许可证（TWV）的。

海牙市政厅内部名为"ACCESS"的外籍支持组织（www.access-nl.org）发行了各种各样的信息小册子，其升级后的网站 www.newtoholland.nl也可以提供许多帮助性的信息。详细信息咨询荷兰移民服务局（IND，国外的可拨打电话☎0900 1234561 或☎00 3120 8893045；www.ind.nl，该网站为全英文网站）。30岁以下的加拿大、澳大利亚以及新西兰公民可以获得有效期为一年的打工度假签证。

繁文缛节

在减少工人被剥削方面，荷兰拥有一些世界上最为先进的法律。按照规定，度假打工工资不得少于总工资的8%，且该规定适用于除了临时工作外的所有工作形式。完成工作后不要指望着立马就能领到度假工资，因为有可能要过好几个月以后，这些钱才能打进你国内的银行账户中。同样的，可能要到税收年度年底才能拿到退税款项，所以，员工们应该保留所有标明收入和扣除税款的工资单。按照规定，用人单位还要为员工缴纳健康保险费（医疗保险）。

如果你觉得自己受到了老板或业主的不公平待遇，可以从任何一家**青年信息组织机构**（*JIP*，www.jip.org）获得合法的帮助，此外，你还可以咨询任何就业办公室。

有两家可能会用到的供查阅的网站：www.nlplanet.com和www.joho.org，这两家网站都努力成为为游客、旅行者、侨民、跨国求职者、实习生、语言专业的学生和志愿者提供全方位服务的组织。JoHo 在海牙市、莱顿市、阿姆斯特丹、鹿特丹、乌特勒支市以及格罗宁根市（Groningen）都设有商店/办公处，这里偶尔也提供少数的职位空缺，其主要的工作还在于为荷兰游客提供出国服务。

私人职业介绍代理机构

大多数雇主通过私人就业代理（临时就业机构）来招聘临时工，这在一定程度上避免了直接雇用外国人而要办理的烦琐的手续。因此，在荷兰联系这些代理是找临时工作的一个非常有效的渠道。在大城镇中，这些代理的数量越来越多，例如：仅在阿姆斯特丹市就有近350家。

在电话簿或者黄页（www.detelefoongids.nl）上可以查到职业介绍所的联系方式，要尽可能多地进行注册。并非所有的职介所都会接受不会说荷兰语的求职者。你应该在白天的营业时间内亲自到职介所咨询或至少向办公室打个电话，最好每天打两个电话，因为工作分配通常都不具系统性，经常是一挂电话，工作人员根本记不住你是谁。伊恩·肯特（Ian Kent）认为对于不会讲荷兰语的人来说，阿姆斯特丹比其他各省的希望更大一些：

> 在阿姆斯特丹，小餐厅、旅店和咖啡店的工作都非常好找。然而，出了阿姆斯特丹情况则要困难一些。我花了3个月的时间到农场和温室咨询，但是所有的职业介绍所都告诉我说除非你会讲荷兰语，否则是找不到工作的。一次偶然的机会，鹿特丹的一家职业介绍所正在给有欧盟通行证的人安排工作，通过它我也找到了一份包装水果和蔬菜的工作。这份工作非常无聊，而且要10~12个小时才倒一次班。我建议不会讲荷兰语的朋友们都去阿姆斯特丹找工作。

在职业介绍所只能找到工作时间不超过6个月的工作，而它们提供的工作多数不需要技术。荷兰西部兰斯塔德地区（Randstad）是主要的人口聚集地，因此工作机会也就最多。荷兰跨国公司众多，所以以英语为母语且有一定经验的秘书和数据录入员工作机会很多。一般情况下，通过职业介绍所就可以找到这样的工作。科瑞恩·帕里（Kerian Parry）在刚刚20岁的时候就已经在莱顿市（Leiden）附近的萨森海姆（Sassenheim）和滨诺德韦克（Noordwijk-aan-Zee）度过了好几年的时光：

> 莱顿市有许多家职业介绍所，根据我个人的经验，它们中有一半都会雇用会讲英语而不会讲荷兰语的人。像**艺珂**（*Adecco*）、**奥林匹亚**（*Olympia*）、**达克鲁**（*Dactylo*）、**万宝华**（*Manpower*）、**起点**（*Frist Start*）、**威尔工厂**（*Via Werk*）、V.A.B以及**伦巴**（*Luba*）的分支机构，这些代理都会和外国工人签署合同，除了威尔工厂和万宝华两家代理之外，其他代理都曾向我提供了工作机会。它们经常招聘有办公室工作经验和有打字技能的工作人员，但是我认为我自己的打字技术并不怎么样。我做过以下这些工作来养活自己：在花卉工厂当工人、在服装仓库当挑选员、火灾

> 损坏物品的清理人员以及医院食堂的厨房助手和卫生清理员。我讨厌早晨7点就上班，但在荷兰多数的低薪酬工作一般都在早晨7点到8点半之间开始。与所有的就业代理一样，职业介绍所通过扣除一定比例的雇主给员工的工资来获利，有的时候这个比例高达50%甚至更多。

在所有的职业介绍所中，规模最大的有兰斯塔德的近700家分支机构、万宝华、艺珂还有临时团队（Tempo Team），这些机构的官网全是荷兰语的。还有一家很好的网上招聘网站www.megajobs.nl。

百合花产业

在通常情况下，园艺行业很难找到足够的临时工加工用于出口的百合花以及相关的工作人员。成群结队的年轻游客，特别是东欧欧盟国家的游客，他们在夏天乘飞机来到莱顿市和哈勒姆市的中间地带。农场和工厂都会雇用大量不懂技术的工人帮助完成挖掘、削皮、分类、计数以及花束包装的工作，特别是在早春时节和整个秋季。重要的出口公司**百合花批发公司**（*Bloembollen Groothandel*）位于安蒂克和布瑞斯昂德（Andijk and Breezand）附近北部地区。寻找工作时，荷兰的网上黄页电话号码簿是一个很好的帮手。上面有许多百合花生产公司的地址，可通过链接的地图来查询它们的具体位置。

求职

一些农民利用代理机构或者中间人来招聘临时工。几年前，罗伯特·阿比特在瑞士葡萄收获季节过后来到荷兰，仅仅因为他以前从没有到过荷兰。他去了阿姆斯特丹北部恩克赫伊曾（Enkhuizen）附近的安蒂克（Andijk）：

> 凭借好运气，并通过努力，我靠自己找到一份工作。但是过了一段时间，我发现无论如何都要通过职业介绍所，除非我已经在那里工作了一年时间。最后，在职业介绍所的帮助下，我找到了工作，现在我手里就有它们的电话号码，找起工作来也更加得心应手，我甚至可以从英格兰直接给它们打电话，并且寻找合适的工作。

从7月中旬到9月，以及10月中旬直到次年的3月都可以在安蒂克的工厂里找到工作。罗伯特在9月又回到了希勒霍姆（Hillegom），一路同行的朋友们给了他不少工厂的地址。这些信息使他找工作变得更为容易一些。他的工作就是给打过蜡的松果撒闪光粉，这些松果是专门为圣诞节市场而准备的。这份工作薪水差不多相当于英国的最低工资标准（虽然谁都从未收到工资单）。一个月以后，他实在难以坚持下去，于是就回国了。

根据各自的市场行情，各家百合花农场的忙碌时期也都各不相同。例如：有邮购业务的公司（像下文将要提及的**巴克公司**〈*P.Bakker*〉）在2月至4月底以及9月至10月两个时期都需要雇人来筛选和包装顾客的订单。采集百合花最忙碌的时间集中在6月的下半月，可以到当地的**职业介绍中心**（*UWV*）或者在希勒霍姆、丽丝（Lisse）、诺德惠克（Noordwijk）、萨森海姆（Sassenheim）以及本纳布鲁克（Bennebroek）寻找挂着“招募百合采集工人”（Bollenpellers Gevraagd）的广告。对刚来这行的人而言，正确辨认出百合男爵（bulb baron）并非难事。在希勒霍姆市，沿着帕斯特兰街（Pastoorslaan）和雷德斯街（Leidsestraat）走会发现沿途工厂密集，同时在丽丝，顺着赫尔威戈街（Heereweg）望去也有很多家工厂。注意位于阿斯米尔（Aalsmeer）的温室和花卉拍卖行也需要招聘工作人员，但并非全是季节性的。

有职位空缺的时候，大多数的百合出口商只会考虑那些可以马上上岗的应聘者，而且随着移民模式的转变，越来越多的出口商都能轻松地雇到足够的工人，因为这些工人已经定居荷兰。鼎鼎大名的**巴克花卉出口公司**（*P.Bakker BV* Meer en Duinn1，2163 HA Lisse；☎0252 438438；www.bakker-hillegom.nl）在繁忙的时候，会雇用几百名工人轮流倒班（下午3点半至晚上11点半，上午6点半至下午2点半）。这里的工作非常值得一试。即使人们认为它是最好的雇主之一，工人无故不到仍然会立刻被开除。

位于诺德韦克豪特（Noordwijkerhout）的**皇家花卉出口公司**（*Frijlink en Zonen* ☎0252 343143），历史悠久，凭借良好的口碑接到了许多求职者的申请。同样不错的公司还包括：位于沃尔豪特（Voorhout）的**巴特曼科宁花卉出口公司**（*Baartman & Koning BV* ☎0252 211141）和位于诺德韦克豪特的**格鲁特花卉出口公司**（*Van de Groot BV* ☎0252 373891）。同时，你也可以试着咨询一下位于登海尔德（Den Helder）、希勒霍姆的**赞盾花卉公司**（*Van Zanten BV*，www.royalvanzanten.com）和**勒内韦克赞德**（*René Vink in't Zand* ☎0224 591984；renevink@planet.nl）的度假打工情况。

一般来说，季节性工人都会在大的露营营地集合，而且他们很乐意给新来的人提一些建议。如果你随身携带一个帐篷，那么找工作也将容易得多。有的时候，一些雇主急于招聘工人，他们就不得不想办法解决工人们的住宿问题。租赁套房只会带来更多的麻烦，因为外国工人大多给人留下的印象不好，喧闹且没有责任心，所以，几乎没有房主愿意把房子租给他们住。

从罗伯特·阿比特的个人经验来看，外国工人的名声真是不太好：

> 许多工人嗜毒成瘾，无论是刚起床、上班时间（允许的话），还是其他时候，这些人都不分时宜地吸食大麻。我回到住处发现同住的三个人完完全全地沉醉其中，这一切都太正常了。然而，我无法责备他们什么，因为工作的时候需要一种积极向上的态度来克服无聊，如果你没有进入这种状态，那么你很可能会精神错乱、经常忘事或者就干脆辞职离开。

显而易见，面对这样的竞争，安蒂克这家**德隆百合花卉工厂**（*De Jongs Lily Factory*）的老板选他担任夜班生产线（☎0228 591400；www.dejonglelies.nl）的负责人也就不足为奇了。

然而，工作竞争还是十分激烈的，但偏远的工厂情况会略好一些。马克·威尔逊（Mark Wilson）推荐带一些交通工具："除了携带帐篷以外，寻找与采摘百合相关的工作时还需配备一辆自行车。当时我骑车出去探险的时候就发现在诺德韦克豪特以外，丽丝西面的一个村庄里到处都是工厂。" 二手自行车很容易买到，且价格便宜。

薪水与待遇

与原来相比，当今的百合行业管理更为完善，"黑活儿"现象（为逃所得税，交易不入账，以现金支付工资）比以前少多了。事实上，雇用非欧盟国公民的现象已经不复存在，剥削工人的现象也不像从前那么常见了，虽然外国人一般情况下无法与**百合工人工会**（*Voedingsbond FNV*）取得联系。

加班后工人们可以领到加班费，这可是存钱的好机会。与多数靠天吃饭的农业工作一样，收入水平会因为天气变化波动。因为下雨时，花不会开放，工人们只需工作4个小时。

网络论坛 www.ukhippy.com上的一篇帖子描述了2011年发帖人做季节性工作的一段经历：

> 我4月底去了荷兰一个叫诺德韦克豪特的地方，在露营营地修整之后，我开始到一家家的百合花工厂去碰碰运气，如斯达森（Stassens）和巴克（Bakkers）等。如果你能早早地到那里，那么你就可以找到一份不错的工作，做包

装工人（填写网上订单，驾驶装卸货物的叉车，或者根据订单包装盒子）。在丽丝就有这样的地方，从营地出发，骑自行车用不了多长时间就能到达工作地点。在百合工厂工作4个月就能挣得足够的钱维持全年的生活开支了。

达伦·斯莱文（Darren Slevin）在沃尔豪特一家百合花工厂上班，这家工厂距离莱顿市3000米。他并不赞同人们把爱尔兰工人们当成贼或吸毒者看待（他们确非如此）；同时，他也不喜欢这种令人厌恶的工作，因为他被弄得背部、腿部和脚部酸疼不已。他老板的口头禅就是“快点，快点”。然而，斯莱文却很喜欢国际友情。他听到关于包装工作最多的抱怨就是太无聊了，一位老前辈说“这种工作对头部带来的伤害比拳击比赛还厉害”。但是，漫长的一天中，多数工人都有休息的机会，这才使人们能忍受这种工作。当然，雇主也会有好坏之分，加勒特·莫汉（Garrett Mohan）感觉自己相当幸运，能遇上一位不错的雇主，“我们的老板非常和蔼，但是，像其他的荷兰人一样，非常重视上班的准时性。他为我们准备了一台电视机和一台DVD，还经常录制英语电影给我们看”。

马丁（Martin）和石瑞恩（Shirine）两人回忆说：

百合采摘可不是一件美差。徒手做这种工作真的很难，我们很快就开始戴橡胶手套或者涂上石膏才工作。工作时间是从早晨8点到下午5点，中午有1个小时的午饭休息时间。也可以选择工作到晚上10点，这就意味着很长时间都要坐在高度不合适还晃晃悠悠的凳子上，不时地蜷缩在桌子旁边。

马克·威尔逊做百合加工工作的经历更为悲惨：

我找到的第一份工作就是给百合削皮，这是我做过的最无聊、最令人厌烦的工作。过了一段时间，老板认为我适合于目前的工种，于是让我到距离主厂区很远的一个风信子木屋里工作两周。穿着一件宽松的T恤衫在分选机上工作的时候，花灯上的灰尘不时落我一身，奇痒无比。我感到恐慌，而同事们却觉得很好笑。因此，在像一个疯子一样忍受瘙痒几个小时后，我当场就辞职了，然后跑回营地，钻进淋浴来缓解皮肤之痒。

农业

4月中旬到10月，会有很多采摘竹笋、草莓、小黄瓜、苹果和梨子的工作。这期间，温室和蘑菇田里也会有不少工作，尽管这些工作深受当地居民的欢迎，一般由当地的学生和其他的求职者来做。

荷兰南部有的地区土地肥沃，那里盛产各种农产品，如：巴尔兰（Bearland）的西南端和林堡省（Limburg）以东比利时边境的地方。9月初的时候（当时地方学校的学生已经开学），加勒特·莫汉（Garrett Mohan）在离古斯（Goes）不远的小村庄卡丹达姆（Kwadendamme），做采摘苹果和梨子的工作，这在11月初就结束了。在古斯有一家名为科瑞福的就业代理机构（Creyf's Uitzendbureau）或许可以帮上忙（☎0113 211223；goes@creyfs.nl）。

林堡省和布拉班特省

荷兰"南方腹地"鲁尔蒙德（Roermond）的周边地区（距埃因霍温〈Eindhouen〉东南部约50千米，马斯特里赫特〈Waastricht〉以北的林堡省内区域）有很多农民种植竹笋还有一些农民需要人手帮助收割庄稼，如：草莓（6月到7月中旬）、土豆以及其他蔬菜，特别是春天的时候。可以的话，找人翻译当地的报纸《林堡省报》（*De Limburger*）。这一带的代理不太习惯和不会讲荷兰语的申请人打交道，但是他们却对找工作非常有帮助。乔安妮·帕特里克（Joanne Patrick）和史蒂夫·康尼利（Steve Conneely）两人都靠自己找到了摘土豆的工作，并在2月末和3月初两周时间里大赚了一笔。

4月中旬刚刚过后，竹笋采摘就开始了，一直持续到6月中旬。在这里，最好自带帐篷，因为这样就可以在营地安营扎寨，例如，默里·特纳（Murray Turner）正是这样留在了鲁尔蒙德北部的赫尔顿（Helden）。尽管刚开始的时候会希望趁着旺季多挣些钱，而到最后，根据完成的工作量，他却只拿到了中等水平的工资。他接着找了一份采摘草莓的工作，但是由于受天气的影响，他拿到的计件工资时多时少。竹笋采摘工作同样也会受天气的影响，如果天气炎热，那么你想干多长时间就可以干多长时间。

韦斯特兰

鹿特丹，俗称"荷兰角"，它与海牙市之间的地区便是韦斯特兰（Westland）。这一片主要村庄有：纳尔德维克（Naaldwijk）、威斯特里（Westerlee）、德利尔（De Lier），还有马斯蒂克（Maasdijk），然而整个区域就像一个温室蜂巢一样令人难受。4月初到4月中旬是番茄的收获季节，同时也是来这里的最佳时期。尽管一般情况下，这里全年都有工作机会，但你必须做好准备，即使工作又脏又无聊，每天工作时间还很长。工作时间不得少于一个月。通常工人们都是早晨5点开始工作，下午7点或8点才收工，但工作待遇还不错，工人们可以住在粮仓里。

可以到纳兰迪韦克（Naaldwijk's-Gravenzande）和波迪克（Poeldijk）的职业介绍所去试一试，看看在那里能不能找到采摘黄瓜、胡椒和鲜花等的工作。还可以到威尔斯特里/德利尔（Westerlee de Lier）和红色勒尔蒂科（Honselersdijk）的鲜花和蔬菜拍卖行试一下（如爱士曼鲜花拍卖行/果蔬市场），这里需要人手帮助竞拍买家装货等。伊恩·歌梵（Ian Govan）每周工作38小时，加班费（现金）使得他的基本收入增长了2/3。

旅游业

荷兰的酒店和其他旅游机构都会雇用一些外国人，特别是那些通晓不止一门欧洲国家语言的人。少数的旅行社如**欧洲营地/假日休闲**（*Euroeamp/Holidaybreak*）（参阅“旅游业”一章的内容）也会雇用一些年轻的英国人作为夏季的员工，但荷兰的年轻人是这些工作有力的竞争者，因为他们通常语言能力较强。

亚当·斯库赛（Adam Skuse）上大学之前的一年里，差点儿就找到了酒店里的工作，但事实并非如此：

> 我从网上找到了一张酒店清单，然后挨着给上面的每一家酒店发电子邮件求职，但多数的酒店没有职位空缺。有几家让我到了阿姆斯特丹以后给他们打电话，事实上，只有一家用人单位安排我去面试。即使被人拒绝也是开心的，好几家单位还邀请我一起喝上一杯。哎，我最终还是没能及时找到一份酒店的工作，以致最后到了山穷水尽的地步，不过，现在我已经回到了英国老家。

幸运的话，你可能通过一家职业介绍所就可以找到一份酒店的工作。但如果你能亲自到酒店咨询或者留心打听一些酒吧或酒店的招聘情况，会更保险一些。

马丁和石瑞恩一起去哈勒姆南部兹安德沃特（Zaandvoort）的海滨胜地拜访一位朋友，海滩上有很多酒吧，两人努力地在其中一家找到了洗碗的工作。他们知道，由于不会讲荷兰语，这是他们能够找到的唯一的工作。

那巴尔帆船公司（*Naupar*）拥有140艘传统帆船，如平底船（Plat bodems），并经营一系列的休闲和商务乘船度假活动，活动期间，公司会雇用300名船员还有100名负责餐饮服务的人员。应聘者必须同时会讲德语和英语两种语言。

其他工作

在鹿特丹和哈勒姆市北部的艾默伊登（Ijmuiden）的一些较大的码头会有体力活岗位。雪莉·哈里斯（Shelly Harris）的同伴特里（Terry）认为，只要早点（大约早晨5点半）到码头的办公处求职，一般都能找到工作。他很快就找到了给渔船装卸的工作。报酬还不错，但又累又冷，还很不规律。特里下午3点半就开始工作，下班需要在火炉前暖和两个小时才能"解冻"。

教学

荷兰市区的居民英语水平普遍较高，因此，基础英语教学市场不大。公司和大学内部对高水平英语人才的需求越来越大，这就意味着一些机构时刻都需要有资格的且以英语为母语的老师。语言培训学校则更愿意招聘有商业背景或有在政府部门工作经验和教师资格证书的老师。例如：位于阿姆斯特丹的**UVA塔伦学校**（*UVA Talen* ☎020 525 46 37；trainers@uvatalen.nl），它与阿姆斯特丹大学紧密相连，为经过注册和合格的自由职业者提供兼职机会，此外，还有位于阿尔克马尔（Alkmaar）的**皮曼德尔国际交流学校**（*Pimentel Communications International, PCI* ☎072 512 11 90；www.pcitalen.nl），要求应聘者精通商务英语和科技英语。工资一般是以每小时27欧元为基准。

阿姆斯特丹

全世界的酒店都会招聘保洁人员、厨师、维修人员还有夜间守门人。卡洛琳·爱德华（Carolyn Edwards）对于自己扣除食宿费用后的工资待遇非常知足，因为这和她在伦敦做临时工挣的钱一样多（除去食宿开支）。更常见的情况是，人们每天工作几个小时就可以享受免费的住宿和早餐，但是没有工资。

沙福瑞·鲁多克（Saffery Ruddock）在法德尔公园附近一家**福来皮格**（*Flying Pig*）招待所当工人，她对自己的工作非常满意。她每天工作3个半小时打扫卫生、做早餐服务员、做些收拾床铺的零活儿，还要创造一种明快、忙碌、友好而又轻松的氛围。另外还有两家福来皮格招待所，一家在市中心，还有一家在海边（www.flyingpig.nl），这两家招待所在2011年都做了招聘广告：本招待所真诚地面向游客招聘保洁人员、早餐服务员、维修工以及其他人员。多数游客在为解决食宿问题而工作。有意者可以发送电子邮件至headoffice@flyingpig.nl。

贾斯汀·巴克（Justine Bakker）推荐说，她在阿姆斯特丹的工作"对于游客来说是一个非常棒的归宿，因为它雇用了许多来自世界各地的人，特别是还能升职”。位于莱兹广场（Leidseplein）的**繁荣芝加哥**（*Boom Chicago*）自称是一家“喜剧协会”，招聘厨师、服务员、酒吧服务生、演员近100人，并且有升职的空间。街头表演是一种广受欢迎的挣钱方式，同时荷兰人对于街头娱乐者表现出的宽忍度远近闻名。最佳表演场地有法德尔公园（Voudelpark，许多阿姆斯特丹市民星期日都会在这里散步），及城市里的一些广场。如，斯皮涅赛广场（Stadsplein）和莱登广场。有的场地（例如允许抽烟的斗牛犬咖啡馆〈Bulldog Palace〉外面的场地）非常受欢迎，所以表演者还需要排队等候。一些定期的街头卖艺者有他们钟爱的场地，所以抢占场地的时候一定要谨慎。

史基浦机场（*Schiphol Airport*）也是主要的用人单位之一。可以到机场的就业代理机构艺珂尝试一下（☎020 6544767）或者登录网站www.uitzendbureau.nl/schiphol查询其他代理。此外，还可在网站 www.jobexpress.nl上查询或者咨询非荷兰招聘代理（“国际招聘代理”，主要招聘专业人才），该代理在阿姆斯特丹、阿姆斯特尔芬、鹿特丹、海牙、乌特勒支以及埃因霍温这些城市都设有办公处（www.undutchables.nl）。

不会讲荷兰语但是有相关工作经验的人也可能找到“合适”的工作，正如来自澳大利亚的保罗·琼斯（Paul Jones）所发现的一样：

> 在国内（澳大利亚）IT领域工作了几年后，在欧洲，找份本行业的工作支付旅行开支是一件难度小、对今后又有意义的事情。出发之前，我从网上找到了一份工作，并通过打电话进行了面试。这样的事实令我欣喜不已，通过电话面试就找到了自己第一份工作，当时的情形现在仍记忆犹新，我站在城市的大街上，声音嘈杂。当时面试环境虽差，但却起了一定的作用。工作地点恰巧在荷兰，我从没想过要去这个国家，除非是为了我的第一份度假工作，所以，我就把它当成了一个跳板。

互惠生互换计划

由于荷兰语未能吸引大量的语言学习者，因此，在荷兰互惠生计划并不是很出名。然而，一些私人代理机构会负责将互惠生安置在荷兰或者国际家庭中。工作待遇良好（例如：每个月有300~340欧元的零用钱，每周放两天假，接待家庭还会给你交保险金），但是，暂住期限至少为6个月。

主要的代理机构都声称会给互惠生提供坚实的后盾、指导联系同伴以及在地方课程学习和短途旅行方面提供建议。

外来互惠生互换计划规模最大的代理当属位于文瑞（Vearay）的**活力旅行社代理**（*Travel Active* ☎0478 551900；www.travelactive.nl），该代理负责安排18~25岁的互惠生，同时将荷兰的年轻人输送到国外，交换各种工作。该项计划免费为外来互惠生提供服务，有时一些国外的合作代理商可能会收取一定的费用。

来自美国的吉尔·维斯曼（Jill Weseman）互换安置到了距离格罗宁根（Groningen）30千米的一个村庄，这里只有500人，她对自己的安置感到十分满意：

> 毕业之后，我接受了一个互换到荷兰工作的机会，主要是因为这里没有语言上的要求。我非常幸运，被安置到一个对我非常友好的家庭。即使这个家庭情况不是很好——有4个孩子，最大的7岁，最小的1岁半，还有一个是3岁，另一个是5岁，一周只放一天假，在荷兰最北部一个十分偏远的地方——但我确实从中受益匪浅。出乎意料的是，这个村庄的社会生活相当棒。

在海牙还有两家代理机构：**地奥互惠生机构**（*Au Pair Agency Mondial* ☎070 365 1401；www.aupairagency.nl）和**豪斯奥润之互惠生机构**（*House-o-Orange Au Pairs* ☎070 324 5903；www.house-o-orange.nl），其中后者在比利时也有接待家庭。了解其他代理机构可以查询**荷兰互惠生协会**的网站（*NAPO*，www.napoweb.nl）。

比利时

人们一般不会注意比利时这个国家。它地处法国和荷兰之间，总人口1080万（2011年左右），全国大致可分为两个部分：南部瓦罗尼亚（Wallonra）的居民（约占总人口的40%）讲法语；北部居民讲弗拉芒语（Flemish，与荷兰语极为相似）。

与其他邻国相比，比利时没有大型的农业。该国既不像法国那样需要额外的水果采摘人员，也不像荷兰那样需要不懂技术的百合加工人员。比利时近年失业率逐渐下降，现在基本与英国持平，约为7.6%。

像邻国荷兰一样，比利时也严格执行就业立法，从所有合法工人的立场出发，制定合理的最低工资标准，包括强制分红、生病津贴以及假日薪金。比利时对临时工的需求量特别大，因为该国的用人单位必须对被解雇的员工支付高额的补偿，这一规定使得多数用人单位不愿雇用长期员工。欧盟总部设在布鲁塞尔，因此这里也吸引了大量的跨国公司，这些公司或多或少不时会需要从事办公室或其他性质工作的双语人才。

法律法规

按照以前的规定，欧盟国公民须持有居住许可证才可以到其他成员国居住一个月以上，虽然这项规定已被取消，但比利时仍然要求外国居民到地方当局进行注册。到达比利时4个月之内，你应该到当地的市政厅办理有效的欧盟通行证及能够证明你有能力支付你在本地的生活费用（可以打工、做自由职业、学习或者由丈夫/妻子支持等）的文件，一些地方当局还需要照片、住房合同、出生证明或者医疗保险卡。

非欧盟国公民就不得不寻找一位愿意替他们从国家就业办公室申请工作许可证（职业证件）的雇主。假如想要在比利时待3个月以上打工挣钱，那么他们在到达比利时之前还必须持有暂住证（临时居住许可证）。如果一切准备就绪，地方政府（公社）将会为他们发放外国人登记证（C.I.R.E.），首次有效期为一年。

季节性工作

虽然比利时拥有众多的海滨度假胜地，如克诺克—海斯特（Knokke-Heist）、布兰肯柏（Blankenberge）和德帕内（De Panne），以及其他一些假日中心，像位于阿登高地（Ardennes）

的布永（Bouillon），虽都算不上家喻户晓，但是比利时的旅游业规模也相当大，在这里也可以找到季节性工作。比较受欢迎的旅游中心布鲁日（Bruges），在夏天非常繁忙。游客只要在诸多私人旅馆中选择一家以工作作为交换，就可以享受免费的住宿。**海外冒险有限责任公司**（*Venture Abroad*），总部设在德比（Derby ☎01332 342050；www.ventureabroad.co.uk），为其在比利时的项目招聘少量公司代表，包括有勘察学和管理学专业的学生。Ski Ten International招聘会讲法语的运动教练（特别是网球）和需要在夏令营工作的英语监考员（☎081 21 3051；martine@ski-ten.be）。

除了直接与雇主取得联系之外，获得短期工作最好的渠道就是亲自到比利时就业服务中心的分支机构或当地的**就业代理机构**（*ALEs*）进行咨询。在布鲁塞尔有一个特殊的部门（T-Interim；www.tbrussels.be），专门为人们安排临时工作。大多数工作要求至少掌握一门外语。

居住在英格兰东南部的人们可以使用**欧洲就业服务中心渠道网络**（*EURES Channel Network,* www.eureschannel.org），该网络帮助人们在西弗兰德省（West Flanders）和比利时西部省份埃诺省（Hainant）以及法国北部的加莱海峡地区（Nord-pas-de-Calsis）找工作，而且它在科特赖克（Korttnijk）、里尔（Lille）和图尔内（Tournai）都有双语的欧洲顾问。

互惠生互换计划

由于欧盟总部设在布鲁塞尔，比利时相应对互惠生的需求也会多一些。比利时政府规定互惠生每周工作20个小时，月工资为450欧元，表现良好的互惠生工资为500欧元。非欧盟国家的互惠生需要学习一门语言课程，多数课程每周要学习4~6小时。然而，许多英国人和北美洲人会在网上安排好一切，位于韦梅尔的**斯达法姆代理**（*Stufam agency* ☎02 460 33 95；aupair.stufam@scarlet.be；www.aupair-stufam.be）在比利时也会做一些安置工作。

Vlan是一个非常有用的网络门户，分类清晰，上面的工作招聘都是法语或荷兰语的，网址为www.vlanemploi.be。有意向的互惠生需要参阅“供养与家庭成员”（Entre tien et Gens de Maison）这一栏的内容。

教学

在比利时，临时的英语教师在找工作的时候可能会遇到一些麻烦，因为这里有许多优秀的侨民，他们会使工作竞争更为激烈。尽管有很多完全胜任教职的外侨，还有其他从事教学的人，但一些学校还是经常会招聘老师的，其中在布鲁塞尔就有这样一家语言学校（www.themalingua.be/UK/offremploi.html），几乎所有开始在学院里工作的外教都是自由职业者，所以他们也就不得不自己解决缴税和社会保险问题。多数学校的首次工资都下降到每小时15~30欧元。

贝利兹语言学校在比利时设有多家语言中心，招聘一些以英语为母语的教师，要求大学学历，接受贝利兹安排的免费培训，试用期为3个月，可到Avenue Louise 306–310，1050 Brussels（joke.vandaele@berlitz.be）进行咨询。报酬为青少年每节课课时费15欧元。

如果有一定的英语教学经验，包括青少年课堂教学，可以尝试着去布鲁塞尔的其他组织（☎02 218 3920；www.kiddyclasses.net），像布鲁塞尔的语言中心（*Language Centre*，www.lclanguagecentre.com），Call International（☎02 644 9595；www.callinter.com），还有位于新鲁汶市（Lowvain-la-Neuve）的语言中心（*Centre de Langues*，CLL），这里需要招聘近100名自由职业教师。普洛斯（Prolinguis）专门为偏远乡村的孩子、青少年和成年人开设课程（6717 Thiaumont；www.prolinguis.be），这个村子位于卢森堡省距离阿尔隆市（Arlon）不远的地方。普洛斯还聘用了一些专门受过英语教学培训的老师，双方签订为期12个月的合同或2个月的暑期合同，在校园内提供食宿，日工资为90~110欧元。

联系方式

瓦隆—布鲁塞尔青年信息联合会（*Federation Infor Jeunes Wallonie-Bruxelles*）是一家非营利组织。该组织在比利时讲法语的地区都设有青年信息中心（www.inforjeunes.be），他们可以在工作、娱乐、住宿以及青年人所享有的权利等方面提供一些建议。布鲁塞尔分部的网站为www.inforjeunes-bxl.be/jobs-etudiants，该网站会提供一些有用的就业信息。在青年信息中心还有一些讲法语的顾问，他们会提供找临时工作或假日工作的建议。

比利时创办时间最长的英语杂志《公报》（*Bulletin*）在2011年开始出版月刊，上面还会刊载不同类别的广告。这些广告可能会提供一些有效信息，包括工作广告（www.xpats.com）。《新人》（*Newcomer*）每年只在3月和9月发行两版（信息亭可买到，单价5欧元），这本指导刊物以初到比利时的人群为阅读对象，其中一些章节会登载与办理烦琐的各种申请流程和找工作相关的内容。

志愿者机会

位于安特卫普（Antwerp）的一家弗拉芒年轻人环保主义

者协会，**自然2000**（*Natuur 2000*，www.natuur2000.be）组织短期的夏季环境保护劳动营，各个国家的公民均可参加，活动时间为5天，须交纳60欧元的费用，包含食宿、保险和当地的交通费用。

自然协会（*Namur*）夏季组织为期3周的寄宿考古挖掘活动，对此感兴趣的年轻人须联系位于里克桑萨尔（Rixensart）的考古组织*Archeolo-j*（www.skene.be/cultura/archeoloj/index.html）。寄宿考古挖掘活动同样支持付费的志愿者，一些是针对青少年，还有一些是针对成年人，根据时间不同，费用分别为：8天349欧元，15天629欧元，22天770欧元，（2011年）。

卢森堡

如果说比利时常被人们忽视，那么卢森堡就是一个完全被遗忘的地方。卢森堡是一个独立的国家，其失业率还不到5%（在欧洲属于失业率最低的国家之一），此外，它还为外国人设立了许多有用的机构。**国家就业服务部**（*ADEM* 10 rue Bender, L-1229 Luxembourg, www.adem.public.lu），设有学生就业服务办公室（☎2478 5348），专门为学生和年轻人在暑期寻找仓库、餐馆等工作提供服务。为保险起见，你必须亲自到办公处咨询。要么，在旅馆留心打听情况也可以。玛丽·霍尔骑自行车穿过乡村的时候，那些在卢森堡市的营地或餐馆工作的游客给她留下了深刻的印象。

卢森堡总面积为2586.3平方千米，人口总数50多万。因此，这里就业机会十分有限，但也并非机会全无，特别是在旅游行业。人们只要懂除英语之外的一门欧洲语言就能找到工作。在网上可查询一些酒店的联系方式，如：www.hotels.lu，该网站的招聘信息主要针对一些管理人员，而一些专业就业网站，如www.hotelcareer.com/jobs/luxembourg.html，会发布卢森堡市五星级皇家酒店招聘印刷岗位初级员工的广告。

卢森堡的主要语言为卢森堡语，但实际上德语和法语作为另外两种官方语言也被广泛使用。正常情况下，临时工至少要掌握其中的一种语言。对于精通外语的求职者而言，办公室临时的工作机会有很多，因为卢森堡有很多跨国公司。卢森堡的英国商会有一张成员表，在上面可以找到用人单位和招聘公司的地址。

公益组织

青年信息中心（*Centre Information*，*CIJ* Jeunes.26 Place de la Gare，Geleria Kons，1616

Luxembourg；☎26 29 3200；www.cij.lu），从1月到8月为欧盟学生提供就业服务。卢森堡的工资水平很高，18岁以上者最低月工资为1785欧元。

2003年以来，卢森堡一直没有明确互惠生的特殊法律身份，所以这些人都被视为保姆，这就是说，和其他外国人一样，他们必须持有一份手写的就业合同，还要缴纳社会保险金。一些家庭也会对互惠生有一定的需求，所以最好的办法就是上网浏览托儿配套服务，如：www.findaupair.com。还可以从英语杂志《352 Lux》（www.352luxmag.lu）上阅读一些小广告，虽然其中大都是"求职广告"而非"招聘广告"。

法国

人们常说法国人不喜欢英国人，确实偶尔会遭遇这样的窘境，但是，更多时候，你受到的是法国人热情友好的款待，特别是在乡村。在法国，讲英语的定居者很多，所以外籍人士信息交流网络和一些网上社区都是寻找就业信息的好途径。法国是欧盟老成员国中失业率比较高的国家，仅比欧盟的平均水平9.9%（2011年）低少许，而且年轻人的失业率要更高一些。如果只因获得了法语中级教育证书，就想着能找一份不错的工作并从此高枕无忧，那么你就错了。

虽然法国的旅游行业会有许多季节性工作，但是农业方面的工作机会更多，仅葡萄成熟季节就要雇用近10万外国工人。工人们来自世界各地，但主要是来自东欧、巴尔干半岛地区、北非及欧洲南部。你也许会发现和自己一起工作的学生是魁北克人、美国移民工人或者是丹麦或苏格兰年轻人，他们都是作为游牧工人来欧洲旅行的。在法国，工作的种类比较多，水果成熟的时候，可以做采摘水果的工作，也可以做些常规工作，如英语家教，或者从事一些不同寻常的行业，如街头卖艺或者收集蜗牛等，因此，可能全年你都能养活自己。

在法国工作的重要特征就是你的工资不得少于法国最低工资（salaire minimum inter-professionel de croissance，SMIC），或者全国最低工资。季节农业工人和全职工人所享受的待遇略有不同，目前，法国最低工资标准为每小时9欧元或如果每周工作35小时，月薪不低于1365欧元，但在法国每周工作时间的上限为35小时，考虑到通货膨胀的因素，每年也会对这些标准做适当的调整。

法律法规

税务稽查员和移民局官员会对旅游胜地实施抽查的办法。因此，即便是在最偏远的地方雇主也不会雇用那些没有合法证件的求职者。波尔多的葡萄酒制造商被告知：如果一旦发现他们雇用了没有证件的非欧盟国公民，那么下一年的收获季节他们将被勒令停产。

欧盟国公民

如今，在所有的欧盟成员国中，欧盟国公民都不需要获取居住许可证，如果打算居住3个月以上，他们只需注册自己的地址。一旦在法国找到了有薪水的工作，那么你的老板就必须要为你办理所有的注册手续，并前往当地的**社会保险费及家庭补助金征收联合机构办事处**（*URSSAF office*）为你办理社会保险，领取注册卡，缴纳从你的工资中扣除的保险等相关费用。你需要提供一张经过认证且翻译成法语的出生证明，最好是在出国之前就准备好。

合法的雇主将会扣除近20%的工资用以缴纳社会保险金，甚至是在你获得社保号码之前，他们也会这样做。在英国这都需计入国民保险（National Insurance）之中，便于今后你提出收益领取请求。另外，你可能还要拿出另外5%的工资缴税。

非欧盟成员国公民需办理的手续

年龄在30岁以下的澳大利亚、新西兰以及加拿大公民可凭借打工度假签证在法国逗留1年。非欧盟国公民必须在出国之前获得相关准入许可，才能确保工作的合法性，但这些都很难办到，因为需要找到一位雇主，他可以说服别人相信法国人和欧盟国公民都不会做这种工作。

还有一种可行的办法就是假装自己是学生。被法国一所大学录取且持有居留证的外国学生有权在上学期间打工，该大学须为本校学生在全国医疗保险系统中进行注册。一年中工作时间不得超过964个小时，差不多相当于每周工作15~20小时，不管是学期内做兼职还是假期做全职。要想获得学生签证，你必须会法语，接受过2年的高等教育（如果是上艺术类大学，可免除此要求），并且出具银行或担保人提供的经公证的声明，确保你在就读期间拥有足够的财力支持完成学业。**留学生中心**（*Centre des étudiants étrangers*，13 rue Miollis in the 15th arrondissement），在巴黎的学生可以到这里提交申请，否则必须到当地的支部办理。

北美人享有特别计划

国际交流中心（*Centre d'Echanges Internationaux, CEI*）是一家设在巴黎的组织，负责管理**在法扩工计划**（*Work in France*），

该计划针对年龄在18岁以上且接受高等教育的学生，但偶尔也为欧洲以外刚毕业的学生服务。该组织的参与者可领取临时工作许可证，并随时开始工作，但工作时间不超过6个月。参加培训项目者则可在法国待一年。所有的参与者必须精通法语。决定自己找工作的求职者须交纳360欧元的基本安置费；交纳810~980欧元还可享受国际交流中心提供的工作和实习机会。详情可咨询巴黎国际交流中心（☎0143296020 or ☎0140511181；wif@cei4vents.com；www.cei4vents.com）。

美国的BUNAC（www.bunac.org）则负责管理在法国的工作项目，该项目针对擅长法语（将通过法语写作测评能力）、年龄在18~25岁的全日制大学生。该学生须随身携带至少1500欧元，并且可以支付项目费用760美元，另外还须缴纳医疗保险金（近200美元）。参与者可以选择在5月到9月期间开始工作，但不得超过3个月。到达以后，BUNAC在巴黎的合作组织——**阿珂赫斯**（*Aquarius*）会为参与者提供帮助。

登录网站www.ciep.fr/assistantetr/index.php或发送邮件至邮箱assistant.washington-amba@diplomatie.gouv.fr.可获得**英语教学助教项目**（*English Teaching Assistants*）的相关信息。该项目设立已久，总共安置了1500名年龄在30岁以下且具有良好法语工作能力的大学生和研究生。自10月1日起，该项目会持续7~9个月，月奖金为945欧元。

有意愿在法国实习的美国人可以联系**美国国际实践与培训组织**（*AIPT*，参见“前言”章节）或者位于纽约的**法—美商务部**（*French-American Chamber of Commerce*），该部门负责监督**国际职业发展计划**（*International Career Development Program* ☎212 867 0123；icdp@faccnyc.org）。该计划针对年龄在18~35岁且有相关经验的学生或毕业生。商务部会帮助合适人选办理有效期为3~18个月的签证。

位于蒙彼利埃（Montpellier）的**法美中心**（*French American Center* ☎04 67 92 30 66；www.frenchamericancenter.com）为年龄在18~25岁之间的美国互惠生在郎格多克地区（Languedoc）安排接待家庭，并在当地企业为其安排为期三个月的实习工作。该中心还负责一项针对成年人和年轻人的地方英语教学的项目（详情咨询jeanettefranklin@gmail.com）。

年龄在18~35岁之间的加拿大公民若想在一年的打工度假期间获得帮助，可以向**学生出国工作计划**（*SWAP*）提出申请（www.swap.ca）。除了要交纳470加元注册费外，该计划的参与者必须有3000加元的支持基金。魁北克的学生可以从**魁北克—法国协会**（*Association Québec-France* 9

Place Royale，Quebec G1K 4G2；prog@quebecfrance.qc.ca）领取特殊交换签证。他们可以颁发特殊工作许可证，针对葡萄成熟季节或夏季旅馆、假日营地等的招聘需要。

找工作

喜欢上网的人可以浏览以下网站：www.paris-anglo.com上有英语文章外，还链接有在法国工作的信息以及一些分类招聘广告。另外一家网站http：//france.angloinfo.com 上有具体16个区域的大量实用信息，而法语版的青年信息网站www.phosphore.com更包含工作搜索功能，及丰富的硬信息和具体的联系方式。通常，网上都有黄页电话号码簿（www.pagesjaunes.fr），事实证明，在筛选感兴趣的单位就业信息咨询时这可以帮不少忙。

一到乡村，你会发现法国人非常热情慷慨，他们不但让你搭车，甚至还会帮助你找工作。如果有人在开工日期之前，给你提供季节工作的机会，而你刚好要离开这个地区，那么和雇主保持联系；因为不但开工日期会发生改变，农场主和酒店经理也经常不遵守自己的承诺。

就业中心

原来的**国家就业办事处**（*ANPE*）就是现在的就业中心（www.pole-emploi.fr）。法国国民就业服务部在巴黎有许多家办事处，而全国范围内的数量则多达几百家。其官网按区域或邮编对所有的分部进行了排序。对于懂法语的人而言，该网站可以提供大量颇受打工度假者青睐的就业信息，例如，如果你想找一份摘葡萄的工作就输入法语单词“葡萄采摘员”（Vendangeur）。再如，邦尼区（Narbonne）的就业中心会在5月到9月期间招聘季节性的酒店工作人员，而其他的就业中心则会在农忙时提供一些工作岗位。虽然欧盟成员国公民在其他成员国应该享有同等的就业待遇，但是在法国情况却不一样，除非求职者能讲地道的法语，且有固定住址。可能的话，外国求职者还需要找一位欧洲就业顾问（EURES Adviser）。

法国的主要区域还设有季节性就业办公室解决季节性就业需要，像在葡萄成熟的季节需要招聘葡萄采摘员，滑雪胜地在旺季也需招聘相关工作人员。

青年信息中心

在法国有27家区域性的**青年信息中心**（*Centres d'Information Jeunesse, CIJ*），以及好几百家小型青年信息咨询点，这对打工旅行的游客非常有帮助。帮助人们找工作只是这些中心的活动之一，此外它们还可以在寻找便宜住处、临时工的合法权益等方面提供建议和帮助。在巴黎，主要的分支机构是**青年咨询暨**

信息中心（*Centre d'Information et de Documentation Jeunesse, CIDJ*），其走廊里的布告栏对于想在巴黎找工作的人来说是一个很有用的起点。这里还会发布一些书籍和信息，其中多为PDF文件，但需要花费最多1欧元来购买。可以参考“外国人在法国”专栏（www.cidj-librairie.com），及2003年版的《外国人在法国的权利》（*Etrangers en France: Vos Proits*）一书，该书仅售22欧元。中心咨询地址101 Qual Branly，75740 Paris Cedex 15（☎0144491200；www.cidj.com）。

要想弄清楚实际的职位空缺情况，你最好亲自去CIDJ办事处进行咨询，赶在上午10点钟开始营业的时候（周六和周日开始营业的时间分别为下午1点和上午9点半）就去。雇主会将他们的职位临时空缺情况报给各个中心。有的办事处只在布告栏上公布具体信息，而有的则会和当地的就业办公室一起合作，制作出一个更加规范化的管理系统（如巴黎的CIDJ会注册约1万个夏季的工作岗位）。

私有就业代理机构

临时就业办公室（*Agences de travail temporaire*）或临时机构（agences d'intérim）可能也会派上用场，其中最大的两家机构当属万宝华（www.manpower.fr）和艺珂（www.adecco.fr）；在黄页电话号码簿上的临时工作或法英两国驻巴黎的商会两栏中能查找到其他机构的联系方式（☎01 53 30 81 30；www.francobritishchambers.com）。几乎所有机构都要求求职者法语流利，同时还有很多机构专门从事某一领域的就业，例如：工业行业、医疗行业以及一些办公室的工作。尽管低技术含量的工作机会有限，但一些游客还是很好地利用这些就业代理机构找到工作。

马修·宾斯（Matthew Binns）在海外留学攻读学位期间，抱着试一试的心态，咨询了一家巴黎的职业代理机构：

我傻傻地告诉他们我准备好了做任何工作。那家代理机构的小伙子看上去对我的回答很吃惊，我个人认为他给我安排了他的工作簿里最糟糕的工作——在郊区一家工厂的食堂里做洗碗工。所有想在巴黎做洗碗工的人都应该读一下乔治·奥威尔（George Orwell）关于自己在巴黎和伦敦贫困潦倒的洗碗工生活的描述。这份工作我做了3个月，直到干这活儿的正式洗碗工回来，可怜的家伙啊！最糟糕的事情莫过于带着宿醉去上班，而且还得穿上昨天就湿漉漉的工作服。当然报酬还是很丰厚的。

旅游业

如果想要在法国从事与旅游业相关的工作，冬季（从12月到4月）最好的去处当属阿尔卑斯山；而夏季（从6月到9月）当属蓝色海岸（Côte d' Azur）。但实际上在法国的任何地方你都能找到工作。最省事的办法是提前联系好工作。在夏季你可以找到在英国营地或游艇假日公司的工作；而冬季则主要是一些滑雪公司提供的工作。例如：

旅游业巨头**途易旅游集团**（*TUI Traverl Plc* ☎02392 334 600；www.tuitraveljobs.co.uk）招聘员工在法国很多地区工作，而且没有资质证书方面的要求。有许多公司在夏季和冬季都会招聘员工（www.workaseason.com），例如：**埃斯普利特假日公司**（*Esprit Holidays*）就是其中一家。

欧洲语言公司（*Eurolingua*）在法国南部组织了一个酒店实习的项目，为期3~6个月，要求有酒店行业工作经验（欧盟国和非欧盟国公民均可参加）。工作有一定的薪水报酬，酒店免费提供食宿。岗前会在蒙彼利埃（Montpellier）安排适当的法国旅游课程，详情请登录网站 www.eurolingua.com。项目费用为1595欧元。位于伦敦的一家代理WAVA也推出了相同的项目（www.workandvolunteer.com）。

如果你出发前没有做任何准备，那么去快餐店试试，这里比较容易找到工作，像**法国必胜客**（*Pizza Hut France*，www.pizzahut.fr/emploi）或者是**快客快餐店**（*Quick Restautants*，www.quick-restaurants.com）。后者在法国拥有10 000名员工但还经常人手不够。美式风情在法国仍然十分流行，因此讲英语的员工非常受欢迎。最难找到工作的地方是那些由法国人经营的著名酒店和餐馆，这些地方保持对员工的高水准要求，但一些最基层的工作（如洗盘子）除外。胜算最大的还是一些小型的、由家庭经营的旅馆，但这些地方工作时间和待遇都要取决于老板本人。

酒店和餐馆

绝大部分的餐馆都愿意招聘男服务员。一些度假城镇的报纸可能会刊登一些广告，如《尼斯早报》（*Nice Matin*，http://emploi.nicematin.com）。杰森·戴维斯（Jason Davies）是一位极富经验的英国游客，在他看来，多数人到旅游景点后都是通过一家家地咨询才找到工作的，“一家家”的意思是：

> 在花光最后的积蓄之前，我一直犹豫去咨询哪家企业，“那家看上去不太好”、“太奢华了”或者

> “那家可能不营业了”，我对这些想法确信无疑，因此路过的五家企业至少有三家都被忽略了。但是在尼斯，我发现唯一的办法就是走主道（像尼斯的步行街一带就有很多家餐馆），还有就是一家家去咨询。一上午我就去了30~40家餐馆，不得不说，其中至少有20家都需要招聘员工。但是，只有一家餐馆觉得我的法语可以过关，所以我就找到了一份餐厅助理服务员的工作。

尽管多数企业没有将流利的法语口语定为招聘的硬性条件，但良好的法语口语绝对会大大提高找到工作的概率，虽然不绝对要求讲话的流利度。来自美国东海岸的金柏莉·拉丹（Kimberly Ladone）整个夏天都在尼斯做接待员或服务生：

> 我在4月就找到了工作，且这家酒店是开始找工作后我接触的第一家。我许诺6月还会再回来。在那里，我遇到了很多在各个酒店工作的讲英语的打工度假游客。他们没有一个人为工作许可证的规定而感到苦恼，因为多数的工作是使用现金支付工资。我建议到法国蓝色海岸找工作的人都要尽早去，并且到英语版出行指南（如《我们一起去法国吧》〈*Let's Go: France*〉）中提到过的酒店进行咨询，因为这些酒店一般都需要讲英语的员工。
>
> 老板雇用我主要是因为我能应付那些夏天蜂拥而至的游客，对这里完全陌生的他们需要各种帮助，如打电话或者看火车时刻表等。

艾莉森·库珀（Alison Cooper）发现并非每个人都可以轻而易举地找到工作的：

> 去年夏天，我努力在法国里维埃拉（Riviera）找工作，但是却未能成功。在营地，我遇到了很多人，他们和我的境遇一样。经验告诉我，多数的老板都希望录到能流利使用法语和德语的员工。否则，你就必须足够幸运。

在蓝色海岸找工作的最佳时间是2月底，到那时，一些被打工度假游客熟知的营地，如，圣特罗佩（St Tropez）附近格里莫港口（Port Grimand）的**莱斯大草原营地**（*Les Prairies de la Mer*）和**露营海滩营地**（*Camping de la Plage*），会从露营度假公司选出代表来组织复活节的活动。如果你恰好那时也在，那么就有机会享受免费住宿，但作为交换，每天要工作3或4个小时；如果你当时不在，在旺季伊始5月中旬的时候可以来尝试一下。彼得·戈德曼（Peter Goldman）早就料想到自己可能很难在船上找到工作（因为9月经常下雨），于是他开始收听**维埃拉海岸电台**（*Riviera Radio*）节目中的就业信息，得知一份在蒙特卡洛给豪华公寓铲壁纸的工作。

露营营地

估计法国有7000处露营营地。这些营地需要招聘大量的季节员工，虽然有的营地规模较小，由家庭经营，但仍需要一两个助手。你可以直接联系法国营地手册上列举的各个营地（如**法国米其林露营**〈*Michelins's Camping France*〉营地），或亲自前往这些营地。有的工作不太体面，像打扫洗手间、在酒吧或小吃店做工、做一些维修工作等。在淡季，即使没有正式的工作，你也可以做些许零活来换取居住的帐篷。

英国的一些旅行公司向度假者推出整套服务，他们除了提供预先组装好的帐篷，还配备营地导游以应对可能出现的一切问题。这种度假方式深受以家庭为单位的度假者的喜爱，因此需要招聘有儿童陪护经验或者有能力组织儿童活动的人员。除了欧洲范围内的公司，像**欧洲露营**（*Eurocamp*）和**瓦茨萨莱尔露营度假公司**（*Vacansoleil*，地址见“旅游业”章节），以下营地全都招聘营地职员、导游还有一些其他的季节员工：

Carisma Holidays：☎01923 287344；www.carismaholidayjobs.co.uk；周薪135~180英镑。

In2 Camping：Blackpool FY2 0HJ；☎01253 593333；www.in2camping.com；周薪130英镑。

Matthews Holidays：Surrey KT24 6RP；☎01483 284044；www.matthewsfrance.co.uk/jobswithus.html；周薪200英镑，提供移动式临时住所，但需交纳50英镑。

Venue Holidays：Kent TN23 1QU；☎01233 629950；jobs@venueholidays.co.uk；www.venueholidays.co.uk.

离开英国前往法国寻找夏季工作的最佳时期是11月到来年2月。在多数情况下，求职者法语都需要至少达到A级水平，即使有的公司声称懂法语仅仅是“优先考虑”。此外，一本好的法语词典和掌握一些法语客套话对你大有裨益。许多工作都要求年龄在21岁以上。

大型的露营度假行业在冬天也有着很多工作机会。前文提到过的布莱德欧洲有限公司在距离阿维尼翁不远的南斯（Nantes）和博凯尔（Beaucaire）都有自己的工厂，并为许多重要的公司提供清洁和修补帐篷与寝具的服务。冬季和夏季都需要招聘洗衣工和配送工（讲法语会占有很大优势，但不是必须要求），工作时间为4~6个月。工人可按英国标准领取最低工资并还能获得乡村度假屋作为住所。配送工须持有驾驶证，但是洗衣工对此不做要求。布莱德欧洲有限责任公司在英国的分部位于维根（Wigan），可提供前咨询（☎01942 829747；info@bradeurope.com；www.bradeurope.com/vacancies.html）。

春季（5月大约3周的时间）和秋季（9月大约3周的时间）也会有短期的工作，因为需要好多人在营地搭建和拆卸帐篷，人们称之为安装工和拆卸工。例如，一家荷兰的瓦茨萨莱尔露营度假公司雇用会讲英语的人在9月8日到10月24日期间组成小型的国际团队一起工作，他们负责帐篷的拆卸和存放，并为下一季到来做准备（camping-jobs@vacansoleil.com）。

度假中心

西埔露度假村（*Siblu Villages*, www.siblu.com/contact_us/recruitment）和**TJM旅行社**（*TJM Travel* www.tjmtravel.com/tjm_jobs）都需要招聘职员和儿童陪护人员在流动家庭、帐篷公园和探险中心工作，工作时间是从5月初到9月底。西埔露在法国有14个度假村，分别在Brittany & Normandy，Loire Valley，Charente，Maritime & Vendée，Aquitaine，Languedoc & Côte d'Azur。由于娱乐项目需要，该公司会在其网站（www.siblu-entertainment.com）上分批招聘职员。

在夏季，户外活动中心也会招聘很多员工，包括普通的家政员和运动教练。有意者可到“旅游业”章节中提到的一些公司，如：**PGL公司**和**橡树探险公司**（*Acorn Adventure*，www.jobs-acorn.co.uk），位于什罗普郡（Shropshire）的**庄园冒险公司**（*Manor Adventure* ☎01584 861333；www.manoradventurejobs.com），位于不伦海岸的**卜代尔酒庄**（*Le Chateau du Broutel*）探险中心招聘节日协调员和运动教练。途易有**数百家品牌公司**，**特沃尔邦德公司**（*Travelbound*）便是其中的一家，该公司雇用的员工要在诺曼底度假中心**莫莱酒庄**（*Chateau du Molay*）工作（www.travelbound.co.uk/Work+in+France）。在途易的一家公司工作过一季之后，很容易就能在公司内部找到其他工作。

位于罗德兹（Rodez）的纳赛尔（Nacel）专门为法国的在校学生组织露营活动，这些学生的父母想让自己的孩子在一个非常快乐的环境中学习英语。由于人们更喜欢美式英语，因此这种浸透式英语学习的露营也被称作**美国村**（*American Villages*，www.americanvillage.fr）。招聘网页上公布了需要招聘辅导员（无法语能力要求）。还可以到巴纽（Bagueux）的特利公（Telligo www.telligo.fr）去碰碰运气。自行车爱好者可以到法国的自行车假日公司看看有没有工作，有的公司在法国很受欢迎，如位于肯特（Kent）的**美丽法国**（*Belle France* ☎01580 214024；www.bellefrance.co.uk）和曼彻斯特的**苏西玛东自行车公司**（*Susi Madron's Cycling for Softies* ☎0161 248 8282；www.cycling-for-softies.co.uk），该公司要求员工年龄在25岁以上且会讲法语。位于柴郡（Cheshire）的**海德沃特度假公司**（*Headwater Holidays* ☎01606 720006；www.headwater.com）需要招聘会讲法语的员工（年龄在21岁以上），还有**英国独木舟协会**（*British Canoe Union*）招聘独木舟教练。员工基本工资为每周120英镑。

要想在特别点儿的假日中心中找工作的话，可以联系热气球公司，如：位于博讷（Beaune）的**爆炸气球大冒险公司**（*Bombard Balloon Adventures* www.bombardsociety.org/jobs），还有位于蒙特夏特（Montrichard）的**法国气球公司**（*France Montgolfières* ☎02 54 32 20 48；jane@franceballoons.com）。夏季，从5月到10月招聘地面工作人员，要求身体健康、强壮有力、性格开朗、外表整洁并持有驾驶证和驾驶经验。爆炸气球大冒险公司深受美国客户的青睐；而法国气球公司要求员工会讲法语，员工只领取法国的最低工资。

滑雪胜地

在欧洲各国中，法国是英国人和爱尔兰人寻找滑雪度假村工作的最佳选择，主要因为它是英国滑雪爱好者的首选，每年都有20万英国人来这里滑雪。多数的滑雪场地位于地势较高处，全年都适宜滑雪。主要问题在于可供工人们住宿的地方有限，除非能够找到一份管住的工作，否则你用于住宿的花费几乎和度假住宿费用一样高。或者找一个朋友，成为他/她的沙发客。在法国许多顶级旅游胜地为特殊目的建造，绝大多数度假住宿都采用家庭自助公寓（Self-catering flats）的形式，或者设计成可以举办派对的牧人小屋（chalet）。

这不仅意味着供租住的地方不够，对于来度假村找工作的人来说，就业机会也少，如：服务生、酒吧或会所工作人员。不过英国—爱尔兰风格的酒吧越来越多，是找工作的好地方。

如果你在一家英国旅行社工作，一定要注意他们不会按照法国就业法付给你薪水。根据法国当局的估算：滑雪公司雇用了大约10 000名员工，即使算上免费提供的住宿和缆车券，这些人拿到的薪水仍比法国最低工资少得多。如果想不出英国就找到工作，有一两家代理机构专门为年轻人安排在滑雪度假村的工作，但要求法语达A级水平。在阿尔卑斯山（www.jobs-in-the-alps.co.uk）找工作的欧盟国公民只能在山上的度假村做服务人员、搬运工人、厨房杂工和管家，除了每个月近500英镑的净收入外，这里还免费提供食宿。位于霍伍市（Hove）的另一家代理，**英国海外代理**（*UK Overseas Handling*, *UKOH* ☎0845 862 1479; ukoh@ukoh.co.uk）也为法国旅行社欧洲集团（Eurogroup）输送季度和年度员工。欧洲集团在法国（和欧洲其他国家）的滑雪和海滨旅游胜地都拥有酒店、餐厅和小木屋。应聘者须持有欧盟护照，提供英国国家保险号码。

有几家很不错的滑雪度假村招聘网站（www.natives.co.uk, www.seasonworkers.com和www.Freeradicals.co.uk），求职者可以在这些网站上找到一些阿尔卑斯山和其他地方的职位招聘信息。有经验的保姆尤其受到欢迎。专门招聘保姆的代理会为保姆介绍一些滑雪站的工作。例如，**摩津保姆**（*Morzine Nannies*, www.morzinenannies.com），还有**嬉皮猴**（*Cheeky Monkeys*, www.cheekymonkeysmorzine.com），它们两家覆盖了整个太阳门（Portes du Soleil）滑雪区。保姆必须持有儿童护理资格证，同时还必须接受犯罪记录部门（CRB）的调查。只在美贝尔（Méribel）一地就有30家英国旅游公司，所以这里也是找工作的最佳胜地之一。还可以往游客办公处打电话问询季节工作的招聘情况，当然，到酒店和酒吧等地亲自咨询成功的概率会更大。在10月到11月淡季找工作会占有很大优势，一些地理位置优越的青年旅社仍有职位空缺，但工资相对较低。

在旺季快要到来的时候，一些旅游胜地像美贝尔滑雪场就会挤满英国工人，随之而来的就是英国的游客，他们中多为学生团。这里多数企业都将英语作为工作语言。英国经营小木屋的公司在高雪维尔（Courchenel）也都设有分店。高雪维尔胜地由5个村落组成，乐普拉兹（La Praz）便是其中的一个，风景十分优美，在这里你起码能找到一家英国旅行社的法国办事处。如果你还不太熟悉这些度假胜地，那么提前试着做一些功课，苏珊·贝尼（Susan Beney）就后悔自己没有这样做：

> 我们在景点吃了顿便饭，真后悔没有提前对度假村做功课，我们很喜欢这里。拉塔尼亚（La Tania）滑雪场不是很大，而拉普拉涅（la Plagne）滑雪场则好很多。

多数英国公司薪水很低，但是他们允许工人在上午10点到下午4点期间滑雪或者滑板。英国的一些运营商为美贝尔和法国的公司招聘员工，情况如下：

阿尔卑斯休闲娱乐有限责任公司（*Alp Leisure Ltd*）：法国高雪维尔（Courchevel）73120

号；☎0479005942；recruit@alpleisure.com；www.alpleisure.com；招聘在高雪维尔和美贝尔的豪华别墅酒店的管家和负责其他工作的员工。每周除了基本工资125~150英镑外，员工还能获得缆车券并免费租赁滑雪装备的（价值45英镑）；此外，住宿和餐食补贴，加上小费共计150英镑。

埃斯普利特度假/滑雪总公司（*Esprit Holidays/Ski Total*）：汉普郡（Hampshire）☎01252 618318；recruitment@workaseason.com；www.workaseason.com。

家庭滑雪公司（*Family Ski Company*）：Malvern；☎01684 540333；jobs@familyski.co.uk；在法国境内的阿尔卑斯山上招聘工作人员。

背包客栈（*Inghams*）：通过网站www.workaseason.com招聘员工。

滑雪公司（*Le Ski*）：Huddersfield；☎01484 548996；recruitment@leski.com；www.leski.com/alpinejobs；高雪维尔、拉塔尼亚滑雪场和瓦勒迪泽尔（Val d' lsère）招聘员工。

梅丽滑雪场（*Meriski*）：Cirencester；☎01285 648518；www.meriski.co.uk；招聘大量别墅式酒店厨师和保姆。

Scott Dunn：伦敦SW17区；www.scottdunn.com/winter-season-ski-jobs.html；招聘夏季员工。

比特滑雪（*Ski Beat*）：奇切斯特（Chichester）；☎01243 832510；jobs@skibeat.co.uk；拉普拉涅滑雪场、提格涅斯（Tignes）滑雪场、瓦勒迪泽尔（Val d' lsère）、拉塔尼亚滑雪场和其他滑雪场招聘员工。

奥林匹克滑雪场（*Ski Olympic*）：唐卡斯特（Doncaster）；☎01302 328820；www.skiolympic.co.uk/recruitment.

超级旅行滑雪场（*Supertravel Ski*）：伦敦SE1区；www.supertravel.co.uk/jobs.asp；为高雪维尔招聘冬季工作人员，主要包括别墅式酒店厨师和管家，要求厨艺精湛；酒店助理，要求具有服务顾客的技能；酒店经理，要求法语流利，还有杂务工/司机人员。所有的应聘者必须持有欧盟护照并具有英国国家保险号码。

在滑雪胜地，保姆工作就业前景非常好。麦特·汤姆林森（Matt Tomlinson）在距离巴黎不远的地方做了一年的互惠生，然后在冬季来到高雪维尔度假：

> 我不确定是自己太过侥幸成功地找到了工作，还是在于我漂亮热情地完成了大部分工作。当然，在繁忙时期，在高雪维尔和拉普拉兹是绝对不缺就业机会的。我的第一份工作就是做私家保姆：工作简单、薪水丰厚，但要做一些育儿服务。然后，在一家旅行社和埃斯普利特度假/滑雪总公司的帮助下，我接着分别在儿童俱

乐部和滑雪俱乐部工作了一阵。并非所有找到工作的人都获得了**全国保育机构检查委员会**（*NNEB*）颁发的资格证，尽管这些人都有丰富的育儿经验，且大多都曾在英格兰工作过。我建议那些打算在阿尔卑斯山做保姆工作的人在任职之前好好考虑清楚。因为这里白天工作时间长，且很辛苦，特别是你还不得不同时看管18套滑雪装备。

没有人敢担保当场就能在滑雪胜地找到工作，现在那里找工作的竞争也越来越激烈。

瓦勒迪泽尔（Val d'lsère）每年11月和12月都会吸引到多达500位的求职者，这些人希望在滑雪胜地打零工以赚取滑雪费，他们中有很多都花好几天的时间在酒吧或者就业办附近闲逛，异想天开工作会落在自己头上。如果想在瓦勒迪泽尔找工作，可以收听**瓦勒迪泽尔电台**（*Radio Val d'lsère*）或者登录其姊妹网站www.jobvaldisere.com。

游艇

几年前，凯文·乔瑞治（Kevin Gorringe）在6月的时候去了法国南部，并打算在私人游艇上找工作。他的目的地是英国人最钟爱的昂蒂布（Antibes），到那里后他开始频繁拜访一些可能找到工作的会所，如**伽夫莉叶英国酒吧**（*La Gaffe English bar*）和爱尔兰酒吧。除此以外，他还经常求助于代理机构，像艾德里安·费舍尔（Adrian Fisher）和蓝水（Blue Water）。几家招聘船员的代理在同一座大楼办公，如**海港画廊**（*La Galerie du Port* 8 Blvd d'Aguillon, 06600 Antibes）网站目录（http://riviera.Angloinfo.com）上有相关代理的列表。

凯文推荐住在位于昂蒂布对岸毕奥（Biot）的一家价格便宜的营地，这里公共交通便利。另外，还有几家船员旅馆可供选择，像**斯特拉的船员之家**（*Stella's Crew House* ☎0493136430），在这里可以获取宝贵的工作信息。凯文和女朋友在码头四处打听各种就业信息，但没过多久就厌倦了，因为就算找份清洁工作也需要苦苦哀求，于是他决定前往其他地方继续找工作。他们总结出在昂蒂布找工作必须要"坚持不懈，精力集中，且不能放过一切机会"。比尔·加菲尔德（Bill Garfield）是一位十分有毅力的游客。一周都没有找到工作，比尔就开始一条船一条船地挨着询问，包括那些已经挤满工人的船只，还有"墓地"（graveyard，改装区）那些大大小小的船只。从索利哈尔（Solihull）离开了2周之后，这种策略确实起到了作用，他找到了一份为期9周的工作，帮助修理游艇以备夏天租船旺季使用。

找工作的时候，要穿戴整

洁，彬彬有礼，工作中要刻苦努力。第一份工作是最不好找的，但是一旦你融入了这个团体，当修理工作结束后，船长会帮你介绍其他的工作。当然，很多人整个夏天都会在租赁的游艇上做水手，周薪100欧元以上还有小费（有时赚取的小费和工资持平）。租船季节在9月底结束，那时很多游艇就开始组织船员前往西印度群岛。

罗克利水上运动公司（*Rockley Watersports*）是一家英国旅游公司，总部在普尔（Poole），雇用教练、培训人员、厨师和演员在旗下三家位于法国西南部的帆船度假中心工作（☎01202 677272；www. rockleywatersports.com/wiw）。

豪华游轮

往返于法国河流和运河之间的豪华度假游轮需要雇用厨师、女接待员、水手和船长。到公司求职的最佳时间是在新年伊始。所有的游轮都偏向于雇用法语流利的人，即使老顾客多为美国人或英国人。

欧洲航道公司（*European Waterways*）在米德尔塞克斯（Middlesex）设有办事处（☎01784 482439；www.gobarging.com），为其在欧洲的游轮酒店招聘季节性工作人员，工作时间从4月持续到10月；此外，这里还为豪华游轮船队招聘游轮驾驶员、厨师、机械水手、导游和服务员。所有的应聘者都必须持有欧盟护照（或者在英国的工作许可），当前有效的驾驶证，并且懂得一些法语和法国文化。任职者可在船上吃住，统一发放工作服，每月底薪为800英镑。位于勃艮第运河（Burgundy Canal）河岸沃纳雷莱洛姆镇（Venarey-les-Laumes）的**法国游轮旅游公司**（*Croisières Touristiques Francaises* ☎0380961710；ctf.boat@club-internet.fr）经营5家豪华宾馆游轮，雇用厨师、司机兼导游，女服务员，水手和导航员。没有工作经验的船员每月工资底薪为900英镑，另有为员工分发的小费。

葡萄采摘

每年，法国葡萄成熟季都会吸引众多满怀希望的人们来到这里，有些人是为了挣钱而有些人则是为了感受古老仪式的浪漫。以往从事过这项工作的人们都十分认同这份工作的缺点，即每天8~10个小时的辛苦工作，常常需要每周工作7天而没有休息日，工作期间还需忍受各种天气，如秋天凌晨又湿又冷，正午时分则炎热不堪。采取防水措施是很有必要的，因为你可能要在倾盆大雨中，脚下踩着泥巴继续工作；也有可能就住在粮仓的睡袋中，陪伴你的还有凉水管道。然而，尽管条件如此糟糕，每年法国的葡萄种植区处处都有求职者的身影。

薪水是吸引人们的部分原因所在。虽然采摘员只能领取9欧元（法国最低工资）的报酬（虽然有的时候搬运工挣得会稍多一点，尤其当葡萄园在险峻的山岭上），但是在偏僻的农场上，工人们根本没有花钱的机会，所以多数人在两周长的丰收季节期间可以存到几百英镑。安娜·凌几年前恰逢葡萄丰收期的时候在埃佩尔奈（Epernay）工作过一段时间，每天工作8小时，连续工作了10天后，她总共挣到800欧元，而且是现金支付。

如果你为同一位老板连续工作了7天，他就应该给你加班费。不过，要做好准备，因为至少要扣除15%的工资缴纳社会保险金。

此外，机械化生产越来越成为找工作的主要威胁。在有的地方，如干邑（Cognac）和波尔多（Bordeaux）南部地区，机器不分白天黑夜地劳作，噪声轰鸣，几乎完全取代了人力。然而，也有例外的情况，在香槟（Champagne）、博若莱（Beaujolais）和阿尔萨斯（Alsace）三地，葡萄都是手工采摘以确保得到法定产区葡萄酒（AOC）的盖章认证，这也确保了手工采摘员在可预知的未来能够找到工作。估计每年约有100 000名葡萄采摘员被聘用，目前为止，这也使得葡萄园成为法国最大的临时工雇主。

工作条件

不同农场的工作和生活环境差别巨大。大的葡萄园主可能要雇100名工人，而小的葡萄园主可能只需少量的工人，这就意味着在提供住宿方面，后者显然做起来要比前者容易得多。农场主几乎都会提供某种住宿，但住宿条件有天壤之别，有的可能只是一个简单的临时宿舍，而也可能是农场主自己家里舒适的房间。通常情况下农场都会负责饮食，同样也会因雇主不同而差异巨大，有的只能刚刚吃饱，有的可能是很丰盛的饭菜。一位采摘员写道，“饭菜比五星级饭店的还好，所以在季末，我们就买鲜花送给了厨师”；然而，另一位则抱怨天天吃的都是速食土豆泥，或者只能靠自己准备的吃食。在提供食宿的情况下，农场主通常要从日工资中扣除一两个小时的薪水。

干这种工作常常能获得免费的葡萄酒喝。例如，达斯提·西吉（Dustie Hichey）就能源源不断地享用农场提供的葡萄酒，这酒用来“点燃工人的工作激情，而我却常因为喝多了一头栽进树林里”（在深秋橄榄丰收的季节，葡萄酒再次成为工人们的福利，但这次她很明智地卖掉了每日发到手里的两升酒）。艾迪·范·德·沃尔肯加入采摘葡萄大队伍的动机绝不仅仅是为了钱：

我是一个葡萄酒爱好

者，看过很多关于酿造葡萄酒的书。我想亲身体验一下这样的过程，而并非享用从商店里购入的葡萄酒。葡萄酒的酿造过程很复杂，而且需要专业设备、知识和时间。所以，采摘葡萄不失为体验这一过程的最佳途径，另外，我还有机会参与到葡萄酒的生产之中。

我的法语不太好，所以只能和法定产区葡萄酒代理（详情见下文）签订了合同帮我安排所有一切。这家代理在马孔（Macon）附近的弗勒莉（Fleurie）为我安排了一份工作，要连续工作8天。早晨6点45分的时候，所有的工人都要到仓库集合，然后乘坐一辆拖车去葡萄园。你可以选择使用一种特殊的刀子或者使用剪刀来剪葡萄。我们从早晨7点工作到中午12点，再从下午1点半到下午6点，也就是说一天工作10个小时。从体力上来说，这种工作的确有点繁重。头些日子，多数人都要服用止疼片来缓解肌肉疼痛。但是，和其他人一起在田地里工作，一边欣赏着优美的风景，一边欢快地聊着天，晒着太阳，就会感觉好多了。

农场主都会准备两间仓库（一间给女工住，一间给男工住），里面有最基本的床铺，简便的淋浴和洗手间，一点也不奢华，但足够睡觉和洗漱了。真是一段不错的经历！你会了解当地人的传统和工作态度，品尝当地饮食，还可以遇到很多年龄在20~55岁之间来自世界各地的朋友。这的确是一个休闲放松的地方。今年过了葡萄成熟期，我将接着朝南旅行，然后用挣来的钱买点几年前酿好的葡萄酒留着自己喝（还可以当礼物送给朋友）。

各地工作时间的安排大相径庭。一位游客觉得这种工作的时间安排非常荒谬：午餐时间只休息1.5个小时，从早晨7点到下午6点就再也没有其他休息时间；而其他人发现他们在午餐时间就干完了一天的采摘工作，特别是在南方临近西班牙边境的地方，在那里，中午的时候天气会热得让人难以忍受。

一般的工作要么是摘葡萄要么是搬运葡萄。摘葡萄的时候要弯着腰用剪刀或者一个很小的像镰刀一样的工具把葡萄从只有3.5英尺高的藤架上剪下来，然后把它放在身后的背筐里。如果你不想让自己的手沾上葡萄汁（白葡萄汁最麻烦），戴手套会很管用，还要穿上橡胶靴。背筐装满后，把它倒在100磅重的大篮子里，然后搬运工会把篮子搬到拖车上运走。刚干采摘工作的头几天是最难受的，你不但要适应这种蜷缩的姿势，还得用上连自己都没发现的肌肉。搬运工作会比较抢手，因为不需要经常弯腰，还能在葡萄园四下走动，没那么无聊乏味。

越是往南走，你就越可能发现自己会面临来自新欧盟国家、西班牙、葡萄牙和北非移民工带来的竞争压力。大型知名酒庄（像拉菲〈Lafite〉）经常会雇用签好合同的采摘员，这些人每季都会回来，并且能够忍受这种快速而又喧闹的节奏。这些移民工人们每年都愿意回到原来的大葡萄园，在那里他们的团队工作效率高，而单个打工的游客通常都很钦羡这一点。

求职

假设你做好了准备，不在意那些让人心灰意冷的抱怨，可以去当地葡萄种植区的就业中心，他们能够并且很乐意告诉你哪位农场主需要工人。不过，上文提到过，一般情况下，除非你法语讲得好，否则，他们也并非总是能帮到你。如果你会操作法语系统的电脑，那么可以进行自助求职，找到相关的电话号码打电话联系（事先买一个当地的电话卡）。在索米尔（Saumur），当地的就业中心（后来改名为法国国家职业介绍所〈ANPE〉）通知一名游客时说“就这样啊！”旅游办、酿酒公司还有私有就业代理这些都说“再等等”，他沿着卢瓦尔河（Loire）东岸走了10英里以后，终于找到了一份工作。

迈克尔·乔丹（Michael Jordan）在阿尔萨斯（Alsace）找摘葡萄的工作时，发现每一家市政厅都贴着公告，建议求职者亲自到科尔马（Colmar）的就业办去询问。当地葡萄种植者有自己的组织——**阿尔萨斯葡萄种植者协会**（*L'Association des Viticulteurs d'Alsace*），在他们看来，阿尔萨斯每逢葡萄成熟的季节，可提供多达15 000个工作岗位，为期2~3周。阿尔萨斯葡萄采摘是季节性的工作。最近几年，科尔马、盖布维莱尔（Guebwiller）、尔斯海姆（Molsheim）和塞莱斯塔（Sèlestat）都开通了其专门的招聘热线（☎03 89 20 16 65）“你好，这里是阿尔萨斯葡萄采摘服务中心”。一般的空职都要求工人自己解决住宿（自带帐篷或大篷车）和交通问题。因为在葡萄成熟季节，越是往北，阿尔萨斯的天气就越冷，这样就会减小就业竞争。

下面是一些葡萄主产区，并就葡萄成熟期的起始时间附有粗略的估计，需要强调的是，这些日期可能每年都有几天甚至几周的时间差。如果夏天非常炎热，那么葡萄可能会整整提前一个月采摘。甚至有些葡萄园之间仅相距几英里远，葡萄成熟的时间却可能相差一周。

阿尔萨斯（Alsace）—10月15日

科尔马、斯特拉斯堡（Strasbourg）和其他诸多地区的

就业中心

博若莱（Beaujolais）—9月10日

维勒风榭（Villefranche）就业中心

波尔多（Bordeaux）—9月25日

波尔多和波亚克（Pauillac）就业中心

勃艮第（Burgundy）—10月6日

马孔和第戎（Dijon）就业中心

香槟（Champagne）—10月1日

兰斯（Reims）和艾贝涅（Epernay）就业中心

鲁西荣（Languedoc-Roussillon）—9月15日

佩皮尼昂（Perpignan）、卡卡颂（Carcassonne）、尼姆（Nimes）、巴料尔克斯（Bagnolssur Ceze）、贝济耶（Beziers）等地的就业中心

卢瓦尔（Loire）—10月6日

图尔（Tours）和昂热（Angers）就业中心

对于那些不想单独一个人求职的人来说还有一个更容易的办法。一家名为"产区受控"（*Appellation Controllee*）的荷兰代理机构（☎050 549 2434；info@apcon.nl；www.apcon.nl），一方面负责联系葡萄种植者（里昂北部的博若莱、勃艮第、夏布利〈Chablis〉和香槟），一方面在葡萄成熟季节联系近500名欧洲求职者在9月工作1~3周，这些人每天至少工作8小时，每周工作7天，作为报酬，工人们每天可净赚50欧元，管吃管住。**阿伯肯代理**（*ApCon agency*）收取99欧元的中介费，这家代理有一个不错的网站和信息栏。应聘者须随时掌握招聘信息，9月初便是起始日期。

丹妮尔·托马斯（Danielle Thomas）来自荷兰，她和阿伯肯代理签订合同后就在博纳（Beaune）找到了一份采摘葡萄的工作，从9月21日开始上班。11天之内，她总共挣了差不多650欧元，扣完税款并除去生活费以后还剩550欧元。她曾在梅洛瓦塞（Meloisey）的一家农场工作过。这家农场只为原来就在这里工作过的葡萄采摘员提供住宿，新来的就需要自带帐篷在花园里过夜了。丹妮尔能够看清工作中的利弊：

> 虽然整个团队让人感觉愉悦，但工作还是很辛苦的。经常累得腰酸背痛，最后我的手上划了好多口子，确切来说，一共有22处。我不建议睡在帐篷里，因为在这个季节，我每天都会被冻醒，然后第二天的工作状态就不太好。早饭是限量的，但午饭和晚饭会很丰盛，有5个菜，包括：汤和面包、沙拉蔬菜、肉或鱼，还有各种各样的奶酪以及饭后的甜点。每次吃午饭或晚饭的时候，都会有当地或老板自己酿的葡萄酒喝。所有的工人都一起吃饭而且有说有笑。

> 这是我找到的第一份摘葡萄的工作，不得不说，虽然工作的确很累，但是整个过程却十分快乐。这家主人十分热情好客，饭菜也独具风味！我遇到了很多热情友好的人，希望明年能再来。我建议以后想做摘葡萄工作的朋友：只要你心态良好且做好吃苦耐劳的准备，这当然是一份非常不错的工作。

她给将来打算做这种工作的人提供了如下一些很实用的建议：携带防水衣和长筒橡胶靴，因为天气变化无常。此外，携带橡胶清洗手套（不要带布料的手套），因为早晨的时候，葡萄上都是水，你的手也会被弄湿。涂抹护手霜也是一个不错的主意。最重要的是不要期望法国人会讲英语，最好带一本常用语手册。

由于汤姆·艾伯（Tom Alber）联系阿伯肯代理太晚，所以他没能赶上2010年的收获季，但他下定决心无论如何都要在9月初前往法国。之后，他抵达尼斯，虽然一家旅馆的店主尽自己最大能力为汤姆在采摘队中寻求一份工作，但是最终仍未能成功。

各地对采摘员的需求难以预计。然而，通常有大批的采摘员会在丰收初期（9月初到9月中旬）找工作，有时，9月再晚些时候就会出现缺少采摘员的现象。每年的收获时间也会有很大差别，暮春的一场冰冻可能会造成严重的破坏。由于有诸多不确定因素，因此很难在很早的时候确定葡萄采摘的起始日期。

有经验的葡萄采摘者建议在葡萄即将成熟的时候亲自去农场或者打电话给农场主，让他给自己预留一份工作。琼恩·卢波（Jon Loop）认为想找到工作，关键是要不厌其烦地给农场主打电话：

> 打电话的最佳时间是在7月，接着在8月打电话问一下工作的起始日期，9月的时候告诉农场主你已经出发，并马上就能到岗。你还需要提前一周再打一个电话，确认起始日期。

其他农作物的收获

葡萄成熟的时候季节性工作会最为集中，但是还可以找到很多收获其他农作物的工作，而且可能竞争没那么激烈。虽然说机械化的发展会给未来人工摘葡萄作业带来威胁，但是还没有机器能够取代人力进行苹果、李子和桃子的采摘。

还有一种传统的季节工作——给玉米摘心，包括摘除雄株上的玉米花。在过去的几年，此类工人的需求量大大减少，部分是因为引进了雄性不育玉米植株。可以到奥弗涅里（Auvergne）的就业中心进行咨询；2011年6月的一项快速调查发现，奥弗涅里科勒兰德村庄（Clerlande）的一位农场主提出和玉米摘心人员签订为期5天的合同，起始日期为6月25日。因为这种工作周期很短（3~7天），所以农场主们很少提供住宿，这就使外来的人感觉为玉米农场主工作不太切合实际。

在法国，农业占有很重要的地位。埃罗（Hérault）、德龙（Drôme）和热尔（Gers）是众多盛产水果和蔬菜的区域中的几个，这里尤其盛产李子、樱桃、草莓和苹果。法国南部地区和低纬度地区的庄稼最早成熟，很难笼统地归纳出收获的起始日期。例如，距贝济耶（Beziers）不远的沿海平原地区，5月中旬和6月底期间草莓就成熟了；然而，往内陆60千米到达索克利耶尔（Sauclieres）附近的上朗格多克（The Haut Languedoc），那里的草莓要到7月中旬才能成熟。樱桃和草莓成熟最早，通常情况下是在5月到7月期间；蓝莓要到7月至8月期间采摘；桃子则是6月给树木剪枝后；而摘梨子是在整个夏天，尤其（像苹果一样）集中在9月中旬到10月中旬；苹果的种植遍布法国，包括诺曼底。

一位比利时游客，文森特·克伦贝丝（Vincent Crombez），从孟尼提尔阿勒蒙特村庄（Monetier-Auemont，位于格坡〈Gap〉和西斯特宏〈Sisteron〉之间）来信推荐上格勒诺布尔（Grenoble）南部的阿尔卑斯省地区：

大概从9月1日起就开始摘苹果，一直干到10月底。我只能拿到法国的最低工资，且每天都要工作9~10个小时，周日除外。要是你能坚持住每天都不去村里唯一的酒吧，一个月存400多英镑是没什么大问题的。现在，我又回到了这里来做苹果间苗的工作。我每天工作9个小时，但是工作很轻松，天气也总是晴朗明媚，所以我两个月就能存800英镑。

安娜·凌给香槟的农场主打了第一个电话以后，就在葡萄成熟的时候找到了一份工作。但这样的好运转瞬即逝，在寻找苹果采摘工作时就不如之前一般幸运。她和男朋友不放过一切有可能的机会，最后却徒劳无获。所有的苹果种植者似乎都愿意雇用有相关工作经验的工人，当然是为丰收之后长达数月的剪枝工作做准备。

这种采摘水果的工作采取按小时（通常情况下是法国最低工资标准）或计件的方式支付薪水。如果你不喜欢计件的方式，也可以按小时领薪。通常情况下，工人们都需要靠自己解决食宿问题，所以帐篷和露营设备都是必备品。如果有农场主提供食宿，那么他们一般会从你每日的工资中扣除两个小时的薪水来抵食宿费。如果你正盘算着过了收获季节就马上离开，不要忘了在收获工作全部完成7~10天以后你才能拿到工资（确保工人们不会贸然离开）。另外，你可能还需要到当地银行领取现款，所以还是别着急走，四处逛一逛吧！

卢瓦尔河谷

人们在卢瓦尔河流域种植草莓、苹果、梨子还有很多其他农作物，尤以塞格黑镇（Segre）、昂各黑（Angers）和索米尔镇（Saumur）为胜。例如在卢瓦尔河流域的瓦兰镇（Varennes-sur-Loire）附近，那里的草莓成熟期会持续6~8周，从4月初一直到4月中旬。

在索米尔一带还有两种不常见的农作物：蘑菇和蓝莓（后者又被称作蓝黑色浆果），它们的成熟期都在7月初。然而，在肯特工作的时候，安德鲁·帕汀森·胡斯（Andrew Pattinson-Huges）发现：农业部长在此拥有一个蓝莓农场，该农场位于布瑞恩阿罗内（Brain-sur-Allonnes），距离索米尔镇只有几千米远：

> 一次次地找她为我们写推荐信，到最后她终于答应了。我从我父亲那里借了一些钱，先坐长途汽车到图尔市（Tours），然后坐火车到索米尔，并且花了很多钱打车到了昂儒蓝莓农场（Anjou Myrtilles）。农场主的英语讲得十分流利而且他同意聘用我。由于农场位于郊区的中部，所以我们要步行40分钟才能到布瑞恩阿罗内（Brain-sur-Allonnes）的营地。

可以登录网站www.anjoumyrtilles.fr打印申请表，然后递交给**法国季节就业中心**（*Sarl Anjou Myrtilles* 2 rue du vau de chevré，49390 La Breille Les Pins；☎02 41 52 83 81）。采摘工作可能会持续到8月底，之后可以到附近的村庄巴赫凯斑（Parcay les Pins）去摘苹果，那里花费小，很容易存下钱。

在图尔市一带整个9月和10月都需要招聘苹果采摘员，可以到布赫什（Breches）和它西面的卢瓦尔豪西赫（Les Rosiers sur Loire）两个村庄去尝试着找工作。

有机农场

法国的有机运动十分强大，目前**法国世界有机农场机会组织**（*WWOOF France* 86 bis，rue Principale，33460 Lamarque；www.wwoof.fr，该网站提供英法双语版）拥有一张最新列表，上面有650位有机农场主招聘志愿者的信息。只需交纳15欧元的会员费，或者两个人交20欧元，就可以拿到电子列表；如果需要印刷版手册则需另外交纳10欧元。杰克·斯坦德布瑞芝（Jack Standbridge）利用自己的间隔年寻找“一段经历”。第一次他是在葡萄成熟期，后来则是通过法国的世界有机农场机会组织：

> 我去了一家世界有机农场机会组织，那里没有电，没有自来水，没有暖气、屋子，甚至可以说什么也没有，因为我原以为会很有意思。在一些地方，工作还是很辛苦的，例如有时我一个多月都要自己动手垒砌石墙，那些石头十分坚硬，比我可重多了。

教学

由于在巴黎和法国其他地方住着很多的侨民，所以，对于要聘用英语教师的雇主来说，是否以英语为母语便不再重要。如果没有英语教师资格证、文科学士学位或者商业头脑（最好达到3条要求），那么将会很难得到教学的机会。当然，如果你让自己仪表出众，再加上一份令人过目不忘的简历，那么就可以大胆地打电话预约面试，亲自前往所有有可能的机构和培训中心投简历。（事实上，在欧洲7月和8月通常都找不到工作。）

在巴黎，很多公司会在地铁登广告，或者你可以在黄页电话号码簿上的私立语言教育机构或者语言学校里查询地址。许多这样的学校都会迎合商业市场的需要，所以，你要凸显出自己的相关教育背景。多数学校按照每节课15~25欧元（总额）支付课时费。越来越普遍的是，许多学校不愿意聘用合同制的教师，因为他们还要为这些教师纳税、交社会保险金，还要在假期支付给他们12%的工资，所以代课教师就更受欢迎。这些教师为自己打工，不受合同约束，一般情况下他们在一家用人单位一周才只工作几个小时。

在巴黎，人们经常通过做家教挣钱来贴补高额的生活费用，而这种工作方式有时也会变为互惠生形式。通过语言辅导换取食宿的形式非常常见，且大都通过广告形式（下文中讲述巴黎相关章节中进行了描述）或口头宣传发布信息。这是美国人和其他非欧盟国公民避免那些“条条框框”难题的方法之一，正如来自纽约的贝丝·梅耶（Beth Mayer）在巴黎所感受的一样：

> 我努力想要在学校找一份教学的工作，但是他们要求我提供之前的雇用证明，这正好是我没有的。我尝试联系过好几所学校，他们告诉我雇用证明和大学学历要比英语教学资格证重要多了。所以我就登了一则教英语的广告，同时提供编辑服务（来这里之前我在纽约做编辑），后来我收到了很多的回复。我收取的费用并不低，但是扣除路上往返的

费用，实际到手的钱仅为这些收费的一半。如果住在市中心，最好还是在自己家上课。我不仅教英语，还和法国人练习英语对话。通过这种方式，我认识了很多好人，也挣了不少钱。

一些常用的求职方法会很有用，如上网搜查留言板信息、在当地报纸上登广告、在图书馆或像“不二价”超市（Monoprix Supermarkets）之类的商店张贴复印的广告等。

语言专业的大学生如果想到一所法国学校当一年的英语语言助教，可以联系英国文化委员会的**语言助教小组**（*Language Assistant Team* ☎020 7389 4596；assistants@britishcouncil.org）。该机构每年派遣几百名在英国大学中学习法语的本科生到到法国，还有年龄在20~30岁之间的应届毕业生到法国的中小学校待一学期。助教一周要教授12个小时的对话课程，月工资为940欧元（总额）。像前文中提到过的一样，美国人也可以向华盛顿的法国大使馆申请成为助教。

艾米丽·斯隆（Emily Sloane）来自美国，她在洛林（Lorraine）的一个小镇上（基切人〈quiche〉就来自这个小镇）找到了一份做助教的工作。她能找到的所有英语指导手册上都没有这个小镇的信息：

我在三所小学教英语，一共约有170名学生，每周每个班上两节课，一节课45分钟，每周一共工作12个小时。总的来说，教学和备课的过程都让人开心，尽管我没有得到太多的指导，全年也都没有收到过任何关于教学的反馈。因此，我肯定自己已经适应了教学生活，且积累了一些经验，更重要的是工作的时候和孩子们在一起会让我非常快乐。这些孩子虽然可爱且富有激情，但同时要比我预想中吵闹得多，所以，我在行为管理上花费的时间要比想象中更多。孩子们从没什么恶意，只是太容易兴奋，还很健谈，在我的课堂上尤其如此，因为我的课比课程表多一个课间休息。由于我是那个镇上唯一的助教，因此我的法语水平提高了很多，特别是在俚语和听力理解方面。不过，刚开始的好几个周末我都很孤单，因为我时时刻刻都被逼着讲法语。

艾米丽·斯隆发现，出了大城市，寻找自由职业教师工作的机会很多。仅仅通过口述，甚至无须主动自我介绍，很多镇民就会联系她做英语家教。因此到学期中期时，她就有5个学生了。每周她要给每个学生上一次课，课时费为10欧元，有的时候还会在学生家里免费用午饭。她收取的课时费在家教工资中算是最低的，在巴黎，多数的家教课时费是20欧元。

想要在巴黎做互惠生教学换食宿的，除了下文讲述巴黎那一章节中会列举的地点以外，在**金钱和零工**（*Money and Side Jobs*）论坛上也可以获取诸如此类机会的信息，该论坛网址为www.assistantsinfrance.com/forums。2011年有人在该论坛上找到了一份临时保姆工作，要照看两个孩子，一周工作4天，从下午4点半工作到晚上7点半，周三是从下午12点半工作到晚上7点半，月工资625欧元。通过这种方式，美国和其他非欧盟国公民可以避免繁文缛节带来的阻碍。

在巴黎，不仅找工作困难，而且房租很贵。2010年，萨拉·布利士（Sara Breese）记述了她在巴黎找工作的经历和从事教学工作能够承担得起的生活方式：

> 在法国找工作真是一个艰难的过程。不过，只要有坚定的决心和热情，找工作也没有那么难。我在9月开始了在巴黎的互惠生生活，照看小孩的同时教他们学习英语。第二年，我决定在巴黎的**英语外语教学机构**（*TEFL Paris*）考取非母语英语课程教学教师资格证（ESL Teaching Certificate），这也是我所做的最好的选择之一。我不仅喜欢考取证书的这个过程，而且还发现自己很喜欢教学。对于以英语为母语的人来说，非母语英语教学可能当属最好的行业，也是在找工作过程中对自己最好的投资。为了找到一份教学的工作，我关注了《巴黎大都会》（*FUSAC*，下文将提到）杂志上的信息，还向杂志上提到的每一家英语教学组织递交了申请。差不多两周以后，我接到了一些通知面试的电话。我参加了三个地方的面试，然后接受了这份现在还在做的工作。我每个小时可以挣20欧元，税后实际到手16欧元。很快，我就签订了一份无时间限制的（CDII）合同，对于商务英语教师而言，在巴黎这算是一种比较理想的合同。这份合同基本上算是一种长期的间歇性合同，这就意味着，你将与雇主单位保持长期雇佣关系，雇主将提供可能的工作机会，而你会得到合同保护。
>
> 我根本没办法存钱，因为巴黎的消费水平太高，我每个月要花1000~1600欧元。巴黎的房租很贵，我从来没有听说过有哪一家教育机构肯为老师提供住宿。刚到巴黎的时候，我住在他们所说的"佣人房"（Chambre de bonne）。这

些房子房租每个月差不多要450欧元，所以作为老师，你得到的一半工资都要用来付房租。

儿童护理

对于年轻女性来说，做互惠生是学法语的好方式，对年轻男性来说也是如此。在法国，互惠生的零用钱和法国最低工资标准息息相关，目前在巴黎是每周工作30个小时，报酬为80欧元再加上交通费用。优等的互惠生每周工作35个小时，报酬为100多欧元，而保姆挣得就更多了。多数代理认为参加法语课程学习是聘用的重要条件。很多外国人在一开始的时候都太过着急能被安排一份好工作，但是慢慢地他们才意识到，他们根本不喜欢身边围着一堆孩子，如果交换家庭住在郊区，他们还会感到十分孤独（多数人都会有这种感觉）。除非你发自内心地喜欢小孩子，这样最好是能做一点托儿服务（例如：每周12个小时），作为回报可以免费住在交换家庭中。马特·汤姆林森（Matt Tomlinson）做互惠生工作的时候，时刻保持警惕：

我从朋友那里听说了他们可怕的经历，工作超时，报酬还很低，而这都源于挑选交换家庭时的粗心大意。因此，当得到我贴在英国教堂（在郊外圣奥内瑞大街〈de Faubourg St Honoré〉）楼上的布告栏求职广告的回复时，我非常小心地从中进行选择。我的那些雇主还都比较平易近人，他们大多二十五六岁，所以就像和一位大哥哥或者大姐姐住在一起一样。小男孩刚刚2岁，而小女孩只有3个月大，这两个孩子非常可爱。总的来说，我的工作还是十分有趣。可能不是所有的人都认为烘烤巧克力糕饼、踢足球、还有用手指画画会很快乐，但是肯定还有比这更糟糕的营生方式（同时还有学法语）。

通常情况下，可以到法国代理机构直接申请。许多知名代理机构都是**法国互惠生代理联盟**（*UFAAP*）的成员，该联盟成立于1999年，是一家拥有众多成员单位的大型机构。会员代理机构通过其官方网站（www.ufaap.org）相互链接。有的代理可能会收取高额的注册费用（160多欧元），但是也有代理不收任何费用。法国代理机构联盟的代理们提醒应聘者不要登录免费的网站，上面提供的服务可能会招来大麻烦甚至会上当受骗。下面是一些可供联系的代理：

Association Families & Jeunesse：尼斯；☎0493822

22；info@afj-aupair.org；www.afjaupair.org；可以安置300多名男孩和女孩互惠生，主要是在法国南部和法国的维埃拉（French Riviera）和科西嘉岛（Corsica）。

Butterfly et Papillon：安纳西（Annecy）；☎0450670133；www.butterfly-papillon.com；国际互惠生协会（IAPA）成员。

Europair Services：巴黎；☎0143298001；europairservices@wanadoo.fr；www.europair services.com；国际互惠生协会（IAPA）成员。

France Au Pair–Eurojob：鲁瓦扬（Royan）；☎054 239 88；contact@eurojob.fr；www.eurojob.fr。

Inter–Sejours：巴黎；☎0147630681；www.inter-sejours.fr；收取240欧元注册费。

www.mon-agence-au-pair.com：兰迪维索（Landivisiau）、布列塔尼；☎0604462047；monagenceaupair@gmail.com；www.mon-agence-au-pair.com；注册费50欧元，安排交换家庭成功后，加收190欧元。

Oliver Twist Work&Study：Pessac；☎0557269326；www.oliver-twist.fr.

按照法律规定，接待家庭应该代表互惠生向当地的社会保险费及家庭补助金征收联合机构办公处缴纳社会保险费，虽然不是所有的家庭都会这么做，但是在申请的时候你可以提出这样的要求。在巴黎或巴黎附近的互惠生需要持有透支卡，该卡的功能和伦敦的牡蛎卡（Oystercard）类似，可以涵盖整个巴黎地区。橙色卡在（carte orange）2009年就被淘汰了。

互惠生可免费登录网站www.frenchaupairs.com享用配套服务。北美人直接通过法国代理为互惠生安排交换家庭即可，记住一定要提前交纳安置费用，但有的时候，互惠生对交换家庭的情况会一无所知。

商业和工业

正常情况下，从事法国办公室工作需要良好的法语水平，这种工作可能和你回国后所做的那些临时工作有所不同。专门的代理，如巴黎的希拉伯吉斯代理（Sheila Burgess Agency），会招聘双语秘书到办公室任职（☎014463 0257；www.sheilaburgessint.com）。

有的收费培训计划除了可以提供就业机会，还能帮助参与者提高撰写求职简历的能力。安迪·格林（Andy Green）参加了一项由因特斯匹克（*Interspeak*，www.interspeak.co.uk）创办的活动，并且在利摩日（Limoge）的办公室工作了两个月的时间。与以往的法国人员配置一样，安迪处于无薪的工作阶段，然而他始终认为花1000英镑来换取这次经历相当值得。

在法国，参加互换工作可

以帮助你提高语言水平，同时也不会花很多钱。例如：一家位于蓝色海岸的法语学校——**昂蒂布国际中心**（*Centre International d'Antibes*）就提供这样的机会。获得在欧洲工作权利的志愿者可以在这里做一些管理或者内部的工作，时间至少为3个月，作为回报，可以享受免费的住宿和（或）免法语学费（v.farris@cia-france.com；www.learn-french.fr/work_exchange_program.htm）。

一些英国人经营的建筑公司（并非所有的都有许可证）在有的地区很活跃，像多尔多涅（Dordogne），在那里从事房屋建造的英国人很多。你很可能会恰巧找到建筑工作，正如美国人彼得·戈德曼（Peter Goldman）一样：

> 我搭便车从巴黎到南边去，一位很友好的妇女把车停在了图尔市附近。她要到离波尔多不远的农场去，因为有一个荷兰人正在给她的屋子换新房顶。我跟她解释说我有一些建筑方面的经验，当场就被录用了。我在这里工作了10天，除了免费的住宿外，还有很多吃的东西、啤酒还有葡萄酒，最后我领取了丰厚的报酬。荷兰人对我的工作十分满意，于是就带我到巴约讷（Bayonne）附近的比达瑞（Biddary）帮她修整另一栋房子。在那里，管吃管住，我还挣了一些工资，学了很多欧洲的建筑方法，见识了法国的乡土人情，并且遇到了一些很了不起的人。

在法国，努力工作就能挣到很多钱，如果你需要联系新的地址，电话号码簿（www.pagesjaunes.fr）能给你提供很多帮助。你可以按以下条目查询：发放传单（法语写作："Publicité direct"和"Distributeurs en Publicite"。www.phosphore.com形容说，该工作做起来很难但是却很容易找到）、房屋拆迁、家庭保洁还有安全工作的监督。发放传单要么按照工作量要么按照工作时间计费。会讲法语的人还可以找到超市促销员的工作。

志愿者工作

像其他欧洲国家一样，法国也有各种不同的志愿者工作。准备通过工作而换取食宿补贴的人应该考虑加入某项志愿者计划。正常情况下，这些计划会在夏天开展，持续2~3周，每天需要8~18欧元。许多外国的年轻人都加入了其中的一项计划学习基础法语，结交法国朋友同时还可以享受很多乐趣。

考古

每年都有许多考古挖掘和建筑修复工程。每年5月，法国文化部（建筑和遗产局和考古分局）都会发布一张在全法国范围内开展的夏季挖掘项目的列表，并且招募5000名志愿者。从3月到4月，可登陆网站（www.culture.gouv.fr/fouilles）咨询详情。多数部门都有考古服务中心，可以组织一些挖掘活动。如果没有相关经验，那么你可能只会做些服务性工作，但是很多人都乐于分享自己所取得的进步。

安东尼·布莱克（Anthony Blake）描述了他参加的一次勒芒大学（University of Le Mans）历史系组织的挖掘活动：

> 考古非常辛苦。应聘者必须清楚自己要在酷暑中工作，从早晨8点半一直工作到中午，再从下午2点工作到下午6点半。也就是说，整个度假打工我都过得不错：有很不错的工作伙伴（因为有75%的同事都是法国人，所以这是很好的练习法语的机会），周六下午不用工作，法国铁路公司（SNCF）食堂里午饭也不错，同行的挖掘者偶尔一两次为我们准备晚饭。住宿条件虽简单但已足够满足大家的需求了。

保护工作

法国非常重视遗产的保护，国家和地方有很多团体致力于教堂、风车、堡垒和其他历史纪念碑的修复工作。很多团体还招募外国志愿者，除了考古挖掘他们还要收取费用：

APARE/GEC：☎0490 85 51 15；www.apare-gec.org；这是一家联盟机构，在普罗旺斯的一些历史遗址（还有北非的一些遗址）组织志愿者工作营地；2周收取100欧元，3周收取136欧元。

Chantier Histoire et Architecture Médiévale（*CHAM*）：巴黎75014；☎01433515 51；www.cham.asso.fr；组织保护历史性建筑的志愿者计划，不仅仅在法国大陆上，还有一些遥远的地方包括留尼旺岛（Réunion Island，这是印度洋毛里求斯附近的法属行政区）；详情见CHAM的网站（英语）；露营费每天10欧元，此外，还收取30欧元的注册费。

REMPART：巴黎；☎01427 19655；www.rempart.com；类似于英国的National Trust；负责保护全法国范围内濒危历史遗迹；多数的工程计划每天都要收取5~8欧元的费用，此外，收取38欧元的会员费和保险费。

La Sabranenque：Centre International, rue de la Tour de I' Oume, 30290 Saint Victor la Coste；www.sabranenque.com；以美国为首的工程计划在5月到10月期间招聘付费的志愿者，修复一个中世纪的村庄，并铺设人行道，该村庄距离阿维尼翁不远。两周的参与费至少为850美元。美国申请者应该拨打☎612 721 2777，咨询杰夫（Jeff）。

UNAREC（*Etudes et Chantiers*）：Délégué International, Clrmont-Ferrand; ☎04 73 31 98 04; www.unarec.org; 招聘几百名国际志愿者参加短期的保护工程计划和长期的专业训练，可通过合作代理机构申请。

如果发现自己参加的计划有一些缺点，尽量耐心一些，因为这些组织既依赖于志愿领导者也依赖于参与者。朱蒂·格林（Judy Greene）在一家保护组织做志愿者工作，她感觉自己深受“缺乏组织和领导”之害，或者更具体地说，她的项目中有一位不讨人喜欢的种族主义者。你需要忍耐，特别是在你的同行志愿者缺乏忍耐力的时候。

巴黎

像发达国家中的所有大城市一样，巴黎的机遇与挑战并存，尽管你可以通过各种途径养活自己，但你不得不面对每天难以应付的各种花费。除非你十分幸运，出发前就带了少量积蓄足够撑到你找到一份工作。找房子的时候多关注布告栏（见下文）和当地报纸上的信息，还可以借助代理，而代理费可能要花掉你一个月的房租，但是代理机构能保证你无须提前交纳两个月的房租作为押金。

获取消息的途径

侨民信息网（*Expatriate qrapevines*）在巴黎十分风行，而且对找工作和住所都十分有帮助。巴黎有很多的布告栏，很多人都是在那里找到了工作和住处。位于101 Quai Branly的**青年信息资料中心**（*CIDJ*），其大厅的布告栏上就会刊登各种学生临时工作的信息，如电影中的特别客串，但是有的时候也会有专职的工作或者英语家教。

其他求职者和求租者比较想去的地方便是位于65 Quai d' Orsay的**美国教堂**（*American Church* ☎01 40 62 05 00；荣军院〈Invalides〉地铁站）。里里外外的各个布告栏上会有一些官方的通知，此外，任何人都可以免费在地下室的软木板上张贴通知。显然，亲自去看这些公告是相当有必要的，因为打电话给教堂或者通过网络是无法取得这些信息的。在巴黎，说英语的人可以免费领取一种月刊杂志《巴黎之声》（*Paris Voice*），上面有分类的职业招聘信息。

位于巴黎乔治五世大街23号的**美国天主教堂**（*American Cathedral* www.americancathedral.org；Alma Marceau或George V地铁站）有一个布告栏，上面主要是一些职业招聘和房屋租赁信息。该教堂还提供志愿者机会，例如：每周五午餐的时候，它都会设置施食处。

无疑，欧洲最有趣的书店当

属**莎士比亚书店**（*Shakespeare and Campany*）了，它位于第五区的比什利大街37号（37 rue de la Bûcherie in the fifth arrondissement，塞纳河的南岸）。这家书店不仅有一个公告栏，同时也是和其他外国人聊天谈论工作和住宿的好地方，你绝对能得到有用的信息。该书店也是一家非正式的作家客舍。美国老侨民，店主乔治·惠特曼（George Whiteman）已经把这家店传给了他年轻的女儿西尔维娅（Sylvia）。她保持了父亲的传统，只要是那些父亲称为“风滚草”（tumbleweeds）的人都能免费入住，但他们每天要工作两个小时作为交换（前提是这里还有空房可供入住）。

在读这本书的较早版本时，18岁的汉娜·阿德科克说自己是一个“比较严肃认真”的女孩，然后她就出发来巴黎了：

很快，我发现自己住进了那家嬉皮巴黎书店，这里可以看到巴黎圣母院，吃到盼望已久的难以下咽的薄脆饼，以及开始按照吩咐用凉水和报纸擦地板。在莎士比亚书店工作的孩子们多数都没有工资。只有店主非常地喜欢你，或者你曾经在剑桥或哈佛读过大学，又或者你非常可爱，你才可能得到一份有薪水的工作。可以远眺巴黎圣母院的那间房子非常漂亮，但是我在那里的时候，那间房子总散发着一种臭味，而且屋里还有一种虫子隐藏在床上，这虫子可谓是高度进化，跟老鼠大小差不多（好吧，略带夸张）。尽管莎士比亚书店装饰得非常豪华，但是在那里工作你总会发现很多“有趣”的事情！

大多数的老外聚集地，如利沃利大街的莎士比亚书店、**WH史密斯书店**（*WH Smith Bookshop*），还有很多其他的书店，这些书店免费发放双语英语杂志《法美接触》（*France-USA Contacts or FUSAC*；www.fusac.org），该杂志仅在每月的第一个周二才发行。《法美接触》主要刊登各种类型的广告，包括一些招聘英语教师的广告，杂志出版的当天，人们都会咨询这些广告。每则广告的费用各不相同，以刊登在标题为“法国就业信息”的广告为例，起价为36欧元。其他就业和住宿的信息源还有免费的广告周刊《公告》（*J'Annonce* http://emploi.jannonce.fr）或登录网站www.paris-annonces.com查询信息。

巴黎的迪士尼乐园

大型综合游乐园，巴黎迪士尼乐园建筑宏伟，坐落于巴黎东部30千米的马恩河谷（Marne-la

Vallée）。在高峰时期，这里通常要雇用12 000名员工，双方签订长期或者季节性的合同。欧盟国公民或其他持有欧洲工作许可证的人都可以在迪士尼找到季节工作，招聘从3月或5月开始，一直持续到9月。真正的高峰时期相对较短，一般从6月底开始，并持续到8月底。

所有的“演艺人员”（Cast Members，迪士尼内部对员工的称呼）都必须能用法语进行交流，而且最好还会使用第三种欧洲语言。需要注意的是，只有在缺乏双语人选的情况下，他们才会聘用法语讲得不太好的人。如果你只懂一点法语，也有可能侥幸在这里找到工作，如注重舞蹈能力的游行队伍工作，还有一些比较辛苦的工作岗位如清洁工等。工作待遇还算可以：每周可以连续休息两天；报销旅费（目前，签订无固定期限合同的员工可以报销英国来这里的路费76欧元，而签订固定期限的员工则可以报销回程路费152欧元）；可以住在离公园一站地远的分享式公寓。最好的工作要数卡通扮演，如扮演米老鼠，不过多数工作为餐饮服务、家政管理、推销商品以及一些保管工作。

在法国，员工每周要工作35个小时，然后根据工作情况，就可以拿到相当于最低工资标准的报酬，不过要扣除至少170欧元的社会保险金。此外，员工住宿费为每月260欧元，详情可咨询**角色招聘服务部**（*Service du Recrutement-Casting*），地址：BP110，77777 Marne-la-Vallée Cedex 04，巴黎迪士尼乐园（http：//disneylandparis-casting.com）。2月和3月在全欧洲都会举行角色巡回演出，这些演出无疑会引发高校中求职应聘此类工作的风潮，应聘者排着长长的队等待着初步筛选，这主要是考查他们的法语水平和报名意愿。之后，再想应聘此类工作就要等到9月的万圣节和圣诞节了，到那时候可以签订短期的合同（可以发送邮件至disneylandparis@mycrewhome.com咨询英国的详细信息）。

所有的工作都要求形象良好（即使不能留有面部毛发的规定已经废除），当然，迪士尼通常都需要品行良好、开朗、外向的员工。是否看重额外福利就要因人而异了；这些福利包括可以享受特许商品、酒店的折扣，并且有的还可以免费参观主题公园。

基思·利什曼(Keith Leishman)，来自敦提（Dundee）。在拿到法律学位之前，他在迪士尼乐园度过了好几个夏天，他会法语，在那里从事角色扮演的工作。

刚开始找这份工作的时候非常令人沮丧。11月左右，我先往公司寄了一封信，后来又寄了几封信，发了几封电子邮件，可还是杳无音讯。在我都决定放弃的时候，终于，大约在3月的时候，我收到了该职位的面试通知，地点是在爱丁堡，并最终成功地获得了这份工作。之后，就得听从他们的安排，而且要在合同生效的前一天到达迪士尼。（去年我在欧洲训练营工作，当时这里不但提供了到法国的路费，还留了时间预先准备好一些材料，所以得知这一切后我非常吃惊。）

我在售票处工作，必须身穿白马王子的服装，一边引导人们进入公园，一边为再次入园的游客在手上盖章。

这就意味着每次接班后就要在酷热的环境中一直站着。不过，这却很利于我提高法语水平，因为人们会问各种各样古怪的问题。

员工公寓很舒适而且还有厨房，不过我平时不怎么做饭，因为我们可以到迪士尼的食堂就餐，花钱也不多，每天仅用几欧元我就可以吃得很好。在迪士尼工作的另一个主要的好处是可以遇到来自各个国家的人。仅凭来自世界各地的年轻人的数量，我们就能判断会有多少场在其住处举办的聚会和野餐会。休假的时候，我经常去巴黎，坐火车只需要40分钟就可以到达。夏季高峰的时候，我在那里工作了两个月，发现在迪士尼面带微笑对我来说实在是太难了，因为我感觉又累又热。但是工作要求面带微笑，因为你在扮演想象中的角色。同时，我建议那些喜欢与人打交道和想提高法语的人们试试这份工作。我打算在圣诞节或者万圣节的时候再回到这里工作。

生存

有天赋的音乐家可以考虑在周五或者周六的晚上加入波尔多左岸街头卖艺者的行列，进而可到竞争激烈的地铁。根据交通局发行的执照（不收取任何费用），你可以到规定的地点表演，但不允许在列车上表演，尽管很多人都违背了这项规定。安娜·凌来自剑桥，她自创了一套简短但十分精彩的火趣表演（fire poi show，旋转一根拴有两个火球的链子）。8月的时候，只要在餐馆外面有足够大的场地，她就在那里表演这个节目，她的同伴则循环玩耍一顶帽子。

如果你想要在法国的农村生存，集体生活是一种可能的选择。罗伯塔·韦德治（Roberta Wedge）在“荒凉而美丽的”**乐存卡尔和平中心**（*Le Cnn de Larzac Peace Centre* Route de Saint-Martin，12100 Millau；www.le-cun.org）度过了几个月的快乐时光。他说夏天的时候他们需要一些志愿者来照顾游客、打理花园、看守水果等。2011年整个夏天，露营营地由于维修关闭了。

许多**甘地方舟社区**（*Gandhian Communities of the Ark*）都接收志愿者，包括**博里贵族之家**（*La Borie Noble*，34560 Joncels），还有**弗雷西尔赫**（*La Flayssiere*，34560琼斯勒）。几年前，罗布·艾布特就在其中一个社区中度过了一段美好的时光：

> 我在世界有机农场机会组织的列单上查到了谷赫摩特（Domaine de Courmetles）的地址。这是一家我最喜欢的世界有机农场机会组织，因为它位于蓝色海岸800米的高地上。8月，我在那里一个宁静的营地度过了三周半的美好时光，躺在吊床上思索生活或者到附近的山巅探险。不上班的时候，我和其他志愿者一起到一些景色优美的河边或者天然泳池游泳。我连续工作4天清洗餐具，然后接着就可以放3天假。在这个过程中，法语真的帮了我不少忙。

如果你对私营企业更感兴趣，不妨学习泰萨·肖的做法。她听说在沃克吕兹省（Vaucluse）的运河沿岸和河堤上能够找到很多可食用的蜗牛，并且可以把它们拿到市场上卖。只有在宁静而潮湿的夜晚，蜗牛才会爬出来，因此特萨在凌晨2点到7点的时候就拿着手电筒，在河边寻找蜗牛。她把蜗牛装在一个大袋子或大箱子里面，过四五天，等它们把体内的毒素都排出以后，就拿到卡庞特拉（Carpentras）的市场上把它们卖掉。4月1日到6月30日期间是禁止捉蜗牛的。

在等待工作机会出现时，可以到公园、火车站或者海滩上过夜，虽然这也可能会招致麻烦。如果你想在车站过夜，那么必须要有一张有效的车票，否则巡逻的警察会把你驱赶出去，而且态度会很不友好。

5年前，布拉德韦尔·杰克逊努力在马赛（Marseille）找一份教英语的工作，然而，美国国籍却成为他失败的原因。之后，他到几个大陆一边旅行一边教书，2011年夏天，他决定挑战一下自己，重新回到“原来的耻辱之城”看看自己在这里是否能够生活下去：

> 我发现就算钱带得不够，在马赛生活也并没有那么困难。很容易就可以找到一个避难所，和那些无家可归的人住在一起，条件还可以。每天你可以在那里吃两顿饭，那儿的人丝毫也不会给人一种危险的感觉。实际上，认识他们是一件十分有趣的事情。

德国

德国重新统一后，外国工人蜂拥而至，特别是原南斯拉夫、波兰还有其他即将加入欧盟的国家公民。德国的酒店从东欧和中欧招聘大量员工，只留少许职位给英国和其他国家的学生。面对全球经济大萧条，德国比欧洲其他国家表现得更为坚定，所以，如此多的外来工人都涌进了这个经济强国。值得一提的是，德国的失业率只有6.3%，与2年前相比，下降了2个百分点还多。学生工作的机会还是很多的，虽然许多情况下都没有薪水。有毅力且擅长德语的每一个人都有机会得到一份薪水不错的工作。

法令法规

欧盟国公民可自由进入德国寻找并从事一份工作，但是，和所有德国当地居民一样，他们必须到相关地区当局（居民登记处）注册自己的住址，这需要你证明自己就在当地居住，例如与房东签订的合同复印件，可能还要出具就业或资金证明。然后该办公处就会联系移民局发放自由流动证。

数量众多的人一直都保持着非法打工的状态，特别是在建筑和清理卫生两个行业。许多雇主非法聘用大量工人，一旦被发现，他们将被处以拘留的刑罚，并同时交纳5000~30 000欧元的高额罚款。许多工作（像儿童护理、餐饮服务等）都要求必须持有当地卫生部门发放的健康证。同样地，如果餐馆被发现雇用无证人员，那么将被予以重罚。

年龄在30岁以下的澳大利亚、新西兰和其他一些国家的人可获得在德国打工度假签证（Working holiday visas），有效期为一年；年龄在18~35岁的加拿大公民可以获得青年流动签证（youth mobility visa），有效期也是一年。该签证的适用对象是那些想通过沿途工作挣钱支付**旅游和文化发现**（*tourism and cultural discovery*）之旅的游客，以及那些寻找专业培训的人们。通过网站www.experience-germany.ca可以找到相关的办理机构；其他享有特权国家的公民（包括澳大利亚、新西兰、加拿大、美国、以色列、日本和韩国）到了德国之后就可以申请居留/工作许可证，前提是他们遇到了一位愿意帮助他们申请的雇主，并且他们能够忍受外国人登记处官员表现出的不友好态度，这种现象常常被曝光。你还必须出示大量证件，包括：居留登记证，还有工作或者资金证明（每月至少700欧元）；其他国家的公民必须到他们所在国家的德国使领馆进行申请。德国政府禁止招聘外国员工从事没有技术含量或技术含量较低的工作，所以，欧洲以外国家的公民要想延长其在德国居留的时间相当困难。如果想延长，那么申请人需要出示优良表现公证件、医疗保险证明、健康证（上文已提及）、住宿证明以及生活来源证明。许可证上须标明证件持有人从就业办公处（见下文）领取工作许可证之前，他就已经开始工作了。会德语的朋友，也许能从论坛上得到一些帮助（www.info4alien.de）。

月工资低于615欧元者（如互惠生）无须纳税，即使按照官方规定，他们应该持有税证。收入超过615欧元者将按累进比率扣缴税款。

特殊方案

年龄在30岁以下且德语不错的美国在校生和毕业生，可通过位于纽约的**信用违约互换国际**（*CDS International* ☎212 497 3502；www.cdsintl.org）得到在商业、金融、工程或者技术领域的实习机会。CDS的合作代理伙伴**德国国际合作机构**（*GIZ*）能够在这方面提供帮助。如果需要的话，项目参与者头一个月可以选修语言强化课程，然后再开始带薪或无薪的实习。每个月的平均工资足够生活开支。CDS项目将收取700美元的费用。

纽约互换组织（*Inter Exchange*, www.workingabroad.org）负责与德国的互惠生互换计划，凭借此计划，年龄在18~24岁的美国年轻人可以在德国的接待家庭居住6~12个月（见下文）。加拿大的SWAP（www.swap.ca）为年龄在18~35岁的该国公民（申请人可以不是学生）发放工作许可证，有效期为一年。懂德语肯定会有所帮助但不是必备能力。该计划收取420加元或者480加元的费用，此外，参与者还必须拥有2750加元的存款。

国际青年交流组织（*International Youth Exchange, IJAB*）在波恩（Bonn）设有欧洲办公处，负责欧洲学生交流工作（info@jugendhilfeportal.de；www.eurodesk.de）。网站www.prabo.de 和www.praktika.de（仅有德语版）提供免费的实习信息数据平台，公司、学生和其他任何有需求的人们可以通过这两个网站搜寻或公布在德国或其他地方的实习机会。（德语中，实习一词写作"Praktikum"。）

德国打工度假方案将来自英国和老欧盟成员国国家的语言专业或间隔年学生安置到乡村的旅游地区。参与者每周可领取51欧元的零用钱，包三餐，和接待家庭一起住在农场或者乡村的旅馆。反过来，他们要负责照看孩子和/或马匹还有农场的动物，或者负责上菜和厨房的一些杂活。最好能居住3~6个月，有时6周也可以。详情请咨询雷根斯堡的**地球语言组织**（*Terre des Langues e.V.* ☎0941 565602；terre-des-langues@t-online.de；

workingholidays.de）。在成功获得工作安置后，申请人在工作开始之前的4周之内交纳200欧元的费用（2011年）。

工作经验

德国公司的实习机会很多，且就业范围广泛涉及的行业包括：旅游、贸易、通信、市场以及银行等。求职者可以根据自己的时间和工作机会进行选择。多数的实习都会有配套的语言强化课程。正常情况下，语言在中级水平以上，并有相关工作经验的求职者胜算会大一些。多数的实习岗位是没有薪水报酬的，或者，作为奖励，只有勉强可以糊口的工资。一般情况下，只有旅游行业会提供食宿。

如果研究生和初出茅庐的毕业生要想在一家德国公司积累国际工作经验，那么他们可以求助于**联邦职业介绍所**（*Federal Employment Agency*，见下一章节），该机构可以为这些人安排实习岗位。首选的岗位有工程设计、经济学、商业管理和旅游管理。实习期至少为3个月，最多不超过1年。实习生应擅长德语。有意者可提交申请至德国联邦就业局国际安置服务部（*ZAV'S Project-Team Incoming* ☎0228 713 1570；incoming@arbeitsagentur.de）。

位于法兰克福（Frankfurk）的**德语研究所**（*DID-Deutsch Institute* ☎69 2400 4560；www.did.de）是一家重要的语言培训机构，这里可以为学生在完成语言课程学习后，安排在柏林、法兰克福和慕尼黑（Munich）为期2~6个月的实习；学生须交纳办理工作实习的手续费450欧元，这是原来为期6周的语言课程学费（如1100欧元）之外的费用。与之相类似，**德国语言学校**（*GLS*，www.gls-berlin.de）推出为期至少4周的语言学习课程与在柏林一家公司进行无薪实习相结合的项目，实习时间为6周、8周或者12周以上。安排实习工作的公司还要求实习生至少达到德语中级水平（B-1）。

德国奥思拓语言学校（*Astur GmbH* ☎661 92802 0；www.astur-gmbh.de）在德国约50座城市和城镇为语言学习者安排无薪酬实习工作，时间为4~12周期。申请者必须来自“老欧洲”国家，年龄在18~25岁之间，德语水平优秀，须在德国公司上班，一般从事工业、销售、市场、管理、会计、法律、翻译或计算机行业。奥思拓还安排酒店实习工作，求职者在上岗前须接受强制的语言培训，且德语须达到中级水平方能合格。奥思拓2010年的收费标准为：4周1320欧元起、10周2390欧元起，包含家庭住宿费。

德国国家就业服务

联邦劳动局（www.arbeitsagentur.

de）管理的就业办公处的网络覆盖整个德国。所有的分支办公处都通过协调办公室保持密切联系，这些办公室负责解决地方上未能解决的职位空缺和申请问题。如果你懂德语并且不是很着急找工作，或许可以试着在这里注册一下。

德国**联邦就业局国际安置服务部**（*ZAV*）作为德国联邦职业介绍所的一个分支部门，设有一个国际部，负责处理海外讲德语的学生们的申请。可从德国联邦就业局国际安置服务部获取详细信息和申请表（Villemombler Strasse 76，53123 Bonn；☎0228 713 1330；zav-bonn.ferienbeschaeftigung@arbeitsagentur.de）。该办公处负责办理所有外国学生的申请。虽然任何国家的人都可以通过德国联邦就业局国际安置服务部进行申请，但是只有欧盟国公民（且具备德语沟通能力）能与德国公民享有同等待遇。

德国联邦就业局国际安置服务部的特殊团队（327团队——度假就业）为各个国家的学生寻找夏季的工作，因为对于雇主和员工来说这是一件双赢的事。想参加该计划的学生需尽快联系德国联邦就业局国际安置服务部，因为该部门从10月起就会接到第二年夏季职位空缺的通知。提出申请的学生年龄不得小于18岁，擅长德语并至少能够工作2个月，但最多不会超过3个月。德国联邦就业局国际安置服务部会为学生安排各行各业的工作，但主要集中于酒店、餐馆、工业、保洁以及农业领域。德国联邦就业局国际安置服务部主要根据雇主的需求以及申请人的德语口语水平来安排工作。例如，德语流利的人可能会从事一些服务性工作，而那些德语讲得不太好的人则可能会成为整理房间的女服务员或洗盘工。如果你拒绝了德国联邦就业局国际安置服务部为你提供的第一份工作，那么谁也不敢保证它会再为你提供第二份工作。

其他找到工作的途径

任何具有办公室工作经验且懂德语的人都可以咨询私人就业代理的分支部门，如大城市中的艺珂和万宝华。在黄页（Gelbe Seiten）中的人事咨询部门和职业介绍所的列表里都可以找到这些信息。

很多日报都会刊登招聘信息，人们常在周五晚上看《法兰克福日报》（*Frankfurter Allgemeine Zeitung*），上面会刊登周六的招聘信息。《柏林报》（*BZ*）上也会选择性地刊登一些没有技术含量的职位信息，也可以上网查询www.stepstone.de and www.toytowngermany.com/jobs，两者均为英语版。

到了德国以后，如果你想要找一份体力工作或者其他临时工作，可以到当地的爱尔兰酒吧或英国酒吧试一试。在德国，从柏林菲德烈街（Friedrichstrasse）的奥斯卡·维尔德（Oscar Wilde）到奥尔登堡（Oldenburg）的穆利橄（Mulligans）都有很多这样的酒吧，里面挤满英国人或爱尔兰人，而且这里也是外籍工人经常会面的场所。

旅游业和餐饮业

夏季繁忙时期，德国旅游业的发展在很大程度上都依赖于移民和学生。尽管只能拿到近乎剥削的工资，还是有大量来自东欧和巴尔干半岛诸国的移民到这里工作，而其他国家的移民则会从事酒店和餐馆中的工作。

如果你不放过城里的每一家酒店和餐厅亲自上门求职，且能讲一口流利的德语，那么你将占尽先机。例如：丹尼·雅各布森每次到弗赖堡市（Freiburg）的时候（在乡村没有能成功寻找到庄稼收割工作之后），他都会遇到来自世界各地在营地和酒吧工作的年轻人。你可能非常幸运地遇到这样一位懂英语而且需要招聘一位洗盘子员工的经理。罗宾·格瑞（Robin Gray）后悔在没有弄明白自己想要做什么的情况下就接受了一份厨房的工作：

> 女经理告诉我她要找一位沙拉大厨，当时我就说自己是厨师。然而当女服务员拿着客人下的单给我时，我吃惊地发现原来有7种不同的沙拉名称。我只是在所有的菜盘里都简单地放了几片生菜、番茄、一点黄瓜等。
>
> 然后他们就大发雷霆，因为他们沙拉里的豆瓣菜太少，并且根本不需要番茄。我上午10点钟才上岗，而下午2点钟就被炒鱿鱼了，但我还是拿到了应得的薪水，所以我并没有为此感到苦恼。

2010年夏天，汤姆·阿尔伯（Tom Alber）的经历要好得多。他根本就不懂德语，但到柏林3天，就在一家餐馆找到了一份制作德国传统比萨饼和法式脆饼的工作，并与总厨相处融洽。

你可以试着通过发送申请提前找到一份夏季的工作。有的时候，比较偏远的地方往往最难雇到员工。这本书的一位读者就曾经在奥地利边境的贝希特斯加登（Berchtesgaden）找到了一份洗盘子的工作：

> 我过去在一个非常干净而且工作效率很高的厨房工作了两年零半个月，那个厨房在克尔岩之屋（Kehlsteinhaus，鹰巢）的山巅，那是我见到过的最优美的风景。

与之相反，柏林就像一块磁铁一样，吸引着成千上万的外国年轻人。在这里就业竞争就要激烈得多，正如理查德·弗格森去年所感受到的一样：

> 我可以告诉你在柏林找工作的一个事实——相当不容易。几乎所有酒吧都会找朋友或女朋友等人来帮忙，而这些人看上去又不像是做过吧台服务员。如果你像我一样也在柏林生活3年，那么你肯定会感到非常沮丧。

慕尼黑估计有2000多家酒吧和餐馆，与之相似，柏林也有很多小饭馆（在Kur fürstendamm可以品尝美国饮食）。慕尼黑的啤酒园，特别是大型的露天中国塔啤酒园（Chinese Tower Beer Garden），需要招聘杯具收集和清洗人员（季初多数人都排队应聘这项工作），旺季时每天需要工作14个小时，日工资80多欧元，免税。地方报纸上也会刊登一些广告，特别是慕尼黑的《晚报》（*Abendzeitung*）或者上网查找柏林的克雷格列表（Craigslist），网站www.quoka.de上有分好类别的招聘信息，和Gumtree差不多。公告和广告上的关键词有加班人员以及厨房助手（Notkoch und Küchelhilfe gesucht）、洗碟员（Spüler）、男女服务员（Kellner，Bedienigung）、酒吧男招待（Schenkekellner）、餐馆男招待（Büffetier）、快餐服务员（Büffetkrafte）或者就是很简单的“服务人员”（Services）。

要做好吃苦的准备。在酒店，每天工作10~12个小时是很常见的事情，而且每个月只能放一两天假。那些只在英国酒店工作过的人看到德国的规章制度会大吃一惊。通常，女服务员要保管所有的收款，换班的时候，算出收款的总额并移交给接班的人。不懂德语的人在这里肯定干不长。

一些惩罚性的卫生条例总是增添不少麻烦。一旦你意识到卫生部门的人员经常去餐馆和酒店，你就会明白为什么主厨让你定期地擦地板并清洗脱脂器。好几个季节，保罗·温特尔（Paul Winter）一直都在慕尼黑附近的湖畔工作：

> 如果可以的话，我建议在四五月亲自去找工作。他们通常都会让你在6月初再来，先试用几天，看看你的工作情况。只要你不是什么都不会，他们会一直雇用你到9月。虽然我听说在7月底的时候也有一些地方在招聘新的员工，但是通常来说，多数地方在5月底的时候就已经没有空余的职位了。夏天的时候，我当酒吧招待员或者服务员，净收入还不错。一般情况下，加上小费，总收入相当于双倍的工资。

从慕尼黑乘坐高速火车可以

去阿默尔湖（Ammersee）和施坦贝尔格湖（Starnbergersee）。这两个湖泊周边是一些城镇和村庄，在那里会有很多酒店和餐馆，并主要吸引来自德国的游客。不过，德国学生和外来工人使得工作竞争激烈，所以在这里找工作并非那么容易。

还可以到其他一些地区去寻找夏季的工作，如阿尔卑斯巴伐利亚山脉（Bavarian Alps，位于奥地利边境处）、康斯坦兹湖岸（Lake Constance，尤其是腓特烈港〈Friedrichshafen〉境内及其附近，瑞安航空〈Ryanair〉可以抵达该地）、伯马瓦尔德（Bohmer Wald，位于捷克边境）、黑色森林（Black Forest，位于德国西南部），还有波罗的海和北海的沿海旅游胜地。波罗的海沿岸的一家用人单位招聘一般助理、餐饮员工、儿童保育员还有运动教练，在海边一个露营营地/高尔夫假日公园工作。虽然工作时间比较长，而且要求应聘者必须会讲德语，但报酬也很丰厚。学生只需要在春天的时候到**锐驰弗雷兹坦拉甘有限责任公司**（*Riechey Freizeitanla-gan GmbH*）提出职位申请（23769 Wal fen/Fehmarn；☎04371 862840；schultz@wulfenerhals.de；点击网站www.wulfenerhals.de“就业”〈Jobs〉一栏）。

电影世界（*Movie World*）招聘400~500名员工在特许商店工作（餐馆、面包房、冰激凌摊、快餐店等）。应聘者要会讲德语和英语，同时会讲荷兰语者优先，因为公园就在荷兰边境南边不远处。住宿自理（www.teammoviepark.de/arbeiten_bei_uns.html）。

冬季度假村

寻找滑雪场的工作，德国是个不错的地方。然而，与法国和奥地利相比，很少有英国的旅行社选择在这里经营。主要的滑雪地点有加尔米施帕滕基兴（Garmisch-Partenkirchen，这里有酒店，还会为美国军队提供专门服务），靠近奥地利边境，且距离慕尼黑东南部50英里；以及位于坎普顿（Kempten）南部山脉的**奥伯斯多夫水疗度假村**（*Oberstdorf*）。多数季节性的职位招聘主要是厨房工作人员还有家政管理人员。

多数情况下，把握时机很重要。曾经有一个高素质的求职者，他有在酒店和餐馆方面的工作经验，同时懂得德语、法语和英语三种语言，并且还擅长滑雪，但每当屡屡到加尔米施帕滕基兴滑雪场的一家老酒店找工作时，工作人员总是非常有礼貌地告诉他他们现在不需要人手，要到旺季开始的时候（大约在10月15日）才会招聘员工。可登录网站http://jobs.meinestadt.de/garmisch-partenkirchen查询最新的招聘信息，包括一些初级的工作岗位。

军事基地的工作

削减军费迫使在德国的英美基地不得不采取资源和人员撤离措施。然而，在相关的基地美国人和英国人还是可以找到工作。美国陆军在欧洲的总部设在海德堡（Heidelberg），这里是大约16 000名服务役军人及其家属的故乡，创造了许多辅助性工作。美国驻欧陆军（USAREUR）在2015年初将其总部迁至威斯巴登（Wiesbaden）。到那时，全欧洲服役军人和女性部署人员估计将会达到37 000人。

全德国的军事基地都设有**文职人员咨询中心**（*CPACs*）。该中心负责招聘辅助员工在基地的酒吧、商店等地工作，或者让他们担任滑雪教练员。详情可登录http://cpolrhp.cpol.army.mil/eur/cpac/employment查询。对于美国公民来说，最好的办法是通过加尔米施帕滕基兴和基姆湖（Chiemsee）的**艾德维斯酒店度假村**（*Edelweiss Lodge and Resort*）找到一些在酒店和招聘部门为期13个月的初级工作。详细信息可以到人力资源部24501单元（APO AE 09006；☎08821 9440；www.edelweisslodgeandresort.com/employment.html）进行咨询。他们每年专门在美国就会举行好几次面试（interview@edelweisslodgeandresort.com），而应聘者必须通过好几轮严格的面试，在被录用之前还要经过背景调查。艾德维斯从来不会雇用已经身在欧洲的美国人。美国人无须工作许可证就可以在美国基地工作。

英国驻德国的军事基地（BFG），位于莱茵河岸（Rhine），如明斯特市（Münster）和帕德伯恩市（Paderborn）。这里的工作岗位如今非常少，不过，英国公民有时还能在柏林的基地找到工作，如酒吧服务员、保洁员以及管理人员。登陆www.lecsupport.bfgnet.de，上面可以链接到驻军劳动支持单位（Garrison Labour Support Unit），还有其他一些具体的文职职位空缺情况。

特殊活动

每年，德国慕尼黑的啤酒节从9月的第三个周六开幕，一直持续两周。为了庆祝这个节日，人们提前3个月要搭建14个巨大的帐篷，所以在夏季的任何时候就可以开始打听相关信息。有的酿酒厂会直接招聘工作人员，所以联系**宫廷啤酒坊**（*Hofbräuhaus*）、**罗温布赫酿酒厂**（*Löweubräu*）还有酒吧、餐馆或酒店是很有必要的。尼克尔·格拉克斯特恩（Nicole Gluckstern）来自加利福尼亚，她通过写信确认德国慕尼黑的啤酒节期间总是需要很多人来销售椒盐卷饼、清洗酒杯、拍照等，但是她建议求职者暂时把自己的自尊放一下，因为那种氛围就像在动物园里一样。布拉德·阿勒曼（Brad Allewand）来自奥地利，他发现啤酒节过后仍然可以找到工作：

> 在德国慕尼黑啤酒节过后的第一个周一，所有的啤酒屋都在拆卸，我在周围走动，看看能不能找到工作。我去的第一家是斯巴特恩布（Spatenbräu），这家老板很热情，虽然我几乎不懂德语。我努力让自己弄明白自己需要具备的条件。当时还有很多其他的外国人在场——有英国人、澳大利亚人、南斯拉夫人等。

布拉德非常喜欢这份工作，他在那里工作了大约6周，每天从早晨7点工作到下午5点，每周工作5天。

许多其他的国际贸易展览会和一些特殊的活动可能都会需要很多人来搭建展台或者做一些维修和餐饮等方面的工作。其中主要有3月举行的**法兰克福贸易展览会**（*Frankfurt Trade Fair*），还有4月的**汉诺威贸易展览会**（*Hanover Trade Fair*）。此外，汉堡（Hamburg）每次还要举行3次大型的节日庆祝活动（DOM），分别在圣诞节前一个月、复活节期间及8月。会展结束后需要临时工来清理会场，有意者可以留意摊位上悬挂的“员工招聘”（Help Wanted）告示。很多知名度较高的贸易会展都在宽敞的法兰克福展览大厅（展览馆）举行，如10月中旬举办的法兰克福图书展。在法兰克福会举办很多会展，要想找一份在会展的工作，可以到**法兰克福展览公司**（*Messe Frankfurt GmbH*）提交申请，公司地址为：Ludwig-Erhard-Anlage 1，60327 Frankfurt，Germany，网址www.messefrankfurt.com（点击“人事服务”〈Personnel Services〉的相关链接内容）。公司仅录用在法兰克福有固定居所且语言水平良好（例如运动信息方面的语言能力）的应聘者。

教学

如果你到主要大城市的劳动局咨询教学、翻译或者文秘工作方面的信息，工作人员可能会（如实地）告诉你这方面的求职者已经供过于求了。然而，如果你离开像柏林和海德尔堡等极具吸引力的城市，其他城市的劳动局可能会给你提供更多帮助。

在德国的城市中，拥有经济或贸易专业文凭且精通德语的学生可能比文科学生更容易找到辅导工作，因为这种需求多来自于公司。东部国家有许多私立语言学校，而且其中很多学校都倾向于美式英语。可以咨询一下莱比锡城（Leipzig）和开姆尼斯（Chemnitz）的ICC语言学校（☎0341 550 36 73；info@icc-sprachinstitut.de；www.icc-sprachinstitut.de），这所学校要招聘35名教师。还有位于柏林的**通用语言学校**（*Lingua Franca*

☎030 863 98 080；lingua-franca.de），该学校招聘50名自由职业教师，而且没有招聘时间限制，一般的课时费为每节课13~16欧元。

柏林这座城市给人一种时尚而又轻松的感觉，对于探寻欧洲文化精华的人来说，它又是最具魅力的。2009年，尼诺·汉特（Niuo Hunter）从英国巴斯大学（University of Bath）毕业，并取得了意大利语和德语两种语言的学位，他决定到柏林去闯荡，却发现真的很艰辛：

我真的觉得在柏林找一份教学的工作非常难，主要原因在于即使很多人都愿意留在这座美丽的城市，但是这些人中会讲英语的却极少。考虑到工作很难找，无论有没有剑桥成人英语教学证书（CEILT）/国际英语教师资格证（TEFL），他们别无选择，只能找教英语的工作。在柏林，英语社区非常庞大（登陆玩具城柏林的网站www.toytowngermany.com/berlin 在线查询，上面每天都会更新许许多多的招聘职位信息）。柏林有很多的语言学校，但是由于经济危机，考虑到教师队伍庞大和过去两年间需求减少，很多学校在招聘教师的时候都很挑剔，经常要求至少有两年的工作经验等。尤其在招聘有能力教高年级学生（剑桥英语1级和2级水平）的英语教师时，很多学校都要求有相关工作经验。

上述内容表明柏林的市场已经处于饱和状态，就算给每一所学校递交简历通常都无济于事。在柏林找到教学工作的最好办法，是穿上职业装并带上简历，亲自到学校做自我介绍而且尽量识破秘书的谎言，争取让他们给你一次试讲的机会。显然，这需要鼓足勇气且精力充沛，但这也是确保你的简历不被立即刷掉的唯一办法，实际上，这也是我和我同事在私立语言学校找到工作的唯一方法。我在柏林英语学校参加剑桥成人英语教学证书课程培训时，那里的老师向我保证对于持剑桥成人英语教学证书的教师来说，按45分钟计算一课时，每次的课时费不会少于15欧元，但第一所学校给我的课时费只有12欧元，过了10周以后，我才拿到了14欧元，这种情况很普遍。

首先，我建议拿到民办高中（Volkshochschulen）的列表（柏林大约有7所），因为这些学校的薪酬要高一些（如果你持有大学学历，报酬会更高），而且这里课堂规模较大，还很有趣。其次，我还建议加入英语教师协会（ELTABB；www.eltabb.com/main/index.php），虽然每年需交40欧元，但是毫无疑问这里是发布个人信息、建立联系的最好去处，有时候真会有一些相当不错的职位。最基本的，应聘者要尽可能积极主动而且不能太过挑剔。如果华尔街（Wall Street）或者贝利兹（Berlitz）为你提供了岗位，一定要抓住机会。

如果你确实打算找一份教学工作，带上几份不错的介绍信，这在德国相当有必要。很多时候，你还可以教授个人英语课程来增加收入，虽然说不太可能靠这种方式营生。

在前言章节已经给出了一些语言教学机构的地址。英语教学在德国还是很普遍的：德国的贝利兹（http：//careers.berlitz.com）有67家学院，贝纳迪克（Bénédict）有25所分支机构，音聆阁（inlingua,www.inlingua.de）有70家分支机构，而马卡斯埃文斯语言机构（Marcus Evans-Linguarama）专门从事商业语言培训教学活动。后者（www.linguarama.com）在德国有8家培训中心，要招聘25~70名教师。华尔街（Wall Street Institute,www.wallstreetinstitute.de）设有27所学校，共雇用教师150名，而且这些教师都持有TEFL证书。上述学校的网站公布有当前的职位空缺情况。

许多商业机构都招聘自由职业教师，外籍居民通常都愿意一周工作几个小时。上网（www.gelbeseiten.de）查找黄页电话号码簿，在上面可以查阅语言学校的地址，这也是最好的办法。另一个办法是通过当地的**英语语言教师协会**（*English Language Teachers Association*）联系相关的用人单位。一些大城市，除了上文提到的柏林，都有该协会的分支机构。**慕尼黑协会**（*MELTA*）尤其成功，其网站上有一整页是用来公布招聘信息的（www.melta.de/jobs.htm）。在一些外国人经常看的英语杂志上，偶尔也刊登一些相关的招聘广告。例如：英语杂志《发现慕尼黑》（*Munich Found*，www.munichfound.com）上就刊载了一些临时英语教师的职位招聘。

语言夏令营可能算得上是更为实际的选择。在学校放假期间，这些夏令营会聘用很多以英语为母语的人通过做互动游戏、运动、音乐等方式来帮助孩子们提高他们的英语水平。例如：

贝利兹儿童夏令营（*Berlitz Kids*）：www.berlitz.de；这是德国规模最大的夏令营，招聘250名以英语为母语的自由职业教师，在假日夏令营工作，周薪450欧元，住宿自理。

探险夏令营（*Camp Adventure*）：www.campadventure.de；在各个地方都有英语夏令营。应聘者年龄

必须在19岁以上且有培训经验。

利奥外语语言夏令营（*LEOLingo Sprachcamps*）：www.leo-lingo.de；在德国东北部地区，时间是从6月24日到8月13日（汉堡、波罗的海、梅克伦堡—前波莫瑞〈Mecklenburg-Vorpommern〉）；在德国南部地区，时间是从7月22日到9月10日（巴伐利亚〈Bavaria〉）。无薪义务培训8天。员工周工资为200欧元，提供食宿，可选择居住在营地或者接待家庭。

奥斯卡伦特英语夏令营（*Osker Lernt Englisch*）：www.oskar-lernt-englisch.de；以英语为母语的教师和辅导员都应具备工作中需要的德语语言能力。

企鹅夏令营（*Penguin Camp*）：www.pinguincamp.de/jobs.

思普埃诺斯夏令营（*Sphairos*）：☎089 18 70 31 56；www.sphairos.de.

向日葵语言夏令营（*Sun flower Sprachcamps*）：www.sunflower-sprachcamps.eu；杜塞尔多夫（Düsseldorf）地区从7月中旬到9月初期间举办夏令营活动。接受5天的培训课程。

德国的很多中学（包括原东德）会招聘以英语为母语的助教。应聘该职位的都是德语专业的在校大学生和应届毕业生，并且至少拿到中学高级水平考试的高级（As Level，Higher Grade），或在德国的对应级别。英国的求职者可以联系英国文化委员会（10 Spring Gardens，London SW1A 2BN；☎0207389 4596；assistants@britishcouncil.org；www.britishcouncil.org/languageassistants）的语言助教团队。他们总共会安置350~400名助教，时间为一学年，每周工作12小时，每月纯收入800欧元。其他国家的公民也可以通过**教育交流中心**（*PAD*，www.kmk-pad.org）参加这些计划。

儿童护理工作

互惠生必须会德语，同时具备儿童护理的工作经验，而来自非欧盟国国家的公民年龄必须在18~24岁之间。有很多建立已久的代理机构，其中**因维亚**（*IN VIA*）是一家非营利性的天主教机构，它在德国全国范围内共有40家分支机构（☎0761 200206；au-pair.invia@caritas.de；www.aupair-invia.de）。一家与其相类似的新教机构**国际青年协会**（*Verein fur Internationale Jugendarbeit*），附属于**基督教女青年会**（*YWCA*），总部设在法兰克福（☎069 469 39 700；www.au-pair-vij.org）。

维拉司法协会（*VIJ*）在德国有13家办事处，而且不分男女为互惠生提供安置服务，时间最好至少为一年，而通常来说，居住时间都是半年。

在德国有许多的私人代理，其中很多代理都是德国互惠生管理协会（www.au-pair-society.org）

的会员，在该协会可以找到45个会员的联系方式（有的会员负责专门向外国输送德国互惠生）。商业互惠生代理不向外来的互惠生收取任何安置费用。

Au-Pair Vermittlung AMS：c/o Anna-Maria Schlegel；☎0761 70 76 917；www.aupair-ams.de；在网站上可以查询英文的信息。

Abroad Connection：兰茨贝格（Landsberg）和慕尼黑；☎08191 941378; www.abroadconnection.de.

Au Pair 4 You：柏林；www.aupair4u.de.

Multikultur AuPair Service：科隆（Köln）；☎0221 921 30 40；www.multikultur.info；为国际互惠生提供全德国范围内的安置服务。

德国政府规定了互惠生的每月最低零用钱标准为260欧元。有的接待家庭还会支付每个月的交通费，每个学期支付100欧元的语言学习课程费用。如果你遵守诺言，居住够9个月，他们甚至还会给你回国的路费，一般在150欧元以内。作为回报，他们希望你能努力工作，当然可能会比一般的互惠生做的家务更多一些，玛瑞·莱克（Maree Lakey）在法兰克福做了一年的互惠生，她发现：

> 我感觉德国人貌似有洁癖，作为互惠生，这就经常给我的工作带来难题。我还发现德国人给人的第一印象似乎一点也不友好，还很傲慢。然而，当你作为家里的客人慢慢了解他们后，感觉德国人最热情、最慷慨。我想学习德语的热情给我所遇到的德国人留下了深刻的印象，同时，他们对澳大利亚（我的祖国）的生活也十分好奇。

年龄在24岁以下的非欧盟国公民都可以通过上文中列举的组织找到互惠生的工作。纽约的互换组织为合格的美国年轻人提供便捷的安置服务，但申请者须交纳495美元的项目费。到达德国以后，美国青年需要申请一个暂住证，这样他们就可以互惠生身份在德国居住工作了，有效期为12个月。

农场工作

德国的农场规模小但是机械化程度很高，农场主和他的家人可以完成大多数的农活，但是在农忙时期，他们可能会找当地居民或者一些波兰助手来帮忙。在极少数的情况下，当地的劳动局会招聘其他国家的人员从事农业工作。

亚伦·伍兹（Aaron Woods）来自爱尔兰，他决定2009年夏天在德国找一份农场的工作。他非常幸运，他一个朋友的表兄是一家玉米农场的农场主。这个农场位于布赖萨赫瑞恩（Breisach am Rhein）村庄，在巴塞尔（Bask）北边65千米距离法国边境不远的地方。这位农场主需要一些人手在7月帮助采花：

我的朋友帮我还有其他三个人找到了这份工作，我们都来自同一所大学。工作地点是朋友表兄的农场。他们为我们提供了免费的床位，住在农场的一个侧房里，侧房和主房是相通的，在主房有一个不错的厨房，而且那里的卧室也很舒适。每周我们都有餐补，但到采摘季节过后才能拿到工资。我们的任务就是掰玉米，确切地说是采摘玉米花。每一株玉米都要摘花，而整个农田有75英亩大。工作时间十分紧张——每周工作6天，每天从早晨8点工作到下午6点，有的时候还会工作到7点。在太阳底下工作这么长时间真的很辛苦，手会很疼，还有腰和腿。总而言之，这种工作非常劳累，还得早出晚归。

每天都有人为我们做午饭——饭菜很好吃，这家的祖母经常做些家常便饭。周边的村子里尽是葡萄园，这家农场主也会自己酿制一些葡萄酒（他们会给我们一些免费的葡萄酒）。在这里工作的报酬是每小时4欧元，相当于爱尔兰工资水平的一半。可是，我们的波兰同事们却说这相当于他们基本工资的四倍。这些波兰的工人们似乎是来自同一个地方（他们差不多有10个人）。我感觉他们每年都会来这个农场工作。

空闲时间，我们就到当地的湖泊里游泳，在村子里骑脚踏车兜风或者就在后院喝酒放松放松。有的时候，我们也到地方的城市，但是在季末去的次数更多一些，因为我们很少放假。我们也经常打篮球和乒乓球，或者做一些室内活动。那些波兰的小伙子们乒乓球打得非常好。

只有葡萄种植会雇用临时工人，而且数目不定。整个10月都要收割庄稼，这主要是在德国西部，但通常要比法国晚一些。几年前，丹尼·雅各布森骑单车经过莱茵河谷，一遍遍地咨询关于采摘葡萄的信息，但每个答复都是波兰的外来工人似乎已经垄断了这个行业。

通常来说，如果你在葡萄成熟之前，农场主还未安排工作事宜的时候，提前一两个月到葡萄园亲自看一看，可能成功的几率会更大一些。到德国任何一家游客办公处领取一张免费的传单，上面会有关于葡萄酒节的信息，而且上面肯定还会包含德国所有葡萄种植区的缩略图。葡萄园主要集中在萨尔河（Saar）、污沃河（Ruwer）、摩泽尔河（Mosel）

以及纳尔河（Nahe）沿岸，且以葡萄酒标签上经常出现的地方为中心，如斯特尔（Bernkastel）、宾根（Bingen）、斯波特（Piesport）还有卡塞尔（Kasel）。还有其他10个地方，主要有莱茵高（Rheingau，在吕德斯海姆〈Rüdesheim〉和埃尔特维勒〈Eltville〉一带）、莱茵法尔兹（Rheinpfalz，在戴德斯海姆〈Deidesheim〉、旺肯海姆〈Wachenheim〉和巴特迪克海姆〈Bad Dürkheim〉一带）及莱茵黑森（Rheinhessen）（奥本海姆〈Oppenheim〉和尼尔斯泰恩〈Nierstein〉一带）。

除了葡萄，最重要的水果采摘区是艾特兰德（Altland），该地位于施塔德（Stade）和汉堡（Hamburg）的中间地带，易北河（Elbe）以南，包含斯特恩凯臣（Steinkirchen）、约克（Jork）和豪诺布格（Horneburg）三镇。主要的农作物有樱桃和苹果，樱桃要在7月和8月采摘，而苹果则要到9月和10月。苹果和其他水果种植区位于海德尔堡和达姆施塔特（Darmstadt）之间的伯格斯特斯（Bergstrasse），同时还有德国最南端的福瑞德瑞沙芬（Friederichshafen）和康斯坦茨湖（Lake Constance）附近的拉文堡（Ravensburg）。建议到博登湖（Bodensee）一带去摘苹果，有的小村落像奥博多尔夫（Oberdorf）、伊瑞克（Eriskirch）和雷诺（Leimau）有时会聘用外来工人。

一位来自波兰的投稿人克里斯朵夫·斯兹姆杰克（Kristof Szymczak）分析了德国北部威廉港（Wilhelmshaven）附近草莓的丰收情况，这在一定程度上可以揭示在德国几乎没有游客从事水果收获工作的原因：

> 六七月的时候，我在摘草莓，但我建议那些不急于用钱的人不要做这种工作。摘草莓对于我来说真的是一份非常辛苦的工作，几乎一整天要么在太阳下晒着，要么在雨中淋着。当然，这是一种计件工作。摘草莓的工人们要么来自越南，要么来自土耳其（已经留居在德国），要么像我一样来自波兰。除去旅行和生活费用，挣来的钱所剩无几。

如果有人想要志愿参加有机农场工作，可以联系世界有机农场机会组织在德国的分支机构（WWOOF，www.wwoof.de）。在线查询的会员费用为18欧元，交纳25欧元，就能获得一张打印好的清单，上面包含德国近200家农场的地址。

志愿服务

在前言部分的志愿者服务中提到的多数国际组织，在德国都会负责不同的经营体系。贾斯汀·罗宾逊（Justin Robinson）参加了一个工作营，修复一座古老的堡垒。这座堡垒曾经是纳粹分子的集中营。德国的绿色环保运动开展得如火如荼，而且很多组织都将精力集中在安排保护环境或者保护古老建筑的工程上。例如，**国际青年服务协会**（*IJGD*）组织了生态夏令营，并协助改善城市边缘地区的娱乐活动。原来的一位志愿者对该组织大加赞赏：

> 就工作性质来说，这次露营活动相当有意义，而且这个团体还融入当地社区之中，成为其一部分，这对于年龄在16岁到26岁之间的人们来说算得上不错的旅游开端。

正常情况下，德国的工作营组织都会通过一些合作伙伴招聘志愿者：

国际青年服务协会（*IJGD*）：Kasernenstr.48, 53111 Bonn；☎0228 22 800 0, www.ijgd.de；在德国设有许多营地。英国的应聘者须通过康科迪亚（Concordia）、VAP和联合国交流协会（UNA Exchange）的认证。

Internationale Begegnung in Gemeinschaftsdiensten（*IBG*）：Stuttgart；☎0711 649 02 63；www.ibg-workcamps.org；在德国的东部和西部地区都有许多项目工程；英国申请者需按照上述方式完成申请，而美国申请者则通过VFP申请（www.vfp.org）。

山脉森林项目（山林项目公司，*Mountain Forest Project*〈*Bergwald Projekt e.V.*〉）：维尔茨堡（Würzburg）；☎0931 452 6261；www.bergwaldprojekt.de；接受为期一周的培训教育，然后在德国南部的阿尔卑斯森林开展保护计划；由于护林人用德语组织露营，所以需具备一定的德语能力；居住在临时营房里，提供伙食和保险费，但是参与者需交纳会员年费60瑞士法郎。

NIG：罗斯托克（Rostock）；☎0381 492 2914；www.campline.de（有的为英文）；多为德国北部的营地，收取55欧元。

Vereinigung Junger Freiwilliger（*VJF*）：柏林；☎030 428 506 03；www.vjf.de（德国官网）；营地主要在前东德地区；注册费60欧元。

也可以找到长期的项目。国际贸易同盟（www.Internationaler-Bund.de）雇用年轻人在各种社会机构工作，如医院、幼儿园或者为老人和残疾人在家中提供服务，工作时间为6或12个月。在德国的一些州，年龄在16岁到27岁的年轻人，包括外国公民，从夏末开始，都可以参加生态工程计划的工作，工作时间为一年（www.foej.de）。该项目负责发放零用钱，交纳保险费，有的时候甚至提供食宿。

居住城市的人们都可以找到一些当地的志愿者活动。例如，西斯迪克·德·古特（Sitske de Groote）想和她男朋友去柏林住一段。她专修生物科学且喜欢室外工作，所以她就去了植物园找志愿者的工作。刚开始，她遭到了拒绝，因为植物园的人员担心她的德语不够好，理解不了工作指令，而且她还没有德国的税卡。可是，她跟经理说这件事情的时候，经理说她不需要税卡，因为这份工作是没有薪水的，而且要录用她。于是她得到了这份工作，并非常喜欢这段经历。

希腊

当很多旅行者将脚步伸向土耳其、泰国和多哥（Togo）的时候，每年夏天希腊的岛屿和那些讲述古代辉煌的内陆城市仍有成千上万人聚集。他们懒洋洋地躺在沙滩上，享用着烤鱿鱼和黑橄榄，并想办法挣钱以在这里多待一些时日。在旺季，咖啡厅、酒吧和酒店都会多出大量职位，而有魅力的年轻女性则是首选。

以前，游客可以到柑橘或橄榄田做一些农活，而现在，这些农活却几乎全被来自阿尔巴尼亚、塞尔维亚、罗马尼亚、保加利亚和格鲁吉亚等国家的求职者包揽。2009年起，罗马尼亚和保加利亚两个国家的公民在没有居留证的情况下也可在希腊居住工作，这使得游客当临时工的机会进一步减少。雅典城外，一些当地居民都会聚集在当地城镇或村庄的咖啡厅或广场，了解一下时事，从那些新来的人中雇些日工摘水果、建房子、卸卡车等，报酬经常按天计算。

除旅游景点的工作外，西欧人还可以在英语学校教学，那里的假日培训机构和聘用家教来照顾孩子的家庭会格外青睐讲英文者。希腊在2010年到2011年的金融危机中遭受尤其严重的挫折。许多欧盟成员国都把希腊当作填不上的无底洞而放弃，特别是德国，它捐献了几百万欧元来振兴希腊经济。本文写作时，希腊的每一家企业特别是那些私立语言学校，都损失惨重，因为财政紧张时，语言学习是首先要砍掉的花费之一。国营企业员工不得不面对减薪12%、失业和停止缴纳养老金的现实。因此，打工度假者更不应该对在希腊轻易找到有薪的工作抱有太大希望。

法令法规

欧盟法令规定欲逗留3个月以上的欧盟国公民，需到当地外事局申请永久有效的居留证。办理该证免费，只要出示所需文件，如欧盟护照、就业证明、个体经营证或者（如果没有工作）存款证明就可当场领取。在雅典，外事局位于Anfigonis Street 99, Kolonos（☎210 510 2833）。为简化程序，几年前为希腊和非希腊公民设立了公民服务中心网（KEPSs），其宣传自身为多语种服务，但是网站（www.kep.gov.gr）却没有英语版，所以如果你拨打他们的热线电话☎1500时，能遇到一位讲英语的顾问，那么你真的很幸运。

在希腊工作的欧盟国公民应该确保雇主按希腊国家健康社会保险方案（IKA）为其完成注册

（www.ika.gr）。收入的16%都要用于定期交款。纳税60天以后，须同老板一起去领取一本希腊社会保障体系书，这样你才有权免费看病，买药时还可以减价。希腊社会保障办公处会给你一张医生的名单，这些医生会免费为社保病人治病。

非欧盟国公民

非欧盟国公民的情况比较复杂混乱。事实上，大多数持非欧盟国护照的打工者都未获许可。许多的雇主非常迫切地雇用非欧盟国公民，因为他们不想为合法工人们定期交款或纳税。

移民警察会不定时对非法雇用工人的酒吧或俱乐部进行突击搜查，但是通常都会有小道消息提前传出。那些对资历和时间有要求的工作，像英语教学，多数的用人单位实在没办法时才会聘用非欧盟国家的求职者。在雅典工作的非欧盟国公民应到外事局办理身份合法化手续。

持有申根签证的非欧盟国公民可进入希腊且能逗留90天。注意，千万不要超过3个月，否则离开的时候你可能会被高额罚款。来自新西兰的理查德·弗格森（Richard Ferguson）在法利拉基（Faliraki）一家酒吧工作，当他离开希腊的时候就被重罚了600欧元。

> 一个人用希腊语朝我喊道："交600欧元现金，否则4年之内不能再来欧洲！"这时我才发现我在希腊多待了22天，只能交罚金。我乘船去土耳其的时候脑子一片空白，然后一天以后就回来了，我的通行证上还有一个刚刚印上去的章。但是两个月来，心里都感觉难受，脑子什么也记不起来了！

记住，这种设法延长你逗留时间的伎俩已经不管用了，因为申根签证在6个月内的有效逗留期为90天。

旅游业

经济萧条、英镑贬值和一系列的游行示威活动使一些人断然预测希腊游客量会急剧下降，特别是英国和德国游客。然而，一些较大的假日公司作为回应推出优惠的一揽子服务，这样客流量可能也不会减少很多，而且酒吧、俱乐部和饭店还会招聘很多欧洲的年轻人。虽然会有年轻的男性雇员来招揽年轻的女性游客，但女性在应聘时还是占有优势。东正教复活节（通常是在4月）到来前是找工作的最佳时期，这个时候当地居民都开始为节日做准备。5月至9月以外的月份工作机会很少，特别是如果你只想工作赚钱。

在那些当地文化色彩不显著的地方，找到工作的可能性会更大一些，比如一些城市或旅游胜地中的美国/欧洲风格的酒吧和俱乐部。很多有名的聚会胜地，像罗兹岛（Rhodes）的法利拉基、科孚岛的Gouvia，还有克里特岛（Crete）北部海岸的马利亚（Malia）和赫索尼索斯（Hersonissos），这些地方都会招聘很多来自欧洲年轻人和会讲英语的员工。路易斯·特蕾西（Louis Tracy）长期以来就是一位侨民，同时也是一位企业家，她总结说“一直以来，学生的工作情况几乎都是如此——需要做好充分准备，会一点希腊语，提早到达，要有勇气和决心”。关于马利亚胜地的详情可登录：*Greece Monkey*（www.malia.co.uk/workers），该网站一直都是由一位久居于此的移民管理。

耐心地浏览网页，可以找到个体的酒吧和酒店，它们都会有“招聘信息”，例如，特克斯美克斯餐馆艾斯克吧（Tex-Mex restaurant Escoba），在雅典郊区——凯菲西斯（Kifissia）区和纳克索斯岛（Naxos，www.escoba.gr）就有很多的连锁店。另外，还有希腊北部艾维亚（Evia）的派克菲甘丽妮酒店（Pekfi Gallini Hotel，www.pefkigalinihotel.gr）。“国外工作公告”（*Jobs Abroad Bulletin*）每月的电子版工作列表（www.jobsabroadbulletin.co.uk）上会登载少量希腊春季的职位空缺。例如，2011年夏季之前，上面就登载了一些广告，罗得岛上一家冲浪者酒吧招聘吉他独奏人员（www.surfersparadise.gr），克里特岛上一家儿童俱乐部招聘员工，还有雅典一家青旅招聘夜间前台（www.hostelaphrodite.com）。其他可咨询的招聘网站有www.foreignplanet.com。

安娜丽丝·万·德普拉斯（Annelies Van der Plas）曾登录网站 www.wereldwijzer.nl找夏季职位，该网站在她的祖国荷兰是最大的在线旅游网。她用了几天的时间在网上查找工作信息并发布自己的求职信息，终于得到答复，问她是否愿意到科斯岛（Kos）的**科美尔酒吧**（*Camel Bar*）做吧台工作（www.camel.gr/jobs.php），并给这位希腊老板发一张照片（当然，这很常见）。不久后，她就得到了这份工作，但是双方没有签订合同（这也很常见）：

> 这对于一个年龄只有19岁、金发碧眼的女孩子来说有点危险，我的父母也有点担心，但是他们并没有反对，这主要是因为很多荷兰人都在科斯岛工作。老板提前为我安排好了住宿，自己单独住每个月200欧元，如果跟别人合住则交100欧元。公寓本身没什么特别之处，但是从阳台上可以看到海港，景色十分优美，感觉还挺值的。
>
> 在科美尔酒吧工作期间，我发现在岛上再找一份

> 工作并不难。虽然很多的吧台工作已经不缺人手了，但可以做拉客的工作。我注意到很多时候工资都是一样多，每晚差不多30欧元。我非常幸运，每周领一次工资，虽然最后一周的时候我没拿到薪水，可是我无能为力，因为这里的警察非常腐败。
>
> 这种工作的优点之一在于可以免费饮酒，还能接触到各种人。我遇到了很多人，每天晚上都像是在外面度过了一个欢乐的夜晚。在露台上工作收到的小费要高很多，我还可以和很多人聊天。
>
> 2个月的时间里，我发现多数的希腊人会把游客当作傻瓜。而多数的老板眼中只有钱，他们一点也不在乎顾客对他们的酒水是否满意，因为这些顾客再也不会回来。最后，我建议，如果你是一个（金发碧眼的）女孩，一定要当心希腊男人。

毋庸置疑，人们都不太尊敬那些一心想聘用女员工的老板。如果你不能接受这种现象，那就继续找工作吧！艾玛·霍尔（Emma Hoare）在她休学一年的时间里，在米克诺斯岛（Mykonos）的一家酒店只做了20天的前台，后来她意识到自己完全上当了，她的老板是一个“又高又肥，令人十分厌恶的不道德的恶霸”，原来的雇员都对这位老板非常不满，称他为“禽兽”。

甚至，那些喜欢希腊和喜欢在希腊工作的人们都建议要提防这里的老板。居住在克里特岛的路易斯·特蕾西对自己的工作条件感到非常失望：

> 我并不羡慕那些找季节性工作的人。去年在一家酒店的经历令我大开眼界。我做服务员是因为我妻子认识一个人，而这个人和一家酒店的经理有商业往来。我讲法语，并有多年在酒店、饭店和酒吧的工作经验。首次和经理谈话的时候没有谈及工作时间或者工资，我想当然地以为一切都会适时转交给我，毕竟，我们都是希腊人。经历了数天12小时工作的日子后我明白了，经理希望我工作时间长一些，但只按8个小时的工资支付，还得早晚两班倒。如果我和同事们未能在规定时间完成工作，我们就得承担责任。我发现三个人被解雇回家，包括和我一起工作的服务员，因为与预计相比游客数量要少很多。我被留下了，因为我会讲法语。现在我得自己打点餐厅，厨房人手也不够。我自然就出来找工作了，我工作了140个小时，报酬只有60欧元。

根据网站www.livingincrete.net/employment.html（该网站还有个就业论坛，上面列有一些最新的职位空缺），希腊语的报纸，如*Haniotika Nea*和*Patris*报在其二三月的版面上会刊登酒店、咖啡馆、酒馆和商店招聘季节工的广告，还有二手店的布告栏上有时会用英语公布职位空缺，或者你也可以在这里为自己的服务做广告，这家店叫做图帕瑞（To Pazari），在哈尼亚（Chania）的达斯卡罗哥安尼大街（Daskalogianni St.）。其他可能找到就业信息的渠道可登录网站www.britsincrete.net/working.html和www.cosmosjobs.com。科孚岛、伊奥思岛（Ios）、科斯岛、罗得岛和纳克索斯岛（Naxos）上似乎工作职位最多；帕罗斯岛（Paros）、圣托里尼岛（Sahtorini）和米克诺斯岛次之；埃伊纳岛（Aegina）、斯佩察岛（Spetsai）、斯基亚索斯岛（Skiathos），还有扎金索斯（Zakynthos）的伊奥尼亚群岛（Ionian island）也能发现一些工作机会。从网上一个帖子看来形势还是很乐观：

> 去年夏天，我和一位朋友从新西兰前往圣托里尼岛（Santorini），在一家酒吧工作。我们熬过了6月初，此时进入旺季。如果想去伊奥思岛（Ios，所有的澳大利亚人和新西兰人都去这个地方），你5月就要动身，才有可能找到不错的工作和住宿。整个6月，我们隔天上一次夜班，因为这时候不是很忙。要是在7月中旬到9月末来，则每天都要工作，而且经常要干到早晨4点关门的时候。我们只在酒吧工作，两人共存了6000欧元，还算不错！我们在圣托里尼度过了最美好的时光，以后还打算再回去！

即使是非常谨慎的存钱者也应该注意，在漫长的繁忙期过后，存下来的钱也不会超过1000欧元。

喜好奢华的人建议前往位于雅典的**瑞马克旅行社**（*Remarc Agency*）进行咨询，该机构为酒店和当地的旅游景点提供演艺人员、动画师还有体育服务（☎210 985 9553；www.sunseafun.com）；扣除食宿费用，每个月工资为500欧元起。

在游客集中的地方工作，你会感到筋疲力竭。虽然理查德·弗格森在法利拉基（Faliraki）过得还不错，当他最终拿到“刹马兰德”（ChavLand）的门票后，总算松了一口气。在Q夜总会（Q Nightclub）门外，他受够了做公关工作，整晚都喋喋不休，“喂，你好呀？今晚要去哪里呀？来Q夜总会吧！我请你免费喝几杯不错的奶酒”。Q夜总会位于俱乐部大街，在法利拉基，它深受其他下夜班的外国工人喜爱。

当地的旅行社充当着海外代表的总部角色，到这些地方看看有没有汽车租赁公司招聘快递员或者为公司递送汽车的员工。一些有进取心且要长期居住的外国游客可兼职做导游。例如，你可以租一辆吉普车，然后带一小队游客到你熟悉的非常规路线游览，去试试最便宜的酒馆和最偏僻的海滩。

英国人在国内就可以安排季节性工作，最好在二三月的时候就联系相关的旅行社。**马克·华纳**（*Mark Warner* ☎020 7795 8375；www.markwarner.co.uk/recruitment）在希腊经营了好几家度假酒店，需要雇用英国籍的员工，除了可以免费旅游、提供食宿、使用设施以及享有医疗保险等，基本周薪为50英镑起。与之类似，**尼尔森**（*Neilson*，www.neilson.co.uk/Jobs.aspx）雇用了各行各业的夏季员工到希腊6个地方工作，北起哈尔基迪半岛（Halkidiki），一直到莱斯博斯岛（Lesbos）。

还可以在**奥林匹克假日公司**（*Olympic Holidays* overseas-jobs@olympicholidays.com；www.olympicholidays.com）试试看，大多数时候，该公司都会招聘性格外向活泼的欧盟公民担任景区临时接待（最低要求：普通中等教育证书考试〈GCSE〉数学和英语成绩优良；具有服务经验者优先），月工资350~600英镑，无须缴纳税款，报销机票且提供住宿。位于布莱顿的**佩维林旅行社**（*Pavilion Tours* ☎0870 241 0425；www.paviliontours.co.uk）需要合格的风帆冲浪、皮划艇和帆船教练，为**爱奥尼亚海滩俱乐部**（*Ionian Beach Club*）提供晚间娱乐项目的指导。

戴碧·哈里森发现，在招聘工作人员的时候，旅行社更为看重的是正确的态度而非经验：

> 尽管我从来没有到过希腊，从未参加过旅行团的度假，而且没有资格证书和相关经验，但是在面试完之后，我立即就在科斯岛上找到了一份工作。这也许是因为时间关系，那时正值3月中旬，离训练开始不到一个月的时间，显然，他们还没有招够人手。即便如此，旅行社仍会在五六月雇用工作人员，在旺季帮忙做些新增的工作。在一个地方待六七个月就算是很长时间了。

全球代理（*In-Globe*）是一家在劳动部注册的招聘机构，位于Thessaloniki。该代理旨在全欧洲范围内招聘员工以满足希腊和塞浦路斯两地度假村的人员需求，夏季聘用多达2000名年龄在18~55岁的欧洲人在岛上的旅游酒店工作。此外，还为其实习项目招聘实习生。夏季的工作和实习会面向学生（主要是酒店和旅游专业的学生），时间只有4个月（6月到9月），而专业人员工作时间可长达18个月。月基本工资为500欧元起，此外，免费提供食宿、享有社会保险还可能会报销机票。详情可咨询**玛利亚·特西勒姆**（*Maria Tsilempi* ☎02310 588200；maria@inglobe.com.gr）。

另外，位于斯文西（Swansea）的**安可招聘**（*Ancer Recruitment*，www.ancerimmigration.com/work-and-live-in-greece.html）是一家专门从事餐旅服务业的招聘代理。应聘者要求是旅游和餐饮专业的学生，或是至少有半年相关工作经验者，该代理会与员工签订3~12个月的合同。后者的注册费为420英镑，月工资700~800欧元，提供住宿，享有健康保险，并且合同结束时报销返程机票。

销售和企业

希腊诸岛的少数民族聚居旅游区潜力巨大。过去，人们通过高价出售自己的太阳镜、制作珠宝以及卖掉自己的头发来获得旅游经费。

在主要的旅游景点，现场肖像速写的人运气可能会相当不错。在这里可能会找到喷绘标志和布告栏（主要是在季节初期）或者装饰墙壁、门廊和旅游点的菜单板的工作。如果你做得很好，那么报酬会相当丰厚，还会赢得美誉。一位读者谈到在扎金索斯岛（Zakynthos）发现特别多拼写错误的标志（她最喜欢的广告“笨蛋苹果酒”〈Daft Cider〉），她确信有艺术和书写天赋的人肯定能说服希腊的酒吧老板修改标志并从中赚钱。

游船

在游艇假日公司也可能找到工作，提前安排或抵达目的地后现找皆可。帆船假日公司的运营商**太阳帆**（*Sunsail* ☎02392 334600；www.sunsail.co.uk），现归属于途易集团，通过网络招聘了大量的水手、水上运动教练、小型舰队男服务员还有保姆等，在他们的太阳帆俱乐部**沃恩纳凯**（*Vounaki*）、希腊其他三家基地以及其几家小舰队度假中心工作。在伦敦，帆船假日公司（www.sailingholidays.com）为其在希腊和达尔马提亚岛（Dalmatian Islands）的高档假日项目雇用小舰队船长、女服务员、造艇者还有轮机工程师。他们的招聘活动大多在1月份的伦敦游艇展上举行。位于萨福克（Suffock）的**赛特赛尔度假中心**（*Setsail Holidays*）是一家专业旅行社（☎01787 310445；boats@setsail.co.uk），5月到9月期间，为东地中海地区招聘类似职位的员工，每周发125~160英镑的零用钱。要想在任何一个岛上（从科孚岛到克里特岛）找临时工作，都可以咨询游艇码头（yacht marinas）。

农业

并非每一个人都适合在讲英语的旅游环境中工作，当然，这也不符合本·洛肯涅茨尼（Ben Nokoneczny）的旅游理念：

> 如果你打算在国外工作，找一份体察那个国家风土人情的工作还是比较不错的。如果在一家西式酒吧工作，给英国游客端啤酒，这无非是和一群故步自封还未准备好体验异域文化的游客们混在一起。我相信打破文化界限的最好办法就是在旅游区以外的地方工作，从事农业也许是个选择。

不过遗憾的是，当你离开讲英语的环境后，发现只能身处一个阿尔巴尼亚语、保加利亚语或者罗马尼亚语的新环境。本书前几个版本中提到了关于希腊的农作物收获情况，这些反馈信息读起来多像是评论，而非一些指导性的建议。

例如，来自威尔士的西隆（Siôn），他第二次游览了伯罗奔尼撒（Peloponnese）。这次旅行让他感觉很难过，刚开始编写这本书的时候，他投了稿，回忆了自己当水果采摘员和临时工的经历：

> 我在斯巴达（Sparta）见到的柑橘采摘员似乎都是罗马尼亚人和希腊人。在卡拉马塔（Kalamata）、米斯特拉斯（Mystras）和斯巴达都没有看到任何20世纪80年代早期时，在希腊认识的人。我记得当时在大陆生活，就算是在沿马路溜达时就会有司机为我和其他人提供季节性的工作。

游客难免会在咖啡馆遇到农场主，橘子、橄榄、葡萄和其他农作物成熟的时候，这些农场主会让游客帮忙采摘。不过，像原来那样招聘大量国际游客的日子已一去不返。柯林斯（Corinth）和阿哥斯（Argos）的橘子成熟期从11月末或12月初开始，一直持续到来年2月末，而农作物成熟的高峰期集中在12月中旬到1月中旬。克里特岛是希腊最大的岛，对于游客来说，该岛曾经有大量的工作机会，南海岸阿尔韦（Arvi）可以采摘香蕉（世界上最北边的商业香蕉种植区），8月在拉西提平原（Lassithi Plain）周边的圣地乔治斯（Ayios Georgios）收获土豆，但葡萄和橄榄作物还有依拉佩特拉（Lerapetra）周边的大型温室工作才是游客工作集中的地方。橄榄丰收从11月末开始，尽管机械化已经代替了大部分的人工采摘。

希腊北部的大部分地区地势崎岖且环境恶劣，但中部马其顿（Macedonia）的部分地区土地十分肥沃。塞萨洛尼基（Thessaloniki）以西的地区，包含伊马夏州（Imathia）维里亚（Veria）的集镇，派拉省（Pella）的亚尼察（Yiannitsa），组成了一片肥沃的农耕平原，盛产芦笋、桃子、梨还有烟草。芦笋在春季丰收，而摘桃子是从6月中旬开始，到8月进入高峰期。像其他地方一样，该地区曾吸引众多希腊人和西欧人来此工作。如今，这些工作都由阿尔巴尼亚人和保加利亚人（这两个国家距离希腊不远）接管了。

2011年之初，27位农场主成立了世界有机农场机会组织。如果你事先浏览名单时，或许会有加入的冲动。举个例子，你能帮着培育蔬菜、种植橄榄树还有葡萄，还能帮着生产肥皂、奶酪、面包、橄榄油和齐普罗酒（一种格拉巴酒），还可以乘坐希腊的传统渔船出海。会费15欧元。

其他工作

有时，英语版《雅典新闻日报》（*Athens News*，www.athensnews.gr/classifieds）网站上的分类广告值得一看。明显具有欺骗性的（豪华酒吧招聘容貌漂亮的女孩）到合法的（招聘英国女孩做保姆）广告都能找到，多数都是互惠生保姆或者私人英语家教的工作。你也可以在“求职”栏为自己做广告。

还可以登录网站www.ads-in-greece.com，上面列有一些职位空缺，虽然多数情况下“求职信息”要比“招聘信息”多。**雅典工商业联合会**（*the Athens Chamber of Commerce and Industry* 7 Academias Str，106 71 Athens；www.acci.gr）也许可以为有技能的求职者在希腊公司找工作提供一些建议。

儿童保育

和希腊的家庭住在一起是延长居留时间的最佳办法。然而，希腊的互惠生工作时间要比其他国家长一些，部分原因在于没有预料到互惠生需要放假时间去学习希腊语。**缪斯九女神机构**（*The Nine Muses Agency*）收到了欧洲青年和美国女性做互惠生的申请，包括夏季工，而且可等到了雅典以后再安置应聘者，有时候也有酒店招聘的职位。可拨打电话☎210 931 6588或登录网站www.ninemuses.gr联系雅典代理。该机构老板卡里奥佩·瑞蔻（Kalliope〈Popy〉Raekou）为所做的互惠生安置工作感到自豪，她经常在下午喝咖啡的时候与互惠生会面。瑞塔·克伊乌拉（Riitta Koivula）来自芬兰，他对科斯岛的情况不太满意。在卡里奥佩·瑞蔻的帮助下，他搬到了雅典，且找了一份更好的工作：

19岁时我就以科斯岛互惠生的身份开始工作了。刚开始，这个新家庭和新地方让人感到非常兴奋，从前我从没有来过希腊，我很喜欢这里的阳光和海滩。我住在一个叫做Pili的小村庄，那里几乎没有人说英语。但是，没过多久我就厌倦了这里，因为冬天到了，游客们都走了，而且天气不暖和，不能去海滩。我已经厌倦了这个家庭。这家的三个小女孩儿不会说英语，过于活泼好动。工作时间也很糟糕，除了周日，每天都是从上午8点工作到12点，再从下午4点工作到晚上10点。在科斯岛我非常想家，并决定改变这一切。所以，11月的时候，我去了雅典，并很快就找到了一个新家庭。我立刻就喜欢上了雅典这个城市和这里的人们。我的新家庭是最好的，我们现在关系依然十分亲密。

位于塞萨洛尼基(Thessaloniki)的全球代理是希腊另一家互惠生代理机构（www.inglobe.com.gr），这在上文提到过。

到达希腊再找寄宿工作的好处在于可以先看看盼望已久的互惠家庭。如果你可以和他们闲谈着喝完一杯咖啡，同时以一种轻松的方式谈谈工资、假期以及职责等情况，这对双方来说都很不错。多数找保姆的家庭都住在雅典的富人郊区，像凯菲西斯区（Kifissia）、波利提斯区（Politia）、帕格拉提区（Pangrati）、科隆纳其区（Kolonaki），还有塞萨洛尼基（Thessaloniki）、佩特雷（Patras）以及附近岛屿。

英语教学

在希腊有成千上万的私立语言学校（被称作frontisteria），这就需要大量以英语为母语的教师。从事此类工作没有来自阿尔巴尼亚人的竞争，但在应聘教学工作的时候应注意，与非希腊姓氏的人相比，那些具有希腊血统的澳大利亚人、南非人和北美人经常更占优势。

各学校的用人标准都不一样，从完全不在乎教学能力到近乎要求完美，但是在普通的学校工作9个月通常都是不错的选择。被语言学校聘用的外语教师都不需持有TEFL证书。但按当地政府要求，外教需有大学学历（获教师证所需）和欧盟国籍。

大多数工作集中于希腊本岛的城市和乡镇。雅典的外来侨民很多，所以多数大型知名学校都能在当地招聘到资质良好的员工。然而，在埃德萨（Edessa）、拉里萨（Larisa）、普雷韦扎（Preveza）和一些较小的城镇情况却不一样，这样的城镇对来希腊旅游的游客来说，听起来会很陌生。

目前，希腊最低工资标准是每小时8.81欧元（2011年，因为希腊通过冻结酬薪试图重新控制该国经济，所以几年来都没有变化）。教师们的工作时间缩减到每周18个小时，这也就意味着收入的减少。受过高级训练或有经验的教师也许能要求提高工资水平。奖金要到圣诞节、复活节还有合同终止时才发放，这项奖金设立已久，到目前为止，在私立学校依然存在，而公立学校2010年已取消了该项奖金，招收外国雇员的学校往往提供住宿，并支付600~1000欧元月薪。

一份简历，会让你找到很多学校。例如，ISON外语中心，该中心归属于**斯达特凯斯集团**（*Strategakis Group*），总部设在塞萨洛尼基（Thessaloniki，www.strategakis.gr），它为希腊北部的100所外语中心招聘语言教师，最近还扩展到了雅典和佩特雷（Patras）。

一些代理机构积极找寻能工作一学年的外教。在夏季，面试会在希腊或英国进行，因为合同会在9月开始生效。这些代理要求应聘者最低获得文学学士学位，正常情况下，还要求持有TEFL证书（视具体的学校要求情况而定）。以下代理免费为欧盟国籍的教师提供学校信息：

英语—希腊语教师招聘（*Anglo-Hellenic Teacher Recruitment*）：PO Box 263, 201 00 Corinth; ☎27410 53511; jobs@anglo-hellenic.com; www.anglo-hellenic.com；招聘英国的大学毕业生，职位众多，工作地点选择多样，持有认证的120小时TEFL证书者优先考虑。该机构提供来自科斯林外语教学（www.teflcorinth.com）的TEFL课程培训，时间为一个月，交纳1300英镑，包含住宿费。

剑桥教师招聘（*Cambridge Teachers Recruitment*）：17 Metron St，New Philadelphia，143 42 Athens；☎210 258 5155或0697 222 8893（手机）；还有53 Green Acres Parkhill Croydon，Surrey CRO SUX；☎020 8686 3733；macleod_smith_andrew@hotmail.com。作为最大的代理之一，该机构每年为医疗学校配备约30名教师；应聘者须持有大学学位及国际英语教师资格证，性格和善，教学态度认真。

语言实验室（*Linguistic Lab*）：P0 Box 12, 20400Xylokastro, Coriath; ☎27430 22135; filisbob@hotmail.com; www.linguisticlab.com; 各类家教职位信息。

彼得·比奇（Peter Beech）是Anglo-Hellenic机构在科林斯的主任，他注意到在英国工作从事教学或是其他职业有移居国外想法的人，对去希腊教学兴趣渐增。他以前培训的一位学生杰瑞·梅林（Jerry Melinn），去年在雅典一家机构教英语，他非常喜欢这份工作，所以他又续签了一年的合同：

我想你会说我不适合英语教师这个职业。通常来说，从事此职业的人无牵无挂、年龄也不大，在完成大学学业后会出去看看外面的世界。我在爱尔兰的通信行业工作了将近40年，并赶上了早退等政策在56岁的时候就退休了。我不想歇着，我的4个孩子也已成年。在取得妻子的同意后，我决定试着在希腊教英语。我对希腊这个国家很感兴趣，因为我们有朋友在这里，而且多年来一直在希腊度假。

我从网上看到过一些有关希腊教学糟糕的事情，但是我的经历还算不错。在科林斯接受了英语教学培训课程(www.teflcorinth.com)，这为我在雅典的卡特斯安斯外语学校（Katsianos School of Foreign Languages ）的教学活动做好了准备。我学到了很多东西，认识了很多新朋友而且变得非常依赖学校，特别是学生。他们每周放学后会来上两节课，我对他们感到很满意，多数学生都很有礼貌而且幽默风趣。工资和待遇跟希腊的大多数学校一样，基本月工资为700欧元，提供住宿，报销所有的账单，享有医疗保险（IKA），我感觉相当不错了。

在有些省份还能找到一对一辅导的工作。报酬约为每小时25~30欧元，辅导一些报考者通过B2（独立使用者）和C2（精通使用者）考试，均按欧盟国家的标准设立。

志愿者工作

雅典的**伊力克斯希腊志愿者保护组织**（*Elix-Conservation Volunteers Greece* ☎210 382 5506；www.elix.org.gr）是一家非营利性组织，旨在促进文化交流，自然以及文物保护，项目包含风景保护区的工作、传统建筑的维护以及考古遗址的工作。可直接申请或者通过本国的合作组织进行申请（UNA Exchange和英国的康科迪亚〈Concordia〉）。交纳130欧元的基本费用即可加入为期17天的工作营。

地球海洋和天空组织（*Earth, Sea and Sky*, www.earthseasky.org）是英国一家私营的非政府组织，它是从一家旅行社发展而来的。该组织招聘志愿者在岛屿上开展野生动物调查，在扎金索斯（Zakynthos）的艾奥尼亚群岛（Ionian islands）上致力于保护工作并提高游客的保护意识。他们计划建立海龟急救站，需要长短期掌握各种技能的志愿者，同样在这座岛上，一项积极保护海龟的计划急需志愿者助理。**古海龟**（*Archelon*）是希腊的海龟保护团体（☎210 523 1342；www.archelon.gr），保护扎金索斯岛、克里特岛和伯罗奔尼撒岛上的赤蠵龟。并为那些工作一个月以上的游客免费提供营地，志愿者每天需至少交纳15欧元的伙食费，注册费在200~300欧元之间（除6月中旬到8月21号的高峰期以外，其他时间收费较低）。梅勒妮·丽泽（Melanie Leather）接受了*the Independet*的访问，并介绍了自己的经历：

> 我在希腊扎金索斯岛上的古海龟保护所工作了一个月。这个大本营非常简单：两个凉水淋浴、使用化学剂清理的厕所、一个简单的厨房、饮餐区以及每个人的帐篷。我们都分好了任务，如海滩巡逻，同时为游客介绍讲解海龟。我们做了很多提高公众保护意识的工作。我在当地酒店展示幻灯片，并负责信息亭。我还在海龟观赏游船上讲解海龟，这需要一些背景知识。除此之外，也有很多平常的工作，如为40个人做饭。之后，我到美丽的马哈斯尼西岛（Marathonissi）度过了三个夜晚。
>
> 在这里居住的只有我们。除了海滩巡逻，我们还要在早晨和晚上做调查。早晨6点在海滩上寻找海龟的踪迹，记录所有的数据并把它们的巢穴分布绘制下来。这是一门很深的学问，从来不会让你觉得无聊。我愿把它推荐给每一个人。希腊人并不很热衷保护工作，所以你会感觉自己做的事情真的很有意义。

另一个海龟保护组织是**凯特里斯团体**（*Katelios Group*），该团体在海龟筑巢的季节（六七月）和孵卵的季节（八九月）在凯法劳尼亚岛（Kelalonia）工作。志愿者至少要工作一个月，租住在离海龟栖息地不远的房子里，在白天或有时会在晚上巡逻海滩，偶尔也会划着木船在它们之间穿梭。这里的开销为最低水平（www.kateliosgroup.org）。

地中海海龟保护协会（*Mediterranean Association to Save the Sea Turtles, MEDASSET* ☎30 210 361 3572; www.medasset.org）为在雅典总部工作的志愿者提供免费住宿，作为回报，志愿者需要在此工作至少三周。志愿者只需在办公室工作，包括协助员工规划工程项目，书写信件，利用计算机完成存档工作、数据库升级以及网上调查等。志愿者无须具备海龟保护的知识，只要对环境感兴趣并热爱环境即可。

与海龟相比，熊所受到的威胁更多一些。**大角星**（*Arcturos*）招募短期志愿者在希腊北部弗洛里纳县（Prefectune of Florina）的环境中心工作，该中心主要进行熊的保护工作（☎23860 41500; mstyliadou@arcturos.gr; www.

arcturos.gr）。动物爱好者还可以参加另一个项目，科浮岛的驴子救援中心（www.corfu-donkeys.com），该中心招聘大约6名学生作为实习生或者志愿者，工作时间至少为两周。

爱琴海北部的斯基罗斯岛（Skyros，www.skyros.com）上有一家度假中心，对于那些愿意从4月到7月至少工作3个月的人们来说，这里是一个非常有趣的地方。若干位“工作学者”帮助清扫卫生、打理酒吧、做一些家务以及维修工作。作为回报，他们每周可以领取50英镑的零用钱，还能参加正在开展的250种课程中的任意一种，从瑜伽到风帆冲浪都可以尝试。详情可到斯基罗斯岛的英国办事处进行咨询（9 Eastcliff Road，Shanklin，Isle of Wight P037 6AA；☎01983 865566；office@skyros.com）。

塞浦路斯

就像希腊一样，塞浦路斯的经济主要依靠农业和旅游业。全球经济衰退致使塞浦路斯游客数量骤减，所以很多小餐馆和酒店都不得不关门。塞浦路斯将近 30% 的人口都从事旅游业，在过去的两年间，失业率上升了一倍，在2011年年中，竟高达7.5%，所有这一切对于打工度假者来说都不是好消息。不过，对于欧盟国公民来说，到塞浦路斯可以省去办理工作许可这一步骤（本章节末尾将会单独讲述北塞浦路斯）。

塞浦路斯会给游客留下深刻的印象，因为它和希腊非常相像（语言、美食、建筑、风景以及文化），而后又会惊讶于它明显的英伦风情，1960年以前塞浦路斯一直是英国的殖民地，因此深受英国影响。

法规法令

欧盟其他26个国家的公民都享有在塞浦路斯居住的自主权。那些打算在这个国家工作和居住的人需在到达之后的4个月内申请注册证。在尼科西亚（Nicosia），移民部门可办理注册登记，其他地方的申请人必须到移民警署办理。注册费为8.54欧元，然而，未注册者则要被罚款2500多欧元。

澳大利亚人非常幸运，一项互换打工度假方案规定，年龄在18~25岁的澳大利亚人在国内可申请到塞浦路斯打工度假的签证，有效期为一年。

任何符合资格并具有经验者，特别是在信息技术领域，应该关注全球招聘的代理列出的职位空缺，该代理在Limassol和Nicosia都设有办事处（www.grsrecruitment.com），还可以登录招聘网站，如www.jobscyprus.com和www.jobsincyprus.com.

旅游业

多数的大型旅行社认为，对于在其他国家工作且表现较好的员工而言，在塞浦路斯工作简直是轻松自如，如果他们曾在希腊工作并懂得一些希腊语就更是小菜一碟了。塞浦路斯冬季和夏季工作机会比较多，尽管它有极为短期的季节性活动，如春天赏花，会异常繁忙。

在任何一本冬季阳光旅行手册或者登录招聘网站上，都可以找到你想申请的公司。连锁酒店如**路易斯酒店**（*Louis Hotels*，human.resources@louishotels.com）和**阿马苏斯酒店**（*Amathus Hotels*，personnel@amathushotel.

com）也是很值得查询的地方。跟希腊一样，女性在咖啡馆、酒吧和餐馆找工作的时候会占有优势，但是，在凯伦·霍尔曼（Karen Holman）看来，她们应该提高警惕：

> 我在那里待了两年，听说塞浦路斯的老板们希望女侍不仅做酒吧的工作。我在两家酒吧工作过，两位老板雇用我都出于一种“神秘”的动机。我很幸运——因为两位老板都很害羞。当他们意识到我不会做他们女朋友的时候，他们还会觉得我是一名优秀的员工，并且让我继续工作。而许多老板都会解雇女孩子，或者威胁说她们偷了东西。

4月的时候，汤姆·帕克（Tom Parker）在利马索尔（Limassol）滨海区未能找到工作：

> 我们出发去旅游区，但是不久后就有人告诉我们，如果我们找工作前给经理买杯酒，那么机会会更大一些。最终的结果是我们都喝醉了，依然没有找到工作（他们说我们来得太早了）。第二天，我们就将重心放在了古镇后街的小咖啡馆上。这里，我的两位伙伴（都是女孩）分别在两家咖啡馆找到了工作。

北塞浦路斯

众所周知，塞浦路斯是一个被分开管理的岛屿。南部是塞浦路斯共和国，是英联邦和欧盟的成员国。而北部自1974年被土耳其占领后，被称作北塞浦路斯土耳其共和国。除了土耳其，它没有得到其他任何国家的认可。然而，这里的英国侨民非常多，这样就获得了该岛北部海岸的很多土地产权。尽管受到直达航班短缺的限制（来这里的游客必须在土耳其换乘），旅游业却发展很快。因为它很偏僻，季节性或者临时工作的机会要比地中海其他地区少。

北塞浦路斯面积非常小（28.5万人口），一有职位空缺，人们马上就会得知消息。如今每个职位都会在英文周报《今日塞浦路斯》（*Cyprus Today*）刊登，所以田间地头的人都能知晓主要城镇凯里尼亚（Kyrenia〈Girne〉）邮局外的布告栏是不错的信息源，在上面可以找工作、住所等。在邮局后面的小屋是英国侨民协会所在地，该协会每周六早晨活动，并拥有自己的网址（www.brstrnc.com）。每周五的晨间集市上你很容易碰见外国侨民，集市在卡拉格兰古（Karaglanoglu）的派格斯酒店（Pegasos Restaurant）举行，在凯里尼亚（Kyrenia）以西3000米。在这里，英国侨民俱乐部会为新来的人提供信息。

餐馆和假日公寓，特别是

那些由侨民所有或经营的，都可能会有工作机会。以英国标准来看，这里的工资水平比较低，但可能会提供食宿。凯里尼亚海港沿岸地区风景如画，这里算是餐馆和酒吧最集中的地方了，并一直延伸到以西的拉普塔（Lapta）、卡拉曼（Karaman）和阿尔珊查克（Alsancak）地区。

旅游公司

到北塞浦路斯旅游花费不少，来这里的游客对这个地方非常感兴趣，主要源于这里独特的美景和宜人的气候。这个地方非常受德国人欢迎，所以懂德语找工作时会占有优势。

不久前，派特·肯纳德（Pat Kennard）通过英国几家旅行社的地面勤务代理商找到了一份工作。作为一名假日接待，她非常喜欢这个美妙的季节。虽然她坦承这份工作非常辛苦，从早到晚都要在机场奔波，解决游客的住宿问题、带着他们在岛上游览等。现在旅行社比较喜欢雇用会讲土耳其语和英语的人。

繁文缛节

针对外籍员工制定的官方规定比原来更为严格。老板必须证明当地居民无人能胜任这份工作，而且在雇员还未到达塞浦路斯的时候，就要为其办好工作许可证。如果你凭旅游签证留在这里，需要（像在土耳其一样）每3个月回国续签你的旅游签证，就必须从凯里尼亚乘坐两个小时的游艇（海上巴士）到土耳其大陆的塔舒朱（Tasucu），往返路费约115里拉。越来越多的报道称，官方不愿颁发自动延长90天的许可证，而是催促人们（除非是退休人员）申请永久居住权，这需要花费大约200里拉。尽量不要待超过3个月，因为你多住的每一天都要交纳罚金。登录网站www.cyprus44.com 可获取详细信息，上面还有关于居住权和其他事务的网上论坛，也可以登录网站www.aboutnorthcyprus.com查询相关信息。

意大利

意大利是一个热情的国度。一旦意大利人接受了你，他们就会尽心竭力在自己的社区为你找到一个住所，而且不受任何国籍的限制。一旦找到一个立足点，你将很快会组成一个友好的联系圈，同时潜在的雇主也会很快出现。如果不和任何人接触联系，而只有一位富有同情心的女房东让你免费吃住，事实上，这样是不可能找到工作的。

在意大利，你可以见到世界上穿着最奢华和最精致的人。意大利人极为看重外貌形象，不得不说长得漂亮、穿着靓丽的人要远比那些寒酸邋遢的对手容易成功。但随着失业率逐渐升高（2011年达8.4%），不管你外貌如何，找工作的时候都要花费一些时间，而且还要下定决心。

将近100万罗马尼亚人为寻找生计来到意大利，这使寻找临时工作变得更加困难。即便罗马尼亚早在2007年就加入了欧盟，但到2014年这个国家的公民才能在没有工作许可证的情况下进入意大利工作。

法令法规

针对24个老欧盟国公民制定的规章制度最近几年已经简化。打算在意大利居留90天以上的欧盟国公民需要申请居留证明（居住证）。申请时需向当地的市政厅出具收入证明（雇佣合同、家庭的经济援助）。

非欧盟国公民在到达意大利8天之内必须申请居留证。现在可以到邮局申请，不用像原来一样还要去警察局。详情可以登录www.portaleimmigrazione.it，上面有申请居留证需要的英语表格模板。

年龄在18~30岁之间的澳大利亚、新西兰和加拿大公民有资格获得在意大利打工度假12个月的签证。对于其他非欧盟国公民来说，把证件准备就绪的最好的办法是拥有双重国籍并获取学生签证，这样可以每周工作20个小时（提供住宿或自理），或者还在国内的时候就联系一家公司安排好工作。为美国军队工作过的美国公民也许能够避免工作许可证的麻烦。位于维琴察（Vicenza）的大型基地有时需招聘餐饮和其他员工，有意者可以联系维琴察文职人员咨询中心（https://cpolrhp.cpol.army.mil/eur/cpac/vicenza）。如果想要开设银行账户，则需要证明你已经定居，还须出具收入证明（纳税申报单或者合同）。对于长期居住的工人来说，税收是另一件让他们头疼的事。一旦手续齐全后，你就应该可以从税务处获得一个税号（税码）。所得税（预扣税）的比率通常为20%，另外还要扣除10%的社会保险费。

另外要注意的是，如果你未参加意大利医疗保健方案（当地医疗公司），医疗费用将会非常高。因此，一旦确定了工作地点，你一定要申请一张意大利欧盟健康保险卡（健康卡）。

求职

如果一句意大利语也不会说，那你在找工作过程中明显处于劣势。因此，如果可以承担得起而且有兴趣，你在旅行出发之前最好学一点意大利语，或者参加一个意大利语短期学习班，意大利城市大都有这样的学习班。意大利语是最好学的语言之一，特别是在你已经掌握了一门拉丁语系语言的基础上。

即便你查阅报纸，并登录招聘网站求职，也难免会失望。因为外国求职者的数量往往比空闲职位多。欧洲第一批免费广告报刊于1977年在意大利出版。第二批出版时共有10个地方版本还有网络版本（只有意大利语），涵盖了意大利北部的工业区。英国驻意大利大使馆列举了网络和印刷版的英语刊物，如每两周出版一次的《轻松米兰》（*Easy Milano*，www.easymilano.it）和《罗马招聘》（*Wanted in Rome*，www.wantedinrome.com），后者精心挑选了教师、互惠生等工作的职业招聘，可登录网站www.kijiji.it查询。你还可以浏览一些招聘网站像www.jobrapido.it，找寻相关信息。

联系人

在意大利，获取信息显得尤为重要。曾在意大利工作（除了国际英语教师、互惠生等）的很多人都是通过自己的朋友找到工作的。刚到的时候，他们也不一定有朋友，很多都是在当地旅游时慢慢结识的。

当地的**青年学生旅游中心**（*Centro Turistico Studentesco e Giovanile, CTS*）分支机构的员工可能会帮上忙。该中心是意大利一家主要的学生旅游代理，其业务不仅包含安排航班和旅行，其网站www.cts.it还可以链接到语言课程（ Corsi di Lingua ）和与保护相关的志愿活动，同时还与其在整个意大利范围内的办事处（Sedi）相连。

在罗马可以到以下地点的布告栏尝试一下：**英语狮书店**（*Lion Bookshop*）、希腊街（ Via dei Greci ）36号的咖啡馆以及巴布诺大街（ Via del Babuino ）附近的英国教会还有苏法利诺大街（ Viadel Solferino ）6A号的青年学生旅游中心（☎06 462 0431）。

语言学校的布告栏也建议经常看看。在米兰对外国人开放的意大利语言文化中心，杜思提·海克（Dustie Hickie）上了一些价格便宜的意大利语课程，那里有一个不错的布告栏，上面有互惠生、雇人遛狗等招聘信息。杜思提就通过这种方式找了一个打扫卫生的工作。

即使获得职位信息也未必意味着你的工作得到了保障，一年夏天，爱德华·彼得斯（Edward Peters）发现：

> 在游览完东欧和奥地利以后，我们本来希望到意大利找份工作，但是三组工作信息也未帮到我们——也许是因为那时正值8月（公共假期），也可能是因为在米兰、罗马和伊斯其兰岛（Ischia）的时候我们只顾着玩儿了。

旅游业

在意大利，有6%~7%的人从事旅游业，而不懂技术的外国人就业机会很有限。在意大利，任何出去就餐的人，哪怕只是到熟食店购买200克的奶酪或腊肠，都能体会到意大利的服务标准非常的专业。事实上，人们（通常是男人）会把招待别人就餐当作一种职业。酒吧临时工的职位空缺一般都是在爱尔兰主题酒吧或者美式小酒馆。

虽然不如其他地中海国家的海滨度假区有名气，但对于外国求职者来说，海边确实存在一些工作机会，特别是在距威尼斯不远的一些旅游胜地。加尔达湖（Lake Garda）度假区如代森扎诺德尔加达（Desenzano）、马勒斯奈（Malcesine）、西勒米奥奈（Sirmione）；还有里瓦德尔湖（Rivadel Gardao）同威尼斯附近的海滨度假胜地，像迪耶索洛（Lido di Jesdo）、比比奥内（Bibione）、里格那洛（Lignano）、卡奥莱还有驰奥格（Chioggiaa），都值得推荐。相对英国游客而言这些景点更受德国和奥地利游客的欢迎，所以，懂德语的人占优势。除了女招待员（Donna piani）的工作以外，其他工作都要求懂意大利语。

蓝色连锁酒店（*Blu Hotels*）在加尔达湖、撒丁区（Sardinia）、翁布里亚（Umbria）、阿布鲁佐（Abruzzo）、托斯卡纳区（Tuscany）、罗马、帕利努罗（Palinuro）和卡拉布利亚（Calabria）（还有奥地利）都设有酒店和度假村，其网址为www.bluhotels.it，上面有一个“工作”（Lavoro connoi）的图标。迈克尔·库仑（Michael Cullen）在科摩（Comoe）和贝拉吉奥（Bellagio）一带的三家酒店工作过，他觉得“氛围友好热烈，尽管天气很热且工作时间很长”。在里米尼（Rimini）这样繁华的旅游胜地，即便有一家公司通过英语媒体大加宣传招聘信息，意义也不大，因为当地居民和意大利学生就足以填满酒店、酒吧还有海滩的职位空缺。里米尼的**生活俱乐部**（*the Life Club*，www.lifemedias.com/job.php）从10月开始招聘年轻人，工作时间为整个夏天（info@lifedisco.com）。

在酒店没找到工作的话，或许你可以去假日公寓或者花园碰碰运气。如果你提前做好规划（而且会讲点意大利语），也许能在英国露营假日组织如**帆布假日**（*Canvas Holidays*）或者在**源区度假**（*Headwater Holidays*）（见“旅游业”章节）这样的旅行社找到一份营地快递员的工作。*Venue Holidays*是一家规模小些的旅行社（☎01233 629950；www.venueholidays.co.uk），雇用夏季工在威尼斯潟湖（Venetian Riviera）、加尔达湖以及托斯卡纳区的营地工作。凯瑟琳·道斯（Catherine Dawes）在里维埃拉（Italian Riviera）——“意大利一个非常无聊的地方”——阿尔本加（Albenga）附近的营地工作，与之前在一个法国营地的工作相比，她更喜欢这份工作。她说意大利人似乎要比法国人更为放松，特别是在旺季工作高压下，当她向技工或者医生翻译解释游客所遇的麻烦时，他们总是费心劳力地帮助她。

英国公司**布莱德欧洲有限公司**（*Brad Europe Ltd*，www.bradeurope.com/vacancies.html）为欧洲300多个营地招聘亚麻纺织工，并在维琴察经营一家洗衣店。工资待遇为英国最低水平，免费提供住宿。

许多在滑雪季繁忙的山地度假区（见下文）也需要从外地招聘夏季工。**科奥勒特山地度假**（*Connoisseur Holidays Afloat*）是一家英国旅行社（☎01763 289660；www.colletts.co.uk/work），该社招聘有语言技能的国内员工和夏季工到白云石山脉（Dolomites）工作。

不妨到意大利人经营的一些营地去尝试一下，这些地方常需要很多员工打理当地的餐馆、酒吧和商店。罗马的两家主要的营地之一**弗拉米尼奥度假村**（*Flaminio Village*）在旺季开始前（3月）可能招聘英语助理。船机维修技师和其他船员可以到假日游艇公司试试，例如英国**大剧场假日漂流公司**（*Connoisseur Holidays Afloat* ☎02392 224252，www.connoisseurboating.co.uk），在威尼斯以南博三角洲（Po delta）的卡西耶（Casier）和波尔图莱万特（Dorto Levante）有6艘轮船。

假日动画师和表演者

很多旅行社都为意大利的度假村和夏日旅游胜地招聘音乐家、歌手、流行音乐节目主持人及表演者。意大利的公司不太会聘用只会讲英语者。下面是几家大型公司的招聘信息：

全国动画师协会（*Associa*

Zione Nazionale Animatori）：罗马；☎06 678 16 47；www. associazione Nazionaleanimatori.it。

旅游娱乐达尔文公司（*Pawiu srl, Turismo e Spettacolo*）：佛罗伦萨；☎055 292114；darwinstaff@yahoo.it；www. darwinstaff.com；招聘大量员工，例如招150名小型俱乐部动画师，负责安排儿童假日项目，此外还招聘女性服务生、流行音乐节目主持人、音乐家等。

星球村民动画旅游公司（*Planet Villager Animazione Turistica*）：里米尼；☎0541 787597; www. planetvillager.com; 该公司不仅在意大利，还面向全欧洲招聘几百名员工。

罗斯蒂赛公司（*Rossodisera*）：福贾（Foggia）；www.rossodisera-nimazione.it；在罗马、巴里（Bari）和那不勒斯（Naples）招聘度假工；交纳95欧元或130欧元参加为期3~4天的培训课程。

酒店

在全世界范围内，背包客集中地方经常短期雇用游客。**弗尔蒂大厦酒店**（*Fawlty Towers Hostel*）位于罗马特米尼车站（Termini Station）附近，Via Magenta 39（☎06 445 0374；www.fawltytowers.org）。这是一家被游客多次推荐的酒店，在这里，很多以英语为母语的人都找到了接待、维修和清理卫生等工作。

有一位在纽约长大的游客，与她家的意大利亲属几乎没什么来往，30岁时，她决定到意大利住一段时间。

通过网站www.hostels.com，斯蒂芬妮·福西奥（Stephanie Fuccio）很容易就提前安排好了一份酒店的工作：

我万万没想到看MTV会成为我在罗马日常生活中的一部分。我在罗马一家很可爱的小旅馆工作，每周工作7天。早晚班轮换：第一天早上将旅馆打扫干净后开始上班，第二天就晚上上班。同时，还可以免费住在那里，每天20欧元的现金酬劳，这是相当不错的。罗马的物价水平很低（与旧金山相比），很容易攒钱，且气候宜人。我到意大利时，随身只带了700美元的现金和一张机票，离开时，手头有差不多600美元现金，还有一张飞往英格兰和爱尔兰的机票。我在那里总共待了大约5周。

冬季度假胜地

如果网上提供的关于阿尔卑斯山、白云石（Dolomites）山脉和亚平宁（Apennines）山脉冬季旅游胜地的工作机会不是很多，那么建议你亲自去那里找一找。许多职位都是临时性的，尽管工资不是很高，但是会给滑雪时间，很多时候还可以在高峰期免费搭乘滑雪电缆车。**索兹滑雪场**（*Sauze d'Oulx*）和库马耶（Courmayeur）是两个最方便求职的度假胜地。

凯西·索特（Cathy Salt）描述了她在索兹滑雪场找工作的成功经历：

> 11月14日到达索兹滑雪场现场找工作的时候，我们发现来得太早了。这里了无生机，只有几家酒吧营业。幸运的是，一位在酒吧工作的英国小伙子告诉我们一位木匠在找助手。于是，我的同伴乔恩（Jow）在他那里待了4周，做砂磨和涂漆工作，这使他接下来能够方便地在这里找到其他工作。也是在那一天，我找到了工作，给一家商店老板照看儿子，但是我要到12月5日才开始上班。能找到这些工作很幸运，因为我们是在周四来到这里，后来发现周末很好找工作，因为滑雪店和餐馆开始营业了。

与之相对应的也有一些无法避免的失败的例子：苏珊娜·麦克米伦（Susanna Macmillan）一点也不懂意大利语，法语也勉强，两周过后，她不得不承认自己根本找不到机会，只好停止了在意大利阿尔卑斯山脉继续找工作。也许是她找错了地方，如科蒂纳丹佩佐（Cortina d'Ampezzo），这个地方情况复杂，消费水平高，而且全年性的工人比例很高。在通过了英国滑雪教练员协会（BASI）三级考试以后，劳伦斯·杨格（Laurence Young）到了意大利瓦莱达奥斯塔（Valle d'Aosta）的皮拉（Pila），在那里找到一份教练员的工作。水晶度假公司（Crystal Holidays）归属于途易集团（☎020 8541 2223；www.jobsinwinter.co.uk），招聘旅游胜地度假工，以及在意大利阿尔卑斯山工作的木屋招待员和夏季假期员工。**英特尔滑雪公司**（*Interski*），总部位于诺丁汉郡，专门从事奥斯塔谷（Aosta Valley）滑雪度假的服务，并且招聘很多冬季工，年龄要求21岁以上（☎01623 456333；www.interski.co.uk/employment.php）。PGL旅游有限公司（www.pgl.co.uk/recruitment）的滑雪部门提供了一些职位，如滑雪服务人员、领队、滑雪/单板滑雪教练员（面向获得英国滑雪教练员协会资格者），尤其是在期中假期和复活节假期时招聘短期工。马克·华纳（www.markwarner.co.uk/recruitment）也会招聘冬季员工在库马耶工作。

按照意大利木屋管理条例的规定，意大利木屋看护职位远远少于法国。与大公司相比，在家庭经营的小酒吧或者旅店里，你更容易找到工作。大酒店通常在意大利南部招聘员工，秋天时，再让他们从海边转到山区工作。

互惠生

许多互惠生和保姆的欧洲代理机构与意大利都有业务往来，所以在找寻此类工作的时候你应该不会遇到麻烦。位于伦敦的一家代理（www.totalnannies.com☎02085423067）专门为意大利配置人员，通常都会有50个职位等待招聘。

安吉·高普雷（Angie Copley）对这家英国代理机构为她做的安排感到非常满意：

> 在书中找到代理的地址之后，我给他们写了一封信，他们很快为我在撒丁区安排好了交换家庭，我简直不敢相信有这么容易。我需要做的就是自己买机票到那里。到后，这家人来接我回家，房子太漂亮了！像是一座城堡，意大利的贵族家庭都在这里度假。更奇妙的是，这家人把它改建成了一座酒店，这可算是人们约会见面的最佳场所。我在撒丁区度过了人生最美好的夏天。等我学会点意大利语后，我就出去找人聊天，参加海滩聚会。我的工作就是整天陪他们2岁大的儿子玩，还要跟他说英语。总的来说，这个假期过得非常棒。

几乎随时都可以找到只在夏天工作的职位。多数能雇用得起儿童保育员并提供住宿的意大利家庭，在夏天或者其他假期都会到海边或山区的度假屋，但在杰奎琳·爱德华兹（Jacqueline Edwards）看来，这一切并没有听起来那样悠闲自在：

> 我在意大利的第一份工作就是做互惠生，这家人和他们的大家族住在一个偏僻的地方。这对我来说根本就是个噩梦。我只会用意大利语说你好，而且什么也听不懂。过了3周，我感觉忍无可忍，而且十分想家，甚至总想着乘坐下一班飞机回英格兰。但是过了几天，我们搬回到了城镇，从那以后，情况才有了极大好转。

互惠生的平均工资水平在每周80~100多欧元，妈妈助手每月800欧元，接受过培训的保姆每月1200欧元。意大利北部的工资水平比中部和南部略高，因为北部的消费水平要高一些。能工作40个小时以上的保姆和妈妈助手尤其好找工作，因为意大利的多数家庭中，父母两人都要工作。

多数的意大利代理都会讲英语，并且欢迎英国的互惠生报名申请。一些代理机构收取注册费或其他辅助服务费用，所以要提前打听好。可以尝试以下任何一家代理机构：

对外文化关系活动（*Attivite*

Relazioni Culturali con L'Estero, ARCE）：热那亚（Genoa）；☎3386 161600；www.arceaupair.it；该机构历史悠久，可为全国各地配备工作人员。

凯尔特儿童保育（*Celtic Childcane*）：Via Sant Antonio Da Padova 14，10121 Turin；☎011 533606；www.celticchildcare.com；国际互惠生协会（IAPA）成员。

Euroma：罗马；☎06 806 92 130；www.euroma.info；国际互惠生协会成员；人员安置范围不局限于罗马。

Intermediate Srl：Via Bramante 13,00153 Rome；☎06 57 300683；www.aupairinrome.com；该中介公司在罗马阿文蒂诺区（Arentino）开办了自己的语言学校。

罗马互惠生（*Roma Au Pair*）：Via Retro Mascagni 138，00199 Rome；☎06 863 21519；www.romaaupair.com；互惠生无须交纳安置费用。

教学

在意大利各地有几百家语言学校招聘以英语为母语的教师。对于游客来说有点遗憾，因为大多数的工作都要求有大学学历和TEFL证书，还要懂意大利语。雪落·爱德华兹（Xuela Edwards）和他的朋友来得正是时候（9月），他的朋友是一位合格的英语教师。那里的语言学校里有很多教师，只会讲英语是行不通的。

通常情况下，参加一门TEFL课程会给你带来更多就业机会。一年夏天，在爱丁堡上完"紧张而又艰苦的"剑桥成人英语教学课程后，费格斯·科尼在戴夫（Dave）的ESL咖啡馆贴了一张海报（见"英语教学"章节）："获得大学学历和剑桥成人英语教学课程证书的教师在意大利/西班牙求职"，不久，他就不断地收到邮件（不只是韩国的求职信）。他选择以了卡拉布利亚区（Calabria）的一所学校（卡拉布利亚的旅游促进局近期是不可能给他提供这样的工作机会）：

> 简而言之（别怪我说些开玩笑的话），两个月以后我就丢掉了这份工作，原因是我得了阑尾炎，这可能算得上是TEFL领域出现过的最不合理的理由。我的阑尾出了些问题，都快疼死了。这所私人学校在一个偏远村子里，可老板想让我做完手术两天后就回去上班。而我在一周都不能下地走路也不能说话，再说班里全都是12岁叽叽喳喳的孩子，上课的时候肯定要大声说话，显然这一点我做不到。过了一周，老板告诉我再也不用去上班了，而且在周一之前，必须搬出公寓。而后我在50千

米外的城内一所学校找到了工作，这所学校是两个英国小伙子开办的，但比较麻烦的是我仍未能和他们签订合同。现在，我明白了合同起着至关重要的作用，下一次在调查学校、城镇、设施等后，但没有签订合同之前，我不会再盲目地投入新工作了。没有经验的教师们不要去雷焦卡拉布里亚（Reggio calabria），这是欧洲最无聊、最让人厌恶的城市。除了麦当劳以外，白天根本就没有吃饭的地方；市中心没有坐的地方，没有电影院，没有酒吧，也没有现场音乐表演，缺乏文化气息。不过当地食品，特别是冬季的橙子相当不错。但是我肯定再也不会去卡拉布里亚了。

亚历山大·纽曼是一位澳大利亚环球旅行记者，她描述了自己如何在贝加莫城（Bergamo）寻找教学工作的经历，她和她的同伴决定在那里待一两年：

第一步便是上网。我很快就找到了贝加莫城的三四家英语学校：Shenker、华尔街、音聆阁还有两家私人经营的小学校。我决定再去米兰找找，因为从米兰到贝加莫坐火车只需要45分钟。

你会很快发现在这里找工作和在自己的国家找工作有所不同，而且和在讲自己母语的地方找也不一样。很少有意大利人会回复陌生人电子邮件。你不得不打电话——如果你的意大利语很差，这也很具有挑战性，但是由于找的是英语教学工作，这些学校大多都会有讲英语的接待员。后来我发现私立学校的教学体系非常奇怪，从根本上说就是尽可能多地赚钱，给教师的薪酬低到极致，却希望教师时间灵活机动，而学校却一点也不灵活。

面对这些，你需要耐心和幽默感。我很快就参加了华尔街和Shenker的面试，并且被后者录用。被录用并不是问题，但拿到薪水却并不容易。3个月以后，我参与了为期两周的培训课程，每周可以拿到150欧元。事实上，我到12月才拿到这笔钱——这已是结果2个月后，而距离首次面试则已经5个月了。所以最好携带充足的备用现金，足够你前6个月找工作的花销。

对于我来说，Shenker已经很不错了，因为我没有正规的教师资格证，教学有统一教案和安排。你仅需要到学校教学就好了。税前课时费为13.50欧元。我每周工作大约15小时，虽然他们承诺的是20小时。我是在经济危机的时候开始上课的，因此学生数量大减。

学校会和你签订每周工作30小时的合同，但薪酬就少了很多。这很适合一部分人，因为你签署了工作合同就意味着你就可以待在这个国家。不管怎样，工资真的是很低，而且一周你必须工作30小时，经常要倒班，每天晚上要工作到8点半，还有周六早上都要上班。此外，这些合同只在9月至来年7月有效，所以8月没有工资。

从事教学工作的好处在于，在学校工作的意大利人总的来说还都不错。每个人都知道学校的制度不好，所以会互相帮助。这里的学生也很好，如果你了解了一个班的学生，教学会变得非常有意思。这是了解当地人的一种很好的方式，总体来说，意大利人都非常友好，他们很乐意帮助别人，这也会给你一种归属感和融入其中的感觉。

幸运的是，网络版本的意大利电话号码黄页使用起来非常方便。登录网站 www.paginegialle.it，在你想要工作的城市和城镇的语言学校（Scuole di Lingue）里面查找，或者选择该网址的便捷英语版本，用英文输入“英语语言学校”将会显示600个条目。搜索引擎支持按城市或者按地区搜索。最前面的条目会有邮箱和网址。像**本尼迪克特学校**（*Benedict Schools*）、**林瓜拉玛语言学校**（*Linguarama*）、贝利兹和音聆阁等国际语言学校集团都是意大利主要的英语学校。华尔街机构现在在意大利有将近100家中心，并且积极招聘以英语为母语的教师（www.wallstreet.it可链接到“lavora con noi”）。

意大利的几家连锁语言学校会创造大量的教学工作岗位，但其中的多数分校都有独立经营权，所以必须单个申请。连锁学校包括**英语学校集团**（*British schools Group*，www.britishschool.com），该集团拥有60多家分校，可上网申请教学岗位。其他的连锁学校还包括**英语学院**（*British Institutes*），拥有175家以上合作学校（www.britishinstitutes.it），**千禧年语言学校**（*Millenium Language Schools*，www.milleniumlanguage.it）和位于威尼斯的**牛津学校**（www.oxforditalia.it），在意大利东北部有13处分校。

在意大利，寻找关于英语教学信息的一个很好的网站是 www.teachingenglishinitaly.com。该网站由赛拉·考文（Sheila Corwin）维护，她是一位美国人，自2002年以来，一直住在佛罗伦萨，是意大利的一名英语教师和教师培训员。她的网站提供基础TEFL资格证在线培训，还可以注册TEFL/TESOL/CELTA的网上课程，此外，还有一个在佛罗伦萨教学实践（TP）项目（Sheila@teachingenglishnitaly.com）。

另一种可能就是当自由职业教师，与在学校教学相比，懂意大利语在这方面所占有的优势更为突出。你可以在超市、烟草店、中小学校张贴海报，也可以在报纸上免费登广告。只要能找到房子，你就可以尝试着开办一对一教学和班级授课，而不用通过语言培训学校。曾有一位游客自己来到一个学校的教室里联系教师，请教师帮着问问，班上那群十二三岁的学生，看他们想不想让一位以英语为母语的人教他们英语。结果是学生们都回答想，交少量的学费后就能参加他开设的课后兴趣班。

跟欧洲其他国家一样，意大利的夏令营通常会安排英语学习和一系列的体育运动。ACLE城市夏令营位于利古利亚（Liguria）的圣雷莫（San Remo）（☎0184506070；www.acle.org），它在整个意大利，从西西里岛到白云石山脉疯狂地登广告，招聘600多名以英语为母语的辅导员教英语，同时还组织一些活动，包括夏令营戏剧表演等。工资为每周225~275欧元，提供食宿，享有保险，报销各个营地往返的路费。但是，夏季工要想被录用，必须参加为期5天的TEFL英语入门课程，其间费用为150欧元要从挣得的工资中扣除。申请截止日期为3月末。

在圣雷莫还有一家名气没有那么大的组织叫做**语言无界限**（*Lingue Senza Frontiere* ☎0184533661；www.linguesenzafrontiere.org）。他们许诺每两周支付给浸入式英语学习夏令营中的英语教师450欧元，并且提供食宿。他们还聘用会讲英语的演员，期限为一学年。还可以试试一家较小的机构，位于阿西西（Assisi）的**英语露营公司**（*English Camp Company*，www.theenglishcampcompany.com）。另外，可以登录网站www.teachingenglishinitaly.com/programs.php查询其他夏季工作机会。

菲利普·李（Philip Lee）来自新西兰，他想在欧洲打工度夏，并且到意大利之前，他已经在瑞士积累了一些夏令营工作的经验。虽然他没有直接做英语教师的经历，但是他却给孩子们讲过课，还帮助他们复习功课。他讲述了工作中的点点滴滴：

> 整个夏天，我都在意大利上网找工作。网上很多乱七八糟的招聘，并且很多都会误导人。最后，我找到了一些招聘英语教师的网站，很值得信任，所以我就递交了申请。我填写了一张书面申请表，包括我在教学和孩子们在一起的工作经历以及在艺术、戏剧、做游戏、运动方面的才能，并附带了介绍信。之后，我被语言无界限录取了。我通过玩游戏和做运动的方式教孩子们英

语，或者用英语带他们来完成一项活动，所以，传统的“教室”教学时间很有限。因为许多孩子都不太熟悉英语，或是感觉学英语很不自在，所以我一整天都不得不保持充沛的精力，积极主动地鼓励帮助他们。

我寄宿的家庭都是最热情最慷慨的，他们大都居住在海边。家庭成员都非常乐于助人，而且理解外国人的一些行为习惯和他们不一样，他们还理解我想尽可能多地体验意大利生活的心情，所以带我去葡萄园、餐馆、农场、亲戚家、商店、海边、度假住宅、酒吧、游泳馆、音乐会以及附近的城镇和城市。我晚上出去参加社交活动的时候，他们也很高兴。

我的工资不高，不过，我把英语夏令营当成一个打工度假的方式，并不指望走的时候有多少积蓄。

夏令营提供的培训课程真的非常精彩，要是当时我记录下所有游戏和活动的理念以备将来参考使用就好了，从中真的获益匪浅。总而言之，这是一个接触各国人民包括意大利人的良好机会。同时，这也是以一位非游客的身份生活在意大利的好机会，和孩子们一起工作，其乐无穷，因为整天都是在玩游戏、做活动中度过的。

农业

在意大利大多数地方，收获庄稼的时候并没有雇用大量外国年轻人的传统。随着来自罗马尼亚、巴尔干半岛以及其他地区大量移民的涌入，形势变得更为严峻了。葡萄和橄榄成熟时期的季节性工作岗位，都要留给当地居民和其他无工作的意大利人。然而，如果你在当地有朋友或者可联系的人，或者你会说点意大利语，就可以在秋天丰收的时候试试看，那时的工作大多非常有趣，而且报酬丰厚。

艾米罗马涅(Emilia Romagna)地区草莓丰收的时候，可能会有一些农业工作岗位。维尼奥拉（Vignola）一带（博洛尼亚〈Bologna〉以西）是樱桃种植区，也是在6月采摘。瓦尔泰利纳（Valtellina）邻近瑞士边境的地区是另一个果园的聚集区。但这些地方几乎从不雇用外国人摘橄榄。安德里亚·米丽泰罗调查了托斯卡纳区（圣米尼亚托〈Sau Miniato〉附近）橄榄采摘人员的情况，但是工资非常低，所以他就放弃了这个想法。

意大利的世界有机农场机会组织联系地点位于里窝那市（Livorno），卡斯塔涅托卡杜斯（ Castagneto Carducci）的**布里奇特马修斯**（*Bridget Matthews*, www.wwoof.it）。该组织的志愿者必须参加全国联合会并交纳25欧元的保险费，这样就可获得一张列有意大利50多家招聘志愿者的有机农场的清单。

瓦尔迪南摘苹果

虽然外国游客很少有采摘工作的机会，但瓦尔萨科（Val Venosta）和瓦尔迪南（Val di Non）这两个地区的苹果丰收时却是个例外，这两个地方位于特兰托（Trento）以北阿迪杰（River Adige）河谷的克雷镇（Cles）附近。

安德里亚·米丽泰罗（来自意大利其他地区）在西班牙和塔斯马尼亚岛都做过采摘工作，但他最喜欢的还是在克雷镇附近的瑞沃（Revo）采摘苹果，他有好几年都在那里摘水果：

> 今年，我和其他的采摘者度过了一段美好的时光。采摘季节大约是从9月20号到25日开始的，然后一直持续到10月25日。不过，最好提前10天到这里。可以先去克雷镇。采摘工作使得世界各地的人们相聚一堂，有南美洲人、西班牙人、黑人……所以许多文化也就交织在了一起。

通常，妇女挑选分类男人们摘下来的苹果（工资更高）。为了尽快采摘完水果，农场主们都希望工人们每天工作10个小时，而且没有假期。标准的协议都是扣除一部分工资，来提供午饭和住宿。通常情况下，有经验的采摘员工资可达每天60欧元。

当然，并非所有人都能成功地找到工作。来自波兰的克里斯托夫·斯姆克（Kristof Szymczak）把在这里找工作比作像建通天塔一样难，因为没有一家农场主愿意雇用他。但是，如果你设法去适应，摘苹果听起来是本书提到的各种果物采摘中最有意思的部分之一，至少几年前一位美国人纳塔莉亚·德·古巴（Natalia de Cuba）是这样描述的：

> 摘苹果很棒，用梯子则需多加注意（不能过量饮酒），而且只有男人才会站在梯子上摘苹果。和其他采摘员——大部分是农场主家人——一起吃午饭：有意大利面、沙拉、葡萄酒还有一点格拉巴酒。这些饭菜很好吃，而且氛围很和谐，因为大家都一边吃饭一边闲聊开玩笑。工作的时候也可以经常聊天，特别是他们给你分派了挑选苹果的任务时。意大利人采摘时真的会在果园唱歌剧！

葡萄采摘

也有几个人提到在葡萄成熟的时候成功地找到了工作。古希腊人称意大利为欧伊诺特里亚（Oenotria），意思就是“葡萄酒的国度”，意大利保持着世界头号葡萄酒生产国的地位。2010年，意大利甚至以葡萄丰收为背景，发行了一部名为《收获的日子》（*I Giorni della Vendemmia*）的艺术电影，电影激情奔放。如今，在意大利很难找到没有葡萄园的地区。一旦你身处葡萄种植区，当地人合营的仓库是找工作的一个不错的地方，当地的农民在这里向公众出售他们的产品。可能还会有一些农场主在寻找采摘员。特伦蒂诺（Trentino）是主要的农业生产区，可以到该地区位于罗韦雷托（Rovereto）的农业协会（Societá Agricultura Vallagarina ）尝试一下。南蒂罗尔州（South Tirol）的通用语言为德语，在这里瓦尔马尔泰洛（Vdl Martello）和瓦尔伊萨克（Va Isarco）的葡萄要在6月采摘。

据说意大利摘葡萄的方式要比法国简单，因为葡萄藤都被固定在了网架上而没有任其下垂到地面，这样采摘员用一把大剪刀就能够着葡萄，然后下面用一个漏斗形的容器接着一串串剪下来的葡萄，这比几个小时不停地弯腰要省很多力气。由于正常情况下农场主不会给提供住宿，所以住在哪里可能会成为一个问题。

志愿者机会

很多意大利机构都会组织安排一些夏季工作计划，这与通过推销可回收利用材料来为发展中国家的发展计划筹集资金、重建古老的修道院或者预防森林火灾有着天壤之别。下面列选了一些组织打工度假的机构。有时候你需要通过自己国家的合作机构申请：

Abruzzo，Lazio and Molise National Park：Centro Operativo Servizio Educazioue, Via Roma, 67030 Villetta Barrea；☎0864 89102; centroservizi.villetta@parcoabruzzo.it; www.parcoabruzzo.it;志愿者要在偏远地区，如帕斯卡胡里（Pescasseroli）和维勒塔巴里（Villetta Barrea）开展调查研究，保护动植物；志愿者们必须支付保险和注册费用：7天50欧元，14天80欧元或者21天120欧元，时间为4月到12月。

AGAPE：Centro Ecumenico Prali（托里诺〈Torino〉）；☎0121 807514；campolavoro@agapecentroecumenico.org；www.agapecentroecumenico.org；志愿者协助管理位于阿尔卑斯山的普世会议中心，该中心距离都灵（Turin）约80英里，通常，夏天工作3~5周，其他月份工作时间会短一些。

Emmaus Italia：波费斯（Boves）；☎0171 387834; www.emmaus.it；工作营负责收集、挑选并销售二手设备来为世界各地的社会及社区项目集资。

International Building Companions（*Soci Costruttori*）：

菲拉拉（Ferrara）；☎0532 243279；www.iboitalia.org; 在贫困的社区进行一些改造项目。意大利工作营收取150欧元的费用。

意大利鸟类保护同盟（*Lega Italiana Protezione Uccelli, LIPU*）：帕尔马（Parma）；☎0521 273043; www.lipu.it; 这是一家长期从事环境和鸟类保护的协会，该协会在全意大利范围内的鸟类保护区（绿洲）发起了一系列的夏季项目。入会费为每天20欧元。

Lunaria：罗马；☎06 884 1880; workcamps@lunaria.org; www.lunaria.org；用英语阐述的工作营，有罗马附近的农业工作，还有西西里岛的“小丑项目”（Clown Project）。

Mani Tese：米兰；☎02 407 5165; www.manitese.it（该网站用英文编辑）；国际活动团体,通过回收利用商品和经营跳蚤市场来为发展中国家项目筹集资金。志愿者8天须交纳50欧元。

一些环境保护工作营是与地区团体一起合作的，如网址为www.naturasicilia.it的地方组织。志愿者还能参加考古工作营。**意大利国家考古组**（*Gruppi Archeologici D'Italia*）设在罗马，是各地方考古小组的总部，地方考古小组会组织为期两周的挖掘工作（☎06 3937 6711; segreteria@gruppiarcheologici.org; www.gruppiarcheologici.org）。付费的志愿者们可以参加这些挖掘活动（例如：每周220欧元以上，2周330欧元）。位于罗马的**意大利考古俱乐部**（*Archeoclub d'Italia* ☎06 4420 2250; www.archeoclubitalia.org），其网站可链接到意大利各地的分支机构，这些机构组织安排考古挖掘，其中一些接纳付费的志愿者。

马耳他

2004年马耳他就加入了欧盟，所以欧盟国公民有权在该国工作。马耳他尽管国土面积不大，人口稀少，且唯恐其劳动市场过于拥挤，该国仍欢迎所有的欧盟国公民自由进入来找工作。年龄25~30岁的澳大利亚和新西兰公民可申请马耳他的打工度假签证，有效期为一年。

虽然马耳他地域面积狭小（长30千米，宽15千米），却十分吸引游客。最近该国受到经济衰退的影响，失业率在几年间迅速升至2.5%的高位。非欧盟国公民要想获得就业许可证，就需从雇主那拿一份表格（就业协议表），并把该表提交给马耳他就业培训公司（www.etc.gov.mt）。与其他政府网站不同，该网站会持续更新网上的职位空缺数据。这些岗位范围广泛，从技术熟练的技工到临时服务员，但其中很多都和欧洲就业服务处给出的岗位有重叠。由于旅游业在马耳他占有相当重要的地位，所以现场可能就会找到工作。可以到斯利马（Sliema）、巴吉芭（Bugibba）和南部海滩度假胜地的咖啡厅、酒吧、酒店和商店去试着找找工作。马耳他的工资水平不是很高，并且春夏两季的工作机会要比冬天多很多。

Birdlipe Malta需要志愿者在夏季加入猛禽工作营，来防止有人打猎和设置陷阱。该机构通过英国的**皇家鸟类保护协会**（*RSPB*）来招募人员（www.rspb.org.uk/volunteering）。

教学

在过去的10年间，马耳他的英语语言教学蓬勃发展，许多私立语言学校为地中海附近国家成批的语言学习者提供服务，特别是夏季假期课程的安排。像位于马耳他中部伊卡琳（Iklin）的**文化英语旅游公司**（*Cultural English Tours*，cost@cetleisure.com）一样，很多机构都需要会讲英语的监管人员和旅游团领队。

位于斯利马（Sliema）的**马耳他英语教育机构联盟**（*the Federation of English Language Taching Organisations Malta, FELTOM* ☎2131 0927）代表主流英语语言机构的利益，该联盟官网为www.feltom.com，与其16所成员学校都有链接，如斯利马的音聆阁（www.inlinguamalta.com），圣保罗湾（St. Paul's Bay）的**地球村**（*Global Village*，www.gvmalta.com）。

位于格吉拉（Gzira）的学生及青年旅游组织*NSTS-ELI*（☎2558 8000； www.nsts.org）

为前往马耳他的青年游客推出了与假期运动配套的英语学习课程，同时招聘餐饮服务员，工作时间为4~52周。从6月到8月期间，NSTS在6~7月间每周还会组织假期课程，可以去那里找找工作，特别是对运动爱好者来说更值得一试。NSTS很急切地想雇用来自加拿大的罗伯特·米兹（Robert Mizzi），特别是当得知他有一半马耳他血统以后：

当NSTS知道我在Valleta的青年旅社义务帮人练习英语口语时，非常爽快地为我提供了一份工作。原因之一可能是他们知道签证不是什么问题。这份工作找得如此轻松，完全出乎我的意料。只不过是顺便提了一下，而不像是真实的面试。我猜这就是马耳他的面试风格：一旦你加入了他们的行列，一切都会变得简单。

斯堪的纳维亚

丹麦、瑞典、芬兰、挪威和冰岛等斯堪的纳维亚国家高消费出名，挪威尤甚。即便如此，对打工度假的游客而言，这些国家仍独具魅力。冰岛经济不景气，且近年火山接连不断喷发，因此，来这里旅游的花费比原来要便宜一些，不过，这里就业形势依然十分严峻。

丹麦、瑞典和芬兰都是正式的欧盟成员国，而挪威和冰岛却不打算加入欧盟。但是，这两个国家都是**欧洲经济区**（*EEA*）的成员国，允许欧盟国免费输入商品、服务和人员。欧洲公民有权进入斯堪的纳维亚任何一个国家找工作，期限为3个月。当找到工作后，雇主就会给他们一张“就业认证”，然后他们就可以向警方申请居住许可，对于一些无时间限制的工作（永久性）而言，期限为5年，否则只允许工作期间居留。从原则上讲，挪威和冰岛这两个非欧盟国对外国工人唯一的限制就是无权获得社会保障。

2004年，有10个新成员国加入欧盟，这严重影响了斯堪的纳维亚的就业市场。来自波兰和其他国家的大量学生和流动工人为这里的高工资和低失业率所吸引而来。例如，在挪威，没有技术含量的工作，像清理卫生、修理房屋或者干农活，每小时的工资水平为123挪威克朗，即便要考虑到相对的生活费用，也相当于波兰的好几倍。

年龄在18~30岁的澳大利亚和新西兰公民，可以获得丹麦、瑞典、挪威和芬兰4个国家的打工度假签证，期限为一年。其中，申请者必须出具充足的后备资金证明，以保证在签证有效的12个月内即便没有工作也能维持生活。例如，到丹麦的澳大利亚公民需要18 000丹麦克朗的资金证明。现在，澳大利亚和冰岛两国正在谈判打工度假互换问题。

加拿大公民如今已可持打工度假签订前往丹麦和瑞典，但对美国公民而言这一互惠方案尚未放开。为使打工合法化，没有打工度假签证的人们必须在出国之前拿到工作许可证，这几乎是不可能的。位于纽约的美国—斯堪的纳维亚基地（☎212 779 3587；www.amscan.org）每年夏天都会安置少量年龄在21~30岁的美国大学生和毕业生，在以芬兰和瑞典为主的斯堪的纳维亚国家实习。实习方向涉及工程、化学、计算机科学和贸易等领域，该基地还帮助“自我就业实习生”，就是那些已经在斯堪的纳维亚国家找到了工作或实习岗位的人们，获得工作许可证（trainscan@amscan.org）。

找工作时，不一定非要懂得一门斯堪的纳维亚国家的语言，因为在这里广泛使用英语。

也有一位投稿者非常幽默地指出在几个地区，英语根本不起作用。“在迁移的拉普兰牧羊人中，在格陵兰岛北部的极地爱斯基摩猎人中，还有在卑尔根岛（Spitzbergen）的俄罗斯煤矿工人中。”

这些国家相同点之一就是生活和旅游消费都非常高。降低消费的方法之一便是加入世界有机农场机会组织，每天工作4~6个小时，作为回报，可以在有机农场吃住。苏珊和艾利克·本奈（Eric Beney）是一对夫妻，他们来自澳大利亚，带着两个已经长大成人的女儿。当他们开着露营车从挪威到法国的时候，发现自己“几乎破产”了，这时他们就去了有机农场工作，冬天的时候做木屋招待员。

很多地方街头卖艺、乞讨和街头兜售都是不合法的，但是很少会有这方面的起诉案件。只要你不惹麻烦不引发堵塞交通，官方就不会干涉，但却会吸引众多的路人，对于他们来说，街头卖艺是一种很新奇的事物，因为斯堪的纳维亚人同时享有“富裕”和“慷慨”的美誉。

互惠生

斯堪的纳维亚几乎不需要讲英语的互惠生，事实上，丹麦一家开办已久的互惠生代理2010年停业了。除了网上的信息外（见“前言”部分的“儿童保育”），位于赫尔辛堡（Helsingborg）、瑞典的斯堪的纳维亚互惠生中心的网站上列有挪威、丹麦和瑞典的互惠家庭的职位空缺。许多斯堪的纳维亚家庭雇用来自发展中国家的互惠生，如菲律宾和泰国。可在相关的移民网站上查询非欧洲互惠生的诸多管理规则信息，例如www.nyidanmark.dk。互惠生工资水平相差悬殊，但每周工资不得少于100欧元。

丹麦

在所有的欧盟国家中，丹麦的平均工资水平位居第一，消费能力位居第二。每小时工资至少120丹麦克朗。虽然与前两年相比，失业率有所上升，但仍维持在了4.2%，这还是相当不错的。毋庸置疑，丹麦是一个富有的国家，仍有很多临时工作机会。雇主们必须为合法工人们支付额外12.5%的假日工资。

在农场、工厂、办公室和酒店也有就业机会，主要问题在于要说服一位老板优先选择雇用你，而不是一位讲丹麦语的人。梅·格兰特（May Grant）来自格拉斯哥（Glasgow），她证实就业中心的态度似乎是“丹麦属于丹麦人”，所以相当有必要通过其他方式找工作。

尽管不会讲丹麦语的人找到工作的概率要小一些，但如果你会讲英语，现实也并没有那么糟糕。部分原因是丹麦的福利政策很好，许多无业的人都不愿意找工作、做自己不喜欢的工作或者在非正常时间工作，这也就给精力旺盛的外国人提供了一些机会。

法令法规

所有关于找工作和办理居住许可证的规定都是用地道的英语表述，这些可在移民服务网站www.nyidanmark.dk以及就业部居留及工作手册的网站www.bm.dk上查询。想逗留3个月以上的欧盟国公民应该从所在地区的国家行政部门申请居住证。获得正式的表格（可从网站www.nyidanmark.dk上下载），两张照片、护照，有可能还需要一份就业合同，或者生活费用来源证明。合同上应表明每周你至少工作10个小时，而且税前月工资达到最低要求（25岁以上工资更高）。如果你直接申请，那么一周以内应该会收到许可证。

非欧盟国公民会发现这更加困难，即使他们有资格选择几种特定的工作类型（如互惠生）。像往常一样，申请者必须到丹麦驻申请人所在国使领馆申请工作和居住许可证。2011年，在哥本哈根（Copenhagen）、奥尔胡斯（Aarhus）、欧登塞（Odense）和奥尔堡（Aalborg）开办了4家国际公民服务办事处，作为一站式的服务中心，为新到的外国工人提供服务，它在哥本哈根的地址为Nyropsgade 1（☎33 666606）。移民服务的办公处和服务中心位于Ryesgade 53，2100 Copenhagen。

一找到工作，即使只是临时工作，也要到你工作（或雇主的总公司）所在地的市政当局申请一张税卡。可以登录网站www.skat.dk 查询联系地址（☎7222 1818）。你需要从国家人口注册处获得一个社会安全号码（民事登记）以便于申请。拿到税卡后立即交给雇主。如果没有税卡，52% 的总收入都要作为惩罚用来缴税。有了税卡，你就有资格每年获得42 900克朗的个人津贴（税率为30%~35%）。如果最后缴纳的税款超额，那么从工作的那一刻算起，来年6个月以后你才能拿到退款。

哥本哈根

哥本哈根作为丹麦的商业和工业中心，是目前最好找工作的地方。同时，这里也是旅游中心，所以夏天的时候，可以去酒店、餐馆和游乐园找工作。从韦斯特勃（Vesterbros Torv）到阿美琳堡宫（Amalienborg Slot）以及从市广场（Torvet）到克里斯钦堡宫（Christianborg Slot）这两个地带的餐馆最多。很多大型酒店都设有人事办公室，应常来这里看看有没有职位空缺。也可以到位于Vester-brkgade2A的Old English Pub、the Scottish Pub和Rosie McGee's Bar / night club试一试（job@rosiemcgee.dk），它们提供墨西哥饮食，尽管从名字上看不出这一点。

一些求职者在寻找酒店工作时可能比较顺利，就像这位荷兰旅行者米丽亚姆·柯潘拉尔斯（Mirjam Koppelaars）的情况一样：

> 我和我的挪威朋友伊莉斯（Elise）非常喜欢哥本哈根，但是我们的钱很快就花完了，于是决定试着找份工作。填完申请表，并在喜来登酒店通过了一轮简单的面试后，我们都找到了做服务员的工作，并且从第二天就开始上班。

哥本哈根的**就业中心**（*Arbejsformidling*）应该可以帮助欧盟国公民学习实用技术以及丹麦语。而对于投简历的人，他们帮不上任何忙。私人就业代理机构也希望客户会讲丹麦语。还可以到网络黄页http://en.degulesider.dk上列举的那些机构进行注册，如艺珂，作为一家跨国公司这是丹麦最大的代理机构。

在丹麦，报纸发行公司是最大的雇用临时工的用人单位。有十几万的丹麦人订阅日报或周报，需要至少3000名工人递送报纸。因为需要大量的报纸递送员，所以大型发行公司有专门的英语招聘网站 www.papercarrier.dk。和英国与北美国家不同的是，这种工作不会雇用学生，因为报纸大都在晚上递送。通常，报纸在半夜从当地的仓库领取，7点前递送到各家各户。如果花钱买一辆二手自行车或四轮货车，这份工作会相当容易。

记住，只有在工作难以完成的情况下，才会急需招聘工人。斯图曼（Stonemann）先生描述了该情况：

> 在丹麦，居民信箱并未设在楼房入口处，递送员不得不爬四五层楼把报纸放在对号的箱位。这是一项耗费体力的工作，特别是冬天的时候。报酬按照工作量计算。刚上岗的工人只会负责一两条线路，而一些老工人可以负责六七条线路。工作一周后，新工人通常每晚可以挣500克朗（税前）。所以不到两个晚上，就能挣到买一辆自行车的钱，特别是选择在周日和假日期间工作。冬天的时候，工资要涨10%。每两周都会通过银行转账发放工资，所以在签订合同之前，工人需开通一家银行账户。

登录**布雷德科姆巴涅公司**

（*Bladkompagniet*）的网站（www.papercarrier.dk/eng_contact.html），能在上面找一份“送报人”（omdeler或paper boy/girl）的工作，该网站提供所有可申请的相关办事处和电子邮箱的地址。公司总部设在罗多乌尔（Rφdovre ☎70 20 72 25）。另一家雇用工人的大公司是**丹麦阿维斯分配公司**（*Dansk Avis Omdeling* ☎80 81 52 85；www.daoas.dk），该公司负责递送晨报《日德兰邮报》（*Morgenavisen Jyllands-Posten*）。工作日要雇用4000名工人在早晨6点半之前（周末8点）递送报纸，而周日的时候则要雇用5000名工人。

农业

农业在丹麦的经济发展中占有重要地位，而农场工作可以说是在丹麦最容易就业的渠道之一。主要农作物有草莓（6月和10月采摘）、樱桃（7月和8月采摘）、苹果（9月和10月采摘）、玉米（8月）还有圣诞树（10月到12月）。丹麦的水果产业发展很快，而问题在于工作人员稀缺，EUERS一直在强调这一点，其网站（www.seasonalwork.dk）提供了大量关于采摘工作的信息，并且可以网上申请。据EURES估计，至少有2000名外国人从事季节性的采摘工作，而且诚邀应聘者上网申请。他们甚至会在每年3月组团前往英国大学招聘，像纽卡斯尔大学。通常情况下，招聘截止日期为5月。

摘草莓通常是在大清早，从早晨5点到上午11点和下午1点之间，下午的空闲时间可以骑脚踏车兜风、游泳或是参加社交活动。多数的雇主希望工人能自带帐篷和厨具，多数情况下，每天还要收取25克朗的水电费以及垃圾收取费。人们经常推荐去菲英岛（Fyn）寻找摘水果的工作，特别是在福堡（Faaborg）的周边地区。但是6月的时候，采摘者都会去萨姆索岛（Samsø）。多年来，农场主一直强调他们只能雇用持有欧盟护照和欧洲健康保险卡（EHIC）的人。可以试试以下地方：

Duborg Jordbær：Duborgvej 30，6360 Tinglev；☎7476 2434；info@duborgjordbaer.dk；Grete和Peter Schmidt通过EURES雇用约30名采摘者，大都来自保加利亚和罗马尼亚。

Holmgaard：Sideballe 35 8305 Samsø；☎86 59 14 03；holmgaard@brdr-madsen.dk；www.brdr-madsen.dk/uk.htm；Inge和Aage Madsen需要70~100名采摘员。

Kræmmergård：Kræmmergårdvej 50，7660 Bækmarksbro；☎9788 1034；np@kraemmergaard7660.dk；雇用约35名季节工采摘草莓和豌豆。

Morten Alexandersen：Storegrade 34，Pillemark，Samsø 8305；☎86 59 22 64；morten@samsobaer.com；6月初招聘80名采

摘员，工作时间为6~8周。

由于工作起始日和采摘的时间都无法预测，所以不要指望着短时间内可以挣很多钱。有时候，这一周你要工作40~50个小时（同时每小时预计会摘10~20千克的草莓），那么下周你可能只工作10个小时。有的农场可能会解雇员工，除非每小时可以摘够一定量的草莓，例如14千克。确保携带雨天装备，因为下雨也要工作。此外，即使在7月，早晨5点开始工作时天气也会很冷。采摘其他的农作物像苹果、梨和樱桃，工资要么按时间计算要么按照完成的工作量计算。

丹麦的世界有机农场机会组织（VHH）成立已久，其列表上面有近50名组织成员，大都说英语。在这里，工人们每天需要工作4个多小时，作为回报，可以免费吃住。到达前，需打电话、发电子邮件或者写信提前联系。加入丹麦的世界有机农场机会组织，并交纳15欧元的费用之后，才能拿到这张列表。梅·格兰特和她的男朋友伊恩去了两家丹麦世界有机农场机会组织，其中一个非常轻松，只需在花园中除草，另一个则要辛苦一些。罗布·艾布特的工作经历相当不错，他临时为一位很友好的农场主工作，这位农场主还带他去哥本哈根参观植物园和其他景点。

如果喜欢集体生活，可以去**天鹅公社**（*Svanholm Community*）看看，这个公社大约有120人，其中包括许多孩子。夏天的时候人很多，因为一些志愿者会来这里帮助收获有机农作物。这些机会对各国公民开放，客人们可以住一个月，每周工作30小时，免费食宿，但是没有零用钱。如果感兴趣的话，可以写信到Svanholm Gods，4050 Skibby的访问者集团（Visitors Group，www.svanholm.dk，该网站部分用英语编写）。

同样，最好尽可能地弄清楚自己这样做是为了什么。

大卫·安德森（David Anderson）打算到日德兰半岛（Jutcand）北部莫尔（Mors）的一家有机农场去工作。他后悔自己当初草率决定做这份工作：

我花了大约10英镑才来到农场门口。农场主是一位严格的素食主义者（吃的都是自家种的东西），他希望我也和他一样。此外，没有热水。采摘水果蔬菜的员工只有我一个，我还要帮他搭建一个金字塔形状的温室，因为他深信金字塔有着某种特殊的功效。当我拿到头三周的工资后就离开了，直奔埃斯比约（Esbjerg）的麦当劳。

志愿者工作

如果你已身在丹麦，哥本

哈根的Mellemfolkeligt Samvirke（*MS* globalcontact@ms.dk；www.ms.dk）在丹麦组织一些为期两三周的夏季工作营活动。这些工作营开展的项目，如修建操场、保护区工作等，其主要目标在于让参与者接触社会中出现的多种问题。几年间，MS还在格陵兰岛（Greenland）开设一些为期一个月的夏季工作营（年龄不得低于20岁），来做些如翻新维京（Viking）村落的工作。去格陵兰岛从事志愿者工作的费用至少为2000欧元，包含飞机票在内（可咨询英国的康科迪亚〈Concordia〉；www.concordiavolunteers.org.uk）。

生存

有的投稿者提出了各种各样的生存方式，包括一大早从垃圾箱捡瓶子，或者在如**罗斯基勒音乐节**（*Roskilde Festival*）期间，收集瓶子。在哥本哈根的一些大街上是可以捡到很多瓶子，特别是在周日的早晨，不过，这时候只有几家超市办理退瓶业务，可以试试安特奥斯凯德（Rantzausgade）路上的阿尔迪超市（the Aldi）。罗斯基勒大型音乐节全年雇用志愿者，该节日每年6月末开幕，在节日开始之前8天的准备时间内，志愿者人数多达25 000名，没有薪水报酬，但是志愿者可以免费住在营地，还可免费欣赏160个乐队的演出。有意者应该在4月指定的两周之内申请（详情见网站www.roskilde-festival.dk上用英语编写的“志愿者信息”）。

对于无法生育儿女的夫妇来说，丹麦是世界上精子来源最多的国家之一。**克瑞奥斯**（*Cryos*）是一家特许经营的精子库网站，它设有4家中心，分别在奥尔胡斯、哥本哈根、奥尔堡和欧登塞，此外，还有纽约和印度（www.cryosinternational.com）分公司。该公司征集各个种族和民族的匿名及非匿名捐精者。捐精者需要至少捐赠10次精液。值得注意的是，9/10的精子会遭拒绝。报酬至少是300克朗（40欧元），根据精子的质量和数量优劣多少而不同，甚至会高于600克朗，捐赠者无须纳税，以保护其个人隐私。

卖艺者都去哥本哈根中部的步行街道，像Købmagergade和Strøget。在夏天繁忙的时候，音乐家、变戏法的或者杂技演员一小时挣200克朗都是常有的事。卖艺者不需要持有许可证，但是不准许使用扩音器，而且，一个表演小组不得超过3个人。有的地方有时间限制，虽然市政厅广场和国王广场从早晨7点到晚上10点都对卖艺者开放，但其他地方工作日只能表演到晚上8点，而周末则到下午5点。一般情况下，街头表演者像魔术师和玩杂耍的需要申请许可证，而音乐家则不必申请。

芬兰

与原来相比，芬兰为外国学

生和刚刚走出校门的毕业生提供的短期带薪培训机会大大减少。芬兰的国际培训生交换项目由**芬兰教育部国际交流中心**（*CIMO*）负责，学生或者毕业生需在本国通过相关合作组织进行申请。英国学生或者毕业生如果想进行1~18个月的农业或技术岗位培训，应在**国际大学生实习交流协会**（*IAESTE*）申请技术人员就业安置。

短期培训时间在5月到9月期间，而长期培训全年都有。申请者必须在2月中旬之前，到芬兰教育部国际交流中心申请夏季工作岗位。培训生交换项目要求至少一年在校学习，最好还有一年相关科目的工作经验。芬兰教育部国际交流中心有很多项目，其中之一便是语言教学，该项目面向说母语且专业为文科或教育的在校大学生或毕业生，时间为一个月、一学期或一学年。芬兰教育部国际交流中心还设置了信息中心，地点在赫尔辛基（Helsinki），Hakaniemenranta 6，5层（☎206 90 501；cimoinfo@cimo.fi；www.studyinfinland.fi，该网站为英文）。办事处只在周二到周四的下午办公。

美国申请者应该联系前文中提到的美国斯堪的纳维亚基金会。如果个人成功申请到实习机会，芬兰雇主将提供其在实习期间的工作和居留许可。有关移民方面问题可登录芬兰移民局的英文网站，亦可写信至POBOX 18，00581 Helsinki，或者亲自到赫尔辛基Lautatarhankatu 10咨询（☎0718733400；www.migri.fi）。

教学

2009年，位于芬兰的美国斯堪的纳维亚基金会的英语教学项目有所减少。**理查德·刘易斯沟通培训公司**（*Richard Lewis Communications*）在赫尔辛基、图尔库（Twrku）、坦佩雷（Tampere）、Jyväskylä、库皮诺（Kuopio）及奥卢（Oulu）都设有办事处（info.finland@rcglobal.com；www.crossculture.com），有经商经验的人都可能说服该公司雇用其给企业客户讲授英语。理查德·刘易斯沟通培训公司总部设在英国南安普敦附近（☎01962 771111）。该行业的自由职业商务培训师每节课可以挣得22~28欧元，其中20%要用于纳税。此外，针对一些对英语感兴趣的顾客，一所俄语学校（☎812 303 86 96；www.nordicschool.ru/eng）在芬兰北部开设了为期两周的英语夏令营，并且聘用任何国籍的英语使用者教俄罗斯青年英语口语。除了食宿，每个夏令营都会支付400~500欧元作为报酬，此外，还可报销来往各个营地之间的路费。

临时工作

芬兰的失业率为8.4%，远

远高于毗邻的其他北欧国家，所以，就业机会从来都不多。可是，某些行业有时候确实会出现劳动力匮乏的现象，如赫尔辛基附近的花卉苗圃、语言教学还有酒店，特别是在旅游胜地像海门林纳（ägmeenlinna）和拉赫蒂（Lahti）的职位。英国旅行社提供的工作机会不多，但确实存在。根据Saariselka和Rovaniemi的芬兰拉普兰项目需要，Esprit Santa的拉普兰公司招聘4名旅游代表、农舍招待员和儿童护理人员，该项目在12月开展（*Esprit Holidays* ☎01252 618318；www.workaseason.com）。拉普兰更北部的滑雪胜地西卡勒维（Sirkka-Levi），有时在冬天招聘餐饮服务培训生。**拉普兰酒店集团**（*Lapland Hotel Group*，www.laplandhotels.com）拥有9家酒店餐馆。轮班工作，每小时工资为7~10欧元，同时，每个月扣除150~500欧元的住宿费，每天扣除4.13欧元的伙食费。

这个国家15%的草莓产自赫尔辛基以北350千米的Suonenjoki附近地区。该地区需3000~4000名工人来打理草莓藤蔓，并在6月末到8月初采摘草莓。采摘员要持有一张芬兰的税卡，同时，要做好到农田里从早晨5点弯着腰工作到中午的准备。有的农场主提供住宿，每天扣除3~5欧元。这个地区也种植其他的浆果果树，如树莓和红醋栗。最近登出招聘广告的有两家农场：

Suonenjoen seudun marjanviljelijäin yhdistys：Rajakatu 2，77600Suonenjoki；☎017 511991；marja.suonenjoki@ssmy.inet.fi。

Veijo Karkkonen：Jokiniemenranta 35, 77600Suonenjoki; ☎0400 674 188; www.veijokarkkonen.fi。

还可以找到保姆家庭教师的工作。例如可以尝试着在网站www.finlandforum.org上登载广告。前一段时间，娜塔莎·福克斯（Natasha Fox）找到了帮助几个家庭的工作：

> 我在几家托儿所放了几张求职广告卡，轻而易举地就在芬兰找到了保姆的工作。如果你身在赫尔辛基，放广告卡最好的地方就是韦斯滕德埃斯波（Westend Espoo），这是首都最富有的地区。如果你在芬兰有朋友，可以请他们为你翻译报纸上的广告。《赫尔辛基新闻》（Helsingin Sanomat）是芬兰的日报，上面每天都会有几个家庭招聘家政人员。如果你自己登了广告，试着用芬兰语写，这可以让大家知道你并非对芬兰一无所知，即便工作中你也许不用说一句芬兰语。
>
> 这是我登的广告：

译文是，“你愿意让孩子们休息片刻吗？本人为英国人，性格开朗，有责任心，我诚挚为您服务！白天和晚上均有空闲时间。”（芬兰语：Haluaisitko vaihtaa vapaale'， lasten hoidon lomassa? Iloinen, vastuullinen Englandtilais-tytto antaasinulle mahdollisuuden! Olen vapaa useimpina päivinä/iltoina.）

顺便提一下，街头卖艺可能会给你赚取更多的旅行费，特别是在赫尔辛基之外的地方。芬兰的一位通讯社记者认为，街头卖艺者（特别是俄罗斯的手风琴师）很常见，他们平均每小时的收入为8~15欧元。此外像在丹麦一样捡垃圾瓶，不管是不是酒瓶，都可以挣很多钱。

志愿者工作

在赫尔辛基，协调工作营机构被称作KVT，是**国际民众服务组织者**（*Service Civil International*，www.kvtfinland.org）在芬兰的分支机构。该机构每年会组织大约11次夏令营活动，开展很多有趣的项目，常以促进和平为主题，并有自己的英文网站。工作营参与费为85欧元，此外，还须交纳20欧元的会员费。

赫尔辛基北部280千米的地方有一个小城镇，附近有一个科如生态村（Keuruu Ecovillage），这里的物价还可以承受。春天到秋天期间，可在此停留一两周，每天交9欧元的食宿费，作为交换，在花园或者村子组织的“即兴表演”聚会上帮忙（www.keuruunekokyla.fi）。

芬兰青年合作组织（阿利西安〈Allianssi〉；☎20 755 2614；www.alli.fi）与欧洲志愿服务组织联盟合作，将后者输送来的志愿者安排在芬兰的工作营。

冰岛

冰岛人口稀少，刚刚超过30万，因此任何人失业都会引发失业率数字的大幅变化，截至2011年年初，其失业率有所升高，达8%以上。

从传统上来看，通常只有在夏季，渔业、农业、旅游业和建筑业才需要劳动力。尽管国际市场对于鱼作为食品的需求并未减少，但相关岗位仍旧不对不讲冰岛语的人开放。有些幸运的人也许可以找到农业和酒店中的工作，做些没有技术含量的活。

在冰岛有8个职业介绍所，除此以外，还有位于Kninglunni 1, 103Reykjavik的EURES总办事处（☎554 7600； eures@vmst.is；www.eures.is/english）。在冰岛的欧洲就业服务处网站上有英文的就业申请表。介绍所还将重心放在招聘来自斯堪的纳维亚其他国的工人上，这主要是通过**北欧就**

业方案（*Nordjobb scheme*）来实现的。该方案为年龄在18~28岁的北欧公民安排在其他北欧国家的夏季工作，时间不得少于4周（网址为www.nordjobb.net）。

私人就业代理**尼努克特**（*Ninukot* Si犭umúli 13, 108-Reykjavik; ☎561 2700; ninukot@ninukot.is; www.ninukot.is）原来在冰岛全国范围内专门招聘农业和园艺工人，但现在有分支代理提供儿童托管、园艺、驯马以及旅游业方面的工作。其网站用英语编辑，为欧洲经济区公民提供在冰岛打工度假的机会。

欧洲公民在冰岛居留6个月之内无须居住证。在波兰和其他新成员国加入欧盟以后，申请此类通行证的人大大增加，但是准入人口则有所减少。办理许可申请平均需要90天的时间，而且，递交申请时要交纳12 000冰岛克朗的费用。从冰岛移民局（入境事务处，☎510 5400; www.utl.is）可以获取英语版的信息。如果你打算利用欧洲经济区公民的身份优势到冰岛找工作，那就带足够的钱来适应这里有名的高消费。旅游和住宿费用会非常高，除非你足够坚强去露营（天气经常很冷）。还有一个其他选择：带着睡袋住宿，这样你花15欧元就可以在学校或农场的床垫上过夜。解决问题的另一个办法是住在一个接待家庭中，在人家中交换住宿（如做家务活或者英语对话等）。

互惠生

尼努克特就业代理（*Ninukot Employment Agency*）提供儿童保育员的职位，每周发放12 500冰岛克朗的零用钱，提供食宿。工作时间满6个月以后，接待家庭会报销去往冰岛时的单程机票，而满12个月的话，则可以报销往返机票。

渔业

渔业完全是一种劳动密集型产业，冰岛有7%的人口直接从事渔业工作（大约相当于15年前水平的一半），而间接从事该行业的人就更多了。该国出口产品中近一半都是鱼制品。渔业是一种季节性的产业，漫长寒冷的冬季恰是最繁忙的季节。工作似乎会严格按照性别来划分：男人下海或者在工厂中从事搬运和装载工作，而女人则从事加工工作。在二三十年前，有的游客还可以在渔船上找到工作，但是现在找这种工作已无可能。

在冰岛，鱼类加工曾经是针对游客开放的传统工作之一，可以在相对较短的时间里挣很多钱。然而，这种工作远没有过去受欢迎，薪水也不像过去那样高。假如你准备从1月开始，在冰岛的城镇或者村庄至少待5个月，可以提前去相关的村庄看看，也许你能在一家水产品加工厂找到工作。这里每个月的最低总工资为165 000冰岛克朗，还可能会有加班费。多数情况下，雇主会提供价格合理的住处。工作旺季是在1月末至2月、4月至5月、还有9月至10月。

水产品加工厂通常都位于海港。这里工作压力很大，为了保鲜，必须迅速对鱼进行加工。按照规定，每隔12或14个小时才倒一次班，而且中间很少有休息时间。要在一个鱼类加工厂完成分类、清洗、切片、称重、除虫和包装工作。最糟糕的工作在气温-43℃（45°F）左右的冷凉车间，工作是最为艰难的。如果不是严寒天气，包装和搬运鱼箱的工作也不会很糟，如果没有合适的装备包括毛皮靴和手套、巴拉克拉法帽（balaclava）和几层羊皮袄，没有人能忍受得了这种工作。工厂的其他部门温度都在10℃~16℃（50°F~62°F）。

需要几周的实习才能专业地把鱼切片并包装好。通常来说，质量标准要求很高，如果监管员发现了不止两块骨头或两条虫子，整箱鱼都要重新检查。一般来说，工作表现会影响薪水，因此，随着技术水平提高，薪水也会相应增加。不过，与昂贵的生活成本相比，工资并不是很可观。几年前，黛比·马蒂松（Debbie Mathieson）描述自己在尼非斯德（Hnfisdal）一家小工厂的工作："真的不是很难，但是极其无聊。"

在冰岛北部的渔村中，传统的社交活动并不存在，冬日的严寒期是长达5个月的漫漫黑夜，这使很多村庄都和邻村隔绝开来，给人一种死气沉沉的感觉。维基·麦哲提（Vicki Matchett）和冰岛东北部翁纳福德（Vopnafjörd）村庄的一家工厂签订了6个月的合同，他描述了那里的生活：

> 一般来说，每个渔村都有大约800名村民，几乎没有社交活动，没有酒吧，甚至连野生动植物也没有。而且12月到来年5月间天气不好，这时去旅游观光非常危险。为了节省1000英镑而要过6个月的单调生活，我觉得这很不划算。多数的业余时间我都用来看旅行日志了，这样可以提醒自己文明依旧存在。

其他机会

在冰岛，农业占有重要的地位。夏季的时候，置备干草是一项重要的工作。多数的草都用长柄大镰刀切割，因为拖拉机不能在陡坡上作业，特别是狭窄的山谷中，而那里却是很多农场的所在地。不过，这种工作主要由学校的学生来做。

尼努克特代理在整个冰岛专门为农业和园艺业配备工作人员。在冰岛南部和西部地区的工厂或温室里，有很多采摘或者包装的工作机会。5月到9月期间，驯马场和假日农场中也有活儿干。此外，还有植树的工作，基本月工资为1077欧元，每天扣除10欧元的食宿费，至于报销机票的方式，和前文中提到的互惠生的偿付方法是一样的。

还可以依靠自己或者通过欧洲就业服务处来寻找这种夏季的工作，特别是如果懂得一门以上的欧洲语言就会更占优势。珍妮特·布里奇波特（Janet Bridgeport）旅游的时候住在霍尔斯沃德吕尔（Hvolsvöllur）的一个家庭旅馆，这家旅馆隔壁恰巧是一家跑马场：

> 因为我原来的工作就和马有关，加上也不着急回国，于是就看他们夏季时是否需要临时帮手。在得知他们将雇用我的时候（只提供食宿），我真的很高兴。许多骑马的顾客都说英语，我认为这正好适合我。

志愿者

冰岛环境局和**英国保育志工信托**（*British Trust for Conservation Volunteers, BTCV*）在冰岛好几个地方合作组织了一项夏日项目（不适于胆小者参加）。通常报销从雷克雅未克（Reykjavik）出发的路费，还有伙食费，不过，参与者须自行携带帐篷。目的地是**瓦特纳冰原国家公园**（*Vatnajökull National Park*）的Skaftafell。近期计划主要涉及修建以及维修道路和台阶。两周的费用为345英镑，不包括机票（☎01302 388883；international@btcv.org.uk）。

冰岛的志愿者活动发展很好，国际SCI网络通过在冰岛的合作组织输送志愿者，参加全国范围内150多个项目。例如，“世界各地朋友”组织（冰岛语为Veraldarvinir）提供为期两周一系列有趣的项目（工作营），国际志愿者都可参加。很多都与环境相关，有时去一些有异域风情的地方，像偏远的维斯马尼耶群岛（Vestmannaeyjar Islands）。该组织的联系方式为Hverfisgata 88, Reykyavik 101（☎55 25 214；www.wf.is），参与费为300欧元，有的地方会根据项目和时间不同，额外收取120~150欧元。另一家代理机构SEEDS（www.seeds.is）也安排很多听起来很有趣的计划，包括摄影和发掘修道院等。

挪威

在融入欧洲这一点上，挪威要比多数国家表现得更为顽固。当外国人在挪威找工作时，这种体会尤为深刻。罗布·艾布特不相信挪威的就业办事处会严格遵守机会平等的原则。

> 乘飞机飞往挪威之前，我给奥斯陆（Oslo）的职业介绍所和一家私人就业代理打电话。打过之后，我才发现自己是多么天真。给奥斯陆职业介绍所打电话的时候，有三个人先后接了电话，每个人都一口回绝，不

给我提供任何信息，因为我不会说挪威语。给卑尔根市（Bergen）的万宝盛华公司打电话的时候，情况也是如此，我们用英语争论了这一问题，不给外国人到挪威工作的合法权利，这是一种种族歧视。

挪威劳动和福利局（*Norwegian Labour & Welfare Administration*，www.nav.no）的欧洲就业服务处可能更愿意帮助亲自登门的求职者，联系方式：Postboks 354，8601 Mo i Rana。NAV服务中心设置了咨询热线（在挪威免费拨打），提供全国的职位空缺信息，☎800 33 166。

不管你想工作多长时间，在开始之前都要在当地的税务局申请一张税卡，不然，一半的工资都将用于纳税。打算居住3个月以上的欧盟国公民必须申请一张居留许可证。现在可以登录网站http：//selfservice.udi.no上网申请，而后去离你最近的挪威当地派出所办理。在电话黄页簿（www.gulesider.no）可以查询私人临时代理机构的联系方式，还可以咨询万宝盛华、艺珂和凯利（Kelly）服务，也可查阅主要日报上的广告，像《晚间邮报》（*Aftenposten*），或者自己也登一则广告。像在丹麦一样，主要报社的递送部门会雇用很多人，特别是在从7月1日开始长达6周的假期期间。可以登录网站http：//avisbud.aftenposten.no，查看递送《晚间邮报》或者“报纸投递部”上面的信息，该网站为英文网站，上有不同时段工作的报酬情况，而且有下载网上申请表的链接。递送员要从凌晨1点工作到早晨6点，每周工作6天，月工资高达6500~8000挪威克朗。自备车辆的求职者会特别受欢迎。

像整个斯堪的纳维亚半岛一样，挪威的工资水平很高，虽然高水平的生活消费使人们很难存住钱。游客们都说挪威人民非常友好慷慨。街头卖艺在这里不多见，所以表演者还能有不错的收入。

玛丽·霍尔刚刚学会演奏便士哨笛便鼓足勇气在卑尔根市的街头卖艺。即使她只会吹两首曲子，也在15分钟之内赚了15英镑，这主要是因为她的听众都沉醉其中。

奥斯陆也设有**青年旅游信息办事处**（*Ungdomsinformasjonen*），这是一家青年人旅游信息服务中心，为长期住宿和工作提供建议。该办公处位于Møllergata 3，0179 Oslo（☎24 14 98 20；http：//use-it.unginfo.oslo.no/WP），全年办公，时间为上午11点到下午5点，夏季办公时间更长。这里免费提供网络版或者印刷版的奥斯陆指南——《街头智慧》（*Streetwise*），该手册的内容用英语编写，每年都会校正更新，上面有很多具体的建议，以便充分利用在奥斯陆的时间（但是没有提及找工作的问题）。

一家名为“城市清洁工”（City Maid）的机构招聘清洁工，它在奥斯陆、斯塔万格（Stavanger）、卑尔根市、特隆赫姆（Trondherm）和阿克什胡斯（Akershus）都设有办事处，详情可登录其网站，该网站部分语言为英语（☎40 00 63 30；www.citymaid.no）。

旅游业

讲英语者或许可以在旅游胜地，像盖罗（Geilo）、海姆瑟达尔（Hemsedal）、利勒哈默尔（Lillehammer）、诺德塞特（Nordseter）、苏斯奥恩（Susjoen）、高斯德尔（Gausdal）和沃斯（Voss）找到工作。不管是夏季还是冬季，都可以尝试发送电子邮件或者给酒店写信提前确定一下，这些酒店在网上都可以找到，如www.hotels-in-norway.com。挪威南部地区的酒店数量要多一些，包括南部海岸克里斯蒂安桑（Kristiansand）周边的海滩胜地，和卑尔根市北部海湾的内陆地区（通常是指盖罗、Gol、Vaga、勒哈默尔，还有Hardanger地区）。要注意的是，即使在盛夏山区也会非常的寒冷。

酒店行业的工资和食宿的扣除额每年都会调整。对于一位不需要技术的酒店员工来说，月起始净工资大约在13 000挪威克朗左右，加上缴税和食宿费用，总工资有22 000挪威克朗。最近，古老的峡湾村拉达尔（Lærdal）的一家名为林德斯姆的酒店（*Lindstrøm Hotel*，www.lindstroemhotel.com）登出广告招聘夏季员工，待遇为每小时工资116挪威克朗（大概）。

挪威的假日滑雪市场要比阿尔卑斯山脉小得多，这里也没有那么多的英国旅行公司招聘假日员工。

勒哈默尔或许算得上是最佳选择。游客们想尽办法在滑雪胜地延长他们的时间（主要是为了滑雪），他们做一些零活儿，像清理积雪、清洗汽车、做服务员、DJ、互惠生或者教授英语。

挪威工作游客计划

位于奥斯陆的**亚特兰提斯岛青少年交换中心**（*Atlantis Youth Exchange* ☎22 47 71 70；www.atlantis.no）开展了“工作游客项目”，为年龄在18~30岁的任何国籍公民提供在挪威乡村生活2~6个月的机会（美国公民和非欧洲国家公民最多可住3个月），唯一的要求就是他们必须会说英语。除了农场项目会面向所有志愿者开放以外，欧洲国家的公民还可以被安置在家庭经营的旅馆工作。

农场的客人们每周工作时间不得少于35小时，可以享受全食宿的待遇，而且每周还会发放至少1000挪威克朗的零用钱（110

多英镑）。要求就是你要参与到这个家庭的日常生活中去，不管是工作还是休闲：收割牧草、除杂草、挤奶、喂养家禽、采摘浆果、画画、打扫房间、照看孩子等。建议带一个放置粗布旧衣服和防水长靴的衣柜。

亚特兰蒂斯（Atlantis）的网站列有所有合作机构的信息，可向这些机构提交申请。英国公民可通过位于伦敦的WAVA（☎0800 80 483 80; www.workandvolunteer.com）进行申请，而北美人则要直接申请。亚特兰蒂斯会附有照片、推荐信、健康状况证明等的申请分发给参与该方案的挪威农场家庭，然后，能够提供岗位的接待家庭会直接联系申请人，通过电话进行面试。WAVA会收取注册费用，2个月收取580英镑，6个月收取870英镑。

罗伯特·奥森（Robert Olsen）非常喜欢自己在挪威的时光，所以，他还想回去和那个接待家庭一起度过一个夏天：

工作内容包括采摘水果和除草（这里的水果更好吃一些）。从早晨8点就开始工作，一直到下午4点我们才停下来吃主餐。吃完饭，我们就自由了，可以去海里游泳，或是借一辆自行车去城镇或者做其他事情。虽然是在别人家里，但我感觉像在自己家中一样。农场主和他的女儿是民间舞蹈乐队的队员，这个乐队的表演非常精彩。偶尔，他们出去参加节日表演的时候就委托我看家。这算得上是最省钱最难忘的假期了。

户外工作

里尔（Lier）周围的草莓种植区是最佳的工作地点之一，可以从德拉门（Drammen）乘公共汽车过去。众所周知，这个地区的工资水平很低，因此，多数的采摘者都是外国人。克丽丝汀·摩恩（Kristin Moen）和她的意大利朋友毛里齐奥（Maurizio）在电话联系的第一家农场就找到了工作，可是工资低得可怜。这里，7月初是草莓成熟旺季。

很多海湾两边陡峭的山坡上都长满了野蓝莓。可以做一名自由职业的浆果采集者，把采来的浆果卖给当地的生产商或果酱联营社。在拉普兰，某些特定种类的浆果在一些特定的季节里，不能采摘。因为只有本地的拉普人才享有这种权利，所以首先要向当地人问清楚。秋天的时候有野蘑菇——挪威有差不多2500种。在一些较大的城镇中，周末会有蘑菇检查站，可检查你所采摘蘑菇的种类和质量。

挪威最北部的地区以渔业为主。当地居民并不愿在水产品加工厂工作，罗布·艾布特给瓦尔德（Vardø）的一家水产品工厂打电话的时候就证实了这一点：

> 我和一位经理谈话，他有点美国口音，告诉我工厂中几乎都是芬兰人，因为当地居民不想从事这种工作。在这里工作不是非要说挪威语不可（太棒了！），但是他强调说只会考虑雇用可长期工作的求职者，工作时间至少一年的。因为需要有半年的时间培训水产品加工的细节问题。听完这些以后，我感觉有点难以置信。

显然，挪威的工程师，从事石油或渔业产业的人们收入都相当可观。

互惠生

对于各国的互惠生来说，情况很不错（倘若他们会说点英语），但是对于非欧洲国家公民来说，还是有很多繁文缛节的规定，所以大多数的互惠生来自欧盟国家。亚特兰蒂斯开展的项目，需要200名外来的互惠生，要求年龄在18~30岁之间，有意向在挪威至少居住6个月（最好是8~12个月）。这个项目非常受欢迎，现在只接受通过合作机构提交的申请。但是，目前英国没有其合作机构。建议感兴趣的英国公民在亚特兰蒂斯咨询，也许能通过另一个国家的合作机构进行申请。

登录网站atlantis.no，可以查询该项目的信息。亚特兰蒂斯收取昂贵的注册费，即使未能给申请者安置好工作也会收取1/4的费用。欧洲经济区国家的互惠生到达之后，就可以获得居留许可证，其他国家的互惠生则必须在本国经过烦琐的手续办理。在挪威，每个月的零用钱是4000挪威克朗，听起来还不错，但当你意识到25%~35% 的工资和食宿费都要用来纳税时就不会这么想了。

瑞典

欧盟和欧洲经济区国家的公民可以像在其他成员国一样到瑞典找工作。直到几年前，非欧洲国家公民获得允许可以做季节性的工作，而后又由于欧盟国家合法劳动力流入，该方案被暂缓执行。瑞典移民局的英文网站（www.migrationsverket.se）上清晰列出了各种条文及收费的信息。可以向当地各移民局办事处咨询移民问题或者拨打热线☎0771 235235。可以网上申请工作和互惠生许可证。

登陆瑞典就业服务局的网站，可查职业介绍所（县劳动局）的地址（www.arbetsformedlingen.se）。一旦找到了工作，你必须在三天之内到当地的税务局进行注册，领取身份编号。

临时工作

在瑞典，国家的救济金种类很多，以至于很多当地居民都不愿意为挣点小钱而从事像洗盘子和采摘水果之类的工作。美国的沃登·蒂侨特发现即便身份不合法，却依然能找到工作：

我在瑞典南部做清洁女工。有一对夫妇让我搭便车，他们帮我联系了一位朋友，这样，我找到了第一份工作。在斯科讷（Skane）有很多乡间别墅，我就在一些家庭中工作，这些家庭都非常体面，所以，外表整洁干净对求职非常重要。好几周，我都在从炉具开始打扫卫生，擦窗户，而且还要帮着大扫除。我并不十分擅长做家务活，可是，谋生还是很容易的，因为瑞典贵族既富有又热情。我有自己的房间，在傍晚的阳光下享用丰盛的晚餐，并且他们很高兴带我去庆祝盛夏，或者出去到海滩郊游或者去看电影。

受过良好教育的外国人会发现一种更为高端的临时工作，就是做校对员或者对文章进行修改润色。在瑞典，有很多文件都要翻译成英语，因此，有必要打电话向出版社咨询校对或者编辑的工作岗位，报酬应为每小时20多英镑。

理查德·弗格森来自新西兰，2009年新年刚过，他就持为期一年的打工度假签证（澳大利亚公民和加拿大公民也有资格获得该签证）来到了斯德哥尔摩。他打算在酒吧、咖啡馆或者餐馆找一份工作，就像前一年在葡萄牙和希腊那样。结果，他发现1月不太适合找工作，特别是那时全世界都出现了经济衰退。尽管是新西兰国籍，他却跑遍了所有的爱尔兰酒吧投递简历，不久以后，就在位于市中心Kungsgatan 24（www.galwaysirishpub.se）的**戈尔韦酒吧**（*Galway's*）找到了一份工作：

在那里，差不多有95%会说英语的人都可以找到工作。我（再无其他人）找到这份工作的原因在于这家酒吧的老板是土耳其人。最重要的是确实可以挣到钱。我时薪96克朗，而且可能每小时还会有10~15克朗的小费。此外，晚上8点过后我还会有额外的报酬，过了午夜报酬更多。冬天的时候，很难保证每周工作40小时，但也足够支付房租和基本的生活费用了。我听说夏天的时候找工作会容易一些。显然，在旧城区（老城和主要旅游区），酒吧和餐馆对签证和语言的要求更为宽松，雇的人只要能上菜和清理桌子就可以了，我感觉这些人挣得会少一些。但无论如何你总需要一个起点……找住宿的地方非常困难（有人说简直是不可能），但是不管怎样，我花了3天的时间就找到了房子，www.thelocal.se是一个非常不错的网站。看到每一则广告都发电子邮件过去，这样你就会有收获的。

理查德的一位朋友，同样来自新西兰在斯德哥尔摩断断续续地生活了好几年。他做建筑行业，这份工作在冬天寒冷的季节里不是那么好干，也需要一些经验。他每小时的工资为120克朗。政府制定了一项规定，依据该规定，倘若工人参加了瑞典语免费课程学习，雇主们在支付工人工资的时候，可以得到一大笔的补贴。然而，这些课都安排得非常紧凑，少有人能一边做全职工作一边参加课程学习。

找工作时，有必要到酒店试试，通常是厨房的工作。最好去偏远地区的酒店，如果你在旺季开始之前就到达那里，找到工作的可能性很大。或者试着在夏天的时候到受欢迎的旅游区，像瑞典西部的阳光海岸，包括位于马尔默（Malmö）和哥德堡（Göteborg）中间地带的海滨胜地，特别是赫尔辛堡、瓦尔贝里（Varberg）和法尔肯贝里（Falkenberg）找找工作。其他受欢迎的假日中心也有很多的酒店，包括Orebro、Västeras、Are、Ostersund、Jönköping和Linköping。提前在酒店确定一份工作几乎是不可能的事情。丹尼斯·布里考尔特（Dannris Bricault）在给斯堪的纳维亚好多酒店写过信之后，得到的结论就是“请忘了瑞典（!）”。

到南部的各县可以试着找找户外工作，特别是斯科讷，那里农作物种类繁多，特别是草莓。豌豆、黄瓜、菠菜还有许多其他蔬菜都是和罐头工厂签订合约后才种植的，如果找不到农田的工作，或许你可以在加工厂里谋一份职位。在斯科讷东部有专门的水果种植区，有苹果、梨、李子、樱桃、草莓还有树莓。野莓成熟时期很短，主要依靠外国工人，并支付很低的工资。2011年，移民局为了改善这种情况，规定除非申请者能够证明一个月至少挣13 000克朗，否则将不再授予工作许可证。

互惠生

像其他外国雇员一样，互惠生需要遵守同样的规章：所有非欧盟国公民在出发之前必须在本国获取工作许可证。正如前文所讲，如果你具备了必备的文件，包括接待家庭提供的工作岗位（表明时间和报酬）和打算学习瑞典语的证明，你就可以在网上或者写信申请瑞典移民局规定互惠生每周的工作时间不得超过25个小时，必须认真学习瑞典语，每个月在纳税之前的收入还不得少于3500克朗。

位于乌德瓦拉（Uddevalla）的**瑞典互惠生世界代理**（*Au-Pair World Agency Sweden* ☎522 140 00;

www.aupairsweden.com）向国外输送瑞典互惠生，并设法安置英国和其他国家的女孩在瑞典做互惠生。

教学

在瑞典很难找到教授英语的临时工作。多年来，英语外语教学市场发展十分缓慢，且有衰退之势，因为学校毕业生的英语水准已经得到了提高。瑞典的**市民大学**（*Fakuniversity*）长久以来都实施英语教学人员安置方案（自1955年），根据该方案，英国和其他以英语为母语的人可被安置在全国各成人教育中心工作一个学年，但是该大学不再实行鼓励招聘外国申请者的政策，而是聘用那些已经居住在瑞典的员工做一些兼职工作，至少刚开始是这样的（Box 2116，S-22002 Lund；☎46 19 77 00；www.folkuniversitetet.se）。

志愿者

在瑞典也有世界有机农场机会组织（www.wwoof.se）。为了获得一张列有该组织旗下的100个农场的列表，你必须在网上交纳25欧元的会员费。苏珊和埃里克·本奈都很喜欢之前几个夏天在瑞典乡村的生活：

> 在瑞典找工作时，我们拨打电话联系的地方已不再接收志愿者，但是他们帮我们联系上了洛蒂（Lotte）和马蒂亚斯（Matthias）。他们在距离厄勒布鲁（Orebro）不远的地方有一个小农场，里面有一个很可爱的老农舍。暴雪过后，这里的温室坍塌了，我们的工作就是把它拆掉，这样就可以盖一个新温室。他们非常友好，让我们吃的饭菜很可口，还送给我们新鲜的肉和蔬菜，并且亲自送我们离开。离开以后，我们就在当地探险——在不远处就可以徒步穿越美丽的森林。

斯蒂特森苏恩德（*Stiftelsen Stjärnsund* Bruksallén 16，77071 Stjärnsund；www.frid.nu）位于瑞典中部，周围环绕着森林、湖泊和山丘。1984年建立以来，该团体旨在鼓励在保证生态可持续性的环境中，使个人、社会以及思想得以发展。它开展了一项名为“加入吧，来客们！”的国际项目，该项目全年都在进行，但是5月到9月期间最为繁忙，大多数的团体课程都要在这个时候进行，为期1~3周。木匠、泥瓦匠、接受过培训的花匠和厨师尤其受欢迎。来此工作，但没有经验的客人要为第一周的工作交纳500克朗（一周工作5天，每天工作4个小时），如果双方都满意，则要根据工作的时长和在这里停留时间的长短，协商报酬，并接着工作。建议夏天来这里，在此之前，应该做好充分的咨询工作。

对于室外工作的爱好者来

说，还可以去瑞典西南端的**法尔斯特布鸟类观测台**（*Falsterbo Bird Observatory*），秋天鸟类迁徙的时候（8月到11月），那里需要懂得鸟类环子（给鸟腿戴识别环）的人来工作。能工作几周的志愿者们每天可领取150克朗的津贴补助，免费提供住宿，并且可以免费在瑞典旅游。详情请咨询鸟类观测台，地址Fyrvägen 35，SE-23940 Falsterbo（www.falsterbofagelstation.se）。

生存

在瑞典任何一个地方，收集废瓶和废罐都是一个利润很高的挣钱方式。七八月期间的狂欢节和音乐节是收集废瓶的最好时机。在瑞典，英国和美国的纪念品非常流行，所以，在当地的周末市场上卖这些东西，你能够获得500%的利润。所以，有必要在英国国内就置办好一些纪念章、帽子、书籍等物品，以备在瑞典出售之需（见艾飞德·盖亚特〈Elfed Guyatt〉的故事）。

西班牙

西班牙的经济形势比英国更混乱，建筑业已在经济危机期间达到瘫痪的地步。2011年失业率更是直线上升，高达20%，未来几年依然难以低于这个比率。然而，西班牙对于外来劳动力的需求，特别是英语教学和旅游业方面的需求，并没有降低太多，旅游业中一些短期和兼职行业仍需吸收外国的年轻人。

法令法规

所有打算在西班牙居住3个月以上的欧盟国公民，必须亲自到所居住省份或指定派出所的外籍人士办公处进行注册。你将领取一张居留证件，上面有姓名、地址、国籍、身份证号码和注册日期。居留证上的号码即为你在西班牙的身份证号码，你需要用这个号码申报税收，开通银行账户，还要用它填写几乎所有的表格。一旦开始工作，你的雇主应该为你申请一个社会安全号码，如果你是自由职业者，则需要你自己申请。所有居住在西班牙的公民，包括外国人，都必须到当地市政厅的人口调查办公室免费进行注册。许多长期居留的外国人都会请一位专业律师指导自己履行这些条文规定。英国驻西班牙大使馆（http://ukinspain.fco.gov.uk）和西班牙外籍办（www.spainexpat.com）的网站提供很多关于在西班牙生活和工作的信息，在线社区www.eyeonspain.com上也有一些访问量很高的论坛。

对于欧洲以外国家的人们来说，移民形势还是很严峻的。多数的雇主都拒绝处理一些烦琐的程序，包括获取工作许可证，这会涉及递交正式的工作邀请表、原公司的官方财政证明文件、工作岗位招聘已在官方省级失业办公室登过广告的证明等。一旦国内的西班牙领事馆已准许你的工作签证，就一定要亲自取回携带。

对于北美人而言，避开严厉移民法规的一种办法是参加团体组织的文化交流。例如，纽约的国际交流组织（www.interexchange.org）和AIDE（www.aideabroad.org）开展在西班牙教英语的交流项目，凭借该项计划，交过费的美国年轻人（主要是女性）可以在接待家庭居住1~3个月的时间，作为交换的条件是要讲英语，并且一周要做15个小时的家教工作。参加该计划的起始费用为700美元。加利福尼亚州的**安德兰特有限责任公司**（*Adelante LLC* ☎562 799 9133；www.adelantespain.com）

在巴塞罗那、马德里、塞维利亚（Seville）、赫雷斯特拉（Jerez de Frontera）和马贝拉（Marbella）都设有实习岗位（收取高额费用）。该项目旨在让实习生一方面在公司积累经验，另一方面进行文化和西班牙语学习。

严格的规章制度使得非西欧国家的公民几乎无法找到合法的临时工作。美国、加拿大、澳大利亚等国的人们有时可以找到有偿的工作，例如在儿童露营中心做管理人员，在语言学校或者私人家庭做助教，或者在酒吧和迪斯科舞厅招徕客人等。他们的申根签证停留期为90天，快要到期的时候，他们必须离开申根地区（欧洲大部分地区），而且90天以后才能再回来。对澳大利亚、新西兰和加拿大公民的打工度假签证政策已出台，但也有报道说要延期实行。

多样的旅游业

每年，西班牙的旅游业竟会吸引47 000 000名游客，其中包括13 000 000多名英国游客。虽然与土耳其激烈竞争，并且欧元和英镑之间的汇率也带来了不利因素，但是西班牙的度假胜地和城市还是不断地吸引了熙熙攘攘的游客。众所周知，英国游客到西班牙海岸不是为了猎奇，而是想舒服地享受地中海岸的阳光。

一般情况下，都需要亲自去找工作，所以应该在4月的时候购买低价机票飞往自己感兴趣的地方，然后挨家挨户地咨询。酒吧工作的现行工资是每小时6欧元，不包括小费，也不提供住宿。英语媒体出版社的职位空缺专栏有时会有一些招聘清洁工、管住的保姆、厨师、酒吧员工等的广告，所以很有必要去查看一下。找一些免费的周报像《伊比沙太阳报》（*Zbiza San*，www.theibizasun.com）、《兰萨罗特宪报》（*Lanzarote Gazetle*，www.gazettelanzarote.com）、《科斯塔新闻报》（*Costa News*，www.costa-news.com）还有英语版的*SUR*（www.myservicesdirectory.com），多数的报纸会发布各类广告。

上文提到的spainexpat.com上有一张带有注解的工作地点列表，网站为www.spainexpat.com/spain/information/jobs_in_spain，其格式类似于克雷格列表。还可以试着登录网站www.recruitspain.com找找工作。如果你计划3月就去西班牙海岸，那时多数精打细算的游客还未到达，你将会有很好的机会找到工作。而后，度假胜地会死气沉沉，直到5月底，这时候正值高峰时期，可能会有工作岗位。如果你打算去加那利群岛（Canary Islands），11月到来年3月期间，那里的英国背包游客人数最多，达到高峰期。

可以想象，在一些受欢迎的城市，工作竞争很激烈，正如新西兰人理查德·弗格森所发现的，在没有欧盟国国籍的情况下，找到工作的可能性非常小：

> 我到巴塞罗那去找工作，但是没有合法的证件很难找到。虽说可以在酒店找到工作，或者发传单、带旅行团步行参观这个城市，可是，这些都不适合我，所以我动身去了帕尔巴（Palma de Mallorca）试试。在帕尔马可以试着找找超级游艇上的工作，但是所人都知道这一点，所以，如今有很多的新西兰人、澳大利亚人、南非人和英国人在这里碰运气。所有的人都要接受航海人员训练（*STCW*，见“工作筑坦途”章节）。但是很少有人有游艇工作的经验。似乎最需招聘的是女服务员（男孩子没必要申请）、工程师和厨师。如果你真的找到了工作，那么报酬一定不错。
>
> 不管怎样，我从不会选择上述一种工作。我在一家酒吧找到了一份工作。在帕尔马没有证件找工作也非常困难，但是幸运的是，我被录用了。可是也没有想象中那么好，老板是一位严厉且警惕性很高的女人，不过，她认为新西兰在欧洲，所以她觉得我是合法的。她开始大幅度地缩短我的工作时间，在帕尔马每周工作20个小时，每小时挣6欧元，根本没法生存。所以，过了一个月，我决定离开，没有要我的小费——她承诺说把小费寄给我，我算了算应该有200~300欧元，但是她只给我寄了115欧元。

俱乐部

全年性的度假胜地，像特纳利夫岛（Tenerife）、大加那利岛（Gran Canaria）、兰萨罗特岛（Lanzarote）和伊比沙岛会提供许多的临时工作，如酒吧员工、流行音乐节目主持人、海滩上各种举办的聚会售票员、分时推销员等。如果你在伊比沙岛，位于桑塔欧拉利亚（Santa Eulalia）的**维多利亚女王酒吧**（*Queen Victoria Pub*）是一个不错的聚会场所。这个酒吧在它的布告栏上会公布职位空缺和住宿信息，任何人都可以到这里收集信息并小憩片刻，最好买一杯饮料，这样会显得有礼貌一些。如果你在伊比沙岛另一端的圣安东尼奥（San Antonio），可以到西端（著名的酒吧一条街）的Ship Inn打听一下，或者还可以到位于Es Cana的Do Drop Inn，这里也有工作和住宿信息张贴栏，很受季节工人和度假接待的欢迎。

卡罗琳·斯科特（Caroline Scott）写了一篇关于伊比沙岛青年文化的论文，文中介绍了几年之前她对这里就业情况的调查：

酒吧的工作报酬最高，其次是女服务员、张贴海报人员，最差的就是我做过的兜售人员，工资刚刚够糊口。7月找房子会更困难一些，所以，建议在五六月就过去，那时候还能找到更好的工作。今年，我又回到伊比沙岛一家俱乐部工作。这份工作是1月的时候，我发简历给英国俱乐部找到的。（我从一本俱乐部杂志*Mixmag*找到了地址。）

不管是在哪里，只要有人需要找工作，就会有代理机构向客户收费负责安排。位于温布利（Wenbley）的**爱普欧打工度假代理**（*Air-Pro Working Holidays* ☎020 8123 7693；www.air-pro.co.uk）安排喜欢阳光派对的人们在特纳利夫岛（Tenerife）、马盖洛夫（Magaluf）和伊比沙岛找工作。想去寻找船员工作的游客须交纳68英镑的注册费，旅游胜地度假接待的费用为淡季329英镑，旺季439英镑，包括4周的住宿费和介绍工作费用（但不能保证一定会找到工作）。有一种工作十分赚钱，就是做“果冻女孩”，她们在酒吧或者俱乐部里四下走动，在男人面前卖俏，说服他们购买果冻鸡尾酒（jelly shots，包装在试管或注射器样式的容器中），每卖出一个，她们就可以拿到1欧元的回扣。

大型的俱乐部像**贵宾**（*Privilege*）和**阿姆诺西亚**（*Amnesia*）都在圣安东尼奥和伊比沙之间的路上。www.ibiza-spotlight.com是一个很好的网站，在上面可以查询俱乐部最新消息。每年都有成千上万的英国人试图在伊比沙岛上找工作，所以，懂得一门相关的技术相当重要。如果你不懂技术，最好在去俱乐部找工作之前，先去相邻的酒吧试试。

在准备自由全世界行的时候，来自加利福尼亚州的特拉维斯·鲍尔（Travis Ball）先确保自己有一定的调酒经验，因为他想在伊比沙岛找工作：

在伊比沙岛，烦琐的办事流程使得我没办法按计划做一名调酒师。这时，有一家英国公司招聘摄影师给俱乐部配图做报道。事实证明，“塞翁失马，焉知非福”，我在4个月的时间都在做自己喜欢的事。我往往午夜时分出去开始摄影，凌晨2点到4点的时候达到拍摄高峰。一般在4点到6点之间离开俱乐部，不过，这要取决于这家俱乐部的活力和我对自己作品的满意程度。

回到家以后，我不得不用一两个小时来整理这些照片，然后再用1个小时上传。同时，还要给团队的成员发电子邮件，联系出版社，处理日程安排事宜，通常上午9点到11点之间才能上床睡觉。额外的福利待遇就是能免费出入俱乐部，期间还可以免费喝饮品。

旅行社

还在英国国内的时候，就可以提前几个月在像**卡瓦斯**（*Canvas*）和**欧洲露营**（*Eurocamp*，见“旅游业”章节）之类的英国旅行公司找一份工作。TJM旅行社（www.tjmtravel.com/tjm_jobs/overseas-jobs.htm）招聘度假接待、家政员和水上运动教练，从5月初到9月末在位于布拉瓦海岸（Costa Brava）的多萨德马尔（Tossa de Mar）的假日中心工作。西班牙一些大城市的代理机构也许能够提供帮助，例如，马德里的**便捷协会**（*Easy Way Association* ☎0915488679；www.easywayspain.com/ingles/employment.htm）为讲西班牙语或者接受过餐饮服务培训的游客安排在餐馆工作。时间最少为2个月，收费为370欧元。另一种代理机构为西班牙的度假胜地联系很多表演人员。**阿尼玛职业介绍所**（*AnimaJobs*）是一家招聘门户网站，上面有当前的空缺职位。

零活和销售工作

这是西班牙度假胜地独有的一种工作，可使众多打工游客挣够整个季节的生活费。这种工作有很多种名字，像“公关”（PRing）、“拥护者”（propping）、“抢客手”（blagging）还有“拉客”（touting），其实就是招揽游客光顾其的酒吧或者俱乐部。

许多读者都发现做“公关”是度过假期的一个很好的方式。来自格拉斯哥的伊恩·高文（Ian Govan），去了布拉瓦海岸的罗列特德马尔（Lloret De Mar）工作：

毫不夸张，有数以百计的英国人还有许许多多其他国家的人都在做销售工作。3个月里，我在十几家酒吧中做过“公关”，到最后，每月挣几百英镑，还可以免费喝啤酒。不过，要告诉大家的是存钱几乎是不可能的，因为你要参加很多的社交活动，你很快就会很喜欢这份工作和与经验丰富的“公关”竞争的挑战，在这个过程中你会形成自己的工作套路。当“公关”老手开始使用你的台词的时候，你会感觉这是最高的赞赏。这绝对属于不折不扣的娱乐行业。

有时，这种工作需要乔装打扮一番，展示某个主题活动，除了简单地发放传单以及找路人搭讪，还需要去张贴海报或者在汽车挡风玻璃雨刷下面贴传单。有些雇主按夜支付工资，而有些则会按提成发放，例如，每一位“顾客”提成2欧元，此外，每招徕20个顾客就会有一份奖金。

有时，新手招徕头一两位顾客后，并没有提成，只可以享受饮品，当他展现出吸引顾客的能力以后，才开始享受工资待遇。刚来的时候，尽量在人流稍少的地方立足。通常情况下，只要“公关”谨慎工作，执法机场对这种行为会视而不见。工作时间一般在午夜以后，一直到早晨7点钟。

度假公寓分时销售（Timeshare touting）是这些工作中的另一种，有人非常讨厌这种工作，而有的人却很喜欢。对这个行业的管理上比刚开始时要好多了，负面例子也减少了许多。比较有名的公司，包括托马斯·库克公司和**万豪酒店集团**（*Marriot Hotel Group*），它们都不会雇用强行推销的人员，因为这些人破坏了度假公寓分时销售的名声。很多公司会提前提供为期一周的销售培训课程。可登录网站www.timesharestaff.com查询在列的雇主单位。2011年，**拉科斯塔度假村俱乐部**（*Club La Costa Resorts*）公司登出广告，该公司在伦敦、特纳利夫岛（Tenerife）、马拉加（Malaga）三个地方都设有办事处（www.clublacosta.com/jobs.php），为了扩大商业规模，该公司正在招聘假日销售顾问。分散在度假村外的工作人员（OPCs）或者假期促销代表（VPRs）的工作职责是招徕游客并说服其参加度假村俱乐部的各项假日活动，在那里，游客被转交给度假村内的一位销售代表。那些做得成功的销售人员都非常有上进心，而且还总要做好被拒绝的准备。不要跟游客们在海滩上长谈（这是违法的），更常见的是度假公寓分时销售代表会到团队客人住处拜访，邀请游客们参加欢迎会。销售代表享有8%~10%的提成，这也就意味着他们的收入相当可观。

英国和爱尔兰的酒吧会在英文出版社刊登广告，对于志趣相投的求职者来说，这些酒吧是他们互相联系的好地方，例如位于巴塞罗那的Kitty O'shea's以及Shamrock and the Haddock Scoisshbar，还有**分巴斯**（*Finbar's*）、**分诺干斯**（*Finnegans*, empleo@finnegans.es）和**爱尔兰罗弗酒吧**（*Irish Rover*）。**巴塞罗那维波斯公司**（*Barcelona Vibes*）和**BCN活动和发展公司**（*BCN Events & Crawls*, www.BCNeventsandcrawls.com）雇用有能力的销售员到海滩上寻找目标，推销酒吧活动，以及在巴塞罗那的各种有关背包游客的活动。可登录网站查询此类工作（http://empleo.trovit.es/ofertas-empleo/english-work-barcelona）。BCN公司的业主还招聘带团导游出席游船派对或到潘普洛纳（Pamplona）旅行，参加瓦伦西亚（Valencia）附近举办的番茄大战（Tomatina）及奔牛活动。

英语教学

在西班牙，从交通运输业到时尚圈，几乎各行业内的大公司都会雇用英语教师，来提高员工的英语技能。语言学校也需要不断地满足学生和年轻人的大量需求，这些人刚刚走出大学校门，急切地希望提升自己的资历和技能，此外，还要满足家长们的需求，他们把孩子送到英语培训学校学习，以便这些孩子能顺利通过学校的考试，在找工作的时候，可以满足用人单位对英语的要求。成千上万的外国人在从北部的巴斯克（Basque，这里有众多的语言学校）到加那利群岛的语言机构中当英语老师。马德里的电话簿黄页上有800多家语言学校的联系方式。

现场找工作

在西班牙，多数的教学工作都是现场找到的，当然，此类竞争也越来越激烈，因此有必要好好发挥一下以便找到一份不错的工作。很多求职者都会采取沿着街区的人行道转悠希望能找到合适的雇主。找工作的最佳时间是在9月初，此时暑假刚刚结束，大多数学校还未开学（10月1日）。西班牙的学生通常在9月和10月初要报名参加英语课程。因此，校方要晚些时候才能确定开设多少节英语课，需要多少名老师。这将是一场勇气之战，有意愿和有能力担负的人都很有可能定居下来。巴里·欧丽瑞（Barry O' leary）从塞维尔（Seville）写信说，他在那里当了3年老师。第一年他在一家缺乏合理管理的学校工作，双方没有签订合同，早晨8点上课，全天课程交错安排，一直要工作到晚上10点，而且，很难预测到每个月能挣多少钱，因为在西班牙，节日放假期间没有工资。

幸运的是，第二年他认识了其他的外籍老师，在更为专业正规的机构找到了一份工作。现在，他的工作时间固定，周一到周四从下午4点到晚上10点，上午则是空闲时间。而且，周五上午还有非常不错的培训课程：

> 学生们都非常渴望学习英语，他们的年龄从6岁到60岁不等，所以，从不会有无聊的时刻。每个班最多12名学生，学校提供所有的学习材料，而且，是否严格遵循教学大纲也有一定的灵活性。2月和6月时要考试，所以工作量会加大，但是这种痛苦是值得的。塞维尔的生活有趣且多样，有很多诸如复活节等宗教假日的节日。这是一个宜居城市，也是探索安达卢西亚（Andalucía）的一个基地。晚上可以到很多酒吧去品尝西班牙小吃，观看西班牙弗拉明戈舞或者塞维尔舞（当地舞蹈）或者就加入当地居民的行列中去。通常来说，塞维尔很安全，天空全年都是蔚蓝色的。这是一个非常不错的地方，在这里可以重新学习西

班牙语，同时体验不同的生活方式。

在苏塞克斯大学（Sussex University）完成学业以后，索菲亚·布朗（Sophia Brown）决定试着去巴塞罗那待一年。她在巴塞罗那的**刘易斯语言学校**（*Lewis School of Languages*，www.lewis-school.com）取得了剑桥塞尔塔资格证书（CELTA）。非常幸运的是，刘易斯学校招收她为英语老师。虽然待遇不是很理想，但她很欣慰不用亲自上门去找工作了。

马德里和巴塞罗那这两个大城市吸引了成千上万的满怀信心的老师，其中一些在努力争取尽可能长的工作时间和工作保障。因为想在这两个城市做教师的人很多，因此，其他的城镇可能会是更好的选择。沿着北部海岸的各地都有语言机构，9月挨家挨户地找工作很可能会有收获。这时候，游客们都纷纷离开了西班牙，所以很容易找到住的地方，而且房租也更合理。

贝立兹在西班牙是一所建立已久的语言学校，但是出了名的工资低，刚开始每小时的工资只有13欧元。它在马德里的分支机构位于Gran Via 80（☎091 541 6104），并为马德里和塞维尔的学校招聘教师（teach@berlitz.es）；此外，巴塞罗那的分支机构为瓦伦西亚、帕尔马、塞维尔和巴塞罗那招聘教师。求职者必须取得学位，但是在教学经验和资格上没有要求。

岗位空缺信息其他来源有马德里的日报《国家报》（*El Pais*，http：//empleo.elpais.com），刊登相关的分类广告。还可以看看《二手报》（*Segundamano*），这是一种免费的广告报，西班牙多数的大城市都发行该报。接触当地社区的一种方法是参加（或者组织）一次交流会，会上西班牙人和英国人用两种语言进行对话。英文版的免费广告杂志《分类的加泰罗尼亚》（*Catalunya Classified*，www.catalunya-classified.com）上会刊登一些这样的交流会，《巴塞罗那大都会》（*Barcelona Metropolitan*，www.barcelona-metropolitan.com）也有此类广告刊登。

提前找工作

只要简历中包含英语教学资格，就可以提前找好工作。2012年版我的书作《海外英语教学》（*Teaching English Abroad*，Crimson publishing）中包含一些语言中心的地址，这些中心招聘以英语为母语的老师。要想找工作更加容易些，可以选择参加外语教学培训课程，有很多种类可以选择。一些专业的网站可以提供宝贵的信息和招聘单位，如www.madridteacher.com。

如果没有获得TEFL证书，那最好就是到儿童语言夏令营去。有的工资待遇还不错，有的可能刚刚够食宿费。例如，可以试试贝立兹（www.berlitz.es）和位于EL Puerto de Santa María，Cádiz的TECS Summer Camps（☎ 902 350 356； http：//recruit.tecs.es），该夏令营招聘营地辅助员和监管员，时间不得少于一个月，此外还招聘营地监管员助理和活动老师，聘用期为2个月。巴斯克地区（Basque Country）的农场夏令营每年7月招聘辅导员，便于用英语交流（www.campamentosthefarm.com）。

一家名为Ralaciones Culturales的青年交流组织，位于Calle Farraz 82，28008 Madrid（☎ 091 541 71 03； spain@clubrci.es），该机构把以英语为母语的人安置到西班牙的接待家庭帮助他们练习英语；作为交换，接待家庭提供免费食宿。该项目计划收取300欧元的费用。

还可以在西班牙组织为期一周的非正式英语交流对话活动，且不需交纳任何费用。至少有两家公司，Vaughan Town和Pueblo Ingles，组织此类项目。西班牙的度假胜地都有以英语为母语的人，和想要提高自身英语水平的西班牙人。其中Vaughan Town公司的交流项目形式如下：17名以英语为母语的志愿者和17名西班牙成年人，以一对一的形式，参与为期6天的集中“谈话”。作为回报，参与者可以享受免费食宿待遇，而且报销从马德里来时的路费。Pueblo Ingles公司的项目为8天，全世界参与者的平均年龄为40岁。通过以下渠道可以获得更多信息：

Pueblo Ingles：马德里；☎091 391 3400；anglos@puebloingles.com；www.morethanenglish.com.

Vaughan Town：马德里；☎091 748 5950转接126；www.vaughantown.com；为愿意在西班牙各地区工作一年的人们提供免费的培训（http：//volunteers.grupovaughan.com）。

几年以前的一个夏天，凯瑟琳·卡福特（Catharine Carfoot）接着在Vaughan Village进行了类似于传统的打工度假：

6月回来，我参加了西班牙的一项纯英语环境强化训练。他们想让以英语为母语的人（任何一种风格都可以，实际上北美风格占有主导地位）去找西班牙居民并和他们用英语对话。通常情况下，这些西班牙居民都是专业的经理级人物，公司出钱让他们去那里提高英语水平。所有的人都要按时到马德里参加筛选。到了周末的时候，有人将你送回马德里，除非你有惊人的毅力，而且可以在该计划中连续待两周（或两周以上）。这并不是挣钱的方式，但是，当然人们能够并且确实也交到了朋友，而且还和另一位“英国人”或者西班牙居民保持联系。这周还要考虑吃喝问题和住宿的问题。

工作待遇

在西班牙，英语老师的工资并不是很高。净工资的标准为一周工作25个小时，承担全职课程，每个月净工资约1000欧元。还要交纳4%~7%的社会保障金。课堂上最大的难题就是如何激发学生的积极性。学生中很多都是儿童或者青少年，家长们让他们上这门课，是为了学校考试的时候，可以取得好成绩。在Gijón履行完为期9个月的合同以后，大卫·伯恩（David Bourne）证实了这种抱怨：

> 我发现设法融入到一个全是10岁的孩子的班级是一件非常困难的事情，尤其是当教科书很无趣的时候。孩子们宁愿自己出去踢足球。所以，一节课的大部分时间都要用来让他们保持安静（而我却根本做不到）。

私人辅导

跟平时一样，私人辅导要比和培训机构签订合同教学挣更多的钱，因为没有中介。在大城市的远郊，自由职业者的工资应该会更高一些，因为要考虑到上下班的时间。不签订合同且不懂西班牙语是很难起步的；同时，当刚开始的时候，由于经常有学生退课，因此很难挣到一份稳定的工资。给私人上课要做市场调查，而且还必须探索所有适合自己情况的途径。你可以到相关网站、大学的布告栏、街角小店或者你认为可以找到工作的任何一个地方刊登广告。也可以给当地的公立学校寄送通知，让他们把通知张贴出来，宣传你愿意负责孩子的语言学习。

互惠生

西班牙的互惠生代理机构和欧洲其他国家的代理联系紧密，因为西班牙语作为一种现代外语越来越受欢迎。在大城市中，目前互惠生每周可以领取55~75欧元的零用钱，而且，每个月还有25欧元的城市交通费。正如上一章节“教学”中所讲的一样，年轻人经常可以被安排住在西班牙的接待家庭，只要同意帮助辅导英语，就不会有太多的家务活和照看孩子的义务。如果直接联系西班牙的代理机构，你也许就必须支付高额的安置费。

B.E.S.T.：Pozuelo de Alarón，马德里；www.bestprograms.org；为美国和欧洲的互惠生提供安置服务；3个月的费用为1050美元。该代理还组织实习和产学结合项目，收费不等。

Globus Idiomas：C/Gómez Cortina 5，2° B，30005 Murcia；

www.globusidiomas.com；国际互惠生协会（IAPA）成员；注册费100欧元。

Instituto Hemingway de Español：毕尔巴鄂(Bilbao)；☎094 416 7901；www.institutohemingway.com；接受大多数国家的国民；还在当地公司中安排志愿者和英语老师实习工作。

Kingsbrook Idiomas：巴塞罗那；☎093 209 37 63；aupair@kingsbrookbcn.com；www.kingsbrookbcn.com。

Planet Au Pair：巴伦西亚；☎096 320 6491；www.planetaupair.com；3个月及以下注册费收取295欧元，3个月以上收取324.5欧元。

Relaciones Culturales：马德里；☎091 541 71 03；www.clubrci.es。

Spanish Teachers：马德里和马拉加；☎091 772 0861；www.spanishteachers.es；为想在家庭环境中学习西班牙语的互惠生服务，收取安置费用50欧元。

获得育儿资格和有一定经验的人应该咨询旅行社，这些公司提供托儿设施，或者咨询专门照看孩子的保姆代理机构。

农业

尽管在西班牙寻找农业相关的工作不如法国容易，但在西班牙收获季节找到工作的消息也常常会有。通常情况下，大批来自非洲的劳动力和来自安达卢西亚的没有土地的西班牙工人很多，来到这里采摘橘子、橄榄、葡萄，及收颚梨和冬季草莓。事实上，西班牙和塞内加尔（Senegal）签订了合约。根据此合约，2700名塞内加尔人将会获得工作许可，包括一些专门采草莓的许可。一些地方是流动采摘者的聚集之地，像阿尔梅利亚（Almeria），在这里**明爱慈善**（*Caritas Charity*）经常安排临时的食品摊位甚至住宿。

几年前，安娜·凌调查了采摘杏的情况，但是结论是找到一份工作或者说找一份合适的工作几乎是不可能的，因为报酬非常的低，每小时只有4欧元。

目前，西班牙的世界有机农场机会组织（http：//ruralvolunteers.org）有261家农场参与其组织的活动。像往常一样会员可以向这些组织咨询，会员费为20欧元。在西班牙世界有机农场机会组织建立以前，布兰登·巴克（Brendan Barker）搭车到格拉纳达（Granada）附近的一家有机农场（他是在布里克斯顿〈Brixton〉一家健康食品店展示出来的卡片上看到这家农场的地址的），他在那里很开心地工作，挣取生活费，工作时间为6个月，空闲时，他还去隔壁的农场摘橄榄。西班牙西南海岸维尔瓦（Huelva）一带的草莓收获时期从复活节一直持续到6月。莫格尔（Moguer）村庄（哥伦比亚的水手来有一半来自此地）周边，还有卡塔亚（Cartaya）和利浦（Lepe）都有很多草莓农场。通常情况下，找工作时都会经常遇到竞争；新来的人必须在每天早晨6点到人才招聘处，直到有农场主雇用他们为止。不过，想挣得令人满意的工资也是很难的。

特纳利夫岛（Tenerife）是番茄和许多其他农作物的种植区。通常，加那利群岛因其在旅游业中的潜力，而备受打工度假的游客重视。但是在度假区之外不远的地方，农业蓬勃发展。6月到来年9月期间，从洛斯克里斯蒂阿诺斯市（Los Cristianos）乘车到格拉那迪亚（Granadilla）、布兹纳达（Buzanada）、圣伊斯德罗（San Isido）还有圣洛伦佐（San Lorenzo）周边的农场可能会带给你惊喜。约恩·鲁普（Jon Loop）是本书的投稿人，他成功地与西班牙南部的一位有机农场的主人取得了联系，很快就开始认真地工作，如除草、搭建猪圈、在山泉干涸的时候寻找水源等。他没有假期，但是很喜欢周边的环境，他非常喜欢待在这样一个荒凉美丽而又艰苦的半沙漠之中。他设法让自己喜欢牧羊，这算得上是乡村中最具挑战性的工作。

> 这种工作非常难，因为牧场长10千米、宽5千米，当我沿着干枯的河流和小路行走的时候，这些羊群可能会穿过茂密的森林。此外，它们还习惯于玩失踪，虽然它们都戴着铃铛。农场的家庭成员都很友好，饭菜也好吃，住的地方很宽敞，可是气温让人无法忍受。下午5点钟从屋子里出来时就像是走进了瑞典式蒸气桑拿房。3周过后，我决定辞职，到北部寻找有雨水的地方。

Sunseed Trust是一家治理贫瘠土地的公司，它在西班牙东南部有一家偏远的调查中心（阿尔梅里亚〈Almería〉的索巴斯〈Sorbas〉村庄附近）。在那里，人们探索改造沙漠的新方法。该中心内有全职志愿者（工作时间不得少于5周），和打工度假的游客，他们会待2~5周，一天中工作半天。根据季节的不同，向兼职志愿者每周收取74~84英镑的费用，全职志愿者收取64~74英镑（2011年）。对于志愿者来说，典型的工作可能会包括育苗、森林试验、营养液栽培、有机园艺、设计并建造太阳能炉灶和蒸馏锅，另外再做一些搭建和修理工作。这里的生活条件非常简朴，而且还要食素。在特定技术领域具有相关资格证的志愿者工人会得到微薄的薪金。可拨打热线电话联系该中心（☎0950 525770；www.sunseed.org.uk）。

志愿者工作

大西洋鲸鱼基金会（*The Atlantic Whale Foundation*，www.whalenation.org）致力于加那利群岛鲸鱼和海豚的保护工作。

参加该项目的志愿者们至少要工作4周，每周费用为110英镑。杰奎琳·爱德华兹（Jacqueline Edwards）想找一份管住的工作，可是作为单身母亲，她有一个2岁大的儿子，这就使得她的要求更加难以实现了。她主动联系欧洲的素食主义者团体，让他们把自己的具体信息刊登在新闻快讯上。她收到了一些来自西班牙的回复，包括萨莫拉（Zamora）的一家自然疗法康复中心。

定居和社区

到达格拉纳达之后不久，安娜·凌遇见了一位正在参加拆迁的英国女孩，这个女孩和几个其他国家的人正在搭建一个新的棚户房，并且邀请安娜也参与其中。棚户房区已被废弃10余年了，肮脏不堪，还没有水源。由于可支配的钱不多，安娜只能当起了“挑选工”（Skipping），就是从附近超市的装卸垃圾中挑选出一些还可以吃的东西，并且通过帮厨、给房间刷漆等挣取生活费。安娜在那里待了大概一个月的时间，也就是在那个时候，她创造出一套劲爆的魔幻火舞并且在餐馆外表演。最糟糕的时候，她每个小时只能挣到5欧元，但是多数时候要挣得更多。与格拉纳达相比，塞维尔是一个更为诱人的地方，这里里有丰富的购物文化，在这她每小时能挣10~11欧元。

安娜还到过有名的社区贝内西奥（Beneficio），这个社区位于内华达山（Sierra Nevada）山麓，离格拉纳达有2个小时的路程。贝内西奥地处环境优美之境，已有30年之久。在这里，住在当地的嬉皮士和音乐家们欢迎愿意通过在这里工作挣取生活费的游客们，例如从事收集柴火、做饭等的工作。

直布罗陀

直布罗陀的形成不太符合常规，是历史的意外。在西班牙海岸，这是一块狭小的英国属地，占地面积6.5平方千米，人口总数不足30 000人。直布罗陀和西班牙依然处于分离状态，中间隔着铁丝围墙和边防人员，虽然过境已不像原来那样严格。它与英国有着相同的货币、相同的制度、相同的语言（尽管它有独特的口音）。虽然直布罗陀人不一定想做英国的殖民地，但他们别无他选。1713年签订的《乌特勒支条约》（Treaty of Utrecht）规定，如果英国放弃统治权，那么直布罗陀必须归还西班牙。西班牙声称不会放弃该权利。

与欧洲其他国家相比，西班牙受经济危机的影响更为严重，但是却对直布罗陀没有过多影响。事实上，由于英镑疲软而欧元坚挺，汇率旅游在跨境买廉价物品的西班牙人中变得很常见。西班牙的建筑行业危机重重，与之不同的是，直布罗陀的建筑行业却呈现出蓬勃发展的态势，这里的失业率依然很低，不足3%。夏季旅游高峰的繁忙时期，很多酒吧和俱乐部都会招聘员工。

然而，新来的人发现找工作要比之前困难得多。欧盟创始国的公民，包括塞浦路斯和马耳他公民，都可以在直布罗陀工作；非欧盟国公民必须在雇主申请完工作许可证以后，从直布罗陀就业部（Unit 76-77，New Harbours；☎200 40408）获取该证。申请得到批准的前提是，未来的雇主必须证明没有直布罗陀公民和欧盟国公民能够填补此类职位的空缺；如果有必要，雇主可以承担遣返工人回国以及证明为工人找到了合适的住处。

旅游业持续发展的部分原因在于直布罗陀不用纳税，这就使得它成为购物天堂。在行政管理、市场营销、IT、工程、网络游戏等领域有相关经验的应聘者可以关注直布罗陀（和西班牙）招聘网站信息，如www.recruitgibraltar.com，www.ambientjobs.com 和www.wemploy.com。

在众多的酒吧当中，安德鲁·贾尔斯（Andrew Giles）推荐**查理的牛排馆**（*Charlie's Steakhouse*）和**海军上将之路酒馆**（*Tavern on Admiral's Walk*），这里是寻找工作招聘信息的好地方。船主和船员们在轮船进港后上岸休整，查理的牛排馆深受他们的喜爱。

亚当·库克（Adam Cook）抱怨："在那个遍地垃圾的地方找不到工作，而且英国人最不受欢迎。"他努力找到了一份给游艇上漆的工作，而后，又去帮助重新装修餐馆，在大假要开始前，有人又雇用他在一艘前往英格兰的私人游艇上做船员，有工资。

住宿

在直布罗陀海峡既没有营地也没有青年旅馆，海滩上还严禁露营。随着博彩业的壮大，随之而来的便是房地产市场的繁荣，这就意味着几乎就没有房屋出租。我们听说过的最便宜的住处是位于莱茵沃尔路（Line Wall Road ）上的**埃米尔旅馆**（*Emile Hostel*，www.emilehostel.net ）。大多数的非驻留工人选择往返于利尼亚（La Linea），利尼亚是距离边界不远的西班牙港口城镇，住宿费相对便宜。

多数的游艇工作集中在谢泼德（Sheppards）码头，而邦格（Bong）码头有200多个泊位，专门停泊长途游艇。位于滨海湾的Bianca's Bistro小酒馆隔壁的报刊亭，和直布罗陀中心区议会巷（Parliament Lane）上的Star Bar或者贝尔巷（Bell Lane）大街上的Aragon Bar，是获得码头工作和住宿信息的好去处。在谢泼德滨海广场（Marina Court）的船具店还有块布告栏，上面的信息也值得一看。

还有机会在快艇上找到一份船员的工作，尽管一般来说是以共同承担费用为基础的。详见“工作筑坦途”一章。

葡萄牙

尽管葡萄牙的经济形势略好于西班牙，但却越来越动荡，失业率高达11%（2011年），这就意味着就业市场萎缩。此外，过去的几年间，葡萄牙国内有大量廉价的巴西劳动力，因此背包客面临激烈的竞争。即便没有该因素的影响，这里的工资水平也很低。最低月工资为485欧元（尽管是因为2011年秋季的再次课税），在欧盟创始国中是最低的，而西班牙为641欧元，英国为1150欧元，荷兰则为1425欧元。在阿尔加维（Algarve）海岸的旅行社或者酒店、餐馆和俱乐部找到工作的可能性是最大的。

英国人来葡萄牙定居的传统由来已久，因此两国之间的联系也最紧密。大量侨民都居住在里斯本周边和阿尔加维海岸，其中，很多都是退休人员。说英语的游客可能会希望在这个社区求助于侨民，并听取他们的建议以找到临时工作。也许，最好的办法就是浏览英语报纸上的广告或者自己登求职广告。例如，每周五发行的《阿尔加维居民报》（*Algarve Resident*），1.5欧元一份，上面有分类广告（www.algarveresident.com，无法在线阅读这些分类广告）。

法令法规

葡萄牙移民政策相对宽松，可能是因为不够富有，难以吸引大量外国求职者。如果打算长住，欧盟国公民应该（在到达葡萄牙之后的第4个月末）申请居留证。需要的文件包括：住宿证明和生活费来源（工作、养老金等）。工薪阶层必须证明其工资起码达到葡萄牙的最低月工资水平。可以到离你最近的移民局或者**外国人和边境服务中心**（*SEF*）办理，将来当地城镇委员会（Câmara Municipal）也会设置此类办公处。

英国驻葡萄牙大使馆领事处（☎0213924000；http://ukinportugal.fco.gov.uk/en/help-for-british-nationals/living-in-portugal）发布有关在葡萄牙定居的信息。

在获取居留签证之前，非欧盟国公民必须提供一系列文件，包括原籍国内葡萄牙使领馆发放的居住签证，劳工部批准的工作证明文件，以及在葡萄牙的医疗证明。最后还要向移民局出具申请人国家大使馆提供的良好行为表现证明，这样才能拿到工作和居留许可证。所有文件出齐需要一定时间，正如来自美国的瑞秋·毕比（Rachel Beebe）在葡萄牙当英语老师时所发现的一样：

我无法获得任何种类的

工作签证，这对于在葡萄牙生活工作的美国人来说真的非常难。我不得不依靠“绿色准证”（green receipts）工作，这种收据是专门供自由职业者使用。但是这种现状使得我无法和学校签订合同，若签订合同可以使我的工作会更为稳定，假期和其他待遇也更有保障。获取工作签证需要手中有一份工作合同。当时，学校给我了一份雇用意向书，在申请工作签证的时候，需要有一份合法的合同，而拿到这份合同可能还要花费一两年的时间。同时，你只能凭借“临时居留证”待在这个国家，自到达葡萄牙开始算起，逗留期限为9个月。但可以肯定的是，你很难在逗留期限前获得工作签证。9个月之后，他们便要求你离开申根地区，这包括大多数的西欧国家（不包括英国）。从表面来看，多数想要成为教师的美国人将无法在葡萄牙长期教学。虽然能够提前一年签订合同，但是我从没有听说过有学校会在开学五六个月前招聘。我的情况是，自己努力争取到了好几份绿色准证，并因此做了几个月的老师。然而，很多政府机构告诉你的信息会相互矛盾。我是在一位朋友的帮助和建议下，才拿到了这些准证，这位朋友告诉我具体应该去哪里办理，对什么人要说什么话。

登录网站http://lisbon.angloinfo.com/countries/portugal/employ.asp可以查询关于绿色准证和相关话题的详细信息。

在葡萄牙没有合法证件而从事工作的外国人非常多，正如一位新西兰游客发现的那样，他在里斯本的一家餐馆里招待顾客（因为他会说基本的巴西葡萄牙语）：

我所在的第一家餐馆事实上受到了移民局官员的搜查，因为员工没有签证就开始工作，可这是我来之前的事情。令我吃惊的是，移民的数量——印第安人、孟加拉人、安哥拉人等，还有好多巴西人，他们与葡萄牙人关系不佳。我认为餐馆需要移民，因为葡萄牙人不喜欢做服务工作，所以我觉得很多的雇主都愿意另谋方法。

旅游业

在葡萄牙拥有海滩度假胜地的旅行公司包括**马克·华纳公司**（*Mark Warner* ☎020 7795 8375；www.mark-warner.co.uk/recruitment），这里招聘管住的

季节性员工。成千上万的英国人和欧洲其他国家人都在阿尔加维度假，这就为度假胜地，如拉各斯（Lagos）和阿尔布费拉（Albufeira）的酒吧和餐馆创造了诸多就业机会。

在许多游客眼中，像艾玛-路易斯·派克斯（Emma-Louise Parkes）一样，阿尔布费拉地区（Albufeira Area）是一个不错的地方：

> 6月，我抵达法罗机场（Faro Airport），就直接去了阿尔布费拉。在这里，求职者就像是在糖果店的孩子。中午12点15分，我到达度假胜地；12点半，就找到了住的地方；晚上，我找到了至少4份工作，其中有一份要我下午6点的时候马上开始工作。来自英国的所有人真的都很友好，从他们那里可以获得很多信息。我找到了在酒吧的工作，招徕顾客、做服务员、清扫卫生、往袋子里装冰块、在卡拉OK唱歌、给一位英国酒吧老板当保姆、度假公寓分时推销、在夜总会跳舞……我确信还有其他工作。招徕顾客一晚上能挣16英镑，饮料无限畅饮；而做服务员时挣的稍微少一些，从上午10点工作到下午1点，再从下午6点工作到晚上10点。一些气氛活跃的酒吧首选有魅力的女性（就像我自己！），在当地居民眼中，英国男人经常惹麻烦，因此通常都让他们在吧台和酒窖工作。

令人遗憾的是，在一些繁忙的度假胜地像维拉摩拉（Vilamouna）和阿尔布费拉，发生了越来越多的针对游客的团伙暴力事件。2011年5月，一位英国游客在阿尔布费拉社区的蒙特卡诺酒店（Montechoro）受到了恶意袭击而不治身亡，安全困扰使这里变成了禁地，臭名昭著的Strip街（Av. Sá Carneiro）就在此地，街的另一头到处是酒吧、俱乐部和餐馆。有魅力的女性在像阿尔布费拉这样的地方找工作占有绝对优势。比如一位酒吧老板贴出的招聘广告可能不会对调鸡尾酒有要求，但却会索要一张照片。住宿会比找工作更难找。因此，房租在高峰期会非常昂贵。四处打听一下，这样你就可以避免被一些狡猾的房东所骗。卡姆皮斯摩阿尔布费拉（Campismo Albufeira）可能会给长住者折扣。

要想在里斯本工作是很困难的。多亏懂得当地语言，理查德·弗格森才克服了在这个城市生活的困难。他建议试试码头的酒吧和餐馆，特别是爱尔兰酒吧，夏天的时候，所有的爱尔兰酒吧都会爆满。城市的另一个重要地方是上城区，在下半夜之前，这里挤满了狂欢的客人和俱乐部会员。他说：

> 我在里斯本已经工作两个月了。通过一位新西兰朋友，我认识了一位当地居民，他在比萨饼店给我找到了第一份工作。我们只是在那里吃饭时询问了老板，他就告诉我第二天开始上班。我连续工作6天，都是从上午11点半到下午4点，然后倒夜班，从7点开始直到很晚，月工资750欧元，再加上大约80欧元的小费。这里所有的工人都是移民，而且工资都没有达到标准水平的1000欧元。过了5周，我在另一家相似的比萨饼店找到了工作，只上夜班，月工资有650欧元，每周还有差不多40欧元的小费。终于，我有了自由时间。这里的环境很棒——就像一个家庭——和同事们住在老板的一栋公寓里，几乎没有负担。我很喜欢。

卖艺者都聚集在繁忙的游客大道和上城区的广场，特别是著名的**巴西咖啡馆**（*Café a Brasileira*）附近的普拉查巢（Praça de Camões）一带。

教学

英语教学市场相当活跃，特别是在儿童教学。相对而言，葡萄牙北部市场更大。主要的城市有里斯本和波尔图（Oporto），这两个城市都设有英国文化协会的办事处。除此之外，在一些历史悠久的省级中心也会提供工作岗位，比如科英布拉（Coimbra，这里也有英国文化协会办事处）和布拉加（Braga），还有一些海边的小城镇像阿韦罗（Aveiro）和波瓦多洼兹（Póvoa do Varzim）。很多学校都会要求应聘者获得CELTA证书，但是有些学校（特别是那些在6、7、8月刊登招聘广告的学校）似乎更愿意考虑录取获得文学学士学位，且从简历上看有前途、带有照片的应聘者。

剑桥学校集团（*Cambridge School group* ☎021 312 46 00; www.cambridge.pt）是最好的学校之一。该集团每年都要引进约100名英国老师，分配到其8所学校去。还可以试试其他连锁语言学校，包括**布里斯托尔学校集团**（*Bristol Schools group* ☎0229 48 88 03; www.bristolschool.pt），它在波尔图地区有4所分校，在亚速尔群岛（Azores）有3所，在内陆还有3所；**皇家语言学校**（*Royal School of Languages*），总部坐落在阿韦罗（Aveiro ☎0234 42 91 56; www.royalschoolofi anguages.pt），还有里斯本和卡塞姆（Cacém）的**牛津学校**（*Oxford School*），该学校招聘40名老师（☎021 354 6586; www.oxford-school.pt）。这里的工资普遍被认为较低，但是从生活消费的角度来看，已经提高了很多。从积极的一面来看，工作环境通常较为轻松。正常情况下，每月的净工资为850~1100欧元。有些学校的工资待遇更低，但是会发放补贴或者报销机票和住宿费。按时计薪的老师们每小时约11~17欧元。

夏令营雇用以英语为母语的人做辅导员兼老师，例如**儿童趣味语言俱乐部**（*Fun Languages-Kiols'Clubs*, www.funlanguages.co.pt），该俱乐部网站有申请表下载，并要求申请者填写意向工作地点。

商业

如果懂葡萄牙语，可能会找到办公室的职位，否则机会渺茫。可以查询电话黄页（www.pai.pt）上标题为“临时工作”（Trabalho Temporário）的内容。还可以查询（电话簿内关于政府机构栏目的）蓝页（http://portugal-bluepages.com），这是用英语编辑的关于阿尔加维商业和服务的姓名地址录。只有一些临时代理机构等也可以查看包括**任仕达**（*Randstad*，www.randstad.pt）和艺珂（www.adecco.pt）。英葡商会位于里斯本（www.bpcc.pt）。一旦有合适的职位机会，该商会便会回复邮件说明，并把合格的求职者介绍给商会成员中招聘员工的单位。

农业

葡萄牙是世界上第五大葡萄酒生产国，但我们从未听说有游客摘过葡萄。这里的农场规模都很小，一般不用从外地招聘帮手。另一方面，里斯本南部大西洋海岸的布瑞奥（Brejão）有一家大型草莓生产包装公司（www.sudoberry.com）在1~6月的收获季节招聘采摘员，高峰期从3月开始，持续到5月末。工作内容包括摘草莓和平时的农活，此外还有监管工作。

要想顺利找到工作，最好跟着四处转移找工作的葡萄牙工人大军。2009年以来，葡萄牙设立了世界有机农场机会组织协会（www.wwoof.pt）；缴纳会员费15欧元后，你就可以领取一张列表，上面有大约70家有机农场会员，包括听起来很浪漫的橄榄园和软木林。阿尔加维附近一个家庭的描述听起来就非常吸引人：

> 6月的前半个月我们需要人手帮忙，从400棵树上采摘无花果。我们从早晨7点工作到中午12点，之后，你可以去海滩或者游览周边风景（在保护区看鸟，在卡斯特罗玛里尼〈Castro Marim〉参观圣殿城堡等）。我们有无线网络，社交厅周六的时候会举办现场音乐会、放电影，附近还有火车站，这样你就可以很方便地到其他地方游玩了。

瑞士

尽管瑞士并非欧盟成员国，但它与欧盟的双边协定为人员的自由流动扫除了障碍。现在瑞士的移民制度与欧洲其他国家更加一致了，因此欧盟成员国的求职者可以在瑞士待3个月（也可延期）来寻找工作。如果找到了工作，求职者必须向当局出示所签订的劳动合同，并且根据合同的期限，会得到短期（有效期为一年可更新）或长期（5年）的居留许可。

考虑到瑞士的低失业率（2011年为3.9%）及占比例很高的外籍员工（占总劳动力的1/4），我们就不难理解为什么瑞士在与欧洲融合的问题上会小心翼翼。找工作期间的高生活成本，以及瑞士人所享有的工作勤奋的美誉，让很多求职者对瑞士望而却步。但是从在瑞士工作过且对瑞士已经有所了解的人口中，你听到的尽是赞美之词。托尼·梅森（Tony Mason）曾在瑞士摘过葡萄，还做过建筑工人，他说道：

> 瑞士是一个热情好客的民族，我们经常会被邀请到当地居民家里吃饭或一起爬山，瑞士人的好我是说也说不完啊。

相关规定

欧盟国公民在瑞士停留期如果不超过3个月，就不需要办理许可证。如果超过3个月，比如他们想继续找工作或做一份季节性的工作，则必须申请一个L类签证（短期居留签证）。L-EC/EFTA签证签发的时间期限不超过12个月，并且每次更新可延长一年。欧盟国公民可持护照和劳动合同到当地市政府办公室办理。现在L类签证已不再限于某一特定工作或行政区。

如果劳动合同的期限超过2年则可以申请B类签证，有效期为1~5年。瑞士正努力向世界开放，尽管这个过程很缓慢；在2009年2月的一次民意投票中，近60%的瑞士人希望欧洲经济区人口自由流动的协议继续实施。

有关政策的详情联邦移民办公室已公布（www.bfm.admin.ch）。英文版的详细信息一般由各行政区政府发布。例如，可下载关于在苏黎世（Zurich）的工作与生活的小册子，详见www.welcome.zh.ch。苏黎世还允许外国人在网上（仅限于德语）申请工作许可，这大大缩短了申请时间。在线论坛（www.englishforum.ch）在专业术语上也会对游客大有帮助。

这些改变对非欧盟成员国公民来说当然是个坏消息，因为他们发现很难进入瑞士的劳动力市场，除非通过特殊的方式，比如配偶、做互惠生或实习生进行申请。如果非欧盟成员国公民能找到一位雇主愿意帮助其申请，他们只需要在其所在国的瑞士大使馆收集相关文件即可。

所有合法的国外务工者都有权利获得高报酬，并且在工作条件、薪酬和解雇方面，他们的合法权利也会得到法律保护。尽管目前并没有强制性的最低工资标准，但竞选者正奋力争取实现每个月4000瑞士法郎（3040欧元）的目标。按法律规定所有的国外务工者都享有意外事故险，一般由公司支付；医疗保险也是强制性的，由个人支付。

瑞士与许多的非欧盟国家，包括美国和加拿大，都面向18~35岁公民提供的实习生交换项目，包括至少两年的职业培训。短期实习项目可通过位于伯尔尼（Bern）的**瑞士联邦政府移民办公室**（*Swiss Federal office for Migration* swiss.emigration@bfm.admin.ch；www.swissemigration.ch）申请获得。一般来说瑞士驻国外大使馆负责国外项目，但有时其合作伙伴组织，比如美国的CDS集团，也会处理一些相关手续，指导申请者如何找到工作，尽管该项目是针对独立在其专业领域找寻合适工作的个人。

临时性工作

没有居留证的人也可以找到工作，因为当地的劳动力供不应求，尤其是在建筑业和农业领域。

> 来自威斯康星州的丹尼·雅各布森在布勒镇（Bulle）曾成功地做过几季不同的零工。他说："我始终觉得瑞士是旅行者在欧洲寻找工作的最佳选择。如果你不怕脏，这儿会有无数的工作等着你。如果会讲法语或德语，你可以前往远郊或非旅游城市。我选择了位于普勒派斯（Prealpes）的一个很大的城镇布勒。在瑞士比较偏僻的地方，政府会睁只眼闭只眼，因为当地的饭店和餐馆需要大量劳动力。饭店的老板给了我一份全职工作，清洗楼梯及餐具，一周工作5天，现金支付且待遇丰厚，提供食宿。就算我在这里还要待一段时间，出发前也可以不用再工作了。"

比起他以前那个酒疯子老板，他更喜欢现在的这个，因为以前的老板会有800种不同的方法擦地板，每天都要变换花样，"而我总是太愚笨，总是用昨天的旧方法"，丹尼·雅各布森说道。

在冬季你可以找到像砍柴、修屋顶等临时性工作，每天报酬为120瑞士法郎。打零工的人将会得到一份特别的工作——清理屋顶积雪（假如不受全球变暖的影响），因为瑞士法律规定，屋顶上的积雪不得超过2米。

尽管瑞士还没有给街头艺人提供工作许可，但伯尔尼（街头艺人的天堂）发行了准许街头艺人在何时何地卖艺的宣传单，这让琳达·梅雷迪思（Leda Meredith）感到很惊喜。

事实上，伯尔尼在每年的8月会举办年度街头艺人艺术节，期间将会为符合条件的音乐家提供为期3天的免费饮食和住宿（www.buskersbern.ch）。来自以色列的阿萨弗·德·翰泽（Assaf de Hazan）发现瑞士是街头艺人的世外桃源。他说：

> 在日内瓦，如果你会弹吉他，那你会像国王一样得到尊重。如果你有足够的胆量敢在咖啡馆和酒吧卖艺并自告奋勇唱3首歌的话，那你会比国王得到的尊重还多。我每天在火车站附近或湖边卖艺能得到50多磅的收入。你只要敢于尝试，就一定会得到别人的认可。演唱3首歌曲你就会得到一笔可观的收入。

旅游业

据说是瑞士人发明了旅游业，他们的酒店及旅游课程为世界各地的酒店提供了范本。在夏季和冬季（从六七月到9月以及从12月到次年4月），酒店及餐饮服务行业所需要的劳动力大大促进了经济的发展。

瑞士的酒店非常注重效率并缺乏人情味，因为你将会是数以万计来自不同国家的季节工中的一员。瑞士人对工作的认真态度意味着工作时间会比合同所规定的长：一般每周包括至少5天，每天9小时的倒班。

另一方面，大多数的老板会认真地记录你的加班情况，并在合同到期时付给你丰厚的报酬。埃里森·梅（Alison May）总结她在**苏黎世诺富特机场酒店**（*Novotel-Zürich-Airporthotel*）的工作时说："总的说来，薪水还是很可观的，我们真的需要努力去赚钱。"因为尽管每个月有3300~4000瑞士法郎的收入，但是其中的一半都用于食宿、纳税以及保险上（不同省份会有些许差异）。

求职

假如你有一份合适的简历并能掌握一门外语（尤其是德语），就可以考虑提前找工作。值得尝试的一家酒店集团（假使你是欧洲公民的话）是**摩为匹克**（*Mövenpick*），网址www.moevenpick-hotels.com，并有在线的"就业服务中心"。**帕克酒店**（*Park Hotel Waldhaus* 7018 Flims-Waldhaus；☎081 928 48 07；www.waldhaus-flims.ch）经常雇用来自欧洲的求职者。

瑞士酒店协会的网上在线招聘网站www.hoteljob.ch或许会对你有帮助。例如2011年有861个职位空缺，大部分是要求具有专业知识并懂德语的人。另一个类似的渠道是新创立的一个网站www.thelocal.ch。

成为热气球上的一名工作人员对体力有很严格的要求，但却不失为一份特别的工作，因为你会在一二月份的阿尔卑斯山上度过好几周，或整个8月都在伯尼尔度过。详情请见美国的Bombard Balloon Adventures，网址为www.bombardsociety.org/jobs。

很多英国旅行社以及露营假期旅行社在瑞士都很活跃，如Canvas和Eurocamp。**国外探险**（*Venture Abroad* 德比〈Derby〉；☎01332 342050; enquiries@rayburntours.co.uk; www.ventureabroad.co.uk）经常寻找脚踏实地、机智、冷静的人作为他们的旅游接待。工作内容包括接待并在伯尔尼高原（Bernese Oberland）为青少年团当导游。总部位于英国的**阿尔卑斯山旅行社**（*Alps Agency*, www.jobs-in-the-alps.co.uk）为瑞士的宾馆、咖啡馆及旅游点的饭店安排服务员、会所职员、餐饮人员以及大厅和夜间门房工作人员。大部分工作需要应聘者懂法语或德语。这一旅行社目前与在线的季节性招聘专家"自由激进"（*Free Radicals*）结盟。

大多数的滑雪旅游承办商在瑞士增加了很多项目，比如水晶假日（www.jobsinwinter.co.uk）和**途涛滑雪**（*Ski Total*，www.workaseason.com）。在英国公司工作的劣势在于，所获得的报酬以英国标准计算，远没有瑞士公司丰厚。在规模小一些的公司如CK Verbier（www.ckverbier.com），工作条件可能会更好一些，他们大多雇用人员料理度假小木屋。招聘旅游景点员工以及滑雪教练的一家瑞士旅行社是位于安泽若（Anzère）的Viamonde（www.viamonde.com/personnel）。在2011年、2012年，该旅行社包管食宿，每周付给瑞士籍员工（最小年龄要求21岁）384瑞士法郎的净工资，有餐饮工作经验的厨师每周能挣到600多瑞士法郎。

瑞士的一家叫Village Camps的集团急需招聘21岁以上的职员，为里森（Leysin）丰富多彩的语言儿童夏令营服务。他们还为冬季的活动雇用了多达100名的滑雪顾问。除此之外，还有很多适合英语教师、体育教员、护士以及家政员的工作。该集团为员工提供食宿、意外及责任保险，每周还有175欧元的津贴。新年刚过招聘活动就开始了。申请资料可以从其招聘办公室（☎229909405；personnel@villagecamps.ch；www.villagecamps.com/personnel）获得，地址：14 rne de la Morache，1260 Nyon。

新西兰人菲利普·李大学期间曾在欧洲的英语夏令营度过了好几个夏天，村庄露营就是当中的一个。申请顾问这一职位需要提交正式的申请表并进行电话面试，除此之外，还得自费完成基本急救护理课程。这一工作机会面向非欧洲国家的公民，正如菲利普在2010年曾说：

> 来自欧洲之外的国家（如美国、加拿大、澳大利亚或新西兰）的辅导员有为期3个月的旅游签证，所以在签证上不会有问题。我的签证和工作从未遇到过麻烦，尤其是我在瑞士工作时，原以为会有很多限制，但事实上都很顺利。我在瑞士工作了2周，但有人工作了12周也没有遇到问题。报酬是初次在这一行业工作的人所关心的问题，他们觉得自己没有任何权利，但我工作的时候总是能很顺利地获得报酬。

ESL教育集团（www.esl-languages.com）是一家在瑞士、法国和德国经营假期语言课程的瑞士语言学校。它在里森（Leysin）、楚格州（Zug）和阿斯科纳（Ascona）为夏令营活动雇用辅导员和活动领队（jobs@esl.ch）。另一个是在委比尔（Verbier）的**莱斯艾菲斯**（*Les Ecfes*，www.leselfes.com）为其冬、夏令营招聘季节性员工，它的员工大多20多岁，更小的申请者可以在那实习。**浩特莱克国际中心**（*Haut-Lac International Centre* 1669 Les Sciernes；☎026 928 4200；jobs@haut-lac.com；www.myswisscamp.com）是一家面向青少年、以语言培训及体育运动为主的公司，为季节性语言培训招聘教师和办事员。瑞士的美国学校（TASIS）也同样为他们的夏季语言培训项目招聘英语教师和儿童顾问（☎091 960 5151；summer@tasis.ch；http://summer.tasis.com，点击网站上的"Employment"图标）。招聘活动在1月和3月之间进行，顾问的净工资为2100美元，教师为3200美元。来自美国的员工或许会得到1300瑞士法郎的机票，欧洲员工最高为500瑞士法郎。

瑞士国际夏令营是总部在英国的语言培训夏令营，其办事处在西约克郡（West Yorkshire），夏令营活动地点为特公（Torgon，www.campsuisse.com），他们需要很多活动领队和老师。

现场找工作

有些人通过旅行社或在线季节性招聘网站提前解决工作问题，但也有人带着几封推荐信在不太为人所知的景点寻找工作，如尚培丽（Champery）的Les Portes、Les Crosets以及Leysin、Verbier、Thyon和Crans Montana等主要景区。这个山谷是一条主要的公路和铁路路线，是求职的最佳目的地。另一个值得推荐的地点是La Chaux-de-Fonds和Delémont

之间的Jura。

令人意想不到的是，旅行社或许对找工作有帮助。一般来说，它们在当地的办事处对求职者很有用。需要你付一些小费，旅行社工作人员会为求职者登记个人信息，像大多数人一样，安德鲁·温伍德发现求职很困难，他说：

> 总而言之，我询问了200多个地方，找寻滑雪季节的相关工作，但最终只剩10~12家有希望。在得到工作之前你需要不停地询问。瑞士的生活成本很高，在最终找到工作之前我不能放弃。

找工作的最佳时机是前一个季度的末尾，所以4月末和5月初是夏季找工作的最佳时机，9月是冬季找工作的最佳时机。11月不是一个有利的月份，因为大多数的酒店老板都外出度假，或者他们已经从上季度的员工或提前联系的人员中定好了冬季工作的人选。事实上，一些公司在前一年的5月或6月就已经为冬季工作进行招聘了。

丹尼·雅各布森的建议是避开大的滑雪地，到游客较少规模较小的滑雪地以及周边的村庄去。约瑟夫·特姆（Joseph Tame）的建议让人感到有些吃惊，他觉得在山区里应该尽量往高处去。9月中旬当他在格林德王德（Grindelwald）时，几乎每一家旅馆都告诉他已经招聘好了冬季工作的员工，那时他整个人都快绝望了，他下定决心花掉最后的40瑞士法郎沿着铁路线上行。他最后到达了一家旅馆，当得知这里愿意给他一份工作时他几乎不敢相信。尽管以前没有在旅馆工作的经验，但雇主愿意让他从做实习服务生开始，并提供食宿以及瑞士标准的薪酬。起初他发现这份工作有些无聊，因为除了来欧洲旋风之旅的日本团队之外，来这里的客人很少。但圣诞节之后他发现情况改变了：

> 圣诞节和新年是最难熬的时间，每天三班倒，几乎没有睡觉和休息的时间。尤其当承诺的涨薪没有兑现时，我觉得自己无法再忍受了，就递交了辞职信。但是到了1月5号之后，生意变得清淡，我们每天有至少2个小时的时间去滑雪，而且未兑现的工资也发了，所以我收回了辞职信。如果你能把圣诞节这段繁忙的时间坚持下来，事情就会大有好转。在瑞士的经历对我来说绝对是最好的。

约瑟夫非常享受他在瑞士的第一个季度，他已经在这儿度过三季了。他非常高兴找到了这家有着170多年历史的旅馆。旅馆老板有时急需人手，所以他建议求职者寄一份带有照片的简历到贝尔维尤旅馆（Hotel Bellevuedes

Alpes Scheidegg Hotels AG, Kleine Scheidegg3801；welcome@scheidegg-hotels.ch；☎033 855 12 12）。

茵特拉肯（Interlaken）的**巴尔默旅社**（*Balmer's Herberge* Hauptstrasse 23-33, 3800 Interlaken；☎033 822 19 61；www.balmers.com）也是值得推荐的地方，他们把讲英语的季节性员工当作全能型人才，可以做家政管理、膳食准备、烧烤、酒吧服务、驾驶、售票、接待以及维修等工作。这个青年旅社的员工可能还会知道这个区域其他旅社的工作机会，因为当地其他旅馆有时会联系这里寻找职员。

在伯尔尼或其他大城市有时会有零工的机会，如社会主义者、嬉皮士或朋克聚集的饭店或咖啡馆，因为警察一般不会费劲去追究这些人的活动。一位读者在伯尔尼的瑞塞勒（Reithalle）找到了一份周末酒吧工作，这是一个设在以前城市的马厩里的社会主义集体艺术中心，他曾经在那度过一段放荡不羁的时光。他负责酒水和清理工作，每小时能得到15瑞士法郎的报酬。

农业

官方项目

在欧洲，对瑞士的乡村生活感兴趣的年轻人可以在瑞士的农场感受一段时间。**视野农场**（*Horizon Ferme*）这一项目，在温特图尔（Winterthur）的阿格里维（Agriviva）实施（☎52 264 00 30；www.agriviva.ch），把16~25岁的年轻人安排到瑞士的农场待一小段时间。年轻的志愿者必须是原欧盟国家的公民，而且要懂些德语或法语。其中一个项目叫作“边做边学”，包括两周的语言课程（www.frilingue.ch）和两周的农场工作。另一个项目是为期更长的农场工作，但没有语言学习。这两个项目的报名费都是40瑞士法郎。

尽管瑞士享有先进国家的美誉，但有成千上万的家庭农场仍然使用传统的耕作方法，尤其是在讲德语的区域。其中部分原因是由于几乎没有机械打谷机或收割机能在近乎垂直的斜坡上作业（人也无法做到）。除了较优越的食宿条件，农场志愿者每天可以获得20瑞士法郎的报酬。在这些小型的瑞士农场里，几乎不用英语，许多农场主讲方言，外地人大多觉得听不懂。每天工作的时间很长（一般每周工作48小时），而且工作很辛苦，不过这也取决于志愿者和当地农民的关系。据大多数在瑞士农场工作过的人说，他们被当作家庭的一员，这也意味着早上六七点起床，然后在农场工作到晚上9点。农场主也会邀请志愿者外出活动，比如到市场卖农家自制的奶酪等。

露丝·麦克凯西（Ruth Mccarthy）的描述可以让我们对农场工作和乡

村生活有一个大致了解，这听起来似乎和阿尔卑斯山生活不太一样。她说：

> 我在侏罗（Jura）一个农场工作，打扫牛棚、晒干草、割草、喂牲畜、施肥、采收蔬菜和水果、砍柴、翻土、脱粒，做一些家务并照顾孩子。这里的一日三餐很棒，都是农场自产的，像奶酪、鲜奶、自制的果酱以及新鲜水果等。教堂的钟声每天从早上6点开始一直到晚上9点会不时响起，再加上牛铃的叮当声，有时会觉得很吵。这儿几乎没有夜生活，除非你到村子里的小酒吧去。其实好好睡一觉才是最美的事。

瑞士世界有机农场机会组织（wwoof@gmx.ch； http：//zapfig.com/wwoof）不断更新农场主的信息，如果想获得这些信息，需交纳20瑞士法郎（15欧元或20美元）加入这一组织。志愿者必须上交护照复印件，并随附信件，陈述其来此无偿劳动的原因。

约瑟夫·特姆在春季利用世界有机农场机会组织的网站找到了一份在农场的工作。他说：

> 我可以很诚实地说这真的是一次很奇妙的经历。因为是无偿的工作，也许很多人觉得每天工作时间（一周大概35个小时）很长，但我非常喜欢户外工作的机会，这让我想起了小说《霍比特人》（*The Hobbit*）的结尾。在农场，放眼望去是被鲜花覆盖的草地、卢塞恩湖（Lake Luzern）以及积雪覆顶的皮拉图斯山（Pilatus）。这里的人很友善，我用心学习农场的所有知识，他们毫无保留地教我，我感觉自己就是他们中的一员。

采摘葡萄

像苏格兰以南各欧洲国家一样，瑞士也产葡萄酒。产酒的主要区域在日内瓦湖以北的Vaud，此外还分布于Sion和Sierre的Valais。葡萄的收获季节一般从9月末开始，但有时会到10月初。每年大量求职者会涌向这里。罗布·艾布特说如果他能在收获季节一开始就赶到的话，就能从11天的工作中攒够350英镑。

几乎所有在瑞士收获季节工作过的人都是用热情洋溢的语言来描述那段时光的。加拿大人卡尔·麦克唐纳（Kyle MacDonald）在9月初和他的女友刚到欧洲没几个小时，就惊喜地在Lyon的一家旅社发现了张贴的招聘启事。他们立刻赶到了在日内瓦湖沿岸的St. Saphorin，并且马上就找了在Chexbres一个酒庄的工作。卡尔在他的博客（http：//kylemacd.

blogspot.com/2005_07_01_archive.html）里写道：

> 第二天我们乘坐火车沿着日内瓦湖岸前行，一路经过了数千英亩的葡萄园，这些葡萄将被酿造成无数瓶瑞士葡萄酒。到达后，一位很招人喜欢的女士在火车站迎接我们，并开车把我们送到了一个宏伟的酒庄，酒庄有4层，能俯视波光粼粼的日内瓦湖和葡萄园。远处是冰川覆盖的阿尔卑斯山脉。如果专家们讨论世界上哪里是葡萄的最佳收获点的话，他们的结论将会是这里。
>
> 多米尼克（Dominique）的工作是从藤上剪下一串串的葡萄，并把它们装到垄边放置的一个塑料容器里。我的工作是把小容器的葡萄装到最近的大容器里，每一个小容器大概有35磅重，我们用金属架一次运3个容器。极其陡峭的地形增加了我们的工作难度。沿着陡峭的台阶往下搬运葡萄很难，但是上台阶更是一项严峻的考验。我们被称作搬运工人，但是我把自己想象成是受葡萄酒和巧克力激励的夏尔巴人（Swiss grape sherpa）。

除了提供免费的食宿，工人通常每天的报酬是75瑞士法郎（50多英镑），有时候会更多。

在洛桑市（Lausanne）日内瓦湖的北岸你可以看见成片的葡萄园，其中一片区域是洛桑市以西Coppet和Morges之间的La Cote；另一片非常美丽的葡萄园，在洛桑市郊区的Pully和旅游城市Montreux之间。葡萄园被低矮的石墙包围着，坡很陡，所有的工作必须依靠人力，所以搬运工的工作只适合身体非常健康的人。

关于找工作，建议到比尔湖（Bielersee）的比尔火车站外的游客办公室索要一份小册子，上面提供近50个葡萄园的名字、地址以及电话号码。8月和9月初是最佳询问时机，因为你可能会被提前雇用，工作内容是用网套把葡萄套起来以减少鸟类对葡萄的损害。也可以到马特斯湖（Murtensee）和莱克纽查（Lac de Neuchâtel）湖交汇处的对岸去寻求工作。

辅导员和互惠生

一位美国环球旅行家和他的瑞士女友（现在的妻子）在伯尔尼时发现，对没有许可证的人来说，私人教师是个不错的机会。他说：

> 一位瑞士朋友建议我申请一份在英语学校任职的工作，但我觉得没有许可证这可能会行不通，所以我就制作宣传单并贴在了城镇附近。结果，我收到了很多人

> 的电话，让我帮助他们校订研讨论文或作业以及授课。为了增加机会我打算只收取每小时20瑞士法郎的报酬，但是我发现有很多招聘老师的广告，而且他们给的报酬有时会是我收取的2倍。

在城市一位优秀的英语教师课时费为每小时80瑞士法郎，所以40块就是非常便宜了。

对喜欢家政服务的人来说，瑞士的每个州县都针对非欧盟国家的人有制度上的规定，因为欧洲人可以在瑞士从事任何行业的工作。近几年规定有所放松，如今来自世界上任何国家的互惠生或保姆，只要他们是通过授权代理机构（联系方式见下文）联系的，就都能够在瑞士工作。非欧盟国家的申请者必须在26岁以下，只可以作为互惠生待一年，并且每周至少要花3个小时学习语言。通常互惠生所在的家庭会为其支付语言学习的费用或者支付大部分的费用。培训机构会不厌其烦地告诉互惠生瑞士德语和他们在学校学的德语是非常不同的，倘若意识不到这一点会经常引起失望和麻烦。

在瑞士的互惠生每周照顾孩子一次或两次，且每周工作时长是30个小时。月薪每个州县都不一样，但一般最低是700~800瑞士法郎。年龄大一些的女孩工资会稍高一些，日内瓦的工资通常比苏黎世的高一些。除此之外，互惠生可享受4周或5周的带薪假期，外加休息日的工资18~20瑞士法郎（包括三餐）。互惠生要付税，也就是说他们的工资还要被减去1/5，除非他们所在的家庭愿意为其担负这些成本。

苏黎世的**普罗菲丽**（*Pro Filia* ☎044 361 5331；www.profi lia.ch）是一家历史悠久的天主教互惠生代理机构，其分支机构遍布全国。该机构的注册费用是40瑞士法郎，外加290瑞士法郎的人员安置费用。

独立的互惠生安置机构有：布鲁格（Brugg）的**完美方式**（*Perfect Way* ☎056 281 39 12；www.perfectway.ch），它为所有的家庭提供互惠生以及他们的联系方式；互惠生链接（Au Pair Link ☎044 915 4104；www.aupairlink.ch）位于苏黎世附近的艾伦巴赫（Erlenbach），主要接收来自澳大利亚和加拿大的互惠生，该机构在那里设有自己的面试官，并在里奇谭斯坦（Liechtenstein）及瑞士有一些家庭委托人。

志愿者

在瑞士的几个国际工作营组织主要是从事保护工作，例如在阿比多（Arbedo）的GVSI（☎9 1857 4520；fmari@vtx.ch；gvsi.org/en）组织为期一周的夏季工作营来保护在福西欧（Fusio）、马基亚（Maggia）和伯格尼（Borgogne）的山地社区。志愿者每周支付一定费用来承担基本的生活开销。

山区森林保护组织（*MFP*，www.bergwaldprojekt.ch）在瑞士的高山地区和德国南部地区组织一周的森林保护活动。该组织欢迎懂一些德语或法语的外国志愿者，并在为期一周的教育和保护项目中为志愿者提供免费的食宿和意外保险。详情请见该组织网站（德语）或联系在图里（Trin）的MFP（☎081 65040 40）。

奥地利

在奥地利，冬季和夏季旅游业的发展欣欣向荣，提供很多季节性的工作。奥地利的失业率在2011年是4.8%，在欧盟国家中最低。由于劳动力匮乏，旅游业中有至少1/4为外籍人员。除了和英国旅行社有关的工作外，大多数工作需要应聘者懂德语。奥地利政府官方网站www.help.gv.at为在奥地利工作的人员提供移民和社会保险程序的相关信息。

在奥地利时，你应该到公办的就业办公室AMS（*Arbeitsmarktservice*）去看一看，尽管你得会讲德语他们才能帮得上你。AMS设有国家级、省级和地区级的办公室。AMS的网页（www.ams.or.at）以及在所谓的电子工作间（e-JobRoom）的搜索对讲德语的人有很大帮助。该网站还提供EURES顾问的链接，比如专门负责青年人就业的维也纳办公室（☎01 87871 0）。AMS为季节性求职的人组织专门的招聘会。大多数的冬季旅馆工作会在11月贴发通知，因为这个月末即进入旺季。专门负责提供季节性工作的中心被称作BIZ。位于因斯布鲁克（Innsbruck）跨越边界的EURES-BIZ对求职者大有帮助，因为**南蒂罗尔**（*South Tyrol* Schöpfstrasse 5，6010Innsbruck；☎512 5903 202；biz.innsbruck@ams.at）很多餐饮服务业公司在此注册并公布其职位空缺。任何25岁以下的求职者会发现，询问关于位于Info Eck和Tirol的建议，并且咨询位于Inn sbruck、Imst和Wörgl（www.infoeck.at）的青年中心都很有帮助。

非欧盟国公民必须找到一个愿意为其申请许可证的雇主。奥地利政府对外国劳动力比例有一个限额，目前这一数字为不得超过奥地利劳动力市场的8%。雇主可以申请雇用一个非欧盟国公民6个月并随后更新。

找工作

旅游业

无论是冬季还是夏季，这里都有很多宾馆招聘员工，尤其是在奥地利的西部。你可以从当地的游客办公室或网上得到一份宾馆的名单。你应该把最大的注意力放在蒂罗尔（Tyrol），尽管在福拉尔贝格（Vorarlberg）地区也有很多机会。宾馆和饭店的工资没有瑞士的高，但也合情合理。

在基希贝格（Kirchberg）以及其他任何地方的冒险活动组织者可能都会需要白水漂流、山地自行车以及徒步旅行的导游。例如Fankhauser Rafting就向本书确认，其需要白水漂流、山地自行车、徒步旅行的导游，并且还需要后勤人员（info@tirolrafting.com）。

奥地利的滑雪胜地一直颇受英国滑雪者欢迎，因此对讲英语的求职者有很大需求。主要的冬季滑雪胜地有St Anton、Kitzbühel、Mayrhofen、St. Johannim-Pongau以及St. Johann，Lech和Söll。因斯布鲁克（Innsbruck）的滑雪季节很有保障，因为史度拜冰川（Stubai Glacier）12月初至次年4月末为其充足的雪景提供了保障。卡普轮冰川（Kaprun Glacier）使9月到12月成为滑雪季，一些滑雪教练员课程（www.gap-year.at）就利用这一点，比如德国学院**蒂罗尔**（*Tirol*）就会利用这个时机开设滑雪课程。在泰克斯白奇（Taxenbach）的滑雪教练学院（www.ski-instructor-academy.com）提供为期6~8周的培训课程（费用约为4000欧元），并保证在此结业的学员可在奥地利阿尔卑斯山区从事冬季工作。

同样，到宾馆、商店寻求工作，或是做互惠生、技师或倒班托运工都有必要一试。最好去旅馆和酒店集中的村庄看看。旅游信息办公室，以及接送滑雪者的公交司机也是很好的信息来源。可以在9月联系一家英国旅行社提前解决工作，比如埃斯普利特（www.workaseason.com），**公平旅行社**（*Equity Travel*，recruitment@equity.co.uk）或者**英汉姆**（*Inghams*）和水晶旅行社（www.jobsinwinter.co.uk）。一些网站比如www.resortjobs.co.uk会时不时发布职位空缺信息。比如，公平旅行社为其在奥地利阿尔卑斯山脉的运营处招聘厨师、家政人员、服务员、杂务工、夜间门房以及酒吧职员（主要针对欧盟公民）。**超级滑雪旅行社**（*Supertravel Ski*，http://ski.supertravel.co.uk/seasonaljobs.aspx）雇用冬季工作的员工，主要是厨师、烹饪技艺高超的木屋管家、有客服技巧的助理、德语流利的经理以及杂务工和司机。所有的申请者必须持有欧盟通行证并有社会保险号码。

教英语

像在德国一样，奥地利对英语的需求主要是商务英语，尤其是公司内部的英语教学。大多数的私人英语培训机构比如维也纳的SPIDI（www.spidi.at）主要是依靠居住此地的外国人做自由兼职老师。声誉较好的培训机构付给老师的薪酬是每小时26欧元，比起奥地利的生活成本，这一待遇并不高。

贝立兹仅在维也纳就有4处分校，包括位于Troststrasse 50的一处（☎01 604 3911；www.berlitz.at）。事实上，所有的培训机构都招聘来自英国、爱尔兰、美国或澳大利亚的英语教师。申请者必须持有在欧盟工作的许可证，有商业和大学经验的人会优先考虑。

语言和体育夏令营为英语教师和其他的工作人员提供了更多的机会。瑞士的**村庄夏令营**（*Village Camps*，www.villagecamps.ch）在泽兰姆(Zellam-See)附近的皮斯德芙(Piesendorf)开展夏令营活动。有儿童教学经验和懂得一门欧洲语言是基本要求。

在教学领域比较活跃的有两家奥地利机构，它们的名字很相似：**儿童英语**（*English for Childen* ☎01 958 1972； www.englishforchildren.com）和**少儿英语**（*English for Kids* ☎01 667 45 79； www.e4kids. at）。这两家机构都招聘有儿童工作经验，且最好有国际英语教学经验的年轻监管和英语教师。少儿英语培训机构的薪酬是一个月1650欧元，外加食宿和奥地利境内的交通费。求职者还可以试一下英语夏令营公司（www.theenglishcampcompany.com），该公司为夏季的工作招聘英语老师和活动监管人员。

互惠生

奥地利及瑞士是首批实施互惠生项目的国家。然而，近来提供该项目的机构数量不断减少，因为长期负责此项目且历史悠久的天主教机构在此领域已不再活跃。

来自欧盟国家的互惠生在证件问题上不存在任何困难，然而非欧盟国家的申请者必须有工作和居留许可证。申请者需要交75欧元（并需要正式的翻译文件）申请入境签证，申请居留证则为110欧元。根据2009年1月开始实施的规定，所有互惠生一周工作20小时，获得450欧元的报酬。此类人员安置公司包括：**奥地利互惠生**（*Au Pair Austria*）、维也纳的**魏米伦代理**（*Vermittlungs-agentur* ☎01 405 405 0）以及**阿斯顿**（*Asten* ☎07224 68359；www.aupairaustria.com），阿斯顿收取30欧元的注册费外加70欧元的交换费。另外还可以尝试的是**朋友互惠生**（*Friends Au Pair Vermittlung*, www.aupairvermittlung.at）找寻工作。

如果在旅游胜地，你还有可能找一份保姆的工作。可以征求大酒店的许可，在那里张贴一份求职广告。根据因法克（InfoEck）青年信息中心资讯，现行的工资是每小时7欧元。

户外工作

奥地利世界有机农场机会组织位于普赫以及魏茨（Puch/Weiz ☎676 505 1639， 6pm to 8pm；www.wwoof.at）两地。每年交25欧元的会员费，即可获得奥地利近220家有机农场的名单，这些农场会招聘志愿者。

奥地利政府专门为收获季节发放数以千计的短期劳动许可证，这个事实说明奥地利对季节性劳动力有巨大的市场需求。农场主更喜欢雇用会讲德语的人，因为他们几乎不讲英语。通常他们会要求你整个季节待在那里，尽管学校假期开始之前的4周，农场已经缺人手了。最好不要去那些依靠家庭成员经营的小型农场，尽量到一些大型的合营农场去寻找机会。

中欧和俄罗斯

2007年随着保加利亚和罗马尼亚加入欧盟，东欧和西欧的界限就变得更加模糊了。同匈牙利、波兰、捷克共和国、斯洛伐克、斯洛文尼亚、立陶宛、拉脱维亚以及爱沙尼亚一起，前苏联国家也正把注意力转向西方，转向未来，那也是英语一统天下的地方。城市以及乡村对英语为母语的人从事英语教学有很大的需求，在这一区域市场潜力巨大。

成千上万的外国人为布拉格、布达佩斯、卡拉科夫（Kraków）的魅力所倾倒。即使不太喜欢工业城市的人，也会为中欧的魅力所折服。在这些城市，英语教学产业不断发展，对具有一定经验和资格的教师的需求量不断增加。

教英语

在早期，外国人在国有教育系统是非常受欢迎的，但现在绝大多数的外国人就职于私立学校。这类学校虽然不如国有学校有保障，但能提供更高的薪酬。在中欧和东欧，甚至是波兰，教育类媒体和网上很少刊登此类空缺职位的广告，但浏览主要的英语教师招聘网站如www.tefl .com还是有必要的，该网站有东欧国家35家雇主的招聘启事，其中15家在俄罗斯。

这一地区主要的联营企业有许多的加盟学校，主要的有**国际学生之家**（*International House*）、英孚以及语言链接（见“英语教学”的章节）学校。在求职时你需要有证书，或者当场接受培训获取证书也是具有吸引力的选择之一。比如，布拉格ITC学校提供为期4周的证书课程，之后会为学员提供求职上的支持，这一支持在职位空缺很多的东欧尤其显著（☎224 817530; www.itc-training.com），工资大概是每月1400美元。伦敦的语言链接（☎020 7225 1065; www.languagelink.co.uk）主要活跃在俄罗斯、哈萨克斯坦和乌兹别克斯坦，他们付给老师的薪酬大约是每月1000美元。

其他的就业安置机构没有那么商业化。德文郡（Devon）的**“共享一门语言”学校**（*Sharing One Language, SOL* ☎01271 327319; sol.org.uk）是一个非营利性组织，它每年招聘拥有学位（最好是教育和语言方面的）且具有初级TEF/TESOL证书的教师，安排这些教师到东欧和中欧国家特别是匈牙利、斯洛伐克或罗马尼亚等国家的国有教育部门任职。所有的职位都提供当地的薪酬待遇和免费的独立住房。

你一旦有了工作基础，就很可能进行大量的私人教学。私人教学的待遇远远比学校所提供的优越。张贴在名牌大学的布告栏或刊登在日报上的求职广告都很有可能让你有所收获。甚至有时你还可以把广告贴在商店橱窗或路灯杆上，虽然希望不太大。

捷克共和国

捷克和斯洛伐克共和国似乎对英语有着同样的需求，但绝大多数的TEFL教师都愿意去捷克找工作。在布拉格，因为资历深的老师供过于求，老师的工资比一些小城市如布尔诺（Brno）的要低，尽管布拉格的生活成本更高。在捷克共和国，对国立小学及初中教师进行集中招聘的是布拉格的**学术信息机构**（*Academic Information Agency, AIA* ☎022422 9698；aia@dzs.cz）。该机构属于教育部，并发挥媒介的作用，它为需要教师的中小学发送求职者的简历和申请（4月底以前），现在的职位空缺数量与10年前相比少了很多。学校（大部分是在捷克的小城镇）会直接和求职者联系来商谈合同的细节问题。这些学校会安排大学毕业生，最好具有TEFL培训及相关经验的大学生在9月1日到次年的6月30日在学校授课。每月的净收入是15 000~25 000克朗，并提供免费住宿或给予补助。具体空缺职位及合同详情请见www.dzs.cz/scripts/detail.asp?id=612。

多数人到了布拉格之后才开始着手找工作，琳达·海莉森（Linda Harrison）就是这么做的。她说：

> 申请工作的最佳时间是6月之前（我9月到时已太晚了），但是如果你坚持不懈的话，也是能找到工作的。这里的很多教学地点好像都是在公司，学校雇用了你，然后把你分配到公司去教英语（尽管并非总是商务英语）。

在大城市，绝大多数私人语言培训学校一般都有足够的应聘者来补空缺。只要你有一定资历和经验就一定能找到工作。关于学校地址的信息都可以从英文报纸《布拉格邮报》（*Prague Post*，http：//bol.praguepost.com/english）和黄页簿（http：//en.zlatestranky.cz in English）的企业名录中获得。布尔诺的招聘市场很繁荣，在这个捷克第二大城市有数十家语言培训学校（很多是个人经营）来为380 000的人口服务。

这些学校中对教师有较大需求量的有：

阿卡森国际学校（*Akcent Interuational House*）：布拉格4区；☎02 6126 1638； www.akcent.cz；最低要求是要有学位证和CELTA证书或同等效力的证书。

布尔诺英语学习中心（*Brno*

English Centre）：布尔诺；☎541 212262； www.brnoenglishcentre.cz；需要16名教师，授课时间为一学年，国籍不限。

盖里多尼学校（*Caledonian School*）：布拉格5区；☎02 5731 3650； jobs@caledonianschool.com；为布拉格以及整个捷克和斯洛伐克共和国内的学校招聘300多名教师；教师必须具有文科学士学位证和剑桥证书或同等效力的证书；资历深的教师每月的薪酬约为18 000克朗，以及免费住宿。

思皮瓦克集团（*Spevacek Group*）：布拉格2区；☎02 2251 7869； www.jazykovka.info/summary；招聘信息请见集团网站。

私立学校给教师的净工资高达24 000克朗，如果工资低于这个数目，通常会有一系列的福利比如提供免费住宿以及健康保险。通常，每小时的净工资最低是200克朗。自从捷克加入了欧盟，欧盟国公民无须再申请签证或工作许可，因为在整个欧盟，如果人们想待的时间超过90天，他们必须从当地的内政部办公室获取居留证（从2011年开始从涉外办公室获取）。具体细节请见www.mvszr.cz或拨打信息热线电话（☎974 832 421）。

如此一来，对于想在捷克共和国工作或居住的非欧盟国公民来说，问题就变得麻烦了。具有较高资历（至少是大学学历）的外国人必须要备齐相关文件才能在这个国家工作和生活。这需要收集劳动合同、居住证明、额度至少60 000欧元的医疗保险等文件，并上交到你所在国家的捷克大使馆。有些外国人靠申根国家旅游签证确实也找到了工作，但是90天停留期满后，他们就必须离开，再过90天之后才能再次返回。

斯洛伐克

作为前捷克斯洛伐克的一个"穷亲戚"，从一定程度上说，斯洛伐克不仅被游客也被教师所忽视。一位语言培训学校的校长说道：

> 很多老师都奔向了布拉格，这就是为什么斯洛伐克被排除在教师流入地之外。遗憾的是布拉格有很多英国人和美国人，但斯洛伐克的教师资源却很匮乏。

在首都伯拉第斯拉瓦(Bratislava)，以及别的主要城市像班斯卡比斯提卡(Banska Bystrika)，有众多的语言培训学校，现场求职成功概率极高。斯洛伐克最大的半私立语言培训学校是**阿卡德米**(*Akadémia Vzdelávania*，www.aveducation.sk)，该学校在全国有35个学院，并不时招聘以英语为母语的教师。

杰夫·伦尼（Geoff Nunney）非常喜欢他2010年在斯洛伐克的日子，因此他在尼特拉（Nitra）的一个叫作威戈（Vages）的小学校又待了一年。他说：

非常感谢您编著的《在国外教英语》（*Teaching English Abroad*）这本书，我在斯洛伐克发现了它，我现在任职于尼特拉当地的两所学校和两家企业。这儿的人非常好，去年当我父母去世以及回英国治疗慢性疾病时他们给了我很多支持。在学校上班时（早7点到晚8点）我教小孩子、青少年还有成人会话课。学校提供了很好的教学资源、网络、复印设备以及最新的教科书。招聘过程非常周密，包括跟校长面对面的面试，校长见闻广博、平易近人，并且询问我相关的问题。

在斯洛伐克你最需要的是幽默感。他们是非常友好的一个民族，英语水平也很高，教他们是很有趣的一件事。例如，有一次，一个学生拦住我说"杰夫，隔墙有耳"，这告诉我他掌握了一个英语俗语。对了，我现在正跟一个斯洛伐克老师约会，她偷了我的名片并给我打了电话，然后我们在尼特拉的一家爱尔兰酒吧约会了。所以在这里事情发展得一切顺利。

在斯洛伐克，教师的工资可以让你负担基本的生活支出，但是不要期待能攒下很多钱。尽管工资不高，但是这里友好的人们以及美丽的风景足以对其加以弥补，我非常喜欢这里。

匈牙利

英语对所有想考大学的匈牙利学生来说是一门必修课程，文理科专业的大学生都必须学英语，这就为英语教师创造了一个广阔的市场。但是，由于匈牙利对本国英语教师的要求很高，以英语为母语的人不像在其他中欧国家一样受欢迎。

然而这些人在匈牙利还是能找到工作的，尤其是在企业市场。前往布达佩斯（Budapest）的外国人在过去和现在都远没有布拉格的多，但是布达佩斯的教师仍然供过于求。所以求职的机会现在主要是在一些地方城市。

在匈牙利，除了一流的私立学校，教师的工资一般很低。在商业中心一小时一般为2000福林（匈牙利的货币单位）。有经验的自由教师每节课可以有3000福林的收入。在美国，**中欧教学项目**（*Central Furopean Teaching Program, CETP* 3800 NE，72nd Avenue，Portland，Oregon 97213；☎503 287 4977；www.cetp.info）安排65名英语为母语的大学毕业生到匈牙利任教。2011年12月安置费是2500美元，包括在布达佩斯的为期一周的入职培训，并提供带有家具的公寓，每个月可获得以当地货币支付的工资（合500~600美元）。

在布达佩斯，另一个值得尝试的选择是SELTI公司，它为很多的语言培训学校招聘英语为母语的教师，这些教师需具有一定资历或接受过更高阶的英语教育。（vacancies@selti-international.com）匈牙利在2004年加入了欧盟，所以欧盟国公民不再需要居留许可证，移民程序也简化了很多。但是在居住的第93天前，他们需要到就近的移民办公室进行注册，并得到签发的登记证，而后就可以无限期居留。在匈牙利全职工作的欧盟国民跟匈牙利人一样，必须为全国健康保险基金会和养老基金会支付一定费用。

非欧盟国公民必须有工作和居留许可证明。外国的雇员只有在获得工作许可证（通常需要花费5000福林）之后才能使自己的工资收入得到保障。需要工作许可证的外国人，必须找一个有权为他们从当地的就业办公室申请工作证的匈牙利雇主。英语版的详细信息请见匈牙利外交部的网站（www.mfa.gov.hu）。

波兰

在波兰尤其是波兰西部，对英语教师需求量不断增长，但近年来已趋于稳定。波兰人还是非常热衷学习英语，但是随着往返波兰的机票价格越来越便宜和边境开放，成千上万的波兰人很容易地就飞到了英国或爱尔兰，大部分是去工作，也有人是专程学英语。这也意味着以英语为母语的人教授的特定课程越来越受欢迎，比如能学会用英语来租房子、买饮料或填表格的实用会话课程。

尽管在不太出名的城镇和城市更容易找工作，但是一些大城市如华沙、弗罗茨瓦夫（Wroclaw）、克拉科夫（Kraków）、波兹南（Poznan）以及格丹斯克（Godansk）也是值得尝试的地方。跟捷克和斯洛伐克共和国一样，在国立或私立学校中找到工作的可能性很大。目前私立学校的净工资为每月2100兹罗提（波兰货币单位），可能包括住宿。一般说来，波兰的私立语言培训学校能够提供比较优越的工作环境，很少有行骗事件发生。

私立语言培训学校会在夏季或冬季开展短期的假期培训课程，并为此招聘以英语为母语的教师。**英语沟通能力培训学校**（*ESCS*）的人事部位于极具魅力的城市塔尔努夫（Tarnów），它为波兰南部的两家培训学校以及在波兰海边的夏季课程和语言夏令营招聘20名英语教师。工资是每月2200兹罗提，ESCS在2月和8月末开设为期3周的TEFL培训课程。

艾丽西亚·微莱克（Alicia Wszelaki）在波兰南部的密斯莱斯（Myslenice）镇度过了一年时间。在这一年里，她都沉浸在波兰文化之中，并对ESCS满怀赞誉。同样，威尔·加德纳（Will Gardner）也非常喜欢他夏季在ESCS的工作，这一工作是春季时在英国找到的。他说：

> 在波兰波罗的海沿岸，我在ESCS的夏令营中工作了一个月，夏令营组织得井然有序而且很有趣。作为一名在不同国家的很多学校工作过的资深教师，我觉得在这样一个组织有序并信守诺言的学校工作让人很开心。学校为教师上课提供了诸多资源，重视创造力的同时更强调交流以及乐趣，夏令营的设备对此有很大帮助。他们提供食宿，并且这里的天气很好。尽管学生们每天都要上课，但是所有的活动都能感受到假期的氛围。

国际学生之家（www.ih.com.pl）有大量关于语言培训学校的信息，他们在波兰招聘有资格证书的英语教师，其中包括在Katowice、Opole、Wroclaw以及Bielsko-Biala的附属学校。

如果你想在波兰度过一个能用英语交换食宿的工作假期，请见**安格威尔项目**（*Angloville Programme*）的网站（www.angloville.com），该项目将教师与波兰企业高管一对一配对，在酒店英语交流6天。志愿者只需来到华沙，然后别的事情有专人料理。

现场找工作

学校的开学时间为10月1日以及来年的2月15日，来此找工作的最佳时间是开学前一个月。到达后，可以通过拜访大学的英语系获取一些联系方式。可能有些学校的校长更偏好于英国或美国口音，但很多学校对此还是比较中立。拿到联系地址后，你就要尽职尽责地逐个进行拜访。大一些的学校包括：

安格鲁学校（*Angloschool*）：☎022 833 21 00；www.angloschool.com.pl；在华沙有6家学校。

拜尔英语学校（*ELS-Bell School of English*）：www.bellschools.pl；Gdansk、Gdynia、Bydgoszcz、Szczecin以及华沙需要很多教师。其他的拜尔附属学校包括波兹南的拜尔教学项目（www.program-bell.edu.pl/english/work_for_us.htm）。

国际语言中心（*International Language Centers*）：克拉科夫；☎12 429 67 88；www.ibes.pl；招聘以英语为母语的教师；不需要任何资历，有青少年教学经验者优先考虑。

莱克特学校（*Lektor Szkola Jezykow Obcych*）：弗罗茨瓦夫；☎071 343 2599；meodyk@lektor.com.pl；招聘70名具有TEFL证书的英国、美国、加拿大或澳大利亚籍教师。

约克语言学校（*York School of Language*）：克拉科夫；☎012 415 1818；www.york.edu.pl；需要30名有资历的教师。

总之，波兰对来自欧盟国教师的要求与欧洲其他地方一致。欧盟国公民不需要申请工作许可证，但是如果居住时间超过3个月，就需要从其所在的城市或城镇的政府部门获取居住证。申请者需要证明在波兰为合法居住，并且有经济来源（例如银行账户的清单）。雇主应协助雇员，将证明文件和官方文件译为波兰语。

俄罗斯

俄罗斯的就业市场就像卢布（俄罗斯货币单位）一样，已经趋向于稳定，对于想感受一个真实俄罗斯的人来说，这里有很多英语教学的机会。许多优秀教师在主要几家外资语言培训连锁学校工作，如班尼迪克学校（Benedict）、语言链接以及英孚英语培训学校（见下文）。中亚的情况稍有不同，因为那里对英语的需求在很大程度上是由国际石油投资商资助，格鲁吉亚则是由政府出资（见下文）。

巴里·罗宾逊（Barry Robinson）在莫斯科教了许多年英语，他说：

> 在莫斯科居住，耐心极其重要。处处排队、长时间等候，还要忍受穿梭于这个城市四处上课带来的不便。然而莫斯科是一个开阔、充满活力极具文化内涵的城市。起初这里的人有些难以接近，但这完全源于首都的快节奏。一旦融入环境，你肯定能交到朋友，因为俄国人喜欢社交并对以英语为母语的人感兴趣——你会发现他们非常热情和慷慨，如果他们真心喜欢你，就会让你走进他们的内心。
>
> 需要注意的是，莫斯科是一个消费水平很高的城市，经济繁荣和外国人涌入使得房屋的租金提高，如果不想住一个满是蟑螂的小破屋，你就得花费好几百美元租房。按合同规定，学校一般会给教师提供公寓，但是住宿条件相当差，且要和另一位教师合住。自由职业的机会很多，而且待遇很好，然而你需要费尽周折，因为俄罗斯的签证条件和入境要求总在不断变化。

求职

任何打算前往俄罗斯的人都应该能独立找到一份教学工作。莫斯科以外的许多教育机构和其他大的培训中心，都无法通过一般的招聘渠道吸引来自西方国家的教师，所以以英语为母语的人亲自到现场找工作，成功的概率很大。

英文媒体在莫斯科和圣彼得堡已有不错的发展。《莫斯科时报》（*Moscow Times*）和《圣彼得堡周报》（*St Petersburg Times*，www.sptimes.ru）上都可刊登英文广告。还请留意在俄罗斯免费的广告报*Iz Ruk v Ruki*，该报在俄国15个城镇发行。此外，在线的留言区（网站

www.expat.ru）正寻求在俄罗斯居住的以英语为母语的教师。

主要的英语教学机构当中，有几家招聘大量具有TEFL证书并以英语为母语的教师：

班尼迪克学校：圣彼得堡；☎812 325 7574；www.eng.benedict.ru；招聘大约20名教师，工资为每月1000~1500美元。

BKC国际学生之家（*BKC-International House*）：莫斯科；☎495 737 5225；recruit@bkc.ru；www.bkcih-moscow；在莫斯科招聘大约200名合同教师并按小时支付工资，莫斯科周边需要50多名。

英孚：☎4959373887；www.englishfirst.com/trt/english-language-teaching-inrussia.html；为莫斯科、圣彼得堡以及海参崴约35家学校招聘教师。

俄罗斯语言链接学校（*Language Link Russia*）：莫斯科；☎495 250 6900；www.jobs.languagelink.ru；在俄罗斯境内（莫斯科、圣彼得堡、伏尔加格勒、西伯利亚、乌拉尔等）招聘200名教师；持EFL证书的教师将安排在俄罗斯学校授课；未取得该资格的人可以参加实习教师培训项目。

罗伯特·杰士凯（Robert Jensky）是俄罗斯语言链接学校的董事长，他确信求职教师具有高水准非常重要：

> 我自己见过很多不合格的教师在求职时遭遇失败，因为他们没有完全意识到讲英语和教英语之间的不同。尽管俄罗斯人性情和个性上有所不同，但他们都非常重视和尊重教育。他们关心的是每一节课能学有所得。俄罗斯学生要求很高，对教师寄予了很高的期望，雇用教师的公司（包括没有经过正常渠道雇用教师的公司）也是如此。考虑到这些情况，我极力建议任何一位来俄罗斯的教师都应该随身带一本语法书、一本词典以及国际英语教学方法的简要指南。

俄罗斯人对互联网显示出无尽的热情，网上搜索可以发现很多机会。一些项目为志愿者提供在大学、企业和夏令营等各个层次的英语教学工作。例如，办公地区设在英国和加利福尼亚的青少年交流公司CCUSA（www.ccusa.com）经营了一个俄罗斯夏令营项目，安排教师或辅导员在俄罗斯的青少年夏令营工作，时间为从6月中旬到8月中旬，为期4~8周。夏令营地从西伯利亚的贝加尔湖到黑海沿岸分布广泛。项目费用为995英镑，包括从伦敦到莫斯科的往返机票、签证、旅行、保险、入职培训以及食宿。澳大利亚人保罗·琼斯（Paul Jones）发现自己慢慢喜欢上这一项目了：

> 我在比尔姆（Perm）

附近的夏令营做顾问工作。刚到达时我的心一沉，因为这里看起来像集中营（比尔姆附近正因此而出名）。但是你会很快忘记它的地理状况。如果说刚开始我不喜欢这里的食物的话，到最后我绝对喜欢，现在甚至开始怀念。我的工作是在为期3周的夏令营活动中带领30个小孩子。我不会讲俄语，因此被安排和另外两个顾问一起，这样我的工作就显得有些无足轻重。但是，这片区域没有太多的国外游客，所以我的角色更像是一个摇滚明星。孩子们的活动有足球、篮球、游泳（游泳池的颜色很吓人）、唱歌、跳舞以及手工艺品制作等。我努力工作，慢慢地能带领这些孩子进行日常各项活动。在这里我是个外国人，所以夏令营中每个孩子都想跟我一起玩。也正因如此，我大部分的工作就是向孩子们（有时还有家长）、其他的俄罗斯顾问以及营长展现不同的文化。他们也会跟我分享自己的文化作为回报。我跟很多当地的顾问一直保持着联系。英语讲得不好的人用手势以及他们的友善跟我交流。我发现学点俄语词汇对消除文化隔阂有很大帮助。有可能的话我会给孩子们带一些纪念品，带有英国国旗的一包卡片就可以成为52个小礼物。

位于下诺夫哥罗德市（Nizhny Novgorod）的SFERA青少年组织，在俄罗斯组织短期的志愿教学项目（http：//dobrovolets.ru/eng.php），并协助申请者获得签证。上流阶层的不断发展也使得对说英语的人需求量增加。通常，这些人工作内容是在幼儿园做辅导员照顾小孩或者当保姆。一些家庭或机构会在报纸或网站上（如www.expat.ru）刊登广告。一些专业机构如**州长国际**（*Gouverneur International*，www.guvernior.ru）和**波恩国际**（*Bonne International*，www.bonne-int.com）为莫斯科及周边地区安排英语为母语人的填补空缺职位。合格的申请者被安排照顾4~10岁的孩子。MsPoppins（☎744 0651；www.mspoppins.com）还为4~12岁的孩子招聘英语为母语的教师。

自1992年开始，**奇缘俄英项目**（*Serendipity Russian-English Program*）就派遣很多美国人，到弗拉基米尔（Vladimir）的“美国之家”工作，弗拉基米尔位于莫斯科以东200千米的地方。工作内容为教英语以及做关于美国文化的讲座。合同从8月中旬开始一般持续8~9个月（可更新）。每年申请的截止日期是3月1日。该项目为美方管理（www.serendipity-russia.com），地点位于俄国弗拉基米尔的“美国之家”。

相关规定

对参与知名国际交流项目的人来说，相关规章制度比个人申请者简单许多。在俄罗斯，规章的变化像相关政府部门一样变化无常。在商界，工作许可证问题重重，因为几乎没有公司愿意在这一繁杂的程序上浪费时间和资金。

求职者的困难在于，他们很难找到一家在政府部门登记过可合法雇用外籍员工的公司或组织。许多语言培训学校都极力避免这条路径，因为这意味着他们得为外国雇员同时负担工资和社会福利险。很显然，避免这些税务负担最简单的方法，就是通过非正规的渠道来招聘教师。为了取缔这一违法行为，官方现在规定持多次往返的商业签证入境的外国人在签发的半年期限内只能停留3个月时间。由此一来，除了短期居留之外，就降低了未经过官方授权的外国员工数量。为了获得长期居留资格，教师必须提供护照和资历证书合法复印件，而且必须接受艾滋病检测。

对欧盟国公民来说，自2008—2009年以来情况有很大改善，俄罗斯的公司和文化组织不必再依赖移民服务机构，对于居留不超过90天的情况他们自己就有权处理。尽管申请者仍必须递交同样的文件，但这一过程现在变得更简便快捷了。然而，非欧盟国家的申请者仍需要经历一个费时费力的过程。

波罗的海诸国

作为“俄罗斯帝国”传统上最西的部分，波罗的海三国立陶宛、拉脱维亚以及爱沙尼亚在2004年加入了欧盟。这大大减轻了欧盟通行证持有者的麻烦，但是非欧盟国家的公民仍需申请期限为6个月的工作许可证。正因如此，再加上额外的费用，大部分学校更加愿意雇用欧盟公民。许多廉价航空公司以及国有航空公司在这一区域运营（如飞往Kaunas和Kiga的瑞安航空），机票非常廉价。虽然有许多新商机和旅游业的新发展，这里对英语教师的市场需求却不断缩小，在国外招聘英语老师的启事也变得越来越少。

甚至志愿者的机会都很少。凯伦·里奇（Karen Rich）在她30多岁时决定接受TEFL培训，她想做一些与空乘的工作完全不一样的事情。她喜爱的国家是拉脱维亚，因此她就跟Changing Worlds这一机构取得了联系（拉脱维亚在2011年的目的地清单中被删除）。她很喜欢在拉脱维亚的生活，并把原本3个月的时间延长到了1年。

这一年对我来说是改变命运的一年，我换了自己的职业，并来到了图库马（Tukums）这个小镇。我是这里唯一一个英国人，我去过了很多令人激动的国家包括俄罗斯、立陶宛和爱沙尼亚。我没想到在这里会有这么多课和学生，并不得不把学生控制在50名之内，一周工作时间则控制在40个小时。让我非常自豪的是，刚开始很害羞、内向的学生到了最后变得不那么拘束，并且能很自在地跟我交谈。然而我会经常感觉到孤独，学校里所有的同事都是拉脱维亚人，都有自己的家庭，再加上文化的差异，我很难融入当地人之中，在这边单身女性不能独自去咖啡馆。我还发现这里的人不太爱笑。

乌克兰

在乌克兰，人们意识到学习英语可使他们的赚钱能力翻倍，通过给孩子聘请英语家教可以为他们开创更多的机会，这使得对英语教师的需求不断增加。尽管如此，乌克兰的英语市场仍然处于起步阶段。需求的增加并未带来英语教师的大量流入，一方面是由于政府缺乏对外教集中化的招聘政策，另一方面是由于教师的工资很低，工作条件恶劣。在大城市外，计算机和电视往往供应不足，书本也过时。乌克兰的学生现在正努力从苏维埃式的语言学习法，转换到目前更受欢迎也更灵活的交际学习法上来。

格鲁吉亚

在9月新学年开始前，格鲁吉亚教育部做出了一个极具意义的决定，将大规模地资助一个英语教学项目，2011年、2012年投入资金用于引进1000名英语外教，这些外教将加入整个国家的国立学校的英语教学。该项目为外教提供机票、家庭寄宿、医疗保险以及一个假期的往返票。尽管教师被称为志愿者，他们每个月有500拉里（格鲁吉亚共和国货币单位）的固定薪金（大概合300美元）。值得注意的是这个英语教学项目的名称：**和格鲁吉亚一起教与学**（*Teach and Learn with Georgia, TLG*），因为该项目也旨在进行文化的交流。详细信息可联系52 Tbilisio102，Uznadze（info@tlg.gov.ge；http://tlg.gov.ge，☎32 318959 or ☎77 782442）。你可以直接申请，也可以通过各种各样的招聘公司来申请，比如加拿大的**足迹公司**（*Footprints*，www.footprintsrecruiting.com）、爱尔兰的**诺伍德公司**（*Norwood*，www.norwoodenglish.com）以及美国的**瑞奇公司**（*Reach to Teach*，www.ReachToTeachRecruiting.com）。

在足迹公司的招聘论坛上，关于该项目的第一年（2011/2012）情况，有一位老师提供了一些反馈，这可以使我们对这个项目的运营有一个了解。

我在格鲁吉亚已经有一个月的时间了，这是一次令人着迷的经历。首先，带着开放的思想来到这里，并且要想着我们来这里的目的是帮助这个国家，特别是这里的孩子学习讲英语。来之前我原想到第比利斯（Tbilisi，格鲁吉亚共和国首都）上课，但是我被安排在离俄罗斯边境很近的一个村庄里。隔壁住着30名边境守卫，所以大家都说我非常安全。

我的寄宿家庭很穷，但是他们非常友好、善良，每天晚上村子里会有人来看我，并给我带很多佳肴，如酒果冻、鲜梨、越橘等。在Kutaisi接受培训时，格鲁吉亚TLG团队会密切注视你，并根据你的意愿和行为方式安排就业。我们大概有12个人每天晚上参加社交聚会，结果最后被调到了阿扎尔（Ajara）很偏僻的村庄，因为大多数的格鲁吉亚家庭不愿意招待经常参加聚会的人。尊重他们的宗教习惯很重要。他们会通过我们的行为方式来评判所有的西方人。

中欧

罗马尼亚

1989年齐奥塞斯库倒台前，在罗马尼亚几乎不教英语。之后，对英语的需求就变得越来越大了，现在罗马尼亚也是欧盟成员国，但这里的私立语言培训学校还是很少。位于布加勒斯特（Bucharest，罗马尼亚首都）语言学习中心的**品质语言服务协会**（*QUEST Romania*，www.quest.ro）只有不到12个成员。

尽管罗马尼亚对以英语为母语的教师有需求，但是政府并未采取行动使外教申请在罗马尼亚工作变得简单。外教的工资和罗马尼亚教师一样，一个月为300美元。外教最好随身带着尽可能多的教学资料如杂志文章、明信片、语言游戏、照片和图片等。关于外教家乡的信息总是很受欢迎。

在很多年前，明娜·格里波（Minna Graber）为了庆祝新年来到罗马尼亚，从那时起她就被这个国家深深吸引住了。

我们直接来到了山顶小镇Carpathian，这里全是吉卜赛小提琴手，方圆几英里都见不到现代的交通工具。我非常喜欢这里，并希望到这个国家的东北部去教书。因此，我联系了位于Iaşi的英国文化委员会，他们向我推荐了SOL（本章节开始提到过）。我在一家咖啡厅与Grenville Yeo总监见面，并就工作的挑战、报酬以及要求等谈了很长时间。最后我被布加勒斯特一所数一数二的学校录用，那里的学生都有资质进入大学深造（少数的学生正在申请英国的大学）。工资并不令人满意，扣除交税和社会保险，每个月是1100列伊（罗马尼亚货币单位）。其他的教师还需支付住宿费，比较而言我还是占优势的（学校的家长联合会为我提供小公寓）。我很惯于节俭的生活，但是为了收支相抵还是需要做几份兼职家教。其他的教师也因为私人授课而不得不工作更长时间。

据明娜所讲，以英语为母语的教师一对一授课可以收取很高的费用。明娜每小时收取大约60列伊（21美元）。如果在一家私立幼儿园工作（明娜以前就曾经在那工作过），你还可以赚更多。尽管收入微薄，明娜依然很满意她的生活方式，参加音乐会、上武术课、登山，还能到很多游客免费的地方旅行。

保加利亚

保加利亚在2007年加入欧盟之后，就不断吸引着大量的欧盟游客。与此同时，房地产投资商和外资企业也不甘落后。保加利亚对英语教师有巨大的需求，私营部门相对较少。几乎所有的学校都要求教师至少具有学位证和教师证书。

一家成立很久的保加利亚机构聘请了60~80名以英语为母语的人士到中学，进行一个学年的专业英语教学，学年在5月末结束。详情请见Teachers for Central and Eastern Europe（21 V 5 Rakovski Boulevard，Dimitrovgrad 6400；☎391 24787；tfcee@usa.net；www.tfcee.8m.com）。来自美国、英国、加拿大和澳大利亚的学生，最好具有TEFL背景，可以在此教一学年。每周工作4天，共19节课，每节课40分钟。保加利亚的工资为每月200美元，福利待遇包括配备家具的住宿、60天带薪假期、带薪病假以及工作签证。黑海度假地还有夏令营项目，申请截至日期为6月20日，申请费用为60欧元。

斯洛文尼亚

同克罗地亚一样，斯洛文尼亚有很多的私立学校，精力充沛的英语为母语的人在这里有很多机会，他们可以在学校兼职授课或做私人教师。在卢布尔雅那（Ljubljana，斯洛文尼亚共和国首都），英国文化委员会的英语学习资源中心可查到遍布全国的私立语言培训学校的名单（详见www.britishcouncil.org/slovenia-exams-list-of-language-schools.htm）。委员会办公室未对大众开放，但它与很多语言培训学校保持密切联系，并向其推荐合格的申请者。每小时的报酬为大约10欧元。有两家招聘英语母语教师的学校是卢布尔雅那的贝立兹学校（☎1 433 13 25；berlitz.ljubljana@berlitz.si）和科佩尔（Koper）的尼塔语言学校（☎562 50400；www.nista.si）。

阿尔巴尼亚

10年前阿尔巴尼亚还是一个让人绝望、没有法制的地方，现在它的经济不断发展，国家也变得更加稳定。这里成立了一些私立学校，其职员大部分是阿尔巴尼亚教师。这里的生活成本很高，但工资却相当低。阿尔巴尼亚最大的英语教育机构是一个名为“阿尔巴尼亚语言学校”（*Language Schools in Albania, LSIA*）的组织，1994年由一群阿尔巴尼亚大学老师和学生成立。目前从阿尔巴尼亚和马其顿的15个地方吸收了大约3500名学生，最新的分支机构设在了格拉姆什（Gramsh）和科泼力克（Koplik），官网为www.lsiaal.com/employment/employment.htm。该组织的120名英语教师当中只有少数人为英语母语教师。来到这里的都是志愿者教师，可享受免费住宿和工作签证。

志愿者机会

服务项目

组织工作营的机构主要有：英国的IVS、Concordia、UNAExchange以及VAP；美国的SCI-USA和VFP。这些组织可提供该区域所有国家夏令营项目的最新信息。为期3~4周的工作营的主要内容包括研讨会和户外教学。

注册费用最低为150英镑。一旦你到达他们的国家，国家工作营合作人员会为你安排出行和保险事宜，并提供食宿。工作营管理通常用英语进行。项目内容多种多样，从挖掘保加利亚的古城堡到组织斯洛文尼亚吉卜赛儿童的运动会都有可能。申请表需经申请者所在国家的合作组织递交（“前言”的“志愿活动”章节）。如果你对某一个国家非常感兴趣，最好每隔一段时间就到其主要的志愿组织网站进行查询。

俄罗斯存在一些社会经济及组织机构方面的问题，任何想在那里做志愿者的人最好通过当地的工作营组织了解最新的发展情况。如上所述，对欧盟国公民来说签证申请过程已经简化许多，然而非欧盟国公民需要借助签证机构像专业俄美咨询机构（www.russianconsulting.com）来申请签证。俄罗斯青年旅社协会也提供签证申请与指导服务。如果你提前申请的话费用会更低，如果你接收到了某一俄罗斯组织的邀请函，提前2天申请费用为265英镑，提前5天只需145英镑。

环保志愿者

许多非营利组织目前正致力于保护西伯利亚贝加尔湖的生态环境。其中最知名的组织之一是**大贝加尔湖游径**（*Great Baikal Trail, GBT*），它的目标是通过铺设一系列保护生态环境的游径，发展生态旅游业来保护贝加尔湖独特的生态环境。该组织在国家公园及国家保护区组织夏令营项目，志愿者可以在原始的西伯利亚针叶林湖岸度过两周的时间（www.greatbaikaltrail.org）。志愿者捐献13 900卢布，约500美元或300英镑。

志愿者或实习生需要在吉尔吉斯斯坦山脉的户外教育项目中与困难青少年共度至少两个月的时间，详情请见位于明尼阿波利斯市（Minneapolis）的**阿尔宾基金会**（*Alpine Fund*，www.alpinefund.org）。这一区域国家的各组织独立开展夏令营活动，如亚美尼亚的HUJ，其中一个办公地点在首都耶烈万（Yerevan，www.huj.am）。该组织需要150名外国志愿者做生态保护及修复工作、照顾生病和残疾儿童等。如果想要详细了解关于捷克共和国的世界有机农场机会组织21个成员的信息，需交纳15欧元的现金。最新加入国之一是保加利亚（www.wwoofbulgaria.org），有50多家潜在的成员，入会只收取5欧元。关于其他东欧国家的信息，请见网址www.wwoofi nternational.org，可以链接到WWOOF在匈牙利、波兰、罗马尼亚、斯洛文尼亚、爱沙尼亚、立陶宛以及摩尔多瓦分支机构的网站。

琳赛·维特洛克（Lindsay Whitlock）及其家人在环游世界的旅途中在匈牙利落脚并停留了一段时间，这段经历成了他们旅行中最精彩的一部分。他们居住在距离考波什堡（Kaposvár）25千米的偏远山羊农场，他们在那里摘果子、帮厨，10岁的汤姆帮助照料一群羊，他们住在田园般的老农场。

志愿者支付750~890欧元，就可以在克罗地亚沿海地区帮助研究人员密切观察海豚的生活方式和栖息地，时间为12天。有意者需联系**亚得里亚海海豚项目**（*Adriatic Dolphin Project*，www.blue-world.org）。具有生物学或者地理学教育背景的学生可作为实习生接收。克罗地亚岛屿的生态中心需要志愿者协助保护欧亚兀鹫、修复石墙、拯救小池塘、采摘橄榄以及帮助当地的牧羊人，该项目志愿者10天需支付250欧元。CCUSA（该章节开始部分提到）在克罗地亚举办夏令营，6月初到8月末需要英语顾问。详细信息及申请表格请见www.campcalifornia.com。

地质考古学研究室（*The Laboratory of Geoarchaeology*）是关于游牧民族的哈萨克学院和地质科学院的一个部门，为考古工作招募国际志愿者。工作内容包括记录岩石画地址及河谷旁的古代栖息地，并进行绘图、地形学古生物环境等方面的培训。详细信息请见哈萨克斯坦阿拉木图的地质考古学系（☎7 7272 914386；ispkz@nursat.kz；www.lgakz.org/VolunteerCamps/Volunteer.html）。这3个夏令营每年7~10月开设，为期15~30天，费用为每周250欧元。

社会项目

位于莫斯科以南300千米Kaluga的**基德希儿童社区**（*Kitezh Children's Community*）与苏格兰的Ecologia Trust（☎01309 690995；www.ecologia.org.uk）有密切联系。Ecologia Trust招聘志愿者，尤其是讲俄语的学生，在基德希工作3个月，并提供广泛的信息，包括个体居民的个人档案。参加该项目的费用为每月1105英镑，3个月1450英镑，其中包括签证申请支持，但不包含去莫斯科的机票。掌握俄语或有TEFL证书者优先考虑。

很多志愿者发现基德希是一个友好、热情并让人觉得放松的地方。莎拉·莫亚（Sarah Moy）说："在基德希的生活跟其他地方是如此不同，你需要一段时间才能知道你要做什么、如何融入到孩子中去等。我感觉自己是社区中一员，我很乐意分享我的知识（更愿意教更多英语）。除了能提高俄语水平及更多地了解俄罗斯文化和民族性格外，我从慢节奏的生活中也收获很多。很多人从对别人真诚地关爱和给予中建立了自己的事业，这让我感触颇深。我对乡村的生活方式有了更多了解，并领会到我们在这里拥有很多珍贵的东西。总而言之，这是一段非常棒的经历。"

过去，一些英国的慈善机构曾为语言夏令营招募志愿者。巴索（Barsov）的DAD International UK-Romania（☎788 473523；www.dad.ro）为罗马尼亚中部地区派遣志愿教师。在前南斯拉夫境内帮助难民的志愿组织有时会招募外国志愿者，其中最重要的是巴尔干半岛的**向日葵组织**（*Sun flowers*），致力于巴尔干半岛的社会重建，一直需要志愿者帮助，其主要办公地位于科索沃的普利许汀那（Prishtina；☎38 246299；www.balkansunflowers.org）。这一项目在科索沃、马其顿和阿尔巴尼亚招聘21岁以上的志愿者，工作期限最短为6个月。志愿者须至少支付200欧元。

其他机会

过去10年里，很多在东欧城市中生活的人一直以一种新的创业精神去面对传统的就业形式。公司和招聘企业通过英文报纸和网络发布信息来招聘计算机程序员、管理员等。

东欧的西方化民主国家都把旅游业作为发展经济的主要手段，鼓励国外的旅行社来开发旅游景点，因此会产生很大的雇用需求。如**巴尔干假日**（*Balkan Holidays*）这种专营滑雪之行的旅行社在国外招聘儿童代理和表演者，但是大部分企业更愿意雇用当地人。

东欧国家的年轻人非常期

待了解西方文化，所以当地美国风格的餐厅以及爱尔兰酒吧有很多，它们一般会招聘母语是英语的人。这样的工作机会一般会从朋友那儿得知，或者通过在英文报纸上刊登的广告而得知。例如每周发行的在线阅读《布拉格邮报》（*Prague Post*）减缩版（www.praguepost.com），300字以内的广告免费刊登。如果你想找一些临时性的工作，建议去旅社、大学周围或者教英语的外国人那里问问。无论你是流行音乐节目主持人还是自由营销顾问，都有可能被雇用。

PART 3
周游世界

澳大利亚

从某种角度来说，这一章的内容可能有点儿多余，因为澳大利亚在为背包客和打工度假者服务方面已经形成了完善的产业链。不管是市区还是乡下的旅馆都可以向游客提供大量的工作信息，一些旅馆甚至可以说是非正式的职业介绍所。为了方便打工度假者，公交公司还在不同的水果采摘地区开通了班车。内陆公司也为想在服务站工作的人提供了必要的技能培训，所以它同时也是一个安置机构。一些职业介绍所和有季节性需求的老板将招聘目标锁定在背包客身上，并在他们常出入的地方张贴广告，并在针对背包客可获取的免费报纸、杂志和网站上也刊登了大量招聘广告。为了找到临时工，一些老板甚至会和当地旅游局合作，比如在南澳大利亚州瑞威瑞纳（Riverina）的水果种植区，老板们就会这么做。因此，对初到澳大利亚的打工度假者来说，随时都可以获得招聘信息和就业帮助。近几年，来澳大利亚打工度假的人越来越多，呈逐年上升之势。失业率逐渐下降到5%以下，这说明澳大利亚经济发展良好，也验证了**国际货币基金组织**（*IMF*）的预测，即随着世界经济的复苏，澳大利亚将成为发达国家中最有发展前景的国家。但有些人认为澳大利亚的经济繁荣主要依靠向中国销售煤和其他原材料。总之，不管原因如何，2011年澳大利亚经济蓬勃发展，为人们创造了更多的就业机会。

但是，我们也不能盲目乐观。2011年和2012年，打工度假者无法再像10年前那样靠做临时工来赚取旅行的所有费用。一部分原因是年轻的打工度假者越来越多，其中很多是为了逃避本国就业压力的大学毕业生。因此，在人才市场中有决定权的是雇主而不是找工作的人，求职竞争也变得越来越激烈。像悉尼郊区、昆士兰小岛和海边度假村这种背包客相对集中的地方，由于他们的行为过于豪放，所以很不受当地人的欢迎。

打工度假签证的宗旨是为了让人们能够用在澳大利亚打工赚到的钱抵销旅行的花费，这一政策原本是为了鼓励打工者离开城市到乡下去工作。如果你能证明在一年的签证期内你曾在乡下工作了超过88天，比如做采摘水果、采珍珠、剪羊毛、志愿帮助昆士兰洪涝地区做灾后清理和重建这样的工作，那你就可以申请将签证期延长一年或者申请第二年去乡村以外的地方边打工边旅行。

之所以出台这一政策，是因

为很多当地人即使失业也不愿意做采摘水果、慈善、电话销售、绵羊养殖场工人等工作，但打工度假者们会做。阿明·勃瑞尔（Armin Birrer，长期为本书提供素材的人）通过自己在维多利亚北部葡萄园做招聘工作的经历得出这样的结论：

> 尽管当地的失业者很多，我还是很难招到采摘葡萄的人。很多人觉得摘葡萄很累，所以不愿意做，而且他们觉得隔三四周不领救济金很不划算。所以，我发现在米尔迪拉（Mildura），即使失业率达到20%，只要我愿意做，还是很容易就能找到工作，那里永远需要肯努力工作又不找麻烦的人。

只要你穿着体面，带着有效的签证和介绍信（一些老板很注重介绍信并且会进行核实），至少可以找到一份能解决温饱的工作。澳大利亚国家最低工资为每小时10英镑（2011年7月起改为15.51澳元），在许多工作中，临时工还能得到奖金。

罗杰·布莱克曾去澳大利亚打工度假过两次，他乐于做任何工作并且也从事过各种各样的工作。但他发现，与新西兰相比，澳大利亚的求职竞争越来越激烈了。

尽管他靠打零工可以勉强维持生活，但这样的生活还是很艰难：

> 我遇到过太多这样的案例，一些人在拿到签证后3个月甚至更短的时间里就离开了澳大利亚，因为他们很反感某些老板对背包客的态度。俗话说万事开头难，第一份工作是相当难找的（通常也不是什么好工作）。但对我来说，这样的生活也并不让人特别沮丧，在困难中我找到了很多乐趣。

乐观些说，这种临时工作还是很多的。比如2011年初，三个刚毕业的大学生，赛博（Seb）、艾伦（Alan）和阿里（Ali）拿着崭新的打工度假签证来到墨尔本。其中一个很快就在市里一家不错的餐厅找到了工作，另一个在客服中心工作（这种工作薪水很高，同事之间相处友好，而且很多同事都是来打工度假的英国人），最后一个因为有园艺学学位而在一家园艺中心做兼职。打工的收入虽然足够他们在墨尔本过不错的生活，但仍不足以支付他们去更远的地方旅行，甚至连周末去附近的大洋路海滩度假都不行。

乡下的工作和城市里的完全不同。如果你想感受澳大利亚的独特之处，那你就要深入乡村生活中去。尽管一些有经验的旅行者认为大城市可以让人有稳定的工作和良好的收入，另一些人却建议旅行者在参观完悉尼港口后，应该尽快离开这座城市。来自美国康涅狄格州的克里斯·米克索夫斯基（Chris Miksovsky）发现，在悉尼和墨尔本找一份与电脑相关的工作比较容易。但几个月后他意识到，自己离开家乡就是为了远离办公室生活，因此他立即动身前往北部寻找在公路服务站的工作。在乡下或内陆工作时，雇主通常会提供住宿；而在城市里，租房和社交生活将会花掉你工资中的很大一部分。

打工度假签证

澳大利亚与许多国家和地区都签订了公众假期互惠协定，这些国家和地区大致可分为两类。第一类包括英国、爱尔兰、加拿大、荷兰、德国、日本、韩国、香港、中国台湾、瑞典、丹麦、芬兰、挪威、塞浦路斯、马耳他、法国、比利时、意大利和爱沙尼亚，来自这些国家的年龄在18~30岁并且没有孩子的公民可以申请为期12个月的打工度假签证中的417个类别；第二类为美国、孟加拉国、土耳其和智利。与第一类国家不同的是，这些国家的人可以申请打工度假签证中的462个类别。获得签证的人可以在澳大利亚学习或接受培训最多4个月，但不允许为同一个老板做全职工作超过6个月。在签证的12个月有效期内，你可以离开澳大利亚，然后再返回，但有效期不会随之延长。申请打工度假签证时，可以向任何一个澳大利亚驻外办事处递交纸质申请，但大多数人喜欢通过网络申请。网上申请时，你不需要提供资产证明或递交护照，而且通过澳大利亚移民局网站（immi.gov.au）申请签证也很快捷简便，他们会在48小时内给你发送电子邮件进行确认，期间你有充足的时间进入澳大利亚。网络申请不会检查你的护照，但你需要提供自己的工作能力方便未来雇主挑选。申请签证的费用为235澳元（目前为155英镑）。

所有签证信息都可以通过澳大利亚移民局网站（immi.gov.au）查阅，或拨打澳大利亚移民及公民身份信息热线电话☎09065 508 900（资费为每分钟1.02英镑）。如果出于某些原因，你想通过特殊签证服务申请签证（需支付额外费用），可以联系以下机构：都柏林第一签证处（www.visafirst.com），伦敦签证局（www.visabureau.com）以及昆士兰的澳大利亚第二签证处（www.visas2-australia.com）。即使你不通过这些网站申请签证，它们也可以就签证问题为你答疑解惑。一个很重要的建议是，在填申请表时，对于“你打算在澳大利亚从事哪种工作”这种问题，你最好回答“采摘水果或季节性工作”。因为这是澳大利亚政府最希望打工度假者所从事的工作，这样的申请更有可能被通过。

你的申请被批准后就可以做签证允许范围内的任何工作。

申请签证后的第二步是存尽量多的钱。尽管现在除了特殊要求，一般情况下你不需要提供银行资产证明，但在申请表上，你需要声明你有足够的存款（通常是5000澳元以上）。想要在医疗中心或儿童保育中心工作的人需要接受认证医生的医学测试。

如果在离境时被发现延期滞留，那你至少3年内都不能再入境澳大利亚。另外，没有相应的工作签证而找工作的人会被列入行动警报列表（在法语中的意思是“坏”），以后再申请签证时也很可能被拒绝。

移民局网站上清楚地列出了申请第二次打工度假签证的条件，即从事与乡村地区有关的工作，比如植物培养、动物养殖、林业、建筑等，但是不包括为农民做保姆。有传言说即使你没有做到88天相关工作，你也可以找一位脾气好的农民，付给他一些钱，让他帮你签“工作证明”。但政府通常会对相关情况进行核实，造假的人会被驱逐出境，并支付巨额罚款甚至坐牢。

其他签证

不符合打工度假签证条件的人可以申请其他签证。如果你掌握某种澳大利亚所急需的技能，比如木工手艺、牙医卫生、建筑学或信息技术，而且有一位澳大利亚雇主做你的保证人，你可以申请临时商务签证。那些愿意到澳大利亚农村地区工作的人，将会得到特殊待遇，甚至可能会得到职业介绍所的资助，比如**杰弗里·南森介绍所**（*Geoffrey Nathan*，www.gnjobs.com.au）。但这样的待遇是有条件的，你必须已经获得有效的签证并来到了澳大利亚，或在急需某种技能的地方找工作，或有相关学位或有5年工作经验，并且可以工作3个月到4年的时间。针对高级经理和有钱的投资者，澳大利亚还发放另外一种商务签证。所有这些签证信息都公布在移民局网站上（www.immi.gov.au），更多信息可以从一些资深的移民律师事务所的网站上找到，比如位于悉尼的专门帮助客户申请签证的**帕里什·佩兴思事务所**（*Parish Patience*，www.parishpatience.com.au）。

申请居留签证（永久移民）当然是很困难的，但也不是完全不可能。如果你掌握一门澳大利亚所急缺的技能（如护理、教师或有意到农村地区去工作）或者你在澳大利亚有近亲，还是可以申请到居留签证的。

离境前的准备

许多有竞争力的旅行社和青年交换机构可以帮打工度假者做各种准备，为他们提供各种各样的套餐服务，有些甚至会让第一次旅行的人感到很有意思。一些机构提供所有的准备，特别是那些间隔年安置机构，而其他的只是在你刚到达时给予指导和帮助。即使你很想去澳大利亚旅行和工作，但在向这些机构支付大笔费用之前还是应该考虑清楚。通常情况下，所支付的费用包括去机场接你、头几天的住宿费和到达后的指导，比如告诉你如何获得税卡，以及找工作的建议等。一些机构甚至声称保证为你找到一份工作，但这种工作很可能是你不喜欢的。它们也会提供一些细微的服务，比如电话卡和免费的地图。

北美学生英国大学俱乐部（*BUNAC*）：伦敦EC1区；☎020 7251 3472；www.bunac.org/uk/workaustralia，提供去澳大利亚工作的套餐服务（349英镑）。

实习选择（*Intern Options*）：伦敦；☎020 7353 7699；www.internoptions.com，主要提供在悉尼的旅游和事件管理中心、园艺中心的无报酬实习或暑期兼职，服务费用为800英镑。

奥赞彻（*OzIntro*）：普利茅斯；☎0845 3700 399；www.ozintro.com，在悉尼市场路22号有办公点，套餐服务费为699澳元（429英镑）。

澳大利亚旅行者（*VisitOz*）：Springbrook Farm, 8921 Burnett Highway, Goomeri 4601 Queensland; ☎07 4168 6185, www.visitoz.org。在英国陶顿（Taunton）的联络方式：Will and Jules Taunton-Burnet, ☎07966 528644, will@visitoz.org。全年向打工度假者提供农场非技能培训，以保证其找到一份工作，费用为2090澳元。

背包客职业介绍机构

由于背包客人数越来越多，任何针对这一市场的介绍机构都应该提高自身的服务能力。一些机构让人感到很迷惑，比如旅行社和职业介绍所，酒店集团和工作假期提供者，因为它们提供的服务基本相同。如果可以，在决定选择哪家机构之前你应该多做一些了解。

逆向工作（*Downunder Jobs*）：Hotel Discovery, 167 Franklin Street, Melbourne; www.downunderjobs.com。这里为打工度假者介绍工作，并且提供前4晚的住宿及其他配套服务，服务费用245澳元起。

去工作（*Go Work About*）：87 Market St，Fremantle，WA 6160；☎08 6420 5000；www.goworkabout.com。这里为顾客提供完整的套餐服务，费用为759澳元（包括打工度假签证的费用）。

工作商店（*The Job Shop*）：Perth and Kununurra；☎08 9228 1457；www.thejobshop.com.au。它是一家位于珀斯Northbridge背包客聚集区的合法职业介绍所，免费为背包客找工作。

旅行者联络点（Travellers Contact Point）：www.ultimateoz.com.au。为初到澳大利亚的打工度假者提供价值599澳元的套餐服务，包括7天的住宿、在悉尼的活动以及机场接送、找工作和12个月信件保留服务等。

工作旅行公司（*The Work and Travel Company*）：234 Sussex St, Sydney 2000; ☎02 8987 3700; www.workandtravelcompany.com。为打工者提供工作，主要是医院、劳工、工厂、仓库、客服中心和白领类的工作。

工作在澳大利亚（*Workstay Australia*）：珀斯；www.workstay.com.au，为在澳大利亚旅行的背包客提供工作及旅行信息。

背包客服务机构通常把介绍工作的服务委托给专门的职业介绍机构，比如位于悉尼的**工作旅行者**（*Travellers at Work* ☎02 9221 4810；www.taw.com.au）。

非法工作

澳大利亚越来越关注非法移民情况，并制定了新的政策来阻止没有签证的打工者，这也使得非法移民越来越困难。对打工者来说，税号和银行账号是必需的，就此接受移民局的检查也很常见。过去，一些人不太注意检查签证的有效性，但现在不会了，因为一旦被发现将要支付大笔罚金。

简·哈里斯(Jane Harris)认为有必要向没有工作签证的打工者强调一点，要时刻保持谨慎的心态，并且警惕在周围窥探的人。她向我们讲述了她在昆士兰斯坦索普(Stanthorpe)一个营地发生的故事：

> 我回到营地才发现移民局已经搜查了整个地区的所有农场。在镇里，有一个当地人在三个营地的农场间开黑车。移民局的官员在检查完车上每个人的签证后发现有7个人没有工作签证，只有旅游签证。因此，移民局勒令他们2周内离开澳大利亚。那天晚上，移民局又开了4辆车来到我们的营地。这时他们已经拿到了当地农场所有雇员的名单，然后开始检查每个人的护照。所以对打工者来说，用假名工作似乎比较好（尤其是当地酒吧根本不看身份证号就直接给现金）。他们检查的时候，我们一直待在货车里，并把所有工作过的痕迹隐藏起来（比如手套、靴子和工资单）。有时候，移民局并不需要亲眼看到你在工作，从一些蛛丝马迹中就可以推断出来。

纳税

所有在澳大利亚工作的人都要向雇主提供一个8位数的税号，尤其是外来打工者，否则会被征收高达46.5%的税金作为惩罚。因此，为了自己的利益不受损害，你最好申请一个税号。有些人虽然使用真名，但在税号上造假逃税，最后会被驱逐出境。

外来者必须在税收办公室申

请税号。悉尼市中心就有一个办公室（☎132865，www.ato.gov.au），那里经常排着很长的队。税号申请处理时间通常是4~6周。在申请时，你需要提交护照、有效签证和其他一些文件，比如出生证明的原件和复印件、澳大利亚驾照、澳大利亚银行证明及你在澳大利亚的住址等。

澳大利亚对非本地居民的税收额度为所有收入的29%，而本地居民则为15%。此外，6000澳元起征点和税收优惠政策（在边远地区和收获季节工作的人只缴纳13%的税）对非本地居民并不适用。打工度假者自动被归为非本地居民，也就是说你1/3的收入将会流失。但如果你有相关的教育背景和技能，并有幸获得居留签证，你就可以合法按当地居民的税收标准缴税。在这种情况下，你每次离职时，都应该获得一份收入证明（证明你的收入和优惠的税额），必要时把它放在你的工作岗位上。如果你的收入小于税收起征点，即每个纳税年度收入6000澳元（纳税年度从每年的7月1日开始），你可以收到退回的部分税金，所有劳动者都会在10月31日前收到退回的那部分钱。

需要注意的一点是，许多雇员的工资都是直接打到银行账号里的。如果你要在某个地方居留超过3个月，最好申请一张医疗卡。有了这张卡，在看病和拿处方时，你就可以获得一些优惠。

找工作

尽管最后每个人都可以找到一份工作，但这个过程并不容易。你很可能会遭遇来自其他打工度假者的激烈竞争，经常会出现很多人竞争同一份工作的现象。比如一家从事悉尼港口旅游观光的公司在贴出招聘一名服务员和一名前台接待的广告后，竟然有50人前来应聘，其中42人为外来打工者，这种现象在圣诞节前后的悉尼、珀斯和昆士兰的旅游景点尤其严重。除了直接与可能的雇主联系外（至少1/3的成功求职者都采用这种方法），找工作的途径还有登录招聘网站，如www.jobaroo.com和www.bestjobsau.com，查看Gumtree和Cragslist上的招聘广告以及旅馆里针对背包客的布告栏等。想要在澳大利亚工作的人必须准备一份完善的简历（采摘水果的人除外），雇主在处理你的申请之前都会要求看你的简历以及一份澳大利亚人的介绍信。另一件令人感到受挫的事是，政府机构要求想要从事某些领域工作的人必须具备相关资质证明，比如从事医院、职业健康和安全（OHS）的人必须具备酒精服务证明（Responsible service of alcohol，RSA）或者赌博从业证明（responsible conduct of gambling，RCG），从事建筑类工作的人需要有绿卡（green card）或蓝卡（blue card）。为了获得这些证明，半天或一天的培训课程就要花费70~140澳元。此外，一个州出具的证明在另一个州通常不被认可，你也不知道雇主是否会严格遵循相关规定还是愿意冒着被罚的风险雇用你。

罗杰·布莱克发现，挨家挨户上门应聘需要极大的毅力和耐心：

> 当我在一家酒吧、餐厅或其他地方的橱窗里看到招聘广告后，进去应聘时，他们的回答通常是“抱歉，我们已经招到人了，广告还没来得及摘下来”（但事实是2周后那个广告还在那里贴着），或者“抱歉，我们想要一名女工”，又或者是“抱歉，我们要招本地人”。按照规定，这些要求是不允许写在广告里的。

私人职业介绍所

和英国一样，澳大利亚也有很多私人职业介绍所。这些介绍所为打工度假者找工作提供了很好的渠道，尤其是有服务经验、办公技能、电脑和数据处理以及有金融业工作经历的人。除了上面提到的专门为背包客服务的机构外，有很多临时代理机构非常鼓励讲英语的人来打工度假。由于专门为背包客服务的机构之间竞争很激烈，一些人刻意避免去那些机构找工作，而是选择临时代理机构。提供的工资待遇也很不错：文秘工作每小时17.5澳元，电脑类工作每小时25澳元。

像Drake和Adecco这样的国际性大机构在每个州都设有分部，但有时候去小一些的介绍所反而更好一些，因为他们提供各种各样的临时工作。去这些介绍所注册时，你应该提前预约，并留出1个小时左右的时间让他们评估你的能力、核实你的介绍信。在悉尼的乔治大街上有许多这样的介绍所，比如开办很久的为打工度假者服务的**布莱介绍所**（*Bligh Appointments* Leuel 7，Dymocks Building，428 George St，Sydney 2000；☎02 9235 3699；www.blighappointments.com）。在墨尔本找工作，你应该去市中心的Franklin Street，18 Anthony St有一家名为“间隔年工作方案”（*Staff Gap Solutions*）的职业介绍所，它们会为旅游者介绍市区里的工作，为会打字的人介绍数据录入工作，介绍客服中心的工作、搬家公司的工作、市场调查员以及普通的劳动力工作等。在临时秘书这个职位出现周期性短缺时，如果你有相关的技能，就能很轻松地得到工作机会。一些介绍所专门介绍某种类型的工作，比如公路服务站、农场、旅游景点方面的工作，以及做保姆或互惠生等（参见相关章节）。位于悉尼的**特洛伊酒店服务人员介绍所**（*Troys Hospitality Staff*

☎02 9290 2955；www.troys.com.au）就是一家专门介绍餐饮服务员的机构，**品尼高酒店和旅行服务人员介绍所**（*Pinnacle Hospitality & Travel People*，www.pinnaclepeople.com.au）在墨尔本（Melbourne）、悉尼、珀斯、凯恩斯（Cairns）和布里斯班（Brisbane）都设有办事处。这两家机构都会向打工者建议如何接受适当的培训，比如关于酒吧服务技能、食品以及饮料配送、酒精类服务证明（RSA）和赌博从业证明（RCG）为期一天的培训。

旅社和布告栏

青年旅社和背包客旅店是打工度假者找工作最好的信息来源，尤其是在澳大利亚。在这样的旅馆内，每个床位的价格是22~28澳元，双人间每个人的花费就贵一点点，但需要提前预约。如今，越来越多的旅店老板开始兼营职业介绍，试图为背包客和当地雇主牵线搭桥，尤其是在主要的水果和蔬菜种植区。住在市区旅馆里的人可以通过手机与旅社老板及雇主取得联系。

当然，你也可能在旅馆内找到一份工作。斯蒂芬·赛里达斯认为那种工作机会非常多，尤其是在悉尼和凯恩斯之间：

> 我见过很多人在背包客旅馆内工作，他们可能会打扫卫生、开面包车、做接待员等工作，用一天2个小时的工作换取当天的床位费和一顿饭。这些工作不是正式的工作，也不需要工作签证。我很快也会加入他们的队伍，因为摘西红柿的工作快要把我累死了，所以我打算去密逊海滩（Mission Beach）上的一家旅店工作。之前我在那里住时，老板曾邀请我在他店里工作。在继续旅行之前，我想先在一个美丽的地方停留一段时间，不再随意花自己辛辛苦苦赚来的钱。

除了青年旅社（www.yha.com.au）外，还有许多其他私人背包客旅店，比如**澳大利亚贵宾背包客度假村**（*VIP Backpackers Resorts of Australia*，www.vipbackpackers.com），它在新南威尔士和昆士兰很出名。印有澳大利亚所有旅店信息的小册子很畅销，甚至在国外也可以买到。但在国外，你需要先买一张43澳元的贵宾卡，然后就可以享受打折和优惠。很多贵宾旅店都通过布告栏公布工作、租房、租车等信息。

流浪背包客连锁旅店（*Nomads Backpacker*）在澳大利亚设有22家分店，其中许多店都有新装修过的小酒吧，它也出售价值37澳元的打折卡——MAD卡。

但是把青年旅社当作找工作的主要信息来源并不完全可靠，因为那里的竞争也很激烈。安德鲁·欧文（Andrew Owen）发现每个旅店里都住满了前来打工度假的英国人，这让他感到很受挫，也很怀疑旅店“为顾客提供大量农场工作”的声明。他认为这可能只是旅社的一个市场营销策略（参见“昆士兰”章节）。

悉尼的许多旅店都会如实提供当地的工作信息，尤其是在背包客集中的区域，如King's Cross，Glebe和Coogee（发音为：Cood-jee）。

罗杰·布莱克被悉尼多姿多彩的社交生活所深深吸引，但又无力支付巨大的开销，于是他开始找工作：

在游览过美丽的东海岸后，我来到了悉尼，却发现自己只剩下了70澳元，因此我不得不开始找工作。第一天，我在King's Cross找到了一个地方住。第二天，在看过布告栏、打过很多次电话后，我终于找到了一份工作。对于一个陷入绝境的背包客来说，他愿意做任何事情来赚钱（因为他已经别无选择）。那个时候，我每天在街上游荡6个小时，身上挂着广告牌，不停地散发各种商品的促销传单，挂毯、针织、女红等。这样的状况持续了3周，我是为数不多的能坚持下来的人。在街上游荡时看到的一切，以及碰到的戏剧性的场面，让你越来越麻木。有几次，我看到人们随意地扔给街头艺人50澳元，或者给乞丐10~20澳元，就好像那些钱只是20分的硬币。在促销结束后，老板带我们出去吃了一顿大餐。其实这份工作我做得很好，我已经不介意像个傻子一样挂着牌子在街上游荡，毕竟这样做很简单，还有钱赚。靠做这种工作，我赚了一些钱，然后去内陆好好玩了两次。

克洛鲁娜青年旅社（*The Cronulla Beach YHA* ☎02 9527 7772；www.cronullabeachyha.com/backpacker-jobs.html）非常乐意帮助背包客在当地找工作，比如服务员、劳工、保姆等，但背包客们要先在网上提交一份求职申请。在向周围的人打听过后，你很快就可以知道哪家旅社跟临时工和日工有联系，而且他们通常是在大清早联系。如果你长得很壮实就很有优势，比如当他们想找人帮忙搬钢琴的时候。另外，在傍晚时，你最好在前台附近守着，因为这个时候雇主常会打电话来联系第二天的临时工。做这种工作时，一定要让雇主按天结算工资。

那年冬天，在校对这本书时，我拜访了位于悉尼的**格里布乡村背包客旅社**（*Glebe Village Backpackers* ☎02 9660 8878；www.glebevillage.com）。当我正跟一个来自加拿大的背包客靠在桌子边谈论悉尼的就业情况时，旅社的电话响了。巧的是，这通电话是悉尼北部的一个雇主打来的，他想要找一名临时工，而且明天就要上班。一直以来给我提供消息的人想让我看看她的非正式介绍所是怎样为别人介绍工作的。于是，我们来到庭院里，让碰到的第一个人快速记下了雇主的电话号码。然后，他在5分钟之内就搞定了这份工作。这是一份体力活，工资很不错，每小时23澳元。

在水果采摘地区，一些青年旅社和营地经常挤满了打工者，参见以下相关章节。

互联网

在“背包客职业介绍机构”章节中，我们列出的很多介绍机构及其网站正好为这一章的内容做了铺垫。在澳大利亚，通过网络找工作非常流行，也很有效。有很多网站都列出了招聘信息，政府网站http：//jobsearch.gov.au就是一个很好的资源。它提供了全国范围内最新的职位需求，人们可以很容易地搜索到相关信息及联系方式。

你也可以浏览www.jobaroo.com，这个运转良好的网站为背包客提供了在内陆及收获季节的工作；还有jobmap.com.au网站，它的宣传标语是“旅行者最好的职业介绍网站”；此外，还有很多适合企业求职者的网站，比如www.seek.com.au，http：//mycareer.com.au和www.careerjet.com.au。

澳大利亚乡村和内陆地区

澳大利亚大部分地区人烟稀少、土地贫瘠，被称为“内陆”。在大城市周围的肥沃耕地和牧场之外，是更广阔的农场，这里有成千上万头牛羊和大片的农作物。许多农场非常遥远，唯一可行的交通工具就是飞机。关于在农场工作的缺点，桑德拉·格雷（Sandra Gray）是这样描述的：

> 注意了！农场的生活是非常无聊的。我曾经在北领地（Northern Territory）的一个农场工作了一段时间，在那里，工作之外你唯一可以做的事就是看着草生长。当然，如果你想在最短的时间内攒一笔钱，在农场工作是一个很好的选择，因为你没地方花钱。但是一定要选一个离城镇不太远或者至少离公路旅店不太远的农场，这样在工作之余你还可以出去透透气。

如果你有养羊、骑马、干农活或与机械相关的工作经历，那就比较容易找到一份在农场做助理的工作（农场的新手或女徒工）。一些做生意的农民会教你怎样做这些工作，以便帮助你找到一份工作，比如上文提到的

“澳大利亚旅行者”。肖恩·阿姆斯特朗（Shaun Armstrong）在昆士兰就接受了4天的农场新手培训：

> 跟其他3名来自荷兰的旅行者一起，我鼓足勇气参加了这个培训。培训的主要内容有骑马、赶牛群、驾驶、骑越野摩托车（那里有很多越野摩托车）等。每天晚上培训结束后，我都能学到很多东西，那真是一段让人难忘的日子。农场的工作安排好之后，我不得不离开，虽然很不舍。那几天的培训使我掌握了在之后工作中用得到的大部分技能。我只在马背上待了15个小时，就可以同其他4位老手一起赶牛了。这虽然很困难，但我做到了。

JJ Oz（☎0428 617 097；www.jjoz.com.au）为打工者提供内陆工作岗前培训，主要是在新南威尔士塔姆沃思（Tamworth）北部的宾加拉（Bingara），为期5~14天，花费从670~1580澳元不等，这里面包含了从悉尼到那里的交通费。此外，这里还有**莱肯菲尔德新手和女徒工培训学校**（*Leconfield Jackaroo and Jillaroo School Kootingal* NSW 2352；☎02 6769 4230，www.leconfieldjackaroo.com），提供为期11天的岗前培训，费用为950澳元。培训结束后，表现优秀的人会被安排到农场工作。如果没有过剪羊毛的经验，那么想胜任这份工作是非常难的。虽然没有经验的人可以做一些对技术要求不高的工作（比如取羊毛、搬运、打扫和整理羊毛等），但由于羊毛工业的萎缩，对劳动力的需求也逐渐变少了。《昆士兰乡村生活》（*Queensland Country Life*，http://qcl.farmonline.com.au/classifield.aspx）上的招聘广告通常会提供近200个职位空缺，你可以看看。

然而，克里斯·米克索夫斯基（Chris Miksovsky）在爱丽丝泉小镇（Alice Springs）接受的两次岗前培训并没有给他带来多大帮助。在电话簿上查到西澳大利亚州北部农场的电话号码后，他开始打电话自荐。西澳大利亚州正是巴兹·鲁赫曼（Baz Luhrmann）的电影《澳大利亚》故事背景所在地。在打了40多通电话、花了40多美元电话费后，他终于找到了一份养牛场的工作。他建议打工者不要夸大自己的能力，因为如果你说你会骑马，老板第一天可能就会让你骑一匹很烈的母马，那你就惨了。

克里斯这样描述他所经历过的农场生活：

> 我在那里工作的时间非常长，感觉都看不到头（有时候凌晨3点多就要开始工作，我甚至连续工作过32天），而且工作强度非常大，让人受

> 不了。但是话说回来，你去哪里找这样一份工作，可以让你在广阔的草原上和一头婆罗门牛互相追赶，晚上可以躺在星空下听着其他人在篝火旁讲故事的声音入睡，最后还会拿到很多薪水？我在那家农场工作了3个月，赚了3000澳元，这是我开始打工度假以来，赚得最多的一次。

工作和旅行网站（www.outback-australia-travel-secrets.com），是一个背包客创办的，主要介绍在西澳大利亚州金伯利（Kimberley）地区的工作。点击其他职业介绍所的链接，你也许会找到养牛场或水果采摘的工作。

一些城市里的职业介绍所也介绍乡村和内陆地区的工作，主要是在农场、牧场、青年旅社、汽车旅馆和公路旅馆里的工作。在西澳大利亚州，你可以去珀斯市郊区的**乡村企业介绍所**（*Rural Enterprises Employment Agency* ☎08 9477 6600；www.ruralenterprises.com.au）找工作。在4~6月的播种季节和10~12月的收获季节，有经验的工人和拖拉机司机每小时的工资都不少于25澳元，每天要工作10~12个小时。家政、保姆和做饭类的工作机会有时候也很多，每年大概有两三个月的时间。在艾尔斯岩（Ayers Rock）旅行过后，萨拉·露娜斯（Sara Runnalls）回到北领地的凯瑟琳镇（Katherine）。做厨师的她赶忙来到一家职业介绍所，想在当地找一份工作。那天，她坐车走了80千米来到位于斯科特湾（Scott Creek）的雇主那里：

> 在那里，我发现还有15个急需工作赚钱的打工者。厨房里很脏、很乱，还有很多苍蝇。做饭的材料也不新鲜，有大块的牛肉，大量的盐和番茄酱。我的工作就是每天给他们做5次饭，主要是各种牛肉和自制蛋糕。我给他们做的都是典型的英国菜，他们还挺喜欢的。我在那家养牛场工作了2周，见到了很多野生动物，也很喜欢待在那里。最后他们邀请我多待一段时间的时候，我拒绝了，因为我来这里是为了旅游。

如果你有马业相关工作经验，你应该去英国的“IEP-UK介绍所”找工作（☎01572 823934；www.iepuk.com）。它和西澳大利亚州乡村地区的**国际乡村交换所**（*International Rural Exchange* ☎08 9064 7411，www.ire.org.au）是合作伙伴。阿德莱德（Adelaide）的**酒鬼国际交换所**（*Bibber International* ☎08 8374 0077；www.bibber.com.au）主要从事酒业方面工作介绍，但他们现在正准备扩大经营范围。

就算你不用被迫尝试木蠹蛾幼虫泡制的茶，在内陆地区生活仍然有很多困难，比如孤独、炎热甚至是危险。即使你在欧洲的乡村地区生活过，想要适应澳大利亚内陆地区的生活也并不容易。很多小镇只有一家邮局和一家集旅店（酒吧）与加油站为一身的小商店。炙热的阳光也不可忽视，因此你必须戴牛仔帽遮住头部，随身带一大瓶水。2010年底，拉尼娜现象给澳大利亚带来了一个湿润的春天，干旱情况有所缓解，但大面积干旱还是非常普遍的现象。在极度干旱的地区，你要做好准备，那里水资源非常短缺。

特里西娅·克兰西（Tricia Clancy）说在乡村地区有很多蜘蛛和蛇：

> 干草棚招来老鼠，老鼠又招来蛇，所以每次我们进干草棚时，都要弄出很响的声音来吓跑蛇。那里巨蟹蛛很多，它们繁殖也很快。它们长得很像毒蜘蛛，但实际上没有毒。尽管如此，当你半夜看到一只巨蟹蛛从墙上的画后面突然爬出来还是很吓人的。

如果你时刻注意靴子里和圆木后面有没有蛇、厕所里有没有赤背蜘蛛，那你可能遇到的危险就会大大减少。内陆地区适合强壮的男人生活，不适合胆小、性格脆弱的人。

环境保护志愿者

许多机构都为旅游者提供近距离接触澳大利亚乡村或灌木的机会。澳大利亚主要的非营利性环保机构名为“澳大利亚环境保护志愿者”（*Conservation Volunteers Australia, CVA* www.conservationvolunteers.com.au）。它将外国旅游者纳入“环保体验”项目，但是收费有点儿贵，主要的项目有植树、控制腐蚀和盐分、收集本土植物种子、修建并维护灌木丛中的人行道等。该项目大概持续2~6周，提供食宿及相关交通费用。但是旅行者必须通过被认可的机构提前预订才能参加该项目，在英国可以通过**国际奥伊斯特**（*Oyster Worldwide*, www.oysterworldwide.com）和**劳动志愿者**（*WAVA*，www.workandvolunteer.com）这两个机构申请。

丹尼尔·阿瑞纳（Daniele Arena）偶然发现在昆士兰海岸有个非常好的独立项目：

> 我在澳大利亚度过的最美好时光是在蒙利普斯海滩（Mon Repos Beach）上的**海龟繁殖场**（*Turtle Rookery*）做志愿者。在那里，我们可以免费搭起自己的帐篷，每天还会发5澳元饭钱。我们的工作是每天在海滩上巡逻，等待海龟来筑

巢。当它们上来的时候就给每个海龟贴上标签，测量它们和巢的大小。这一活动从11月持续到第二年3月，能得到这个做志愿者的机会非常幸运。很多人都想做这份工作，所以你最好能够联系昆士兰公园和野生动物服务处以获取更多信息。

这些农场一般都在美丽的乡村地区，他们用有机的方式种植农作物。很多农场主非常乐意带你参观农场周围的环境，向你展示他们的家园。虽然工作很辛苦，但每天只需要工作4个小时。我通常都会多做一些，因为我很享受这份工作，而且从中也学到了很多知识。

想要了解更多的信息，请联系**蒙利普斯保护公园**（*Mon Repos Conservation Park*）。

全球有机农场机会组织在澳大利亚非常活跃，它提供很多在有机农场做志愿工作的机会。总部（☎03 5155 0218，www.wwoof.com.au）位于维多利亚市巴肯（Buchan）附近，在背包客中非常有影响力。《澳大利亚全球有机农场工作册》中列出了大约2200个有机农场主的地址，这些雇主需要短期或长期的志愿者来帮忙干活，以及促进文化交流。这份册子、会员卡及意外保险绑定在一起总共60澳元（海外需另交30澳元邮费，国内5澳元）。

www.helpx.net上列出了600多个想要招工的雇主名单，志愿者可以免费通过互联网获取这些工作信息。但在此之前，你需要交20澳元成为这家网站为期两年的会员。在加入澳大利亚环境保护志愿者（CVA）之前，苏珊·格蕾先加入了澳大利亚全球有机农场机会组织，并在许多农场工作过：

澳大利亚有许多有意思的研究项目，其中一些会招收有经验的志愿者。比如位于昆士兰北部的热带雨林研究站，它隶属于澳大利亚热带研究基地（PMB 5，Cape Tribulation，Qld 4873，☎07 4098 0063，www.austrop.org.au），愿意接收能在那里工作2~3周甚至更长时间的志愿者。志愿者要参与到研究工作和研究站的各种活动中，比如用无线电追踪蝙蝠和数无花果的数量、踩草地以帮助森林再生、建筑房屋、挖洞以及经营蝙蝠屋游客参观中心等。此外，志愿者每天还要支付35澳元的食宿费。

位于汤斯维尔市（Townsville）弗格森角（Cape Ferguson）的**澳大利亚海洋科学研究所**（*The Australian Institute of Marine Science, AIMS* ☎07 4753 4240, www.aims.gov.au）愿意接收想在研究所内做临时工作的人，以及想通过在研究所的工作积累经验的研究生和本科生。但是他们不接收刚毕业的大学生，不过有潜水证又对海洋科学研究感兴趣的人可以跟研究所的正式员工取得联系以便自己的申请被通过。

塔斯马尼亚的非政府组织——**野生动物保护组织**（*Wildcare*, www.wildcaretas.org.au），只要交25澳元就可以加入，然后你就可以申请做志愿者。志愿者的工作可能是监测橙腹鹦鹉的活动，也可能是去南部一个遥远的岛屿上做临时看管员。

采摘水果

在沿海城市和内陆之间是肥沃的耕地，那里种植着各种各样的农作物，比如在阿德莱德和新南威尔士州猎人谷种植的葡萄，在昆士兰州海岸和珀斯市北部种植的热带水果，在西澳大利亚州西南部和塔斯马尼亚州种植的苹果等。尽管这些农场的土地比内陆要肥沃，但在这里工作也存在跟内陆农场一样的问题，即孤独感、炎热和来自动物袭击的潜在危险。在炎热的天气里采摘水果的标准工作时间是从早晨6点到晚上6点，中午有两三个小时的休息时间。

在收获期间，农场主会急需劳动力，他们会通过广播、旅社的布告栏以及职业介绍所发布招工信息。来自北爱尔兰的玛丽·安妮·麦可（Mary Anne Mackle）曾在昆士兰的一家农场工作过。在黄瓜成熟的季节，由于缺少采摘者，那个农场主不得不找一些囚犯来帮忙。在收获季节的头几天，如果你发现自己在找工作上比别人落后了也不要太灰心，因为他们可能在这方面已经有好几年经验了。

最近，签证政策发生了一些改变，如果打工者做和农业相关的工作超过3个月，他们就可以申请将打工度假签证的时间延长一年。这一政策极大地促进了打工度假者去乡村地区找工作。虽然现在的竞争比以前激烈，但如果你做好准备去农场待一段时间，工作机会还是很多的。在网上随便浏览一下，你就可以找到很多关于收获季节招工的信息。位于米尔迪拉维多利亚的**国家收获季节劳动力信息服务中心**（*The National Harvest Labour Information Service* ☎1800 062 332, www.jobsearch.gov.au/harvesttrail）是由当地政府出资创办的，免费向公众开放。还有www.harvesthotlineaustralia.com.au和www.goharvest.com（后者只限于达尔文、班德堡和昆士兰州的斯坦索普地区〈Stanthorpe〉）。

农作物收获的时间并不完全相同，先是昆士兰州，最后是塔斯马尼亚州，所以你工作的地点就会离赤道越来越远。两个主要的葡萄种植区的成熟时间也不相同。为方便起见，我们制作了一个表格来显示作物种类、地区和收获时间的详细情况（葡萄单独做表）。表中的地区主要是指重要的水果种植区，像新南威尔士州、维多利亚州、南澳大利亚州、西澳大利亚州和昆士兰州。

农场主常会为打工者提供棚屋或大篷车住，这通常是免费的或只收一点点钱。但也有一些农场无法提供住宿，所以一些比较认真的人会自带帐篷。另一方面，背包客旅社通常离采摘水果的地方不是很远，而且在主要的采摘地区，农场和旅社之间还有小客车往返接送打工者。虽然面包车用途更多也更舒适，但费用太高。

玛丽·安妮·麦可在收获季节做过很多工作，以下是她给水果采摘者的一些建议：

1.车虽然不是必需的，但它会使你在找工作和去镇里购物时提供很大方便。

2.对温度的极端变化要做好准备，即使白天的温度达到华氏80度，晚上也会非常冷。

3.不要期望有任何夜生活。我们晚上通常是洗澡、洗盘子、做晚饭、读书、写东西或和其他人聊天。

4.把你的虚荣心抛到脑后吧。就算是刚洗过澡，你身上还是有汗臭味，而且袜子也是一天比一天脏。已经没必要用防晒霜了，皮肤肯定会越来越脏、越来越黑。

5.不要想着体面，别期望在田地里还能上卫生间。

6.乐观点儿说，你会越来越苗条。如果一切顺利，你也会越来越有钱。之后你就可以离开工作去旅行，在大堡礁学潜水，在珊瑚湾坐潜艇，在凯瑟琳峡谷里划艇，在达尔文市买醉，在国家公园里远足，在瀑布里游泳，直到你花完了所有的钱，然后开始重新赚钱。

玛丽·安妮认为，与其在悉尼市的仓库里整理录像、卖热狗，还不如去做采摘工作。你要相信，在实践中你绝对能提高自己的能力。所以在头几天的工作中，即使你只赚了一点点钱，也不要放弃，要坚持下去。

葡萄收获期

澳大利亚葡萄酒的产量和品质在世界各地都享有盛誉，销量也逐年递增。但对打工度假者来说，采摘葡萄不是因为葡萄酒的质量好，而是因为葡萄的数量巨大。尽管澳大利亚每个州都种植葡萄，甚至包括塔斯马尼亚岛，但主要的葡萄采摘区位于维多利亚州的米尔迪拉地区、南澳大利亚州伦马克（Renmark）和麦科伊（Waikerie）之间的河地地区以及新南威尔士州伯克尔滨（Pokolbin）和密士维布（Muswellbrook）附近的猎人谷（Hunter Valley）。葡萄成熟的时间从2月开始，持续整个3月，甚至延长至4月。如果你可以连续工作6周，大概可以赚2000多澳元。

为酿酒厂摘葡萄是最简单的，它不在乎葡萄是否被压破或不整齐（读到这里小农可能会不高兴了）。如果是为了做葡萄干，采摘时葡萄不能有任何破损。如果是为了向市场卖葡萄，那采摘时就需要格外小心了，但工资待遇会更高一些。

结算工资最公平的方式是按重量来算。下午唯一的休息时间是天气过于炎热时，因为那个时候不适合将葡萄放在太阳下暴晒。最近，一些招工广告中承诺说在采摘过程中有休息时间（比如在米尔迪拉附近的Irymple采摘无核小葡萄）。

很多地区对采摘者的需求量十分巨大。鉴于悉尼市的就业状况十分严峻，亨利·皮尔斯（Henry Pearce）改变了原来的想法。2月中旬，在向一些职业介绍所咨询过后，他决定前往新南威尔士州的格里菲斯。到达那里后，他欣喜地发现布告栏上满是葡萄采摘的招工启事。于是，他赶忙找到收获季节办公中心，并被分派给一位农民，之后就被带到那家农场，第二天早晨就开始了工作。在整个过程中，**国际旅社**（*The International Hostel* 112 Binya Street in Griffith ☎02 6964 4236，www.griffithinternational.com.au）为他提供了很大帮助。

维多利亚州的葡萄之都位于墨累河（River Murray）上的米尔迪拉地区，这里在收获季节同样是一片忙碌景象。阿明·勃瑞尔报道说，在卡德罗斯的当地报纸和路边广告牌上印有300多个采摘招工广告。如果你1月或2月来找工作，墨尔本的职业介绍所很可能会派你到这一地区。由于西澳大利亚州的酿酒业逐渐兴盛起来，每年的10月到来年1月，位于玛格丽特河（Margaret River）和巴塞顿（Busselton）的很多葡萄园都在招工。打工者可以去玛格丽特河的**现实葡萄园管理服务中心**（*Down to Earth Vineyard Management Services* ☎08 9758 7074）或巴塞顿的**巴克斯之约**（*Bacchus Contracting*）联系工作。

葡萄收获期

南澳大利亚州	收获期
Clare-Watervale	2月~4月
Barossa Valley	2月~4月
Adelaide and Southern Vales	2月~3月
Coonawarra	2月~4月
Langhorne Creek	2月~4月
Riverland（Waikerie, Berri, Loxton, Renmark）	2月~4月
新南威尔士州	
Orchard Hills	1月末~3月中
Camden	2月初~3月中

Wedderburn	2月中~3月中
Nolong	2月末~4月
Orange	3月~4月
Mudgee	2月末~4月
Hunter Valley（Pokolbin, Bulga, Denman, Broke, Muswellbrook）	2月初~3月
Murrumbidgee lrrigation area（Griffith，Leeton）	2月中~3月
Dareton	1月~4月
Curlwaa	3月~4月
Buronga	2月~6月
Mid-Murray（Koraleigh，Goodnight）	2月末~4月
Corowa	2月~3月
维多利亚州	
Goulburn Valley	2月~3月
Swan Hill	2月~3月
Lilydale	2月~3月
Mildura/Robinvale	2月~3月
Great Western-Avoca	2月~3月
Drumborg	2月~3月
Glenrowan-Milawa	2月~3月
Rutherglen	2月~3月
西澳大利亚州	
天鹅河谷（佩斯）	2月~4月
玛格丽特河	2月~4月
巴克山	2月~4月

苹果收获期

对新手来说，摘苹果虽然学习起来进度较为缓慢，但练习几天后，你就可以加快速度。西澳大利亚州全年都在招季节性采摘者，尤其是在11月到第二年5月期间。苹果收获期在夏季，在这段时间虽然工作条件看起来不太好，但找一份工作并不困难，因为这个时候学生都开学了，天气也逐渐转凉了。

在收获期，很多旅行者会前往西澳大利亚州，尤其是多尼布鲁克（Donnybrook），满吉姆（Manjimup）和潘伯顿（Pemberton）。位于多尼布鲁克桥街3号（3 Bridge St）的**布鲁克背包客旅社**（*Brook Lodge Backpacker Accommodation* ☎08 9731 1520, www.brooklodge.com.au）为

旅行者介绍这一地区的工作。根据季节的不同，介绍一份当地的工作所耗费的时间从几个小时到近10天不等。采摘工作从11月开始，先是在苹果和李子还很小的时候，摘掉多余的部分；之后在12月到来年3月采摘核果，苹果的采摘直到7月才可以进行。附近也种植着其他农作物，比如西红柿和梨（采摘期分别为1月到3月，2月到4月）。在收获期工作，工资有相应的标准，连续工作6天的工资为650~850澳元。如果按小时算，每小时的工资大概18澳元。另外，布鲁克提供的往返班车也收取一定费用。

在工作开始之前，你除了带一本长篇小说作为消遣之外，还要根据天气状况带相应的随身物品。如果是在夏天，天气很炎热，那么去果园时你最好带上水、防晒霜和宽边帽。而在秋天，天气变凉的时候，你应该带上厚点儿的衣服，正如阿明·比尔所说：

> 在西澳大利亚州唯一的问题是雨季会从5月持续到8月。随着季节的推进，天气变得越来越冷、越来越糟糕。

玛丽·安妮·麦可曾在满吉姆工作了6周，她发现按箱计算工资极大地促进了人们的工作热情。她和同伴一开始每天只能采摘3箱，但到最后，她们一天可以摘16箱，这充分说明了熟能生巧。最后工作结束时，她瘦了很多，衣服也变得破烂不堪，但好在赚了几千美元。

塔斯马尼亚岛被称为"苹果之岛"，当然并不是因为岛的形状像苹果。岛上苹果的收获期大概在3月到5月初。其他水果的采摘期却是从11月就开始了，先是要摘掉多余的小草莓和小苹果，然后到了12月末要采摘樱桃和蓝莓，葡萄的采摘期是3月或4月。离霍巴特（Hobart）以南不远的锡格尼特（Cygnet）和吉威斯顿（Geeveston）附近是休昂（Huon）地区，那里的工作机会很多。跟其他人一样，罗布·艾布特住在克雷多克（Cradoc）Sandhill路的**休昂谷背包客旅社**（*Huon Valley Backpackers* ☎03 6295 1551, huonvalley@tassie.net.au）。虽然网上对这家旅社的评论不太好，但它的确能够帮助旅行者联系到采摘水果的工作：

> 作为这一地区最主要的旅社，它不仅帮助顾客找工作，也提供交通方面的便利。我在那里待了2个月，随着各种作物的不断成熟，我在几个不同的果园里工作过。由于之前有经验，我赚了1000澳元。整个季节，我都是跟其他20个奇怪的人一起工作。

其他收获期

澳大利亚种植着各种各样的农作物，像芦笋、西葫芦等，精力充沛的临时采摘者可以非常好地完成工作。由于澳大利亚的农业非常发达，工作机会也很多。来自英国亚伯丁的戈登·米切尔（Gordon Mitchell）找到了一种非常赚钱的工作方式：

> 我在澳大利亚采摘水果很多年了，最赚钱的时间是从11月到第二年4月或5月。通常我先在新南威尔士州的扬（Young）地区摘樱桃，这段工作结束后再去奥兰治（Orange）采摘剩下的一些樱桃。1月初我会去维多利亚州的谢珀顿（Shepparton）摘梨，到了2月初，当大多数人还待在谢珀顿摘梨和苹果的时候，我会去米尔迪拉采摘无核小葡萄，一直到3月中旬。这个时候苹果成熟了，我又前往奥兰治摘苹果，大概在4月末或5月初结束。虽然这段时间天气非常热，但那是采摘的好时节。

昆士兰州

就像气候一样，越往北走，农作物就越来越偏向热带作物，所以在北部种植着大量的柑橘、菠萝、香蕉和芒果。但在Darling Downs上（离布里斯班220千米的一个岛屿）则种植着核果、苹果和土豆等作物。在热带地区，由于作物是全年生长的，所以没有固定的收获期。

在昆士兰，收获期的工作机会主要是通过青年旅社介绍的。大部分农场主靠旅社老板为他们介绍劳动力，打工者则不太可能和农场主直接联系上。农场很少提供住宿，所以打工者必须乘坐在旅社和农场之间往返的班车。而且在昆士兰，打工者不占优势，无法保证自己得到合理的薪资待遇以及在交通、住宿上的合理费用。

位于布里斯班北部400千米左右的班德堡（Bundaberg）是农业中心，也是朗姆酒生产中心，所以吸引了许多打工者前来工作。小镇里所有的旅社都为旅行者介绍工作，尤其是**联邦背包客**（*Federal Backpackers* ☎07 4153 3711，federalbackpackers@hotmail.com），它有6辆大巴车专门用来接送打工者。位于Barolin大街64号的**邦迪打工者和潜水者旅社**（*Bundy Workers and Divers Hotel*，顾客主要为打工者）也提供招聘信息。对打工度假者来说，班德堡就像一个工作圣地，那里总挤满了人。布里奇德·西摩·伊斯特（Bridhid Seymour-East）并不喜欢这一点：

> 那里旅社很多，但工作很少。每家旅社大概能住100人，所以可以说是一堆绝望的人挤在一起。很多人一周只有一两天能找到工作，所赚的钱也只够支付食宿费用。而且你没有选择工作的权利，如果你工作中途退出

或被解雇，旅社在下一周不会再为你介绍工作。

位于凯恩斯南部600千米左右的鲍恩（Bowen）镇是水果和蔬菜种植中心，也是一个采摘者的聚集地。在澳大利亚打工度假期间，朱利安·格雷厄姆（Julian Graham）曾在鲍恩镇的**藤壶背包客旅社**（*Barnacles Backpackers*）做过经理，这使他更加了解那里的工作状况：

我的一部分工作内容是帮旅行者在当地农场找工作。鲍恩镇有各种采摘和包装的工作，那里真是一个赚钱的好地方。我和我女朋友来的时候身上已经没剩下多少钱了，但是在离开时，我们赚了不少。这些钱足够支付我们飞往塔斯马尼亚岛去看悉尼—霍巴特（Hobart）帆船赛，还能在岛上游玩一个月。任何一个到鲍恩来的人都应该毫不犹豫地选择去巴纳科尔斯（Barnacles），在那里你不但可以找到一份工作（5月到12月），还会受到热情的招待。

鲍恩所有的旅社都为顾客提供伙食，跟其他地方一样，租一个床位一周需要130~140澳元，双人间是160多澳元。

采摘工作开始后，雇主会提供小巴车接送打工者，从鲍恩出发的车收费只有几美元，有时候车费会算入长期租住的床位费里。不想坐小巴车的话，你还可以骑自行车。如果你打算挨个农场找工作，你最好去Bootooloo或科林斯维尔（Collinsville）路，三角洲（the Delta）或Euri Creek地区中的任意一地。11月，当收获季节进入尾声时，很多打工者开始向南部转移，这是一个找工作的好时期。如果雇主急需要用人，他们会付给你较高的薪水，甚至达到双倍。

在更北部的卡德韦尔(Cardwell)，因尼斯费尔（Innisfail）和塔利（Tully），经常有种植香蕉和甘蔗的工作机会。在塔利（澳大利亚最潮湿的地方），雇主通常会负责从城镇到农场的交通。位于Butler街50号的**香蕉营**（*Banana Barracks* ☎07 4068 0455，www.bananabarracks.com/work.html）是一个专门介绍工作的旅社。如果你预付一周的住宿费，并缴纳300澳元的保证金，他们会尽力为你找到一份工作。因为任何旅社都不能保证一定会帮顾客找到工作，许多打工者抱怨保证金其实就是欺诈。亨利·皮尔斯（Henry Pearce）曾在10月做过采摘香蕉的工作，他这样描述这个累人的工作：

重达60千克的香蕉都长在一根茎上，农民会先砍一下主干，然后我把香蕉拉下来放到肩膀上；他再切断茎，之后我再费力地把香蕉放到附近的拖车上。这份工作非常辛苦，有时候草丛里还会突然蹦出巨大的青蛙和老鼠（幸亏没有蛇），这除了惊吓并没有给我的工作增添任何乐趣。我们是按小时支付工资的，在那里通常是一周工作5天，每天8个小时。

在昆士兰采摘水果似乎充满危险。如果你打算去采摘菠萝，一定要穿上长袖衫和牛仔裤以免被刺扎到（这样你也不会被1月到4月炙热的阳光晒到）。卡罗林·佩里（Caroline Perry）建议摘哈密瓜的时候一定要戴上手套，否则粗糙的外皮会把你的手割破。

对于想做采摘工作的背包客来说，南昆士兰是一个很好的选择。尽管在2011年1月，那里曾发生过洪水，斯坦索普河（Stanthorpe's creek）水冲垮了河堤，但大多数果园并没有被摧毁。11月是采摘苹果、桃和梨的时候，1月和4月是西红柿。5月到11月份，稍靠北一点儿的阳光海岸的内陆地区，人们可以去比尔瓦（Beerwah）采摘草莓；可以试着去**格文塔农场**（*Gowinta Farms*, www.gowinta.com.au/jobs.html），那里为采摘者和包装者提供拖车式活动住房。

新南威尔士州

在新南威尔士州南部，沃加沃加（Wagga Wagga）附近的地区是瑞威瑞纳。以下这些地方有很多季节性工作：巴特洛（Batlow），Jugiong，利顿（leeton）和扬，以及达灵顿（Darlington），冈德盖（Gundagai）和海伊（Hay）等。

位于堪培拉西北休姆高速路（Hume Highway）上的Jugiong吸引了很多打工者前来采摘芦笋，向北走一个半小时的扬则是采摘樱桃的地方。樱桃成熟的季节正好是在芦笋采摘结束之后。采摘季节从9月末至少持续到11月中旬，这是相当长的一段时间。

采摘工作虽然很累，但报酬很丰厚。有些人认为11月中旬到圣诞节期间在扬摘樱桃的工作条件和报酬都不尽如人意，但也有人就觉得还不错。变幻莫测的天气和计件工资使这份工作变得很辛苦。

在亨利·皮尔斯做过的所有工作中，最赚钱的是在格里菲斯收获洋葱。从1月初到3月的10周里，他和他女朋友一共赚了5000澳元。在收获季节能找到一份工作非常幸运，尤其是在你没有交通工具的情况下。如果你处于同样的情况，那么可以去格里菲斯做包装洋葱的工作。

维多利亚州

2009年的森林火灾并没有影响到维多利亚的果园，只有一些葡萄园的边缘地区被烧毁。所以在收获期，维多利亚对劳动力的需求跟以前一样大。每年夏天，很多打工度假者来到维多利亚北部工作，那里工作最繁忙的时间是从1月中或1月末到3月。国家收获季节劳动力信息服务中心负责该地区的劳动力招募工作。**CVGT就业和培训中心**（*CVGT Employment and Training*）是与政府合作的招聘服务中心，它在科布勒姆（Cobram）和谢珀顿都设有办事处，收获季节热线电话为☎1300 724788。

穆鲁普纳（Mooroopna）靠近谢珀顿，那里有许多工作机会。在酒吧里，你可以向人打听2月和3月是否有西红柿采摘的工作；你也可以在Shepparton的主街上买一辆二手自行车，然后在这一地区周围转转。位于科布勒姆的R·J·Cornish &Co（☎03 5872 2055，picking@rjcornish.com，www.rjcornish.com）是主要的招工机构，在1月到4月期间有很多职位空缺。位于古尔本山谷（the Goulburn Valley）阿德莫纳（Ardmona）的**普朗科特果园**（*Plunkett Orchards*）委托**永恒农业管理中心**（*Everlasting Agriculture Management* ☎0412 172723，www.eamanagement.com.au）帮它招募季节性劳动力，该中心在网站上贴出了果园及其他农场的招聘信息。同样是在阿德莫纳的McNab & Son（☎03 5829 0016，www.mcnab.com.au）也很不错。来这一地区打工的人可以住在墨瑞河谷公践（Murray Valley Highway）上的**科布勒姆柳树商队庄园**（*Cobram Willows Caravan Park* ☎03 5872 1074）。在那里，你会遇到一些打工者，他们在12月到第二年3月期间有时每天能赚到100澳元。在这一地区（比如普朗科特果园），水果分级工作每小时的工资为17~21澳元。

位于维多利亚州西北角的米尔迪拉是主要的农业地区，也是葡萄种植中心，墨瑞河对面的卡德罗斯（Cardross）同样有许多工作机会。得益于良好的光照条件和国家灌溉计划，这一地区全年都需要劳动力（5月除外）。在米尔迪拉，许多旅社都提供找工作和交通的服务，比如位于Chaffey 大道27号的**米尔迪拉工作旅社**（*Working Hostels Mildura* ☎0418 147363，www.workinghostels.com.au）。住在那里的人大部分是在工作中或正在找工作的人。

在收获期，找一份工作并不难，但很多打工者发现这样的工作很难赚到钱。起初，他们觉得装梨的箱子很小，但马上就会发现箱底出奇深，好像永远都装不满似的。第一次做这种工作的人之前并不知道它有多辛苦，所以在身体适应之前就离开了。但应该坚信，你采摘的速度很快就能越来越快。

南澳大利亚州

南澳大利亚州的河地地区（Riverland，从拼写看，这里很容易与新南威尔士州的“Riverina”混淆）以贝瑞（Berri）为中心，包括伦马克，莱克星顿（Loxton）和怀克里（Waikerie）。贝瑞有很多背包客旅社和职业介绍所。国家就业方案中心MADEC在贝瑞和伦马克都设有办事处（renmark@madec.edu.au）。近些年，尽管墨瑞河流域受到严重干旱的影响，但由于酿酒和柑橘产业的快速发展，该地区仍然全年都需要劳动力。**贝瑞背包客旅社**（*Berri Backpackers* ☎08 8582 3144, www.berribackpackers.com.au）在长住打工者中的口碑很好。丹尼尔·阿瑞纳（Daniele Arena）认为它“可能是世界上最美好的旅社”，因为他很喜欢那里定期提供的低价烤肉。

布里奇德·西摩·伊斯特也很喜欢这家旅社，根据他之前的描述，旅社提供的工作是对所有人开放的：

> 谁先接到电话，谁就先得到那份工作。这看起来有点儿像天上掉馅儿饼，但最终还是能者居之。我们一开始为杨迪拉果园（Yandilla Park）摘柑橘，工资很高，而且不用长时间工作，因为只有等柑橘干了才能摘下来。所以我们常常中午11点或12点才开始采摘，这个时间让人很沮丧，但赚到的钱足够你在开始葡萄园的工作前过活。6月底，我得到一份剪藤条的工作，要先从葡萄树上剪下枝条，修剪成同样的长度，然后按每捆100条绑起来。工作很无聊，但我每天税后至少能赚120澳元，好的话还能赚到200澳元，所以我一周通常能赚800~900澳元。

贝瑞地区最大的雇主有：

农业交换（*AgriExchange*）：伦马克，☎08 8586 1200，www.agriexchange.com.au，招工高峰期为4月到11月。

安加斯果园（*Angas Park*）：☎08 8561 0800，从12月到第二年4月采摘杏和桃，只招男士。每周工作7天，每天10个小时，周末有加班费，不允许请假，否则会被解雇。

西马露（*Simarloo*）：☎08 8583 8269，从12月到第二年3月在Lyrup采摘杏和梅子，计件工作（按箱算）。

除了这三家大果园之外，还有至少1000家小的家庭果园需要帮手。如果采摘者不愿住在旅社，还可以住在营地里。

在阿德莱德附近，雇用旅行者和水果采摘者的主要机构是**多伦斯谷果园**（*Torrens Valley Orchards* Forreston Rd，Gumeracha，☎08 8389 1405，www.tvo.com.au）。它紧靠巴罗莎谷（Barossa Valley）酿酒区南部，从州首府到这里乘公交车不到1个小时，还很便宜。12月份和1月份需要采摘并包装樱桃，一次最多25人，其他人可以全年在这里种树、修剪树枝、做维修和办公室工作。果园里可以为8位采摘者提供住宿。

西澳大利亚州

在珀斯北部的杰拉尔顿(Geraldton)和卡那封(Carnarvon)附近，有1000多个蔬菜和香蕉种植园。每年冬天，它们都向珀斯市提供蔬菜和水果，因此在这个时候，它们需要很多采摘者。西红柿收获期从8月初一直持续到11月中旬，9月是最繁忙也是最容易找工作的时候。香蕉收获期从10月开始，但在4月到11月期间，一直有零散的工作。雇主通常把收获的农产品直接倒在仓库里，所以约见雇主就意味着去仓库或整理仓库。西澳大利亚州最北部的空努努拉（Kununurra）地区的农业非常发达，每个路过的旅行者都会停下来，考虑要不要在香蕉、甜瓜、柑橘和蔬菜成熟的时候来工作。之后还有种植和修剪檀香的工作。通常在旱季（5月到7月）刚开始的一段时间有许多工作机会。如果你通过**青年旅社**（*Youth Hostel*）和**背包客度假旅社**（*Backpackers Resort Hostel*）没有找到工作，那你可以去**奥德河香蕉果园**（*Ord River Bananas*）和**绿洲香蕉果园**（*Oasis Bananas*）看看。在5月到10月的甜瓜收获期，你还可以试着联系**布鲁伊内陆农场**（*Bluey's Outback Farm* ☎08 9168 2177），那里付给的工资是每小时17澳元。

澳大利亚收获期

品种	新南威尔士州	收获期
草莓	Glenorie and Campbelltown	9月~12月
樱桃	Orange	11月~1月
	Young	10月~12月
桃和油桃	Glenorie	10月~1月
	Campbelltown	11月~1月
	Orange	2月~3月
	Bathurst	1月~3月
	Leeton & Griffith，Forbes	2月~4月
	Young	2月~3月
梅子	Glenorie	11月~1月
	Orange	1月~3月
	Young	1月~3月
杏	Leeton & Griffith	12月~1月
	Kurrajong	11月
苹果和梨	Oakland，Glenorie and Bilpin	1月~4月

	Armidale	2月~5月
	Orange	2月~5月
	Bathurst	3月~5月
	Forbes	2月~4月
	Batlow	2月~5月
	Griffith & Leeton	1月~4月
	Young	3月~4月
巴伦西亚橘	Outer Sydney	9月~2月
	Riverina，Mid-Murray	9月~3月
	Narromine	9月~2月
	Leeton	12月~1月
柠檬	Outer Sydney，Riverina，Mid-Murray，Coomealla	7月~10月
葡萄柚	Mid-Murray	11月~4月
	Curlwaa	6月~2月
芦笋	Dubbo，Bathurst，Cowra，Jugiong	9月~12月
小麦	Narrabri，Walgett	11月~12月
棉花	Warren & Nevertire，Wee Waa	11月~3月
洋葱	Griffith	11月~3月
抽穗玉米	Narromine	1月
品种	**南澳大利亚州**	**收获期**
杏	Riverland（Waikerie，Barmera，Berri，Loxton，Renmark）	12月~1月
桃	Riverland	1月~2月
南瓜	Riverland	5月~7月
橘子	Riverland	6月~4月
品种	**维多利亚州**	**收获期**
梨和桃	Shepparton，Ardmona，Mooroopna Kyabram	1月~3月
	Invergordon，Cobram	
西红柿	Shepparton/Mooroopna，Tatura	1月~4月
	Kyabram	
	Echuca，Tongala	
	Rochester	
	Swan Hill	
	Elmore	

烟草	Ovens and Kiewa Valley	2月~4月
土豆	Warragul，Neerim	2月~5月
樱桃	Silvan，Lilydale，Warburton，Lilydale	11月~12月
浆果	Silvan，Wandin，Monbulk，Macclesfield，Hoddles Creek，Daylesford	11月~2月
苹果和梨	Myrtleford	3月~5月
	Gonlburn Valley	1月~4月
	Mornington Peninsula	3月~5月
鲜花和花粉	Emerald	1月~12月
品种	**西澳大利亚州**	**收获期**
苹果和梨	Donnybrook，Manjimup，Balingup，Pemberton	3月~6月
橘子	Bindoon，Lower Chittering	8月~9月
橘子	Harvey	6月~7月
柠檬和葡萄柚	Bindoon，Lower Chittering Harvey	11月~2月
杏，桃和梅子	Kalamunda，Walliston，Pickering，Brook	12月~3月
西红柿和蔬菜	Carnarvon，Geraldton	8月~11月
香蕉	Carnarvon	10月
甜瓜，香蕉等	Kununurra/Lake Argyle	5月~10月
品种	**昆士兰州**	**收获期**
香蕉	Tully	10月
西红柿	Bowen	8月~11月
桃和梅子	Stanthorpe	12月~3月
西瓜	Bundaberg	11月~12月
土豆	Lockyer Valley	10月~12月
洋葱	Lockyer Valley	9月~10月
菠萝	Nambour，Maryborough，Bundagerg，Yeppoon	1月~4月
苹果	Stanthorpe	2月~3月
柑橘	Gayndah，Mundubbera	5月~9月
草莓	Redlands	7月~11月
芒果	Bowen	11月~12月
	Mackay	12月~1月
黄瓜等	Ayr	5月~11月
绿皮南瓜	Mackay	8月~9月

工业

建筑和劳动力

虽然现在报纸上刊登的广告比以前少很多，但达尔文（Darwin）一直以来都是流浪汉、被放逐者和辍学的人找体力活的地方。由于雨季在5月就快结束了，找工作的人开始蠢蠢欲动，竞争越来越激烈，所以最好在4月雨季结束时就找到一份工作。

通常情况下手艺人在澳大利亚很容易找到工作，尤其是当他们带着自己的图纸和工具时。特别是在悉尼，管道工、电工和木匠会非常忙碌。此外，对他们来说，准备一双钢化靴也是很必要的。

旅游和餐饮

这类工作很多，且形式多种多样。你可以在昆士兰圣灵群岛（Whitsunday Islands）的游船上做厨师、在塔斯马尼亚岛上的青年旅社做临时看门人，也可能在横穿澳大利亚西北部无人居住的公路旅馆做服务生，或者在一家**时时乐**（*Sizzler*）餐厅做服务生（时时乐号称开创了澳大利亚随意晚餐的历史）。不管你做什么样的工作，都要有认真的态度。肯·史密斯（Ken Smith）发现，在墨尔本很多餐厅和商店橱窗里贴出的招工广告中都表示“即使是洗盘子的工作也要求有几个月的工作经验”。

无论是在城市还是在边远地区，餐饮业临时工的工资比英国的都要高。最新国家最低工资标准于2011年7月开始实施，在**澳大利亚公平工作网站**（*Fair Work Austrialia*，www.fwa.gov.au）上很容易就能查到餐饮业的工资水平。临时服务生的工资比国家最低工资每小时15澳元要高25%，周末还有额外的加班费。也就是说，周一到周五，你的工资应该是每小时18.75澳元，周六为每小时22.5澳元，周日则是每小时26.75澳元，而在节假日则是每小时34澳元。但是，总有很多雇主不按法律要求支付工资，2011年2月《悉尼先驱晨报》（*Sydney Morning Herald*）上的一篇文章报道说“一家知名寿司连锁餐厅承认它付给外国打工者的工资只有每小时9澳元。劳动专家认为这是澳大利亚服务业‘大规模黑色经济’的一种体现”。如果你对劳动法非常熟悉，就不会轻易被奸诈的商人欺骗（但这样你也很难找到工作）。

尽管付小费不是澳大利亚的传统，但现在也越来越普遍了。所以在时髦都市会所工作的服务生都会有一些额外收入。

但这一行业工作标准要求非常高，尤其是在游客聚集的地方。从邦迪海滩（Bondi Beach）到阳光海岸（Sunshine Coast）的旅游胜地，餐厅老板雇人时的惯例是先试用一个小时，然后再决定是否雇用。斯蒂芬·赛里达斯去凯恩斯的一家服务业职业介绍所找工作时感到非常吃惊：

> 4月，我来到凯恩斯，原本以为找一份工作不是什么难事。但是，虽然我有签证和工作经验，却没有介绍人。我曾在希腊做过服务生，那里的人根本不知道什么是介绍人。如果有个人走过来说“嗨，我是一个介绍人”，人们会觉得很莫名其妙。所以我在凯恩斯注定找不到工作。介绍所跟我说，如果我有介绍人，他们立刻就会给我安排工作。简直糟透了！

昆士兰州

昆士兰州是一个很有吸引力的地方，找工作时的竞争主要来自旅行者。相对于赚钱，他们更在意是否玩得开心。当雇主需要招人时，他通常会用刚好那天来询问的人，而不是筛选申请者的简历。比如说，如果你从悉尼打电话过去询问是否有职位空缺，得到的回答通常是过来看看。

如果你想找一份能住在雇主家里的工作，那最好去滨海旅游度假村看看，比如冲浪者天堂（Surfers Paradise）、奴沙岬（Noosa Heads）以及昆士兰海岸的所有岛屿。那里旅游季会从3月台风过后，一直持续到圣诞节。如果你觉得在凯恩斯很难找到工作，可以去凯恩斯北边较大的度假村棕榈湾（Palm Cove）试试看。大堡礁（Barrier Reef）附近的许多小岛也很欢迎旅游者。首先，你应该在大陆上的职业介绍所详细询问相关事宜，比如位于普洛塞尔皮娜（Proserpine），坎农韦尔（Cannonvale），麦基（Mackay）或汤斯维尔的职业介绍所。但之后你肯定要亲自去岛上看看（当然也要花钱坐摆渡船）。

在所有的工作机会中，最有可能成功的是位于弗雷泽岛上的**翠鸟湾度假村**（*Kingfisher Bay Resort* ☎07 4120 3381，www.kingfisherbay.com）和**宜浪海滨度假村**（*Eurong Beach Resort*），那里非常需要食品和饮料服务员。**特拉华北澳大利亚公园度假村**（*Delaware North Australia Parks and Resorts*）旗下有几个昆士兰高级度假村，比如在赫伦岛（Heron Island）、蜥蜴岛（Lizard Island）和大堡礁小威尔逊岛（Wilson Island）上的度假村。它们在官网（www.delawarenorth.com.au）上有一个招聘专栏，每个度假村也独立招聘员工。除此之外，你还可以先去**雷杰斯酒店**（*Rydges Hotel*，www.rydges.com/about/jobs.asp）、阳光海岸上的**摩羯座度假**

村（*Capricorn Resort*）**和绿洲度假村**（*Oasis Resort*）看看是否有工作机会。

昆士兰的旅游业发展迅猛，尤其是针对日本市场的旅游业务。在找工作时，如果你曾经去日本旅行过或会说一点儿日语，那就很有优势（除非跟你竞争的是来自日本的打工度假者，在凯恩斯和其他地方有很多日本旅游者）。詹姆斯·布莱克曼（James Blackman）没有学过任何一种东方语言，他讲述了他是怎样得到在圣灵群岛上一家度假村的工作机会的：

> 从艾尔利海滩（Airlie Beach）离开后，我去汉密尔顿岛（Hamilton Island）找工作。我询问了每一家公司，结果却很令人沮丧。但我并没有放弃，终于在倒数第二个地方找到了一份工作，那家在海滩上的餐厅雇我在厨房帮忙。在餐厅里工作的有很多是来自不同地方的人，大多数人都非常友善，常会跟你打招呼。

在初到艾尔利海滩的头两周里，罗杰·布莱克非常幸运地找到了做杂务工、园丁、劳工等6种工作，他简直就是一个万能的人：

> 在岛上我赚了很多钱，足够我去东海岸（East Coast）旅行的了。我对艾尔利岛的喜爱不仅是因为这里宜人的气候、水晶一样透明的蓝绿色海水、令人炫目的景色，还因为在这个只有一条街的小镇里，我能够和大家打成一片。很多当地人都是我的朋友，我也被看做是他们中的一员。在一家非常受欢迎的酒吧里喝啤酒，老板只会收我2澳元，要是外人的话可就比这个价格高多了。

黄金海岸（Gold Coast）有许多主题公园，一到节假日就有很多临时工作可以做，主要是食物、饮料和零售服务的。但这些工作的工资都不高，而且你还要自己支付从镇里的旅社到公园的交通费，最后是存不了多少钱的。找工作时，你可以看看《黄金海岸公报》（*Gold Coast Bulletin*）或布里斯班周六的《信使邮报》（*Courier Mail*）上的招聘广告，或者联系一下**华纳兄弟主题公园**（*Warner Bros Theme Parks*）。主题公园里的电影世界、海底世界、水上乐园和澳野奇观项目经常需要临时招人。华纳村主题公园的招聘联系方式为http://myfun.com.au/Employment.aspx。节假日期间，公园里总会招很多短工，这对背包客来说是一份很理想的工作。比如9月复活节有4周假期，而且正好也是学生放假时间，另外还有圣诞节4~6周的假期，都是找工作的黄金时间。

另外一个较大的雇主是位于黄金海岸北部库马拉（Coomera）的**梦境和白水世界**（*Dream-world and White Water World*），那里每次招人的数量都比较大（联系方式为dreamworldjobs@workpartners.biz）。

潜水和水上运动

潜水业的工作机会非常多，但是由于对从业资质要求较高，所以不是所有旅行者都可以从事这项工作。伊恩·马奇（Ian mudge）凭借自己做机械工程师和潜水员的工作经历以及学习日语的优势找到了一份工作，即在提供潜水项目的“猎人号”巡洋舰上做潜水长，“猎人号”从库克镇（Cooktown）出海。对于普通人做潜水工作，他的评价相当鼓舞人心：

> 想要成为服务生的人不妨到潜水经营者那里碰碰运气，比如在**麦克博潜水探险队**（*Mike Ball Dive Expeditions*）和**澳洲潜水号**（*Down Under Dive*）等。船上的“服务生”主要做整理工作，比如叠床铺、打扫船舱等，最好还要会厨艺、会讲日语。通常情况下，非潜水员可以接受免费的潜水课程，直到获得最基本的开放水域初级潜水员（Open Water Diver）的资格。但女性通常只做服务生的工作，不下水做潜水员。

悉尼的航海季节从10月持续到第二年4月，高峰期在12月，所以冬天在澳大利亚找工作没有任何问题。位于悉尼郊区的**北部航海学校**（*Northside Sailing School*，www.northsidesailing.com.au/employment.html）在学校放假期间为旅行者提供指导性培训，这些旅行者在讲解如何划橡皮航出海方面有一定的经验，尤其是教小孩子。

澳大利亚的飞鱼学校（www.flyingfishonline.com）向学员提供有组织的水上运动培训和招聘工作。在接受过驾驶游艇、潜水、冲浪和风帆冲浪的培训后，学员可以通过该机构的免费职业建议和招聘服务找一份相关工作。另外一些学员在飞鱼学校的安排下，通过悉尼**专业潜水学院**（*Pro Dive Academy*）完成专业潜水培训后，就可以去澳大利亚和南太平洋上度假村的**专业潜水**（*Pro Dive*）连锁站工作。

滑雪胜地

澳大利亚另一个旅游胜地是澳大利亚阿尔卑斯山脉（Australian Alps），那里的滑雪度假村越来越多，也越来越火。找滑雪工作，应该去**科斯丘什科国家公园**（*Kosciuszko National Park*）附近的金德拜恩（Jindabyne，新南威尔士州）和斯瑞德伯（Thradbo）。

此外，维多利亚州的布勒山（Mt Buller）、福斯奎克山（Falls Creek）、波波山（Baw Baw）和豪森山（Hotham）也是相对发达的滑雪中心。从1月到复活节期间，很多大公司都在招聘员工。如果你能在6月旅游旺季开始前一两周就过去，你就有机会找到一份好工作。相关招聘信息可以在www.fallscreekemployment.com和www.thredbo.com.au等网站上搜索“滑雪工作”找到。

丹尼斯·克罗夫茨（Denise Crofts）先在悉尼做服务员，后来就来到布勒山的**阿尔贝格酒店**（*Arlberg Hotel*）工作。那里的滑雪条件很好，她正好赶上了旅游旺季。酒店主要是通过www.seek.com.au招聘员工，而且为员工提供食宿，每周只需花费200澳元。但是，亨利·皮尔斯找工作的过程并不顺利（电台播放各种招聘的广告）：

> 6月2日，我们匆忙赶到库马（Cooma），然后就去询问我们在4月发过的求职申请是否被通过，却被告知对方只招2个酒吧服务员，却收到了4000多份申请。虽然不敢抱太大希望，但我们还是去了斯瑞德伯，问了一些小店和酒店是否招人，但大多数都不缺人手了。也有些店主说如果下雪，肯定会有职位空缺的。最后，我们在金德拜恩找到了一份工作，地点是在“澳大利亚最高的餐厅”（滑雪索道的最高处）。但金德拜恩的住宿费很贵，乘坐索道和租用雪具的费用也很贵。

一个合格的滑雪教练必须在滑雪季开始之前参加一些大规模度假村的招聘会。位于斯瑞德伯**阿尔卑斯滑雪村**（*Alpine Ski Village*）的**科斯丘什科斯瑞德伯有限公司**（*Kosciuszko Thredbo Pty Ltd* ☎02 6459 4100，jobs@thredbo.com.au）想招聘三种能在整个滑雪期工作的员工：山上的工作人员，酒店内工作人员以及滑雪教练。其官网站www.thredbo.com.au上列出了招聘过程的具体信息：求职者要在4月初投递申请；之后初审合格者的名单会公布在网站上；5月初在悉尼、布里斯班和斯瑞德伯进行面试。

内陆地区

乌卢鲁（Uluru），即艾尔斯岩（Ayers Rock）每年吸引100多万游客前来观光，其中大约1/3是来朝圣的。离它最近的能够住宿的地方是向北20千米的**艾尔斯岩度假村**（*Ayers Rock Resort*，之前叫Yulara）。它是北部地区第四大度假村，拥有750名员工，所以也是一个找工作的好地方。度假村是由**航海酒店度假村公司**（*Voyages Hotels and Resorts*）经营的，它的招聘网站（www.voyages.com.au/corporate/careers）

上有一份详细的说明书，介绍怎样在艾尔斯岩度假村和附近的131度假村工作和生活。员工的住宿费为每周81~167澳元。

去乌卢鲁的必经之地——爱丽丝泉也是一处很有名的旅游胜地。有一位曾在当地背包客旅社住过的旅行者说，在去过爱丽丝泉的女人中，有2/3会选择留下来做服务员或酒吧服务员。有时候，高档旅社也会招服务员。此外，要想在那里做服务员或厨师，重要的不是你的资历和经验，而是个性和外表。

如果你的目标是探索澳洲，而非赚取高额的工资，那么在旅行社工作的机会是非常不错的，因为你可以通过付出劳动换取一次你可能难于支付的旅行。卡卡杜（Kakadu）的一些露营旅行社和**利奇菲尔德公园**（*Litchfield Park*）就是这样，你值得一试；另外，这可以试着联系Intrepid Connections（www.connections.travel）。

除此之外，5月到10月的旱季期间想去景点打工的人，可以去南澳大利亚腹地的库伯佩迪（Coober Pedy，澳大利亚的澳宝之都）、爱丽丝泉、空努努拉和布鲁姆（Broome）。

城市

在找工作方面，墨尔本的情况比悉尼要好一些（这一点有争议），一部分原因是很多旅行者比较喜欢悉尼的气候，所以来墨尔本的人就相对少一些。对很多打工者来说，求职的第一步是找临时工作介绍所。除了餐厅、咖啡厅、酒吧和俱乐部外，你还可以去板球场、剧场、游艇俱乐部做临时餐饮服务工作。只要你有银质（宴会）服务工作经验，那么在专门机构的介绍下，你很容易找到宴会上的工作。

在悉尼郊区，除了背包客集中的地方，其他地方的工作相对好找一些。丹尼·雅各布森是一名来自芝加哥的比萨厨师，他就发现在新城镇比在邦迪海滩更容易找到工作，此外他还找到了一个为知名服装品牌做促销活动的工作：

> 在牛津街上我遇到了一个举着大幅广告的背包客，他说他的老板并不在意工作签证，而且工资付现金。工作内容只是举着广告牌子在街上站最多10个小时，有时候也需要走动一下。这工作挺不错的，所有人都会注意到你，而且你还可以看到街上发生的所有怪事。如果你的外形不错，还有可能去店里卖衣服或检查袋子。如果你想找这样的工作，可以去市政厅或帕丁顿路附近转转，只要跟举着广告牌的人讲一下，他们就会直接把你介绍给老板。

在珀斯，如果你想找去酒吧或做服务员的工作，最好去市中心、弗里曼特尔（Fremantle）、诺斯布里奇（Northbridge）以及威廉和詹姆斯（William and James）大街附近。罗娜·斯坦尼格斯（Rhona Stannage）和她的丈夫斯图尔特·布莱克威尔（Stuart Blackwell）11月来到珀斯。他们曾在法国阿尔卑斯山上的一家小店内工作过，旅行途中，也在塞浦路斯的一家餐厅工作过，这些工作经历非常有助于他们找到服务类的工作：

> 因为报纸上有很多酒吧和餐厅的招工广告，所以我们没有挨个上门去问。我们遇到过一个到珀斯才一周的加拿大男生，他刚到时就在附近的餐厅、酒吧和夜店问是否招工，然后很快就在诺斯布里奇找到了一份工作。我们两个运气也不错，我是一周之内，我丈夫是一两周之后（鉴于我们的工作经历完全相同，我认为我比较快找到工作是因为服务业倾向于招女生）。我在一家名为罗西·格雷迪（Rosie O'Grady's）的爱尔兰酒吧工作（虽然他们喜欢爱尔兰口音，但对于我的苏格兰口音他们还是勉强接受了）。另外在墨瑞街上有一家名为"月亮和六便士"（*the Moon and Sixpence*）的传统英国酒吧也很不错，因为在那里工作的似乎只有英国人，没有澳大利亚人。

罗娜也在**波西伍德娱乐中心**（*Burswood Entertainment Complex*）找到了一份工作。它是西澳大利亚规模很大的公司之一，向雇员提供免费伙食，职位空缺都登记在该公司的网站www.burswoodjobs.com.au上。

很多餐饮公司，像前面提到的**品尼高**（*Pinnacle*，www.pinnaclepeople.com.au）和位于墨尔本的**霍本**（*Hoban*，www.hoban.com.au），赌场和公司活动等输送临时工。在卡尔古利（Kalgoorlie）这样的地方，女性求职者更受欢迎，但女服务员会被不礼貌地叫做"暴露女"（衣着暴露的酒吧女服务员）。由于达尔文市人口较少，只有12.5万，酒吧和餐厅经常会雇旅行者来工作。在达尔文找工作也比在悉尼和墨尔本要容易些，而且住宿费也要便宜很多，比如在集赌场住宿于一身的**天城达尔文酒店**（*Skycity Darwin*，www.skycitydarwin.com.au）。

布里奇德·西摩·伊斯特认为应该提醒刚来的旅行者注意悉尼的一些潜在危险：

> 你可能本来打算就在悉尼玩一两周，然后就去其他地方旅行或找一份工作。但玩了一两个月之后，你会发现自己还在悉尼，而且钱也快花光了。悉尼之所以能把你困住，是因为你真能在

这里玩得很开心。我和吉米在一家悉尼的青年旅社相识后，我们相爱了。

假期语言培训课程

一些来自日本、印度尼西亚和其他亚洲国家的学生常在秋假或寒假来澳大利亚游学。通常，他们需要学习英语，所以如果你有TEFL资格证，就可以利用这一机会赚钱了。而且，由于太平洋沿岸国家中产阶级的兴起以及澳大利亚移民局对签证条件的放松，假期英语培训课程越来越火爆了。

巴里·欧丽瑞（Barry O'leary）拿着打工度假签证来到悉尼时，身上的钱已经所剩无几，所以他急需一份工作。在来悉尼之前，他已经向几家语言培训机构发邮件求职，并且约好在他到的第二天面试。除了亲自去一些学校看看之外，他还在网上搜索，比如www.seek.com.au，www.jobsearch.gov.au和www.mycareer.com.au。很快，他就在悉尼郊区的一家英语培训学校找到了工作：

这是我第一份全职工作，我完全投入到了工作之中。一开始，因为在休产假，我一周只工作15个小时。但之后加上备课的时间，我一周工作45个小时。他们付给我的工资很可观，而且由于我的承包商身份，还不用缴税。我的工资是每小时30澳元（当时的汇率），另外晚上教的商务课程是每两周300澳元。所以，3个月之后，我一共存了8000澳元，这足够支付我去东海岸好好享受一番了。我们的办公室里总是笑声不断，英国人和澳大利亚人经常互相打趣。我很喜欢混合班，因为大家有很多不同的意见，而且每个国家的人都有不同的特点，这也使得我的工作很富有挑战性。

特殊活动

像锦标赛、赛马会这样的特殊活动也有可能带来工作机会。如果在**墨尔本杯**（*Melbourne Cup*）那天（维多利亚州法定节假日，11月第一个周二）你碰巧在墨尔本，或者你3月在**国际汽车大奖赛**（*Grand Prix*）上，那你的工作机会将会大大增加。在整个比赛期间，大会需要招募很多清洁工来打扫、清理15 000多名观众留下的垃圾。在赛马会期间，尤其是墨尔本杯日，市里的所有酒店、餐厅、酒吧都会挤满人，私人的餐饮公司也急需人手。

在圣基尔达（St Kilda）郊区中部一家很有名的背包客旅社住宿时，罗杰·布莱克突然得到一份工作。一家公司正在墨尔本展览中心搭建展台，由于缺人手，便开始招临时工。布莱克在墨尔本期间一直为这家公司工作，最后赚到了几百美元，然后就去新西兰旅行了。

几年前，丹尼尔·阿瑞纳（Daniele Arena）曾在墨尔本南边的**菲利普岛赛车场**（*Phillip Island Racing Circuit*）工作过："在10月的澳洲摩托车大奖赛和2月的超级摩托车大赛开始前，赛车场常会雇临时工。有一些比较奇怪的工作，比如清洗地板、冲洗维修道、刷轮胎墙等，但这种工作的报酬很不错，你可以工作很多个小时。"

澳大利亚所有的大城市都有赛马活动。罗威娜·卡维利（Rowena Caverly）曾在**达尔文杯赛马会**（*Darwin Cup Races*）上工作过，"我的工作内容主要是确保没有女选手在厕所里晕过去。"

旅游集市在澳大利亚非常流行，它也会为打工者提供一些工作岗位。当葛切·科夫（Geertje Korf）在集市上找到一份工作时，她非常兴奋。但事实证明，这份工作并没有她想象中那么有趣：

> 这份工作本身非常好，就是帮忙搭建摊位和组织小丑做游戏，但是我的雇主一家人不太好相处。在我们搬到另一个地方开始展览之前，我常常一个人在又热又脏的小村庄里转悠，无所事事。其他人都围成一圈喝啤酒，没有人跟我说话。另外展览场地的公共厕所直到展览那天才开放，而且在展览结束之前从不打扫，里面会有很多青蛙、苍蝇和赤背蜘蛛。我每周的工资是200澳元，外加住在大篷车里，每天还有一顿不错的晚饭。去年，有一个荷兰小伙子跟着他们做了6个月，而且相处得很愉快，所以我想这跟每个人的性格有关吧。

澳大利亚酒吧

在以男人为主的酒吧里，大家常常痛快地喝酒，偶尔也调戏一下服务员。这种现象依然存在，所以你要做好心理准备。尽管他们本质上没有恶意，但有时候也会把你弄得很生气。而且，当听到他们无休止地比较澳大利亚和英国的运动时，你也会觉得很不耐烦。

酒吧和餐厅对服务标准要求很高，一般情况下酒店经理都会找有工作经验或接受过培训的人，除非是急需人手，否则他们不愿意去培养一个新人。即使你在英国有相关工作经验，想要掌握澳大利亚酒吧的倒啤酒技巧，你还是要花费一些心思的。啤酒杯大小不一，令人眼花缭乱，从塔斯马尼亚岛上115毫升的小杯，到新南威尔士州的575毫升杯，中间还有中杯、大杯、罐杯和超大杯，每个州的叫法和大小都不一样。

在公路上的服务站工作非常孤独，因为每个站通常只有一家商店、一个加油站和一家酒吧。

在澳大利亚沙漠地区，那些没有尽头的笔直公路上，每隔几百英里才有一个服务站。地方越是偏远（通常也越热），工作就越好找。当你看到**马布尔酒吧**（*Marble Bar*）在招人时，一定要同时意识到，它很可能是世界上有人居住的最热的小镇，夏天的温度甚至会达到50℃（122° F）。

儿童保育

在澳大利亚，照顾小孩子的工作很多，住不住在雇主家的情况都有。一些英国的介绍所也介绍这样的工作，比如**国际儿童保育公司**（*Childcare International* 伦敦NW7区；www.childint.co.uk）。到达澳大利亚之后再找工作也很容易，保姆和互惠生机构非常乐于招聘来打工度假的年轻人。葛切·科夫在塔斯马尼亚岛上找保姆工作的经历可以证明找这一点：

> 我决定去塔斯马尼亚岛看自行车赛，在到达第二个地方时，我得到了一份照顾4个小孩子的工作，之前我在悉尼也做过保姆。那个地方非常漂亮，环境也很好，还有餐厅，所以我接受了这份工作，离开时也赚了一些钱。

除了食宿费之外，保姆每周的工资通常是250~300澳元。如果是住在雇主家里并保证做满一年的话，每周的工资会高达450澳元。一些互惠生机构常安排欧洲和亚洲女人住在雇主家里，并且至少工作3个月。并不是所有地方都要求雇员有工作经验。找工作时，可以试着联系以下几个机构：

澳大利亚保姆和互惠生联络所（*Australian Nanny & Au Pair Connection*）：维多利亚州库扬（Kooyong）；☎03 9824 8857，www.australiannannies.info。

呼叫天使（*Dial-an-Angel*）：☎1300 721111，www.dial-an-angel.com.au。它是一家经营了很多年的工作介绍机构，在澳大利亚很多地方都有特许分公司。

家庭互惠生和保姆（*Family Match Au Pairs & Nannies*）：☎02 4363 2500，www.familymatch.com.au，这里为打工度假者提供工作，每周工作25~35个小时，收入为180~250澳元，包括一切食宿费用。

人人为人人（*People for People*）：新南威尔士州布鲁克韦尔（Brookvale）；☎02 9971 1393，www.peopleforpeople.com.au。这里为打工度假者提供夏季3个月的工作，起始工资为每周210澳元（住在雇主家里），每周工作30个小时。

很多机构会对求职者进行面试，在安排工作前核实他们的介绍信。跟美国一样，驾驶证非常有用。除了长期职位，在12月到2月的夏季和7月到9月的冬季，假期工作也有很多。得益于在法国做互惠生的经验，马特·汤姆林森在一家滑雪度假村找到了一份做保姆的工作：

在澳大利亚做男保姆是一段非常有意思的经历，我常被人问是不是恋童癖，后来我也渐渐习惯了被这样问。但从好的方面看，在墨尔本，有很多人想雇我住在家里帮他们照顾孩子。可能你会觉得每当我告诉别人我的工作时，总会被人戏弄一番。是的，但我不介意。

想要做保姆的人可能会对罗威娜·卡维利（Rowena Caverly）的经历感兴趣：

我在雨林里一家“朴门”（Permaculture）农场照顾一个15个月大的小男孩，每天我都有新的收获，比如要教他不要碰墙上的高脚蜘蛛。在夏天，我的任务是教会他使劲地跺脚来把蛇吓跑，要不然可能会出事（要是孩子出事了，我的钱也就拿不到了）。

渔业和船业

有时候，捕虾船上也有工作机会，比如在布鲁姆、达尔文、凯恩斯、汤斯维尔、鲍恩，甚至是卡奔塔利亚港湾（Gulf of Carpentaria）的卡伦巴（Karumba）。你可以去一家较大的公司求职，像昆士兰的**瑞普集团**（*Raptis*, www.raptis.com.au），也可以试着去一些小的私人船上找工作机会。

近些年，捕鱼业的中心渐渐从达尔文转移到凯恩斯。捕虾队通常在海上待6周多来打捞墨吉对虾（banana prawns），然后在8月和9月时再次出海去捕获老虎虾（tiger prawns），渔汛期通常在圣诞节期间。8月中旬，拖网渔船从达尔文的泊地法兰西斯湾（Francis Bay，常被称为“鸭子池塘”〈Duck Pond〉）出发，然后6月返回。船长经常抱怨人手不够。珀斯最大的捕鱼公司之一**澳大利亚渔业公司**（*Austral Fisheries* ☎08 9202 2444，www.newfish.com.au）的一位经理在2009年写道：

我们渔船上的工作是重体力劳动活，工作时间很长，但报酬很丰厚，对人的性格也是一个很好的磨炼。如果你准备好做这份工作，那我们很乐意为你提供一个好的开始。出海，要么妙不可言，要么如坠地狱，全看个人。

渔汛期开始的时候，只要你去码头找工作，就会被带出海，不管你是否有工作经验。不过报酬相对那些老手来说，就少很多，正如山姆·马泰尔（Sam Martell）所说：

> 在达尔文跟一些澳大利亚人聊天时，我得知出海6周就可以赚15 000澳元，这相当有诱惑力。于是，喝了几杯啤酒壮胆后，我跑到了码头上准备去试试运气。跟一些水手聊过后，他们带我参观了一下附近的几艘船。很不幸的是，由于我是绿卡，我的工资不像其他人那么多。每周的薪水不是2500澳元，而只有300澳元。这样算就实在不值得，因为每小时只有4澳元。虽然附近还有几艘捕鱼船但除非你很有经验，要么千万不要自讨苦吃，不要跟捕虾船出海。

普通水手的工作主要是修补渔网和把虾分类。在4月和5月，捕获墨吉对虾的季节里，船队通常急需人手帮忙。因为墨吉对虾成群游过，捕获时水手需要高度集中注意力，一下子收网。通常打捞老虎虾是在晚上进行。船上也有女人，她们一般做厨师的工作。但在出发前，她们要先搞清楚，船上的娱乐设施是否可以使用。在海上时，女人常受到不公平的对待。她们抱怨最多的是不仅要做饭，还要把海蛇和海蜇清理出去。但男人也同样有麻烦，如果船长不喜欢某个人，他可以随随便便地把那个人放在一个荒岛上或海滩上。

昆士兰海事安全局（*Maritime Safety Queensland*）在背包客的报纸上刊登了一个警告，请大家警惕在圣灵群岛附近出没的“海盗”：

> 圣灵群岛上，经常有海盗出没。他们在酒吧和俱乐部里闲逛，骗旅行者说如果加入他们的船队，就为旅行者提供便宜的游艇。一旦你上了船，就被困住了。他们的船没有经过注册很不安全，而且他们的态度极其不友好。所以一定要跟正规的船出海，这样你才能玩得开心安心。相关问题，你可以去**圣灵群岛租船行业协会**（*Whitsunday Charter Boat Industry Association*）进行咨询。

采珍珠通常在较远的海域进行，也需要大量的临时工。只要你愿意做而且身体够强壮，都可以做。现在捕鱼和采珠已经被算作可以申请第二次打工度假签证的条件，这充分说明了这个产业有多需要劳动力。采珠业招聘旅行者时有一个专门的网站：www.jobaroo.com/job-pearling.html。采珠中心在布鲁姆，你可以去那里养殖牡蛎的公司问一下。采珠的高峰期从4月或5月持续到9月，但全年都有工作。在船上工作时，你可以选择下水，也可以不下水。但不管怎样，你都要早起，然后要做很重的体力劳动，但收入也是很可观的。采珠船常从达尔文附近的科堡半岛（Coburg Peninsula）北部，即西澳州海岸上的艾克斯茅斯（EXmouth）和布鲁姆出海。

总结

伊恩·弗莱明（Ian Fleming）总结了许多旅行者眼中的澳大利亚：

> 我们对澳大利亚雇主的评价是，虽然要求苛刻，但很公平。他们要求每天的工作质量要好，也会给你很好的待遇。如果你没有达到他们的要求，他们会直接告诉你该怎么做。我还发现澳大利亚人比我想象中要更友好、更乐于助人，也非常好相处（除了他们管我叫“P·B”，意思是英国移民混蛋）。

澳大利亚有很多工作机会。你可以不做那些奇怪的工作，比如桑德拉·格蕾（Sandra Grey），她的工作是让人在她白皙的背上涂上防晒霜测试了3个小时；或者像简·托马斯（Jane Thomas），他在变性诊所做过很离奇的工作，甚至还在陈尸馆给被肢解的尸体贴标签等。

尽管在工作中和老板那里受到过打击，路易斯·菲茨杰拉德（Louise Fitzgerald）对来澳大利亚打工旅行的评价还是很高：

> 对那些还在考虑要不要去的人，我的建议是，出发吧！否则会后悔的。澳大利亚是一个很奇妙的地方，那里的人也非常友好。虽然那里的男人有那么点儿沙文主义，不过只要你能证明你和他们一样优秀，他们就会很喜欢你！

新西兰

新西兰是个迷人的田园国家，只有400多万人口，该国绵羊的数量比人口数量要多很多。虽然随着时间的推移，主要城市的结构变得复杂，但那里的人们依然单纯、善良、友好。旅行者很容易搭到便车，背包客招待所的环境也很舒适，露营十分惬意（不下雨的时候），当地人也非常热情好客。最低日薪为13新西兰元（2011年6月的数据），加上8%的假期工资，相当于每天7英镑。此外，新西兰的消费水平较低，所以你要努力在离开新西兰之前把挣的钱花完！

2011年2月，新西兰遭遇了一次痛苦的创伤，基督城（Christchurch）市中心遭到了地震严重破坏，172人在地震中丧生，其中还包括几名背包客。

之后频繁发生的余震损坏了之前对房屋建筑和排污系统的修复，而且要想恢复基督城之前的城市形象，将需要花费很长时间。政府和私人雇佣代理一直在努力帮助基督城的无家可归者寻找季节性工作。但是这样的努力并没有使背包客数量急速下降的现象有所缓解。虽然全国的失业率稳定在6.6%，但这个悲剧注定给当地的就业形势带来压力。你可以做一些临时性工作，干点零活等，虽然这在新西兰不太容易，但会很有乐趣，而且还能赚点儿旅游的经费。在海滩、田野或在林地宿营都是可以的。和世界上其他国家相比，背包客在新西兰住宿可以获悉一些做临时工的机会，尤其是无处不在的摘水果工作。

相关制度

新西兰一直享有热情好客的盛名。英国游客在新西兰停留6个月内无需办理签证。美国、加拿大及欧洲游客不办签证的旅游期限则为3个月。年轻游客入境时则需出示准入证，并缴纳约每月1000新西兰元的费用。事实上，看起来很有身份的旅行者在入境时不太可能会受到盘问。

英国工作假期计划在应对季节性工作人员短缺的问题上运行得非常成功，它将允许在新西兰停留的最长时间从一年延长至23个月，还不算配额。这个计划允许18~30岁符合条件的英国青年获得工作假期签证，他们可以在新西兰找到临时性或全职工作。申请此项签证者需能付得起在新西兰每月约350新西兰元的花销。获得签证的人可以在两年签证有效期内连续或累计工作最多一年时间。如果他们从事园艺或葡萄种植工作满3个月，就可以将他们的工作假期签证有效期延长3个月。感兴趣的读者可以去位于伦敦干草市场（Haymarket）的新西兰移民局了解相关信息，也可致电☎09069 100100（按每分钟1英镑收费）或登录网站www.immigration.govt.nz，内容广泛翔实并会及时更新信息。

工作假期计划可以在网上申请，所以无论你在何地都能进行申请工作，申请费用（目前为140新西兰元/70英镑）可以通过信用卡支付。其他工作假期计划（最长期限为一年）以互惠生为基础，对爱尔兰、美国、加拿大、荷兰、日本以及很多国家开放。

对于那些准备在园艺和葡萄种植业范围内进行“种植、维护、收获和包装农作物”的人来说，工作假期签证又有一个新的选择，那就是被认可的**季节性雇主签证计划**（*RSE visa scheme*），即你可以在签证上规定的期间内受雇于一个被认可的季节性雇主。可以在网站的移民部门专区查到115个被认可的雇主姓名。被认可的季节性雇主签证计划为来自各世界的季节性工人提供8000多处工作地点。

如果你在新西兰有熟悉的人，又或者有特殊技能，又或者在你离开英国之前就接到了公司的录用通知，那么你就有资格申请临时工作签证（需收取115英镑/230新西兰元的费用，概不退回）。你在新西兰的雇主还需要为你向NZIS（新西兰移民服务部）证明有必要雇用一个外国人，而不是一个失业的新西兰人。这个临时工作签证虽然不能保证你得到工作机会，但它确实能让你到了新西兰之后找工作更容易。如果你在出发前已经办理了工作签证，你最多能在新西兰停留三年时间（一般而言，“签证〈visa〉”这个词用于允许其他国家人员申请来新西兰，而“许可〈permit〉”是用来特指新西兰人的）。如果你认为有可能永久移民，那么必须先向新西兰移民服务部门提交这个永久移民的意向（EOI）。

特殊计划

位于伦敦的**北美学生英国大学俱乐部**（*BUNAC* ☎020 7251 3472；downunder@bunac.org.uk）目前有一个新西兰工作项目，该项目提供“工作交换假期签证”（只对北美学生大学俱乐部有效）或普通工作假期签证，提供来自北美学生英国大学俱乐部合作伙伴IEP的工作同伴帮助，另外还有很多其他优势。此项目需缴纳349英镑的费用，你可以直接在IEP的网站（www.worknewzealand.org.nz）缴纳此项费用。

在威尔士和奥克兰的**世界辅导专业机构**（*Tutors Worldwide*，www.tutorsworldwide.org）招收中学毕业生，他们可以花一年时间在新西兰的预备学校和高中学习。其中很多岗位都提供运动教练和监督，此项目交流费用为500

英镑。

有意向去新西兰工作的美国人和加拿大人可以搜索CCUSA的**工作冒险项目**（*Work Adventures Downunder Programme* ☎415 339 1831；www.ccusa.com）。

HTE Internships由新西兰人创立，总部设在伦敦，为学生游客提供一系列旅游服务、滑雪场地并为其准备四五家新西兰星级酒店。费用为半年950英镑，一年995英镑（www.tourisminternship.com）。**新西兰职位搜索**（*New Zealand Job Search* www. stayatbase.com/work）是一家为旅游者提供工作搜索的专业机构，旗下还有**奥克兰ACB背包客旅馆**（Auckland ACB backpacker hostel，奥克兰女王大街229号4楼；☎0800 462 396；jobs@nzjs.co.nz）。去那里找工作的最低费用为345新西兰元，包括新西兰工作搜索一年的注册费，就业介绍机构服务费和很多额外津贴（单程机票、介绍会、用户识别卡等）。

利兹市一家名为**新西兰间隔年**（*Gap Year NZ*）的商业网站（www. gapyear- newzealand.co.uk）致力于帮助人们在新西兰过一个美好的间隔年。这个网站提供各个领域当前工作岗位，包括水果采摘、商务交际、普通或冒险旅行，还会提供安排旅程的基本信息。其下属的总部设于利兹市的**独立旅游公司**（*Indie Travel Campanny*，www. indietravelcompany.com）向打工旅行者出售新西兰（和澳大利亚）组合服务，最低售价75英镑。www. gapyearnewzealand. co.uk/jobs/gap-year-jobs.php目前还有一些职位空缺名额。

税费

雇主都希望从国内税务部门（IRD）那里看到税号，如果没有税号，你就得另交46%的税作为惩罚。申请税号的方法以及可供下载的申请表浏览国内税务部门的网站www.ird.govt.nz；申请表和你的签证（打工度假签证）以及你的驾驶证或在新西兰的工作邀请都必须经过邮政总局或汽车协会办公室的认证。你必须在申请表上写下你的真实地址，而不是邮政信箱地址；许多旅社都很乐意让你使用它们的地址。办理此项程序需10个工作日。

在新西兰停留的一年中，工作过的人很可能获得退税。在你离开新西兰之前大约一个月时，请拨打国内税务部门的免费电话（☎0800 227774）要求填写退税申请。确保你保存有盈余总汇表，不然你就得拿出证据证明你已经为永久离开该国缴纳了全款。你应缴的所有费用——大约是你收入的20%——将被打入指定银行账户或从你的信用卡中扣除。罗杰·布莱克的退税事宜办理过程延续了3个月，但最后退税却寄到了他在英国的住处，这让他很烦心。

临时工作

新西兰工业基础薄弱，大部分临时工作都是关于农业和旅游业的。和澳大利亚一样，背包客旅社和宿营地最容易得到招聘信息。当地农民经常和酒店以及背包客旅社保持联系以便寻找到季节性工人，正如伊恩·弗莱明观察到的：

> 我们在北岛和南岛（North and south Islands）旅行时，获得好几个工作机会。
>
> 住在**凯利凯利青年旅社**（*Kerikeri Youth Hostel*）时，我们发现当地农民会定期来旅馆寻找可工作一个白天或更长时间的员工。那些想干农活的人们可得早点儿起，因为农民们早上8点半前就离开旅社了。

当地农民和旅馆门卫轮流核对并更新招工信息或在旅馆周围通知。例如，"猕猴桃采摘工作从3月持续至5月，若有兴趣请到钟声旅馆（Bell Lodge，Tauranga）报名"，这种信息经常会出现在旅馆留言板上，大家要注意留意。同时正如罗杰·布莱克所提醒的，要时刻保持警惕：

> 我在奥克兰待了几周，干了些工作，但由于这里的生活费用很高，所以我们仍然入不敷出。我在青年旅社协会的公告栏上看到一则广告，之后便打电话询问了哈斯丁（Hastings）的一家旅馆关于急招30人摘苹果的工作。
>
> 第二天我便坐上了公交车前往哈斯丁。虽然已经有游客在工作了，但更多人要过几天才能工作，"也许是明天"，因为当天的任务所需的人手已经够用了。一周后我才知道这一季的苹果晚熟了。旅馆正是用这种小手段来提高入住率。

背包客公告栏（Backpackerboard.co.nz）提供了大量有用的工作信息和背包客去新西兰旅行节省预算的小技巧。最近有两则广告，一个是帮忙打理花园来换取免费的住宿，另一个则是急聘人员去南岛一个无峰驼农场公园中工作。同样，**经济型背包客旅社联盟**（*Budget Backpackers Hostels*，www.bbh.co.nz）的游客公告栏部分也有一些工作信息。旅馆经常提供短期工作，游客通过兼职工作获取免费住宿，也可以做全职工作来换取工资。

还有一个很好的资源就是新西兰季节性工作网（www.Seasonaljobs.co.nz），该网站提供当前职位空缺详情。www.seasonalwork.co.nz和总部在霍克斯湾（Hawkes Bay）的www.pickapicker.co.nz也提供类似服务，信息随时更新。

自从罗杰·布莱克的露营车发动机爆掉后，他搜遍了惠灵顿所有青年旅社的布告板，并找到了一份保洁工作，以换取免费住宿。不少游客在新西兰的旅馆里做清洁工作，一周工作6天，每天工作3个小时，来换取一个免费床位。

路易斯·霍克斯（Louise Hawkes）在一年多的时间里做了很多种临时工作来挣钱养活自己：

> 我所做的大部分工作属于服务业，比如服务员、女招待这类的。我甚至带着一群背包客在美丽的凯库拉（Kaikoura）旅行了半年。与在酒桌旁等待客人点餐相比，这可有意思多了。我这一路上在葡萄种植园干活、看管葡萄园、在农场里开拖拉机、在猕猴桃园晒猕猴桃、在大麦场里打麦子等。

乡村雇主总是为有车的人优先提供工作机会。马特·汤姆林森建议驾车去新西兰旅行、找工作。他周日早晨在曼努考（Manukau City）车市买了一辆车。你也可以去南奥克兰的埃勒斯利车市（Ellerslie Car Fair）逛逛，或者登录 www. autotrader.co.nz，在那里你也有可能很幸运地找到相当好的车，价格为1000~1500新西兰元。位于奥克兰市中心东街20号的背包客车市（www.backpackerscarmarket.co.nz）因其为购买者提供快捷有效的服务而深受背包客们的称赞。车市的工作人员会帮助顾客进行机械检查，并在上车险和法律方面提供建议。类似的车市在基督城（Christchurch）还有一家，就在Colombo和Battesea Strees的拐角处。

绿色和平组织（*Greenpeace*，www.greenpeace.org/new-zealand/jobs/Overseasapplicants）经常招募人员筹措资金。此项工作主要是站在繁华的购物区劝说人们向绿色和平组织捐款。

如果你打算在但尼丁（Dunedin）或那附近住上一段时间，那你可以去看看**真利时科技公司**（*Zenith Technology*）是否正在做临床实验。如果你愿意当志愿者，那么不出一周，你就能得到200新西兰元的报酬（☎03 477 9669; zenithtechnology.co.nz）。

乡村和清洁志愿工作

新西兰世界有机农场机会组织很受欢迎，并积极地为人们提供工作机会。它与1000多个农场有联系，并欢迎志愿者前去从事特定工作，以劳动换取免费食宿。

工作一览表需花40新西兰元购买，仅限网上支付。如需要纸质版小册子，则要另花50新西兰元，一览表可以从Po Box 1172, Nelson（☎03 544 9890; support@wwoof.co.nz;www. wwoof.co.nz）

中得到。该组织的志愿者经常到蔬菜农场、托儿所和其他农场从事有偿工作。

另一个可以将打工旅游者和350多个场主联系起来的组织，是位于新西兰北帕默斯顿（Palmerston North）的**农场帮手组织**（*Farm Helpers*，www.fhinz.co.nz）。该组织（*FHiNZ*）收取25新西兰元作为会员手册的费用，手册里面包含所有农场的地址。志愿者可以在农庄住宿3天至几个月时间；不需要任何工作经验，只需每天工作4~6小时。协调员通常会建议奥克兰的志愿者，因该地区人员供过于求所以志愿者最好能到乡村去。另外，www.helpx.net可以无偿申请以工作换免费住宿。现在该网站已有超过725人注册了，2年前由一个英国背包客在新西兰创立，随后不断壮大。现在会员分普通会员（免费）和星级会员两种，其中星级会员需交20欧元会费。

艾德里安·罗宾逊（Adrienne Robinson）和她的丈夫以及他们的小儿子加入了FHiNZ，并被安排到了两个农庄工作。他们想找到能在夏天和圣诞期间提供工作机会的农场，然而很多在册的农场那段时间已经没有工作岗位了。他们觉得像采摘、除草和维修这些工作很容易带着3岁的乔丹一起完成。

里奥娜·鲍德温（Leona Baldwin）觉得应该尝试做一些与以往完全不同的事，她通过世界有机农场机会组织在新西兰的一个农场待了一段时间：

我自小在多伦多长大，我最近一次与农田的亲密接触便是驱车前往挂着“最佳居住地”广告牌的城市时经过的一块废弃玉米地。有朝一日重返自然的想法一直在我心中久久不能散去。

我们去新西兰旅游时，很想在猕猴桃园里体验真正的田园生活。成为世界有机农场机会组织的一员真是一件让我开心的事，它使我们从平时一成不变的生活中得到休息、放松，还能让我们的银行存款不至于越来越少。幸运的是，我们首选的马场还有两个工作机会留给世界有机农场机会组织的成员。所以在经过一个非正式电话面试后，我们受邀前往，并在奥阿库尼（Ohakune）滑雪度假村附近的一个农场住了下来。

在这个农场，人们自给自足的生活方式让我感到非常惊奇。我们亲眼看见才能相信没有超市和包装的生活是如此经济、方便，这是可持续生活不容争辩的事实啊。但我不得不承认，几周见不到金拱门（麦当劳的标志）、碰不到化学甜味剂的我，开始渴望麦当劳里的一切了。我想习惯总是很难一下子改变的。对于那些像我一样在来这里之前连“有机”是什么都不知道的人来说，每天待在有机农场的意义就是能呼吸到清新的空气。我对园艺的了解程度比我原来想象中要多得多。在这里，我的肌肉变得结实了，要知道这里可没有地方做循环训练和瑜伽练习。同时，我还和来自世界各地的人成了朋友。

新西兰环境保护部（*DOC*）在新西兰全国范围内开展栖息地和野生生物管理项目，并出版了一本内容详细的志愿者工作日历；www.doc.govt.nz上列有各种有趣的项目，比如数蝙蝠、清理偏远的海滨以及保护古建筑等。大部分工作要求雇工身体健康，依法缴税，但也不是所有工作都需要如此。环保部还需要有驻守在不同地区的志愿者。详情可咨询环保部的任何部门。办公地点在奥克兰的新西兰环保志愿者组织（☎093767030;www.conservationvolunteers.co.nz）是非营利性组织，在南北两岛都有业务开展，接受海外志愿者从事保护野生动物、植树、保护车轨等工作。外国志愿者可以通过国外旅行社或到达奥克兰之后到新西兰环保志愿者组织在维多利亚的办公室预定4~6个月的行程。

New Zealand Trust for Conservation Volunteer（NZTCV）能够为当地和来自全世界的志愿者提供各种保护工作，以抵御对当地植被和野生动物的破坏。

NZTCV还创建了一个中央数据库，感兴趣的人可以去注册，以便和运行保护项目的组织保持联络。

来自肯特的保罗·拜格肖（Paul Bagshaw）和他女朋友在马尔堡（Marlborough）一个人迹罕至的岛上看守几维鸟（Kiwis），并度过了愉快的一周。几维鸟不会飞，已濒临灭绝。相关组织正在将几维鸟从大陆迁移至没有捕食者的小岛上，以期保护此类物种。

这样做的目的是为了评估位于皮克顿（Picton）北边的长岛（Long Island）几维鸟的数量。几维鸟夜间才出来活动，所以我们只能在深夜工作。夜色深沉，我们不可能数出它们的准确数量，只能分开走，走上长长的斜坡倾听它们高亢的叫声。它们白天都躲在洞穴和叶子下面，很难发现。一天夜里，我们听到一只几维鸟在我们宿营的帐篷边发出窸窣声。我女朋友拿着一个手电筒走了出去，终于看见了它。她兴奋地说不出话来，不得不借助夸张的手势来比画鸟儿的大脚和长嘴。岛上除了雨天可用储水器储存雨水之外就再没有淡水来源了。我们住在帐篷里，吃的食物都是从大陆买来的。流动厕所对我们来说都是奢侈品。

采摘水果

新西兰的天气特别适合种植各种水果和蔬菜，不仅包括像苹果和猕猴桃这些在英国各大超市随处可见的水果，还有胡萝卜、柑橘等其他果蔬。如果正值收获季节，只要进城询问一番便能打听到工作的机会。论及这一行的就业规模，2011年猕猴桃大丰收，大约需要25 000名季节性工人来收获并包装猕猴桃。每小时最低工资为13美元，但大部分种植水果蔬菜的农民按双方协议价付工资，除非你有相关经验且工作效率非常高。理论上来说，所有工人至少能挣到最低保障工资，另外还能获得占总收入8%的假日补贴，但实际不全是按这个方法计算。一直以来，收获优等水果比如金色猕猴桃的采摘者按小时付工资，以避免采摘者为在单位时间内摘更多而对水果造成损坏，但采摘绿猕猴桃的工人是计件工作的。

莫图依卡/尼尔森（Motueka/Nelson），陶兰加/卡蒂卡蒂（Tauranga/Katikati），豪克斯湾以及凯利凯利（Kerikeri）都是游人们最爱去的地方。

虽然春夏时节适合露营（如果你有防水帐篷的话），但大部分农民都会提供村舍作为游客的住处（北岛的人们称之为“bach”，南岛的人们称之为“crib”）。农民们还会提供新鲜果蔬、牛奶，有时还有羔羊肉，或在收获之后组织大家吃烤肉，饮料免费。正如罗杰·布莱克在莫图依卡摘完梨子后时所说的，“新西兰人民太友好了”。如果农民不提供住宿，你可以住在背包客旅馆或假日公园及露营营地。如果是淡季，在旅馆长期住宿每天最多花20新西兰元。

采摘水果类的工作机会多得惊人。这里有一则典型的广告：位于北岛蒂普基（Te Puke）的**特里维康加工包装厂**（*Trevelyan's Packhouse*）从3月中旬到10月末有很多工作机会。你需要准备的就只是良好的态度，保持微笑，剩下的我们教你就行了（www.trevelyan. co.nz/#/employment）。像www.seasonaljobs.co.nz, www.seasonalwork.co.nz以及www.pickapicker.co.nz这样很有用的网站前文已经提到过了。**新西兰采摘组织**（*PickNZ*）在北部、豪克斯湾，普兰蒂湾（Bay of Plenty），马尔堡和中奥塔哥（Central Otago）有一些负责地区季节性工作的人员（☎0800 PICKNZ 或☎742569），从www.picknz.co.nz 网站上可获得电子邮箱地址和公司地址。

水果和蔬菜的收获一览表

地点	农作物	季节
Nelson/Blenheim/Motueka	苹果（也有梨和桃）	2月/3月/4月
Motueka	挑苹果	11月中旬/12月
Blenheim	樱桃	12月底/1月
Motueka	挑苹果	2月/3月/4月

Wairau Valley（Marlborough area）	樱桃、葡萄	12 月
Nelson/Tapawera	覆盆子	12 月
Kerikeri（Bay of lslands）	梨、杏	12 月 /1 月
	柑橘包装	10 月 /11 月
	猕猴桃	4 月底
Northland（peninsula north of Auckland）	猕猴桃	5 月
	草莓	10 月中旬
Paiumhhue（just south of Auckland）	猕猴桃	5 月
Poverty Bay（Gisborne）	猕猴桃	5 月
Poverty Bay Flats	葡萄	从 2 月开始
Tauranga/Te Puke（Bay of Plenty）	柑橘	10 月 /11 月
	猕猴桃	5 月 ~7 月
Clive/Napier（Hawke's Bay）	苹果	2 月初 /4 月
	梨、桃	2 月初 /4 月
	修剪工作	6 月
Hastings	西红柿	2 月末 /4 月
	苹果	2 月初 /4 月
Ohakune	胡萝卜	6 月
Martinborough（north of Wellington in the Wairarapa area）	葡萄	3 月
Central Otago（Alexandra and Roxburgh）	李子、杏子	1 月 /2 月
	苹果、梨	3 月 /4 月
Christchurch area	梨	3 月
	苹果、草莓和混合水果	1 月 ~5 月
	西红柿	1 月 ~3 月
Invercargill	郁金香	12 月初

普兰蒂湾

新西兰大部分猕猴桃产自普兰蒂湾，每年的丰收时节一般从3月末开始。蒂普基虽然地方不大，但每年都需要都有6000~10 000人完成收获果实的工作（但最好提前一两周来排号等待工作）。位于陶兰加的钟点旅馆（www.bell-lodge.co.nz/kiwifruit_jobs.html）作为一个工作信息的主要来源，和承包商（分别位于Pyes Pa，卡蒂卡蒂和Paeangaroa，围绕陶兰加形成一个三角形）有业务联系。

这一地区的采摘工作会持续6~8周，对果实的包装工作则到9月才能结束。农民们不想雇在此停留少于一个月的游客。如果你是工作狂，可以白天在果园工作，晚上再来包装果蔬。这个无趣的工作是按小时付费的（从下午5点到晚上11点）。

豪克斯湾

在豪克斯湾，到了秋季苹果和梨子丰收时，采摘工人十分短缺。这个地区能吸引15 000多名工人，这个数字是非收获季节需要工人数的7倍。任何准备打工旅行的人只要在2月初或2月中旬出现在Napier的苹果园，几乎能被立刻录用。6月时，修剪果树也需要很多工人。

哈斯丁和Whakatu的**阿波罗集团有限公司**（*Apollo Pac Ltd*，www.apolloapples. co.nz）在豪克斯湾建立了一家大型苹果包装厂储藏室（☎06 873 0404），雇用了几百名学生和包装工人从2月中旬工作到7月。

往东旅行，整个南半球最大的胡萝卜产地是奥阿库尼地区周围。这里可以提供最多9个月的工作。当马特·汤姆林森等待滑雪季节来临时，他通过黄页打电话给一些农民并很快获得了包装胡萝卜的工作机会。人员的流失意味着要不断招入新雇员。这些工作既乏味又辛苦，获得的报酬还少。

北部地区

新西兰北边的热带地区盛产柑橘，也是游客们喜爱的旅游胜地。在这个地区，除了农民之外，还有几个大包装厂在11、12月雇用大量临时工。修剪果树比采摘果实挣钱更多。采摘猕猴桃一般是10个人一起工作，采用计件的方式计算酬劳，而包装猕猴桃和采摘柑橘则是按小时计算工资。4月初到5月中旬这6周是收获猕猴桃最繁忙的季节。凯塔亚（Kaitaia）和凯利凯利的任何一家旅馆都能获得相关工作信息，特别值得推荐的是凯利凯利的**阿让加背包客旅馆**（*Aranga Backpackers* ☎09 407 9326；www.aranga.co.nz）。它负责接送工人去猕猴桃园和柑橘园，只要交很小的一笔费用就行了，而且在淡季为工人提供营地，一个床位一周的费用是110新西兰元。在凯塔亚，你可以咨询**特纳与栽培公司**（*Turner and Growers*）看柑橘园是否还需要季节性工人。该公司每年会雇用1000多名季节性工人。柑橘树的疏伐工作从1月初开始，一直持续4~6个月。

尼尔森/莫图依卡/布伦海姆

尼尔森/莫图依卡地区吸引了很多人前来工作，也吸引了众多游客来海滨游玩。不少国外游客在尼尔森外的Stoke从事苹果包装和加工的工作。**安萨食品公司**（*Enza Foods*）位于Nayland路，是新西兰季节性工人的主要雇主之一，秋天是雇用工人的高峰期，约需要6500工人三班倒工作（www.enzafoods.co.nz/contact-us/

vacancies）。这里从2月底到9月一直需要大量劳动力。如果你做清洁工作、上夜班或能坚持完成整个季节性工作就能获得奖金。雇工在工作前要接受尿检，以防止有吸毒的人。

在尼尔森，背包客组织者们建立了一个很有用的网站www.backpacknelson.co.nz/seasonalwork.php。一般情况下，雇主会为工人提供住宿，虽然有时会收取一些费用，但这少得几乎可以忽略不计。

在布伦海姆（Blenheim），**葡萄藤旅馆**（*Grapevine Hostel* 29 Park Terrace;stay@thegrapevine.co.nz）可以提供一些关于当地葡萄园采摘、包装葡萄和修剪葡萄藤的工作信息。**邓坎农背包客组织**（*Duncannon Backpackers*，www.duncannon.co.nz）也在积极招募工人，3月需要大量工人来摘葡萄。罗布·艾布特在南岛工作了几个月，这段时间里他赚了不少钱。他在11月中旬到圣诞节期间为苹果树疏伐，工钱还不错，但比起在布伦海姆摘樱桃工作（从11月底工作到12月初）还是差了点：

> 采摘季节从选择性采摘开始（11月20日），可以赚不少钱。在刚开始的两三周，采摘工作大多是按照公斤数支付工资的，选择性采摘也是这样。第一周我就挣了一点点工资，第二周赚得也不多。这项工作太变幻无常了。的确，如果一年风调雨顺，果树顺利授粉，每周很可能挣到800新西兰元（这个数据是果园主人用来激励工人的）。但如果年景一般或不好，我会选择做疏伐苹果树的工作。

大家可以通过网络或询问当地人找到雇主信息。比如，从6月到9月， 知名葡萄酒厂商保乐力加（Pernod Ricard）需要700名工人在马尔堡和北坎特伯雷（North Canterbury）葡萄园修剪缠绕的葡萄藤，3月、4月时还要雇人摘葡萄（www. pernod-ricard-nz.com/people/ seasonal-work）。

罗杰·布莱克在莫图依卡一直待到6月：

> 我在这个小城已经待了3个月了，这里是工作旅行者的天堂（这里有很多嬉皮士）。莫图依卡被雄伟的亚瑟山（Mount Athur）环抱，是通向亚伯塔斯曼国家公园（Abel Tasman National Park，公园里有极好的步行道）的必经之路。我来莫图依卡和一个朋友一起努力工作。我的第一份工作是摘梨子，这份工作真的很无趣（谁说摘水果有趣的啊），然后去了一个果园摘苹果。但我发现我实在是很讨厌这个工作，第一天我就辞职不干了，并对摘水果不再抱任

何希望，准备离开这个小城。仿佛是命运的安排，我又找到了一份包装苹果和梨子的工作。这个工作就和它的名字一样——单调、机械，而且非常辛苦，但不知为什么，我很享受每天的工作。在这里我每周工作6天，每天工作8~14个小时，在传送带前站着给水果分类，在分级器前丢弃已经坏掉的苹果，并且（按我的喜好）把包装好的苹果堆放起来。做这样的工作，收入很微薄，但能和一群人一起工作，使得这份工作具有了一些社会性。

虽然罗杰称自己的工资非常微薄，但他在那3个月也省下了2000美元。季节性工人每周只要交很少的钱就能住在Fearon街假日公园（☎035287189；www.motuekatop10.co.nz）里的帐篷中。

南岛

季节工作解决方案（*Seasonal Solutions* 67 Tarbert St; ☎03 440 2028; work@ssco.co.nz; www.jobscentral.co.nz）是一家位于亚历山德拉（Alexandra）的季节性工作招聘中心，代理在中奥塔哥大量水果种植和果酒酿造的生意。在中奥塔哥，采摘樱桃是在冬季，从圣诞前夕一直到1月20日左右都是高峰期。亚历山德拉的**斜岩樱桃园**（*Leaning Rock Cherries* ☎034488497; leaningrockcherries@farmside.co.nz）最多可接受200名在农场露宿的工人，他们中的有些人会被留下来在3月中旬到4月底收获苹果。到了12月底，南岛的最南端是也值得一去的地方，**凡伊登郁金香园**（*Van Eeden Tulips* 370 Wost Plains Road, R.D.4, Invercargill ☎03 215 7836）里的郁金香在每年1月收获。

克伦威尔（Cromwell，离亚历山德拉不远）附近对樱桃种植的投资为这一地区创造了不少季节性工作机会。每年12月中旬到第二年1月，位于奥塔哥的**南方45有限责任公司**（*45 South Ltd* ☎03 445 1402）需要250名工人进行采摘和包装工作。采摘工作比分类工作更受欢迎些，但在这个农场，分类工是拿计件工资，这能激发工人的工作积极性。

旅游业

虽然基督城仍在遭受震后影响，但新西兰的旅游业依然发达。就好的一面而言，虽然在新西兰做服务生挣得不多，但在新西兰做厨师比在欧洲舒服多了。科尔姆·墨菲（Colm Murphy）来自爱尔兰，他建议打工旅行者直接到维达港（Viaduct Harbour），王子码头（Princes Wharf），帕内尔（Parnell），庞森比（Ponsonby），泽维士路（Jervois Road）等地的各大酒吧和餐厅上门找工作。要知道，在新西兰虽然客人有时会给服务生小费，但这也是最近才流行起来的。科尔姆·墨菲每周能获得多达100新西兰元的小费，尤其碰到外国游客时，小费会更多些：

> 不得不承认，在新西兰做服务生简直就是一次心灵受伤之旅。多数情况下，我不得不招呼一大桌子新西兰顾客，通常是10~12人，但他们从不给小费，他们会非常感谢我的服务，但绝不付小费。对于很多新西兰人来说（尤其是那些来自庞贝山〈Bombay Hills〉南边的人，也就是常说的奥克兰以南），给小费是个很陌生的概念。

位于庞贝山南部的新西兰首都惠灵顿可能并不是大家到新西兰旅游时的首选城市，但是彼得·杰克逊（Peter Jackson）在拍摄电影《指环王》三部曲时曾在这里取景，这给惠灵顿带来了名声与财富。这里咖啡馆众多，劳务市场也十分火爆。凯瑟琳·卡尔福特（Catharine Carfoot）办理了工作签证（虽然不是每次都会受到检查）在11月的一天来到了这里。她很快就找到了工作，随后食宿问题也得到了解决：

> 周末，我在**惠灵顿缆车公司**（*Wellington Cable Cars*）服务，但这份工作并不稳定（这是关于缆车的笑话）；周中还会做很多工作，大部分是在Select Appointments打一些零工，并且在**因沃洛奇艺术学校**（*Inverlochy Art School*）和**文森特艺术工作室**（*Vincents Art Workshop*）做人体模特（5个小时80新西兰元）。奇怪的是，这段时间我的法语口语比原来提高了许多。因为我不仅在缆车上会碰到法国人，在路上也经常会碰到问路的法国人。但最让人觉得不可思议的是，在一些规模较大的酒店里却不能总碰到说法语的接待人员。

缆车和其他旅游设施在2月会非常繁忙，这也标志着游艇季的到来。新西兰的旅游产业会倾向于刺激和运动性的项目。你可能会成为一个露营队里的厨师，也可能在游艇上或滑雪度假村找到一份工作（如文下所示）。

皇后镇和南岛

皇后镇（Queenstown）的湖边景区有很多工作机会。这座城市的经济因背包客旅游而变得非常发达，人口年轻化且流动量很大。这里也是新西兰为数不多的连在酒店和酒吧（尤其是那些以前发现过问题的）都可能会被检查工作签证的地方。

罗杰·布莱克描述了在几个

月前寻找工作的经历，他在皇后镇写道：

> 我到达皇后镇时已经很晚了，当时口袋里只剩下90新西兰元了。我立刻开始通过网络和背包客信息板寻找工作信息，并打电话询问，不管是什么样的工作我都愿意做。第二天一大早，我就接到了一个电话，问我是否可以马上开始工作（电话真的是获得工作的最重要工具）。从那以后，我做过各种工作：建筑工人、园丁、装修工人、打孔工人、垃圾工人等。一般仅在周一到周五工作，一周累计平均工作45个小时（也可以选择在周末工作，但我还是想自由支配周末时间）。在皇后镇有太多诱惑让你花钱，但我还是忍住了。4个月后（我在这段日子里过得非常开心）我一共攒下了3000多新西兰元。

罗杰说无论你是什么国籍、办理了何种签证，在皇后镇都能找到工作，但从那以后，如果没有担保人，这方面就会控制得更加严格一些。如同所有旅行者的“麦加城”一样，想找到能负担得起的食宿地方是一个很大的挑战。罗杰和其他7个打工旅行者合住一个房子，他们都有共同的想法。

在皇后镇工作并且成为荣誉居民（而并非“呆头呆脑”，当地人这样称呼游客）的一个好处是工人常能在当地活动中获得优惠，比如乘船或玩“悠波球”（Zorbing，在一个塑料球中从山上滚下来）。如果你想寻得这些机会，可以致电在米尔福德峡湾（Milford Sound），福克斯冰川（Fox Glacier），弗朗兹约瑟夫冰川（Franz Josef）和库克山等地的假日酒店来咨询是否有工作空缺。

滑雪胜地

滑雪季大约从7月持续到10月。新西兰共有十几处收费滑雪场，南岛的主要滑雪场是皇冠峰（Coronet Peak）、卓然山滑雪场（Remarkables，在皇后镇）、哈特山和三锥山（Mount Hultt and Treble Cone，过了瓦纳卡（Wanaka）就能到）。在北岛，鲁阿佩胡山（Mount Ruapehu）是主要的滑雪场所，至少在火山休眠期是这样的。图罗瓦（Turoa）的滑雪场由奥阿库尼景区负责，法卡帕帕（Whakapapa）的滑雪区由国家公园负责；前者在6月的最后一周开始开放，后者则在其一周后开始开放。

服务类及其相关工作在这些旅游城市非常普遍。除工资外，你还可以得到免费食物和饮料。马特·汤姆林森就十分享受他在奥阿库尼的两份工作，这两份工作分别是在滑雪场酒吧做招待和在一家酒店做服务生。他得出的结论是没有老板会做亏本买卖。当客人不多时，他得维护屋子的隔板、劈柴、清理排水管。他是通过查看信息板（在奥阿库尼的图书馆和超市）、阅读当地报纸和询问其他人的方式找到工作的。鲁阿佩胡/奥阿库尼地区吸收了上百名季节性工人，所以选择范围很大。此地区的一个主要雇主是**鲁阿佩胡高山电梯公司**（*Ruapehu Alpine Lifts Ltd* Private Bag，Mount Ruapehu；☎07 892 3738；www.mtruapehu.com/winter/employment），从4月中旬开始接受工作申请，并在随后一周开始面试。你也应时刻关注哪里能提供价格适合的食宿。

新西兰滑雪公司（*NZSki Ltd*）是南岛最大的公司，它的职位申请表可以在www3.nzski.com/employment/welcome.jsp上找到，其中包括网上申请表，涉及皇冠峰、卓然山和哈特山的滑雪场招新工作。如果你有特殊技能，比如当过滑雪或滑板教练、滑雪巡查员或滑雪技术人员或做过扫雪车司机，那么你就可以提前申请工作。对于木工和油漆工来说，在滑雪季来临之前也有工作机会；你可以在酒吧周围打听打听情况。大部分景点都和网站http//skicentral.com/newzealand.html有链接。

获得了BASI三级证书或同等层级证书的人（请见“旅游”一章介绍 “冬季景点”这部分）才能得到全职教练工作。兼职教练或经验不足的教练必须经过考核，还得接受培训课程和训练。滑雪板教练的需求量较大。近几年来新西兰的一些滑雪学校开始为来自北部的人们提供教学服务，皇后镇**滑雪培训学校**（*Snow Trainers*，www.Snowtrainers.com）和Wanaka的**落基学院**（*Rookie Academy*，www.rookieacademy.com）就是这类学校。11~12周的课程费用为15 000~20 000新西兰元。

渔业

在新西兰，渔业是个很赚钱的行业，你在大部分沿海城镇常能看到渔民（女性很少从事这项工作）。尼尔森是重要的渔业和水产加工中心之一，而一家名为Sealord的公司是全国最大的贝类加工企业。在这里你可以找到在渔船上工作（工作7周，休息7周）或者进行渔业加工工作，尤其是在贝类收获的季节，即从1月初开始（☎03 545 9502；www.sealord.com.nz）。加班是家常便饭。另一家渔业公司，**塔里公司**（*Talley's*，www.talleys.co.nz/employment.htm）在南岛周围共有9处仓库，一直在招聘卸货工人。这可是非常辛苦的工作。如果你有税号和新西兰的银行账号，那么你被雇用的可能性就很大。

渔业的发展确实能创造工作岗位，正如美国人克里斯·米克索夫斯基（Chris Miksovsky）的描述：

皇后镇真是个好地方，我决定在这里待一段时间。在这里，我恰巧找到了一份关于包租渔船业务的工作。我们带着小组人坐船出海，并帮他们捕捞虹鳟鱼和湖蛙鱼。我出过几次海，但其他时间基本都在码头给人们提供旅行信息，并收取预订行程的佣金。这份工作的工资很高（150新西兰元曾是我的最高薪金纪录），所有工资都以现金的形式发放。这是我做过的最轻松、愉快的工作了，泛舟水上，青山环绕，笑看游客经过。唯一不足的是我不得不经常听到一些顽固的捕鱼者喋喋不休地讲述他们的世界各地的捕鱼收获。美国人是这类人群的典型了："现在你们都看到了吧？"（指着照片）"我在Faayjaay捕到了那个大家伙，我花了4小时才把它弄上岸！"

街头艺术

据说皇后镇是街头卖艺者的宝地。在皇后镇，晚上出来散步的人和几乎所有游客都很欢迎卖艺者，并愿意给一些奖励。去年，游客安娜·凌准备在首都施展她的音乐才艺。她和其他几位旅行音乐人在南岛组成了一个乐队，打算在惠灵顿大展身手，但很快发现这并没有他们想的那么简单。安娜决定带着吉他去街头卖艺好赚点儿钱。她在新西兰的彩虹聚会上认识了一些人，别人给她推荐了个地方。令她失望的是，那并不是能赚到钱的市中心，而是在郊区购物中心的外面。不过这里离她住的地方不远，而且是毛利人的聚集地。最后的结果证明这个建议是很有道理的，她对她的收入也还满意。她通常一小时能挣20美元，这使她能放一点儿钱在毛利人集会地的礼物罐里。"koha"在毛利语中是"礼物"的意思，通常是由客人送给主人的，放在门边的罐子是用于收集源源不断来到这里的沙发客们的捐赠。

商业与产业

艺珂（www.adecco.co.nz）在奥克兰和惠灵顿拥有17个分支机构，像这样的大中介公司一直都很需要有经验的秘书。员工工资从最低工资拿起，主要城市的临时秘书每小时能挣22新西兰元，数据导入每小时能挣18新西兰元，电视营销人员每小时最低挣17新西兰元。假期工作还有额外8%的薪水。

艾米丽奥·格罗凡诺尼（Emiliao Giovannoni）在惠灵顿成功地做了几个月的电视销售：

去惠灵顿旅游的人能获

得很多工作机会，最好找的工作就是电视销售和营销。很多中介机构都在找有意愿做这种工作的求职者。做这样的工作不需要任何特殊技能，只要充满热情就好。赚的钱在新西兰自然算是不少，而且这种工作既简单又轻松。

惠灵顿、奥克兰和基督城三市的任仕达（Randstad）以及Kelly Services呼叫中心现在仍有缺位。只要你能在新西兰待上至少3个月就可以注册。如果没有办公室工作经验，那么你可以尝试市场调研和人力资源中介的工作。这些工作通常只需你提供IRD号。Allied Work Force（www.awf.co.nz）作为众多人力资源中介中不错的选择，拥有29个分支机构，是新西兰最大的临时性工作的提供者商。

教育和互惠生

新西兰的幼教老师，中小学数学、科学、技术课程老师和特殊教育教师非常缺乏，奥克兰尤其如此。新西兰政府一直在采取措施鼓励国外教师（大部分来自英国）到新西兰从事教育工作，以填补空缺。这些措施包括提供2000或4000新西兰元的安置费和两年的自动签证，详细内容请参考www.teachnz.govt.nz。奥克兰的**互惠生链接**（*Au Pair Link*）接受国外年轻人的申请，允许他们在一个家庭工作最多一年时间（☎0800 287247；www.aupairlink.co.nz）。互惠生一周能挣180~220新西兰元。如果他们在新西兰能待满一年时间，则能获得1000新西兰元以上的工资。总部设在奥克兰的**国际工作假期**（*International working Holidays*，www.iwh.co.nz）和国外的中介机构有联系，能让国外的互惠生在新西兰找到服务家庭；详情请见www.nanniesabroad.c.nz。

南极地区

除科学家以及其他需要在南极考察站（如Mcmurdo考察站）做研究的工作人员外，考察站需要一定数量的勤杂工。**雷声极地服务公司**（*Raytheon Polar Services Company*）由美国政府国家科学基金会转包雇用800~1000名美国人来为考察站服务，其中1/3是女性。他们中的一些人是总经理助理，他们的众多任务之一是铲雪。厨师、电气技师、电脑编程人员、打字员、建筑工人等也是必不可少的。合同期一般为4、6或12个月。

总部在科罗拉多的雷声极地服务公司公布了网上报名程序（www.rayjobs.com），报名工作在3月到8月会非常繁忙，为从10月到第二年2月中旬的工作做准备。他们会举办招聘会作为整个招聘过程的一个渠道。尽管工作计划是每天工作9个小时，每周工作6天，但非技术性工作并没有那这么严格的要求，所以需要工作人员持之以恒，健康状况良好（身体、心理和牙齿都要健康）并愿意随时出远门。

为美国公民提供此类工作机会的还有Anchorage Alaska的**纳纳服务公司**（*Nana Services*，www.nanaservices.com/jobs.html）。公司的宗旨是为从夏威夷到南极提供服务。由于这个公司由来自阿拉斯加纳纳地区的特夏斯基摩人（Inupiat Eskimos）拥有，所以公司得名Nana Regional Corporation。

感兴趣的人可以登录英国网站www.coolantarctica.com/ Community/find_a_job_in_antarctica.htm，这里的论坛可交流就业。英国在南极洲的5个科考站和两家研究机构受剑桥**英国南极洲调查中心**（*British Antarctic Survey*, www.antarctica.ac.uk/Employment）监督。空缺职位包括BAS监管下的Rothera和Halley两个工作站的管道工、电气工程师和IT工程师。所有受雇于BAS的员工必须能胜任工作而且愿意签订既定条款或无固定期限合同，合同期限通常最多不超过18个月。

美国

伟大的“美国梦”已向无数人招手呼唤，这些人怀揣着对经济奇迹的热切追求，背井离乡前往美利坚。受乔治·W·布什执政时制定的外交政策影响，美国的形象受到了严重损坏。但随着奥巴马当选美国总统，美国形象有所改善。虽然未见明显起色，但现在的情况似乎正在逐渐好转。奥巴马不像布什那样偏执，一味强调“国土安全”。与布什相比，他更富同情心，更愿意伸出援助之手。布什执政时，交流项目上设定的一些规则和障碍逐步升级，而如今这些规则障碍或将慢慢被移除。

然而，美国当局仍竭尽全力保护自己的边界，一部分原因是出于“9·11”事件后对“国土安全”的考虑，也有一部分原因是出于自次贷危机以来对经济问题的考虑。在过去的3年间，美国失业率几乎增加了一倍。现在失业率一直维持在9.1%，这一数字相当令人沮丧（2011年6月）。

虽然美国以地域辽阔、人民热情好客而著称，但是对旅客而言，想要在旅行中沿途打点儿零工却并非易事。因为美国的一些官方政策对此有严格的限制和规定。美国官方将外国人称之为“alien”（外星人），这也许并无任何有意的象征意义，但却足见美国当局在对待非本国人时所持的一种怀疑态度。在美国，外国人很难拿到工作许可，但在其他很多国家，人们总可以找到些特殊条例以及特例规定。

其中，最重要的一个特例是一种叫做“J-1”的特殊工作签证，这种工作签证可以通过BUNAC等举办的打工旅行项目获得，BUNAC即指位于伦敦的英国大学北美俱乐部（☎020 7251 3472；www.bunac.org.uk）。其中会详细介绍包括夏令营等在内的多种项目，因为他们能够让大量的外国人在美国得到合法工作的机会。

外国人要想在美国找到工作，还有其他途径，比如加入美国计划的为期一年的美国互惠季项目（*Au Pair in America Programme*，见下面的“幼托”部分章节），或加入某个工作交换或实习项目。这些项目要求你要在自己所学的领域找到适合自己的位置。据美国国务院交流处称，J-1签证项目共有几千个指定的主办者，详情请查询网址：http://j1visa.state.gov/participants。

当然，另一种在美国取得工作机会的方法就是在未经许可的情况下去工作。这么做是要冒相当大风险的，一经发现将会受到很严重的处罚，所以在决定之前一定要慎重考虑。本书稍后会介绍到，在美国，为了增强国家安全特别是要打击无证“黑工”，法律其实一直是在不断调整。在你和整个世界的就业前景之间所缺失的那一部分就只是一个社会安全号码，如果没有这个安全号码，除非你取得了被认可的工作签证，否则你就是非合法务工人员。

签证

根据免签证项目，英国及其他35个国家的持机读护照公民，如果在美国停留不超过90天的话，可不必提前申请旅游签证。然而，自2009年以来，即使是持机读护照的公民，就算只是在机场过境，也必须通过ESTA（旅行授权电子系统）事先获得批准方可。ESTA的许可可通过在线方式（也是唯一的方式）轻松获得，需交14美元的手续费。请务必到官方网站（以“gov”结尾的网址）进行申请。试图模仿官方网站的山寨商业网站将会收取很高的费用。通过免签证项目入境的个人，在抵达美国后将无法再对其签证状态进行更改。持商务考察或旅游签证入境美国的个人，都将被禁止在美国从事任何工作，无论是有偿的还是无偿的。申请包括J-1在内的任何非移民类工作或学习签证的，或打算在美国停留90天以上的，均须获得美国大使馆颁发的签证。也就是说申请人需要填写一个冗长而详尽的表格，并接受一次面对面的面试，此外还需要支付140美元的手续费，该手续费不退还。

详情请查询大使馆网站（http://london.usembassy.gov）或拨打付费电话☎09042450100（每分钟1.23英镑）获得更多关于签证的信息以及签证申请表格。

本书中提到的非移民签证中，读者最感兴趣的应该是J-1。政府授权的**交流访问者项目**（*Exchange Visitor Programmes, EVP*）的参与者可获得J-1签证。对于任何护照而言，J-1签证都是一种很有价值甚至令人垂涎的随付品。因为J-1签证的持证者能够在美国找到合法的有偿工作。如果没有正确的表格，你就无法申请J-1签证。而要想获得J-1签证就必须通过美国认可的EVP（如BUAC和Camp America的项目）来获得DS2019表格。大部分J-1签证只提供给注册过的学生。

其他签证（非 J–1 签证）

除了从获得许可的EVP获得J-1签证外，还可以通过一些其他途径获得工作签证。但其他工作签证均需由用人单位代替申请人进行申请，通常最少也要3个月的时间才能申请下来。H类的工作签证包括在特殊情况下的非移民工作签证；H2-B类签证是在雇主无法找到足够美国公民为其打工时的一种填补临时性或季节性职位空缺工作签证。例如，在科罗拉多州的滑雪场，会出现长期的员工短缺现象。这时，一些雇主就可以获得必要的劳动许可证以证明从事这些工作的美国工人人数远远不够。雇主须向国土安全部下属的美国公民与移民服务局提交一份请愿书。H2-B类签证的有效期通常为一年，不过现在可延长至3年。2008年以前有66 000人申请H2-B类签证，而现在申请该签证的人数已达到2008年以前的2倍之多。专门从事农业工作的季节性工作签证是H-2A（详情请查询：www.foreignlaborcert.doleta.gov/h-2a.cfm）。

非移民Q-1签证是一种文化交流签证，其一定程度上是为了游说众议员在佛罗里达州的未来世界主题公园（迪士尼世界度假区）国家展馆工作而引进的一种工作签证，因此常被人们亲切地称为“迪士尼”签证。如果你能找到一份工作并证明通过这份工作你可以为有兴趣的美国公众提供实用的培训工作，并可以和他们分享本国的历史文化传统，那么或许可以在美国得到15个月的合法工作资格。这样的工作一般是在游乐园、餐厅、博物馆和夏令营学校等。同样，这种工作签证也须美国准雇主申请，并事先得到美国移民局的批准方可。

最近澳大利亚护照的持有者可以获得一种新的E3签证。E3签证与季节性工作签证H2-B类似，但比H2-B名额要多，共有10 500个名额。

外国人要想在美国取得移民签证或“绿卡”（绿卡实际上是灰白色的），作为“外侨”在美国生活和工作是相当困难的（当然也是非常昂贵的）。美国每年的永久居民签证几乎都是发给与本国公民有密切关系的人或是世界各地各研究领域的专家。虽然很多人由于金钱或爱情而结婚，但金钱和爱情已不是选择结婚的唯一理由。

抵达

如果你持有签证/免签证和返程机票，外表干净整洁，表现从容自信，那么很可能会快速通过入境检查。但我们都知道美国入境许可申请是出了名的难办、办理过程也极其令人不快，所以有必要在这里介绍一些技巧供读者参考，以避免可能发生的麻烦。移民申请办理时间没有统一的期限规定，所以不要指望一申请就能得到相关答复。凭着一张免签证，你可以跨越国界来到美国，但请记住，你在美国停留不得超过90天，90天后就必须登上返程飞机。

不论你选择何种方式，当你初到美国时，最好做好要被仔细盘查的准备。不论你做什么，请记住不要在任何场合提到“工作”这个词（赴美学者在接受询问时因不小心说出了在实验室“工作”而被进行了彻底调查）。请记住要穿着整洁，但看上去要像个游客的样子，而不要一副有抱负的专家派头。如果你不幸被带去接受询问，可能会被要求对你的行李进行仔细检查。如果在你的行李中发现了作为一个普通游客不会携带的物品，如几件（可能为了面试而准备的）精致套装，那么你就要做好对这些进行解释的准备。更重要的是，不要携带任何让人产生怀疑的东西，如介绍信、来自美国人的提到工作或面试的信件，甚至是本书的复印件。如果能有书面文件证明你在本国有一份稳定工作、有固定财产，或在本国接受过高等教育，这些都会对你有所帮助。如果能给他们提供一份你的旅游行程表，说明你在美国旅游期间打算参观的地方或打算拜访的人，这也会对你有所帮助。

虽然仅仅一张返程或继续行程的机票并不能保证你免受盘查询问之扰，但这多少会在被盘查询问时对你有所帮助。许多游客建议携带短期返程机票赴美，抵达美国后可以在科威特航空公司或维珍大西洋航空公司（Virgin Atlantic）进行机票改签延长期限。如果你有此打算，那么你要在购买机票前确定该机票可以改签，并且改签不需要额外交付过多的罚金。如果你没什么钱，并且也无继续行程机票，那最好能够提供一份愿意为你提供住宿的美国人姓名清单，或一封朋友的来信，上面明确写着愿意照顾你一个月左右。劳伦斯·柯伊（Laurence Koe）就让他的祖母为他打印了一份现居美国的家庭所有亲戚的名单，并将这份名单拿给夏威夷机场疑心重重的出入境管理处官员过目，向其讲述了自己从儿时就想要环游世界这一感人肺腑的故事。

工作旅行计划

有很多交流组织帮助世界各地的人获得J-1签证。参加任何一个交流访问者项目的人都可凭借J-1签证在美国工作长达4个月，如从5月21日至10月30日或从冬季11月21日工作到来年4月30日（详情请见下文有关“滑雪胜地”部分）。工作结束后，这些人均可获得额外30天的在美国旅游的机会。

BUNAC（16 Bowling Green Lane，London EC1R 0QH；☎020 7251 3472；www.bunac.org.uk）管理着美国的3个夏季项目：美国工作项目帮全职大学生获得暑期在美国工作的机会；美国夏令营对年满18岁并有意做夏令营辅导员者开放；KAMP（厨房及维修项目）则对任何愿意在夏令营餐饮部或维修部工作的学生开放（关于夏令营项目的更多信息，请参阅下文“夏令营”章节部分）。所有美国工作项目的参与者必须于截止日期（5月初）前提出行申请，加入BUNAC（需交5英镑会费），于6月至10月初期间个人自行旅游或搭乘BUNAC

班机旅行（需付525英镑），且需支付项目费用及购买保险（143英镑）。

如果英国大学生有意暑期在美国工作，最好尽快与BUNAC总部或地方分部（大部分大学均设有分部）取得联系，以便了解各项目详情及流程。虽然英国大学北美俱乐部在指引申请者通过各项程序方面经验丰富，但也并无捷径去避免那些繁文缛节及当中存在的诸多不确定性。美国为了加强国土安全，要求所有人均需在学生和交流学者信息系统跟踪项目上进行注册（注册费25英镑），若你打算暂时离开美国（如参观访问加拿大）应至少提前两周让他们知道。

英国大学北美俱乐部的美国工作项目（www.bunac.org/uk/workamerica）为学生提供夏季在美国工作的机会，共有几千个工作地点、多种类型的工作可供选择。初次申请者除须交纳320英镑的会费外，还须提供一份校长、系主任或导师用有学校抬头的信纸所写的信件以证明你是一名有学籍的全日制高校学生。如果你以前从未有过工作经验，那么你还须交纳600~1000美元的扶持资金。为了帮助申请者在美国找到工作，BUNAC会将工作清单公布；这份清单中的许多用人单位都曾招聘过BUNAC的成员。一些雇主还会提供住宿，尤其是餐饮业。BUNAC会预先安排一些工作，当然你也可以选择现场确认。

除BUNAC外，其他主要的工作及旅游项目（与下个章节所提到的职业导向的实习项目不同）大致相似。英国项目为全日制大学生提供最多为期4个月在美国生活和工作的机会，并收取不同数额的费用，如CCUSA（www.ccusa.com）、IST Plus（www.istplus.com）、Real Gap Company（www.realgap.co.uk）、Outbreak Adventure Recruitment）（www.outbreak-adventure.co.uk/recruitment）、Global Choices（www.globalchoices.co.uk）、WAVA（www.workandvolunteer.com）等。威尔士一家叫做“蓝瑟招聘”（*Ancer Recruitment*）的机构可提供工作学习项目、有季节性工作的H2-B项目及酒店实习机会，并收取相应的费用（www.ancerimmigration.com）。

实习

通过实习，你能够获得一些自己今后有意从事的职业的相关工作经验，况且实习也是大学课程中的一部分。这些实习机会主要无偿提供给在读大学生、应届毕业生以及一些年轻的专业人员。在英国，有几家授权机构专门帮助候选人寻找在美工作实习的机会，并帮他们获得一个为期18个月的J-1签证。英国其他一些机构如 IST Plus、WAVA、Global Choices等则帮助在校学生和应届毕业生安排一些与本专业知识相关的在美实习机会，时间通常为3~18个月不等。学生在读期间可随时实习，可选择暑期或交替学年，也可在毕业12个月后实习。实习岗位虽然需由本人自主选择，但机构主办人通常会就如何申请工作提些实用建议，并为你提供一个实习岗位的搜索数据库。符合要求的申请者便可获得J-1签证，项目费用从400~2000多英镑不等。400英镑主要针对能够自行安排培训岗位的学生，而2000多英镑则是针对希望有专人为其安排实习岗位的非学生人士。工资水平基本与从事该工作的美国人保持一致。

英国/美国职业发展项目由**国际实践培训协会**（*AIPT*）进行管理，AIPT位于美国的马里兰州（www.aipt.org）。该项目服务的主要对象是年龄在18~35岁且具有相关资格证书的人，或在其工作专业领域有至少一年工作经验的人。该项目还有一个单独的部分，专门针对从事餐饮旅游业或学马术的在校学生。国际交流项目（www.interexchange.org）和**埃兰斯海外集团**（*Alliance Abroad Group*，www.allianceabroad.com）均属于获得美国官方认可的可以为欧洲申请者颁发J-1和H2-B签证的机构。

夏令营

夏令营活动原为美国特有，后来才被传到了欧洲。每年都有约800万的美国儿童参加夏令营活动，夏令营活动共有1万多项，每项为期一周以上。孩子们参与户外体育运动和手工艺活动同时也是一个有益身心健康的体验。夏令营活动种类广泛，有专为富人举办的豪华运动夏令营，也有专为残疾儿童或贫困儿童举办的夏令营活动。夏令营对足球教练有很大需求，尤其是年轻的英国教练。

据估计，每年有大约30万人在夏令营中获得工作机会。因为每年都需要数以千计的“辅导员”来管理这些孩子，在其参加活动时进行指导或监督。活动内容既包括常规运动（如游泳、划船），也包括一些专业、小众的项目（如制作木偶和业余无线电）。授权颁发J-1签证的夏令营机构主要有**美国夏令营**（*Camp America*）和BUNAC，当然也有一些较小的机构同样可以颁发该签证，下文中会有所提及。

夏令营结束后，辅导员有6周自由活动时间，之后一般于8月下旬或9月末搭乘预先安排好的航班回国。夏令营辅导员通常会有很多狂热的粉丝，如果你喜欢孩子（即使当你冲他们大吼大叫时一些粗暴的美国人威胁说要起诉你，你也毫无怨言）并且不怕辛苦，那么这绝对是个值得考虑的工作。有些夏令营工作人员全部是来自海外的年轻人，如果你正为夏令营结束后寻找旅伴而发愁，这也是个不错的选择。如果在偏远的湖边或深山的工作对你很有吸引力，而你又不想全天24小时照看孩子哄他们开心，那么你需要的可能是一份厨房或维修的工作。夏令营主管通常很难找到愿意从事这些工作的美国人，其中部分原因是因为工资太低，而英国大学北美俱乐部、美国夏令营等受认可的交流组织可以为其招募到英国和欧洲的学生来做这些工作。

当然，你是否享受夏令营这份工作很大程度上取决于夏令营的类型、设施标准，以及附近有没有娱乐休闲场所。如果你想先了解情况再做决定，可以参加美国夏令营的新年招聘会，会上你能见到他们的主管。英国诺丁汉大学学生艾米·琼斯（Amy Jones）如果这样做了，说不定就可以避免一次噩梦般的经历：

> 我们一抵达那里就被安排每周工作75个小时，要照顾孩子和37匹马。而当2周后仅有的一位美国辅导员辞职后，我们的工作时间就增加到每周85个小时。先不说这其中有多么辛苦、劳累，起码这是可以忍耐的。最过分的是，经营这个夏令营的夫妇居然恐吓我们。他们似乎害怕我们逃跑（虽然我们经常有这种想法），甚至新加的一条规定竟然是不允许我们聊天，除非涉及夏令营组织管理问题。我们完全没有隐私和自由，当时双方关系十分紧张。

经过这件事，艾米得出一个结论：在一定意义上，这些招聘机构提供廉价劳动力，而这些劳动力完全没有自由决定自己的去留，因为如果自行离开就不能乘坐免费航班了。

夏令营的工作一般会强加很多规定，多数情况下这些规定都过于严苛，如不许饮酒等（来自爱尔兰和澳大利亚的辅导员常因在夏令营中饮酒而被罚，这是众所周知的）。

BUNAC

在美国夏令营项目中，BUNAC是两家最大的辅导员实习代理机构之一，每年它都会将数以千计的年满19岁（如精通某些特殊领域18岁亦可）的辅导员送往儿童夏令营工作。429英镑的注册费包含夏令营实习、往返机票、保险、去往夏令营的陆路交通费，以及9周的零用钱共计790~1215英镑（因年龄而定）。在英格兰，如果警方需对你进行背景调查，那么还需交纳额外的45英镑（英格兰免费），以及硬性规定的25英镑的SEVIS注册费。无须自掏腰包购买机票这一点对于很多人来说具有很大的吸引力；其实决定雇用你的夏令营组织早就从你的工资当中将机票钱扣除了。工作面试是必经步骤，面试设在英国的大学城，每年11月开始；一航情况下这个项目的名额很快就满额，如2011年该项目在5月中旬就已经截止了。

除了照顾儿童，夏令营还提供其他类型的工作。BUNAC的厨房和维修项目，也被称作“坎普美国”（*KAMP USA*），只为有学位的学生（包括应届毕业生）提供工作机会，工作内容就是在厨房、洗衣房或维修部门做助手。这份工作可以让他们拿到更高级的机票，有时还能领到比做辅导员更高的工资，八九周的工资合计至少1350美元。而项目费用为429英镑，包括往返机票。

美国夏令营

美国夏令营（37 Qweens Gate, London SW7 5HR; ☎020 7581 7373; www.campamerica.co.uk）是英国另一家主要招聘机构，为9000多名来自世界各地年满18岁者安排在美国儿童夏令营工作的机会。工作时间在6月到8月之间，为期9周，工作内容包括教授网球、游泳、艺术和手工艺。美国夏令营提供伦敦飞纽约的免费往返机票及J-1签证的申请指导。该机构还提供免费住宿及600~950美元的零用钱，具体金额依个人经验和能力而定。加入该机构的前期费用包括601英镑注册费，注册费中包含200英镑的保险，但140美元的美国签证费及警方调查费用需额外交纳。

维多利亚·乔塞尔（Victoria Jossel）在伯明翰大学学习软件工程一年后，参加了美国夏令营项目，在美国度过了一个难忘的夏天，这也让她的履历更为丰富：

6月9日，我怀着忐忑不安的心情登上了飞往北卡罗纳州蓝星夏令营的航班。在那里，我不仅和孩子们建立了亲密的感情，他们让我感受到了爱、关心和重视，而且我还遇到了来自世界各地的人们，他们为我今后的职业生涯提供了极其宝贵的参考意见。在那里，我学会了如何组织、动员和领导，以及如何调解冲突以得到令人满意的结果。在那里，我从一个普通的19岁女孩成长为一个负责、上进、独立的人，并学会了如何适应环境，而我在那里的职责就是照顾一群14岁大的孩子们。我以前从未参加过，也不愿意参加夏令营。然而这却是一次奇妙而美好的体验：我学会了生火、做饭和组织，我为这些14岁的姑娘们做饭，并让她们每人都能分得数量相等的好时巧克力。

要想早点儿获知实习内容，避免最后的不确定性，你还可以参加美国夏令营在每年1~3月在英国各大城市举办的招聘会。科林·罗斯韦尔（Colin Rothwell）就是这么做的：

> 在招聘会上，你能见到来自美国各地的夏令营主管们，并能了解到更多关于某些夏令营的情况。如果你也和我以及其他数以千计的人一样幸运的话，还可以当场签合同。之后所有的琐事你都可以完全交给美国夏令营来处理，而你只需要等待，在6月的某一天你会接到通知你去机场的电话。

美国夏令营还有一个叫做Campower的项目，该项目主要针对的是拥有学士学位并愿意在夏令营中从事厨房或维修工作，并且希望能多挣些工资的学生（暑期工资900~1200美元）。

其他夏令营组织

CCUSA（Camp Counselors USA）与美国48个州的850个夏令营有合作关系，自1986年以来已经为来自60多个国家的20多万年满18岁的年轻人安排了工作。CCUSA项目为参与者提供往返美国机票、在纽约一晚的住宿、签证及保险，实习期间住宿全包，且参与者有机会获得比其他机构更高的工资。CCUSA尽量为夏令营辅导员安排适合他们自身技能和个性的工作，费用从399英镑起。首次担任辅导员的人可得到800美元的零用钱。请尽早查询CCUSA伦敦、爱丁堡相关办事处（详情请登录CCUSA网站：www.ccusa.co.uk）。据约瑟夫·塔姆说，CCUSA因其优质的服务而颇有口碑：

> CCUSA对我太好了。在暑期工作期间，他们的工作人员专程来看望我们，当暑期结束回家时他们为我们及时安排返程航班。我只是打了他们的免费电话告诉他们我想要回国的日期，他们立刻答应帮我安排。CCUSA给我留下的印象就是他们提供的服务太至善至美了。

其他一些小型项目机构收费更低：

美利坚夏令营（*Camp USA*）：位于纽约，与伦敦全球选择（*Global Choices*）合作，共同提供国际交流服务；www.globalchoices.co.uk；服务对象年龄要求19岁以上，首次申请费用500美元。

国际夏令营辅导员项目（*International Camp Counselor Program, ICCP*）：位于纽约，由纽约国际基督教青年会（YMCA Internationa）创办；☎212 727 800；www.internationalymca.org；详情请查询包括**苏格兰基督教青年会**（*YMCA Scotland*）在内的招聘网站。项目费用380美元。

夏令营领导者(*Camp Leaders*)：利物浦；☎0151 708 6868；www.

campleaders.com；项目费用499英镑。

临时工作

法律规定，雇主务必于3个工作日内亲自对准员工档案进行核实，证明他们是美国公民或获得许可的外国公民（见下方“证件”部分）。所有美国雇主均须填写一份I-9表格，以证实其员工具有合法工作权。任何雇用未获许可外国公民的雇主，一经移民局发现，将被处以巨额罚款。然而，据估计，仅仅在加利福尼亚州就有多达20万的英国工人非法停留住或工作。

就季节性产业如水果种植业、旅游业等行业而言，该法律规定一般被视为非强制性的。在这些产业中有一半以上的员工不具有合法工作权。农场主和餐馆老板称，如果不让他们雇用未获许可的临时工，那么他们将无法维持经营。在美国的非法工作者，一经发现将被驱逐出境，且5年或终身不得踏入美国一步。如果你的工作地点遭到搜查，而你又不幸被抓，那你将被拘留，而案件处理要长达3周。如果你具有“合法身份”（即你有旅游签证且签证尚未过期），那么你将被要求自动离开。如果没有，那么你将被强制驱逐出境。

在加利福尼亚州、得克萨斯州及佛罗里达州，因其一直以来是墨西哥及其他拉丁美洲国家非法劳工的据点，所以这些地区的法律规定显得更为严格。

证件

每个美国人对自己的社保号码都能倒背如流。J-1签证持有者同样可以申请自己的社保号码。社保处要通过移民局数据库对J-1签证进行核实，这可能要耽搁一些时间，这也意味着你要晚些日子才能从雇主那里领到工资。除具有合法签证外，还可通过其他途径获得社保号码，如因储蓄需要，但该社保号码明确标示“不适用于就业”。

虽然国土安全部已经加大对伪造身份证的打击力度，并在可能大量雇用无证外籍工人的地方展开了大规模搜查，但现在流通的社保卡仍有几千张是伪造的（凭借现在的电子技术，造假绝非难事）。最近颁布了新规定，使用伪造证件者将被指控“盗窃身份”而不仅仅是非法移民。

旅馆

环游世界的背包客常常会因为美国与澳大利亚、新西兰的普通旅馆之间的巨大差异而震惊。下面是大卫·哈迪（David Hardie）（RIP）在2008年处于间隔年时的一段经历：

> 洛杉矶的旅馆都太过低档。似乎美国的旅馆差不多都是这个档次。在我入住的洛杉矶旅馆里，有一个叫做

杰克的矮个子黑人，他的工作是模仿电影里的魔鬼娃娃楚其（Chucky）。而另外一个旅客让我们和他一起去破坏他前女友的车。在美国根本没有什么所谓的背包客旅馆。与在澳大利亚不一样，美国旅馆的所有旅客都要显得苍老很多，而且处于失业状态，他们一般都生活在社会底层。

因此，在美国比较明智的做法就是要比在其他任何国家时都要更关心你的住宿问题。当然在有些旅游旅馆，你通过做某些工作来换得一些食物和一张床。时常关注一下青年旅社和背包客聚居地布告栏上的一些临时工信息。位于旧金山Broadway 494号的**绿龟招待所**（*Green Tortoise Hostel*），会为又有耐心的旅行者提供工作。要想搜索关于空缺职位的信息，请登录你有意去工作的城市的Craigslist.org，然后在工作主页上检索“旅馆”（hostel）。如果你检索关于旧金山的工作信息，就会搜到位于Post Street的美国旅馆（USA Hostel）（www.usahostels.com）的相关工作信息。

卡罗琳·爱德华兹（Carolyn Edwards）曾有过一段痛苦的经历，她当时正在夏威夷找工作，却很不巧赶上好多旅客都在为换得住宿而争抢在旅馆里做4个小时的清洁工作。理查德·戴维斯（Richard Davies）在洛杉矶一个旅馆打扫厕所，他可享有免费住宿及每小时10美元的报酬，这样他还有时间去找其他工作。所以最好能打听一下你入住的旅馆需不需要临时工，因为一些旅店属于非正式的运营系统。可以去大峡谷（Grand Canyon）地区的私人旅馆打听打听。身无分文的马克·霍罗宾（Mark Horobin）有幸在加州入住了一间特别的旅馆：

男性如果午后就在**圣地亚哥救援组织**（*San Diego Rescue Mission*）门外排队，很有可能得到3天的免费食宿。但如果你想待得久些，可以考虑像我一样以一个“帮助者”的身份签进来。但这样一来你就得为自己找个合适的理由（如自己曾是个酒鬼但现在已经不再酗酒），而且还要参加每天的圣经学习会。如果被接收了，你每天需要工作4个小时。之后我进在了海边的**和平王子寺**（*Prince of Peace Monastery*）。

代驾

代驾指的是在北美提供私家车的做法。有钱的美国人、加拿大人以及一些公司愿意支付大笔资金给派送公司，让其将自己的汽车安排运往另一个城市。车主之所以这么做，通常是希望在度假地也可以驾驶自己的汽车，但同时又可以省去自己长途开车的不便。这些公司则负责寻找司机、安排保险及解决中途可能发生的小事故。而你能得到汽车的（有里程和时间限制的）免费使用权，但需在第一箱汽油用光后自付油费及缴纳跨州过路费。在高峰期，由于供求关系的原因，一些司机不仅不需支付油费，甚至还能拿到几百美元的现金酬劳。截止日期及行驶里程通常是有固定要求的（如一天驾驶400英里或650千米），但具体操作较为灵活，检查也并不严格。

你唯一需要满足的条件就是年满23岁，有些情况要求年满25岁，有合法驾照和国际驾驶许可证，并且能付得起押金（一般为350~400美元），当然如果你按要求完成任务抵达目的地押金将会返还。此外，你还需要有推荐信及本国驾驶记录。

在"汽车运输者"（Auto Transporters）的黄页上可以获得本地车辆供应人的信息，实际上该公司在美国国内叫做Auto Driveaway（☎800 346 2277；www.autodriveaway.com）。该公司在美国各地拥有几十个专营商，从盐湖城到雪城（Syracuse）、从圣路易斯到西雅图。请登录网址www.autodriveawaydc.com/carlist.html 查询最新车辆信息列表。你也可以试试Custom Auto Delivery（www.driveaway.com），不过他们一般有专职司机，很少雇用临时司机。在多伦多有一家老牌公司叫Toronto Drive-Away Service（☎800 561 2658；www.torontodriveaway.com），公司网站上有关于招聘司机的信息，要求最低年龄为25岁。业务最为繁忙时要数3月中旬到5月，这段期间有很多加拿大汽车要从佛罗里达州、亚利桑那州返回到加州某个地方。

另一种方式是询问汽车租赁公司的旅游资讯中心，租赁公司会根据季节性需求来安排运送租赁汽车，如运往佛罗里达州或冬季滑雪胜地。你对目的地的选择越灵活，就能越快开车出城。布里奇德·西摩-伊斯特和吉米·亨德森（Jimmy Henderson）就在美国享受到了一个美妙的"家常便饭"之旅。他们从洛杉矶出发，驾驶汽车一路来到明尼苏达州的一个小镇。如果有多人同行，你们还能分摊油费节约开支。一些公司出于保险注册考虑，允许几个人交替开车或在车上搭载乘客。有些公司对车上人数有一定限制，通常是每车2人。这是因为一些车主要在本季度将他们的行李等物品随车一起运到目的地，那么多东西光靠汽车后备箱是不够用的。

你所分配到的车型以及该车的耗油量，都对你的整体预算有很大影响。很少有机构自己储备车辆，所以你需要自己去寻找车辆。当有人向你介绍某辆汽车时，一定要仔细检查该车是否因车主（或代理人）原因已有所损坏，并填写一份“车况报告表”。检查时一定要全面、仔细，否则你可能要为这些损坏或故障而负责。如果车辆在途中出现问题需要修理，而修理费比指定金额小时，你需先垫付修理费，当抵达目的地后再找车辆接收人报销。许多游客都认为代驾是一份很棒的工作。米格·厄克特（Mig Urquhart）回忆到：

> 有一天，我们还在劳德代尔堡（Fort Lauderdale）谈论着到阿拉斯加去捕鱼，而一周后我们三个人就通过代驾来到了西雅图。我们开的是一辆三菱蒙特罗，就是那种大型吉普4X4型车，那辆车实在是太棒了！我们9天内行程4700英里，期间我还在坦帕（Tampa）办了生日派对，在新奥尔良、大峡谷、拉斯维加斯这些地方享用过午餐，还和一个朋友在旧金山一起过了周末，最后是从旧金山到西雅图的完美旅程。这次旅程，食物、汽油、在拉斯维加斯的汽车旅馆住宿以及在旧金山享用的一顿很棒的晚餐全算下来，我们每个人只花了200美元。

找工作

来自英国及世界各地的打工旅行者可以利用暑期员工短缺的现实，参加前面所提到的工作或旅行项目。2年前，《每日电讯报》（*Daily Telegraph*）一篇文章的标题揭示了某一地区困扰雇主的问题：“美国滑雪胜地员工奇缺。”避暑胜地也存在着同样的问题。

大部分季节性工作工资最少为7.25美元（2011年），虽然有些州法律明文规定的工资标准要比这稍高，如加利福尼亚和马萨诸塞（最低工资为8美元），而在南方的5个州是没有最低工资标准的。工作中能得到小费的人，一般工资会很低。因为在美国，从事这类工作的当地人的工资少得惊人，从2.13美元（佐治亚州）起，最高5.69美元（康涅狄格州）。

所有这些信息，都可登录劳工部网站（www.dol.gov/esa/minwage/ america.htm）进行查询。在城市找工作并没有想象中那么容易。丹尼·雅各布森在世界各地漂泊数年后回到故乡芝加哥，但发现在家乡找工作却并不那么容易：

> 我走遍世界各地，有丰富的工作经验，当我终于可以合法工作时，却发现自己找不到工作。这真太可笑了……我像疯了一样在全城到处投简历，但到现在也没有一点儿消息。临时工作中介不打电话给你，你就不会有任何面试机会。我去过不知道多少家咖啡厅和餐馆，

以及无数的商店，也找过很多其他各种类型的工作（如宠物狗日托中心），但没有一家愿意雇用我。我想经济不景气的传闻应该是真的。我打算回到瑞士山区。

但如果你做好了整个暑期打工旅行的准备，你的运气应该不会太差。有数十家网站会对你有所帮助。当然如果你想在旅游业找到一份季节性工作，本书极力推荐www. resortjobs.com，www.coolworks.com，www.kareeve.com和www.jobmonkey.com这几个网站。如果你等到了北美再找工作，要记住，在那里就连想吃饱肚子都比其他地方困难。游客通过和当地人交谈，经常可以得到些临时工作。工作内容一般为建筑、园艺、搬家等。还有一些非常奇怪的工作，保罗·多纳特（Paul Donut）说在路易斯安那州首府找工作并不难，但那些工作机会没有任何吸引力：

我抵达巴吞鲁日（Baton Rouge）后去拜访了一个朋友的朋友，她说可以帮我找一份工作。然后她帮我找了一份在路易斯安那州立大学门口护送客人上车的工作。因为在这段路上经常发生抢劫案。我考虑了30秒后拒绝了这份工作，因为Baton Rouge的谋杀率是全国最高的。还有一份在鳄鱼养殖场帮忙的工作，我觉得这份工作也不比第一份安全多少。

旅游餐饮业

避暑胜地和国家公园，特别是在东海岸地区，有时急缺工人。因为这些地区小费很高，所以在很多州雇主支付工人的工资微乎其微。也就是说你可能工作一晚上也只能拿到10美元工资，服务生一个小时就能有至少10美元的小费。所以一个周末赚300美元的小费是常事。酒吧服务员也都指望着小费（但酒吧服务员须达到法定饮酒年龄21岁）。一口纯正的英国口音会对你有所帮助，但简·托马斯的情形实属例外，他被指故意装腔作势以获得更高的小费。即使没有得到为客人提供酒水或是“服务员”的工作，做餐厅杂工通常也能拿到一定比例的小费。因为餐厅杂工可以协助服务生，服务生常会把自己小费的10%分给他们。

在网上，你很容易找到国家或州立公园的招聘信息。例如靠近加拿大边境的**蒙大拿州国家冰川公园**（*Glacier National Park*，www.gpihr.com），那里15%的季节性工作都是打工旅行项目的海外成员。阿拉斯加的**德纳利公园**（*Denali Park*，www.summerdenalijobs.com），那里每年夏天从5月到9月中旬都要雇用约900名工人。一些著名的国家公园如犹他州的**锡安公园**（*Zion*）和加州的**死亡谷**（*Death Valley*），里面的娱乐设施均由Xanterra Parks & Resorts运营（www.xanterra.com）。Xanterra公司也为更加著名的怀俄明州**黄石国家公园**（*Yellow Stone National Park*）招聘员工，那里每年要招聘2500名季节性工人（www.yellowstonejobs.com）。大峡谷内的设施是由不同公司进行运营管理的，详情请查询www.coolworks.com。对于加利福尼亚州**约塞米蒂国家公园**（*Yosemite National Park*）的承办商DNC Parks and Resorts，你可拨打电话☎209 372 1236与其取得联系，关于800个夏季空缺岗位的信息可查询网站www.yosemitepark.com上的"就业"专栏。

较为偏远的度假胜地通常很难雇到足够的员工。南达科他州黑山上的帕尔默峡谷（Palmer Gulch）在世界各地招募员工（www.palmergulch.com/employment），如滑水服务员、接待员、清洁工等。

虽然加州比美国其他地区生活消费水平要高，但对英国人来说一直很有吸引力。很多外国人在洛杉矶、圣莫尼卡（Santa Monica）、旧金山等地的餐馆、酒馆、咖啡厅找到了工作，但如果想在曼哈顿的快餐店或类似地方打工来抵消日常开销可是个不小的挑战。简·托马斯通过为当地人照看房屋成功地解决了这一问题。她通过朋友认识了很多当地人，他们都很高兴能找到一个可靠的英国姑娘在他们外出度假时帮助照看房屋以免被盗，顺道还能帮他们浇浇花什么的。她还帮人照看过一间豪华公寓，从那里可以俯瞰整个中央公园。每天早上经过汉堡天堂（Burger Heaven）时，都能看到穿着橙色涤纶制服的门警，这让她觉得非常有趣。

海滨度假胜地

在那些著名的海滨胜地，你绝对能够找到工作。特别是在8月中旬（这时美国学生开始辞职）或是四五月（美国学生这时还未开始工作）时。朱莉娅·威尔逊（Julia Wilson）在曼彻斯特大学攻读社会人类学的第二年，意识到自己不想再像第一年那样把夏天白白浪费掉，所以一封来自BUNAC的传阅邮件引起了她的注意。她马上注册了美国工作项目，并将个人简历发给BUNAC指南上所列名单的雇主。她收到3份工作通知，但令她不敢相信的是其中两份工作明确规定了小费收取标准，也就是说服务生每小时最多只能收取8美元的小费。所以她选择了**玛莎葡萄园西坎俱乐部**（*West Chop Club in Martha's Vineyard*）的工作，那里都是些共和党参议员、女继承人和被宠坏的孩子们。她一下子就被这个美丽的地方所吸引，尤其是那干净洁白的海滩。但随后每周40~50个小时的工作，没有足够的业余时间，以及客人和员工之间存在的种族差异，让她开始觉得厌烦。工作一个月后，老板打算解雇她，并要求她在48小时内将房间腾空。因为她明显工作心不在焉。朱莉亚也不得不承认这一点，但她太喜欢玛莎葡萄园了，想要继续留在岛上，所以就通过当地报纸找住处和工作。她很快在当地人那里找到了住处，还花了50美元买了辆自行车，找了3份兼职。这样她就有更多自由支配的时间，也能赚到比先前那份工作更多的钱。她后来觉得自己被解雇也是一件好事，如果为了那300美元的工资她就得一直待在原来那个地方工作到9月16日，然后第二天坐飞机回家。后来她还在当地艺术社做模特，2小时50美元；在一家餐厅做礼仪（餐厅附属于一家健康水疗中心，员工也可免费享用）；并在一家时装店工作，这样她在招待顾客之余有大把时间读书和上网，每小时还能有12美元的工资。

据安德鲁·博伊尔（Andrew Boyle）说，在马里兰州大洋城度假胜地的BUNAC注册员工似乎要比当地员工多，在那里他明显感觉到喜欢派对的年轻员工和年长的当地居民之间的紧张关系及他们"意识形态上的冲突"。实际上，很多年轻人是为了派对才到这种度假胜地去的，所以那些努力工作的人就会脱颖而出，得到更好的待遇。其他著名的旅游胜地有怀尔德伍德（Wildword，新泽西州）、弗吉尼亚海滩（Virginia Beach，弗吉尼亚州）、美特尔海滩（Myrtle Beach，南卡罗来纳州）和大西洋海滩（Atlantic Beach，北卡罗来纳州）。

游艇

如果你想找一份在游艇上的工作，佛罗里达州绝对是最佳选择。无数游艇和渔船从佛罗里达群岛（位于佛罗里达州的最南端）起航，一路驶往加勒比海。特别是从圣诞节到复活节这段时间，特别繁忙。你也可以考虑一下在游轮上工作（见"打工旅行"部分）。在佛罗里达群岛，有很多在酒吧和厨房的工作机会，那里还是北美第二大同性恋聚集地。每年春假，佛罗里达度假胜地都挤满了成千上万的学生，所以要想3月和4月初在那里找到住宿几乎是不可能的。

在劳德代尔堡，全年都有大量的临时工作，工资一般为每小时11~13美元。如果你希望白天能在游艇上工作，而且还能有机会从事景观美化或酒店的工作，镇上的船员之家旅馆是个不错的选择。

滑雪胜地

冬季滑雪场提供大量的工作机会，尤其是在11月至5月期间的科罗拉多州。推荐阿斯彭（Aspen），维尔（Vail）和斯廷博特（Steamboat）3个滑雪度假胜地。

如果你已经做好了动身的准

备，那么最好在10月或11月前往，因为那时大型度假村会举办招聘会。你可以找到电梯操作员、餐厅工作人员、售票员和行李检查员（如滑雪者寄存的行李）等工作。当然，在大型度假村（尤其是维尔），最主要的问题是住房紧缺。除非你在八九月抵达，不然你要足够幸运才能找到住的地方。查看一些当地报纸上的广告，如《斯廷博特向导与今天》（*Steamboat Pilot & Today*），它的招聘分类广告在网上也有发布（www.steamboattoday.com）。冬季有数百条“招工”告示，夏季可能会更多。你也可以查询度假村的相关网站，其中一些通过就业网站www.coolworks.com/ski-resort-jobs上的链接进入。

值得一提的是，移民袭击频繁发生，这使雇主即便在急需用人的情况下也不愿意雇用无证人员。www.steamboat.com网上有一些职位空缺信息，你也可以发邮件到hr@steamboat.com。如果你就在当地，直接去当地最大的用人单位的人力资源部咨询，如斯廷博特滑雪度假公司（☎970 871 5132）。各大招聘会均在11月第一周的周末举行，会上雇主能与求职者会面。尼尔·希伯德（Neil Hibberd）通过在伦敦的一个实习项目获得了J-1签证，然后凭借签证在斯廷博特公司做了一个季度的缆车操作员。

有时托管公寓是个做临时工的好地方。如果你在找临时工作，深秋时节去做伐木工赚钱不少，清扫屋顶积雪也是份不错的工作。酒店并不算是美国度假地的特色（虽然在斯廷博特的**喜来登**〈*Sheraton*〉和**雷鸟酒店**〈*Ptarmigan Inn*〉会雇用大量非本地员工）。度假公司如**大山度假村**（*Mountain Resorts*）、**斯廷博特滑雪度假公司**（*Steamboat Ski*）雇用房屋清洁工、维修人员、司机等。一家公司拥有所有硬件设施，控制一整个度假地的所有就业活动，有时还能为所有员工提供住宿，这都是很常见的。

在科罗拉多州的另一个著名度假胜地就是维尔度假村（Vail Resorts），你可以拨打专门的免费工作热线☎888-Ski Job-1，也可以登录网址http：//skijob1.snow.com查询关于外国申请人的详细信息。阿斯彭是最富有的度假胜地之一，为大量的过渡工人提供工作机会。**阿斯彭滑雪公司**（*Aspen Skiing Company*）大量雇用外国工人，外国工人可以通过CCUSA和USE（www.workuse.com）一直待到3月末，USE专为南美工人安排工作。由于这个项目非常受欢迎，所以他们建议有意向的申请人尽量在5月就开始申请下一个滑雪季的工作。该公司于7月份便可以递交签证申请；www.aspensnowmass.com/companyinfo/employment上的相关网页提供了大量关于非美国公民招聘流程的详细信息。**甘特公寓度假村**（*Gant*

Condominium Resort）是阿斯彭夏冬季最主要的用人单位（610 S West End，Aspen，CO 81611；☎970 925 5000；www.gantaspen.com/colorado-resort-employment.php）。

如果你决定去阿斯彭，那一定要去库珀街码头（Cooper Street Pier）酒吧，听听那里的外国口音。虽然有时可以拿到些小费，但不幸的是这个地方工资比较低，付完住宿费后就所剩无几了。你绝对值得在这里坚持工作到季度末，到时很多雇主都会发给员工一笔可观的奖金，或给员工平分这一季度的小费。科罗拉多州的另一个主要度假胜地是**冬季公园度假村**（*Winter Park Resort* ☎970 762 1536；www.winterparkresort.com/employment）。这里虽然取名为冬季公园度假村，但其实夏季也会雇用很多的季节工人。

加利福尼亚的滑雪胜地同样雇用大量工人。如诺登的**属格保尔**（*Sugar Bowl*，www. sugarbowl.com/employment），以及猛玛高山滑雪度假村（Mamm6th Mountain Resort）（☎760 934 0654；http://jobs.mammothmountain.com），猛玛高山滑雪度假村在4月1日至7月1日招聘来自世界各地的工人。美国很多滑雪场在11月和12月招聘季节工人。

主题公园

虽然英国人对游乐园和主题公园并不陌生，但当他们亲眼目睹了美国游乐园和嘉年华的经营规模之后，还是会被其宏大的规模震惊。这些游乐园和嘉年华中有的一家夏季要雇用3000多名服务人员负责骑马、游戏、餐饮服务、停车场、维修、仓库、安保等工作。六旗主题公园（Six Flags）就属于这类，该公园在很多州都设有分园，雇用外籍员工达2500名之多。一些大的用人单位都和前面所提到的打工旅行项目有合作关系。六旗公园的代理人有时会和一些主要夏季工作机构联系，从国外招聘夏季员工。最大的游乐园要属俄亥俄州桑达斯基（Sandusky）的**松尖游乐场**（*Cedar Point*），该游乐场通过BUNAC、CCUSA等组织雇用外国学生为其工作。在你申请工作之前一定要确定自己是否能接受他们的“穿着规范”。这些巨大的商业综合体，其中任何一家公司都能为寻找暑期工作的年轻人提供很多工作机会，并使布特林斯（Butlins）和艾尔顿塔（Alton Towers）相形见绌。

旅游嘉年华和游乐场的规模较小，所以需要的员工数量相对少一些。在那里你可从事组织操作机器、拆除游戏站和驾驶的工作。鼓励竞争、激励员工是美国企业的主旨，所以很多嘉年华运营商都会将特定岗位的一部分利润分给员工，这多少会给员工带来一些激励。

在佛罗里达州奥兰多附近的沃尔特·迪士尼世界度假村国际

项目（www.disneyinternational-programs.com）主要由两部分组成：迪士尼国际大学生计划（针对取得J-1签证的在校学生和应届毕业生的为期4个月的夏季项目）和为期一年的文化大使计划（Q签证）。无论哪个计划的参与者都会在迪士尼主题公园和度假村一线工作。尤其是文化大使计划，度假村主题展览馆和其他地方有来自英国和其他国家的几十名员工，他们代表了自己国家的文化传统和习俗。英国每年于3月和10月举办招聘会，详情请咨询Yummy Jobs（120 High St，Epping，Essex CM16 4AG；☎01992 579999；www.yummyjobs.com）。能得到小费的工作要比其他工作收入好很多，收入大概可以达到5小时100美元不止。有大门的员工公寓有很多生活设施和丰富的社交活动。

来自Huddersfield的凯文·伊斯特伍德（Kevin Eastwood）两年前加入了文化大使计划，他看重的就是这项工作的福利：

> 这对我来说实在是一个绝佳的工作机会，我永远也不会忘记的。我在未来世界英国馆的餐饮部工作…… 迪士尼很体谅员工，知道对于员工而言要和家人朋友分开是件多么不容易的事。所以，从计算机房到公寓免费上网，再到活动房为员工提供众多资源…… 我现在有很多外国朋友，他们分别来自加拿大、挪威、中国、墨西哥、意大利、日本、美国和法国。作为员工，我还享受到了所有的高级特权，如参观迪士尼主题公园和在度假区住宿打折等。

以前在迪士尼工作过的人说很难应付那里所有的规章制度，叛逆不守规矩的员工被遣送回家是很常见的。在非官方网站**国际项目校友会**（*International Program Alumni*，www.wdwip.com）查询了一些反馈信息后（大部分反馈信息是很令人欢欣鼓舞的）来自科克郡（Cork）的凯瑟琳·霍华德（Catherine Howard）决定在佛罗里达州申请工作。但不幸的是那里没有爱尔兰馆，然后她发了一份关于J-1文化计划的申请到Yummy Jobs，在支付了大约2000美元的手续费后，他们为她找到了一份在**沃尔特·迪士尼天鹅海豚酒店**（*Walt Disney World Swan and Dolphin Hotel*）的前台工作，该酒店就在**未来世界**（*Epcot*）附近，但不属于迪士尼。有趣的是，美国官方机构的文件让培训和签证程序听起来要比实际上严格许多，而结果她在都柏林美国大使馆的面试仅仅用了60秒。

虽然美国的商业文化有时会让凯瑟琳·霍华德反感，但她在美国度过了很美好的18个月：

我爱我的工作。这里的每个人都很友善、乐于助人，我很喜欢和客人们聊天。毕竟你身在迪士尼乐园，所以来这里的客人一般都是非常开心的。有时你会觉得很难忍受美国企业过于情感化的一面。在班前会上，我们会谈论企业的“核心价值”以及如何让我们的顾客感觉到与众不同，班前会上我们每个人都会引用一个让自己觉得与众不同的现实生活中的例子，无一例外。美国人都很愿意这么做，既不会觉得讽刺也不会不好意思，但这可让我伤透了脑筋。我认为我们可以把时间用在如何更好地解决酒店实际存在的问题上，而不是如何与众不同。就这一点我和经理产生了分歧，所以我建议大家如果遇到这类问题最好一笑了之。同样是这个经理，告诉了我们一些指导性措辞，当有顾客问你今天怎么样时，你要用三音节以上的词来回答，比如你不可以说“好”，而要说“太棒了”或“好极了”。我最喜欢用“杀气腾腾”这个词。

我很享受在佛罗里达的那段日子，那是我做过的最正确的决定。但在那里的前3个月也是我人生中最灰暗的日子，因为我犯了个命的错误：我从未学过开车。我那时不理解人们所说的“在佛罗里达你不可能步行去任何地方”究竟是什么意思。在那里我不光是个怪人——在佛罗里达州唯一一个年满16岁却不会开车的人，而且在选择公寓时也极为受限。在第4个月我学会了开车，然后买了一辆车，和我最好的朋友一起搬到了一间新公寓，这间公寓比原来那间要好很多。

在奥兰多的18个月里，我做过的事情有：

■ 从卡纳维拉尔角（Cape Canaveral）观看航天飞机发射——这是我3个最大的梦想之一。

■ 发现名人。最棒的一次是看到史蒂文·泰勒（Steven Tyler）在排队买《加勒比海盗》的电影票。

■ 变装参加万圣节上映的落基恐怖秀（Rocky Horror Show）。

■ 每晚下班回家时看烟花（在夏天，每晚从我住的院子里看海洋世界的烟花）。

■ 去过两次魔术王国（Magic Kingdom）的米奇圣诞快乐派对。

■ 在未来世界和葡萄酒节畅饮和享受美食。

■ 在圣诞节时去华盛顿、迈阿密、新奥尔良的狂欢嘉年华及纽约等地。

■每天早上起床都阳光明媚。

随后她写了一本书，叫做《诱惑：在奥兰多的一年多》（*Mousetrapped: A Year and a Bit in Orlando*, Createspace，2010），书中描述了她在当地的经历和见闻。在此强烈推荐这本书。

其他热门工作

销售

美国的销售人员一直以态度强硬著称。一些游客已经发现，他们的外国气质使销售出奇费力（“你真的是英国人吗？我只是喜欢你的口音”）。销售员在美国不像在其他国家那样受人质疑，你可能会惊喜地发现当你上门推销商品时人们会耐心地接待，有时甚至可以拿到不错的工资。BUNAC工作指南上有很多关于代理销售工作的详细信息，但你抵达该地时至少应该准备1000美元以度过工作低谷期（这和你在没有找到工作就抵达的情况下所需的费用是一样的）。

关于销售职位的广告越来越多。你会发现电话销售不像上门销售那么容易让人反感，但赢利也相对少一些。另一方面，一些打工旅行者和间隔年学生并不回避销售这个难活儿，他们愿意做一些代理销售的工作。西南公司的总部位于那什维尔（Nashville），该公司在全美范围内上门销售图书和软件，并在爱丁堡设有招聘办公室（☎0131 445 7408）专门招聘间隔年学生和在校大学生。其网站上（www.southwestern.com）有过去工作过的学生写的热情洋溢的报告，这些学生的收入都相当可观。据他们说，平均每个销售员一个夏天可以攒下8000多美元。当然，这些数据可能不包括那些工作数周因为没有取得任何成绩就半途而废的学生。

足球教练

在北美，足球一直是一项很受欢迎的运动，很多女孩也热衷于此，所以在夏季教练计划中对年轻英国教练（现在习惯上称为专业教练）的需求量很大。很多公司雇用合格的足球教练在全美工作，也包括夏威夷在内。很多招募来的运动员通过BUNAC、YMCA（www.internationalymca.org）等英国机构在某个地区或在美国各地工作。一些公司（如Sonesoccer）只雇用长期合同的员工，不过有些公司也可签短期合同。

大部分公司想要聘用具有国家教练执照的求职者，如足总杯一级教练（FA Level 1 coaching），该职称可以通过参加一个持续20~40小时的课程获得（详情请查询：www.1st4sportqualifications.com）。你也许还需要出示一份无刑事犯罪证明以及急救证。即使你达不到足球教练的水平，你还是可以在某些公司找到一份常规夏令营辅导员的工作。

决胜线足球公司（*Goal-Line Soccer Inc*）：Corvallis，俄勒冈；☎541 753 5833；info@goal-line.com；www.goal-line.com；最小年龄要求为21岁。在俄勒冈和华盛顿，公司一般只通过BUNAC招聘7月和8月初工作的员工。

中西部足球学会（*Midwest Soccer Academy, MSA*）：Fenton，密歇根；www.midwestsoccer.net；教练需签订3个月或9个月的合同。英国联系方式：emma@midwestsoccer.net。

足球学会公司（*Soccer Academy Inc*）：Manassas，弗吉尼亚；www.soccer-academy.com；欧洲籍教练需向位于德比郡的马克·詹宁斯（Mark Jennings）申请（☎07814 390740；mmarkjenco@aol.com）。夏季工作的面试11月开始，通过面试后要在4月参加在曼彻斯特的周末培训。

英国精英足球（*UK Elite Soccer*）：Cedar Knolls，新泽西；☎973 631 9802；www.ukelite.com；在全美18个州都有足球夏令营、教练及课程项目，主要分布在东部沿海地区。季节性教练从3月工作到11月，需要70名暑期教练，从7月工作到8月。

英国国际足球夏令营（*UK International Soccer Camps*）：Redlands，加利；www.uksocca.com。英国联系人：罗伯特·蒂尼（Robert Dinni），☎01889 575633。

联合足球学会（*United Soccer Academy*）：Bound Brook，新泽西，美国体育学院；☎732 563 2525；www.unitedsocceracademy.com/employment-home.html；需签订5~9个月的合同，3月或6月开始工作。姊妹公司美国体育学院招聘各种体育项目的欧洲教练，如高尔夫教练、曲棍球教练等，这样一来，男女运动员均可从事不同体育项目的教练工作（详情请见：www.unitedsocceracademy.com/employment-home.html）。

更多信息请登录www.football-jobs.com。作为一名优秀的足球运动员，如果你向孩子们展示出你的专业技能并告诉他们一些小诀窍，你很快便能赢得孩子们的尊重。但与之相比，良好的沟通能力显得更为重要。多姆·塞缪尔斯（Dom Samuels）在本科最后一年决定申请在美国做暑假或秋季教练：

经过对利兹（也包括其他一些地方）申请人的初步评估，我参加了国家体育中心一个为期4天的强化训练课程。该中心位于Telford北部的Lilleshall，课程内容包括各种教学、教练技能和评估形式。他们告诉我会发邮件给我，至今我仍记得邮件的主题——“欢迎来到洛杉矶”，真是不可思议！

我的工作是教3~19岁的孩子，也就是说我每天都要做很多不同的工作，而且这也让我有机会真正去了解孩子们。秋季，只有在孩子们放学后才开始上课，一般是下午4点到晚上9点或10点。暑期夏令营的工作时间则不同，一般是在上午上课或全天授课。令我最难忘的一天是和其他几个教练一起被派到洛杉矶市中心教西班牙儿童。我们之前并不知道，那个周末会有热浪，而我们被安排从早上8点一直上课到下午3点。这属于“额外工作”，当然我们也得到了额外的报酬，至少领工资支票总是件好事。当然，不光是那些孩子们受到热浪折磨，我们这些教练也是如此。我们在人工草皮上进行训练，草皮的橡胶底都开始融化了，我们训练时明显感觉到自己的脚像在燃烧。当我们回到主人家中，欢迎我们的就只有两个词——“啤酒”、“泳池”。如果你很内向、羞涩，那这份工作绝对不适合你。

我认为这项工作之所以有吸引力是因为可以沐浴着阳光训练，每个周末都会有派对，能遇到志同道合的朋友们，能住在豪华公寓里，而且在夏令营结束后还能从孩子家长那里得到小费。我同许多我待过的家庭保持联系，恋恋不舍地和他们道别。但这是我的工作。你来到一个地方，在那里提供服务，然后离开，又去别的地方做着同样的事情。我结识了很多家庭，交到了很多朋友。犹他州和加利福尼亚州就像我另外一个家。

我们的休息时间极少，所以一有机会，我就会好好享受，通常我会选择沿路旅行。从拉斯维加斯去亚利桑那的途中，我们看到一个牌子，上面写着——“大峡谷，沿山脊向西行49英里”。我们觉得也就一两个小时的路程，还能有时间拍几张照片留念。但事实并非如此。我们一路开着车，一直开到了路的尽头，结果来到了科罗拉多河。我们7个小伙子，有一个还是学地理专业的，手上拿着一份美国地图，居然找不到路前往地球上最大的裂缝。这是多么可笑！

体力劳动

在失业率如此之高的社会，要想找一份现结工资的工作实属不易。但如果你想在搬家公司找一份临时工作也不是不可能，比如说当保安或建筑工（尤其是对那些有技术的人来说）。找搬家工作的活最好（对男人来说）在月末，这时有很多房子租期到了，有很多人需要搬家。丹·艾尔德瑞奇（Dan Eldridge）在旧金山一家旅馆工作过一年，所以对这一情形相当了解：

> 很有意思的一个选择是打开电话簿，翻到“搬家工”这里，然后亲自和他们见面，尤其是那些有爱尔兰名字的。他们总雇用外国人，工资不低，按小时现结。我为很多人联系过搬家公司，虽然大多数在工作几周后就辞职了，但领工资时人们都很开心。

美国的房子都是木结构的，即使是没有多少经验的木工也可以找到工作。通常情况下员工像合同工那样领工资，然后要自己缴纳所得税和社会保障金等。如果你的证件不全，那对你来说绝对有利。即使你找不到建造新房的工作，你也可以向屋主展示你的画功或维修技能，尤其是那些年久失修的房子更需要这样的人才。

马克·金德（Mark Kinder）在马里兰的农村里写下了中肯而又标新立异的建议：

> 在美国夏令营项目待了一个暑期后，我和一个朋友决定去跳伞。如果你跳伞的次数达到10次，指导员就会希望你学习如何收好降落伞，这大概要花5个小时去学习。学会后，每收一个降落伞就可以得到5美元，只要你稍稍练习，一个小时就可以收3~4个降落伞，这可是一笔不少的钱。美国90%的降落伞中心都会出钱雇人收降落伞，但通常只有跳伞运动员才能得到这份工作。这的确是个赚钱的好方法。跳伞运动员都很友好，他们喜欢结交外国人，所以他们常常会为你提供住所。如果没有的话，你也可以在跳伞中心露营。

你可以在美国跳伞协会官网www.uspa.org上的“降落区定位（Drop Zone Locator）”板块找到美国275所降落伞中心的列表。

医药业

美国长期以来护士短缺，取得护士资格的人可以通过英国一个专门的机构获得相关工作信息。对于那些对医药感兴趣的普通人，可以去献血，也可以去试验新药。米格·厄克特要坐飞机离开西雅图，她在等飞机时为了打发时间，就去血浆中心献血。她第一次去的时候被拒绝了，因为她的尿液中蛋白质含量过高（她估计是因为自己一直在吃花生酱三明治的缘故）。

林赛·瓦特（Lindsay Watt）刚到美国时本打算靠做一些传统

工作来维持生活。但他很快发现，在纽约他落脚的旅店里，有些比他早入住的男性旅客，光是靠医学研究就能赚到钱。当然，社保号码是必不可少的，虽然它经常会被贴上“对工作没有价值”的标签。大部分的医学研究每天至少会付100美元，并提供免费食宿和娱乐。林赛参加了3个医学研究，在纽约的5天赚了300美元，在费城的4天赚了475美元，在西棕榈滩（佛罗里达州）一个月赚了3000美元。这些钱足够支撑他的南美之旅了。他听说过的最好的一次是在巴尔的摩的为期3天的医学研究，可以拿到800美元的报酬，当然这不可避免地会遇到一些令人不快的程序。在美国有很多城市都有药品研究中心，特别是在马萨诸塞州、纽约州、新泽西州、宾夕法尼亚州、马里兰州和佛罗里达州。女性一般不能做这种工作，除非她们没有生育能力。

关于药品试验中心有两个很好的信息来源，一个网站是www.centerwatch.com，专门提供临床试验代理服务；另一个是www.biotrax.com，该网站是一个诊所和研究中心的在线指南。你还可以登录www.clinicaltrials.gov，该网站列出了数以千计由国立卫生研究院资助的临床研究项目，以及其他联邦机构和制药企业；这些网站会提供各单位的招募信息，但他们更希望找到患有相关疾病的人。因为有试验的第一阶段需要身体健康的志愿者。

阿拉斯加渔业

夏天在阿拉斯加海岸从事捕鱼业和鱼产品加工业，是美国典型的赚钱多的工作。虽然阿拉斯加鲑鱼产业曾一度走下坡路，实际收入可能有所夸大，但在西海岸的报纸上仍能看到它们刊登的广告。曾有水手在劣等船上经过了整整3个月的风吹日晒，工作结束回家时却只拿到3000美元的工资。一般情况下他们应该可以拿到10 000美元左右的工资。

因此，在你决定买单程票去阿拉斯加之前，一定要考虑清楚，因为那里生活消费水平太高，工作竞争也太大，特别是来自美国学生的竞争。一定要确保你的预期是现实的。没人能确保你一定能在一条生产船上找到工作，而且即使找到工作，你也可能只能拿到最低工资却需要工作很长时间。可以肯定的是，你要加倍努力工作，因为这项工作肯定比你以往任何工作的强度都大；在船上工作会很冷，你会感到精疲力竭，苦不堪言，有时甚至会怀疑当初的选择。但只要你坚持住，就一定能够成功。

不要相信招聘网站上的承诺，说什么只要付费就会为你提供一份捕鱼业的工作。出于利益和对整个船只安全方面的考虑，船长是绝不会仅凭借电子邮件和长途电话招募员工的。要想在阿拉斯加得到一份水手的工作，最可靠的办法就是在捕鱼季之前就来到这里，亲自到码头上去碰运气。你必须拿到一个商业捕鱼证，大约花费130美元，你还需要一双橡胶鞋和雨具，这些东西至少也得130美元。你可以看到新手经常出现在阿拉斯加科迪亚克（Kodiak）码头、凯奇坎码头（Ketehikan）、荷马码头（Homer）和圣彼得堡码头（Petersburg），以及俄勒冈州的阿斯托里来码头（Astoria）和新港码头（Newport）。因为这里紧靠美国大陆，所以在西南港口，工作很不好找。再往北到科迪亚克岛（Kodiak Island）或布里斯托尔渔场（Bristol Bay），那里有大量渔船，却很难进去，这些地方工作机会要多一些。在科迪亚克，关注一下海港咖啡厅里一直很受欢迎的工作信息板，信息板上一直贴着写有“急招水手，无须工作经验”字样的便条。关于空缺职位的信息，你还可以去距离海港两个街区的圣弗朗西斯农舍（St Francis Bunkhouse）打听一下。

5月初，经过一天的捕捞，随着第一条大比目鱼被捕获，捕鱼季开始了。从这个时候一直到6月初，工作空缺比较容易确定下来，因为这段时间鲑鱼船员在做捕鱼季前的设备准备工作。通常船长会试验性地雇用一些没有经验的新人。如果你愿意无偿做准备工作，如修补渔网、洗刷船体，那么你就有机会在6月1日左右捕鱼季开始时得到这份工作。如果你主动申请义务做些较辛苦的工作，并表现出坚韧的毅力，船长不会对你视而不见的。就如杰森·莫特拉格（Jason Motlagh）所说：“经过两天两夜不眠的艰苦工作，我们的脸像水母一样，手也变得粗糙，肥肉却变得相当结实了。”

对于船主而言这是一种生活方式，而不只是一个暑期的工作。尽量让对方感受到你会认真对待这份工作，但同时在拥挤的条件下工作几个月你也能与别人友好相处。服从命令和忍气吞声是必需的；如果太过自我，你很快就会被赶回到岸上。

在找水手的工作时被拒绝是不可避免的，千万不要把“不”当作最后的答复。许多船长在雇用你之前都会拒绝你几次。如果你能通过这个关于决心的初始测试，逻辑上被认为这能反映你的职业品德，这是你以前没有体验过的测试。

如果你找工作的时候有点儿晚了，就留意一下那些到捕鱼季后期会有职位空缺的船只。一些船长的名声很不好，他们总是满口脏话、鲁莽粗俗、克扣工资，还有的船长自己都不会捕鱼。在码头上四处打听一下确保你得到信息的真实性，哪些船声誉很好，而哪些船是你应该避开的。水手们都很健谈，一般情况下你能得到多数人的意见。渔船本身也能透露一些信息。如果一艘船看起来像是自冷战后就再没被粉刷过的样子，那千万不要在那里驻足，安全可是重中之重的问题。近几年来，在阿拉斯加水域捕鱼的船有几百艘沉海，100多人丧生。因为船长的不负责任和偷工减料，每年都有很多水手失去手指，还有一些人丧命。

每年夏天有大批的新手涌向阿拉斯加港口，想找一份水手的工作，却根本不知道等待他们的将会是什么。捕鱼是一项危险的工作，兴奋和疲劳不断地交替。一艘鲑鱼船一般雇用四五名船员，所有船员都必须在单调而又严酷的条件下努力做好自己的工作，而这种工作条件对船员的身体和心理忍耐极限都是一个考验。令人吃惊的是，女人是不能做水手的，但即便这样，海上的残酷生活她们也未能幸免。当然，在这里几乎无隐私可言，粗俗淫秽的语言更是不绝于耳。

要想维持生意，渔民就必须薄利多产，这样他们不得不进行更长时间的作业。因为无法应付这一切，许多天真的雄心勃勃的人在工作没几天后就辞职不干了。杰森·莫特拉格就有过这样的经历，那时他正试图找一份在“高级大客轮”上的工作。

美国人杰森·莫特拉格在获得了外事学位后，从事了一段时间的捕鱼工作。从科迪亚克返回的途中，他写下了这么一句话：在商业渔船上的工作真是繁重辛苦而又单调乏味，但你却能收获到其他工作无法体验到的东西。

就像我之前的很多人一样，我决定北上做个阿拉斯加渔民，作为新手试着赚钱和冒险。3个月后，我回到了较低的48精简捕鱼机，怀揣着数目可观的工资发票，听到了很多故事。我从在海上每天工作20多个小时的日子里学到了很多知识，这些都是你从书本上学不到的。

我从安克雷奇(Anchorage)乘坐小型越野车出发，不到10个小时便来到科迪亚克。除了一个背包和满腔狂热，我什么都没有，就这样我踏上了整个船队最好的5艘船之一。当天早上，一位船长到港口加油，在码头上听说我想找一份水手的工作，他对我说：“我那里可能需要人手，2个小时后来找我。”很显然，过了3周艰苦的捕鱼生活后，他的一个水手想离开了。我回到那里后，他们帮我弄了些新雨具和一个渔民证，我们还有不到1小时就要出发。这是很值得一提的，因为夏天的鲑鱼季几周前就已开始了。第一个和我聊天的伙计告诉我，他在码头转悠了整整8天也没找到工作。但我并没有把他的话太当回事，你也不应该。事在人为嘛。

如果你善于烹饪，这也

是你在船上厨房展示厨艺的好机会。经历了一天的辛苦工作，船员们最期待的就是一顿可口的饭菜。做饭当然是新手的职责。如果你做得不好肯定会遭人白眼，但如果你做得很可口，那么船员们也不会对你太苛刻。我在船上工作的头几周，还对甲板上的工作一窍不通，什么都做不好，但我尽力为大家准备可口的饭菜，这样船长对我还是挺满意的。

如果你足够幸运，在一条不错的船上找到了工作，那捕鱼这项工作还是很安全的，而且利润也很可观。多亏自己比较主动，而且也有点儿小运气，我在船上工作10周后离开时领到了将近1万美元的工资。而那艘船在当季靠捕捞鲑鱼净赚100多万英镑。但别忘了，好工作一般被会留给那些曾经在船上工作过的员工，但毕竟这样的人不是很多。

如果你想积累一些可以丰富你人生的经历，这里不会让你失望的。想想，你学到了真正意义上的生意，赢得了那些冷酷的人的尊重，你可以凝视着平静的海面，看着座头鲸在正午的阳光下冲击着海浪，何况你还可以得到报酬。片刻的休息，新鲜的鱼片以及在海上待了整整2周后，你终于踏上硬实的土地，没有比这种感觉更美好的了。当捕鱼季结束后，你可以完全像个阿拉斯加渔民那样大摇大摆地离开。

儿童看护和家务劳动

美国国务院负责管理互惠生实习项目，该项目可以让几千名来自世界各地有照顾儿童经验并取得J-1签证的年轻人为美国家庭工作整整一年。这些人可以在自己的国家通过和美国的12个发起组织和有合作关系的机构进行申请，所有人都必须遵守联邦准则，所以它们之间并无太大差异。

这项工作的基本要求是：年龄18~26岁，讲英语，近期有至少200个小时的照顾儿童的经验，有正式无违章记录的驾照，无犯罪记录。照顾儿童的经验包括做普通的保姆、在当地幼儿园或学校帮忙等。所有想要照顾2岁以下儿童的人都必须有200个小时的相关经验，而且要做好接受项目面试者仔细盘问的准备。大部分申请人都是年轻女性，当然有相关经验的男性（如只照顾5岁以下的儿童）也可得到工作机会（在几百个互惠生中只有为数不多的小伙子获得工作机会，这是很正常的）。

你每周最多只需工作45个小时（包括做保姆），每周至少有一天半的休息时间，每个月可过一个完整的周末。申请成功者可以得到飞往某个城市的免费往返机票、在纽约为期4天的入职培训以及社区辅导员的帮助。从申请到飞往当地至少要2个月。社区辅导员的工作是，为你遇到的任何问题提供建议以及安排你与所在地的其他互惠工人见面。申请人需支付400美元的诚信保证金，保证金会在12个月后退还，但如果项目中断保证金将被扣留。

互惠生可拿到每周195.75美元的额定零花钱，除了住宿、小费以及整整200美元的奖金，可是个不小的数目。申请者在抵达后需要参加为期4天的入职培训，培训内容包括儿童安全和发展。法律已将急救列为必修课题。雇主会为你支付500美元的教育课程费（学期中每周3小时），这是你获得签证的必要条件。互惠生在合同期满后有一个月的自由旅行时间，但一个月后不可再延长签证。有一个独立项目，专门为有保姆资格证的人而开设，美国的互惠生将其称为“特别互惠生”项目，其他一些公司将其称为“主角互惠生”或“互惠生精英”。获得相应的NNEB、BTEC、护士资格证或NVQ3证书，以及年满20岁的有2年可核实的照顾儿童经验的申请人一周能挣250美元。对于那些希望工作时间短些（每周最多30个小时），有更多时间学习的学生，还有一个为期12个月的项目叫做“教育护理”。该项目有146.81美元的零花钱，雇主要支付非学位学生共计1000美元，以及一些前期费用和机票。

通常每年都有约12 000个家庭雇用外国互惠生，而且大部分的工作安排都很成功。但也不是完全没有问题，因为并不是所有互惠生都严格遵守规定、宵禁，还有一些被社会提出一些不合理的家务工作要求。当你在申请工作的过程中和雇主通电话时，要尽可能多问些关于日常工作的问题，并尽量确认你需要做些什么、在周末有几晚要照看孩子、关于社交和用车上的限制以及为你安排的住宿及私密性等问题。派送组织安排的辅导员和顾问会为你解决这些问题，在特殊情况下还会为你另觅新的雇主。

仔细权衡一下你要去的城市的利与弊。艾玛·珀塞尔（Emma Purcell）被安排去了田纳西州的孟菲斯（Memphis），她对此很不高兴，她将孟菲斯说成是“美国最落后最老土的城市”：

为了大学延迟一年毕业，18岁时的我申请去做互惠生。我很幸运我的接待家庭把我当作他们的一员看待。因为我接待家庭的父亲是一位假日酒店的董事长，所以我可以频繁地往返于美国和墨西哥，住在酒店套间里，享受着皇室一样的待遇；而不好的一方面是，我失去了很多朋友，而他们没有像我一样的好运气。其中一个朋友要照顾一个特别调皮的小孩，一周工作60个小时（没有额外工资），所以她选择了离开。另一个来自澳大利亚的姑娘在一个家庭待了6个月，这个家庭的人经常像神经病一样冲她大喊大叫，只是因为她没有每天清洗面包机或是把袜子叠错了。最后她鼓足勇气去和这家家长谈判，结果她马上被辞掉了。要在美国做一年的互惠生是很需要耐性的。

互惠生在美国（*Au Pair in America* ☎020 7581 7322；www.aupairinamerica.co.uk）是最大的派遣机构，在全国有超过4000名互惠生，还有很多工作机会。该项目在**美国外资研究所**（*American Institute for Foreign Study*〈*AIFS*〉 37 Queens Gate，london SW7 5HR）的赞助下进行运营管理，但有些选拔工作委托给了**儿童保育国际有限公司**（*Childcare International Ltd*）、**特法佳公司**（*Trafalgar House*）、**格伦维尔公司**（*Grenville Place* London NW7 3SA；☎0800 652 0020/020 8906 3116；www.childint.co.uk）等独立互惠生机构。“互惠生在美国”在英国各地都有指定机构及面试官，在世界几十个国家都有代理机构。美国国务院网站（http：//eca.state.gov/jexchanges/index.cfm）可以看到美国其他活跃的互惠生交流访问者项目。这些项目都比“互惠生在美国”小，但却能提供更为个人化的服务。它们的工作模式是往美国办公室寄一封预备邮件以和你所在国家的伙伴机构取得联系。美国互惠生机构有：

Agent Au Pair：旧金山；☎415 376 0202；英国合作伙伴：IAPO，37 Great Russell St，london WCIB 3PP；☎020 7580 3106；www.agentaupair.co.uk。

Au Pair Foundation，Inc：Novato，加利福尼亚；☎415 257 4787；www.aupairfoundation.org。

Aupaircare Inc：旧金山；☎415 434 5517；www.aupaircare.eu；要了解英国方面的信息还可拨打☎0203 286 2042。英国合作伙伴机构：赫特福德郡瑞德雷特（Radlett）互惠生工场（*Au Pair Shop*）；☎01923 289737；www.the-aupair-shop.com。

Cultural Care/EF：马萨诸塞剑桥；aupair.de@culturalcare.com；www.culturalcare.com；在英国没有代理机构。

EurAupair：Laguna Beach，加利福尼亚；☎ 949 494 5500，

分机 201；www.euraupair.com；英国合作伙伴：EurAupair UK，17 WheatField Drive，Shifnal Shropshire TF11 8HL；☎01952 460733；maureen_asseuk@yahoo.co.uk。

goAUPAIR：Murray，Utah 84107；☎801 255 7722；网址：www.goaupair.com。

Interexchange Au Pair/Au Pair USA：纽约；☎800互惠生/☎212 926 0446；interexchange.org；英国合作伙伴机构：英国全球选择以及**真正间隔年**（*Real Gap*，www.realgap.com）。面试时间由酷代理机构（Cool Agent）在伦敦发布，该机构是一家捷克的老机构（london@coolagent.net）。

抵达美国后，你完全有可能自己找到一份互惠生的工作，但前文提到过，非法务工是要受到相应处罚的。在旅馆的布告栏上和大城市日报上有一些招聘互惠生或保姆的招工广告（特别是在旧金山），或者你也可以通过登录在线网站进行查询，如www.sittercity.com。

格哈德·费莱格（Gerhard Flaig）通过救助熟人（洛杉矶旅馆旁教堂里的风琴手，这个人很好，曾让他弹过风琴）的方法找到了一个合适的雇主，这个人最终把他介绍给了教会秘书。

教会秘书安排我与一位老人见面，这位老人需要找个人帮他整理文件和屋子，做些抄写的工作及其他的杂活儿。他为我提供免费住宿，并按小时付给我工资。我当时高兴极了，马上离开了我住的旅馆。当我做完抄写工作后，他想让我为他粉刷房间。他的女房东对我的工作十分满意，让我也为她粉刷一下屋子，接着他的一个朋友也让我去做同样的事。我得到了一份又一份油漆匠的工作，一直不停地忙碌着。我在好莱坞度过了一段美好时光，并且挣到了足够的钱让我继续旅行。而且我至今一直与那些人保持联系。

农业

学习农业的学生可以参加交流计划，在美国得到进一步培训的机会（请看前言“农村”章节的国际农业交流协会〈International Agricultural Exchange Association〉的相关信息）。前言部分也对国际交流项目作了相关介绍，该项目可以通过IEP-UK国际机构（www.iepuk.com）为马匹饲养员、训练员以及园艺学员在美国安排工作。

像美国所有其他事物一样，很多农场（更确切地说是农业企业）规模都很大，尤其是加利福尼亚州和中西部地区的农场。也就是说，在美国，你想一边在乡间小路上骑着车，一边找到一个在田地里工作的农民请你在旁边的地里劳作，几乎是不可能的。更重要的是，这么做是有一定危险的，因为农民会把在自己车道前徘徊的任何人当作是入侵者，所以迎接你的可能是恶狗或猎枪。

很多重要的农业区，大部分采摘蔬菜、水果的工作一直以来都是由大批墨西哥非法工人和合法的奇卡诺工人（Chicanos，即西班牙裔美国人）完成的，因为他们要的工资出奇低。一个机构签约一大批人是很常见的，所以单个的、三两结伴的旅客是很难找到工作的。

有机农场遍布美国很多地区，它们实行的是更为温和的农业模式。与对绿色经济感兴趣的农民和其他人取得联系的最主要方式是加入免费社交网站www.growfood.org。美国WWOOF（☎831 425 3276；www.wwoofusa.org）个人会员需缴纳30美元在线访问费，一份打印目录需40美元，通过这份目录你可以和100多家会员农场取得联系。要注意的是，在农场做工是为了维持移民后的生计问题，同样，在办理入境手续时千万不要提“工作”或“就业”等词，而要说成是文化交流。

在度假牧场工作要比做那些繁重的农活好得多，有养马经验的人还可以找到牧马人的工作。迈克尔·库里（Michael Cooley）从加利福尼亚来到落基山脉，脑子里除了滑雪和骑马，就只想着一件事，那就是“住宿问题”。因为在季节性度假小镇，住宿费是很贵的：

> 我决定4月去找一份度假牧场的工作，4月是最合适的时间。我拿起电话簿，从以A开头的姓名一个个打过去。很多人都想雇季节工（从5月中旬到9月），而这恰恰与我的时间吻合。一个小牧场主说他现在急需用人，所以我第二天就去面试了。他也是个外国人，所以对于雇用我还是很担忧的，但他最后还是决定雇我，觉得我可以做些打扫畜舍之类的活儿。我工作很努力，他对此很高兴，很快我便可以负责接听电话，与求职者对话——真是太棒了！我虽然挣的钱不多，但也没有什么花销。大部分牧场底薪为400~800美元，并许诺会为在那里工作一整季的工人发奖金。这份工作很辛苦，工作时间又长——但你去那里工作不是为了钱，而是为了欣赏美景、呼吸新鲜空气（很多次我都这样对自己说）。

传统农业也为人们提供了不少工作机会。整个夏天，美国各州（除内华达州、蒙大拿州、阿拉斯加州之外）都有蔬菜水果需要采摘。不管是在大规模经营的农场还是在小型的家庭农场，总会有人不在乎你是否具有合法身份的。丹麦的简·克里斯滕森（Jan Christensen）在几年前的夏天，在明尼苏达州的农场找工作时发现了这点：

> 那些农民们似乎根本不在乎你是否有工作许可证。找工作最好的地方是在弗格斯福尔斯94号州际公路旁的210路沿路地区（Route 210 Just off Interstate 94 at Fergus Falls）。那里有大批农场，每年从四五月一直到10月中旬都有大量的工作机会。要是有开拖拉机和使用联合收割机的经验，那就最好不过了。如果你试着撒个小谎，那你便能马上得到这份工作。我的农场主希望我了解关于农业的所有事情，但他却没有时间教给我这些。

水果采收工集中在华盛顿州的亚基马（Yakima），奇兰县（Chelan），道格拉斯（Douglas）以及奥卡诺根县（Okanogan）。另一个大规模收割的例子是在科罗拉多西部摘桃子。7月20日到9月4日期间，特别是在8月15日到28日期间，这里需要几百名采收工。这里也种植樱桃，采摘期在6月。6月底或7月初，密歇根特拉弗斯城（Traverse City）附近为期三周的樱桃大丰收，需雇用大批外地工人。www.michaglabor.org上有全密歇根种植者的联系方式，并提供最新的空缺职位信息及详情。

加利福尼亚州和佛罗里达州是主要的农业产品大州，尤其是柑橘、李子、梨、杏和葡萄这些农产品。这些水果大部分产自中央山谷周围，特别是在夫勒斯诺市（Fresno）周围的圣华河谷（San Joaquin Valley）。这里的工资是出了名的低。在加利福尼亚海岸的萨利纳斯山谷（Salinas Valley）这个巨大的蔬菜种植区，工资要高一些，而这里的人以讲西班牙语为主。

志愿服务

在“志愿服务”章节列出的美国主要工作夏令营组织，如**和平志愿者**（*Voluteers for Peace*，www.vfp.org）开办了一些新项目。“和平志愿者”为几百名外国志愿者在美国约35个项目中安排了工作，工作内容包括在假期陪伴一些残疾人参加在新英格兰举办的和平夏令营，入会费300美元。BUNAC与**美国环保体验**（*American Conservation Experience*）合办了一个美国志愿者项目，总部设在亚利桑那州弗拉格斯诺夫（Flagstaff）。该项目将志愿者调到环保项目，通常是在环境超级优美的地方，如大峡谷和约瑟米提国家公园，工作

8~12周，工资295英镑，包含往返机票和保险。

在美国，志愿工作遍布城市和农村。在城市，你可以和**人道栖息地**（*Habitat for Humanity*，www.habitat.org）一起在美国各地的贫困地区建造房屋，或者同城市青年、无家可归者等一道在纽约城与怀南特克莱顿志愿者们（Winant Clayton Volunteers）一起工作。每年夏天都有大批英国志愿者加入WCV的交换活动，从6月中下旬开始为期8周的志愿工作，工作结束后有2~3周的旅游时间。关于申请信息，请于申请截止日期2月28日前联系伦敦东区的WCV总部（☎020 8983 3834；www.winantclayton.org.uk）。如果你想在纽约做一份工作安排较为灵活的志愿活动，你可以去圣诞教堂（Church of Nativity）的**施粥所**（*University Soup Kitchen*），教堂位于第2大道44号（44 Second Avenue），每周六从上午11点45分工作到下午3点半（www.streetproject.org）。这里为志愿者提供免费午餐。

在大城市之外的地方工作是很有吸引力的。例如，美国林务局组织工作夏令营在全国各地维护道路、露营地以及保护野生动物，志愿者需向各公园分别提交申请。各州的工作信息会在网上进行公布，www.volunteer.gov/gov。**美国徒步旅行协会**（*American Hiking Society, AHS*）对全国各地偏远地区步道的修建、维护和整修等志愿工作进行统一管理。即使之前没有过道路工作经验也没关系，但志愿者必须保证每天至少徒步5英里，自备徒步旅行用具（包括帐篷），交纳275美元的注册费（AHS会员只需交245美元），并自行安排交通工具往返工作地点，有些项目会提供免费食物。关于项目日程安排，请登录网址AmericanHiking.org，或拨打电话到AHS的假期义工部：☎301 565 6704，分机206。

日益发展的**学生环保协会**（*Student Conservation Association* ☎603 543 1700；www.thesca.org）在全国各地国家公园和森林为年满18岁的志愿者安排环保实习工作。如被接收，实习生会被安排到美国各地的土地管理机构（国家公园管理局、美国林务局）工作3~6个月。工作岗位多种多样，从野生动物管理到原生植被修复和荒地保护，再到道路工作及渔场工作。在实习期间，申请人与机构员工一起工作，工作内容基本相同，并对那些之前一无所知的组织有较深入的理解。机构为实习生提供美国国内旅行费、住宿、培训和每周补贴。

大学最后一年，艾米莉·斯隆（Emily Sloane）的时间较为充裕，她决定好好利用一些时间做些户外工作：

> 我在华盛顿州冰雪覆盖的**北喀斯喀特山国家公园**

（*North Cascades National Park*）做了半年的实习工作。我作为一名原生植物系列队的队员，整整一季都在照顾苗圃植物、收集种子、挥动着锄头为修复区松土，以便可以在那里重新进行种植。我有足够的时间可以去探索大山，学会了一些登山装备和技巧。作为一名实习生，有时能得到一些特权，如可以参观附近一所大学的精英植物考察队的工作现场，可以坐着老板朋友的超轻滑翔机越过大山。我的监督人可爱得有点儿疯狂，每个工作日的开始都带着我们做普拉提，当我们在11月的大雪里种植植物时大唱经典摇滚歌曲，（应我的要求）作为送给我的生日礼物全天戴着假发工作。这是我度过的最美好的一个夏天。

艾米莉·斯隆还在**阿巴拉契亚山脉俱乐部**（*Appalachian Mountain Club, AMC*，www.outdoors.org）工作过两个夏天，她在那里做野外营地的看守，她做过的比较“迷人”的工作之一就是用干草叉混合60加仑的人类粪便（当然是戴着长橡胶手套），好让户外厕所的堆肥随时可用。AMC雇用大批的欧洲人在其平卡姆山间（Pinkham Notch）窄路的总部工作，该地位于新英格兰最高的山峰华盛顿山山脚（那里的天气可是出了名的可怕）。工作本身并没什么特别让人高兴的——大多情况下在厨房工作或是做家务——但那是个美丽的地方，而且有一群粗犷的爱好野外活动的人们。外国人虽然也可能得到在户外工作的机会，但由于这些岗位竞争很大，所以需提前谨慎安排（12月就要申请来年夏天的工作）。在最繁忙的季节，AMC要从5月下旬一直工作到8月下旬。

总结

本章内容只是一个大概描述，希望能对你的跨美之旅提供一些灵感。正如一位胆小的记者回忆的那样：

> 我们第一次到达美国便立即去拜访一位朋友的父母。我以前从未见过他们，但他们对我们表示欢迎。这也是件好事，因为对我来说美国是陌生的。生活成本很高且国情很复杂，我当时真想马上搭乘最快的航班回家。

毫无疑问，最好还是能参加像BUNAC、美国互惠生这样的交流访问者项目。这样做的一个好处就是这些有保证的机构能为你选择一个综合保险保单。如果你只身一人前往，一定要确保购买好所有必需的保险，因为在美国看病是非常昂贵的。

你必须在谨慎小心与冒险精神之间找到一个很好的平衡点，接受甚至是陶醉在那些奇特的经历之中。牛津大学的朱莉娅·威尔逊在超豪华的玛莎葡萄园借宿时，她一开始就被震惊到了，他们居然有枪！而且会定期出去狩猎臭鼬！她完全没有料到在这样一个深受波士顿有钱人喜爱的地方也会有这样的事情存在。你也可能会遇到一些概率极低的情况，但有些时候还是有可能得到几天的工作机会，比如帮卡车司机运送货物，参加即兴流行乐队在私人派对上的演出，在加利福尼亚州公社从事园艺工作，建造太阳能房屋等。如果你运气不好没有拿到合适的签证，那就要抓住每一个机会尽情享受当地人的热情好客。

你应该从事能让你感到强烈文化差异的工作，以及一些为你提供足够资金让你探索这个神奇的国度的工作。

加拿大

加拿大地域广阔，人民生活水平普遍较高但南部地区也并不富裕。加拿大也是工作旅游者的圣地，学生和其他类型的人员能够申请工作旅游签证，从而绕过**直线加拿大**（*Canada-only*）的移民政策。加拿大人热情好客，希望外来的游客也能喜欢他们的国家。2011年以来，加拿大经济开始复苏，特别是亚伯达省（Alberta）。

繁文缛节

英国人只要持有有效护照，就能进入加拿大。一般来说，加拿大允许他们作为游客在这里待6个月；而这些游客必须证明他们有足够的财力、医疗保险和一张返程飞机票或者在加拿大有人脉。虽然加拿大的移民政策比较开化，但是很多年轻旅行者的日子仍然不好过。他们没什么钱，又被明令禁止从事任何工作，即使他们工作仅仅是为了生存也不可以。

加拿大政府刚刚调整政策，这方面的调整使人们到加拿大打工旅行变得更容易了。从2011年开始，新的**体验加拿大**（*IEC*）打工度假计划对所有18~35岁的英国人开放（并对其他26个国家的侨民开放），不再要求签证发放对象必须是学生身份或者必须提前找好一份工作了。由于政策的开放，人们可以申请第二份打工度假签证。以前，只有BUNAC有权利颁发开放的工作假期签证，但是现在，他们将这个权利也赋予了那些想要得到机构后援的人。为了平稳过渡到这一政策，加拿大大使馆会保留BUNAC颁发开放打工度假签证的权利，直到2013年。

申请签证最主要的要求是申请者必须有“资金证明”，现在的要求是前3个月每个月必须有1000加元。额外的花费还将包括政府征收的150加元参与费（签证费），无犯罪记录证明以及合适的投保费用。相关信息可以浏览加拿大高级官员公署在伦敦的网站（www.canadainternational.gc.ca），如果还是不清楚，可以在Google上直接搜索“体验加拿大”（IEC）。任何少于12个月的工作或实习都可以申请IEC签证。

加拿大政府不允许美国人以找工作为由进入加拿大。与侨民相同，他们必须在到达之前就确定一份工作，而这个工作必须经过当地的人力资源和技能发展机构（*HRSDC*，加拿大劳务办公室名称）认可。BUNAC（www.bunac.org/usa/workcanada）有一个假期项目允许30岁以下的学生在加拿大从事少于12个月的工作。

澳大利亚人应登录悉尼加拿大大使馆官网（www.whpcanada.org.au）查看相关信息。IEC打工度假项目准许澳大利亚18~30岁的年轻人（不要求必须是学生，要无犯罪记录）进入加拿大并在此地旅游或工作2年。

特殊项目

以前，位于伦敦的BUNAC（www.bunac.org）是英国人去加拿大打工度假的首要选择。但是随着加拿大移民政策的改变，他们开始直接从加拿大高级官员公署单独申请。想要有机构保障的人员仍旧可以选择加入BUNAC计划，但须支付254英镑的会费。不管是出行前还是到达后，它能提供任何形式的帮助。你也可以借助多伦多或温哥华的预约工作办公室找工作。

温哥华的**走向国际**（*Go International*，www.gointernational.ca）是一家为加拿大人提供海外工作机会和为外来人员找工作的加拿大公司。它同加拿大各地的公司合作，拥有一个季节性工作的内部数据库，只有会员才能进入这个数据库，工作地点主要是在温哥华地区、不列颠哥伦比亚的内部地区惠斯勒、落基山滑雪胜地班芙（Banff）、贾斯珀（Jasper）、卡尔加里（Calgary）和安大略省（Ontario）等。

加拿大间隔年（*Gap Year Canada*）是一位英国侨民开的公司，提供非预定的季节性工作和班芙附近的滑雪小屋。全额费用5500加元，包括冬季8个月以及在带家具的滑雪小屋食宿。

临时工作

一旦你获得临时工作许可证，就可以申请一张社保卡。加拿大的社保卡和美国的社保卡是相同的，不论你想要找工作，还是要进入如就业办公室、税务部门等政府机构，都需要用到它。如果没有社保卡，大多数雇主不会愿意考虑雇用你或者支付你工钱。

如果你决定不经过批准就参加工作，那么务必小心，因为你可能触犯了法律。加拿大对这项法律相当重视，一旦发现违反，你可能会被遣送回国。如果你从事的工作是典型会雇用很多外国人的工作（例如在不列颠哥伦比亚种树或者采摘水果），那么要小心移民局工作人员很可能会突袭检查这个地区。他们的工作效率让雷蒙德·奥利弗（Raymond Oliver）瞠目结舌：早上10点才给他在不列颠哥伦比亚的工人发了假社保卡，中午的时候就被查到了。第二天上午11点左右，就有一位移民局官员来到这里告知他他必须在2周之内离开加拿大。如果你没有足够的钱自己离开，将会获得一个“离境令”，勒令你30天内必须离开。这是一个驱逐令，规定你在一段时间内不得返回加拿大。如果情节恶劣，你可能将被永远禁止返回。如果你的证件不齐全，那么最好低调行事。据说没有工作许可证的人冬天也能在落基山的滑雪胜地找到工作，但上雪道的工作则很难找。布里吉特·阿尔布赫奇（Brigitte Albrech）在BC省的乔治王子城种树，持有的就是雇主发给她的社保卡。但由于她是德国人，很难融入当地，工作3个月后就被当局发现了。他们寄给她一封信，要求其在6周之内离开，否则将会面临庭审。

各省法定最低工资不尽相同，大多在8.75~10.25加元的范围内。安大略省2011年的工资标准最高，为10.25加元。许多打工度假者（包括多数加拿大学生）挣的都是最低工资，平均周工资为320加元。他们住的房子多是合租房（多位于安大略和温哥华），平均每月的食宿费为500加元。

找工作

得益于其比较规范的银行业，加拿大经济在全球金融危机中比美国表现得更加稳定，但是在加拿大找工作仍然不是件容易事。初来者平均需要一两周集中寻找才能够在加拿大找到一份工作，这一段时间可能会使你产生挫败感。即使加拿大学生也觉得找一份暑期工作很难，尤其是许多季节性工作竞争激烈。找工作的时候，求职者需要尽量有好的表现，要表现出积极乐观的态度，哪怕是没有成功或者雇主非常粗鲁自己也要好好表现。然而，也有些人发现在加拿大找工作相当简单。来自澳大利亚的丽贝卡·伍顿（Rebecca Wootten）刚刚结束了她在加拿大为期7个月的打工旅行经历，她说道：

> 我在温哥华一家叫“西岸航空”（*West Coast Air*）的水上飞机公司工作，还不错。找工作挺简单的，我一拿到社保卡就注册了一家就业服务中心，然后递出简历。很多咖啡厅喜欢雇澳洲人和其他外国人。如果你能在夏天或者冬天工作，惠斯勒（Whistler）滑雪胜地也是个不错的选择。

多伦多及其他主要城市都有车队和人力车行雇用车夫。多伦多市中心的加拿大国家电视塔（CN Tower）周围、天虹体育馆（Skydome）和港湾站（Harbourfront）等地生意最好。最好的时机是在加勒比节，以及在每年的7月底和9月初为期一周的劳工节前后。如果你感兴趣的话，可以问问小贩他们老板的名字和电话。来自天鹅海大学（University of Swansea）的马修·希尔（Matthew Shiel）夏天的时候就做这个，结果居然在一周之内狂赚1000多加元。这些招夏季工人的公司包括**多伦多人力车公司**（*Rickshaw Runners of Toronto*，www.rickshawservices.com），这个公司提供最环保的旅游方式——乘人力车旅游。位于维多利亚的KabukiKabs（www.kabukikabs.com/jobs.php），该公司要求申请者亲自到场，并持有效驾照。这些车夫作为独立承包人从公司租用人力车外出拉客。

一直以来，青年旅社的布告栏都会刊登工作信息。据知情人士说，**埃德蒙顿青年旅社**（*Edmonton Youth Hostel*）的职工可以对当地的工作机会提出意见。只有获得打工度假许可的学生能在青年旅社工作。

为了显示移民法令的严格性，为生存而工作的机会也很少，如温哥华**杰里科海滩青年旅社**（*Jericho Beach Youth Hostel*）所言：

> 很不幸，由于加拿大的用工政策，我们不能在旅社的工作交换项目（工作2小时可以免费留宿一晚）中雇用外国人。我们旅社也有工作通知栏，为当地的公司和个人刊登招聘信息。另外，服务台的工作人员也掌握大量的招聘信息。

比较容易找工作的城市除了温哥华，还有多伦多、卡尔加里和埃德蒙顿（Edmonton）。不管你到哪儿，都有销售工作在招工。你也可以申请到欧洲公司的加拿大分支机构工作，例如Body Shop和Gap公司。泰纳法·科泰查（Tanufa Kotecha）加入了BUNAC的加拿大工作项目，并发现加拿大人的营销手段跟美国人一样咄咄逼人：

> 一周之内我在多伦多一家法裔加拿大人开的服装店找到了工作。在这家店里，一旦有顾客进来，“销售助手”必须在15秒之内向他们问好!北美人卖东西的时候很热心，有冲劲，也确实有成效。如果你特别想成交，那你必须有信心。

几乎所有这些商店的工作，都是支付最低工资。

旅游

说到从事夏季季节性工作，英国大学生比北美学生更占优势。因为他们直到9月中下旬才开学，而不用像北美的学生9月初就得返校。

在夏季和冬季，落基山旅游胜地的班芙、贾斯珀、路易斯湖（Lake Louise）、阳光山脉（Sunshine Mountain）和惠斯勒等地都是旅游工作的上上之选。班芙和惠斯勒拥有数量最多的外来工人，他们一般做服务员、室内工作人员、滑雪场工人等。这两地对于找工作的人来说生活成本都不低。但是在夏天的时候，有些人直接在城外搭帐篷居住。

虽然惠斯勒冬季的滑雪运动和单板滑雪是最出名的，但那里夏季的工作机会也不容忽视。夏季短期租房房租会大幅下滑，而且如果你在夏季开始前到那儿，气温持续在30℃以上，你就能很容易找到工作。皮特·汤普森2010年冬天在惠斯勒一家滑雪场当滑雪教练，至今仍对那段经历赞不绝口：

> 惠斯勒是世界上少数几个又大又好玩，而且全年都有游客的旅游胜地之一。空气质量随着积雪消融逐渐变好。人们不再起早滑雪，而是夜晚在森林里狂欢，开满月派对，或者是随性的晚间烧烤，在夜晚10点到11点左右看日落。到处都是野生动植物，黑熊是外出散步或露营时最常见到的动物。享受过惠斯勒的冬天之后，把滑雪橇折旧换一部山地车，用滑雪板换一条滑板裤，留下来继续享受这里的夏天。

仅仅是**费尔蒙特班芙温泉酒店**（*Fairmont Banff Springs Hotel*）就能提供900个职位，它的兄弟酒店费尔蒙特集团旗下的豪华酒店例如**路易斯湖城堡酒店**（*Chateau Lake Louise*）、**贾斯珀公园酒店**（*Jasper Park Lodges*）和**惠斯勒酒店**（*Chateau Whistler*）也有大量的工作岗位。费尔蒙特集团官网（www.fairmontcareers.com）列出了他们的招聘要求和当前的职位空缺。你也可以登录路易斯湖城堡酒店、班芙公园酒店、班芙国际酒店和贾斯珀的**阿萨巴斯卡酒店**（*Athabasca Hotel*）官网试试。贾斯珀最主要的用人单位是**山脉公园酒店**（*Mountain Park Lodges*），登录www.mpljasper.com/about/job_postings.html即可发现职位空缺。这些职位包括流水线厨师、厨房助手和房间清扫人员等。这些酒店的标准工资是本省的最低工资（亚伯达省为8.80加元，BC省为8.75加元）。到了旅游旺季，工作人员几乎没有休假时间。为了节省员工食宿的费用，工人的工资可能会更低，通常为一天5~10加元。

一个到加拿大西部旅游的游客说道：

> 在班芙度假时，我遇到了很多住在青年旅社的澳大利亚人和英国人。他们都只持有度假签证，但是他们都在旅游旺季找到了工作。我也在一家酒店找到了工作。加拿大工作机会很多，尤其是男人，养活自己完全没有问题。加拿大人对外国人和工人都很热情，如果不能通过这些烦琐的程序招到工人，他们宁愿冒险雇用那些

非正式的"黑工人"。这种工作报酬也颇为丰厚。

通常，一些特殊节日，例如每年6月的**卡尔加里牛仔节**（*Calgary Stampede*）期间，都会有大批临时工人涌入。酒店大堂的工作人员很容易在短时间内就收到不少小费。登录www.kijiji.ca和www.craigslist.ca搜索你想要找工作的城镇。但是在旅游淡季，就很难在旅游业找到工作了，因为这时候这些工作多为兼职，大多是当地的学生在做。

滑雪胜地

加拿大的滑雪胜地提供大量季节性工作，这些工作很难找学生来做，因为这时他们都在上课。这时候所有的滑雪胜地的廉价住房都供不应求。大多滑雪小镇的住房10月就早早住满了人，这时离真正旅游旺季还早呢。

班芙一直迫切需要廉价劳动力。毫不夸张地说，镇上有成千上万的年轻游客，他们主要是加拿大学生、澳大利亚人、新西兰人和英国人。大家找工作都很容易，许多雇主对时间要求也颇为宽松。很多工作提供员工宿舍，这对他们来说非常有用，因为班芙的房租实在是太贵了。人们为了省钱，5个人同住一幢两居室的公寓是司空见惯的事。

如果你在班芙，那么考虑一下**阳光山谷度假村**（*Sunshine Village Resort*）吧，这里大约雇用400名季节性工人。根据职位不同，基本的食宿条件也不相同。你可以登录www.skibanff.com了解更详细的信息，这些信息还包括班芙国际酒店每年10月中旬举行的招聘会的日期；亦可发送电子邮件到jobs@skibanff.com或者拨打免费电话联系人力资源部门进一步了解详细信息。如果你在北美，那么你可以拨打☎877 WORKSKI（☎ 877 967 5754）；其他地区请拨打☎403 762 6546。

如果你想在落基山脉的亚伯达省（Alberta Rockies）找冬夏季的季节性工作，也可以通过其他渠道，也就是卡尔加里附近的班芙和坎莫尔（Canmore）**就业资源中心**（*Job Resource Centres*）。每年5月中旬，班芙都会在梯级广场（Cascade Plaza）举办春季招聘会（详情可查询www.jobresourcecentre.com）。

沿着太平洋沿岸向西走，便到了惠斯勒。惠斯勒商务部把就业信息刊登在了www.whistlerchamber.com/Employment-Resources/index.html网站上。惠斯勒滑雪场（和北美许多其他滑雪场）都属于**英特威斯特公司**（*Intrawest*）。登录www.whistlerblackcomb.com点击"就业"一栏，你就能看到每年招聘会的详细信息（通常在每年11月初）。你也可以从网上申请工作，比如零售、客服、餐饮等行业的工作。很多工人在圣诞节抢购热潮过去后离开，所以即使你没去参加秋季招聘会，也能在旺季一开始便找到工作。

詹姆斯·吉莱斯皮（James Gillespie）在惠斯勒度过了他的间隔年。从温哥华坐火车，经过一段愉快的旅程后，詹姆斯发现最大的问题是住宿。但是很快，他便找到了一份验票员的工作，公司不仅提供食宿，还可以免费滑雪：

> 这个工作实在是太棒了，虽然有些单调，但也不乏趣味，经常会有一些粗鲁的滑雪者试图不买票就闯进来。到这里来工作实在是我这一辈子最正确的选择。要是能够一辈子都住在这儿，那才叫完美呢！从那里回来的时候，我写了满满一本子的日记，全是在那里的快乐经历。我不仅带回了满脸笑容，也带回了满满一兜子的脏衣服还有空空如也的钱包。我欠了一屁股债，但这一趟实在是太值了。

如果想在科林伍德（Collingwood）附近的蓝山（Blue Mountain）等安大略省的度假村找工作，一般要在11月的时候申请（www.bluemountain.ca/employment.html）。西部的度假村的工作申请还要提交得更早一些，因为那儿的旅游旺季开始得早。蓝山也是英特威斯特旗下的度假村，他们招聘网站（www.intrawest.com/employment/index.htm）的口号也与工作旅游者的目标不谋而合：为了旅游而工作（Wework2play）。从圣诞节到第二年的3月是蓝山度假村最热闹的旅游旺季，雇工多达700人。如果到魁北克地区的川普兰山脉（Mount Tremblant）的度假村工作，你还需要懂一点儿法语。

其他夏季热门景点还有安大略省亨茨维尔镇（Huntsville）的马斯克卡地区（Muskoka District）、五大湖区尤其是休伦湖附近。安大略省的这些假期工作多由加拿大大学生来做，但是如果你愿意留到9月中下旬，机会更多。这些度假村中最大的要数**迪尔赫斯特**（*Deerhurst* ☎705 789 7113 ext 4236；www.deerhurstresort.com）、**克利夫兰酒店**（*Clevelands House*）和**德拉瓦纳酒店**（*Delawana Inn*，www.delawana.com/employment. html）了，它们大概能雇用150名左右夏季员工。

植树

在人们印象中，加拿大人的典型工作状态就是伐木。但是现在，种树的活儿比砍树的活儿还要多。在森林被砍伐或者烧毁的地区，按照法律规定，林业官员们必须保证把树重新种上。每年冬天，承包商们便会雇用季节性工人种树，一般从4月开始。这个工作要从头一年的12月到来年的2

月初申请。这时候他们会在崎岖不平的山区搭很多帐篷让种树工人居住。这种野外露营的体验本身就是一种福利。网站上有各种内部信息附带公司名单，这个名单每年1月会更新，你也可以登录www.tree-planter.com查看。

植树工人挣计件工资，每棵树价格固定，多种多得。在不列颠哥伦比亚（British Columbia），碰上好季节的话，每棵树15加分也是常有的事。但是去年在安大略省，一些公司只支付基本工资——每棵树7加分。如果是在贫瘠地区，一棵树只有1加分，但是在灌木浓密的地区，种棵树需要的时间比在其他地区要慢上8倍！

近期工资较低是因为最近的经济不景气。经济不景气，建筑工程就少；建筑工程少，需要的木材就少；需要的木材少，也就不用砍那么多树；树砍得少了，也就不用重新种植那么多新树了；如此一来，很多地区便出现了过度生长的现象。

如果你是个新手，经过几周的练习，通常可以每天挣到40~100加元。如果天气好，地点又不错，一天种1000棵树也不是不可能。雇主会从工资里扣出一部分做露营费用，因为这笔开销确实不小，例如安大略省就会扣掉27加元。也不是所有公司都收露营费，不过那些比较慷慨的公司职位大多都被有经验的种树人抢去了。要做这个工作，你还得自备防水帐篷和工作服，包括靴子和雨衣。由于很多公司不出借工具，铁铲和袋子的费用也要从你的工资里扣除。公司提供从露营地到种树地点的班车，但是路程大约要2~3个小时，而这段时间不算工作时间，不支付工钱。

北不列颠哥伦比亚的乔治王子城是一个比较重要的种树地点。布里吉特·阿尔布赫奇在德国工作，她休年假的时候去墨西哥旅游，回来的时候碰上一辆小型货车，里面全是法籍加拿大人，他们都要去乔治王子城种树。她决定不回去工作了，也跟着他们一起去种树。乔治王子城有很多这样的公司，你可以试试**民间承包**（*Folklore Contracting*, www.folklorecontracting.ca）。

因为天气原因，无法确定确切的日期。种树分春夏两季，每季大约2~4周。一些BC承包商从3月底开始，到七八月结束，还有一些从5月初才开始。法拉希斯堡（Fort Fraces）和安大略省的雷电湾（Thunder Bay）时间就短一些，从4月底开始，到7月第一周就结束了。种树季平均持续大概50天。

布里吉特·阿尔布赫奇也觉得这个工作很辛苦，工作时间也长，但是她很喜欢这里的团队精神，也改掉了一些她以前根本没意识到的自身毛病。2010年夏天，加布里埃尔·肯勒希德（Gabriel Keenleyside）在北安大略种了一季树。他每周工作48个小时，连续8周，一共挣了1200加元。但是他买器具花了500加元，交通费花了200加元。跟其他人描述的聚宝盆感觉差距有些大。

采摘水果

不列颠哥伦比亚

加拿大西岸的水果种植业无疑与其地理环境相适应。不列颠哥伦比亚的欧克那根山谷（Okanagan Valley）隐藏在两座山脉之间，有26 000英亩果园。山谷从美国边境的奥索尤斯（Osoyoos）一直向北延伸到阿姆斯特朗（Armstrong），绵延200多公里。园中长满樱桃、桃子、梨、杏、葡萄、苹果等。浆果类水果主要在南边，硬水果（苹果、梨）主要在北边。这些水果都需要工人亲手采摘。

彭蒂克顿（Penticton）的欧克那根，夏地（Summerland），克雷梅斯（Keremeos），奥利弗（Oliver）和奥索尤斯都设有招聘办公室。你可以登录www.workzonebc.com，季节性工人可以运用工作台、电话和农业信息卡片找工作。很多水果采摘工人都住在奥利弗的松湾营地（Loose Bay），这里价格便宜，基础设施齐全。你也可以登录http: //oliverbc.ca查看奥利弗水果采摘的详细信息。科罗（Kelouna）是山谷中心附近的一个小镇，每年的采摘季节见下表。

不列颠哥伦比亚的水果采摘时间表

水果种类	开始时间	持续时间
樱桃	6月25日	7月
杏	5月中旬	约3周
伊桃子	8月5日	2~3周
艾尔伯特桃子	8月28日	2~3周
水蜜桃	7月20日	6周
西梅	8月中旬	8月中旬~9月中旬
威廉斯梨	8月12日	直到9月或10月初
安茹梨	9月底	10月
麦金托什红苹果	9月初	3~4周
斯巴达苹果	9月底	3~4周
牛顿苹果	10月/11月底	3~4周
纯露苹果	10月底	3~4周
金冠苹果	9月	3~4周
红苹果	9月	3~4周
罗马苹果	9月	3~4周
富士苹果	9月	3周
葡萄	9月8日	6周

水果采摘工作由就业办公室（Workzone Office）分配，工人先到先得（一切以公平为准），提前到场很重要。有时，早晨7点，就业办公室就有百十号人等着找工作了。在就业办公室没有那么繁忙的时候，找工作的人要填一张表格，内容包括他们的姓名、社保卡卡号和联系地址，目的是为了避免招到犯过错的采摘工。你也可以直接和果农联系。如果和他们联系，那么最好在收获之前。欧克那根**库特耐樱桃种植者协会**（*Kootenay Cherry Growers' Association*，www.bccherry.com）在网上刊登了40个果园会员的联系方式、通常的采摘时间及食宿条件。专业的迁移采摘工人（多来自魁北克）从南部开始采摘樱桃，然后沿着山谷北移。他们只采摘成熟高峰期的樱桃。奥索尤斯的樱桃收获季节从6月底开始，然后向北边走约150米，温菲尔德的樱桃季从7月开始。然后他们再次回到南部重新开始采摘杏子。虽然采摘工是计件工资，但是BC省规定他们的最低工资不能低于每小时8.75加元。当然，如果你摘得快，计件工资自然对你有好处。大多数工人的工资都直接打入其银行账户，这一点也给那些没有相关证件的临时工带来了麻烦。

苹果是欧克那根最出名的出口产品。从8月中旬一直到10月底，一直都有各种采摘工作。采摘苹果很慢，工资也低。摘苹果篮子的前部已经磨破，一旦装满，篮子就变得非常沉。这项工作不需要有什么工作经验，尤其是收获季节末期（接近9月中旬），学生们都回学校上课了，天气也变冷了，只要有采摘工人果农一般来者不拒。

如果你想在温哥华地区找夏季的季节性工作，最好在**农业劳动力库**（*Agricultural Labour Pool*）注册。该劳动力库总部位于阿博斯福（Abbotsford ☎604 823 6222；info@agri-labourpool.com；www.agri-labourpool.com），库中列出了当地和外地的工作空缺。6月到8月间，正是温哥华附近的里士满（Richmond），奇利瓦克（Chilliwack），阿博斯福，阿尔德古（Aldergove）和兰里（Langley）采摘和修剪树莓、蓝莓和蔓越莓的时候。但是这里的工作报酬很低已经是众所周知的事了。兰里的**范·努特百合公司**（*Van Noort Bulbs*，www.vannoortbulb.com）整个冬天都招聘工人。时不时有传言说这个地区的农场主大肆剥削迁移工人。许多果农不提供食宿，但是营地费用却很贵，堪比工资。大多采摘工人都是亚洲人。人们还担心果树上的农药会损伤皮肤。登录诸如http：//bcstrawberries.com之类的网站，可以查询各个果园的资料。例如兰里的Driediger农场（☎604 888 1685）到采摘季节平均要雇用150个采摘工人采摘蓝莓、草莓和树莓。

安大略、魁北克和东加拿大

尼亚加拉（Niagara）地区临近安大略湖，那里土地肥沃，适合桃子、梨、梅子、葡萄（多用来造酒）和樱桃等作物的生长。但是当地就业率不高，虽然这里水果采摘的工作并不少，可想找一份体面的工作却不容易。尼亚加拉大瀑布西尔维娅广场（Sylvia Place）的**周六农民市场**（*Saturday farmers' market*）汇集了很多果农，想要与果农面对面沟通找工作，这里是一个不错的去处。同时，这里拐角处的Main Street上还是招聘办公室的所在。

滨海诸省

滨海诸省就业率低，许多当地人去西部找工作。如果你八九月份在东部旅游，你可以去新斯科特省（Nova Scotia）帕斯伯乐（Parrsboro），麦奴蒂（Minudie），阿莫斯特（Amherst）或帕格沃什（Pugwash）等地试试采摘蓝莓的工作。如果你来得早（6月中旬到7月中旬），你也可以在那里采摘草莓。秋季你可以找到摘苹果的工作。如果幸运的话，在新斯科省安纳波利斯罗尔（Annapolis Royal）附近的芬迪湾（Bay of Fundy coast），布里奇顿（Bridgetown）和米德尔顿（Middleton），你可以找到支付现金的采摘工作。

农业就业办公室（*Agrijob Agency* ☎514 273 1503；www.agrijob.info）负责派遣这些临时工到蒙特利尔（Montreal）市郊的各个农场工作。他们会派车到几个市区地铁站接送工人。有些工人觉得这个工作很无聊。

其他农活

如果你想一个农场一个农场地迁徙工作，又想接触加拿大人，可以考虑去加拿大世界有机农场机会组织做志愿者。一旦成为该组织的会员，你就可以登录它的网站查看近900个农场的资料，会费为每人50加元或俩人62加元。所有志愿者必须持有效旅游签证。加拿大政府准许志愿者在农场工作换取食宿，只要这不是他们工作的主要目的。

儿童保育和夏令营

加拿大城市里需要大量的住家保姆和女佣。但是，加拿大的家庭雇佣机制纷繁复杂，从2011年4月开始更加严格。你可以从加拿大移民局网站（www.cic.gc.ca/english/work/caregiver/index.asp）上了解“家佣计划”的详细信息。一个称职的保姆必须经过在相关领域（教育、护理和保育）长达6个月全日制的培训和3年内长达12个月的全日制保姆或者女佣工作经验，并且半年内没换过主人。其他主要条件还包括：保姆必须有加拿大雇主的一封求职确认信，完成中学教育并说英语或法语。

如果你的一切条件都符合要求并已经找到雇主（或许是通过某机构找到），可以向加拿大申请工作授权，期限为一年并可重申一次。这个程序十分严格，大概需要1~4个月的时间，你需要去专门指定的私人医生那里做体格检查，而这项费用至少得130欧元。授权只对一个雇主有效，但是如果下一任工作仍是住家保姆，那么这个授权就继续有效。做保姆2年（逐渐增为4年），便可以申请成为永久居民。

在加拿大做保姆或女佣的社会地位比在欧洲高很多，这一点从工作条件也能体现出来。国家和省级政府都为其专门制定了关于工作时长、下班时间、休假、最低工资和食宿减免等方面的指导方针。例如，保姆工资不低于省内最低工资，其实很多情况下，保姆的最低工资是高于省内最低工资的。经授权的住宿扣费各地区各不相同，魁北克不扣费，安大略每周费用可能达到85.25加元。安大略省每周工作48小时，工资为460加元，扣税要扣掉大约1/5，住宿又要扣掉约45加元。从网上查一下，你会发现许多加拿大机构都有保姆计划，虽然更多的机构喜欢雇用来自秘鲁、菲律宾、香港、乌克兰和斯洛伐克而非英国的保姆。你可以上网查看**加拿大保育协会和保姆机构**（*Association of Caregiver&Nanny Agencies Canada*，www.acnacanada.ca）。不管怎样，保姆都必须符合政府住家保姆的要求。以下是一些保姆机构的资料：

ABC Nannies Agency：温哥华；☎604 560 2404；www.abcnannies.ca；范围：全国。

Care Solutions Inc：温哥华，多伦多，美国；☎877 925 8474；www.absolutecare-nanny.com：Nannies On Call温哥华，维多利亚，惠斯勒，卡尔加里，多伦多；www.nanniesoncall.com；有很多短期不住家工作。

Nanny Finders Directory Agency：不列颠哥伦比亚萨里☎604 541 2656；www.nannyfindersbc.com。

Optimum Children&Nannies Inc：www.opti-mum.com；想在温哥华地区寻找保姆工作的人可以在这个保姆信息库上免费注册。

Scotia Personnel Ltd：新斯科特省哈里法克斯市樱桃街6045号；☎902 422 1455；www.scotia-personnel-ltd.com。系国际寄居生组织成员。

Selective Personnel International：12 Irwin Avenue,Suite 300,Toronto Ontario M4Y 1K9；☎416 962 5153；www.selectivepersonnel.ca；在全球范围内提供和招聘看护、保姆、护士和管家服务。

加拿大的孩子们大多参加户外夏令营。这些夏令营需要招聘年轻人做夏令营辅导员、游泳教练、划船和野外指导等。在www.

ontariocamps.ca和www.camppage.com/canada.html网站上可以找到相关信息。CCUSA（www.ccusa.com）雇用很多英国和其他国家的青年在数百个夏令营当辅导员，并与多伦多的**尼奎斯特培训和人员配置机构**（*Nyquest Training and Placement* ☎4169321370；www.go-nyquest.com）合作，英国人入会需缴纳399欧元会费。

志愿者活动

一些有意思的实践社区工程有**边疆基金会**（*Frontiers Foundation* ☎604 5856646；www.frontiersfoundation.ca）组织，在加拿大低收入地区进行活动，这些地区包括偏远的北部地区。来自各个国家的志愿者，只要年满18岁，富有激情，就可以加入**海狸计划**（*Operation Beaver Programme*）担任导师（例如数学、科学、英语、音乐、戏剧）、助教或者是娱乐人员，并协助**第一民族办公室**（*First Nations Offices*）工作。大多项目都在北部荒野山区（育空〈Yukon〉、西北地区和努勒维特〈Nunavut〉）进行，意在教导当地儿童和学生。这个工程从9月开始，持续10个月。如果志愿者还有相关经验当然更好，招聘单位会留他们至少3个月（夏天）来帮助项目修建和维修住房。在加拿大境内所有花销（包括旅游、医疗保险和零用钱）大约为一周50加元。

艾米丽·斯隆说，观看春季河流解冻开流是她这辈子见过的最壮观的景象，而她在边疆基金会的这段经历也是她这辈子最难忘的经历之一：

> 从2月到6月，我一直在边疆基金会的安排下，在西北地区的Gwich’in村当志愿教师。我工作的这所学校非常需要帮助和积极的引导。我是四、五、六三个年级的助教，我觉得我的出现让压力过大的老师们轻松了一些。我最终还帮助设计并完成了阅读和社会学习课程。当然，在北极地区工作也有它的好处。3月的时候，我参加了育空的猎鹿，在零下60华氏度的半夜起来到野外去狩猎。每天放学，都要坐狗拉雪橇穿过好几个村子才能到家。由于白天越来越长，我有时要到晚上10点或11点才能等来雪橇。总之，这是一段很难忘的经历。

另一位游客独辟蹊径，去体验加拿大的丛林。奥比·委沃（Obbe Verwer）来自阿姆斯特丹，整个夏天他是在不列颠哥伦比亚度过的。

> 参照世界有机农场机会组织给出的列表，我参观了几个农场。随后，我独自

来到温哥华岛（Vancouver Island），踏进格里夸怀特尼斯小道（Clayoquot Valley Witness Trail）上的雨林。当我来到小道的起点，我见到了小道的老板，他正在和一些志愿者们一起工作，修建小道两边的木板路。这样一来，这条小道上不再只是光秃秃的树桩子了，更多的人就能在小道上走了。我决定加入他们。实际上要成为一名志愿者，需要通过组织委员会。但是我当即就放下帐篷，加入了他们。

所有建造木板路的木材都必须搬运到小道上，台阶、纵梁、钉子和工具也是如此。我们一直工作到下午4点，但是工作氛围很宽松。有时工作很艰苦，但是挺有意思的。我越来越喜欢树林了，巨树参天、浆果甘美、蘑菇遍地，这一切都被云雾笼罩着，显得安宁而祥和，实在是太美了！能为拯救这片雨林做点儿什么，我感到非常满足。

加拿大西部荒野委员会（*Western Canada Wilderness Committee*）位于温哥华水街341号（☎604 6838220；www.wildernesscommittee.org），在维多利亚、温尼伯（Winnipeg）和多伦多也设有办公室。而志愿者必须明白在雨林地区工作被淋湿的概率很大。

如果你从www.govolunteer.ca的数据库搜索，可以找到不列颠哥伦比亚和亚伯达的志愿者工作。这个数据库也给需要招聘短期志愿者的特殊事件和年度节日提供了方便。一家临近多伦多名叫“红叶”（*Redleaf*）的组织经营着一个全国性志愿者安置项目，它吸引了很多外来人员。这些人都想找机会来提高他们的英语水平（虽然英国志愿者也能在环保园林工程、温哥华海洋哺乳动物保护中心和许多老年人居住区以及儿童保育中心工作）。

大学城的大学医学部和教学医院常常会进行临床研究。登录www.centerwatch.com或www.clinicaltrials.gov很容易可以找到加拿大各研究中心的链接，例如麦吉尔大学健康中心的**临床研究中心**（*Clinical Research Centre*, at the McGill University Health Centre）。大量发行的免费报纸上也常常刊有招聘信息，招聘18~60岁、身体健康的志愿者，例如Pharma Medica（☎416 759 5554；www.pharmamedica.com）。这个网站刊登了最新的研究成果，并列出薪酬水平，例如2011年7月连续4周的工作（周五下午5点到周日早上8点），女性志愿者的工资为2700加元（妇女必须是在其生孩子以外的年份）。另一家做广告的制药公司是Apotex（☎416 741 4256；www.apotex.com）。

拉丁美洲

南美洲和中美洲作为旅游胜地，近年来备受英国人和其他欧洲人的欢迎。许多休学期学生以及年纪较长的旅游者正在考虑以教学或志愿者的方式到阿根廷、亚马孙或安第斯山脉旅游。

大多拉丁美洲国家不需要聘请国外的非技术工人进行农业和工业劳作。这些工作即便报酬少也有很多当地人愿意做，而外国人（西方白人）大多不被考虑。

但是如果你能说流利的西班牙语，也可以在城市里找到工作，最常见的是双语秘书，因为中、南美洲曾经是英国的殖民地，当地便有一种文化和经济取向认为美国人（而非英国人）占据了大量的工作岗位。除去志愿者，外国游客的主要工作机会就是教授当地人英语。

如果你在利马(Lima)、基多、库斯科(Cusco)或布宜诺斯艾利斯(Buenos Aires)，登录**南美探索者俱乐部**（*South American Explorers clubhouses, SAE*）网站（www.saexplorers.org）就可以看到当地的招聘列表，这个列表包括语言学校的工作。南美探索者俱乐部办公室员工由外籍雇员组成，他们很乐意与会员分享信息和有用的数据。会费为每年60美元，俩人90美元。

教学

南美和加勒比岛屿加上中美洲8国，地域宽广，跨越75个纬度，很多地方都需要教师。除巴西外，几乎所有国家都说西班牙语，和西班牙本身一样，这里对英语教师的需求量也相当大。从墨西哥尤卡坦半岛（Yucatan Peninsula）上尘土飞扬的小镇，到福克兰群岛（Falkland Islands）南端，大陆最南端的彭塔阿雷纳斯（Punta Arenas），情况都是如此。

最吸引旅游教师的国家包括墨西哥、玻利维亚、哥伦比亚、厄瓜多尔、秘鲁、委内瑞拉、智利、阿根廷和巴西。虽然这些国家经济还不稳定，英语学校的学费却一直走高，从英美政府支持的精英文化中心到技术中心，从久负盛名的双语中学到为商人提供私人导师的教学机构无一例外。在这种情况下，即使没有经验，也能很快找到工作。

通过专业途径找工作是比较明智的做法，做一份令人印象深刻的简历，准备好资格证书和介绍信，虽然不是所有学校都会看这些东西。很显然，你还需要买一部手机及一个当地的电话号码，剩下的事就是广投简历了。你往学校投简历时，他们可能要求你立即参加一项英语笔试，这个考试有时还包括写作部分，不太容易。如果通过考试，你可能被邀请参加集体面试，被要求配合小组完成某项工作。通过这一关，学校会要求你参加一个为期1~2周的培训课程（不带工资）。只有完成培训后你才能得到这份工作。而在其他一些小公司，如果你通过考试并且试讲得不错，可能只需要几个小时熟悉一下教学资料便能开始工作。

你也可以在到达之前就把工作安排好。西奥娜·麦凯（Sheona Mckay）通过个人关系在出行之前就订好了她3月到6月在秘鲁的志愿教师工作计划：

> 如果你想当英语教师，很容易就能找到你所希望工作地点的学校名称。然后你就可以直接给这些学校发邮件，并与他们达成协议。

万无一失的找工作方法则是在你的目的国家参加TEFL（作为外语的英语教学）培训课程，提供这种培训的机构包括圣地亚哥的TEFL学院（www.tefl -academy.com）、布宜诺斯艾利斯的EBC TEFL（www.ebc-tefl -course.com）、秘鲁库斯科的Maximo Nivel （www.maximonivel.com）、哥斯达黎加的TESOL培训（www.tesoltrainingcostarica.org）和墨西哥城的拉美教师课程（www.innovative-english.com）。大部分课程为期4周，花费1200~2000美元。更详细的信息参见我的另一本书：2012年版的《海外英语教学》（Crimson Publishing）。

找工作

拉丁美洲对棒球的狂热和对美国电视的热爱对美国（和加拿大）求职者颇为有利。整个南美大陆在经济和文化上都崇尚美国，人民喜欢美国口音，信服美国教学资料和课本。另一方面，英国人则在哥伦比亚的大学和圣地亚哥的语言培训机构比较受欢迎。在这个地区，商务英语课程很热门，如果你从事过商务活动，无疑又为自己添了一个砝码。

如果你想在到达后才找一个教学的临时工，那么去看看英语报纸上的广告吧，例如《布宜诺斯艾利斯先驱者报》（*Buenos Aires Herald*）《加拉加斯日报》（*Caracas Daily Journal*）等。英语书店也是个找工作的地方。去问问外籍雇员喜欢光顾的酒吧和饭馆、英语学校，虽然这些看起来不太可靠，但也可以打听打听。如果你在大城市，从电话簿里找找英语学校或者机构的电话直接打过去吧，问问他们是否需要英语教师。

是否能成为当地语言学校的英语教师，决定因素不是看你是否称职、发音是否标准，最重要的是看你的外表，看你是否跟人们期待的专业教师长得一样。

那些打工环游世界的人往往需要在这个学校上几个小时课，再去另一个机构上几个小时课，工资一般是每小时3~6美元，他们必须在好几个地方兼职才能维持生计。如果你的学历高，带着所有的证明信和学历证书，并能在一个学校待一个学期的话，你可能能得一份挣得更多的合同。

就算找到了一份有薪水的工作，也要多加防范可能导致你拿不到工资的情况。提尔·布鲁克纳没能够防范这个问题，希望他的惨痛经验能够为你提供借鉴：

> 在这些国家（玻利维亚、秘鲁、厄瓜多尔）找个教学的工作并不难，但是如果你的老板不老实，要拿到工资可就不那么容易了。坚持要求每周结一次工资，并从第一天就跟老板声明不能拖欠工资，一旦拖欠工资，坚决不上课。让你的老板明白只要他不支付你工资，你就马上辞职。在玻利维亚，我就陷入了这样进退两难的境地。如果想拿到老板欠我的工资，我就得去工作（那时我也破产了，别无选择），但是就算我继续工作，也不确定能拿到工资。最后语言学校的老板带着60 000美元跑到了阿根廷，我什么也没拿到。无论如何，所幸那段日子和学生们相处得还不错。

如果找一个传统些的预先安排好的教师工作，可以考虑英国文化委员会的**语言助理计划**（*Language Assistants Programme* ☎020 7389 4596；assistants@britishcouncil.org；www.britishcouncil.org/languageassistants-latin-america.htm）。申请者西班牙语水平至少要达到A级，并拥有学位，或者是正在学西班牙语的本科生。他们可以申请在智利、哥伦比亚、厄瓜多尔、墨西哥和巴拉圭待一个学期；阿根廷的安置时间仅为3月到7月，截止日期和面试时间都会在网上公布。一些美国组织安排志愿者带薪到中、南美洲包括AIDE（☎512 904 1137；www.aidebroad.org）在阿根廷、哥斯达黎加、危地马拉、厄瓜多尔和秘鲁的志愿者教学项目工作。明尼阿波利斯（Minneapolis）的World Endeavors机构（☎612 729 3400；www.worldendeavors.com）也派遣志愿者带薪到哥斯达黎加、危地马拉、厄瓜多尔和其他国家工作。

繁文缛节

当然，各个国家的要求不尽相同，但是对长期教师的工作签证要求都有诸多文件，包括教师资格证、无犯罪证明等证件的复印件，这些复印件都需要经过公证。这也导致很多在拉丁美洲当教师的人用的是旅游签证而非工作签证。如果你偶尔出国，则需要更新或者延长签证。如果你只是偶尔申请延期，可以从相关办公室申请，例如到智利的为期90天的签证只需要支付一定费用就可续签。但是很多长期居住的英国人每3个月都要穿越国境去阿根廷的门多萨，他们可以申请最高长达10年的延期。谢恩·多纳万（Shane Donavon）是一个环游世界的旅行者，据备受瞩目的电子杂志《海外工作公示》（*Jobs Abroad Bulletin*）报道，他为了在秘鲁的库斯科待几个月，穿越国境到玻利维亚更新两次签证。虽然后来他把自己的秘鲁移民卡弄丢了，导致被玻利维亚政府遣返回国，但后来他花了点儿钱便解决了这些问题。

墨西哥

各种规格的公司都全天候为他们的员工提供语言课程，但是这些课程主要设置在早上和周末。罗伯塔·伟奇（Roberta Wedge）颇善言辞，居然说服一位精明的轮渡服务老板答应午休时间请他做私人教师；而另一个公司则被他说动，请他给这些繁忙的主管和有关员工讲英语。

不仅大城市需要英语教师，偏远的城镇也是如此。但是为了保留罗伯塔心中的梦想，在此不便透露他去的城镇的名字：

> 作为体验者参加了温哥华的ESL课程之后，我开始向尼加拉瓜行进。当时，我只有一张到圣地亚哥的汽车票和500美元的现金，没有旅游指南，没有旅伴也不懂西班牙语。在墨西哥，我爱上了一座小城（不论你开出什么条件，我都不会透露它的名字，因为我希望它永远停留在原始的时间隧道里，希望有一天还能回到那里去），我决定留下来。我从电话本上找到当地的语言学校，一一打电话询问，并亲自去那儿面试，但是很多小公司的信息在电话簿上都找不到。所以我只好留心英语学校的标志。我大概记熟了几句西班牙语："我是一名来自加拿大的英语老师，我很喜欢这座小镇，希望在这里工作。这是我的简历。"不到两天，我就在一家私人学校找到了工作。

墨西哥城污染程度极其严重，英语教师也极其缺乏，可能只需要一个仓促的非正式面试，你就能得到一份语言教师的工作。

布拉德韦尔·杰克逊来自美国，他很轻松就在墨西哥找到了他的第一份教学工作：

> 读了《打工环游世界》这本书之后，我决定环游世界。我心中之前一直充满疑问，找一份英语教师的工作真的这么容易吗？后来我发现事实果真如此。我坐在墨西哥城地铁站里想，我到底要去哪里找工作，我想去的那个地方实在是

> 太远了。我抬头一看，发现街对面正好有一家英语学校。真是感谢上帝啊！我慢慢溜达上楼，问他们是否需要英语教师。一个半小时后，他们告诉我我被录用了，并告诉我培训时间。真的，在墨西哥找工作就是这么简单。

一开始大公司的工资一般是每小时60比索，但是如果在瓦哈卡(Oaxaca)的海洋大学教书，你可能一个月就能挣15 000比索(毛收入)。

墨西哥的烦琐公文程序也使人们非常头疼。政府禁止临时性游客参加任何营利性活动。虽然自由贸易协定使美国人和加拿大人的情况好一些，但也不是完全平等。英国公民可以以游客身份在墨西哥待180天，不需要签证（www.sre.gob.mx/conreinounido）。不同于私人机构，公共机构大多不愿意雇用没有工作签证的人。比较高档的学校可能会帮助他们的全职教师取得相关证件，但是费用要自己出（估计最高花费700美元）。要求的证件包括一份西班牙语的简历、经过公证的TEFL和大学证书，这个证书要经墨西哥大使馆认可。如果你身在墨西哥，还需要一个有效的旅游签证。

英国一个志愿者安置组织专门从事墨西哥教育、环保和社会项目的人员安置。Outreach International（☎01458 274957; www.outreachinternational.co.uk）收费2965英镑，负责安置工作3个月，费用包括保险和西班牙语培训。萨拉·艾琳歌（Sarah Elengorn）来自米德尔塞克斯（Middlesex），想要学习西班牙语，并对Outreach International为期6个月的项目非常感兴趣。这个项目是帮助墨西哥巴雅尔塔港（Puerto Vallarta）的流浪儿童。她是这个流浪男孩避难所里的唯一的女成员，也是唯一的一个非墨西哥籍成员。她的西班牙语（虽然主要是街头口语）水平迅速提高。萨拉也参加一些街上的活动，但她的主要工作是在避难所组织、教育这些孩子并和他们玩。她一直待在巴雅尔塔港为各种非政府组织和慈善机构工作。

玻利维亚

即使在拉丁美洲最穷的国家，只要你能接受低工资，也能找到英语教学的工作。在里约热内卢和圣地亚哥等欧洲化城市，每小时的标准工资是10~20美元，相比之下，在拉巴斯（La Paz）的语言学校，每小时的工资仅有14波利维亚诺（合2美元）。由于工资低，玻利维亚许多学校很难请到老师。然而由于它丰富多彩的文化深得游客们的喜爱，受欢迎程度甚至超过南美其他国家。

如果你学历高，推荐信和学历证书齐全，有翻译成西班牙语的简历，并准备在这里待上一个学年，你到了之后就可以找到一份工作。学校2月初和9月底开学，所以尽量在开学前早几周到达。尽量找一个语言学校和私立学校的名单，亲手将申请文件递给学校主管。

乔纳森•奥德曼(Jonathan Alderman）觉得虽然薪酬低一点儿不要紧，因为他特别喜欢玻利维亚的生活质量。那里气候温和，他感觉就像到了充满诗意的人间天堂。玻利维亚很多事是他在英国连想都不敢想的，比如在奥鲁罗（Oruro）的温泉里游泳，参加2月举行的狂欢节，和当地人相互掷水球玩：

逛完南美洲后，我回到了科恰班巴（Cochabamba），在一家叫做“英国—玻利维亚文化教育”的机构找了一份工作。大多情况下，我要在晚上上课，但是我很幸运，学校给了我一份一对一的教学工作，在白天也有课，其很正规，工资在每月最后一天由主管发给我，从不拖延。这个学校的主要学生是成人而非孩子。这个学校跟其他学校相比，与众不同的地方是它坚持让学生们学习英国英语而非美国英语（顾名思义）。英国广播公司发现这里的学校很难请到教师，因为他们给出的工资实在是太低了。

我强烈建议在玻利维亚居住和工作，并且如果你选择在玻利维亚，一定要去科恰班巴，因为那里的气候四季如春。在玻利维亚教书很有趣，学生们很吵闹（我发现青少年学生尤其令人讨厌），可成人学生则很好，你还可以与他们成为朋友。

当乔纳森回到科恰班巴后，他主要教授私人课程和做翻译，但仍旧在英国—玻利维亚文化教育机构做兼职。他总结道：“如果你想在玻利维亚挣得多一点儿，最好是教授私人课程。”他刚来玻利维亚时，在当地报纸上登广告教授私人课程，每小时30~35玻利维亚诺。登广告最好的地方是周日版的《每日新闻报》（*EL Diario*）。

理论上英语教师应该申请工作签证，但是实际上他们通过旅游签证（美国人支付100美元就能拿到）来到这里，后来也没有申请工作签证。

玻利维亚最大的语言学校是**玻利维亚—美国中心**（*Centro Boliviano Americano*，www.cba.edu.bo），这个中心在拉巴斯和科恰班巴等城市都有分校。

巴西

虽然巴西本国培养的称职的英语教师并不少，但他们还是很希望找到母语为英语的教师。巴里·欧丽瑞说，他经常旅游，上过TEFL课程。巴里是在狂欢节之前，也就是2月开学前到达萨尔瓦多（Salvador，巴西北部）的。

巴里先买了一张地图，然后从他所下榻的旅社借了一本电话簿，走访了全城25家语言学校并投了简历。很不幸，由于这些学校直到狂欢节过后才知道学生的确切人数，所以不能很快给他答复。这与他在厄瓜多尔的经历（在之后的章节中有描述）截然不同，在那里他很快就得到了答复。但是最终，他还是成功找到了一份工作。

我在PEC（www.pec.com.br）、Okey Dokey和AEC Idiomas三家教育机构教书。这些商务学校要我去各个分校教学，分校设备齐全，人员组织合理有序。总体来说，工作环境和薪水都不错，我每小时的工资是8美元，这在巴西已经不算低了。学生素质良莠不齐，但是他们都很有幽默感，在课堂上也很配合。虽然有的学生对英语并不感兴趣，只是因为公司老板要求才来上课的，但总体情况有错。

我每周在另一家机构上一下午课。这个机构的学习方法是学音乐，然后进行小组讨论。学生们很喜欢这种方式，我也觉得很新鲜。大多数学生不是对课程感兴趣，而是对英国本身和我在英国的生活感兴趣，喜欢提有关这方面的问题。这也让他们的英语更加流利。我发现巴西学生非常随遇而安，他们总是笑呵呵的，喜欢学英语。

我有幸住在了萨尔瓦多的老城Pelourino，这里夜生活丰富，治安也不太好。我和另外15个人（包括巴西人、尼日利亚人、法国人和爱尔兰人）住在一幢房子里，每月交29美元房租，在那里住的3个月实在是太令人难忘了。

如果你想学习葡萄牙语，可以申请学生签证，这个签证比较容易续签。例如，很多外来游客在里约热内卢天主教大学注册，在这里你可以接触很多学生。如果你想提供私人课程，在这里宣传一下也不错（这里挣的也比在教育机构多）。理查德·弗格森来自新西兰，他在贝洛哈里桑塔（Belo Horizonte）找了一个家教学习葡萄牙语，而不是打算教英语。然而他的确见到一个美国人在圣保罗教私人英语课程，每小时收费50雷里尔（19英镑）。他抱怨城市的交通不好，也强调学生必须提前付学费，因为巴西人不准时是出了名的。他们要不就迟到，要不就是临时取消课程。

工资各不相同，有经验的教师课堂教学每小时13雷里尔。如果为语言机构工作，它们会派你到IBM等大公司授课，工资可达到每小时30雷里尔。

阿根廷

由于受2000年至2002年的经

济危机影响，阿根廷货币大为贬值。从那以后，阿根廷经济逐渐恢复，现在初显繁荣。虽然市场竞争激烈，还要缴税，但语言学校的情况还是很乐观的。许多公司接受没经过培训的北美或欧洲人作为实习生，提供免费住家食宿、免费西班牙语课程、小额奖金和很多旅游参观的机会。以下是这些公司的资料：

浸入式语言夏令营（*Colonias de Inmersión al Idioma, CII*）：布宜诺斯艾利斯；☎01148318152；www.ecolonias.com；为大学在校生或刚毕业的学生提供TEFL实习机会，结合60小时的TEFL课程（在Bridge Linguatec授课）和浸入式的语言夏令营，范围限于阿根廷国内。时间为3~12个月。提早申请的话费用为1750美元。本机构也招聘外语辅导员在学校工作。应聘者要有大学学历，懂一点儿西班牙语，还要有TEFL合格证。

Connecting Schools To The World：布宜诺斯艾利斯；www.connectingschools.com.ar；将学生送往国外。一旦聘用要到布宜诺斯艾利斯接受ESL培训。培训包括每周几小时的西班牙语课，在当地居民家里住宿。最短也要一学期的时间，即从1月15日开始到7月9日结束。

La Montana Spanish School：圣卡洛斯（San Carlos de Bariloche）巴塔哥尼亚（Patagonia）；☎02944 524212；volunteerwork@lamontana.com；www.lamontana.com/volunteer-work；学生完成西班牙语课程通常需要4周时间，也可以在巴塔哥尼亚的乡村学校学习，学习期限最短一个月，通常两个月。有少量安置费用。

Pasantias Argentinas：西班牙科尔多瓦（Córdoba）；☎0351 4744 5947；www.pasantias-argentinas.com；公司负责安置专业的实习人员到科尔多瓦工作，包括教师工作。对所有英语是母语的外国人开放，前提是他们在帕桑提亚斯语言学校（Pasantias Language Course）学习过西班牙语课程；加强课程每周收费最低120欧元。其中100欧元捐给志愿者工程。

Road2Argentina：布宜诺斯艾利斯；☎011 4821 3271；www.road2argentina.com；派遣ESL实习生通过文化交流和语言浸入式项目到阿根廷工作学习1~4个月（3月到11月之间）。国际实习生无须相关培训或经验就可在私立或公立学校找到工作。最低费用一个月1190美元，免费安排在学生公寓住宿。

商业机构的教学费用一般是30~35阿根廷比索之间。《布宜诺斯艾利斯先驱报》上有招聘英语教师的广告，英语书店也有告示板登着招聘广告，地址是340 Calle Florida（主要商业街）。还有一个好地方是外国人学习西班牙语的语言学校，这里有很多住户上西班牙语课。

路克·迈克尔德里（Luke

McElderry）和他的女朋友珍妮·雅克比（Jenny Jacobi）来自得克萨斯州，他们花了好几个小时在网上找应聘单位。上完一项培训课程后，他向至少40个语言学校发送了简历，最终收到了其中大约1/4机构的回复。他这样描述自己的找工作经历：

> 初次面试的形式各不相同，有的用英语面试，有的用西班牙语，但是大部分都不是很正式。大概30分钟，他们更关注的是你的能力而不是你的工作经历。一些机构问我有没有签证或者是工作许可证明，我说没有，但是他们也不担心。讽刺的是，我听说很少大学要求这些证件，但是他们给的工资却是最低的。

不久之后，他俩开始在一家机构（一家西班牙语学校，但也教授英语，网址是www.speakspanish.com.ar ）工作，学校派他们去一家公司教一个半小时的商务课程。虽然布宜诺斯艾利斯的生活成本在增长，但他们的工资还能够让他俩在那里过上不错的日子。除了找房子让他们遇到些难题，其他事情都很顺利。

智利

不同于其他南美国家，虽然智利失业率持续升高，2011年一直停留在9%左右，但对于英语教师的需求量一直很大。首都圣地亚哥就有至少30家较大的语言学校。短期的临时教师工资不太高，不签约的工作大概每小时4500~5500比索，越有经验，工资越高。如果你在2月开学时来，有公认的TEFL证书和教学经验，那么你很容易就能找到工作。有些学校希望他们的教师能够每3个月出国更新一次旅游签证，另一些则跟老师签订合同，这个合同也是申请工作签证的前提条件（澳大利亚和新西兰人除外，他们可以签一年的休假签证）。

3年前，道格·伯吉斯（Doug Burgess）去圣地亚哥找工作，他有CELTA证书，还有过几个月英语教学经验：

> 大学毕业后，我想学习一门外语。因为对拉丁文化感兴趣，我决定学习西班牙语。我认为最好的学习方式就是去这个国家，同时也可以在那里教英语。我决定去剑桥大学考取CELTA证书，并且在夏季时在一些语言培训机构教书。这样做不仅能省钱，也使我不至于到智利后对英语教学一窍不通。我选择智利是因为它是南美洲最发达的国家，货币坚挺，相对于其他南美洲国家来说货币的汇率也比较高。
>
> 刚到智利，我为一个交流项目在普罗维登西亚（Providencia）一个叫“伍

德瓦德”（Woodward）的学校（Woodward.cl）教了3个月英语。3个月里，我每天教两节英语课，作为交换，我可以上两节西班牙语课。这对我来说很不错，因为我刚到的时候一句西班牙语也不懂，这个项目也为我省了不少钱。

后来道格得到了一些知名学校的邀请，这些学校包括伯福德（Burford）、英孚等，最终他与久负盛名的**智利英语研究所**（*Instituto Chileno Britanico*）签了一年的合同。另一个对新人比较有益的语言交流项目是**智利瑞士研究所**（*Chileno Swiss Institute*, info@chilenosuizo.cl）。

圣地亚哥的智利教学（Teaching Chile）是一家为各学校提供英语是母语的英语教师的机构，这些英语教师至少要在那里工作6个月；它在北美的联系方式是☎720 221 3831，在英国的联系方式是☎020 8150 6981；详细信息可参见www.teachingchile.com。

以下这些圣地亚哥的英语学校大多在普罗维登西亚的富人区，它们是智利首都最有名的学校。这些学校为有TEFL资格证的外国人提供一次试讲机会，如果成功，可以获得3个月的实习机会。

贝立兹：www.berlitz.cl；有6家分校。

伯福德英语中心（*Burford English Center*）：☎02 235 1056；www.burford.cl；本机构派遣老师到外地教学。

英孚：www.ef-chile.cl/tz/jobs/teach-for-ef/；圣地亚哥和安托法加斯塔（Antofagasta）分校共有40名老师。全职每月工资为四五十万比索。

费舍尔英语学院（*Fischer English Institute*）：☎02 235 9812/235 6667；www.fischerinstitute.cl；在本地和外地都有组织化课程。

一入境，智利就会发给你一个为期90天的旅游签证。签证只是一张小小的纸片，但你必须好好保管，因为如果你出国或者申请居住签证时都需要重新签证。

如果你想找私人客户，最好的方式是在《水星报》（*EL Mercurio*，该报是当地最优质的报纸）上登广告或者查找Craigslist（http：//santiago.en.craigslist.org）或在免费报纸El Rastro上查看招聘广告。

厄瓜多尔

与其邻国秘鲁和哥伦比亚相比，厄瓜多尔政治稳定、货币坚挺。它的货币汇率与美元挂钩，基本与美元持平。在首都基多和风景如画的南部山脉文化中心城市昆卡（Cuenca），对英语尤其是美式英语的需求更是异常火爆。大多教学工作都是针对大学学生或商务人员，为了应对赤道的炎热白天，他们通常在早上（7点开始）、傍晚和晚上上课。当地法律对外国人开公司限制较少，因此很多学校都是外国移民开的。

课时费现在有所回升，最高工资一小时可达到6美元，其他学校工资仍旧不高。基多并不像其他南美国家的首都那样大到令人惊叹，一些地区还是很危险。但是你很容易就能碰到愿意帮助你提高教学能力的外籍教师。

巴里·欧丽瑞到了基多之后，他参观了一个旅行社，这个旅行社有所有可能招聘英语教师的学校和研究所的地址。他只有基础的TEFL证书，只会说一点点西班牙语，就这样他开始找教英语的工作。很幸运，他只是到学校里投了简历，一天之内便找到了两份工作：

当我听到第一个雇用我的老板说“我们在招聘一名英语教师，你下周能来上课吗”的时候，我简直不敢相信。这个学校根本就没有什么正式的面试或申请程序。另一个学校也只是一个简单的面试，面试只是为了确定我懂西班牙语，而且不是个变态，他们甚至都不要求我出示TEFL证书。在厄瓜多尔时，我只知道我没有工作签证就工作了。我依然记得，那时候我很担心，生怕如果告诉他们我只待3个月，他们就不雇用我了。但是事实上，只要能有一个英语是母语的人教学生们学习，他们就已经很开心了。

以下是厄瓜多尔语言学校的主要信息：

继续教育中心（*Centro de Educaciòn Continua*）：基多；☎02 250 0068；www.cec-epn.edu.ec；以文化交流志愿者教学为主。

美洲研究中心（*Centro de Estudios Interamericanos, CEDEI*）：昆卡；☎07 283 9003；www.cedei.org。

英孚：基多；☎02 224 8651；steve. tomkins@ef.com。

音聆阁：基多；☎02 245 8763；inlinguaquito@inlingua.com。

如果你不想去商业性语言学校，那也没问题。厄瓜多尔的很多中介也为志愿教师安排工作。**英语教师志愿者项目**（*Teaching English Volunteer*，http://ecuador.teach-english-volunteer.com）由厄瓜多尔最穷的省安第斯山旁钦博拉索省（the Andean Province of Hispana de Chinborazo）的教育部门监督。志愿者要在小学担任至少4个月的英语教师，作为交换，可以获得在当地家庭的免费食宿。你需要有西班牙语基础。本项目不收取任何费用。

严格地讲，只持有旅游签证是不能参加工作的，但是这里基本没人管。英国人和美国人可以以游客身份停留90天，但只要出境，就可以延期。在厄瓜多尔境内，旅游签证不能改签成其他种类的签证。很多教师都是学习签证或文化交流签证，签证有效期为一年。

秘鲁

秘鲁首都利马的语言学校寥寥可数，尤其是在米拉弗洛海港地区（Miraflores），大多数学校都雇用母语是英语的人当教师。其他城市如阿雷基帕（Arequipa）、特鲁希略（Trujillo）、纳斯卡（Nazca）和皮乌拉（Piura）也有一些机会。库斯科城是旅客们最喜欢的地方，很多人到这里后都留了下来，愿意多待一阵。他们大多是在Excel等学校给别人讲英语来换取西班牙语课，或者在当地人家换取食宿。你可以去这里的主要日报《秘鲁商报》（*EL Comercio*）周日版的"招聘专区"看看。也可以上网登录秘鲁终极列表（http：//theultimateperulist.blogspot.com）看看，这个列表是一个英语教师编制的，它让人们明白到秘鲁后再找工作比在家的时候就打点好一切容易多了。很多游客连TEFL证书也没有，但是他们在利马待了一段时间后，也能找到教英语的工作，每小时能挣6美元左右。还有一些学校给没有教学经验的新员工提供免费的培训课程或者资助他们进行培训。

詹姆斯· 格拉夫顿（James Gratton）到利马时，想找一份理想的工作。他提前联系了一些学校，其中有一所学校对他十分感兴趣（他在伦敦上过一周的TEFL集训课且拿到了证书，并于去年在委内瑞拉教过9个月英语）。尽管他发现这些工作都与期望差得很远（很多学校不能遵守一开始开出的条件），但是他总结道，经验是找到好工作的垫脚石。他在《秘鲁商报》上登了一则花费不多的广告，并很快便找到了两个私人客户。

委内瑞拉

商业机构因为要和美国做生意，可能还是钟爱美国英语。包括**艾奥瓦学院**（*Iowa Institute*，www.iowainstitute.com）、华尔街（www.wsi.com.ve）和音聆阁（vzla@inlingua.com）等许多语言学校也都一直招聘英语是母语的老师。

尼克·布兰奇（Nick Branch）来自圣阿尔本兹（St.Albans），他调查了委内瑞拉大部分学校，决定在首都加拉加斯外的地方工作，工资要比首都低很多：

> 梅里达（Merida）很美，比加拉加斯宜居多了。我

所在的学校工作氛围很融洽，组织有序。但是这里所有学校的工资都很低。梅里达的消费水平仅是加拉加斯的1/3，但是工资却只有1/5~1/6。

你可以看看加拉加斯主要的英语报纸《每日新闻》（*Daily Journal*）上的广告。大多机构只有一个联系电话。但是令人惊喜的是著名的旅游胜地玛格丽特岛上也有成为英语教师的工作机会。有两个交流项目，分别是**委内瑞拉加拉加斯美国中心**（*Centro Venezolano Americano de Caracas*，www.cva.org.ve）和梅里达的VENUSA大学（*VENUSA College*，www.venusacollege.org），前者招收大量的北美毕业生担任英语实习生，而后者安排40个实习生住在当地人家里，教授英语，时间3~12个月不等。

大多数人申请的是旅游签证，但是这个签证只在90天内有效，而且不能续签。如果能提供就业证明，有足够的资金和返程飞机票，你也可以申请一个多次入境签证。

中美洲

如果你在中美洲旅行的时候善于倾听，你可能会找到教英语的工作机会。如果你想做志愿者教英语，那更是再好不过了。工资或许不高，但是如果你能在"外国佬的小道"上找到共鸣——例如很多游客被危地马拉的安提瓜岛（Antigua）和阿蒂特兰湖（Lake Atitlán）的美景迷住了——你可能决定留下来，帮助那些你每天不可避免会见到又想要学习英语的人。

哥斯达黎加作为中美洲最富有的国家，有时被称为"中美洲的瑞士"，在首都圣何塞（San José）有很多私人语言学校。学校从3月1日开学，到12月1日放假。《天工时报》（*Tico Times*）的网站（www.ticotimes.net/costaricajobs.htm）上有分类招聘广告；其他可搜索的网址www.minuevotrabajocr.com，www.costaricapages.com/jobs和哥斯达黎加的Caigslist。

如果在圣何塞国际学校（www.institutobritanico.co.cr）等公立学校当教师，也许有机会拿到6个月可更新的临时工作签证。简·罗伯茨来自豪思洛（Hounslow），她决定来一个彻头彻尾的改变，不再做办公室的工作，于是她在伦敦国际学校报名参加了CELTA课程，也决定了以后找工作的地点：

我想在一个炎热的拉美国家工作。国际学校的老师直截了当地告诉我不要奢望在喜欢的地方找到一份工作，但是事实证明他错了。我从你的书上找到了英国研究所的地址，用电子邮件把我的简历和求职信发给了他们。不到2周，他们就聘用了我，几周之后，我便来到了哥斯达黎加。我的学生们都很积极，很好相处，喜欢学习，也希望能多说英语。我对他们非常敬佩，因为他们通常辛苦上一天班，然后才来上这三节英语课，上课的时候也很认真。因此我必须尽力让课堂更有意思。一开始的时候我连休息时间都没有，但是到了时间较充裕的周末，我便出去看山脉、火山和沙滩。我的意见是尽量多微笑，放松，对别人好一点儿。我对拉丁美洲的制度很适应，也没跟男人争吵过。他们喜欢我的口音，也不傲慢粗鲁。哥斯达黎加人很热情，也愿意帮助别人。这是一个非常淳朴的国度。

志愿活动

拉丁美洲短期志愿项目有很多，而最容易申请的两个国家要属厄瓜多尔和哥斯达黎加了。最广为人知的项目是保护项目（以下会详细分类叙述），需要高额的费用。但是不管你以何种方式申请环境、健康还是儿童保育的非政府组织，都会受到热烈欢迎，而且如果是以西班牙语申请的话更好。这些资金充裕的项目还可能提供住宿并支付一定工资。

由于有了互联网，申请志愿者工作变得更容易了。不管是从主流的数据库www.idealist.org，www.traveltree.co.uk还是从www.wwv.org.uk上寻找信息都很方便。其中有一个专业的网站www.volunteersouthamerica.net仍旧由它的创建者史蒂夫·麦克艾尔西尼（Steve McElhinney）经营，他十分认真诚实。他一开始列出的是中、南美洲的免费或者费用较低的志愿者工作，为的是给寻找真正的志愿者经历的背包客和独立旅行者一个机会，不用支付给任何中间人和中介费用。

英国一家专业的咨询机构可以为你在拉丁美洲找到适合的志愿项目，公司的客户可以直接申请。详情查看www.volunteerlatinamerica.com（费用为25英镑）。

厄瓜多尔最好的网站www.ecuadorexplorer.com有教学和志愿者项目的列表和链接，可预先在网上了解工作的内容和环境。另一个比较好的资源是www.volunteeringecuador.org，这个网站上列出的志愿者项目，每天收费18美元（每月480美元），其中包括生活费用和每人190美元的注册费用。有些机构会为你提供更加周密的安置服务，让你能够更加方便地选择不同计划，但是你要支付服务费。科恰班巴的玻利维亚志愿者机构（www.volunteerbolivia.org）就提供这种服务。它鼓励客户参加为期一个月的西班牙语课程并在当地家庭住宿，当志愿者；相关的语言课程、住家和志愿者安置费用为一个月1670美元，12周的费用为2450美元。玻利维亚志愿者项目也是收费的，从4周的750美元到8周的1400美元不等。

总部在美国的Pro World服务公司（*Proworld Service Corps* ☎8774296753；www.proworldvolunteers.org）提供商业、新闻等各个行业的实习工作，工作时间从2周到26周不等，公司在秘鲁、伯利兹（Belize）、墨西哥和巴西都有分部。费用从1895美元起，其中包括与当地非政府组织的合作、语言培训、住宿和文化活动的费用。该公司还有英国的联系电话（☎01865 596289）。

西班牙语课程的提供者和文化交流组织通常还可以为你安排有意思的志愿者活动或者实习活动。但是如果你要求指定被安排到某处或者要与草根组织面对面直接接触，费用则会比较高。以下是提供这些服务的规模较大的组织：

Adelante LLC：www.adelanteabroad.com；提供海外实习、志愿者安置、教书、学期和暑期学习服务，地点主要在哥斯达黎加（圣何塞）、墨西哥（瓦哈卡）、智利（Vina delmar Valparaiso）和乌拉圭（蒙得维的亚）。费用最低为2900美元，为期2个月，提供语言课程，各种住宿选择和工作任务安排。

Amerispan Unlimited：美国费城；☎800 879 6640；info@amerispan.com；专业的西班牙语旅游机构，对于安排中、南美洲的语言课程、志愿工作和实习工作非常有经验。

美国人之友（Amigos de las Americas）：美国休斯敦；☎800 231 7796；www.amigoslink.org；为700多名高中和大学志愿者提供暑假培训项目，多为中、南美洲的社区健康工程；费用为4700美元，其中包括从美国到这里的交通费用；所有志愿者都必须在学校或大学学过西班牙语，接受过训练。

BUNAC：伦敦；www.bunac.org/uk； 此俱乐部在秘鲁有一个项目，申请者只需有西班牙语基础，能用西班牙语对话就行。项目收费为2个月1400英镑、3个月1900英镑，地点在利马、齐克拉约（Chiclayo）、特鲁希略，最主要的地点是库斯科。

Cactus Volunteers Abroad：布莱顿；☎0845 130 4775；www.volunteers-abroad.com/ language_volunteering.php；很多志愿者是通过大型志愿者组织——i-to-i（属于途易旅游公司的活动之一）被安排各种活动和工作的，志愿者一旦被安排到各个国家，就需要开始上西班牙语课程。

新喀里多尼亚外语机构（*Caledonia Languages Abroad*）：

爱丁堡；☎0131 621 7721；www.caledonialanguages.co.uk；参与哥斯达黎加、阿根廷、玻利维亚、巴西、智利、厄瓜多尔和秘鲁志愿者项目的人都能够参加教育咨询，随后需要开始上西班牙语课（最短3~4周）。费用为250英镑，不包括住宿费用和增值税。参考价为巴西4周1355英镑，其中包括在当地居民家里一半的住宿费用。

EIL：英国莫尔文市；☎01684 562577；www.eiluk.org；提供2~24周的志愿者机会，地点在阿根廷、巴西、智利、厄瓜多尔、危地马拉等。费用大约为12周3000美元。

私立英语学校通常与当地的志愿者项目有联系，并可以安排西班牙语系的学生参加他们感兴趣的项目。卡丽莎·法伊就是一个典型的例子，她在基多接受了一个短期语言课程后，就开始志愿教流浪儿童编织，她的环游南美之路也是从这里开始的。例如秘鲁库斯科的绿色世界西班牙语学校（Mundo Verde Spanish School，www.mundoverdespanish.com）与落后地区和雨林地区的拓展项目开展合作，学生们可以免费过去做志愿者。

阿根廷是拉丁美洲最欧化的国家，**阿根廷文化交流组织**（*Grupo de Intercambio Cultural Argentino*，www.gicarg.org）邀请带薪志愿者和国外实习生（通常需懂相关工作的西班牙语）到布宜诺斯艾利斯的各个行业工作。这个项目为期1~6个月不等，而实习生却只能待8~12周。参加实习生项目必须通过4周GIC的西班牙语课程，最低费用为1200美元，其中包括在学生公寓的住宿费用。阿根廷另外两个志愿者机构是**洞察阿根廷**（*Insight Argentina*，insight@helpargentina.org）和**布宜诺斯艾利斯志愿者**（*Buenos Aires Volunteer*，www.bavolunteer.org.ar）。

在这个地区旅游时你可能会看见各种各样的慈善机构和志愿者组织。这些机构和组织主要经营孤儿院、环境保护等项目，其中一些很可能需要志愿者。贵格派（The Quaker）经营的和平与服务中心**朋友之家**（*Casa de Los Amigos*）位于墨西哥城，那里有墨西哥和墨西哥城各个志愿者组织的招聘信息。同时，朋友之家也有自己的志愿者项目，要求申请者会说西班牙语，能在这里工作半年到一年，为和平和正义而工作。朋友之家地址为Ignacio Marisal 132，06030 Mexico，D.F.，Mexico；☎55 5705 0521；amigos@casadelosamigos.org，提供简单的住宿，每晚最低10美元。

危地马拉

很多游客发现，如果想用很长的一段时间去一个地方冷静一下，去做志愿者，那么阿蒂特兰湖（Lake Atitlán）是最好的选择。阿蒂特兰湖被小村庄围绕，村与村之间靠小船连接，每个村子都有自己的特点，任你选择。知名的宴会城圣佩德罗（San Pedro）吸引了很多外国人来这里的西班牙语学校学习。住宿费用为15~35格查尔（合1~3英镑。格查尔为危地马拉货币单位），饮食费用也很便宜。安娜·凌来自剑桥，她到圣克鲁兹（Santa Cruz）去旅游，同时也去追求她的兴趣——写作和唱歌，她决定在这里待上一段时间：

> 我住进了Iguana Perdida旅社(www.laiguanaperdida.com)，距离码头很近。游客和工人在一起吃晚饭，很有家的感觉。旅社靠志愿工作支撑。我每天工作5个小时，每周工作6天，从而换取住宿和一日三餐，并有各种福利如免费上网、喝饮料半价等。工作主要是在吧台边等待客人下单，与客人聊天。我的职务还包括在周六晚上的变装晚会上帮助人们挑选衣服。旅社基本上一直都在招人，老板要求旅客们必须待满2周。
>
> 我个人比较推荐这个比较轻松的为了生活而工作的项目，在酒吧当服务员只能勉强维持生活（如果不工作的话，一个客人每天的花费为25~35格查尔，加上简单的三餐大约每天要75格查尔）。我每天的工作时间是从早上7点半到中午1点，下午和晚上可以自己出去玩。
>
> 当地的村庄很有意思，是朋友之家（www.amigosdesantacruz.org）的所在地，这个组织是一个为边远地区提供医疗帮助的慈善组织。他们还盖了一座图书馆和一所学校，12岁以下的孩子可以免费入学，大一点儿的孩子还有奖学金。他们正在建立一个新的技术教育中心。我到北边的村子里去见这个组织现在的经营者——帕姆（Pam），很快我就成了一名英语老师并被分到一个班，开始和当地的孩子们度过一个丰富多彩的下午。我们上艺术课、做手工、上音乐课。这个组织经营得很好，所有人只要愿意在这里提供服务，都能体现自己的价值，不管是教学、建筑还是其他什么。
>
> 不管你是工作还是做志愿者，签证完全不成问题，甚至没有人会要求看你的护照。语言也不是问题。我的生活很节俭，上一节西班牙语课（每小时25~50格查尔）使我的生活费用大大增加。但是在学校做志愿者是我能想到的学习西班牙语最好的机会。我随身带着一本字典，学生们说话很慢，也

很清晰，这都给了我很大帮助。

危地马拉几乎所有的西班牙语学校都有志愿者职位。登录www.xelapages.com/schools.htm点击“志愿者机会”链接，你可以看到很多学校的志愿者项目信息。克特萨尔特南戈（Quetzaltenango）的Casa Xelaju文化研究所（☎7761 5954；www.casaxelaju.com）开设了西班牙语课程，并为客户提供危地马拉的实习和志愿者工作机会。志愿者注册费用为80美元，另交60美元在当地家庭住宿的费用。克特萨尔特南戈市提供很多在社区工作的机会。**巴西儿童慈善工作组织**（*Task Brasil*，也称**流浪儿童基金会**〈*Trust for Abandoned Street Kids*〉）在伦敦也有办公室（☎020 7735 5545；www.taskbrasil.org.uk），2011年时他们曾寻找21周岁以上的志愿者在里约热内卢帮助流浪儿童。

环境保护

不管是本土还是外资赞助的组织，都越来越关注环保问题了。环境保护组织最多的地区为哥斯达黎加，国家公园和政府机构经营了一个志愿者项目——环境保护志愿者服务项目。这个机构要求工作人员至少能工作30天以上，会说一点儿西班牙语，提供护照的复印件和一张照片。工作包括道路维修和建设、欢迎和通知游客、清理沙滩、协助流浪者。你还可以加入海龟保护计划，详细信息可以到圣何塞办公室（☎258 4430 or ☎223 4260；info@asvocr.org or evargas@asvocr.org；www.asvocr.org）了解。每天食宿费用约为20美元，注册费用为30美元。

上网搜索中、南美洲的环境保护工作也能让你获益颇丰，例如www.stopdodo.com网站上会刊登环保工作的信息。比如关于保护位于Paragvay的**圣拉斐尔自然保护区**（*San Rafael Reserve*，www.faunaparaguay.com/volunteer.html）。在距离苏里南（Surinam）海岸几千米远的一处海滩，你可以观察筑窝的海龟，和苏里南的自然保护组织STINASU（stinasu.volunteerwork@gmail.com；www.stinasu.com）一起清理沙滩。他们从2月到8月之间接受志愿者报名，希望申请人在最短10天的志愿工作期间能够积极为环境保护作出贡献。危地马拉佩腾（Petén）地区的西班牙生态学校（Eco-Escuela de Español）安排学语言的学生每天帮助当地环境保护和发展项目做2个小时工作（www.ecoescuelaespanol.org）。如果你有TEFL证书的话，还有可能找到有工资的工作。

巴西有一个每月收费约750美元的项目让志愿者们花时间去做一些综合工作。Iracambi（www.iracambi.com）是一个雨林研究中心，它坐落在米纳斯吉拉斯州

（Minas Gerais），经营一个公民科学项目，此项目监测森林和小溪的动态，是整个环境系统监测的一部分。秘鲁**蜂鸟研究中心**（*Picaflor Research Centre*，picaflor_rc@yahoo.com）的一个志愿者项目接受志愿者在栖息地保护机构做最短为期一个月的志愿者工作，并且帮助中心在毗邻拉戈桑多瓦尔（Lago Sandoval）的坦博帕塔（Tambopata）地区建立环境教育中心。阿根廷西北胡胡伊省（Jujuy）的一个私人环保旅游自然保护区也欢迎志愿者前来工作，每天工作4小时，内容包括修路、做园艺和建筑来换取免费住宿。每周的伙食费大约需要280比索（约45英镑。比索为拉美多国的货币单位）。详细信息可登录www.aldealuna.com.ar.查看。

如果你想去著名的加拉帕格斯（Galápagos）旅游，可以参加查尔斯达尔文基金会（Charles Darwin Foundation）的国际志愿者项目。志愿者必须为大学本科三年级以上，环境科学专业更好，并且能够在那里停留至少6个月。如果没有相关的科学技能，志愿者必须自己支付包括往返机票、食宿等所有费用。加拉帕格斯岛上人与动物和谐共存，还有一家名为"加拉帕格斯ICE"的慈善机构（www.galápagosice.org）帮助当地人提高教育和医疗水平。

如果你是动物爱好者，不妨到玻利维亚的Inti Wara Yassi野生动物保护区试试。那里招募志愿者帮助照顾受伤的动物（www.intiwarayassi.org）。罗布·哈里斯（Rob Harris）在间隔年期间被英国探索海外代理机构Quest Overseas分配到这里，他的工作是为猴子做检疫（喂养、清扫、照管新来的卷尾猴，直到它们被认为足以适应加入猴子园的大群体），并为从很远的丛林地区来的动物修建园区的基础设施。

在亚马孙地区有很多环保非政府组织可以进行志愿者工作，例如厄瓜多尔的**亚马孙动物基金会**（*Fundación Fauna de la Amazonia*, www.amazoniarescue.org）。通过参加英国志愿慈善机构You Volunteer（www.youvolunteer.org），你可以志愿在厄瓜多尔的亚马孙Arajuno Road项目照顾孩子们并教他们英语。两个计划收费都很便宜，每月500美元。

拉丁美洲有很多人支持有机农场。www.wwooflatinamerica.org网站上有该组织在阿根廷、伯利兹、巴西、智利、哥斯达黎加、厄瓜多尔、危地马拉和墨西哥的国际分支机构的链接，如果你想工作半天以换取生活费，可以加入这些组织，收费每人10~30美元不等。

罗布·艾布特参观有机农场的项目时被迷住了：

我在巴拉圭世界有机农场机会组织的一家农场里待了2周，住在一个瑞士德语家庭，和他们一起工作，工作地点是很大的一块地。在此期间，我了解到他们在从瑞士的高效率模式转向第三世界环境时的艰辛挣扎（徒劳的挣扎）。后来我成为乌拉圭德国女农场主所接受的第一个世界有机农场机会组织的成员。她在Moutevideo当老师，与这个国家融合得很好。她的工作人员要在她的花园里工作、采摘草莓、除草和刷油漆。而她为工作人员们提供美味的食物和酒水。但是我在那里待的时间并不长。我在巴拉圭被人抢劫，在布宜诺斯艾利斯受到惊吓，我觉得8年工作环游世界的经历很精彩，也很值得。但是现在，我需要做些不一样的事。

其他机会

除了教学外，拉丁美洲其他有工资的工作大部分都是为双语专业人员准备的。工程师、业务经理、高级技术人员都可以在私人企业尤其是跨国公司找到工作，这些工作大多集中在采矿、石油、酒店、银行业和电信行业，也有一些有意思的志愿者机会。比如萨拉·艾里斯-欧文（Sara Ellis-Owen）的经历，她觉得自己有必要离开伦敦一阵子，她所在的律师事务所很通情达理地同意了她休假，不仅给她3个月的停薪留职假期，还资助她在爱丁堡慈善机构**挑战世界**（*Challenges Worldwide*，www.challengesworldwide.com）找到了一家（NGO）组织。这个组织位于伯利兹，倡导保护儿童权利。她非常高兴有足够的空闲时间去伯利兹这个“未被污染的、快乐而轻松的地方”游览，她非常喜欢这座城市。

里约热内卢的Iko Poran Association（☎021 3852 2917；www.ikoporan.org）安排20岁左右的志愿者到各种当地项目服务，期限为3~24周。项目收费1575雷亚尔（1000美元），其中包括第一个月的住宿费用，还有400雷亚尔直接捐给项目。如果需要葡萄牙语培训，还需要另外交费。

志愿者可以通过厄瓜多尔首都基多的一些机构，例如EcuEVP（www.ecuevp.com）安排各个领域的工作。基多的**厄瓜多尔体验式学习项目**（*Experiential Learning Ecuadorian Programs, ELEP*）安置实习生和志愿者到各个部门工作，这些部门包括媒体、旅游、电脑、海洋生物、事务管理、工程、金融、医药和法律，不支付工资。工作地点包括高地、沿海地区和加拉帕戈斯群岛（Galapagos Islands）。收费为特价750美元，其中包括20个小时的西班牙语课和为期4周的实习或志愿活动和住宿费用；4周的西班牙语课程和8周的实习或志愿工作收费为1620美元。

双语秘书的需求量也很大，在公司和律师事务所，能够熟练运用英语写信的双语秘书总是供不应求。美国人和英国人可以找找当地是否有本国的商会（加拉加斯就有商会）。比如**英国—智利商会**（*British-Chilean Chamber of Commerce*）可以为人们提供英国在智利的公司名录。很多人可能愿意到哥斯达黎加带薪工作。像直布罗陀一样，哥斯达黎加已经成为很多运动爱好者的目的地。英语工作人员（美语更好）在春季时接受电话下注（针对体育赛事），并做简单的行政工作。工资比肩美国的最低工资（比如一小时7美元），而且据媒体称公司对工作许可证的要求不是很严格。在300多家商务公司中，虽然有些正在搬离哥斯达黎加，还是有几家比较大的公司，如圣安娜的S.A.体育顾问和Skybook。如果懂些体育知识更好，但这不是必须的。

在大学和大型工业公司做科学、医药和技术报告等翻译的工资比较高。这些职位在英语报纸上都有招聘，而这些英语报纸本身也需要招聘了解公司经营的校对员或编辑。很多大城市都有大型英语社区，主要是国际商务人士居住的社区。他们经常去的酒吧和饭馆是找工作的好地方，你不仅能听到公司招临时工的消息，也可以直接在那里工作。

安德鲁·卡明斯是一个英语专业的学生，他特别想在拉丁美洲国家待一年。他选定了两个目的地：第一个是玻利维亚拉巴斯的一家英语杂志，他在那里学习做杂志工作；第二个是布宜诺斯艾利斯的一家高档饭店，他在那里做服务员，找这份工作他费了很大劲。他在《玻利维亚快线》（*Bolivian Express*，www.bolivianexpress.com）的工作使他有机会体验富人区的文化，他非常喜欢这个令人着迷的首都，他生动地描述道：

> 拉巴斯本身就很与众不同，高耸的公寓大楼与小饭店和古雅的广场相连，远处积雪覆盖的山脉傲然耸立，时时提醒你这个城市的位置（和高度）是多么令人赞叹。欧洲人会感到有些元素与他们自己的国家非常相似，而另一些则截然不同：大街上，商人和女摔跤手并肩而行，穿高帮鞋戴墨镜的青年在庆祝艾马拉神的时候玩ipod。我觉得这个城市比巴黎、布宜诺斯艾利斯都有个性；它是我见过的最让人感到惊异、刺激的城市之一。
>
> 在《玻利维亚快线》的实习机会让我能够亲身接触新闻业。在拉巴斯，我能见到很多有才干、有影响力的人，这不仅是因为玻利维亚的团体早已在这里扎根，也因为当地良好的居住环

境。你会发现你很快就能写出一篇信息量大且令人关注的文章。我们刚到的第一天，公司就问我们对在职的第一篇文章有什么建议。因为时差还没倒过来，还有些高原反应，没什么有创意的点子并不稀奇。但是如果你走在拉巴斯的街上发现新奇的事，你可以把它们写下来。再一次开会的时候，大家的好点子就信手拈来了。玻利维亚的生活消费水平很低，加上往返机票的费用，你花的可能还不如在欧洲吃饭住宿和买日常消费品的钱多。

《玻利维亚快线》给参与者机会接受新闻业的相关培训，他们可以音乐、民俗、夜生活、体育和文学等为话题写些文章。第一个月的费用为800英镑，包含住宿费用，以后每个月降到400英镑。

旅游业

只有能力强、懂西班牙语并且在拉丁美洲有广泛旅游经验的人，才能通过英国公司的安排受雇成为陆上探险导游和司机。这些英国公司包括**大嘴鸟旅行社**（*Tucan Travel*，www.tucantravel.com）、**拉美旅游**（*Journey Latin America*）伦敦办事处（www.journeylatinamerica.co.uk）等。公司负责食宿费用，并且每次工作都有酬金。如果你足够了解一个地方，也可以在当地做自助导游，但这可能会引起当地人的不满。以下就是莫妮卡·博萨（Mónica Boza）在秘鲁库斯科的经历：

> 如果你对当地的路很熟，想要当户外导游，那么一到这里就可以联系当地旅行社。但是秘鲁导游很嫉妒外国导游，他们管这些工作叫“移民服务”，以后会被遣送回国的。探险旅行社大多在Plateros St或中央广场（Main Square）。

在旅游业发达的地区，可能会突然出现当导游的机会。许多异域风情的酒吧和俱乐部都雇用外国人。例如委内瑞拉加勒比海上的玛格丽特岛有很多供度假者消遣的地方。世界各地大多都有爱尔兰酒吧。在库斯科，你可以去**爱尔兰帕蒂酒吧**（*Paddy's Irish Pub*）。墨西哥是另一个与众不同的国家，外国人可以找主持人、艺人和销售等工作而非饭店或酒店的服务员。

如果你会修理发动机，尤其是露营车的发动机，那么你在墨西哥的任何旅游点都能找到工作养活自己。你可以在港口找到一份检修游艇的工作，如果运气好的话还有机会乘船出海。安妮·威克福德（Anne Wakeford）在巴雅尔塔港（Puerto Vallarta）就有过这样的机会，她建议船主们在早上广播他们的招聘要求。她还发现南部也有工作，很多船主招聘助手帮忙一起穿过巴拿马运河。

在大陆另一端的马尔维纳斯群岛，也有地方招聘工人。当地人口本来就少，大部分农村人口还去了斯坦利（Stanley）。斯坦利是酒吧、商店和饭店的聚集地。岛上的政府担心农村人口越来越少，农场没人种植，所以只要你有农业工作经验，不怕辛苦，也能在这里找到工作。这里的酒店很少雇用外国人，但是**海狮酒店**（*Sea Lion Lodge*）喜欢雇用智利员工和英国厨师。

加勒比海地区

如果你只是在沙滩上品朗姆酒的话，在加勒比海地区旅游实在是太贵了。很多来自英国、澳大利亚、南非等国家的人都在游艇上工作，为的就是看看这个地区与众不同的风情。

工作泛滥

在冬春季节定期往返加勒比海的帆船、出租游艇和巡游船上找工作是最容易的。从11月到次年5月，加勒比海是海洋活动的聚集地。旅游旺季从11月开始，圣诞节变成了找工作的好时机。人们招聘的时候最看重的是外向的性格和探险时坚持不懈的精神，工作合格证和经验则是次要的。租船上工作时间长、工资低，但是大多数人都是为好玩才来这里工作的。在船上食宿免费，有些工作还能收到比较高的小费。你可能找个工作工资只有100美元一个月，但是实际收入却可能有基本工资的10倍之多。

游艇工作

关于游艇工作的详细信息可以参考“工作筑坦途”一章。合约期一般为6~9个月，工作时间通常为一天14个小时，每周7天都在船上，船上各种设施齐全。大多数加勒比地区的游艇都从佛罗里达人力资源机构（经销商）那里雇用工人，还有的把这些招聘工作交给英国或欧洲的中介机构。在游船上工作的外国人要有C-1/D海员签证，签证由美国大使馆通过一对一的面试后颁发。

游艇出租

加勒比海的租船旺季在11月到次年5月，有经验的甲板水手一周能挣400美元现金（包括小费收入）。但是也会有几周船都租不出去的情况，这样的话，收入自然会下降，你也只能无聊地在海港待着。需要强调的是，租船工作也许不能让你充分享受假期。因为这份工作很辛苦，工作时间长，你还得时刻保持微笑；游客在礁石附近潜水时，你却要帮助船长修理厕所；游客爬火山时，你却要擦洗绞盘。

如果你没有工作许可的话，想在租船公司找工作可能不太容易。移民局对于加勒比海的检查一贯非常严格。如果你不在船上工作了，还需要在移民局注册，移民局要求你不仅有出国的机票，还必须持有一张回你自己国家的机票。他们还会问你以后要住的地方的地址，还要求出示足够的资金证明。

租船公司不愿意公开招聘，这不仅是因为有很多人私下打听职位，各个海岛的政府也不允许他们招收没有工作许可证的员工。然而一旦你到了那里，就很容易找到工作，只要填一张申请表并交纳注册费，还有许多经纪人和代理商为你介绍船员工作：

Jane's Yacht Services：安提瓜英国港；☎460 2711；antyacht@candw.ag；www.yachtservices.ag；提供船员安置服务。

Nicholson & Sons Antigua：Stanley's Tavern，安提瓜英国港；☎460 1530；www.nicholson-charters.com；70艘游艇通过该机构招聘船员。

如果在中介公司或租船公司都找不到工作，你可以施展"工作筑坦途"一章中的所有技巧向船长推荐自己，在码头询问、去贴广告、跟进航线，或常去酒吧找找。进入加勒比海游艇工作还有一个方法，就是在船抛锚的时候做维修船的苦差事。尽量找到船抛锚的时间和地点，人们都希望自己船上的服务上档次。

陆上工作

人们有时也可以在岛上的夜店和旅馆找到工作。开曼群岛（Cayman Islands）上有很多这种工作，有1500名美国人在这里工作。在当地酒吧问问，你也许能在**开曼大酒店**（*Grand Cayman*）找到建筑工人的工作。如果没有"有偿营业执照"或是工作许可（由于很多人竞争一个职位，所以很难拿到），那么你很难得到公平待遇。虐待员工的事情屡见不鲜，拖欠工资、出尔反尔不提供返程机票的事也很常见。时刻小心，如果你觉得自己的老板不老实，可以随时准备跑路以减少损失。

多米尼加共和国的旅游业很发达，有餐饮业经验、懂几国外语的人很容易找到工作。吉隆图（Playa Dorada）有14家旅馆，科斯塔多拉多（Costa Dorado）有两家，你可以去这些旅馆找工作，每月工资只有50~100美元。当心那些许诺你高工资的工作，因为那些工作大部分是靠拿销售提成挣钱的。

加勒比海地区还有一些志愿者服务机会，在多米尼加共和国也有。**百慕大海洋科学研究所**（*Bermuda Institute of Ocean Science* St Geoge's GE01, Bermuda, ☎297 1880 ext 115；www.bios.edu）接受志愿科学实习生帮助科学家做实验，时间为3~6个月。申请人（一般为相关专业的优秀本科生或刚毕业不久的学生）需要和他们想要一起工作的老师（参见网站）联系。因为移民限制规定，研究所只能招收外国人参加与研究有关的工作。**绿色力量**（*Greenforce* 伦敦SW6区；www.greenforce.org）帮助巴哈马（Bahamas）的一个海洋生物多样性工程招收付费的志愿者。这个工程包括对濒危物种及其栖息地的研究。该工作不需要任何经验，提供潜水训练；包括机票费用大概在2700英镑，为期10周；通常还提供短期住宿。

志愿者也可以在巴哈马群岛**比米尼生物研究站**（*Bimini Biological Field Station*）帮助海洋生物学家研究柠檬鲨，期限最短为一个月。志愿者还需要做日常修理工作和餐饮服务。他们需要缴纳每月695美元的食宿费用。详细信息可以发邮件到sgruber@rsmas.miami.edu（www.miami.edu/sharklab）询问。

古巴经济困难，工作机会很少。但是**古巴团结运动**（*Caba Solidarity Campaig* 伦敦 N4区；☎020 8800 0155；finance@cuba-solidarity.org.uk）仍旧举办2年一届的工作学习班。在这个学习班里，志愿者们可以在1月、12月或7月的时候做15天农活或者建筑工作。志愿者不需要有专业技能和合格证，只要对该组织忠诚就可参加工作。学习班花费1035英镑（2011年夏天的价格），其中包括全部机票费用、签证费、交通费和食宿费。

荷属安的列斯群岛（the Antilles）中的**圣尤斯泰希厄斯岛国家公园**（*St.Eustatius National Parks Foundation*）也招收志愿者从事清理公园和植物园小道的工作，并参加STENAPA基金会的海龟观测项目。能够在这里工作1~3个月的志愿者可以通过www.workingabroad.com申请该项目。费用为2个月1230英镑。

非洲

进入新千年，非洲情况仍然很严峻：民主运动仍然受到残酷的镇压，种族暴力仍然存在，选举受争议，人们经受着饥荒和艾滋病的折磨。刚果、索马里政局混乱，苏丹边界纷争，马格里布（Maghreb）恐怖主义笼罩，约翰内斯堡黑帮猖獗……许多地区动乱不断。种种这些都给旅客们一种感觉——在这个地区旅游太困难，也太危险。翻看联邦外交办公室给出的一长串警告，反复强调除非必要，否则绝不要到非洲的很多地方去。光这些警告就足以使大批打算去非洲旅游的人望而却步了。

当然，也有一些正面新闻。“阿拉伯之春”削弱了突尼斯和埃及的旅游业，但给其他国家提供了很大的发展空间。卡扎菲倒台后，利比亚可能会对外国游客和工人更加开放。甚至在正经历大动荡的国家（比如2009年发生政变的马达加斯加）的旅行社和开发机构的生命力也很旺盛，准备卷土重来。当然，非洲大部分地区还是安全的，那里景色奇妙，风景和文化极具多样化。据**间隔年团体**（*Year Out Group*）称，南非和肯尼亚是间隔年安置人员最多的地方；坦桑尼亚排在前10位；加纳的政局也比较稳定，人们都很友好，也有志愿者计划。

各个国家风情不同，很难把摩洛哥、乌干达和南非放在一起比较；然而，它们的相同点是工作报酬都不高，也很难保证对各个国家的人员平等对待。除了单纯旅行外，体验非洲最好的方式就是做志愿者。

游客对于在非洲的个人安全问题各有论断。经常有人被狮子抓伤，或者驾着游猎吉普车出游时在山谷翻车。据统计，在南非，暴力犯罪非常常见，受害者通常是在高级酒店住宿的有钱人，更常见的悲剧是感染艾滋病。据统计总共有2250万的撒哈拉以南的非洲人感染艾滋病，200万人死亡。在非洲很多地方，性安全教育比英语教育重要得多。很多机构不厌其烦地宣传相关知识，志愿者也可以找到宣传相关知识，防止艾滋病毒传播的工作。

教英语

很多以前为英国殖民地的国家，其公立学校都是用英语授课。不少学校到现在仍旧如此，这些国家包括加纳、尼日利亚、肯尼亚、赞比亚、津巴布韦和马拉维等。这些地方的英语教师大多是当地人，对母语是英语的老师需求量比亚洲和拉丁美洲国家少得多。但是很多国家的中学仍然招收志愿者教英语，这种情况在加纳、肯尼亚和坦桑尼亚比较普遍。

大多数在非洲教学的老师都不是来这里旅行的，而是在他们的国家签了一年或两年的志愿者协议才来的，但也有其他人通过英国的间隔年组织来到这里。传教士们在非洲现代史上的作用异常突出，现在仍旧有一些宗教团体活跃在教育和教师招聘等领域。这些团体有**海外基督徒组织**（*Christians Abroad*）和**福音派非洲内陆国际任务组织**（*Africa Inland Mission International* ☎ 0115983 8120；www.aimint.org/eu）。

如果你签订了志愿者协议，在出发之前一定要尽可能详细地查阅当地信息，你可以询问刚刚从那边回来的人。另外，那里的风俗习惯可能会让你大吃一惊。贫穷的现象普遍存在，老师（尤其是志愿者老师）甚至连去昂贵的外国商店买东西的能力都没有，必须忍受当地的饮食。这里的主要食物是用小米做成的粥，很难消化，还有煮熟的蔬菜、罐装的鱼、肉以及水果。

一个间隔年机构将萨拉·约翰逊（Sarah Johnson）从加的夫（Cardiff）派到坦桑尼亚，在那里的一个乡下中学教英语和地理：

桑给巴尔（Zanzibar）学校的学生们的期望值跟英国的孩子们简直是天差地别。他们在课上最常做的就是抄黑板上的板书，所以当你让他们自己思考事情的时候他们感到很困惑。我在这里的教学处于一个进退两难的境地，是讲得简单点儿让学生们都听懂，还是单纯地按照教学大纲讲课，但是这样讲的话只有一两名学生能听懂，大部分学生就被落下了。对我来说，教课是很有意思的，也能长见识。我相信不管是桑给巴尔的老师还是我，都从思想和生活方式的交流中受益匪浅。

英国文化委员会（www.britishcouncil.org）安排很多称职的英语老师在全世界各个地方教课。美国**和平团**（*Peace Corps* ☎ 800 424 8580; www.peacecorps.gov）每年也招收成百上千的志愿老师。另外，主要的间隔年安置机构：**纬度代理**（*Lattitude*）、**信任工程**（*Project Trus*）和**亚非创业**（*Africa & Asia Venture*）等机构在非洲大陆也非常活跃，它们都征收一定费用（参见“志愿活动”章，“间隔年和休职期安置”一节）。

以下是其他志愿者教师招聘机构简介：

另类冒险（*Adventure Alternative*）：北爱尔兰；

☎02870 831258；www.adventurealternative.com；招收到肯尼亚为期1~3个月的教学和社区综合工作，工作地点是在乡下或者贫民区的学校。样本价格是2个月1250英镑，3个月1850英镑，食宿全包。

灵感志愿者机构（*Inspire Volunteering*）：英国纽伯里（Newbury）；☎0800 323350；www.inspirev-olunteer.co.uk；派遣教师到坦桑尼亚、冈比亚和南非条件较差的学校工作（也包含其他项目）；通常期限为3个月，开始时间自由；样本价格为890英镑，最短4周时间，此后每周缩减到100英镑。

苏丹志愿者项目（*Sudan Volunteer Proramme*）：伦敦NW3区；☎020 7485 8619；www.svp-uk.com； 志愿者需要从9月或者1月开始，教苏丹大学生和成人学习会话英语，时间为8个月（最佳时长）；接收有外国（中东地区最好）旅游经验的在校生和毕业生；不需要TEFL证书和懂阿拉伯语；志愿者需支付前3个月的费用，其中包括机票费用（约485英镑）和保险费用；当地接待机构提供在苏丹的生活费用，主要工作是在喀土穆（Khartoum）地区。

埃及

开罗大街上的语言学校星罗棋布，大小学校一个挨着一个。它是埃及语言学校最多的城市，亚历山大港则稍微少一些。教学工作很好找，如果你有剑桥大学或三一学院的证书，那是再好不过了。很多家长在暑假时给孩子报语言加强班，所以夏季是找工作的好时机（前提是你能忍受这里的酷热天气）。

位于开罗阿戈扎（Agouza）的英国文化委员会是找工作的好地方。英语教育ELT主任会让你填一张表格（teacherapplications@britishcouncil.org.eg）并邀请你参加面试和试讲。通常他们愿意雇用已经在埃及，且有资格证和2年以上教学经验的人，但是夏季课程就没那么挑剔了。考试的时候还会花钱聘请监考人。总部在美国的中东英语教学项目招收老师到开罗（23 Mossadak St，Dokki）和亚历山大港（3 El Pharana；alexandria@amideast.org）工作。几年前，一个将要上法学院的美国学生在荆棘树论坛上发了这样一个帖子：

> 12月的时候我在论坛上发帖问网友，在国外找一份短期工作难不难，在城中发宣传页能不能找到一份家教的工作。这两个问题都是为了省钱，也能在旅游时接触一些当地人。好多人告诉我这根本就不可能。现在6个月过去了，我又回来发帖，只是想说这个方法是可行的，我和我的朋友们都是这样找到工作的。我们在埃及找到

> 了工作，薪水也不低，不用工作许可证、不要求TEFL证书。因为学生是专业商务人员，所以课程是短期的（5周）。另外，我们还靠发宣传页在开罗找到了家教工作，挣了不少钱。

你也可以在《今日埃及》（*Egypt Today*）海外版上或者《麦哈迪使者》（*Maadi Messenger*）月刊（www.maadimessenger.info）上登广告。后者由麦哈迪妇女协会出版，在外国人聚集的地方（如英语教堂）发行。坐落于开罗解放广场的美国大学也是找工作的好地方。

如果你想找一份好差事，可以去**圣公会圣徒大教堂**（*All Saints Anglican Cathedral*，www.dioceseofegypt.org/english）问问，它坐落在萨马雷克（Zamalek）的万豪酒店后面。在萨马雷克、太阳城（Heliopolis）和麦哈迪（Maadi），很容易就能找到私人客户。

加纳

加纳作为非洲政局最稳定的国家之一，有不少有组织的志愿教师计划，因为它一贯欢迎外国学生来这里学习、工作。很多交流计划包括北美学生英国大学俱乐部、间隔年中介和慈善机构在加纳都有项目，其中很多都与阿克拉（Accra）的学生和青年旅游组织（www.sytoghana.net）合作。各个志愿者项目、实习项目和各中介收费都不一样。当地最低食宿费用大约每月200美元。本章稍后会提到总部在阿克拉的非洲志愿者组织（www.volunteeringinafrica.org），这个组织也负责安排英语和数学教师到加纳的小学和初中当付费志愿者。

伊堪度（*Ikando*，www.ikando.org）是阿克拉的一家志愿者和实习生招聘中介，给申请者安排教学工作，时间最长为8周，还有许多其他机构。志愿者住在伊堪度提供的宿舍里，宿舍位于阿克拉市中心，自己支付生活费用（开始2周531英镑，以后每周92英镑）。

肯尼亚

肯尼亚长期缺乏中学英语老师，这些空缺主要在西边各省。你也可以询问当地村子，看看他们是否需要英语教师，在学期开始前的9月、1月和4月是最好找工作的。准备好简历、学位证书和比较正式的推荐信。学校可能提供简单住宿，按当地水平按月支付工资，但不是所有学校都有条件提供这些，尤其是那些由群众性捐款运动——哈拉姆贝（Harambee）的帮助下的学校。**肯尼亚驻伦敦高级专员公署**（*Kenyan High Nommission*）规定必须持有“入职许可”才能参加工作，“入职许可”由雇主到首席入境事务主任（PO Box 30191，

Nairobi）那里领取。

VAE肯尼亚教师协会（*VAE Teachers Kenya*）派遣英国中学毕业生和大学毕业生去肯尼亚工作3~6个月。从1月、5月还有9月开始都可以，教学地点在肯尼亚高地的农村学校。3个月需缴纳2235英镑，6个月缴纳3155英镑，这些费用不包括机票费、签证费和保险。西蒙·哈里斯（Simon Harris）了解工作详情，他奔走于英国的赫里福郡（Herefordshire）和肯尼亚的吉尔吉尔（Gilgil）间工作（www.vaekenya.co.uk）。

总部位于北约克郡（North Yorkshire）的英国AVIF（☎0777 171 2012；volunteer@avif.org.uk）派遣志愿者科肯尼亚的夏季儿童学校。志愿者工作结束后，AVIF会给志愿者很多建议帮助他们加入奥拉佩拉（Oropile）和马赛马拉（Maasai Mara）的旅游大本营，或者跟着有经验的导游去攀登乞力马扎罗山脉。

法属西非

这里虽然以前是法国的殖民地，但是对英语的要求历来都很旺盛。布拉德韦尔·杰克逊是一个环球旅行者，他在马里、毛里塔尼亚和塞内加尔找到了现场付费的教学工作。毛里塔尼亚正在成为通向摩洛哥和塞内加尔的陆上通道；但是外交办公室警告人们在东部和北部的省份经常发生绑架案和恐怖袭击等危险事件。首都努瓦克肖特（Nouakchott）相对比较安全，布拉德韦尔因机缘巧合在那里找到了一份教学的工作。本来他只是在路上和一个从西部来的人聊天，他向她问了问当地英语语言学校的情况，结果那个女人就把他带到了英语语言中心的门口。

> 我很幸运，当时我就见到了语言学校的老板。我跟她说话时她正忙着做别的事情，所以这个面试并不算正式。我不用填写申请表，但是她要求我写一封信解释一下我为什么想在毛里塔尼亚工作。她对我很感兴趣，要我隔几天再来给老师们试讲一下。我就这样被录取了。

申请工作许可证的办理过程非常简单，学校只要拿着你的护照到就业办公室，再付一年的费用就可以了。学生们也很好相处，他们都求知若渴。

沙发客（www.couchsurfing.com）等网站在非洲大陆各个地方都有网点，为外国人提供马里巴马科住宿，换取学英语的机会。布拉德韦尔·杰克逊在马里巴马科的一个沙发客家里住了2个月。马里是西非最穷的国家之一，但是他住的那家主人很有钱，对他也很慷慨。而他则每天给主人上两个小时的英语课。

旅游业

在非洲大陆上的发展中国家，只有极少数旅社为旅客提供临时工作。从红海的达哈布（Dahab）到背包客云集的约翰内斯堡，很多独立的环游非洲者通过这种方式过了数周，这也是不用扣工资就能休假的一个好方法。玛丽·霍尔在非洲环游时住在马拉维的一家背包客旅社，那个旅社甚至为她提供了一份长期工作，但是她必须继续上路。

地中海非洲沿岸、非洲东部和南部的旅游业发达，野生动物保护区吸引了大量的游客（南非的工作机会将在以下章节具体叙述）。在旅游胜地也能在宾馆找到工作；不要去主要招收当地人的低档宾馆找工作，去那些比较时髦的酒店试试。当你在西奈半岛（Sinai Peninsula）上的达哈布时，注意看酒吧和旅行社的招聘信息，那里的工资和生活水平都比较低。

如果你有驾照，也可以去红海旅游胜地沙姆沙伊赫（Sharm el Sheikh）和赫尔格达（Hurghada）找工作。如果你不够合格，但又想拿到驾照，红海是个训练的好地方。**帝王潜水学校**（*Emperor Scuba Schools*，www.emperordivers.com）在红海有5家分校，还有为想成为潜水教练的人提供训练的职业发展项目和工作。你还可以去**西奈潜水**（*Sinai Divers*，www.sinaidivers.com/english.htm）等其他潜水公司在达哈布、马萨阿莱姆（Marsa Alam）和沙姆沙伊赫的潜水中心试试。

在当地潜水中心，你可以为水下俱乐部填充氧气罐来换取免费学习阿拉伯语的机会。很多埃及人都愿意这样做（特别是在11月到来年1月的旅游旺季），但是没有工资，只有少量的小费。

你可以在陆上的**幻想者旅游公司**（*Imagimatine Traveller*）和**库目卡**（*Kumuka*）等机构找到长期工作，这一点已经在“工作筑坦途”的“陆地”章节中提到过。应聘信使工作的申请人必须有亲身游览非洲的经历，或愿意接受为期3个月的培训，但是培训结束后能不能在这里工作还是个未知数。各个地方的要求不同，但是一般领队必须满23岁或25岁，懂柴油发动机，有卡车或者公共汽车驾照。以下是一些专门非洲机构，其他也可以在网站上找到（例如www.go-overland.com）。

绝对非洲（*Absolute Africa*）：伦敦W4区，☎020 8742 0226；www.absoluteafrica.com。

阿卡西亚探险假日（*Acacia Adventure Holidays*）：伦敦 W2区；☎020 7706 4700；www.acacia-africa.com/work_for_us.html；招聘旅游团领队和卡车司机。

非洲之路（*African Trails*）：莫克姆（Morecambe）；☎01524

419909；www.afri-cantrails.co.uk。

库目卡：萨默塞特郡（Somerset）；☎020 7937 8855；www.kumuka.com。

陆上绿洲（*Oasis Over-land*）：萨默塞特郡；☎01963 363400；www.oasisover-land.co.uk。

任何有机械技能的工人都能在陆上公司找到工作，在主干道旁尤其好找。

南非的工作机会

由于南非城市的犯罪率一直居高不下，大量人才外流。过去10年中，成百上千的南非人移民，而且现在2/3以上的技术工人和知识分子都表示他们考虑过或者正在考虑移民。人们移民主要是为了远离犯罪、艾滋病泛滥的危险，以及避免高失业率（南非失业率超过25%，其中也包括不再找工作的人）。南非对本国人的扶持政策让外国人在这个地区找工作变得更难（通过合法程序），因为这些工作当地人基本都能做。

南非报纸上的分类广告可以通过登录www.ioljobs.co.za了解。Kelly是著名的临时工作中介，有50家分公司（www.kelly.co.za），喜欢招收愿意在南非定居的人员。如果不是在著名的旅游胜地开普敦，找工作会变得容易很多。在比较富裕的市区，有很多私人儿童保育工作。英国人和法国人可以通过JCR互惠生保姆机构（JCR Au Pairs & Nannies，www.jcr.co.za/southafrica.html）找到保姆类工作。非南非申请人必须出示医疗保险和财产证明。

繁文缛节

政府不愿意发给欧洲人和其他外国人工作许可证这一想法也不难理解，因为很多南非本国人还找不到工作呢。托尼·福瑞斯特（Tony Forrester）对这种情况感到非常失望："扶持政策的颁布简直是外国人找工作的噩梦。"民政部门（www.home-affairs.gov.za）也采取移民局一贯的措施——只有南非本国人不能做的工作，才将工作许可证颁给外国人。

由于非法入境人员从津巴布韦、莫桑比克和安哥拉等邻国大量涌入，当局加强了对临时工的招收管理，一旦发现有人雇用他们，处罚将非常严厉。

合格的技术人员只要有全职工作证明就可以到南非使馆申请临时工作许可证（BI-159），申请签证必须通过面对面的面试，许可证期限为3个月。一旦工作被官方认可，申请人可在最近的民政部门领取工作许可证。登录www.southafrica.info/travel/documents/workpermits.html或者咨询南非驻伦敦高级官员公署的领事馆（www.southafricahouseuk.com），可以查询详细信息。

很多临时工人只有3个月的

旅游签证，人们在签证到期前必须续签。从约翰内斯堡或开普敦的民政部门可以获得90天的延长期限。但是如果你想再次申请续签，当局就会怀疑你有移民倾向。

工作在南非（*Work South Africa*）是一个工作度假项目，18~25岁之间的全日制3年制学生或者毕业不超过6个月的人都可以申请。大多数人在开普敦的徒步旅行和旅游业部门找到了工作。该项目由南非学生旅游服务中心（4th Floor，Hout Street，Cape Town 8000；☎ 021 424 3866；www.sasts.org. za ）管理运营，参加该项目的人可以做任何他们能够找到的工作，但是必须出示足够的资金证明，以证明他们能够养活自己至少2个月。南非的工作可能不好找，10月到第二年3月的旺季期间会容易一些。这个机构在英国的合作机构是EIL文化学习中心（www.eiluk.org）。

志愿者

很多公司和生态旅游机构都试图吸引有良心的游客到南非的荒野地区来。如果你能出大价钱，就可以在这里学到狩猎技巧，并打到大猎物。最近一个志愿者注意到人们出的价钱和大型猫科动物的数量有直接关系。2011年，柯尔斯顿·肖在**达科塔瑞丛林学校**（*Daktari Bush School*）和**野生动物孤儿院**（*Wildlife Orphanage*，www.daktaribushschool.org）做了一段时间的志愿者，他说："狮子、美洲豹和猎豹吸引着游客们蜂拥而至。"**非洲保护信托**（*African Conservation Trust*，www.projectafrica.com）是一家南非的看护机构（Work Travel SA），招收自筹经费的志愿者在南非和马拉维等国的国家公园环境研究项目工作。www.volunteer4africa.org网站上可以看见各个项目的列表。南非工作旅行社（Somerset West，南非；☎21 851 9494；www.worktravelsa.org）为志愿者安排各种工作，工作涉及各个人道主义和动物保护部门的各个领域，也招收实习生。大部分在城镇和狩猎保护区的工作都直接由WTSA管理。多数志愿者和实习生的安置—— 商业化和专业化相结合（不要求经验）——持续6周到半年时间。大多数工作都位于西开普省（Western Cape region）。

南非工人协会（*WWISA*，www.wwisa.co.za）是一个社区服务志愿者机构，总部位于磐石（Crags）区，临近普利登堡湾（Plettenberg）。志愿者不论年龄和技能，都可以根据自己的爱好以及时间安排跟当地村民一起工作，这些工作包括学校教育、教学、青年发展、商务发展、健康和环境研究等。这些项目对于加强库兰村（Kurland Village）社区的社会和经济非常有帮助。粗略来说参加者2周要支付700英镑、3

个月2600英镑。**非洲志愿服务和海外投资公司**（*AVIVA*）也提供志愿者服务，地点在开普敦（www.aviva-sa.com）。安置工作范围包括为艾滋病孤儿服务、在另类旅游小屋帮忙以及在**克鲁格国家公园**（*Kruger National park*）工作。**非洲边缘机构**（*Edge of Africa*，www.edgeofafrica.com）也提供野生动物、环境、体育医疗和社区项目的志愿者工作，地点是在南非著名的花园大道，工作时间最长为8周。

凯丝·库珀和她的老公史蒂夫来自唐卡斯特，他们在南非待了7个月，旅途很快乐。他俩通过上文中提到的那两个机构（南非工人协会和非洲志愿服务和海外投资公司）一边旅游，一边做志愿者：

> 我们在AVIVA参加了一个项目，为期3个月，也可以申请延期。刚到南非时，我们希望能够有为期一个月的现场指导训练，而后辅导当地的导游，帮助他们提高英语技能。后来我们的确接受了培训，但是就像很多完美计划没有实施的平台一样，根本就没有当地导游。跟当地的一个学校和学校的赞助商讨价还价一番之后，我们开设了一个课外运动项目。这是我们原来没有想到的，我从来没教过孩子们打板球。但这最终成为我一生中最美好的经历。我们的学校就在克鲁格国家公园旁边，最后一天，我们带着60个孩子出去旅行，这是他们第一次外出旅行。
>
> 在南非旅行时，我们把一本名叫《云游四海》（*Coast to Coast*,www.coastingafrica.com）的小册子作为我们寻找旅店住宿的金科玉律。书上也有很多有用的交通信息、风景名胜和一些鲜为人知的志愿者机会。我们最快乐的时光是在**波伦古拉宾馆**（*Bulungula Lodge*）度过的，它位于东开普省，是人人推荐的旅游胜地。想要去那里并不容易，而你一旦到了那里，就会发现所有的辛苦都是值得的。这里祥和美好，还有志愿者工作。

其他南非动物保护的志愿工作机会可以在本章末尾“野生动物保护”标题下查看。

旅游业

开普敦是南非的旅游之都，也颇受背包客青睐，虽然这里找工作比在别的地方困难得多。**非洲背包旅游中心**（*Backpack&Africa Travel Centre*）（☎021 423 5555；www.backpackers.co.za）因为和当地学校项目有联系，所以备受推荐，被称为

“旅游信息金矿”。罗杰·布莱克本来打算在南非待3个月，但结果却足足待了7个月：

南非有100多家旅行社，很多旅行社都雇用背包客，而且要求很低。我刚到南非2周就在乔治的一家旅馆找到了一份维持生计的工作。我通过当地的关系在沙滩上卖T恤衫，利润很小。我还在一家比萨店干过几天，可是没有工资，只有小费收入。后来我在Oudtshoorn（背包者的天堂）的一家旅店找到了一份工作。他们给我提供住宿，每周工资为150兰特。工作是经营酒吧并帮忙准备每天晚上的鸵鸟肉烧烤，我还给同行的旅伴做早饭。我自己购买所有原材料，赚所有的利润。尽管每天挣得钱不算多，但是6周的时间加起来也挣了不少钱。

所有在开普敦找过工作的人都推荐西音波特（Seapoint，一个有沙滩的郊区，那里遍布咖啡馆、冰激凌店和快餐店）和其他员工流动率大的地方，虽然这些地方的工资都不高。你也可以问问推着车走街串巷卖冰激凌的人要找工作需要联系谁。你应该去维多利亚（Victoria）和阿尔弗雷德海滨（Alfred Waterfront）发展计划、坎普斯海滩（Camps Bay）和花园大道（Garden Route）沿线的沙滩一一询问。注意花园大道是季节性开放的，旺季是在圣诞节和复活节期间。夏天从12月10日开始，因此最好的找工作的时机是在11月的最后一周。

有一点需要注意的是，这些知名的旅游胜地也是最容易受到移民局突袭的地方。市中心常有小店面需雇临时工，如繁华的loop大街，但是临时工更倾向到安全一些的地方工作。很多人去市郊的饭馆如**直线牛排农场**（*Spur Steak Ranches*，一家南非主要的连锁店）、**麦克家庭厨房**（*Mike's Kitchen Family Restaurants*）和**圣艾尔摩酒店**（*St.Elmo's*）工作，这些地方经常招人，虽然前两个酒店只支付佣金，没有工资，但仍挡不住人们前去应聘。在开普敦城郊，人们则常去天文台、德隆伯西（Rondebosch）、韦恩堡（Wynberg）以及Plunstead找工作。

虽然人们对约翰内斯堡评价不高，但它也是南非工资最高的城市，比其他城市的工作机会多很多。不幸的是，很多背包客以前聚集在某些内陆城市找工作（如Yeoville，布里克斯顿〈Brixton〉），这些城市已经成了犯罪和污秽的代名词。现在人们想要在餐馆和酒吧找工作，要到北部郊区的杉腾（Sandton），罗斯班克（Rosebank）和西敦克尔德（Dunkeld west）去。比如，你可以去位于西敦克尔德的**丽兹酒店**（*Ritz* 1A North Road；ritz@

iafrica.com；www.backpackers-ritz.co.za）试试。

杉腾地区方圆5千米的范围内有60多家餐馆和酒吧、5家大型俱乐部、新开的蒙蒂赌场综合酒店（Montecasino）和背包客旅馆。一般情况下，游客可以找到酒吧服务员的工作。背包客旅游网站www.backinafrica.com上有“招聘”和“求职”专栏（后者比前者多）。东部海岸开普敦和伊丽莎白港的度假村以及远处纳塔尔（Natal）海岸的德班（Durban）和马盖特（Margate），都有工作机会提供。东岸备受推荐的地点要数乔治城（George），克尼斯纳（Knysna），杰弗里斯湾（Jeffreys Bay），普勒滕贝格湾（Plettenberg Bay）和伊丽莎白港了。这些城市的旅游旺季在12月和第二年1月。

德班莫宁赛德（Morningside）地区的**泰克温背包客**（*Tekweni Backpackers*）和旅游信息中心有时会雇用外国人，提供免费住宿和少量的工资（那些钱很快就会在旅店门口佛罗里达路〈Florida Road〉上夜总会花光了）。

开普敦和其他地区的造船厂也会招人，尤其是砂纸打磨工人和油漆工等杂工需求量很大。活动高峰期是1月初，这时候喜力角（Heineken Cape）的船都离开港口驶往里约参加帆船赛（Rio Yacht Race）了。

农场工作

斯泰伦博斯（Stellenbosch）和帕尔（Paarl）分别在开普敦的东部和北部，是南非制酒业的中心。斯泰伦博斯的收获季节在1月底2月初左右，持续4周。更加内陆的地区（例如伍斯特〈Worcester〉周围）的收获会晚几周开始，一直持续到3月。如果你找到一个愿意雇用你的农场主，工作许可证根本不是问题。澳大利亚农场交流志愿者网站www.helpx.net上有南非22家农场的联系方式，世界有机农场机会组织（www.wwoof.org）则有28家农场的联系方式。

商业和工业

如果你想到非洲的公司工作（特别是如果你具有某项特殊技能或管理技能），可以从网上找。例如www.africaguide.com/work.htm网站上就有招聘公司的信息和实际的职位空缺信息，虽然在网站上更多的是“求职”名单。你也可以联系你所感兴趣国家的商务部门询问工作前景的基本信息。如果你能到场，侨民社区的人也会给你很多建议和实际帮助。

其他在南非的工作机会还包括为公司翻译文件，翻译成法语、德语或英语，具体依实际贸易需要而定。你也可以在报纸上刊登求职广告或者直接到公司去求职。

志愿活动

非洲到现在仍旧依靠一些

援助机构和志愿者的帮助。非洲地区志愿者大多是受过训练的老师、医务人员、农业和技术专家，他们有的是通过自己国家的教堂帮助来的，也有的是通过主流援助组织如VSO（www.vso.org.uk）和**享艺国际**（*Skillshare International* 莱斯特；www.skillshare.org）到非洲来的。这些志愿者至少要服务2年时间。非洲各个慈善和商业组织的职位空缺都会在网上公布，例如www.responsibletravel.com，在这个网站上志愿者旅游计划可以按国家搜索。

保罗·琼斯来自澳大利亚，今年30岁，他放弃了自己原本信息技术行业的全职工作，成了一名自由职业者，在欧洲和其他地区工作旅行。在英国工作时，他了解到**非洲志愿者**（*VolunteerAfrica*，www.volunteerafrica.org）：

> 我发现“非洲志愿者”计划纯属偶然。我多么希望自己能够早几年就知道这种组织啊！如果早知道，我早就参加了。一开始，我只是单纯地想去非洲度假，后来又想一边工作一边旅行。我发现非洲志愿者在坦桑尼亚辛吉达地区（Singida region）支持一个非政府组织。起初我很奇怪，为什么只有4周，却要付这么多钱啊！但是很快我便意识到，我出的这些钱才是最重要的，我亲自到这个地区反而没那么重要。一旦我明白了这个组织的运行方式，了解到慈善机构也是公司（即使他们不为赚钱）。后来我发现这个项目对我来说花费实在是太大了，这也让我明白了这些钱对于更多我想帮助的人意味着什么。
>
> “非洲志愿者”对所有申请者都会进行面试，确保他们是正常人。我觉得即使你没有任何技能，只要你愿意尝试新事物，办事灵活，善于与人相处就足够了。我接种了各种可能感染的疫苗，做了体格检查，开了无犯罪证明。所有这些都需要费用，但是你要学会接受它。在坦桑尼亚期间，所有交通费用全部报销，还会安排语言课程。我仍旧对我在坦桑尼亚的经历惊叹不已。我可以坐在电脑前几个小时什么都不干，只是盯着我的相片，回想我工作的村子、爬乞力马扎罗山和远足的经历。坦桑尼亚各个地区对比鲜明，我推荐每个人都去看一看。

由于非洲的动物和环境保护工作迫在眉睫，很多大大小小的组织都开始着手保护非洲壮丽的风景和野生动物。作为一个好的开始，你可以看看当地的一个很有意思的网站www.

africanconservation.org。这个网站上有很多可搜索的数据库，数据库中有各个组织和职位的介绍。

你可以志愿者的身份为旅行者碰到的医院、学校和代表团提供服务，虽然它们不一定接受。游客有时发现自己快要吃不上饭了，所以当提供帮助的请求被拒绝时，都会感到很震惊。过路者通常很难加入现有的援助项目。

如果你有某项有用的技能，并有一些适宜项目的地址，你完全有能力改变现状。玛丽·霍尔这两种情况都经历过，她给乌干达一个诊所写了一封信，自荐到那里去当护士：

> 诊所没有医生，所以这里的工作压力非常大。几周后，我就开始帮助经营诊所、为病人看病和检查、开药方，还给乌干达的菜鸟护士制订了一个教学项目。
>
> 我们没有自来水，没有间歇电，就连好一点儿的奶酪和巧克力都没有。很明显，在这里工作需要很强的适应能力。刚开始的时候我凭旅游签证工作，但是后来我想再待一段时间，诊所给我申请了一个工作许可证。这笔资金（100英镑）着实不少，我觉得如果没有当地的资助很难凑齐。当地的主教替我写了封很漂亮的信，所以我拿到了工作许可证。白人一直被所有人看做是终结问题，但是我却发现不是这样的。我想说引进外国人工作的创意从来都有。到处看看吧，别老盯着你自己。这依旧是一次奇妙的经历。我学到的东西太多了，我觉得自己再也不能在英国当护士了。我开始以为我是去帮助非洲的，但是后来证实这只是理想主义。

对援助工作的幡然醒悟并没有阻止玛丽在非洲和中东地区寻求职业发展。

大量的专门项目鼓励志愿者相互交流。比如很多机构安排志愿者去当运动教练、体育老师、娱乐活动和运动组织者。保罗·埃德蒙签约参加了苏塞克斯的**环游世界者**（*Travellers Worldwide* ☎01903502595；www.travellers-worldwide.com），并加入一个板球教练项目，项目位于加纳阿卡拉（Accra）市郊。他很喜欢这次的经历，同时觉得孩子们体验一下某项运动的组织机制非常有益。这项运动不仅给他们带来了快乐，也使他们明白什么是规则。

派遣组织

Azafady：伦敦 W10区；☎020 8960 6629；info@azafady.org；www.madag-ascar.co.uk；为期10周的马达加斯加拓荒者项目给志愿者提供在基层工作的机

会，与马达加斯加的森林砍伐和贫穷作斗争；费用为2650美元，不包含机票费用；他们也提供短期志愿工作和狐猴保护计划。

蓝色探险（*Blue Ventures*）：伦敦N5区；☎020 3176 0548；www.blueventures.org；志愿者至少要用6周的时间来进行马达加斯加西南部的海洋研究、珊瑚礁保护和露营的珊瑚礁保护工作；如果不潜水，6周的费用是2200英镑，如果持潜水证（PADI），费用会稍微低一点儿。

BUNAC：☎020 7251 3472；africa@bunac.org.uk；提供2~3月的加纳志愿者项目和南非志愿者项目。

跨文化解决方案（*Cross-cultural Solutions*）：布莱顿；☎0845 458 2781；www.crossculturalsolutions.org；加纳、坦桑尼亚、摩洛哥和南非的志愿者假期，教英语、提供技能训练或者加强娱乐项目；项目费用包括生活费，但不含机票；费用为2周（最短）1449英镑到淡季的12周3249英镑。

全球视野（*GVI*）：埃克塞特（Exeter）；☎01727 250250；www.gvi.co.uk；约在8个非洲国家有项目。

绿色力量（*Greenforce*）：伦敦 SW6区；☎020 7384 3028；www.greenforce.org；招收志愿者研究人员参加坦桑尼亚的物种多样化保护援助工程，为期10周；招濒危物种和栖息地实地助手，不要求经验，提供培训；10周的费用为2800英镑（包括机票费用）

疯狂冒险家（*Madventurer*）：诺森伯兰郡（Northumberland）；☎0845 121 1996；www.madventurer.com；慈善发展工作与路上探险工作并存；为期6周，费用约为1345英镑。

岛礁医生（*Reefdoctor.org*）：www.ReefDoctor.org；在马达加斯加亲身体会保护项目，和当地鲁诺波湾（Bay of Ranobe）居民一起打鱼，有世界上第三大珊瑚礁系统；时间不确定，可选择4周、6周、8周和12周的计划。

如果你打算花费大量时间和金钱在一个项目或组织上，首先必须要尽量调查清楚。非常感谢艾米利亚·库克（Amelia Cook）提醒我们注意可能会在斯堪的纳维亚半岛一家名为Humana-Tvind的组织问题严重，它以不同名目从安哥拉、莫桑比克、津巴布韦等国家招收很多志愿者。网站www.tvindalert.com也警告人们该组织承诺的广泛培训从来没有兑现过，这只是其中之一。志愿者在非洲和其他地区人身安全受到威胁，心理压力也加重。因此这些组织要求申请者提前支付培训和安置费用，并且希望他们能够筹集大量款项。该组织的荷兰籍主管因为被告受贿和逃税打了好几年官司。该组织在全球有很多名字，其中包括**互助发展援助组**

织（*Development Aid from people to people, DAPP*）、**世界志愿者协会**（*World Volunteer Institute*）、**胡玛娜和美国国际合作与发展学会**（*IICD*）。

短期项目

成千上万的小慈善团体和非政府组织接收志愿者在农村和社区工作，时间要求各不相同。一般你需要自筹经费并支付注册费用（包含食宿费用），周期一般为3~6周。工作一般是修建、安装供水设备，动物保护者住在残疾贫困的人家中帮助他们生活。

有时，国际组织从国际志愿者中招募成员加入志愿者工作营。非洲国家级的工作营联系方式可以在**国际公民服务组织**（*Service Civil International*，www.sciint.org）的网站上找到。虽然参加这些项目的人一般由其所在国家的工作营派遣机构（比如英国的IVS和Concordia）负责。例如**和平志愿者**（*Volunteers for peace*，参见“志愿者”一章中关于VFP的介绍）提供了12个从突尼斯到多哥非洲国家工作营的信息。近几年很多非洲组织有了互联网，交流成本更加经济，也更加方便了。

如果你到了非洲某国家的首都例如马普托（Maputo）、阿卡拉、亚的斯亚贝巴或坎帕拉（Kampala），决定加入一个项目，在当地公司找这些项目非常容易。外国使馆也可能给你提供有效信息。它们有社区联系办公室，掌握有当地需要志愿者的慈善和援助项目信息。你也可以问问当地委员会（尤其是你感兴趣的教学委员会）、基督青年会或者主要的教堂。

罗杰·布莱克在埃塞俄比亚和乌干达旅游时就是这样做的：

我在家时通过一个机构计划了一个志愿者安置方案，但是我发现，在现代时髦的付费志愿者计划之前我的想法非常疯狂。所以我决定不找任何机构了。我在埃塞俄比亚待了2个月，非常快乐。回亚的斯亚贝巴时，我问了问有没有当英语老师的机会，有人推荐我去一个慈善机构待了一段时间帮助老师教残疾孩子英语课。我没有工资，但是那里的一日三餐都很棒，住的地方也很不错，是一家很有田园风情的花园。他们是私下雇用我的，所以工作时间很短。我很确定在亚的斯亚贝巴有很多教学机会，但是你要找到他们似乎不是那么容易。

罗杰的下一站去了坎帕拉，他在那里遇见了庞大的移民群体，体验了那里的娱乐方式——影院、酒馆、健身房、超市：

在**红辣椒酒店**（*Red*

Chilli Hideaway，一家背包客旅社）的公告板上，有一个川平湾学校（Kabira School）青年中心招收青年工人的地方。"不入虎穴，焉得虎子"，我申请了这份工作。经过试用期，我得到了这份工作。我在晚上和周末上班，这里的气氛和自己国家的青年俱乐部一样，他们很愿意给我颁发工作许可证，并给我开出一个很公道的工资——每个月250美元，这些钱足够支付我在旅店的花销了。这个工作的吸引力太大，我都不想走了，但为了继续我的非洲之旅，另外我也不想浪费掉我回澳大利亚的机票，因为这张机票是不能退的。

基层组织

提尔·布鲁克纳也是一个环球旅行者，他和罗杰·布莱克一样喜欢教学，喜欢自己找志愿者工作而不是通过中介介绍：

> 对于想去非洲做志愿者的人我有一些忠告：先去，再说志愿者的事。这样你才能找到一个你真正喜欢的旅游方式，在那里你也可以做点儿事。你可以在出发之前查一下你工作地点的住宿信息。如果你想免费工作，去哪里都不用人告诉你怎么做。只要去就行了。

但有些人却发现，这种打算会令人想退缩（除非你是一个成熟、有经验的旅行家）。你可能更喜欢寻求一种中间的方式，同非洲的小型组织联系，这些组织经常招募海外志愿者。但是之前你要做一些调查，以防和美国游客赖斯·乌沃凯克（Lies Ouwerkerk）找的组织那样，他在《海外转换》（*Transitions Abroad*）杂志中写道：

> 我想分享有关本地一家塞内加尔机构的忧虑。这个只有一个人的'组织'，有一部手机作为联系电话。"主管"是个唯利是图、满口谎话的人，他除了不把人活剥以外什么坏事都做。他和他的客户的存在对于支持小组织的人来说真不是什么好事。**责任旅行**（*Responsible Travel*）网站警告大家离他远点儿，但是他的网站、联系方式以及组织名称看起来很诱人，我毫不犹豫就相信了它。几年前"责任旅行"将它删除了，但是其网站上还保留着它的标志。我不愿意看到其他人再无辜受害，尤其是青少年。

以下是一些不错的机构，据本书作者所知，没有出现过什么负面报道：

学生旅行和探索南非（*STAESA*）：南非博克斯堡（Boksburg）；www.staesa.org；提供社区项目和撒哈拉以南非洲地区的志愿者工作；2周花费为395美元，包括接待家庭的住宿费；有17个合作国家，年费5000美元以上。

国际青年指导和动员教育中心（*ICEYOM*）：www.worldpulse.com；在各个国家提供各种志愿者安置服务，包括餐饮、保护、教育、饮用水和卫生等领域，本社区为整个非洲地区筹款，包括利比亚、喀麦隆和尼日利亚。安置费用从350英镑起。

RVO（*Robbooker Voluntary Organization*）：加纳库马西（Kumasi）；www.robborg.org；工作：服务/义工，在加纳的项目时间为2~24周。价格从一个月800美元起，6个月2780美元，包括接待家庭住宿与膳食费用。

志愿者在非洲（*Volunteer in Africa*）：加纳阿卡拉；☎208731745；ghanaprograms@yahoo.com；www.volunteeringinafrica.org；在加纳的志愿者和实习生没有工资，主要从事孤儿院、艾滋病教育、保育等方面的工作。时间各不相同；提供私人住所和膳食；费用是2周477美元，4周677美元，此后每周77美元。

肯尼亚志愿社区发展项目（*Kenya Voluntary& Community Development Project*）：Po Box 554，Bondo，肯尼亚（在内罗毕的国际青年旅社也有办公室）；www.kvcdp.org；年满18岁即可，工作主要是在肯尼亚西部尼安萨（Nyanza）省的Wagusu或Abimbo村帮助儿童、在可持续农业区教学、保护动物等，安置费用从2周527美元起，2个月1169美元。

涟漪非洲（*RIPPLE Africa*）：18 Eden way，Pages Industrial Park，Leighton Buzzard，Bedfordshine LU7 4TZ；rippleafrica.org；这是一家马拉维的慈善机构，于2003年由一对英国夫妇创办，总部在马拉维湖的北岸Mwaya海滩上；该慈善机构招募义工，以协助当地幼儿园、学校、医疗中心为主。开始日期和居住时间各不相同；参考价是12周1200英镑，其中包括住宿，但不含当地交通费用；膳食费和安置费为300英镑。

软实力教育（*Soft Power Education*）：乌干达金贾（Jinja）；☎774162541；www.softpowereducation.com；这是在英国注册的一家慈善机构，为乌干达非政府组织，主要帮助乌干达修政府小学。自筹资金志愿者可停留最短1天，最长12个月；强制捐赠费用每周75英镑。

非洲志愿者（*Volunteer Africa*）：www.volunteerafrica.org；这是活跃在坦桑尼亚的英国慈善机构，在坦桑尼亚辛吉达地区农村有项目。志愿者可参加该项目2周、4周、7周或10周，费用从600美元至1900美元不等。

塞拉利昂世界有机农场机会组织（*WWOOF Sierra Leone*）：70 Sombo Street，Kenema，塞利拉昂；www.wwoofsl.org；免费会员可查阅各个农场的信息。WWOOF与其他很多非政府组织联系广泛；服务费为50美元。

在非洲，有很多志愿者在主要的援助机构工作，如VSO以及服务医院、学校和农业项目的和平团，它们很愿意帮助旅行者。越偏远闭塞地方的人越热情，但要小心，不要滥用他们的热情，也不要对他们的热情感到理所当然。所以，该付钱的时候一定要付钱，也可以经常请客。

野生动物保护

许多南非的野生动物保护区都有针对自筹费用的志愿者项目，尤其是间隔年学生。他们可以通过在这里当志愿者跟动物亲密接触，观察它们，保护它们的生活环境。但是参与项目的费用较高，有时甚至接近旅游费用，费用都用于支持动物保护区的建设，很多动物保护区都是私人所有。

之前的章节已经提到一些在非洲的海外保护项目。**非洲保护体验**（*African Conservation Experience*）总部在格罗斯特郡（Gloucestershire ☎01454 269182；www.conservationAfrica.net），安置志愿者的动物保护工作，时间从4~12周不等。志愿者在非洲南部包括南非、博茨瓦纳和毛里求斯在内的狩猎保护区工作。工作内容可能是将犀牛赶到新的安置点或者给大象佩戴跟踪项圈，拣猎物、贴标签和协助兽医工作、数猎物等工作。外国设备管理和重新引进当地植物也是志愿者的工作内容之一。平均花费为12周5570~6000英镑，包括除去伦敦飞来的机票以外的所有费用。

一些例如AVIVA的志愿者招收机构（本章前面提到过）和**爱斯基摩环保体验**（*Enksini Eco Experience*，www.enkosiniecoexperience.com）派遣外国志愿者到南非海鸟保护基金会从事海鸟保护工作。这个组织要求志愿者帮忙清理、修复被石油浸过的海鸟（主要是企鹅），这是因为石油污染已经成为南非海岸带的主要问题。志愿者必须缴纳1000雷亚尔的费用，时间至少为6周，详细信息可到开普敦的总部询问（www.sanccob.co.za）。

一个公开的调查曾经让人们列出死前最想做的50件事。大多数人的清单中都有接触野生动物，尤其是鲸鱼。本书发现了一个新的充满异域风情的动物保护机构，该机构位于马达加斯加的科摩罗群岛（Comoros Islands）的。你可以在Moidjio CRCAD （http：//sites.google.com/site/moidjio）参加远程航海，与巨头鲸亲密接触。这个机构收费300英镑，比别的志愿者项目都要贵一些。其他印度洋的海洋项目也会用到不带薪实习人员来为海龟贴标签；详情可登录www.c-3.org.uk查看详情。

非洲的大猎物常年吸引众多游客。克里斯·贾尔斯（Chris Giles）和他的妻子克里斯汀（Christine）在博茨瓦纳的**宽渡河远征队**（*Kwando Safari Camp*）工作，他们主要在厨房和地里干些体力活，但是也有不少机会和野生动物亲密接触：

> 我们的工作很简单，也不紧张，但是非常重要。这让我们觉得自己是这个远征队的一分子。克里斯汀在厨房工作，我做服务员。我清洗碗碟，帮助修理夜间被大象踩坏的道路。因为我没有任何可以使用的技能，所以这已经够不错了。我觉得老板对我印象很深，因为我花了好长时间才适应这里的工作，他实在是太有耐心了。
>
> 博茨瓦纳北部的风景和野生动物景观实在是令人惊叹，所以即使工作内容很无聊，我会觉得很有趣。我对能做清洗盘子、杯子、做水果沙拉、上饮料和跟来自世界各地的客人聊天感到非常高兴。

以下是为你提供的其他动物保护志愿机构：

非洲冲击（*African Impact*）：开普敦；www.africanimpact.com；在赞比亚狮子保护区有志愿旅游计划（教学、医疗和体育）；地点：津巴布韦、南非、桑给巴尔、莫桑比克和肯尼亚等。

动物保护与环境保护区（*APES*）：南非Kwazulu-Natal；☎072 306 5664；www.apes.org.za；灵长类动物尤其是黑脸猴子的康复、救助和保育私人中心。志愿者需每月支付610英镑。

In Defense of Animals（IDA）Africa：俄勒冈；☎503 643 8302；www.ida-africa.org；派遣21岁以上的，能够以法语沟通的人在黑猩猩保护区工作，地点在喀麦隆Mbargue森林，时间至少为10周。

Limbe wildlife Centre：Limbe，喀麦隆；☎9998 2503；www.limbewildlife.org，http：//limbewildlifecentre.wildlifedirect.org；运营濒危灭绝的野生动物保护计划，其中包括黑猩猩、大猩猩、鳄鱼等；志愿者可以停留1~3个月，每月支付750欧元。

利赛特·德·哈斯来自荷兰，她最终去南非克鲁格国家公园附近的达科塔瑞野生动物孤儿院与丛林学校（www.daktaribushschool.org）做了志愿协

调员。她的工作是通过野生动物服务所这个媒介教育弱势儿童，爱护环境。她的话让人对这个地区的印象良好：

我想和野生动物或者儿童一起工作，想做一些好事。首先，我要去大的机构找工作，我想这样可能能找到一份有工资的工作。但是这种工作非常难找，他们要求经验和专业的学习，这些都是我没有的。所以我开始从网上找不用工资的工作，也就是做没有工资的志愿者。两个月的搜索后我发现了达科塔瑞，在这里我实现了我的两个志愿——和野生动物以及孩子们一起工作。达科塔瑞为18岁以上、说英语的志愿者提供6个月或者更长时间的志愿者机会。他们负责免费安置，你可以在工作日之内享受免费食宿。我和老板米歇尔联系了一下，并通了几封邮件。在网上看了看以前的志愿者博客之后，我觉得这就是我想要的工作。米歇尔只问了我一件事——我的英语知识是否足够工作使用、是否具有激情。当然，我非常有激情。

因为我在达科塔瑞待了6个多月，所以不用再像短期志愿者一样缴纳费用。但是工作任务也多，我的工作是志愿工作协调员和营地经理。我很确定志愿者和孩子们都很高兴看到动物被照顾得很好。周末休息，但是如果有新志愿者来，我就要带着他们游览，给他们开见面会。工作很辛苦，时间也很长，但是我喜欢这份工作，这里的工作让我充满激情。孩子们的笑脸、动物的关注和这里的志愿者之家都让我感到欣慰，实在是太完美了！

即使你在达科塔瑞做办公室工作，地上也有很多狗、松鼠和疣猪跑来跑去。

在丛林里没有电，物资也十分缺乏，我们用太阳能照明和发电，但有时电不够用。对我来说到丛林里去是正确的事，也是必须要做的。我的间隔年还剩下4个月。你会关心那里的学生，关心他们是否能享受到他们本该享受到的机会。我热爱丛林、热爱非洲，也喜欢在慈善机构工作。我知道来这里是我这一辈子做过的最正确的决定，所有的事情都因此而改变。

以色列和巴勒斯坦地区

以色列并不是一个快乐的国家。无数人流血牺牲、无数和平提议无故搁置后，以色列和巴勒斯坦民族之间的争端还远远没有结束。随着时局的恶化，很多旅游者已经对以色列失去了兴趣，几十年前年轻人蜂拥而去的旅游胜地已经不复存在了。现在巴勒斯坦管辖地区的少数考古项目也被正在被削减或搁置。骇人听闻的暴力和复仇新闻背后，成千上万的个人和团体为双边关系缓和奔走不休。在这里待久了，人们对动荡不安的世界会有更多真知灼见。在这个恐怖主义袭击猖獗的地区，个人安全有时可能会受到重大威胁，这一点需要特别重视。

可能是因为越来越多来自泰国、菲律宾等国的廉价劳动力涌入，加上几年前政府突然对外国人工作许可证规定更为严格，在这个地区找带薪工作比之前更加困难了。回归法赋予所有国外犹太人移民以色列的权利，这也占用了大量的工作岗位，因此工作机会更加难得。一旦发现有人雇用非法劳工，将处以巨额罚款，所以以前那些想都不想就雇用背包客的餐馆、旅店和其他旅行社现在再也不敢这样做了。

幸运的是，你仍然有机会作为志愿者到以色列去。很多在以色列工作的人都住在基布兹，这也是近年来国际旅行者最常去的地方。

法律法规

如果你没有以色列护照，又想在基布兹或者考古挖掘处做志愿者，那么你的老板必须在你入境前就到内政部为你申请B4志愿者签证。这是和原来相比一个最主要的不同。以前游客只需要以游客身份来这里，到了之后再换成志愿者身份就可以了。签证前3个月有效（费用为110新谢克尔〈以色列货币单位〉），可以续签3个月。

实际上，想要在以色列做临时工，申请到一张工作许可证基本上是不可能的。但是前面也提到了，如果只是持有旅游签证工作，风险越来越大了。

基布兹

从20世纪60年代到90年代，所有独自旅行的背包客至少都听过在基布兹待几个月免费工作换取住宿的可能性。但是现在，这个概念已经不再为大多数游客所熟悉了，虽然他们还可以这样做。成千上万的志愿者用这种方式在这里待上10周到半年的时间，他们一般都在27号基布兹，那里现在还在招募志愿者。

一开始，基布兹一般指集体农场，生产工具归农场所有，由农场人员集体所有。但是这种乌托邦式的概念只是停留在思想层面，很多基布兹已经全部或部分私有化了。还有一个更大的变化：基布兹对旅游业和轻工业的依赖性越来越大，对农业的依赖性越来越小。

安排工作

当地对志愿者的要求会受到各种因素的影响，这些因素包括国家政治、时间、来自犹太人的竞争等。在当前这种环境下，当地志愿者供不应求。志愿者必须在18~35岁。因为签证问题，志愿者在到达以色列之后不能直接被派往基布兹。他们必须先在基布兹项目中心的网站上登记，然后在到达这里之后，再去特拉维夫的基布兹项目中心办公室出示护照、护照复印件、医疗证明、离开以色列的飞机票和总共260美元的注册费、签证以及必要的健康保险。这些只是6个月的费用，期间你也可以换其他基布兹。基布兹项目中心的志愿部门（6 Frixhman St，Corner of Hayarkon St，Tel Avif 61030；☎3 524 6154/6；kpc@volunteer.co.il；www.kibbutz.org.il/eng/welcome.htm）每周日到周四上班，上班时间为早上8点半到下午2点半。到办公室的乘车路线是：从机场坐475路车，从火车站坐10路或者从中央汽车站乘4路车。

基布兹的数量现在大大减少，只有原来的1/10了，所以并不是你想去哪儿就能被安排到哪儿。主要的基布兹都在肥沃的北部和南部地区。要准备好应对这里的气候；比如北部寒冷而冬季多雨，但是约旦大裂谷确是世界上最干燥最炎热的地区。

基布兹项目在各个国家的办公室联系电话可以从kibbutz.org.il/eng/welcome.htm网站上查看。美国人申请可以联系纽约的基布兹项目中心（☎212 462 2764；www.kibbutzprogramcenter.org），这是一个18~35岁美国志愿者的交换中心。注册费600美元。

基布兹的生活

作为对志愿者们工作的回馈，基布兹为他们提供免费食宿和少量的零花钱。社会事务部规定志愿者的零花钱必须多于每个月600新谢克尔（105英镑）。大多数志愿者都对此感到很满意，觉得基布兹对他们特别热情。大部分基布兹有时还会为志愿者提供组织观光的机会，甚至每月都有这样的机会。同时基布兹也希望志愿者们能够努力工作，每周工作42~48小时。到了炎热的夏天，工作时间会减少，而到了忙季，时间则会延长。你每加班6个小时可以调休一天。还有很多基布兹每月提供两三天的假期让他们的志愿者去旅游（因为如果集中到安息日休假，街上没有公共交通，出游很困难）。

吉米·希尔在耶利哥（Jericho）南部的一个小规模的基布兹虽然只待了两个月，但是他做过很多种工作。他说道："我在餐厅当过服务员、砍过枣树，也做过很多园艺工作，在葡萄园工作过、当过电工、抓过火鸡，还做过客房清洁工。"新来的志愿者一般都得不到他们想要的工作，志愿者组织也有可能在你的要求下给你换工作。凯瑟琳·拉威尔（Catherine Revell）说如果你很自信，又愿意吃苦，你会发现自己做的工作很有趣。她在三个不同的基布兹做过厨房经理、牧羊女和雕塑家助理。现在更多的工作在工厂或者工业企业，但也有可能突然出现有趣的工作机会。艾伦·柯克帕特里克（Allan Kirkpatrick）来自格拉斯哥，他在以色列北部的一个基布兹待了6周，在一个大戏院做清洁工作。这个大戏院正在举行一个古典音乐节（这使他在那里的生活更加丰富多彩，但是这里局势很紧张，3千米以外的一个城镇当时被黎巴嫩军队轰炸了。他在防空洞里待了3天）。在一些基布兹，你还能找到农业工作，但在田里工作有一个隐患，就是那里有野生动物威胁。约翰·马龙（John Mallon）只拒绝了一份工作，就是搬运香蕉的工作，因为这里老鼠和蜘蛛随处可见。虽然在很多方面黛博拉·亨特（Deborah Hunter）的基布兹不是伊甸园，但是她还记得志愿者们在果树上看见蛇时惊声尖叫，以及连滚带爬下梯子的有趣景象。

朱莉·维尔德（Julee Wyld）来自加拿大，她是众多为基布兹的生活着迷的志愿者之一：

> 我在基布兹的经历简直是棒极了，这是我所做过的最美好的事情之一。我在那里很适应，也喜欢我所做的工作（当时我在动物园工作）。我跟志愿者领导相处得很好，和来自世界各地的人交朋友（很多人来自欧洲，而我下个月就要去欧洲参观），也交到很多基布兹的朋友。我也学了些希伯来语，这让我很高兴。我所在的基布兹的志愿者们（大约30人）像家人一样。我们经常在一起，相互照顾，我相信我们能成为一生的朋友。

旅游业

以色列和中东的紧张局势使那里的旅游业几陷瘫痪，工作机会也因而大大减少。一般来说，旅游工作岗位较多的地方是埃拉特（Eilat）、特拉维夫（Tel Aviv）、荷兹利亚（Herzliya，特拉维夫北部的一个富裕的度假村），海法（Haifa）和耶路撒冷（Jerusalem）也有少量的工作。以色列的很多便宜旅店雇用两三个游客每天花几个小时打扫或布置桌子，作为交换，旅店为他们提供免费的住宿和一些食物。其实在以色列这样的机会还是比较少的，这些旅店的联系方式可以在www.hostels-israel.com上找到。如果你能证明自己很能干，可能会被调到一个好一点儿岗位，甚至能挣点儿零花钱。希瑟·麦卡–洛克（Heather Mc-Culloch）曾在太巴列（Tiberias）一家旅店工作，这是加利利海（Sea of Galilee）上一家主要的度假村（当时找餐馆、沙滩和旅店的工作还很容易）。自2011年起，耶路撒冷的**亚伯拉罕旅店**（*Abraham hostel*，www.abraham-hostel-jerusalem.com）开始招收志愿者帮助他们推广旅店的活动，提供免费住宿，最短期限为一个月。这个旅社附属于**以色列环保志愿者组织**（*GoEco Volunteer Israel*，参见下文内容），如果想要加入这个志愿者项目需缴纳350美元的注册费用。

在咖啡馆、餐馆、酒吧和酒店找临时工作可能比较困难。在希腊，如果你是女性，比较容易就能找到这类工作。这种工作通常工资很低，甚至有时候都没有工资，但是餐饮免费，还能拿到小费。在以色列，你需要和老板商定日薪。很多打工旅行者都建议工资日结（自己在旅店的食宿费用也日结），以防有任何突发状况而拿不到工资。同时还要留意一点，很多游客的财物放在旅店都被偷了，其中有个团体将钱放在了旅店的“保险箱”里，居然也被偷走了。

埃拉特的旅游季从10月开始，到次年的3月结束。这时你可以在旅店或游船上找一份临时工作。因为埃拉特是重要的快艇运动和潜水运动中心，你在海边房屋门上或者告示板上就可以找到招聘信息，或者在游艇俱乐部问问哪里在招人。做厨房员工、清洁工或者帮助做家务换取食宿的工作通常通过在船上挨个问问就能找到。几年前，萨拉·简·史密斯（Sarah Jane Smith）在一家出租给初级潜水员的私人游艇上找到了甲板水手和服务员的工作。

我跟着游艇到红海、苏伊士湾等海域进行为期一周到一个月的航行，我们到了世界上最好的潜水地点。他们教我怎么用水肺呼吸，我也徒手潜水过好多次。我看见了我一生中从没见过的美好景色——阿拉伯海上的日升月落、珊瑚礁、鲨鱼、海豚等。海上的生活比基布兹有意思多了，还有很多旅客在船上或在埃拉特工作。每天晚上都有聚会，我都不知道我到底是怎么从那段时间过来的。唯一的缺陷

> 就是工资比较低（有些甚至没有工资），工作很辛苦。但是你工作越刻苦，待的时间越长，工资和额外津贴也越高。

多年来，成千上万的游客在特拉维夫工作。他们什么都做，不管是在俱乐部当服务员还是帮忙做家务换取食宿。酒吧、餐馆和海滩咖啡馆都在招聘，尤其是女服务员。如果你想要做一份没有工资、只靠小费的工作，那么在上班之前最好和在那里上班的员工聊聊。因为那里的生活消费水平太高了，所以别在特拉维夫干等着了。

在Hayarkon Street上的旅店曾经是提供工作信息或者提供工作的好去处，但是必须重申的是，现在的就业情况不太乐观。很多曾经列着“招聘名单”的旅店早已经倒闭了。不知道**默默旅店**（*Momo's Hostel* 28 Ben Yehuda St；☎03 528 7471；www.momoshostel.com）的这项服务是不是还在，旅游达人简·哈里斯和她的男朋友皮特就在这个旅店住过：

> 默默旅店有一个工作列表系统，上面有很多工作信息。皮特找到了搬运集装箱、洗盘子和打扫卫生的工作。我也在这个旅店工作，我也推荐你们去这个旅店找工作。

据说以前在耶路撒冷，卖艺的人和卖手工艺品如自制珠宝的人能赚很多钱。比如勒达·梅瑞德斯（Leda Meredith）在Ben Yehuda Street上卖毛线编织的手链就赚了不少钱。

其他带薪工作

在www.janglo.net/index.php/taanglo网站上，你可以找到各种专业和非专业的工作，这个网站自称是以色列最大的网上英语社区。虽然住家保姆的需求量很旺盛，但由于签证问题，工作超不过3个月。以前有很多机构安置外国互惠生和保姆，但是现在一个也没有了。

从内陆到埃拉特，有很多农场，但是签证问题还是让欧美游客无可奈何，眼睁睁地看着从亚洲来的劳动力在这里采摘并包装瓜类、西红柿和其他农产品。

教学

因为有很多说英语的犹太人从美国、南非等国家移民到以色列，所以大部分说英语的人都在国家教育系统有登记，而外国的老师则很少。华尔街在以色列的特拉维夫、卢阿诺那（Ra' anona）、比尔士巴（Beer Sheba）和海法有分部，薪水为每小时25新谢克尔，英国文化委员会经营一家以色列教育中心，特拉维夫和耶路撒冷均设点，这个中心主要从当地招收合格的EFL老师。招聘职位可以从其“脸书”主页上看到。

和在特拉维夫认识的一个女孩再次相聚后，汤姆·巴尔弗（Tom Balfour）开始找工作：

> 我用电子邮件给很多英语学校发了简历，这些学校大部分都是贝立兹语言学校和华尔街学院两个大公司的分校。我在邮件中阐明了我的情况——一周之后我将离开以色列回到英国做暑期工作，但我还想在9月的时候回来，在特拉维夫教英语。很多学校只是简单地回复我说“你回来再联系我们吧”，但是特拉维夫的华尔街学院邀请我去参加面试了。面试的时候他们问了我很多关于教育的问题，然后主管装成一个成绩不太好的学生问我问题，让我给她解释了很多词。当她问我什么是“模特”时，我说就是娜奥米·坎贝尔（Naomi Campbell）和凯特·莫斯（Kate Moss）这样的人，并站起来在屋子里走起了猫步。虽然我知道我的证书对我有帮助，但是知道怎样用最简单的语言解释一个东西，并愿意身体力行去做，这一点是我得到这个工作的关键。她跟我说等我回来就能和我签约。我觉得我三一学院的TEFL证书和暑期学校的计划性工作让我在众多应聘者中显得与众不同。很多人仅是凭着会说英语，就想在这里找一份工作。

汤姆·巴尔弗从不后悔选择了以色列：“以色列是个了不起的国家，特拉维夫也是个很棒的大城市，这里有漂亮的沙滩和诱人的夜生活。”

即使你会说英语、有教学经验，也并不意味着你一定能申请到签证。但是你可以通过和以色列人交往来增加自己的机会。

志愿者机会

总部位于特拉维夫的生态旅游志愿者机构（*Go Eco*，www.goeco.org）招募来自以色列和来自全世界的人道主义和动物保护志愿者。只要国际旅行者愿意支付几百美元的参与费，就能加入志愿者组织。这些组织包括Michmoret的海龟救助中心、Nazareth的生态旅游项目等，这些组织在英国和美国都有联系电话。

位于伦敦的**以色列教育信托之友**（*The Friends of Israel Educational Trust* ☎020 8444 0777；www.foi-asg.org）长期经营一个名为“布里奇的间隔年”（*Bridge Programme*）项目，这个项目为伦敦12所学校的毕业生提供到以色列从事园艺、教学和其他方面的工作。1月开始，时间为6个月。面试被选中之后（7月），参与者除了需要自身消费的资金外不再需要其他费用了。

特拉维夫和耶路撒冷之间的犹太人或阿拉伯村落（Neve Shalom/Wahat al-Salaam，意思是“绿色和平之洲”）以前接收少量志愿者在当地社区和平学校的旅馆、厨房、学校和花园工作，为期6~12个月。但其网站的信息早已过时，不知道现在情况是否仍旧如此。你可以与志愿者项目执行机构联系（99761 DoarNaShimshon；☎02 991 5621ext.101；www.nswas.org/rubrique7.html）。

巴勒斯坦项目

这个地区紧张的政治局势让加沙（英国联邦外交事务部反对任何人到加沙旅游）和其他巴勒斯坦地区的志愿者项目难以维系。Unipal教育慈善机构（巴勒斯坦交换教育大学基金会www.unipal.org.uk）经营了一个暑假的项目为西岸和难民营中的青年教授英语。志愿者可在黎巴嫩或其他外国人可以安全进入的地区待5周。志愿者需缴纳550英镑的费用，其中包括飞机票、食宿和保险费用。申请到2月截止，3月进行面试和培训。一家英国慈善机构比尔泽特大学（Birzeit University）友好联络机构，这个机构支持巴勒斯坦教育，从20世纪70年代就开始帮助这个位于被占领西岸拉马拉（Ramallah）附近的大学招收夏季工作的国际志愿者。如果他们去的地方是安全的，志愿者和巴勒斯坦学生在一个为期2周的夏季工作组里一同工作。参与者需要支付生活费、机票费用和少量管理费。你可以联系比尔泽特大学的伦敦联络机构，查询最新动态（☎020 7832 1340；fobzu@fobzu.org；www.fobzu.org）。

英国文化委员会已经从巴勒斯坦地区撤出，它在纳布卢斯（Nablus）、拉马拉、加沙和东耶路撒冷的教育活动也已中止。

犹太人项目

如果你想寻找对游客开放的项目，可以去“志愿者以色列”官网（www.ivolunteer.org.il/eng）上看看。这个网站提供接收志愿者的慈善机构和组织的信息清单。

在特拉维夫有一个为期2年的教书学习项目（*TASP*），学生们可以每周在学校实习15个小时，同时考取英语作为外语教学的文学硕士证书，还要上希伯来语课。详细信息可以咨询以色列前进党（Kadima）的TASP办公室（☎ 9 899 5644；www.tasp.org.il），课程费用为24 000美元。

考古

志愿者需要做挖掘和筛选等无聊的工作。大多数情况下，志愿者每天必须支付35~50 美元的食宿费用（通常在附近的基布兹居住）和（一般50~75美元）注册费。5月到9月天气炎热，大学放假，假期期间有很多人来这里露营。志愿者必须有良好的身体素质，能够在炎热的天气里连续工作2个小时之久，并需要提供有效健康保险。

你可以到以色列外交部的官网（不太好找，可以在谷歌上搜索“mfa digs 2012”）查询以色列考古项目的志愿者招聘信息。找到感兴趣的挖掘项目后，你可以直接联系项目负责人。这些负责人可能是来自特拉维夫大学或者以色列及其他国家大学古典学系的学生。亚福尼亚姆（Yawneh Yam）古港口遗址（tau.ac.il~yavneyam）的挖掘是个长期工程，参与费为每周500美元。

太巴列是一个有着丰富的古文明的地区，多为2~10世纪的古罗马皇宫和其他建筑，因此这里长期有挖掘项目。如果你想加入3月到9月的挖掘工作，通过http://archaeology.huji.ac.il/Tiberias/Volunteering.aspx联系志愿者协调官。所有花费大概为4周1350~2550美元，价格很高，如果能够露营，可能会相对便宜一点儿。

詹妮弗·麦克吉本曾在基布兹、埃拉特宾馆和内盖夫沙漠（Negev Desert）的遗址做过挖掘工作，对最后一处的工作非常喜欢：

实际上除了日出前，工作都挺愉快的（沙漠的夜晚极冷）。我们经常晚上乘车去沙漠中并不显眼的地方挖掘，需要挖掘的地方只围着一圈木桩标记，我们就在那里开始挖掘工作。随着手上的水泡越来越多，心中对挖掘的激情也就不再那么强烈了。所以长期的挖掘工作只适合那些自发的或者非常狂热的工作营。

虽然很辛苦，我却很享受。组员的关系都很好（组员来自各个国家），晚上我们经常点着篝火，还有人唱歌。在这么美的沙漠里住着实是太棒了！我们可以到一个脚印都没有的沙丘散步，爬上红山瞭望旷野。

亚洲

对于亚洲广袤的陆地而言，这个章节篇幅显得有些短。这是因为游客在亚洲的发展中国家找工作的机会比上文非洲和拉丁美洲的机会要少很多，像发达国家那种季节性工作机会（季节性农场工作、旅游度假村工作和保姆工作等）也不多。

中国、韩国、日本和新加坡这类经济比较发达的国家情况要好很多。作为新崛起的经济神话，印度商业和其他领域雇用很多欧洲人和印度本国的专业人士一起工作。

在经济发达的国家赚的钱应该可以支撑你在像老挝这样欠发达的亚洲国家轻松旅行几个月了。在大多数亚洲国家，你最好为了旅行而旅行，而不要为了工作而旅行。这其中气候是一个因素。即使罗布·艾布特已经很仔细地计划好他在印度的旅行，并且得到了他想去工作的有机农场的地址，但他没预料到印度的炎热令人精神不振，最后只能决定享受一个纯粹的假期。

下面本书要讲一些让你在欣赏泰国庙宇和土耳其沙滩之余，可以稍微赚些钱的方法。要知道，去日本和新加坡的英国青年可以申请打工旅游签证；澳大利亚和新西兰的青年去中国香港、日本、韩国、中国台湾和新加坡时，也可以申请打工旅游签证。澳大利亚的年轻人还可以在土耳其和伊朗申请一年的打工旅游签证，新西兰的年轻人可以在中国和马来西亚得到同样的待遇。

教英语

虽然掌握英语并不能保证你得到工作，但是在许多亚洲国家，尤其是在中国、日本、韩国、泰国、越南和土耳其（下章中会讲到），英语是很有用的。在这些国家，数以千计的人们，不论大小，都热衷于找英语家教。以英语为母语的人，再有一个大学证书，或者仅仅有热情，就已经能赚钱了。

当一个自由家教更有利可图，但是这很难开始，除非你已经在一个地方待过一段时间并且有不错的口碑。通过在大学、咖啡馆、书店等地方贴小广告，你应该可以逐渐吸引一些学生客户。

关于在亚洲国家教英语更详细的信息在2012版苏珊·格里菲斯的《在外国教英语》（*Teaching English Aboard*）中已讲到。关于有用的TEFL网站，请查看介绍教学的章节。

日本

对一个有抱负的老师来说，日本已不再是一个理想的目的地。这几年，日本经济停滞不前，尤其经过2011年的地震与海啸之后，更是备受打击。教英语的老师面临越来越激烈的竞争，英语教师的好日子已经一去不复返了。日本五大语言连锁学校之中，在过去几年中有3家已经申请破产。但是，还有一些eikaiwa（会话学校）仍在运营，在东京、大阪还有其他城市，还有几千所招聘gaijins（外国人）的英语学校。这些学校都愿意雇用母语为英语的外国人，只要你有大学文凭，有一些教学经验就更好了。

繁文缛节

英国人、澳大利亚人、加拿大人和新西兰人都有资格申请日本的打工旅游签证。对于18~30岁的英国人，每年有1000个这样的名额。只要与旅行有关，签证持有人可以在日本有薪工作长达12个月。申请人必须证明自己有足够的资金支持，如2500英镑或者1500英镑和一张返程机票。要注意的是，如果你今年4月提交申请，一旦名额分配，那么在第二年4月之后才可以再次申请。更多详细信息可以拨打电话☎020 7465 6565或者登录大使馆官网（www.uk.emb-japan.go.jp/en/visa/work_hol.html）。

对于不能申请打工旅游签证的人来说，获得打工签证的关键在于有一个大学文凭和一个日本人做担保人。担保人可以是普通公民，但大多数老师的担保人都是他们的雇主。大多学校并不很愿意做担保人，他们直接招持打工签证的教师。足够的文件证明可以帮你找到一个担保人，如你的学士学位证书、其他简历的原件或经过公证的复印件。

美国和英国与日本有关于签证豁免的约定（www.uk.emb-japan.go.jp/en/visa-exempt.html）。没有签证的英国公民可以在日本停留6个月，没有签证的美国公民可以停留90天。你可以先去日本再找工作，然后在日本之外申请打工签证。逾期停留的旅行者会被驱逐出境，此外，非法雇用外国人的雇主也会和这个外国员工一样，被处以巨额罚款。而且双方都将面临监禁的风险。

很多参与者会利用日本的非营利性组织——**日本打工度假者协会**（*JAWHM*，www.jawhm.or.jp）。它的总部在东京、大阪和福冈。要注意的是，你需要交一定的会费，并且出示你的打工签证，才能获得帮助。

教学工作

毕业生可以调查一下日本政府的JET（交流与教学）计划。任何人只要取得任意学科的学士学位，年龄在39岁以下，并且来自英国、美国、爱尔兰、加拿大、澳大利亚、新西兰（还有一些其他国家）都可以申请这个项目。英国的申请者可以在日本大使馆的JET服务台获得更详细的信息（☎020 7465 6668；www.jet-uk.org）。每年有大约150名英国人加入这个项目。对于这个为期一年的合约申请，英国于7月下旬开始，结束于11月的最后一个周五，年薪是3 600 000日元（约合27 500英镑）。

马库斯·斯大林（Marcus Starling）通过加入JET项目，在日本鹿儿岛（Kagoshima）度过了美好的两年时光，鹿儿岛是日本很南部的一座城市。由于岛上有"冒烟"的火山，它被称为"东方的那不勒斯"：

在行政部门申请我理想中的职业时，我曾经失败过。再次申请之前，我想获得更多的工作经验，并培养更好的独立性。离开大学后的几年，我经历了很多。我想在一个地方停留足够长的时间，学习一门语言，并且可以将那里当作第二故乡。我在国外申请了两个工作：一个是在中国的学校教英语，另一个是JET的项目。JET的待遇比较好，组织完善，更容易得到国际认可，并且看起来是个很好的学习文化和语言的机会。我轮流在4个初中（12~15岁）教学，偶尔会去教小学或者带领夏令营活动。日本的旅行令我很难忘，尤其是拜访那些沿海亚热带小岛的经历。

JET会支付往返机票，所以我的钱都花在第一个月的房租和新家需要添置的东西上面了。我在第一个月里花了我父母1000英镑，但是我在之后的两三个月之内就还给了他们。我的生活方式很节俭，而且第一个月的薪金优厚。我可以说，日本并不是一个花费很高的地方，如果你能适应这里的口味（虽然来这里旅行花费很高）。关于日本，有些很独特的地方：温泉浴、在海湾上飘散的火山烟雾、街上礼貌且好奇的人们、森林中隐藏的神龛……刚到日本时，我很欢迎那些疑问和好奇。在日本居住了一年并且了解这里的语言和文化之后，我可以感觉到这些疑问和好奇的后面，更重要的是人们心中的善意。

招聘国外（包括日本）毕业生的语言培训机构，主要有：

永旺株式会社（*AEON Corp*）：招聘地点在美国加利福尼亚州的El Segundo；☎310 662 4706；www.aeonet.com。2011年5月，该机构还在积极招聘教师，它的300多家分公司在地震之后重新开业了。面试在2月和4月之间，地点在美国和加拿大的一些城市中进行，还有悉尼和伦敦。

伯利兹：http：//career.berlitz.com；只考虑在日本定居并且持有打工签证的人，所以很少能在伯利兹的招聘网站看到职位空缺。

ECC外语学院（*ECC Foreign Language Institute*）：在大阪、东京和名古屋有分公司。招聘网站是http：//recruiting.ecc.co.jp/index.html。为全日本150所学校招聘的面试在旧金山、多伦多和伦敦等城市进行。

Interac：东京；www.interacnetwork.com/recruit；1500名ALT（外语助教）。海外的招聘计划可以在网上查询。

最普遍的招聘途径是通过网络（例如通过www.jobseekjapan.com），通过外教之间的口口相传，或者通过对自己的服务做广告。免费的英语周刊*Metropolis*（www.metropolis.co.jp）有一个分类广告版面，值得去看一下。另一个免费的出版物是《东京提示板》（*Tokyo Noticeboard*，www.tokyonoticeboard.co.jp）。半月刊的免费电子资讯*O-Hayo-Sensei*（意思是“早安，老师”）在网页www.ohayosensei.com上有关于全日本招聘教师的信息。如果要找私人家教，可以登录www.findateacher.net。据约瑟夫·坦姆（Joseph Tame）说，这个网站确实管用，你只需要输入你的详细信息（你教什么；你在日本什么地方教学；你的收费是多少等），然后学生就会联系你。当约瑟夫寻找教学工作时，www.gaijinpot.com令他印象深刻（gaijin在日语中是“外国人”的意思）。

位于高田马场站（Takadanobaba Station）附近，一个名为“米奇小屋”（Mickey House）的酒吧（☎03 3209 9686；mickeyhouse.jp）会经常组织社交晚会，提供外国人与日本人交流的场所。这也是一个可以找到潜在学生客户的场所。

在2009年末，旧金山的特拉维斯·鲍尔来到日本，希望可以通过做英语教师赚些钱。他在Geos找到了工作。Geos是一个大型连锁私立英语学校。他怎么也没想到Geos会在几个月之后破产。

除了母语是英语外，我没有任何相关经验。我选择日本的原因之一就是，没有经验或者证书的情况下，在日本比较容易找到教英语的工作。我在大阪旅行者酒店的房间里发出了尽可能多的简历。最开始的时候，我给在本书关于日本的章节中给出的地址发邮件。我被问到能否去东京参加为期两天的面试。面试包括一些测试，真实的面试和一个20分钟的模拟课程。面试的前一天晚上我才准备好这节模拟课。最后我被告知我可以在一个小的分校教英语。

经过大概两天的培训及为期一天的观摩前辈教学，你就可以教课了。第一个月很艰难，我一周有27节课，其中18节属于不同的教学计划，我每周都要备课。我最小的学生才6岁，而最大的学生已经61岁了。显著的年龄差给我造成了一些困难，但是经过努力工作和不断坚持，我已经振作起来并且可以克服这些困难了。

我在一座小镇（以日本的标准衡量）工作，我没想过被安置到如此偏远的地方，但是我充分利用这种形势：到附近的村庄骑车，尝试与我的同事一起组织一日游，学习烹饪。我还为背包客们建立了一个旅行博客，现在我还在更新，网址是www.flashpackerhq.com。

我的工资很令人满意，虽然我有很多兼职的机会，但我都没有去：其一是地理位置（偏远的小镇vs.大城市），其二是我签约的公司不允许在其他地方兼职。这样我就不能找兼职或者教单个学生了。我还是攒了些钱，因为我不太出去，而且花费也不多。

我的学生很棒，他们完全消除了我刚开始教课时的疑虑。在几个月之内，我和许多成年学生在工作之外还会有交往，现在我还和其中一些保持联系。在开始的2周，我逗哭了2个小孩。其中有一个5岁的小孩，因为我试图拿走他的彩笔，所以把他弄哭了；另一个是因为试图让其区分B和V的读音。这是我需要适应的文化差异。教学中我经历的一切都很美好，我强烈推荐其他人也去体验一下。

中国

在中国，私人教师工作机会非常多（关于香港特别行政区的教学机会将在下一章介绍）。网络上资源丰富，发展迅猛。在网上搜索相关的ELT职位，一定会有很多联系方式，例如www.jobchina.net或者www.cathayteacher.com。这些网站都有很多招聘信息，而且更新很快、介绍详细。如果你有一位中国官方雇员的邀请函或者传真，你可以申请到Z签证（有效期3个月）或者F签证（商业和文化交流签证）。

环游世界的美国旅行者布拉德韦尔·杰克逊很轻松就找到了一份工作，他对这份工作十分满意，他一直做到2011年启程去欧洲：

通过电话面试，我在阿斯顿（Aston）找到了一份工作，这令我很高兴。阿斯顿对我很好，我有点儿小麻烦，我的同事都会热心帮我。我想，说服西方人来到唐山这样一个不同寻常的城市也许会很困难。我的生活很富足，几乎没有什么可以抱怨的。学校给我安排了免费公寓，有线电视、洗衣机、烤箱、微波炉、电冰箱一应俱全。我饿的时候，只要到街边的小店就可以买到美味的中国菜，而且价格不贵，还有什么不满足的呢？

一些传统的方案仍然可行。从9月到第二年7月，英国文化委员会在中国设置了一些语言助理的职位（必须是应届毕业生），在中学多达50个班中工作。在上海的前期引导课程培训为期2周，而且是免费的。参加者有免费的住宿，单程返回英国的机票和大概每月3000~4000元（人民币）的工资。关于申请程序和注册费的详细信息可以查询英国文化委员会辅助部门（☎0616 957 7755；www.britishcouncil.org/languageassistants-china.htm）。

英国的IST Plus（www.istplus.com）为英国的毕业生提供在中国教课的服务。BUNAC运营一个教学与旅行项目，该项目提供为期4周的TEFL课程，普通话课程和5个月的教学实习生职位。BUNAC的6个月项目花费为2095英镑。

为了体验中国文化的巨变，HHS中心（www.hhscenter.com）提供在中国的互惠生项目。外国的年轻人可以寄宿在中国家庭中，每周提供25小时的打工时间：照看孩子、教他们英语或者做一些家务。他们会得到免费的食宿，每周8节中文课，每周750元人民币的津贴和5000元人民币的机票补助。

台湾地区

台湾地区的招聘政策基本上相通：任何人只要拥有学士学位都可以找到工作。对于各种不同背景的英语教师来说，这是一个十分有吸引力的地方。这里有上百所辅导小孩的私立语言学校或者补习班，为参加高考的高中生补习。该地区对英语对话和英语教学的需求永无止境。

许多设置完善的语言学校会为外国教师获得居留签证提供资助，只要这个教师愿意在学校工作一年以上，并拥有大学学历。有许多符合条件的人来这里寻找工作。一般来说，找到一个补习班的工作是很容易的，但如果想找到好的补习班也有困难。如果可以，在签合同之前，你最好旁听一两节课程。如果学校不允许，那么说明这个学校还不够好。大多数学校提供的工资是每小时550~600台币（约合19~21.5美元）小时。

当你到后，先查看一下《中国邮报》（*China Post*）上英语教师的职位空缺。在当地找一个推荐人帮你举荐比直接通过广告找的工作要靠谱得多。最好的公告栏之一位于坐落在希望东路的一所公立师范大学中，具体位置在普通话培训中心的六楼学生休息室。布拉德韦尔·杰克逊在2011年曾去调查过教学情况，通过这次旅行他认为旅店也是获得工作的一个好渠道：

> 台北的英语培训学校多得超乎我的想象。我以为英语教师的市场很已经饱和了，找工作也许会很困难。但是在与台北旅社（www.taipeihostel.com/teach.html）的服务员聊过之后，我才知道情况并不是这样。这个旅社是英语教师的聚集地。新来的外国旅行者可以在旅社的公共休息区获得英语教学的最新情况。当你得到相关信息后，就选择一个，然后就朝着既定的方向前走，路过两三个转角之后，你一定会看到一两个英语培训学校。准备好你的自我介绍，进去向大家推荐你自己吧！

下面的学校都在进行大规模招聘：

Hess教育机构：台北；www.hess.com.tw；专门辅导孩子，包括幼儿园的孩子。在多达150所分支机构中雇用500多名母语为英语的教师；教学项目和课程规划的结构比较合理。

国际大道咨询公司（*International Avenue Consulting Company*）：台中；www.iacc.com.tw。

Kidscamp/ALV：桃园；www.kidscamp.com.tw。招聘英语教师，在语言夏令营和语言冬令营中工作；可以通过网络电话面试。

Kojen ELS：台北；www.kojenenglish.com；在21所学校中拥有两三百名英语教师，其中大部分老师主要在台北工作，部分在高雄和台中工作。语言老师必须有学历证书，但是可以没有相关经验。

签证

在台湾，没有签证的旅行者不得停留超过14天。想要找工作的旅行者可以在到达后申请居留签证。但是，他们也需要一个有效期为60天的旅行签证（可以延期，但是不容易申请）。申请这种签证需要返程机票的证明、证明旅行目的的文件，以及最近的存款证明。在这60天内，你必须找到一个工作，并且准备好申请工作签证所需要的所有文件，如果逾期，你就不得不被遣送出境。

如果你和雇主签了为期一年的合同，你签约的学校可以向当地教育部门申请工作许可证，这样你就可以申请外侨居留证（ARC）。年满30岁的澳大利亚人和新西兰人可以申请为期12个月的赴台打工签证。

来自美国的斯蒂芬妮·福西奥在30岁时发现了环游世界的乐趣，她在台南的Todd英语学校找到了一个固定的工作。她发现在这里，赚钱很容易，并且生活花费很低。不幸的是，很多外国人一心赚钱，而忽略了其他乐趣。她简单的生活开支包括一小间公寓的房租：每月200美元；一个二手摩托车：250美元。她认为这个地区已经对学英语到了如痴如狂的地步。

韩国

对于来自英国的英语外教来说，可能并不会考虑将韩国作为打工旅游的首选目的地。但是在北美，韩国因吸收大量以英语为母语的英语教师而闻名。即使是没有经过培训也没有相关经验的毕业生，韩国人也会接受。

在首尔、釜山（韩国第二大城市，位于首尔以南5小时车程），以及其他小城市，你可以看到上百个英语机构（hogwons）。大多数机构都是以营利而非以教育为目的，大多数情况下，证书和学位都是不需要的，虽然大学学位会在申请相关签证时用到。**韩国英语项目**（*The English Programme in Korea*）是教育部管理的项目，通过在美国、加拿大、澳大利亚、英国的大使馆运行。每年招聘2000名母语为英语的外教到韩国的学校和教育机构任职。工资是每月1800万~2700万韩元（根据不同的教学质量），提供住宿、往返机票、签证担保和医疗保险。最新消息可以登录EPIK官网查询（www.epik.go.kr）或者通过edu@koreanembassy.org.uk联系当地韩国政府机构获得。

在英国，你就可以通过www.huntesl.com和Flying Cows（www.flying-cows.com）提前安排好在韩国的工作。只要你有学位证书，它们就能为你提供帮助。相关网站还有www.teachkoreans.com，这个网站是一个年轻的外国人和他的韩国妻子建立的。还有www.peoplerecruit.com，这个网站的总部位于釜山，自称为“合格人才的数据库”。与这种机构签约对于你申请签证是有帮助的。从2008年开始，任何来韩国教英语的人都必须在本国居住期间办理好签证。也就是说，先通过旅行签证进入韩国然后再找工作的方法不可行了，至少官方说法是这样的。要注意的是，HIV检查是强制性的（虽然这充满争议）。

在北美有很多代理机构招聘EFL教师，尤其在加拿大，包括温哥华的Russell Recruiting（www.russellrecruiting.com）和 Footprints（www.footprintsrecruiting.com）；多伦多的Teachaway（www.teachaway.com）。纽约州的Reach to

Teach（www.reachtoteachrecruiting.com）；多伦多的**加拿大交流咨询机构**（*Canadian Connection Consulting Agency*，www.canconx.com）。在大学的最后一个学期，经过2周关于TESL的课程培训，安大略省的杰西·考克斯（Jessie Cox）和她的男朋友浏览了www.eslcafe.com上所有的求职论坛，想找到一些正经的为韩国招聘的雇主。他们将简历和照片寄给5个不同的雇主，不久后就得到了工作机会。当然其中有一些要倒班，工作时间过长，假期太短或者工资很低。最好的工作邀请来自多伦多的加拿大交流咨询机构。

杰西·考克斯讲述了她在韩国教课的经历：

提交申请几周后，我们就收到了十分感兴趣的工作邀请：在附近城镇的两所中学教课。这样我们就可以合租一间公寓。我们分别与雇主进行了电话面试，并且不久后就收到了合同。为了签订合同，我们拜访了一位在多伦多办公的雇主——一位在韩国有8年教学经验的加拿大人——他很热心地帮助了我们，并耐心回答了我们所有的问题。

我在一个农业小镇教中学英语。我遇到的最大问题是，这里的孩子英语水平太低了，即使是很简单的英语对话对他们来说也很难理解。所以我不得不花些时间教给他们一些提示帮其理解句子的含义，例如“翻到课本的第22页”或者“跟我读”这些。语言障碍也使维持课堂秩序成为一种挑战。如果一个学生违反纪律，我最多只能说“停下来”，“不要这样”或者“安静一下”。我负责教授的是语音和口语，还有检查学生是否能记住一段课文。教学内容基本都是课本上的。

在公立学校最大的好处是，作为这个学校唯一的外籍教师，我可以完全融入到韩国的文化氛围中，这是仅仅作为一个旅行者所不能感受到的。我曾经与住在同一所公寓的一家韩国人共度夜晚。他们教我韩语，我教他们英语，我们一起进餐，并且共同讨论关心的事情。

在韩国公立学校的工资是很丰厚的。虽然省与省之间略有不同，不同学校间也有细微的差别，但是每月180万韩元已经足够我们的开销了。在学校假期期间，（我每年总共有8周的假期，比合同中规定的要多2倍）我们到韩国各处去旅行：首尔，非军事区，济州岛等。我们还去爬山，拜访佛教寺庙，参观韩国和朝鲜边界，探索古代宫殿，我们甚至还生吃了一只章鱼！

YBM教育为公司旗下的**英语会话中心**（*ECC*）雇用了大约200名母语为英语的外教，遍布全国的特许分支学校还会独立招聘450名外教。公司总部在首尔（☎2 2267 0532；www.ybmecc.co.kr）。

虽然签约的学校承诺给英语老师丰厚的工资、设施齐全的公寓还有其他便利设施，但是很多教师发现他们得到的比承诺的少很多。有些教师甚至不能享受到韩国法律规定的福利，例如医疗保险和离职金。老师们的抱怨很多，从简单的违约到拖欠数月工资。建议教师们在办理签证期间，保存好自己的护照。

如果你到韩国之后再找工作，你可能需要通过更私人的方式来找语言学校，签证始终是个问题。英语报纸，例如《韩国先驱者报》（*Korean Herald*）、《韩国时报》（*Korea Times*），每天都会有招聘教师的广告。刚到这里的人一般在最受欢迎的旅店打听关于外语教师的情况。首尔的钟路区（Chongro area）集中了很多旅店和语言学校，并且很方便进行挨家挨户求职。关于求职公告和语言交流的网上社区是www.seoulinkorea.com。

泰国

尽管近年政治不太稳定，泰国对英语教师仍然有很大需求量，并且为英语教师提供了很多机会，尤其是教授小孩英语的学校。曼谷和很多其他城市都是边旅游边授课的好去处，你很容易就能找到符合条件的语言学校名单。暹罗广场周围有很多语言学校，英国文化委员会也坐落于此，在这里你还能发现很多提供语言学校地址的黄页。

最全面的教学信息来源之一是www.ajarn.com，该网站主要提供曼谷的信息以及主要招聘公司的内部信息，还有关于住宿、签证的小建议，当然还有职位空缺信息。这个网站是由一个在泰国工作过很多年的老师运行并更新的。英语报纸《曼谷邮报》（*Bangkok Post*）也会刊登招聘广告（www.jobjob.co.th/en）。考山路（Khao San Road）一向很热闹，路边有很多外国人开的酒吧和便宜的旅店。很多旅店中都提供招聘信息，所以有许多求职的外国人在这里停留。他们也会告诉你哪些学校有压榨教师的情况。你最好先从兼职工作开始，或者同时为几个雇主工作，这样可以在同一区域工作相当长的时间，同时也能减少交通不便带来的影响。

很多像ECC（www.eccthai.com）这样大公司会提供很多机会，ECC在泰国有50多个分支机构。还有AUA（www.auathailand.com），该公司在曼谷有5个分支机构，在内陆省份有12个分支机构，雇用200多名英语教师，主要在大学中任职。

像清迈（Chiang Mai）这样的旅游胜地也会吸引很多英语教师来求职。在这里，很多大公司的分支机构和小的培训学校会提供很多机会。一个很好的信息来源是Eagle Guest House，它的经营者是一个长期在泰国居住的外国人，他了解很多当地的求职机会。

除了曼谷和一些旅游胜地（如清迈、普吉岛），在不出名的城市，例如那空沙旺（Nakhon Sawan）、孔敬府（Khon Kaen）、乌隆（Udon Thani）、乌汶府（Ubon Ratchathani）等地，外国人之间的工作竞争会小很多。如果你想在大学教书，那么一定要有学位证或者教学证书。最好的求职地点是合艾（Hat Yai，快速发展的南部工业城市）和宋卡（SongKhla）。到旅店中打听打听你总会获得有价值的信息，因为很多旅店的工作人员都很愿意提高英语水平。如果你找到一个喜欢的地方，并且决定要在那里停留一段时间，你可以首先询问一下你的房东，他们会提供给你一些当地的求职机会。

外国英语教师的工资普遍很低，在过去的6年里，每小时的工资仅仅从250铢提高到了350铢。但还是会有一些专业学校和公司的薪资待遇会好一些。通常情况下，学校会让外语教师以自由代课教师的身份来担任全职教师。这样做通常是为了逃税。薪资待遇好的工作一般都需要出差，在曼谷出差是相当耗费时间的，以至于需要减少工作时间来出差。大多数老师认为在一个机构工作挣基本的工资就足够了，这样压力也不会太大。

泰国政府不断改变签证申请的条件，使得情况变得复杂。在www.ajarn.com的相关网页上，你可以找到最新的消息。对于持有旅行签证的人想要延长逗留期限，他们必须每15天离开泰国一次，以更新他们的签证。一些学校会帮助他们的老师取得泰国的教师证（你必须拥有大学证书）、工作许可证和非移民B型签证（你必须持有相关文件，包括本国的无犯罪记录证明）。

另一种方法是加入志愿教学计划，一些专业机构和团体会提供帮助，例如**志愿泰国**（*Volunthai*，www.volunthai.com），**泰国间隔年**（*Gap year Thailand*，www.gapyearthailand.org.uk），还有**泰国志愿者教师**（*Volunteer Teacher Thailand*，www.volunteerteacherthailand.org）等。

印度尼西亚

印度尼西亚和新加坡的大多数语言学校只招聘受过培训的EFL教师，并且该教师必须愿意在校工作一年以上的时间。雇用外语教师的学校给出的工资足够给教师们提供舒适的生活，让他们在假期时可以在印度尼西亚境内旅行，存点儿钱也是有可能的。大多数学校的工资是每月1000万卢比（减去10%的税之前）。如果你想签订一个一两年的合同，你需要咨询一下机票报销和可能的退税。英孚在印度尼西亚有68所学校，雇有700多名教师。

城市中大的石油公司能提供薪资水平很高的职位，有时小镇中也有这样的机会。当地学校并不会经常雇外语教师，教学材料也不够。对于任职于这样工作岗位的人来说，面临的问题之一是：得到工作许可证的机会很少。旅行者们在印度尼西亚小岛上的小镇学校中求职，会面临一些困难。来自德国的环球旅行者描述道：

> 在日惹（Yogyakarta），你能从电话簿上找到语言学校的地址，也可以在街上寻找。大多数语言学校对招聘新老师都很有兴趣。我曾得到过一个工作邀请，要我教德语和英语，因为我的英语比一些语言学校的经理还要好。他们不太在意工作许可证。工资并不是很高，但足够住宿的开销，因为在那里生活花费十分低。

越南、柬埔寨和老挝

由于经济蓬勃发展（仅次于中国），越南长期需要英语教师。这里经济发展的原因之一是石油经济的繁荣，石油行业大多用英语办公。另一个原因是，正在成长中的年轻中产阶级倾向于将钱投资在电子产品、奢侈品和英语学习方面。这样，对于英语教师来说，通过电话面试，是很容易在河内或者胡志明市找到工作的。如果你拥有学士学位、CELTA或者三一学院证书（或同等证书），学校还会抢着要你。

还有，越南的生活开销很低，工资很高。例如，好的学校每小时的薪资可达20美元，像ILA（www.discovereltvietnam.com）、RMIT国际大学、Apollo和音聆阁。在一般的学校，薪资一般是每小时15~18美元时。斯蒂芬妮·福西奥在语言链接学过CELTA课程之后，轻而易举在河内的音聆阁找到了工作。搜索老外论坛http://newhanoian.xemzi.com，能得到大量招聘信息、住宿信息等。

柬埔寨是一个相对稳定的国家，已经摆脱了战乱和动荡。自从20世纪90年代联合国停止监管之后，柬埔寨的EFL市场就对私人企业开放了。在这个20美元就能惬意度过一天的国家，临时教师的工资至少能达到每小时8美元。合格的EFL教师可以获得两倍甚至三倍的工资，签证延期相对来说也比较容易申请，学校一般会为其办理。旅行者持有的旅行签证有效期是一个月，但是可以延期。希望在柬埔寨工作的人需要在机场申请商务签证，相对于旅行签证来说，商务签证更容易更新。

柬埔寨建立时间最长的学校是**澳大利亚教育中心**（*ACE* ☎23 724204；info@acecambodia.org），该机构在金边和暹粒省（Siem Reap）拥有50多名英语教师。老师必须持有学士学位、CELTA或者三一学院证书。另外，还有许多其他商业机构，例如ELT（www.elt.edu.kh），**新世界机构**（*New World Institute*，www.nwi.edu.kh）和金边的**英语之家**（*Home of English*，www.homeofenglish.edu.kh）。

香港

1997年，中华人民共和国香港特别行政区诞生了。英国人失去了特权，例如与所有国家的公民一样（除了可以获得一年打工签证的澳大利亚人和新西兰人），英国人如果想在香港合法工作，必须在到达香港之前取得工作签证。

条例

如果英国公民能够让移民局的官员相信，他们是善意的旅行者，有足够的资金支付停留期间的费用，不需要打工，除非转移到中国内地或者澳门，并且有往返机票，那么他们就可以在没有签证的情况下在香港停留180天。美国公民在同等情况下可以停留90天。签证要求公布在www.immd.gov.hk/ehtml/hkvisas_4.htm上。在到达香港后，除非特别情况，旅行者通常不允许改变身份状态（例如从旅行状态到雇佣状态）。

教学

香港政府有一个官方项目，上百名英语教师任职于这个名为“中文为媒介”的国家教育系统。这个NET项目由香港教育统筹司（netrecruit@edb.gov.hk；www.edb.gov.hk）执行。外籍教师，又称为“Netters”，随机与香港境内的政府学校（小学和中学）签约，工作条件可能不会很好，尤其是当你签约的学校生源质量不好时。但是另一方面，工资和待遇很丰厚。教小学的工资是每月19 835~38 265港币。教初中的工资是每月22 985~48 400港币，由教学经验与质量决定工资水平。住房补助和合同到期时的奖金数目也很可观。

畅言教育基金（*Chatteris Educational Foundation* 九龙大角咀诗歌舞街33号；☎2520 5736；www.chatteris.org.hk）为来自英语国家的毕业生提供在香港教学的机会。汤姆·格兰迪完成这个为期9个月的项目之后，成了一名Netter：

我的工资仅够生活花销和存些旅行费用。我一共旅行了3个月，买了两部笔记本电脑和两部相机，还有一些剩余的钱可以偿还透支的费用，为此我过得很节俭。畅言教育基金存在一些问题，它的慈善性质也值得商榷，但是它确实为你提供培训，支持你的工作。你将会和其他英国人、加拿大人、美国人、澳大利亚人一起住在一所小学或者中学里。和你一起培训的还有几十个人，你可以迅速建立起你的社交网络。在那里，你培训的重点将会是英语口语，培训通过一些非正规的方式进行，例如游戏、手工和其他有趣的活动。

电影临时演员

虽然香港的电影业正在衰退（部分由于盗版的原因），国外的和当地的电影从业人员仍然不断地制作华语电影。明星大多是中国人，鬼佬（gweilos，皮肤惨白的外国人）通常饰演坏人、替罪羊或者吃惊的旁观者角色。

一位正去往新西兰的环球旅行者在其旅行博客中记录了他在重庆大厦（Chungking Mansions）停留的经历，重庆大厦是背包客云集区：

在我启程去澳门之前，我碰到了麦克，他正在为一个机构招聘演员。他需要几个高加索人去拍摄两晚。我说我可以。我从澳门回来之后就直接来到了位于香港中心的拍摄地点。这个电影的名字叫《伤城》，将会在中国大陆上映。作为一名临时演员，演电影对我来说是新鲜而且有趣的经历。主演之一是有名的中日混血演员金城武，很多女生来找他签名或者合影。我们从早上7点工作到下午2点，拍摄街上和饭店里庆祝圣诞节的景象。我们欢呼“圣诞节快乐”，互相拥抱，街上的圣诞老人的场景也拍摄了很多遍。拍摄期间，我们喝的啤酒竟然是真的！公司给我们提供盒饭和服装，并且每天给400港币报酬。这些钱说明香港旅行不便宜。

临时工作

天星渡轮（Star Ferry）的入口和换乘地铁站的走廊是最受街头艺人欢迎的地点，只要不阻碍交通，警员一般不会管他们。金姆·法金汉姆（Kim Galkingham）建议唱一些中文歌曲。她高兴地回头看了看那个听她唱歌的人，那个人在她杯子中放了80英镑。这也让她想起了那些一个听她唱歌的人都没有的日子。

每年春天，香港7人橄榄球邀请赛会吸引很多人来观看，酒吧在复活节之前也会招聘临时服务员。你卖出的每扎啤酒都有提成，而且你想喝多少啤酒都行。在赛事之前，你可以给主要啤酒厂的总部打电话。还有的人被雇来在街上卖纪念衫和纪念品。

香港的迪士尼乐园雇用几千名员工，但是大多数情况下，要求员工会说广东话。www.hongkongdisneyland.com提供了详细的招聘信息。

娱乐业

在香港和亚洲的其他国家，你都能找到电影临时演员、街头艺人、模特的工作机会。以下是一些建议：

好莱坞并没有垄断电影制造业，在印度语、华语、日语世界还有庞大的电影制造业。这也为你提供了机会，如果你一头金发，那么机会更多。位于孟买Mereweather路的**救世军红盾旅馆**（*Salvation Army Red Shield Hostel*），在金奈（Chennai）的**布罗兰德旅店**（*Broadlands Lodge*），在果阿（Goa）的主要背包客旅店，在曼谷的帮兰普地区（Banglamphu area），或者在新加坡的Bencoolen大街，漫步的外国人很有可能被电影机构邀去充当临时演员。丹尼·雅各布森和他的女朋友马瑞恩（Marion）数年前曾经有过在泰国电影中作为临时演员出演的机会：

> 我刚到曼谷的那段时间遇到了一个澳大利亚人，他说我可以在泰国电影中当临时演员。他给了我一个电话号码，我打了那个电话，一个接电话的人要我去某个咖啡馆见他。他打过几个电话后，在咖啡桌前坐下，和我们解释说，有一个泰国的战争片将要在清迈拍摄，他们需要一个西方人当临时演员。他们提供食物和住宿，并且每天有500铢的工资，钱并不是很多，相当于11美元。但是在泰国，这些钱足够一个旅行者度过惬意的一天了。他不时打几个电话，电话内容没什么重点，我们在周围等他。我想他应该是一个挑选演员的机构的工作人员。很快，他不断地审视着他周围的人。不一会儿后，和我们一起的荷兰人悄悄和我说，这个工作人员正在假装打电话。所以我们起身跳下出租车，走了。

看起来这些机构确实会寻找临时演员，但是直到最后一分钟，他们才能确定拍摄时间和地点。他们会找一些有潜力的人，当确实需要临时演员时，他们才能马上提供合适的人选，从而得到提成。没有中介机构的帮助，你只能让自己在对的时间出现在对的地点，这适用于每个人。即使本书的作者，在巴基斯坦北部的斯瓦特河谷（Swat Valley）旅行时，也不得不让一部巴基斯坦电影的导演失望。这位导演碰巧和她同住在天堂之风酒店（Heaven Breeze Hotel），导演希望本书作者可以骑马饰演一个上校的女儿。

对于希望出演电影的群众演员来说，孟买也许是最有希望的城市，每年上百部电影在宝莱坞开拍。拿着手机的中介机构工作人员在**救世军旅店**（*Salvation Army Hostel* ☎22 284 1824）附近寻找有潜力的临时演员，并和他们签约。一旦签约，你就必须乘坐黄包车到电影城或者其他电影拍摄地点参加拍摄。第一次参加拍摄的临时演员一般工资是500卢比（约合6.5英镑）加上其他花费。拍摄时间往往比约定的时间长一些。

小丑、吉他手、舞蹈演员和音乐家一般会去东京的银座，或者日本的其他城市，尤其是夜晚。一群日本人一旦聚在一起，就能使街道无法通行。披头士、西蒙和加芬克尔的音乐都可以达到这种效果。

女招待

对于西方女士来说，在日本的一些城市做女招待是个很合理而且可靠的赚钱途径。凯瑟琳·奎因（Catherine Quinn）是一个自由职业记者，她十分享受几年前在东京做女招待的日子，并且十分好心地告诉我们她是怎么工作的。据凯瑟琳说，在西方，对于女招待和雇用女招待的酒吧有很多误解，许多人被翻译中的描述所误导。最坏的猜测是认为那是诱惑无知女孩去卖淫的行业，即便最好的猜测也认为这是可疑且需要多加注意的行业。这些观点在关于10年前英国女招待露西·布莱克曼（Lucie Blackman）在东京被谋杀的报道中不断强化。她悲剧的死亡被西方媒体认为是做女招待的直接后果，并被错误地加以报道。

雇用女招待的酒吧完全依托于一种西方人完全陌生的文化，在酒吧中，压力非常大的男人通过消费来缓解压力，获得活泼女性的关注。欧洲女性最受欢迎，偏见使得非雅利安长相的女人不太受欢迎。一般来说，雇用女招待的酒吧分为两类。传统意义上的酒吧营业时间为晚上8点到半夜12点，每小时的消费为2500日元，这类酒吧为少数说日语的顾客服务。在白天全职英语教学的女士可以选择这种酒吧，通过和顾客聊天，还可以学习日语。

第二类雇用女招待的酒吧更类似于西方的夜店。这类酒吧吸引着晚上来市中心寻欢作乐的日本高收入商务人士，当然也有一些固定的常客。如果顾客稀少，很多酒吧就会缩短营业时间（例如从晚上10点到凌晨2点）。很多酒吧实行dohan（晚餐约会）奖励制度。女招待必须和顾客约会来挣钱。在经济压力下，日常的dohan业务一直在增加。在最严格的酒吧中，对于没有足够dohan业务的女孩会有罚款。根据酒吧的不同，奖金可以通过喝酒来挣得（酒钱由顾客支付），也可以通过说服顾客消费香槟挣钱。很多方法用来稀释过度的酒精，包括著名的“女士的特权”（酒吧中指水），还有位置合适的用来放小费的盆栽。

在酒吧工作的女招待需要穿夜店风格的服装，并不是非要袒胸露背，而是要富有魅力。对于着装的要求每个酒吧不尽相同。一些顶级酒吧要求女招待的妆容和服饰要光芒耀眼。一般来说，女招待的工作包括：与来酒吧的男士聊天、陪他们喝酒；还有些酒吧要求女孩陪顾客唱卡拉OK。对于许多女招待来说，这个工作最大的福利就是能满足你社交的需求，还可以无限饮酒。在酒类饮料很贵的日本，这是很吸引人的福利。当然，你不能确定你的顾客是否令人厌烦，一定程度上，你对顾客的感兴趣程度决定着你对这份工作的享受程度。几小时不停地轻声细语会令人疲倦，但对很多女士来说，做女招待是无与伦比的挣钱方法，同时还可以体验不同的文化。需要注意的是，这类职业是打工签证不允许的，在酒吧的其他工作也是不允许的。

在东京，雇用女招待的酒吧分散在六本木与银座周围，很难与一般酒吧、夜店和脱衣舞夜总会区别开来。对书面日语不了解的话，就很难找到传统的雇用女招待的酒吧。你可以通过口口相传获得酒吧的名字，穿上你最美的衣服，在酒吧门口问清楚。在六本木港区的主要街巷两边有很多脱衣舞和大腿舞的夜总会，所以你要小心。

模特

高加索人的脸庞在新加坡、泰国、日本和中国的广告业中很受欢迎。如果对你感兴趣的人会问你要照片。当你到达目的地后，在众多模特经纪公司中注册一家，如果你每周能接到一两个任务，收入会很可观。杰米·布尼尔（Jaime Burnell）简直不能相信做模特如此简单：

> 我在泰国时认识一个美国人，他寻找白皮肤的金发女郎，给她们拍照用于拍摄广告。白种人在泰国很受欢迎，即使我这种不是模特材料的人也经常会接到一天的工作，收入5000铢。一切都是十分专业的，拍摄的照片被保存在照片储藏室以备将来之需。只要你不介意你的照片也许会出现在两年后的肥皂广告上，你就可以尝试一下。做模特挣的钱让我旅行2个月之后，还能有些

剩余。

很明显，寻找模特的星探会经常出现在考山路的旅店周围。你也可以尝试联系模特经纪公司（例如Carrie Models和Pikanake Group），来寻找杂志模特或者临时电影演员的工作。

日本也有类似的机会，你不一定要十分惊艳。但是如果你有明显的文身可能会让你失去工作资格，因为文身通常代表着流氓混混。在东京和大阪有很多大的经纪公司，工作也许会通过口口相传来获得。一般的流程是：你给他们打电话，然后带着你的三围信息和几张照片去面试，合格后签约。他们有工作时会电话通知你。

旅游业和商业

有些旅行者在泰国找到了教轻便潜水的工作，有的旅行者在日本找到了赌场管理人的工作，伏恩·泰比（Vaughan Temby）在泰国也发现了很好的工作机会：

> 我们在岛上度过了很棒的圣诞节，虽然我们无意找工作，但确实碰到了几个工作机会。在苏梅岛（Koh Samui），旺季的时候，查汶海滩边（Chaweng Beach）上的酒吧需要雇用员工。在岛内一些大型**雷盖酒吧**（*Reggae Bar*）也需要招外国员工。在帕岸岛（Koh Pha'Ngan），我的一个朋友在那里做DJ，还有一个朋友在德国风格的餐厅做后厨帮手。

整个亚洲，尤其是在中国，有很多老外经营的餐厅和旅店。他们知道西方人需要什么，所以一般都很受欢迎。任何能获得长期签证的人（无论是通过钻空子，还是通过与当地人结婚），都应该尝试在这方面的投资。

伦敦交流机构IST Plus有一个和新加坡合作的打工旅行项目。学生和毕业生可以在新加坡工作2~6个月。关于一系列假期工作的面试由新加坡的合作机构负责，工作主要集中在食品饮料行业，当然也有教课和其他方面的工作。项目费用是675英镑。

日本滑雪胜地也提供工作机会，只要求会一点儿日语。年轻的外国人可以操作上山的缆车、做服务员、做球童，还可以在快餐店任职。除了可观的工资之外，一般还提供食宿。www.snowjapan.com上有关于空缺职位的信息，这些职位一般都是像**日本滑雪度假**（www.japanspecialists.com）这样的公司提供的。

来自澳大利亚的丽贝卡·巴伯（Rebecca Barber）建议做竹筏旅行项目的志愿者。在尼泊尔，有很多公司经营这个项目：

> 当我体验竹筏旅行时

（旅行很不可思议，但以尼泊尔的标准来说也很贵，10天最少200美元），我认识了一个人。他通过在安全皮划艇上工作，刚刚结束了两次免费的旅行。你只要会划船就行。在加德满都时，你只要走进你看到的机构，就会有工作机会。也许不会是长时间或者全职的工作，但是通过这种方法，你可以得到免费的旅行，生活花销不用担心，还能有划船的机会，更不要说这种经历会让你以后更好找工作了。这个工作多完美啊！

专营蒙古和不丹旅行线路的基于科茨沃尔德（Cotswold-based）需要导游。**全景旅行**（*Panoramic Journeys*，www.panoramicjourneys.com）以提供这样的假期工作而闻名：如果你愿意做幕后工作，愿意帮忙运营这种旅行就可以免费加入此旅行。

众所周知，很多欧洲公司将它们的客户服务中心外包到印度，这就为英国人和欧洲人提供了许多培训工作的机会。登录www.outsourcing.org，查询相关公司及招聘信息。

志愿者工作

许多去亚洲旅行的人，有可能看过《贫民窟里的百万富翁》（*Slumdog Millionaire*）这部电影。他们对电影中旅行者的形象很不满，并希望通过自己的努力，可以使之改变。很多情况下，这种想法值得赞赏，但又实在显得有些幼稚。《欢喜城》（*The City of Joy*）的作者多米尼克·拉佩尔（Dominique Lapierre）曾生动地描述过加尔各答贫民窟里的生活，虽然他只描述了印度的情况，但在其他贫穷国家，情况也与印度差不多：

> 你们当中的很多人都有去帮助加尔各答的想法，这是很慷慨的行为，但我认为这很不切实际。首先，印度官方给旅行者的旅行签证有效时间有限。大多数人都不可能在如此短的时间内给予任何实质性的帮助。其次，只有一些专门化的帮助是真正有用的，除非你是医生或者在麻风病、热带疾病、营养失调、骨结核、小儿麻痹症、肢体残疾的康复领域有护理经验。否则我认为你的帮助只会给当地政府徒增负担。最后，你要知道的是，在这样的项目中，对于不适应的外国人来说，生活和工作条件都是很艰苦的。

需要强调的是，西方的旅行者们必须自己支付食物、住宿、交通和保险的费用。在西方人眼中，一些基层的项目结构混乱。志愿者需要自己为自己树立目标。如果你没有足够的在发展中国家旅行的经历，你也许会对发展中国家有些地区的不整洁和杂乱无章感到不适应。如果这对你来说很不能接受，那么你在出发之前，最好找到一个可以提供这方面简介的组织，但你需要交纳一定的安置费用。

印度和孟加拉国

在英国和美国，许多志愿者服务机构和组织会派遣志愿者到印度教英语，或者承担其他志愿工作（详细信息查询“前言”中关于志愿工作的章节）。许多人愿意为特蕾莎修女在加尔各答建立的**仁爱传教会**（*Teresa's Missionaries of Charity*）工作，那里的工作轻松而且吸引人。你可以在特蕾莎修女在加尔各答建立的儿童之家和其他慈善机构兼职。但是这里不提供住宿。工作内容包括：照顾和喂养孤儿，照顾病人和濒死之人，照顾生理或心理有残疾的孩子、成年人，还有老人。如果你想要注册，可以拜访特蕾莎修女在加尔各答的**仁爱修会**（*Mother House* 54A A.J.C. Bose Road，Calcutta 700 016）。

对于想在印度长时间停留的旅行者来说，签证是个大问题。如果你在印度停留180天以上，你必须暂时离开印度，重新申请商务签证或者工作签证，你还需要一封来自印度担保人的官方邀请函。在英国，签证申请可以登录www.india.visahq.co.uk。

位于伦敦中心的Development in Action（☎07813 395957；www.developmentinaction.org）向印度的各种非政府组织派遣志愿者，志愿者可以选择在印度停留7月和8月2个月，或者选择从9月起停留5个月。7月和8月的项目费用是800英镑，5个月的项目费用是1600英镑。

在哈罗办公的Volunteers for Rural India（www.vri-online.org.uk）为18岁以上的年轻人组织开发印度乡村的项目。前3周，志愿者需要在北方邦的Amarpurkashi Polytechnic参加关于开发的培训，然后9月到第二年2月，在这个地区参加亲身实践项目。包括指导和培训在内的安置费只需要265英镑，生活开销每天大概两三英镑。

达科史那言（www.dakshinayan.org）与拉治马哈丘陵（The hills of Rajmahal）附近平原地区的部落居民合作。每月都有新的志愿者加入基层发展计划，志愿者每月贡献大概300美元。

杰弗里·格罗利尔（Geoffroy Groleau）是一位经济学家，同时也是一位咨询师。他发现了从网上申请加入达科史那言的方法：

申请过程十分简单，而且全部可以在网上进行。在加入这个项目之前，你必须交纳一定的注册费，这是该机构主要的利润来源。所以在3月初，我从新德里踏上了去贾坎德邦（Jharkhand）的旅途。参加这个项目对我来说是很好的机会，我可以借此更好地了解发展中国家贫穷的原因和现实，尤其是印度乡村的现实情况。部落居民不需要也不想要豪华的房子或者电视机之类的，他们只求能保障他们孩子受教育的权利。他们只想获得基本的医疗保障，来改善居住了几百年相对隔绝的环境。根据收获时节和四季更替，他们的生活简单而平静，与西方人的生活截然不同，这让我很感兴趣。志愿者的首要任务是，对达科史那言建立的3所小学的孩子教授英语课。令我难以忘怀的还有，在一个阳光灿烂的午后，我们与一群充满热情的孩子一起踢足球的场景。达科史那言的另一个优点是，它是完全由当地人运营的非政府组织。但这也意味着志愿者必须适应印度的工作方式。

位于加尔各答的SMILE社区（www.smilengo.org）为国外的学生提供关于教育、医疗和乡村开发方面的打工夏令营和实习机会。志愿者不需要交任何费用，只需承担自己基本的生活费用即可，大约每周100欧元，志愿者停留时间不能超过3周。

许多到印度的旅行者在修道院、寺庙或者道场住宿，都是做冥想和练瑜伽的好地方。在那里住宿不需要或者只需要交纳一点儿费用，但你必须是真诚的启蒙探寻者。非正式的寄宿学校Samanway Ashram（Bodh-Gaya 824 231，Bihar；☎0631 400 223）与本省的许多教育、医疗项目有联系，并负责派送志愿者。WWOOF India（www.wwoofindia.org）在印度与大约60个项目有联系，加入该组织需要交纳25美元。

23岁的詹娜·博尼斯塔利（Jenna Bonistalli）希望体验完全不同的人生，不同于她作为一个纽约州学生的人生。所以她确定了两个位于印度的志愿项目。第一个是通过Help Education（在“尼泊尔”的内容里介绍过），在一所学校当志愿者；另一个是为非政府组织Full Circle（www.fullcircle.org.uk）工作，该组织为拉贾斯坦邦（Rajasthan）的农村组织教育和医疗做推广活动：

旅行了一段时间之后，我和一个朋友开始为拉贾斯坦邦焦特布尔（Jodhpur）的Veerni项目工作。我们的职责是在“创新素养项目”（Creative Literacy Programme）中担任教师，通过教授艺术来补习英语。这样的安排本来十分有趣，但是由于女孩们英语知识匮乏，给我们增加了不少困难。大多数女孩子在幼年时就订婚了，所以她们十五六岁之后继续上学的希望很渺茫。我们选择这个项目的原因就是它的创新机会。参加者交纳的费用是200美元安置费和每月5000~7000卢比的生活开销，还有对该项目基金100美元的捐款。

在喜马拉雅山脚下，位于北阿坎德邦（Uttarakhand），一个名为“ROSE”（*Rural Organization on Social Elevation*）的社区机构可以为志愿者找到帮助贫穷乡村的志愿工作：教小孩、进行环保工作，或者进行有机种植。志愿者每天要交纳食宿费600卢比，还要交6000卢比的报名费。

位于达卡（Dhaka）的**孟加拉国工作营地协会**（*Bangladesh Work Camps Association, BWCA*，www.mybwca.org）可以在10月到第二年3月为你安排两周的社区开发夏令营。参加者要交纳300美元的费用。他们用英语发布详细的营地信息。BWCA还可以帮助志愿者把其停留时间延长一点儿，例如1~3个月或者更长时间。

斯里兰卡

在斯里兰卡的志愿者还在进行海啸后重建、福利服务、教育，还有包括信息技术在内的其他项目。例如，位于阿努拉达普乐（Anuradhapura）的Samasevaya是一个完善的非政府机构，在2011年拜蒂克洛发生洪灾之后，一直贡献着自己的力量。位于塔拉瓦（Talawa）的National Secretariat（samasev@sltnet.lk）邀请志愿者们来乡村地区进行志愿服务。志愿者松散地组织起来为教育和开发项目服务，这类似于一种文化交流活动。如果旅行者停留时间超过旅行签证的规定时间，那你可能要去更新签证。

英国慈善机构VESL（*Volunteers for Educational Support&Learning*，www.vesl.org）为斯里兰卡的乡村学校提供热情且有创造力的英语教师。VESL派遣志愿者到斯里兰卡南部和中部的省份，任职于英语夏令营或者持续3~6个月的长时间教学项目中。夏令营的项目费是900英镑，3个月的项目费是1350英镑。凯丝·麦奎尔在她33岁时，决定去旅行。在网上搜索相关信息时，她明确知道自己想要什么：

我在网上搜索志愿者项目时找到了VESL。我选择这个机构是因为他们提供的项目（教学，3个月）是我想要加入的。而且我可以负担他们的费用。他们让我印象深刻的另一点是，他们挑选志愿者的过程中包括一个面试，他们不是那种拿了你的钱，然后不管你是否合格就将你派遣到一个项目的机构。

我最开始的计划是前3个月先做教学工作，随后的6周用于旅行。但是我太喜欢这个项目了，我又参加了两次这个项目，当然中间夹杂着旅行时间。令我难以忘记的地方太多了，那里的人们都很可爱有趣。我还到过一些难忘的地方：珠穆朗玛营地、日出时的安纳普尔纳山脉（Annapurna mountain range，尼泊尔境内）、斯里兰卡的亚当峰（Sri Pada）……难忘的地方真的太多了。

马尔代夫

志愿马尔代夫有限公司（*Volunteer Maldives Pvt Ltd* Unimoo Building，orchid Magu，马尔代夫马累；☎960 3300609；www.volunteermaldves.com）提供在马尔代夫小岛上多个地点的志愿工作，主要是教学和运动项目。参与者可以停留一个月或者一年（最短2~3个月）。可能接触到的其他活动包括潜水旅行、到无人小岛游泳和日光浴；与当地人夜晚钓鱼。费用逐月递减，所以第一个月的费用是950美元，接下来几个月的费用是700美元，提前预订和付款也会有折扣。

尼泊尔

经过数十年的反对君主立宪制斗争，尼泊尔联合共产党终于废除了这种制度并组建了政府。虽然尼泊尔的政治问题并没有结束，但是外国旅人至少不用担心在旅途中被伏击或者被抢劫了。

人们往往考虑去尼泊尔进行短期志愿工作或进行临时英语教学。但是在尼泊尔的志愿工作会遇到签证问题。旅行签证（在到达尼泊尔后可以花费100美元购得）的有效期是90天（时间越短的签证越便宜），超期之后可以（每天2美元）延期，一般最多可以延长到5个月。如果外国人在尼泊尔超期停留会被罚款，甚至被处以监禁。

自费的志愿者可以通过一系列组织找到教学的工作。以西方的标准来说，这里的生活水平十分低。通过下列的尼泊尔机构找志愿工作会使费用大增，如果你希望避免机构的中介费，可以尝试在到达尼泊尔后，与学校或者非政府组织直接联系。

尼泊尔同盟（*Alliance Nepal*）：www.volunteer-workinnepal.org；提供在博卡拉山谷（Pokhara Valley）和奇达旺（Chitwan）地区的志愿工作，包括教英语、帮助孤儿等，时间从2周到3个月不等。2周的费用是200欧元，12周的费用是600欧元。

尼泊尔文化终点（*Culture Destination Nepal*）：加德满都；www.volunteernepal.org.np；“志

愿尼泊尔”是一个服务工作项目，650欧元的费用包括2周的服务前适应费用和在当地人家居住的费用。安置工作需要2~4个月，分别从2月、4月、6月、8月和10月开始。

HELP（*Himalayan Education Lifeline Programme*）：肯特；www.help-education.org；志愿者为教师、护士，在贫困学校照顾孩子，这些工作都位于喜马拉雅山附近的印度地区（Sikkim，West Bengal，Ladakh，Himachal Pradesh）、尼泊尔诸地（加德满都，博卡拉，奇达旺）。费用为390英镑，包括管理费和捐助款。每个月还需要另加75英镑的住宿费，无论是住在学校旅馆还是寄宿家庭中。

希望之家志愿者项目（*Hope and Home Volunteer Program*）：加德满都，www.hopenhome.org；志愿工作有教英语、社区服务、医疗服务、还有环境项目等。这些工作位于加德满都峡谷，博卡拉，奇达旺和纳瓦帕拉希（Nawalparasi）。项目费用包含在寄宿家庭中的食宿：2周400美元；3个月1000美元。

领悟尼泊尔（*Insight Nepal*）：博卡拉；insight@fewanet.com.np；成绩至少为A等的母语为英语的毕业生可以参加；3个月的参加费用为950美元，7周的参加费用为690美元。

KEEP（*Kathmandu Environment Education Project*）：泰美尔（Thamel），加德满都；www.keepnepal.org；志愿者可以在偏远山村或者公立学校教学。志愿者与一个寄宿家庭同住，但是要自费。

WWOOF Nepal的运营者是一位精力十足的协调官。他与其他非政府组织以及尼泊尔的慈善机构都有密切联系（www.wwoofnepal.org）。WWOOF的会员费是每人30美元，两人则为40美元，加入会员可以获得在尼泊尔有机农场工作的详细信息。因为农民很少人用email，WWOOF的运营者会为志愿者在以上名单中找到合适的项目。

东南亚

伦敦主流的自然资源保护探险机构在亚洲都有项目。一般来说，任何人只要能负担探险的费用都可以加入。基本上，3个月的费用是2500~3500英镑，不包含机票。

Coral Cay Conservation Ltd：伦敦；☎020 7620 1411；www.coralgay.org；为在菲律宾和柬埔寨的水上和森林保护项目招聘自费的志愿者，做探险、潜水教练等。

Gapforce：☎020 7724 2912；gapforce.org；该机构派遣自费志愿者到泰国、印度尼西亚婆罗洲（Borneo）、印度、尼泊尔、中国和斐济等国家，志愿者可以参加保护生物多样性的项目，还有包括英语教学在内的其他项目。3周的费用是1500英镑，10周的费用是2600英镑。

Orangutan Foundation：☎020 7724 2912；www.orangutan.org.uk；向加里曼丹岛（Kalimantan）中部、西部以及印度尼西亚婆罗洲派遣志愿者。6周的费用是775英镑。志愿活动包括进行基础设施的修复、痕迹清除和建筑护栏，但是不包括与猩猩直接接触的活动。

Starfish Venture：☎0845 004 8010；www.starfishvolunteers.com；任何志愿者和间隔年学生，无论任何国籍都可以被派遣到素林省（Surin）和雅漾省（Rayong）的发展计划中工作。工作内容包括教学、社区发展服务、建筑和医疗服务。

非政府组织的大多数活动都为泰国缅甸边境的难民提供教育及其他协助。在泰国的“缅甸志愿者”项目提供的工作有：在泰国缅甸边境附近的美索（Mae Sot）小镇教缅甸难民英语，为期至少12周（www.burmavolunteers.org）。

在泰国的另一端，普吉岛附近，环保人士致力于保护帕莱松岛（Phra Thong）的海龟、红树林和珊瑚。虽然这一地区的活动因2004年海啸遭受严重打击，Naucrates已经着手重新开始它的项目，并招募志愿者来帮助教育和重建。在这里工作9~12周的志愿者可以获得免费住宿，时间较短的志愿者就只能自费了，每周325欧元。有意愿的志愿者和学生可以登录意大利非政府机构Naucrates查询（www.naucrates.org）。

在越南，志愿者工作空缺可以在www.ngocentre.org.vn上找到。

远东

日本和韩国都有WWOOF组织，两国的该组织都是基于网络。日本的WWOOF组织（位于札幌，www.wwoofjapan.com）已经扩展到350家会员农场，加入该组织需要5500日元，约合73美元。加入韩国的WWOOF组织（www.koreawwoof.com）需要50 000韩元，约合53美元。

约瑟夫·坦姆在日本攻读谢菲尔德大学学位期间，在WWOOF项目中度过了一段难忘的时光。

在日本南部四国岛的一个临海村庄，我度过了几周难忘的时光。我的工作是在一个联营的有机橘园做志愿者。我们早上6点就被当地的农民叫醒，我们在橘园里一起工作，直到中午11点的烈日让人无法忍受，我们才停下来。最让我难忘的一天是和一个参加WWOOF项目的澳大利亚人度过的，分配给我们的工作是从日本有机土豆的叶子上摘毛毛虫，经过3个小时的工作，我们足足装了两麻袋恶心的小爬虫。但是这天劳动结束时，我们忘记把麻袋口扎起来，当第二天我们到那片土豆地里去时，毛毛虫早就逃跑了。

加入日本的WWOOF组织是个很好的结识日本人的机会，在城市居住的人们也很热衷于体验这种安静的乡村生活。WWOOF也提供一些有薪酬的工作，因为有些会员经营旅店、露营地和小型学校（但是这需要工作签证）。

越来越多的工作营地组织正在建立，在www.nvda-asiapacific.org上能查询到这些组织的链接，这是一个为亚洲志愿组织服务的网站。加入一个短期的志愿项目，可以近距离接触一个异域国度（例如蒙古）。在乌兰巴托，有一个非政府组织可以派遣志愿者，这个组织的名字叫做“蒙国新选择志愿者组织”（*New Choice Mongolian Volunteer Organization*, www.volunteer.org.mn）。它为志愿者安排长期或短期的教学工作，以及翻新建筑的工作，一个月的费用是945美元，3个月的费用是2045美元。

中东

叙利亚的大规模动荡和残酷的军事冲突，巴林岛和也门惊人的血腥镇压……这些报道使得旅行者对上述国家敬而远之。现在也许不是到中东旅行的好时机。以色列和巴基斯坦的紧张气氛持续升温，而且该地区的反西方情绪不断激化，这些都抑制了人们去中东旅行和工作的热情。不可否认，伊拉克战争和阿富汗战争使该地区政局相当不稳定，并且使得穆斯林对西方更加不信任。出于对人身安全的考虑，许多有意愿的旅行者都推迟了旅行计划。但也有积极的消息：澳大利亚已经和伊朗签署了工作和旅行签证的协议。根据协议规定，从事教育工作的18~30岁的旅行者可以在伊朗停留长达一年的时间，并且能应聘临时工作（如果找到工作的话）。

在中东，可以考虑的职位有英语教师、保姆或护理，如果你正好符合条件并且有管理经验，你还可以在石化和建筑行业找到工作。Simply Angelic（www.simplyangelic.co.uk）向全球派遣符合条件且经验丰富的护理、教师、家教，并且在迪拜、巴林岛、阿拉伯联合酋长国、沙特阿拉伯和土耳其长期有空缺岗位。另一个机构是Bespoke British Nanny Service（www.bespokebritishnannies.com），该机构为想在阿拉伯联合酋长国工作，专门照顾孩子的保姆提供工作机会。

伊斯兰教对世俗生活的约束力在中东国家各不相同。阿曼、约旦、黎巴嫩、阿拉伯联合酋长国等地的宗教约束相对宽松。沙特阿拉伯和其他富裕的海湾国家对招聘教师的要求极高，比如TESOL硕士学位或者研究应用语言学并且至少有三年的工作经验，大学教学经历更佳。不用说，在叙利亚和也门现在几乎没有什么工作机会。在一个石油出产国得到一份外语教师的合同意味着在豪华公寓中的一流住宿条件和消费。

ELS中东语言中心在中东地区有12个分支机构，它雇用很多全职和兼职教师来教英语，地区办事处位于阿布扎比（☎02 642 6640；jobs@elsmea.com）。总部位于华盛顿的Amideast也会提供相关机会（www.amideast.org），该机构在它位于科威特和北非的海外办事处也雇教师教授英语。

如果你有兴趣教巴勒斯坦人英语，由于他们散布在阿拉伯世界，你只能在其活动的地区教课。但是巴勒斯坦的学校在不断发展，任何支持他们教育事业的人都可以通过团结组织联系他们。

教育慈善机构UNIPAL（*University Trust for Educational Exchange with Palestinians*）为难民营中12~15岁的孩子组织夏季学校，他们保证志愿者的安全。志愿者必须是母语为英语的英国人，年满20岁。包括机票在内的花费大概500英镑。申请者必须在2月前向Unipal（www.unipal.org.uk）提交申请书，以便有时间参加3月的面试以及春天和夏天的两个训练日。

土耳其

土耳其是一个美丽的文明古国，拥有很多历史古迹，例如特洛伊和以弗所（Ephesus）。它的经济发展也很好，对加入欧盟野心勃勃。旅游业在土耳其经济的发展中起着重要作用。土耳其也很适合无经验的英语教师开始职业生涯，只要你有大学文凭即可。

英语教学

数十年来，土耳其人都热衷于学习英语。私人英语课程给外语教师带来了丰厚的收入。当然，英语教育的蓬勃发展不仅限于那些参加大学入学考试的学生上的私人语言学校（dershane），还有很多中学也很重视英语，一些大学甚至以英语授课。

主流学校大多希望聘请有TEFL证书的人，最好是剑桥或者三一学院的证书，并具备学士学位。上述要求多来自知名老牌学校，还是有很多狡猾的经营者愿意雇用不符合上述条件的人。一位英国教师列举了应聘时需要注意的地方：

> 在伊斯坦布尔，我曾在4所不同的学校工作过。你也许想到专业的学校工作（有充足的资源、支持和发展），学校要提供不错的薪酬方案（工资、住宿、带薪休假），而且时间表最好适合你自己。

虽然伊斯坦布尔不是首都，但它是土耳其的经济、金融和文化中心，所以那里的EFL教学发展迅速，不好的地方就是竞争很激烈。竞争的压力不仅来自伊斯坦布尔的外语教师，还有来自伊兹密尔（Izmir）的教师。在安卡拉梅尔辛（Mersin）和布尔萨（Bursa），竞争就没有那么激烈。在伊斯坦布尔，主要的语言教育机构有Dialogue，Kent School of English，英孚和English West。没有学位证或者TEFL证书的话，你不可能得到工作许可证（现在的费用是235英镑）。

许多持有旅游签证的临时教师必须每3个月更新一次签证，你可以在移民局（通过证明自己有收入来源。例如有一位土耳其朋友资助你）申请，不过更常见的做法是暂时离开土耳其，以申请一个新的签证，花费10英镑在入境时交纳。

隶属于教育部的青年旅行与交流机构Genctur（☎212 244 62 30；www.genctur.com）可以提供短期的工作机会。该机构位于伊斯坦布尔的Galatasaray，组织教授英语、德语和法语的夏令营，教课的教师都是母语为上述语言的外国人。外国旅行者在这里工作2周，可以得到免费的食宿。根据你的教学经验和技能，你会得到一些零用钱。申请者必须有过和孩子打交道的经验。

土耳其主要的语言教育学校有：

Best English：Kizilay，安卡拉；☎312 417 1819；www.bestenglish.com.tr。

Dialogue Language Schools：伊斯坦布尔；www.dialogueokul.com；在数个分支机构中，拥有30名外语教师。

Dilko English：在伊斯坦布尔有很多分支机构，例如塔克西姆（Taksim）广场分校；www.dilkoenglish.com。

英孚：在伊斯坦布尔的分校位于Suadiye，Levent和Bakirköy等。

English West：伊兹密尔，www.englishwest.com。

Kent School of English：伊斯坦布尔，www.kentenglish.com；每月工资为1400美元。

儿童保育

如果你是母语为英语的打工换宿女孩，将有很多工作适合你。还有大量富裕的土耳其家庭需要有经验的保姆。当然应聘者必须学习过儿童保育和儿童成长知识，下列的机构能够为你安排在土耳其的工作：

Anglo Nannies London：在英国和伊斯坦布尔都设有办事处；☎07802 419781或者☎5322 333915；www.anglonannies.com；专门安排说英语的职业保姆和教师。

Anglo Pair Agency：40 Wavertree Road, Streatham Hill, London SW2 3SP；☎020 8674 3605；anglo.pair@btinternet.com；在夏季或者新学年开始时安排保姆的工作和打工换宿的旅行者（约100名）；打工换宿旅行者每周50~65英镑；该机构在伊斯坦布尔设有办事处。

ICEP（*International Culture Exchange Programs*）：www.icep.org.tr；在土耳其3~12个月的打工换宿项目；icep.org.tr/english/aupairturkey.asp；每月至少发200美元零用钱；在土耳其公司实习每月150美元，免费住宿；ICEP还为合格的英语教师安排工作，每月450美元。

保姆工作的高工资看起来很

吸引人，虽然由于文化差异，在土耳其做保姆会有些纠结。有些保姆丧失自由和独立，对孩子的纵容和宠溺程度也很难把握。但是除了这些，大多数打工旅行者还是很享受在土耳其的生活的。

旅游业

在土耳其，大量的季节性游客都会寻找临时工作，大多会成功找到。爱琴海的主要景区，例如马尔马里斯（Marmaris）、库萨达斯（Kusadasi）和博鲁德姆（Bodrum）吸引了很多找工作的外国旅行者。其他旅行者青睐的地方例如西南部港口城市安塔利亚（Antalya）、卡帕多细亚（Cappdocia）的格雷梅（Goreme），也吸引了很多找工作的游客。安塔利亚的旅店一般最多给服务员每月200美元，前台和其他服务的工作人员每天享受一到两顿的免费食物。找工作的最好时机是3月和4月初，丹尼·雅各布森在土耳其旅行时，遇到了很多外国人：

> 我要说的是，土耳其是很热门的旅游胜地。在土耳其南部，甚至在塞尔丘克（Selcuk）、费特希耶（Fethiye）、Oludenez、奥林波斯（Olympos），我都遇到了很多打工的旅行者。他们大多数来自澳大利亚和新西兰，来这里打工和旅行的人如此之多，以至于土耳其人说的英语都有了澳大利亚口音。

就像在雅典一样，伊斯坦布尔也有这样的旅店，它们招聘打工旅行的人来宣传旅店。罗杰·布莱克曾经做过这样的工作：

> 我为自己找了一份工作——为一个旅店做宣传——这样我可以得到免费的住宿和其他一些好处（每人每晚1美元，以及5%的提成）。我在那里工作了大概一个月，挣了80美元。我每天很早就要起来工作，工作的时间还很长。考虑到这些，这点儿工资就不算多了。我早上在电车站宣传，中午到飞机场，晚上去公共汽车站或者火车站。我曾经被警察发现，并被送回旅店。他们反复强调说“工作、签证、麻烦”。我坚持说我有签证，他们把我送回旅馆后，没问什么就走了。

通过英语国家旅行者的宣传，酒吧、商店和旅行社的经营者希望能吸引更多的顾客、买纪念品或者在旅店住宿。在大多数情况下，你只要表达出想要干这类工作的意愿，这种工作机会就会找到你。

土耳其主要的游艇旅游胜地有的是工作机会，那里不仅有关于游艇的工作，还有旅店、商店、酒吧、探险等方面的工作。你可以查询海湾边的公告板，也可以直接问船长是否需要人手清理和修复船只。找这类工作最好的时机是在夏季到来之前，土耳其的游艇展于5月在马尔马里斯举办。蒂拉·奥康娜（Laura O'Connor）讲述了她在马尔马里斯经历的一切：

> 在那里生活着一群英国人，他们或者退休了，或者厌倦了以前的生活。他们卖掉房子，在这里买一条船，恣意玩乐。在码头上有很多工作机会，尤其是4月的时候，这里很需要漆船的工人。女孩也可以在船上当服务员。我和一个朋友做过清理船只的工作，挣的钱足够支付我们的住宿和晚上在酒吧的消费了。只要在码头上走走，问一下别人，你就能找到工作。

如果你能长时间工作，应付难缠的客人，并且能忍耐4个月与同一群人工作和生活，那么在游艇上工作一个季度，就能省下很多钱，同时游览土耳其海岸的美丽风光。

一些英国的旅行社为土耳其招募儿童保育员、水上运动指导、游艇员工等。例如在萨福克（Suffolk）的Setsail Holidays（☎01787 310445; www.setsail.co.uk），该机构提供在土耳其和东部地中海地区的舰艇航行和空船租赁服务。位于汉普郡的Sunsail公司（www.sunsail.co.uk）为位于博鲁德普海湾的Javelin水上运动俱乐部、达特恰（Datca）附近的Perili俱乐部和伊兹密尔北部福萨（Foça）附近的Phokaia俱乐部提供工作人员，职位包括船长、服务员、水手、技工、厨师、酒店人员和保姆。选择夏季打工的申请者必须在3月之前提交申请。

志愿者机会

前面提到的青年旅行机构Genctur（workcamp.in@genctur.com; www.genctur.com/kp/yike/guide.php）会组织打工宿营，同时它也是一个青年学生旅行机构，会组织夏令营。Genctur要求志愿者提前到达伊斯坦布尔，接受为期3天的宿营前培训，费用为45欧元。在首都安卡拉的GSM青年服务中心（☎312 417 1124; www.gsm-youth.org）也是一个宿营活动组织机构，在安纳托利亚（Anatolia）和土耳其的其他地方都有项目。在英国和世界各地的其他打工营地组织机构，都可以找到为期2周的志愿者招募活动。

令人印象深刻的WWOOF组织与伊斯坦布尔的Bugday Association（www.bugday.org/eng）也有合作。目前该组织有70个会员农场。

紧急状况

防范意外最好的方法是买一份好的旅游保险（参见“前言”部分）。不上保险，后果很严重，千万不能舍不得在购买保险上花钱。如果你持有国际学生身份证或者国际青年证（26岁以下的青年），可免费拨打卡上的紧急救助电话，卡上有医疗、法律和金融服务联系方式。国际学生证或国际青年证办卡费用9英镑，但是不能代替保险。详细信息可咨询航海训练协会各个分支机构。

如果你陷入金融困境，因为某些原因没有信用卡或者不能使用信用卡，如果可以的话，跟你的家人联系，联系能给你寄钱的人。

转账

理想的状况是你的银行账户在本国仍然有效，你可以在任何自动取款机上办理业务。如果卡丢失、被盗或者损坏，你应该拨打银行紧急联系电话要求换卡，替换的卡会寄到你的家庭地址，这就需要有人替你将卡安全地转过来。这当然需要一些时间，但是你在这段时间里仍然需要用钱，最快捷、最方便的方式就是让你在家的父母或朋友给你同行的旅伴或者信任的朋友打钱。你只需要支付很小的一笔手续费就能拿到全部的钱（记住在国外取钱手续费一般为6英镑）。另外你的银行还可以将钱打入你所在目的地的指定银行。如果你在出国之前办理过网上银行或者电话银行，这种操作会很方便。银行有严格的安全检查，通过后就准许转款，不需要亲笔签名。

市场上有各种产品可以应对这个问题，比如预付费、可重复装载卡，这种卡可以在全世界范围内的自动取款机和奥特莱斯使用。查看“前言”一章“资金”部分查看旅游资金卡的详细信息。如果你和你的家人、朋友都有万事达卡，在紧急情况下，他们可以通过自动取款机给你转账卡里转现金，手机转账也可以（登录www.mastercardmoneysend.com即可）。

西联国际汇款公司（*Western Union*）提供国际资金汇款转账服务，在其任一网点存钱，马上在其他代理网点就能取出，无须取款人详细说明。代理网点遍布全球200个国家、地区，各个机构的规模、形态不一。既有金融机构又有旅行社、文具店、药房等。但是欠发达国家，这个公司不是很出名。人们只能在西联公司柜台汇钱，存取需要的金额，缴纳手续费。100欧元以下手续费

14欧元，100~200欧元手续费21欧元，500欧元手续费为37欧元。再加7欧元你可以通过电话用信用卡办理这项业务。你可以在www.westernunion.com 网站上查找最近的网点。

通济隆和英国邮局也有类似的业务，这项业务的名字叫做“速汇金”（Moneygram，www.moneygram.com）。在一个外汇柜台存取现金，10分钟后便能在指定目的地支取，或在45天内能在190个国家的176 000个合作机构支取，手续费比西联公司便宜。邮局网站www.postoffice.co.uk详细介绍了本业务的操作方法。

美国公民可以致电“海外公民服务”（☎888 407 4747），它作为政府机构的一部分可以安排汇款到任一美国驻外国大使馆（比如通过西联公司等）给指定公民，费用为30美元；不接受私人支票。

虽然网上银行很方便，你仍然需要开一个当地账户。如果你的老板是支付支票，你只能通过账户取钱。通常情况下你只要能够提供在当地的居住地址，就没什么问题。

使领馆

如果幸运的话，你可能整个旅行过程中都不需联系你自己国家的领事馆。但如果你手上有领事馆的电话，而恰巧又在政治动荡、冲突频发的国家旅游，联系领事馆也是个应急方案。很多人到领事馆排队是因为他们的护照丢了。你最好记住你的护照号码、日期和发证地址，如果你记得这些信息，补办证件会容易一些；如果你有护照的复印件或者相关页的扫描件，那就更好了。在紧急情况下，如果需要的话，领事馆可以帮助你与你的亲人、朋友取得联系，但联系的方式通常是被叫方付费电话。如果你持有效的银行卡，领事馆可以帮助你兑现100欧元的个人支票。但是也不要对领事馆抱有太大希望。简·罗伯茨曾在所有的钱被盗之后联系英国在多伦多的领事馆，而领事馆能做的唯一一件事就是告诉她在离家之前就应该想到这些问题。

如果你已束手无策，无论是家人还是同伴中都没人愿意借给你钱的话，你可以请求领事馆将你遣返。这样一来，你的护照将被吊销，直到你付清所有费用才能重新使用护照。事实上，现在遣返请求很少能被批准，因为成千上万的遇困游客都欠债不还。现在每年只有不到100名游客被遣返回英国。英国领事馆的工作人员说，她在印度工作的18个月期间，只有2名英国人的遣返申请被批准，但是申请的人非常多。

英国外交和联邦事务部提供全世界各个国家的旅游信息和注意事项，以及当前动荡地区的额外风险评估和如何寻找当地领事馆帮忙和法律建议。你可以电话联系**旅行建议联盟**（*Travel Advice Union* ☎0845 850 2829；通过英国电信打电话每分钟0.04英镑），其实这些信息在www.fco.gov.uk/travel上都有。如果你觉得外交和联邦事务部的定位网站（www.fco.gov.uk/locate）有帮助，建议在上面注册，写下你的所在位置。这样万一发生紧急情况，也可以追踪到你。

在美国，国务院官网发布了去每个国家旅游的注意事项www.travel.state.gov，重点提醒美国游客注意政变、恐怖活动、自然灾害、地方病等潜在危险。美国公民服务和危险管理办公室电话为☎202 647 5225。

法律问题

不少人都听过外国监狱耸人听闻的情况，所以在国外旅游一定要遵守当地法律。有几千英国人被关进外国监狱，至少一半以上是因为被指控吸毒。如果你确实触犯外国法律，务必要保持冷静、有礼貌，并要求马上会见领事馆官员。如果有必要，领事馆官员至少可以帮你推荐一名律师或翻译。如果你可以跟家人联系，请你的父母、朋友联系伦敦的领事协助团队，☎020 7008 1500。英国人可以联系**海外服刑人员**（*Prisoners Abroad* London N4☎020 756 1 6820；www.prisonersabroad.org.uk），如果你是游客，想探访某位服刑人员也可以联系该组织，相当多服刑人员好多年都没人探访。当地领事馆有相关信息。

困境

如果弹尽粮绝，尽量不要太沮丧。艾尔玛·格蕾（Elma Grey）非常希望离开希腊，回到她原来的基布兹。但是由于资金问题，她被其他船员抛弃了。她在描述旅行中最困难的时刻时写道：

> 回到之前住的雅典旅馆时，我非常沮丧。但是我发现，只要在面临困境时才能意识到陌生人的友好。我碰到的人都很有同情心，帮我出主意，并为我搜集找工作的各种实用建议。但是除了这些，他们还给了我很大的精神支持。正是这强大的精神支持让我渡过了难关。虽然我永远不想再体会这种绝望，但是都是值得的，因为在困境中，你才能体会到什么叫做真正的朋友。

很多旅游指南都会建议，如果你只剩下一点儿钱了，那么最明智的方法是用这些钱到当地酒吧请人喝酒，这些人可能给你提供有用的帮助，这比把钱花在食宿上强得多。大卫·欧文（David Irvine）在坦桑尼亚发现身上只剩下10美元时，他走进了一家酒吧，和两个人赌20美元他能喝下一院子啤酒，他对赢取这个赌局非常有信心，他觉得自己一定能获胜。

伊尔卡·凯芙（Ilka Cave）从南非到特拉维夫还不到24个小时，她的行李、钱和证件就全被偷了。旅馆的一个女孩建议她联系一下互惠生代理。很快，她就找到了一个和善的家庭，伊尔卡和他们一起吃住，还能挣工资。麦克·法拉迪约（Michel Falardeau）想要在悉尼找一个不要住宿费的地方，所以向几个慈善机构推荐了自己。其中一个机构给他安排了住处。马克·荷瑞斌（Mark Horobin）在圣地亚哥时一分钱也没有了，只好到救援会门外排队。但是几天后，他就找到了帮厨的工作，某段时间内住宿免费。

在国外旅行，你最好不要陷入需要请律师、医生或者国外咨询机构的困境。如果你仅仅是钱不够花，你可以在小报上查找一些实用信息。

帮助：如果你寻找提供英语服务的教堂，神父或牧师通常能给你一些有效的意见或者实际的帮助，但是从非主流宗教团体接受帮助时要小心。

夜晚收容所：西欧和北美的大城镇和火车站都有天主教团体组织的夜晚收容所，这些团体有博爱（*Caritas*）、**救世军**（*Salvation Army*）等，提供基本的免费食宿。它们想帮助真正的流浪者，而非吃白食的游客。所以你只有在真正穷得一无所有时才能寻求他们的帮助。你只要随便问问——晚上问警察就行——就能找到这些收容所的所在地。记住，收容所大多由宗教团体经营的，它们都想得到你的感激或者对于这个宗教的崇敬。

修道院：修道院团体通常对于贫困的远足者非常热情。有时，修道院会免费提供食宿，但要看他们是否希望你做一笔小小的捐赠。希腊正统修道院通常只对男性开放。

监狱：游客有时可以到警察局问问，看那里是否有空余的牢房。虽然英国监狱现在非常拥挤，可能已经没床位了，但也可以询问的。根据美国法律，所有人（包括外国公民）有权要求保护性收押。这一招在和平国家的村镇比较容易成功。

露宿街头：如果未经过同意，就在私人住所外睡觉是非法的（瑞典除外）；虽然农民大多会同意，但是你询问时要礼貌一点儿，真诚一点儿。如果在城市中，你可以去公园、火车站或公交车站试试。不过有时候，末班车走后，站内可能会进行安全清场，工作人员会要求你出示一张上车票。安娜·凌在塞维利亚的一个有篱笆的公园里（天黑就睡觉）和有顶棚的剧院走廊上睡过，她感觉很安全。那里有流浪汉和小青年，这些人主要来自法国。一些当地人为他们提供食物和咖啡。许多人很小心地在合适的地方扎营，主要是想借用那里的洗手间和浴室。伊恩·穆迪（Ian Moody）在西班牙时避开私人住所找到了一个看起来不错的地方扎营，是一个被水泥覆盖的沟渠。但是早晨5点钟，他就被一股水流给冲醒了，差点儿被水淹死！很多人在沙滩上过夜，但是要小心早上警察找上门，或者会有大型真空机在这里降落。2009年夏天，亚伦·伍兹（Aaron Woods）在撒丁区的一片很美的沙滩上睡觉时差点儿被一个扒沙子的大型拖拉机轧死。乔纳森·加尔平（Jonathan Galpin）建议要带蚊帐，能防止被蚊虫叮咬，双层的话还可以防止露水。

擅自占用：每个城市里都有废弃的大楼，其中很多都被人擅自占用了。如果能找到一个欢迎你的居所也是很幸运的；有些人很独断，不愿意让别人住进来。这些人一般都不让别人免费居住，所以你必须让他们看到你能为他们提供些什么服务（保洁、装饰、维修等），同时要准备好面对政府的询问。一般擅自占用者都不与业主联系，而是理直气壮地住着。

免费住宿：如果你想找一个舒适清静的住所，可以到那些建了一半的建筑里看看。罗宾·格雷（Robin Gray）建议到不关门的公园去看看，那里一般都提供夜晚收容服务。白天时你可以把行李安全存放在火车站的柜子里。艾尔玛·格蕾（前文提到过她的困境）现在住在乌德勒支，并在一个反占用机构注册了。他们的目的是防止擅自占用者将空建筑占用。如果已经有人在那里居住了，那么这个地方就不能再被人占有了。这是便宜过夜的方法之一。

精神病院：最不建议你采用的是一个读者的建议，这位读者自称为“超级豆子”，他声称自己有边缘性格障碍，有精神分裂倾向：

> 有时我常去英国其他村镇，并到精神病院的病房免费过夜。英国的精神病院条件最好，开放时间最长。在康沃尔时，如果我从急诊室进去，他们可能就不要我了。但我是为了找一个睡觉的地方，所以我直接去了无家可归收容所，剩下的事就由他们做了。警察在哪里都可以帮你找到过夜的地方。如果你想找到住的地方，那你尽量少说话，避开人，那样你能待的时间会更长些（免费食宿）。但是不吃饭、不喝水也会引发问题。所有方法都试过了的话你就应该等着下一版《打工环游世界》出来了，因为这本书是教人生存的，而我是生存下来的那个（身无分文的那个）。

很明显，绝大多数国家的精神病院只在紧急情况下或者病人有自杀倾向时才会收容某个病人，但是他们会要求查看欧洲健康卡。我总结了一下在哥本哈根通过自我伤害倾向测试能够留在精神病院的“超级豆子”的行为。

免费饮食：一些红十字会或博爱慈善机构等会免费赠与食物。当大卫·班姆福特（David Bamford）发现他和一群北非人在维夫兰榭（Villefranche），找不到工作毛钱不剩时，他找到了这些慈善机构。如果你承诺在旅行手册上向其他游客推荐它们或者愿意给餐馆免费修改菜单的拼写（这也是剥夺将来游客一大乐趣的事，他们会嘲笑“乱炖猪场”“摇摆烤鸡”“蔬菜垛”都是什么菜），你也可以做一个小时的工作挣些钱，到后门速食店吃一顿。如果你能拉下脸来要饭的话，也是有人给的。

拣些吃的：在垃圾堆拣食物吃，这是指从垃圾堆里挑拣那些大超市或商店扔掉的还不错的食物。在很多欧洲城市，如果你上网，你会发现拣食物最好的时间和地点（比如鹿特丹是在周二晚上10点以后）。小心警察会查擅自闯入的人。英国还有一个专门的网站www.freegan.info。

寻找食物：如果你对食物不太挑剔的话，你可以找商店、面包房、市场摊位或者餐馆晚上扔掉的变质食物或者不合格的食物。比较好的度假村一般会每天定时将还不错的食物倒掉。

自助餐馆：在瑞典、美国和澳大利亚等国家，很多自助餐馆提供“你可以随便吃”自助，你能吃掉多少算多少。食客常会给予只买一杯软饮料的人帮助，让他们跟着一起吃。

免费酒水：从加利福尼亚到法国的产酒地区，你可能看到路边有免费的酒水品尝活动。除酒之外还有吃的——可能是面包或奶酪，也可能是当地的特色小吃。

工厂参观：问问旅行社附近有没有免费食物或者饮料工厂可以参观，参观者大多能拿到免费的样品做礼物。比如，苏格兰酿酒厂可能会送小瓶的威士忌，巧克力工厂可能会派发免费巧克力。但是注意，很多大厂会对参观者收费。

股东年会：我们还听过有在几百个公司各买一张股票，在各个公司的年会自助午宴上吃饭喝酒的。

欢乐时刻：在非高峰时邀请顾客到酒吧、饭馆免费招待小吃和打折酒水。

集市和节日：你还要注意一年一度的节日或集市上的有奖问答。举一个意大利的例子，在集市上经常有免费的小吃供你选择。

“打劫”冰箱：罗杰·布莱克在里斯本破产后，经常到背包客旅馆的公共冰箱中找吃的。大多数旅馆都有公共的柜子给心肠好的旅客使用，让他们放不想要的或者易腐坏的东西。很显然，在重要机场所在的大城市的旅店里，依靠这些食物过日子也不成问题。

清洗：在青年旅社，所有人都要自己清洗餐具。但是如果你可以免费做这些杂事换取一点儿小费的话，很多人都会找你的。永远不要低估游客们的懒惰。有天晚上罗杰·布莱克一晚上光洗碗就赚了8美元。他甚至问旅社的老板能不能在旅社专门帮人洗碗，不要工资，只收小费。但是旅社不同意他这样做，这跟他们"所有人一起工作"的信条不符，所以旅社老板拒绝了他的提议。

自助餐馆：本书最初的出版人在一家纽约的大自助餐厅有过一次奇特的经历。他在餐厅吃完了霍道夫沙拉，去饮水处喝水。当他回来继续吃饭时发现一个流浪汉正在他的位子上吃他盘子里的苹果派。流浪汉以为他吃完饭已经离开，当流浪汉发现他回来后马上跑了。离开这里时他看见，餐厅外很多流浪汉透过玻璃窗望着里面的景象，一旦看见客人离开而桌子上还有食物，就会不顾一切地冲进去。

赌场：大赌场的员工餐厅很大。因为员工多，人员流动性强，你可以混进去大吃一顿。保罗·爱德华在墨尔本的皇家赌场餐厅大吃过几次。从伊斯坦布尔到拉斯维加斯，很多赌场都给下赌注的人提供免费餐饮。但是据《大学杂志》（*College Magazine*）报道："虽然拉斯维加斯赌场的自助餐很便宜，但实在是太难吃了，真的太难吃了！"

吃白食：沙发客（参见"前言"）免费吃住是合理的，因为可能未来某个时候你也要给别人提供免费吃住的机会。千万不要低估一个陌生人对你的慷慨热情。从雷蒙·斯道朴恩伯格（Ramon Stoppelenburg）的网站www.letmestayforaday.com上可以看到，他在两年的旅途中受到了2784位主人的热情款待。最近，来自纽卡斯尔的记者保罗·史密斯（也叫做Twitchhiker）开始测试，只通过推特（Twitter）找到的人际关系，靠人们的待客之心能不能环游世界。令人惊叹的是，他现在已经快走到终点——人迹罕至、边远偏僻的南极洲附近的坎贝尔岛（Campbell）了。他将自己的经历出了一本书：《如何依靠推特环游世界》（*Twitchhiker: How One Man Travelled the World by Twitter*, Summersdale, 2010）。

广告交易：正如靠推特旅行的人利用他能找到的信息那样，一个名叫凯尔·麦克唐纳（Kyle MacDonald）的朝气蓬勃的加拿大人，成功地找到了吃饭的地方。他首先用一个红色的曲别针在网上以物易物，经过14次交易后，他在萨斯喀彻温省（saskatchewan）不知名的小镇换到了一幢房子。你可以登录http://oneredpaperclip.blogspot.com看看他是怎么交换的。

乞讨：一般来说，直接乞讨比较丢人、无聊，也要不到什么钱，而且是非法的。最好的方式是让自己尽可能地烦人，让他们不得不掏钱打发你走人——比如两个人在巴黎咖啡店旁模仿疯子和监护人。很快就有巴黎人或者游客出钱打发你走，因为他们是来寻找快乐的。

假装买房子的人：分时度假别墅公司有时会带潜在投资人参观别墅并听音乐会。在巴厘岛时，詹妮弗（Jennifer）和艾瑞克（Eric）决定去看看：

> 我们假装要买一幢他们公司的度假别墅，结果得到了免费在五星级宾馆住上几周的待遇。在旅游度假村的拥挤大街上，别墅区雇了很多当地人寻找西方游客夫妇并免费将他们带到复式别墅。一个人挑上了我们，并且告诉我们要求是什么，这样我们可以得到奖品，他也能拿到佣金。夫妇中一方必须年满30周岁，有全日制工作；夫妇共同居住超过3年，而且你每年在巴厘岛度假的时间不能超过4周。我们假装在好一点儿的酒店里住，输入身份证号，听他们说超过90分钟的话（小心，这个谈话非常棘手）。然后不管你买不买他们的别墅，都能拿到奖品。我感觉有点儿紧张，因为我忘记盖上文身了，而且头发蓬乱，但我们还是成功了。我们得到了假期票、帆船票还有一件很难看的T恤衫。一周后我们又在别的公司这样做了，就这样完成了在印度和澳洲的旅行。虽然你需要支付50美元的管理费用，但是你每周的花销在800美元左右，这简直太物超所值了！

退还押金：你可以在丹麦、瑞典、挪威、墨西哥、法国、西班牙、意大利、澳大利亚、加拿大和美国等其他国家，拿着你葡萄酒、啤酒、可乐或者易拉罐饮料的瓶子到垫着押金的地方要求退还押金，就能换些小钱。最好到刚开完海滩派对或者例如节日狂欢这种特殊活动后的垃圾堆里找瓶子，或者早上去度假别墅外的垃圾堆里寻找瓶子。

在机场送还行李车：在机场，你必须投币才能用行李车，很多游客经常搬运完行李之后不把行李车推回去退钱，而是直接把它们丢到出租车旁或公交车站，你可以把这些行李车退回来换钱。

诡计和技能：如果你知道自己可以喝两三品脱的啤酒，用4个盘子玩杂耍或者同时抽27根雪茄，你可以找人比赛。有一位还没找到好工作的游客在人行道上竖一块牌子，上面写着“笑话——25美分一个”，还有人在伦敦开接吻亭（Kissing Booth）。

通过互联网寻找任务和答案：有一个5美元网站（www.fiverr.com）给你提供任务，每个任务5美元。这些任务有：帮别人分手，告诉某人他落下的那集连续剧《亚齐那一家》（*The Archers*）演的什么，根据你的旅行经历为别人提建议，倾听别人的问题，提供好吃的乌贼食谱……网站提取你费用的两成（这些信息由娱乐网站www.roadjunky.com提供）。

医学研究：为药厂做临床试验的私有公司通常会给健康的测试者丰厚报酬来让他们测试新药或者新科技。去美国网站www.centerwatch.com和www.clinicaltrials.gov上看看。你也可以到大学心理学系去问问，那里需要很多人做知觉测试等。更多的医学研究测试可以在“英国”章节中找到。

卖血：很多国家会补偿给献血者一大笔钱，美国和中东地区尤甚。但是很不幸，世界上大部分人认为在英国献血可能会感染疯牛病。即使你无偿献血，你也能得到免费的饮料和食物。

捐献精子：在不少国家，精子库会付钱给捐献精子的人大多为50~100美元。男性要注意的是捐献者必须经医学检验、分析有生育能力之后才会被邀请做精子捐献（有些人可能精子受创伤不能生育）。在英国，捐献者必须实名（以便孩子出生后可以寻找他们的生父），这一政策导致精子捐献者大大减少，不育者需要辅助授精的精子供不应求。男人们要慎重考虑，不要只看眼前利益。

捐献卵子：捐献卵子是一件极为严肃的事情，在英国捐献卵子是不合法的。美国私人生育诊所为卵子捐献者提供最高5000美元的酬金，但她们还要接受荷尔蒙治疗和手术。捐献者酬金最低600美元。根据一家报纸报道，犹太人的卵子价格通常为10 000~15 000美元，而哈佛、牛津等名校学生的卵子也很受欢迎。在网上简单搜索能找到类似www.eggdonor.com的网站。

典当物品：当你旅行结束时，以后可能用不着的东西不妨卖给旅店里的其他游客、二手商店或者到市场上去卖。对你不需要的东西要坚决点儿：你已经照过相了，所以相机用不着了，可以换一个便宜一点儿的背包……不要怕讨价还价。

终极法宝：卖掉这本书吧，但前提是，要记住书中的内容哦！皮特·麦克加尔（Peter MC Guire）将这本书的姐妹篇《到国外教英语》在韩国卖了5000韩元，但是买书的人很快加一倍价钱又转手卖给了其他人。他不仅将书复印下来，还赚了双倍的钱。

附录 1

一些有用的惯用语

汉语：请问您需要帮手／临时助手吗？

英语：Do you need a helper/temporary assistant?

法语：Avez-vous besoin d'un aide/assistant intérimaire?

德语：Brauchen Sie eine Hilfe/einen Assistenten für eine begenzte Zeit?

荷兰语：Kunt U een helper/tijdelijke assistent gebruiken?

意大利语：Ha bisogno d'un aiutante/d'un assistente provvisorio?

希腊语：Khryázeste kanénan ypálliyo/prosorynó voythó?

汉语：周围有没有工作岗位，您知道吗？

英语：Do you know if there is any work in the neighbourhood?

法语：Savez-vous s'il y a du travail dans les environs?

德语：Wissen Sie，ob es in der Nachbarschaft irgendwelche Arbeit gibt?

荷兰语：Weet u of werk is in de buurt?

西班牙语：¿Sabe usted si hay trabajo por aquí?

意大利语：Lo sa si c'e lavoro nel vicinato?

希腊语：Xérete an yaprkhy dhoulyá styn peryokhý?

汉语：请问就业办公室在哪里？

英语：Where is the employment office?

法语：Où se trouve le bureau de placement?

德语：Wo ist das Arbeitsamt?

荷兰语：Waar is het kantoor voor arbeidsvoorziening?

西班牙语：¿Donde esta la Oficina de Empleos?

意大利语：Dove sta l'agenzia di collocamento?

希腊语：Poú ýno to grafýo（evréseos）ergasýas?

汉语：请问工资是多少？需要缴税吗？

英语：What is the wage? Will it be taxed?

法语：Quel est le salaire? Sera-t-il imposable?

德语：Wie hoch ist der Lohn? Ist er steuerpflichtig?

荷兰语：Hoe hoog is het loon? Is het belastbaar?

西班牙语：¿Cuanto es el salario? ¿Esta sujeto al pago de impuestos?

意大利语：Che e la paga? Sara

tassata?

希腊语：Poso ýne to ymeromýsthyo? Tha forologhiyhý?

汉语：我能住哪儿？收住宿费／伙食费吗？

英语：Where can I stay? Will there be a charge for accommodation/food?

法语：Où pourrais-je me loger? L'hébergement/les repas seront-ils payants?

德语：Wo kann ich wohnen? Muss für Unterkunft und Verpflegung selb gezahlt werden?

荷兰语：Waar kan ik onderdak vinden? Moet ik betalen voor huisvesting en maaltijden?

西班牙语：¿Donde puedo alojar? ¿Hay que pagar por el alojamiento/la comida?

意大利语：Dove posso stare? Avra una spesa per l'alloggio/il cibo?

希腊语：Pou boró na mýno? Tha khreothó ya ty dhyamoný/to fagytó

汉语：有做饭／洗漱用具吗？

英语：Are there any cooking/washing facilities?

法语：Est-ce qu'il y a des aménagements pour faire la cuisine/la lessive?

德语：Gibt es Koch/Waschgelegenheiten?

荷兰语：Is er kook/wasgelegenheid?

西班牙语：¿Se puede cocinar/lavar la ropa?

意大利语：Ci stanno dei mezzi per cucinare/lavorare?

希腊语：Ypárkhoun efkolýes ya magýrema/plýsymo?

汉语：收获季节／工作什么时候开始？需要工作多长时间呢？

英语：When will the harvest/job begin? How long will it last?

法语：Quand commencera la moisson/le travail? Combien de temps dure-t'il?

德语：Wann beginnt die Ernte/Arbeit? Wie lange wird sie dauren?

荷兰语：Wanneer begint de oogst/job? Hoe lang zal het werk duren?

西班牙语：¿Cuando comenzara la cosecha/el trabajo? ¿Cuanto durara?

意大利语：Quando incomincia la messe/il lavoro? Per quanto tempo durera?

希腊语：Poté tharkhýsy o theryzmos/y dhoulyá? Póso tha dhyarkésy?

汉语：这几个小时的工作内容是什么？

英语：What will be the hours of work?

法语：Quelles seront les heures de travail?

德语：Wie lange ist die

Arbeitszeit?

荷兰语：Wat zijn de werkuren?

西班牙语：¿Cual sera el horario de trabajo?

意大利语：Che saranno le ore del lavoro?

希腊语：Pyéz tha ý ne y órez ergasýas?

汉语：谢谢您的帮助！

英语：Thank you for your help.

法语：Merci de votre aide.

德语：Danke für Ihre Hilfe.

荷兰语：Dank U voor Uw hulp.

西班牙语：Gracias por su ayuda.

意大利语：Grazie per il vostro aiuto.

希腊语：Sas efkharystó ya tyn vóythýa sas.

附录 2

旅行路线

安娜·凌的省钱旅行路线

剑桥

考试获得A级后出发。

↓

西班牙格拉纳达

占一块地方沿街卖艺，然后在山区的一个社区里自由地工作、生活。

↓

英格兰英国西南部各郡

在一家鸡蛋包装厂工作，12个小时倒一次班。

↓

和男朋友共同买一辆大敞篷货车。

↓

法国埃佩尔奈

采摘葡萄，酿制香槟。

↓

巴黎

在街头表演“火舞”卖艺。

↓

危地马拉

在阿蒂特兰湖的一家旅馆工作。

↓

新西兰

在新西兰南岛采摘水果，并在惠灵顿沿街卖艺，同时在毛利会堂做沙发客。

↓

北加州

在一家有机农场工作。

↓

玻利维亚

在巴拉斯的酒吧工作。

戴维·杰克逊的教学旅行路线

佛罗里达州坦帕市

辞去了毒品滥用顾问的职位，去全世界打工度假。

↓

在塞尔瓦斯和餐饮俱乐部进行注册，可以免费住宿。

↓

墨西哥市

在去过的第二家机构找到了教学工作，并待了6个多月。

↓

注册做沙发客，免费住宿。

↓

毛里塔尼亚

在首都努瓦克肖特的一家英语语言中心做老师。

↓

马里巴马科

和一位沙发客主人住了2个月，这位主人付给了他英语学费。

↓

中国河北省

与阿斯顿英语学校签订合同教书。

↓

阿曼

调查英语语言教学情况。

↓

法国

2011年6月到达马赛市，作为自我挑战，免费使用夜晚收容所处。

↓

波多黎各

寻找教学工作。

理查德·弗格森的冒险经历

新西兰

从家乡奥克兰出发。

↓

葡萄牙里斯本

住在上城区（旧区）时，在两家比萨饼店工作。

↓

阿根廷布宜诺斯艾利斯

做自由职业英语家教，每小时挣30比索。

↓

西班牙巴塞罗那

由于签证问题，未能找到工作。

↓

巴利阿里群岛

在酒吧工作。

↓

罗兹岛法里拉基

在俱乐部做男招待员，包住宿。

↓

获得为期一年的在瑞典打工度假签证。

↓

比利时布鲁塞尔

做旅馆清洁工和酒吧服务员，作为回报可免费食宿，一周挣100欧元。

↓

瑞典斯德哥尔摩

在高威爱尔兰酒吧工作。

附录 3

货币单位表

货币单位表

国家／地区	货币单位
阿根廷	比索
澳大利亚	澳元
巴西	亚雷尔
保加利亚	列弗
加拿大	加元
智利	比索
中国	人民币
哥伦比亚	比索
捷克共和国	克朗
丹麦	克朗
厄瓜多尔	苏克雷
埃及	埃及镑
欧元区	欧元
中国香港	港币
匈牙利	福林
印度	卢比
印尼	卢比
以色列	新谢克尔
日本	日元

肯尼亚	先令
韩国	韩元
马来西亚	林吉特
墨西哥	比索
摩洛哥	迪拉姆
尼泊尔	卢比
新西兰	新西兰元
挪威	克朗
秘鲁	新索尔
波兰	兹罗提
俄罗斯	卢布
沙特阿拉伯	里亚尔
新加坡	新加坡元
南非	兰特
瑞典	克朗
瑞士	法郎
台湾地区	新台币
泰国	泰铢
土耳其	里拉
美国	美元

登录网站www.oanda.com可查询当前的货币汇率，同时，登录网站www.xe.com/ucc可以查询货币兑换。

以下是使用欧元的国家：奥地利、比利时、塞浦路斯、爱沙尼亚、芬兰、法国、德国、希腊、爱尔兰、意大利、卢森堡、马耳他、荷兰、葡萄牙、斯洛伐克、斯洛文尼亚和西班牙。

附录 4

国际电话区号

阿富汗	+93
阿尔巴尼亚	+355
安道尔共和国	+376
安提瓜岛	+268
阿根廷	+54
澳大利亚	+61
奥地利	+43
巴林岛	+973
孟加拉国	+880
比利时	+32
百慕大群岛	+441
玻利维亚	+591
波斯尼亚和黑塞哥维那	+387
巴西	+55
文莱	+673
保加利亚	+359
柬埔寨	+855
喀麦隆	+237
加拿大	+1
智利	+56
中国	+86

哥伦比亚	+57
哥斯达黎加	+506
克罗地亚	+385
塞浦路斯	+357
捷克共和国	+420
丹麦	+45
多米尼加共和国	+809
厄瓜多尔	+593
埃及	+20
爱沙尼亚	+372
芬兰	+358
法国	+33
德国	+49
加纳	+233
希腊	+30
危地马拉	+502
中国香港	+852
匈牙利	+36
印度	+91
印度尼西亚	+62
爱尔兰	+353
以色列	+972
意大利	+39
日本	+81
肯尼亚	+254
韩国	+82
科威特	+965
老挝	+856
拉脱维亚	+371

黎巴嫩	+961
利比亚	+218
立陶宛	+370
马来西亚	+60
马尔代夫	+960
马耳他	+356
毛里塔尼亚	+222
墨西哥	+52
摩洛哥	+212
莫桑比克	+258
尼泊尔	+977
荷兰	+31
新西兰	+64
挪威	+47
阿曼	+968
秘鲁	+51
波兰	+48
葡萄牙	+351
卡塔尔	+974
罗马尼亚	+40
俄罗斯	+7
沙特阿拉伯	+966
塞内加尔	+221
塞尔维亚	+381
新加坡	+65
斯洛伐克共和国	+421
斯洛文尼亚	+386
南非	+27
西班牙	+34

斯里兰卡	+94
瑞典	+46
瑞士	+41
叙利亚共和国	+963
台湾地区	+886
坦桑尼亚	+255
泰国	+66
突尼斯	+216
土耳其	+90
阿拉伯联合酋长国	+971
乌干达	+256
乌克兰	+380
美国	+1
委内瑞拉	+58
越南	+84
也门	+967

读者对之前版本的反馈

艾玛·哈姆斯（Emma Hames，英国人，计划去美国当足球教练）：在朝九晚五的工作中，十分感谢这本书给予我灵感与希望。

Mommyof3（来自美国亚马逊网上书店的读者评论）：很久之前我就被这本书吸引了，我一直想去欧洲，在这本书的激励下，还没找到工作我就买了一张去西班牙的单程机票，这有点儿疯狂。我在欧洲独自生活了一年，通过教英语和打工借宿维持生活，这些经历太棒了。这本书简直就是无价之宝。我还没看过最新版本，但是我知道，这本书对我来说就像《圣经》一样，给我以启迪且信息量丰富。

Ms L. F. Cliff（来自英国亚马逊网上书店的读者评论）：这本书介绍了世界的概况，并且指导我们怎么开始旅行，对于刚开始旅程和有些经验的旅行者来说，这本书是很有用的。它囊括了你远行中需要知道的一切。虽然对有些国家的介绍不是特别详细，但这已经是一本足够好的参考书了，而且这本书总结得很好。

艾米·伊格内托（Amy Ignatow，美国人）：我不知道你是否记得我，但我到过你的办公室，告诉你我在耶路撒冷的街道上卖彩绘石头来挣得去艺术学校学费的经历。这本书让我想起那段无忧无虑的时光，我想念那里的房子、汽车，那里的人们和动物，还有很多很多。

Bohid_harma（来自亚马逊网上书店的读者评伦）：我多想给这本书一个差评啊，那么这本书就独属于我了。如果你对生活厌倦，对日复一日重复工作厌倦，对每天在同一个地方面对同样的面孔厌倦，那么买这本书吧。它让你摆脱所有束缚，将未来的不确定视为一次机会，而不是对不确定性望而却步。迈出勇敢的第一步。这是我买过的最好的书，是它的鼓励让我抓住机会，改变生活，将安逸的家庭环境抛在脑后。一旦你迈出第一步，你就会被未知的未来所吸引。

尼科尔·格拉克斯登（Nicole Gluckstern，美国人，在非洲自由写作）：很高兴在布基纳法索（Burkina Faso）收到这封邮件。我将本书作者视为我的精神偶像，这本书太酷了，我爱它。

希拉里·森川（Hillary Chura，《纽约时报》记者）：这是一本伟大的书，就是它鼓励我和我的几个朋友在大学之后踏上旅途。我们在伦敦、西班牙和开罗度过了两年半的时光。我们都认为这是很棒的经历。

查理·韦瑟罗尔（Charlie Wetherall，网站“The Runaway Trader”的经营者）：我第一次读苏珊·格里菲斯的书是在20世纪80年代早期，我被这本书的书名所吸引。它在一定程度上给予我希望，有一天，我可以逃离重复单调的工作，去看看这个世界到底是什么样。如果你也有这样的想法，那么买这本书吧，如同我几年前一样，苏珊·格里菲斯会引领你踏上伟大的旅途。

凯瑟琳·霍华德（在迪士尼乐园工作的爱尔兰人）：我希望向你推荐这本完美的出版物，它是我收到的一份圣诞节礼物。我唯一需要抱怨的是，它给我带来了太多可能，让我无法选择。再一次谢谢你，写出这样见闻广博的书籍。

理查德·弗格森（新西兰打工环游世界者）：我只想说，这本书太好了。离开新西兰之前，我的心里还很不安，但是读了这本书，看着这么多人都在旅途中找到了工作，让我安心不少。

卡丽莎·法伊（来自斯图加特）：谢谢你的书，它给了我太多帮助了，尤其是对我心理上的影响。开始的时候，每个人都说我太疯狂了，我肯定办不到。看了这本书，我知道许多人已经成功尝试过，别人可以，我一定也能行。

迈克尔·卡钦斯基（Michael Jaczynski，来自伦敦）：我拿到这本书还不到24个小时，我就深深地被它吸引了。昨晚我根本舍不得放下它，今天我对我即将到来的冒险充满信心。

凯伦·马丁（来自格里姆比斯〈Grimsby〉），在荷兰的法国农场工作，冬天在阿尔卑斯山度过。旅行深深触动我，并且改变我的生活，令我更加自信，虽然我想去的地方还有一半多没去。我永远也不会忘记这本书对我的影响。

因都·萨迦（Indu Shakya，来自尼泊尔）：我很感谢你的工作，使全世界的人们能够互相了解。

凯丝·库珀（唐卡斯特的一位管理者，结束在非洲和新西兰的旅行之后，他继续学习，成为一位专业理疗师）：20多年来，这一直是我的梦想，现在我终于有勇气去实现它，选择我喜欢的工作，并且要说服我丈夫史蒂夫接受他不喜欢的工作。17岁的时候，我第一次看这本书。然后我遇到了史蒂夫，我的旅行梦想被放到次要地位，因为我们的钱要用来准备婚礼和买房。后来，我看到这本书。我又花了几年时间下决心开始旅行。我们旅行了10个月，做了很多意想不到的事情，像在非洲教孩子打板球。这是我们生命中最珍贵的经历。